DE ZWARTE POOLSTER

EEN ARCHEO-FUTURISTISCHE
AFTELLING IN VIJFTIEN OPSTELLEN

Darest thou now, O Soul,
Walk out with me toward the Unknown Region.
Where neither ground is for the feet, nor any path to follow

— Walt Whitman

ALEXANDER WOLFHEZE

DE ZWARTE POOLSTER

Een Archeo-Futuristische
Aftelling in Vijftien Opstellen

ARKTOS
LONDON 2023

Copyright © 2023 by Arktos Media Ltd.

All rights reserved. No part of this book may be reproduced or utilised in any form or by any means (whether electronic or mechanical), including photocopying, recording or by any information storage and retrieval system, without permission in writing from the publisher.

ISBN 978-1-915755-04-9 (Paperback)
978-1-915755-05-6 (Ebook)

COVER Tor Westman

Arktos.com fb.com/Arktos @arktosmedia arktosmedia

Inhoudsopgave

Afbeeldingen ix
Voorwoord xii
Dankwoord. xxv
Bij de Nederlandstalige Versie xxvii
Ten geleide xxxii
Hoofdstuk 15 1
    Voorwoord: reset retrospectief   2
    'Het masker van de gekroonde dood'   5
    De Eurazianistische diagnose   13
    De Nationalistische diagnose   17
    Van om-volking naar ont-volking   21
    'Vergeet nooit een goede crisis uit te buiten'   26
    'Don't Look Now'   29
    'De judicio Solis'   34
    'La Peste'   36
    Nawoord: koda   37
Hoofdstuk 14 39
    Voorwoord: 'Paint it, Black'   40
    'De protocollen van Antifa'   47
    'Black Lies Matter'   50
    'Independence Day'   56
    'Saco di Roma'   58
    'De morele uitputting van het Westen'   61
    'De-Judge New Speak'   67
    'Het laatste kwartier van het Westen'   72
    'Agora'   75
    'De laatste golf'   78
    Nawoord: Albitude — 'verduur het zwarte getij met de witte wig'   80
Hoofdstuk 13 83
    Voorwoord   83
    1. Achtergrond   84
    2. Krachtsverhouding   87
    3. Strategie   91
    4. Een Paard van Troje   95
    5. Boreaal buitenspel   99
    6. Requiem voor de rechtsstaat   106
    7. Het nieuwe politieke normaal   110
    Nawoord   114

Hoofdstuk 12 119
Voorwoord: de anatomische les van Carl Schmitt en Robert Steuckers — 119
1. De wereld van het Normativisme als wil en voorstelling — 123
2. Door het glazen plafond van het Postmodernisme — 126
3. Het Liberalisme als totalitair nihilisme — 128
4. Het Liberalisme als politicide — 133
5. Het Liberalisme als anti-rechtsstaat — 136
6. Nieuw Rechts als 'autoriteit in wording' — 141
7. Het Decisionisme als staatsleer — 143
8. Het antinominalistische project van de vijandelijke elite — 150
9. Het Decisionistisch alternatief — 157
10. De Euraziatische dimensie — 162

Hoofdstuk 11 168
Voorwoord: 'Trois Couleurs' — 168
Wat is de cultuur-historische visie van het Eurazianisme? — 171
Welke betekenis heeft 'etniciteit' binnen het Eurazianisme? — 177
Welke prioriteit heeft 'nationalisme' binnen het Eurazianisme? — 181
Wat is het Eurazianistische alternatief voor 'Globalië'? — 185
Wat is de Eurazianistische visie op de globalistische 'omvolking'? — 191
Wat is de Eurazianistische diagnose van de Westerse Postmoderniteit? — 194
Wat is de Eurazianistische prognose voor de Westerse Postmoderniteit? — 197
Coda 199

Hoofdstuk 10 201
Voorwoord: Slangtong in Zürich — 201
1. Het rode onkruid — 205
2. De Europese kata-morfose — 211
3. Het globalistische anti-Europa — 215
4. Het Archeo-Futuristisch alternatief — 226
5. *Sacrum Imperium* — 232
6. *Ex oriente lux* — 237
7. Edelweiss-heid — 246
Nawoord: de Koning als Katechon — 251

Hoofdstuk 9 255
Voorwoord: 'een seizoen van geloofsvoltooiing' — 255
1. Finis Hollandia — 258
2. Devolutie theorie — 260
3. Tegen-natuurlijke selectie — 265
4. Domesticering — 270
5. Hybridisering — 275
6. De Archeo-Futuristische Revolutie — 281
7. 'Edge of Tomorrow' — 283
8. Van rassen-waan naar bio-realisme — 287

9. Porajmos	291
10. De aanklacht	295

Hoofdstuk 8 297

De grenswacht	297
De wachter op de drempel	299
'Voyage au bout de la nuit'	302
De nachtwacht	305
De aflossing van de wacht	309
Over de grens van het taboe	310
Het geknakte riet	312
'Yes we can'	313
'Broken Arrow'	314

Hoofdstuk 7 319

Casus Ajarai	319
Casus Hegedüs	322
Casus 'La vie en rose'	327
Casus 'Finding Forrester'	332
Casus 'Heads We're Dancing'	338
Coda: Harmonices Mundi	343

Hoofdstuk 6 345

Erkentelijkheden	345
Structuren	347
Vooropmerkingen	349
Vrijwaringen	352
Vertrekpunten	357
'Falling Down'	360
'Wind River'	368
De sfinx	373
Reconquista	376
Plus ultra	382
Operatie Belisarius	389
De Wachter	392
Nawoord	394

Hoofdstuk 5 397

'Event Horizon'	397
'A City upon a Hill'	403
'Die fröhliche Wissenschaft'	404
Söhne des Bundes	406
'Justified and Ancient'	413
Nawoord	416

Hoofdstuk 4 422
    Thesauros absconditos et arcana secretorum   422
    Ante portas   425
    Procellaria pelagica   429
    In hoc signo vinces   432
    Alieni juris   435
    E pluribus unum   439
    Dura lex sed lex   443
    Ad astra per aspera   448

Hoofdstuk 3 451
    Nationalisme & monarchisme: een heroverweging   451
    Τὸ Κατέχον   455
    Nederland & Oranje   459
    'De Koning en ik'   461

Hoofdstuk 2 463
    'Op de grens van twee werelden'   463
    Het Molyneux moment   470
    De demonen van '68   475
    De marxistisch-liberale anti-rechtspraktijk   479
    'Schuld en boete'   482
    'Retribution'   484
    De Nieuwe Vrijheid   486
    Bronnen   488

Hoofdstuk 1 489
    Het 'Islam vraagstuk'   489
    De Arisch-Abrahamitische synthese   494
    'L'arco e la clava'   497
    Al-Khanjar   500
    Al-Ḥajaroe al-'Aswad   503
    Al-Ḥajj   507

Nawoord 510
Appendix A: Programmapunten 513
Appendix B: Mediamaterialen 559
Literatuurlijst 583
Filmlijst 589
Websitelijst 591
Podcastlijst 592
Glossarium 594

Afbeeldingen

1. *Septentrionalium Terrarum Descriptio*, 'Beschrijving van de Noordelijke Landen', Gerardus Mercator
2. *Das Gestade der Vergessenheit*, 'Het voorland der vergetelheid', Eugen Bracht
3. *Priestess of Delphi*, 'De priesteres van Delphi', John Collier
4. *Zwanenzang*, Sona Bahadori
5. *Paymon*, illustratie uit Collin de Plancy's *Dictionnaire infernal*
6. *Bloemenfee*, Sona Bahadori
7. 'Het Tablet van Smaragd', illustratie uit Heinrich Khunrath's *Amphitheatrum sapientia aeternae*

Opgedragen aan Vrouwe Wijsheid

*

Ach! Waren alle mensen wijs
En wilden daarbij wel!
De aard waar haar een paradijs
Nu is se meest een hel

— Dirck Camphuysen

HYPERBOREA

Septentrionalium Terrarum Descriptio, 'Beschrijving van de Noordelijke Landen' (Gerardus Mercator, 1595 - bijgewerkt 1623 op grond van reisbeschrijving van Willem Barentsz). De aardse tegenhanger van de hemelse Poolster is de hier getoonde Rupes Nigra, de 'Zwarte Steen': 'noch overzee, noch overland zult ge de wondere weg vinden naar de congregatie der Hyperboreërs'.

Voorwoord

'De vallende man'
*Life is very long
Between the desire
And the spasm
Between the potency
And the existence
Between the essence
And the descent
Falls the Shadow*

— Thomas Stearns Eliot, 'The Hollow Men'

EEN SLOTBEREKENING voor de tijdslijn van de Val van het Westen is nog niet mogelijk. Het gaat immers niet zozeer om een bepaald uniek punt in de tijd als wel om een geleidelijk geschiedkundig proces. Een vergelijkbaar proces was de ondergang van het Romeinse Rijk: het beginpunt zou men kunnen vinden in het jaar 212, toen Keizer Caracalla het Romeins staatsburgerschap uitdeelde aan alle vrije mannen onder zijn jurisdictie, het punt-van-geen-terugkeer zou men kunnen vinden in het jaar 378, toen Keizer Valens bij Adrianopel viel in zijn wanhoopsslag tegen de Gothische invasie, en het eindpunt zou men kunnen vinden in het jaar 476, toen Odoaker Keizer Romulus Augustulus afzette en de nieuwe titel Koning van Italië aannam. Zelfs dat proces was niet volledig 'definitief': een

'Nieuw-Romeins' Byzantijns Rijk werd voortgezet in het oosten en een 'Heilig Rooms Rijk' werd heropgericht in het westen — beide overleefden voor een heel millennium. Het is heel goed mogelijk dat de Val van het Westen een net zo langdurig en aanhoudend proces zal zijn — het is zelfs goed voorstelbaar dat er soortgelijke 'Byzantijns-Heilig Roomse' herhaal-en-recycle verschijnselen zullen optreden. Nu al lijkt er een 'rokade' beweging te ontstaan, waarbij de machtszetel en het cultuurhart van de Westerse beschaving zichzelf verlegt van een 'ver-derde-werelds' West-Europa naar een 'omgekeerd-ijzeren-gordijn' Oost-Europa. Maar ook als de ultieme houdbaarheidsdatum van het Westen nog niet is vastgelegd, dan nog is duidelijk dat het ondergangsproces over de afgelopen jaren sterk is versneld. In het politieke domein werd deze versnelling gemarkeerd door Obama's eerste niet-blanke presidentschap in Amerika: zijn jaren markeren het feitelijke einde van de mondiale hegemonie van de Westerse economische en militaire macht (respectievelijk, de Krediet Crisis van 2007-08 en de Russische Interventie in Syrië in 2015-16). In de Europese context werd deze 'eerste versnelling' gemarkeerd door het radicale neo-globalistische en anti-inheemse regime van het Merkel-Macron duopolie (geïmplementeerd in de 'open deur' ethnische vervanging-spolitiek van eerstegenoemde en de Elagabus-stijl machtsinversies van laatstgenoemde). Wellicht werd deze eerste stroomversnelling van het ondergangsproces nog het best geïllustreerd door het zeer korte interval tussen twee hoogst symbolische, nu allang vergeten gebeurtenissen die plaatsvonden op dezelfde heilige plaats gedurende hetzelfde lente seizoen: slechts zes jaar verstreken tussen het zelf-offer van Frans historicus Dominique Venner in Notre Dame de Paris, in 2013, en het brand-offer van de Notre Dame de Paris *zelf*, in 2019.

Op het niveau van privé beleving kan de Val van het Westen zich openbaren in veel minder sensationele 'tekenen en wonderen'. In termen van synchroon en spectraal betekenisvolle privé momenten kunnen de werkelijke aard en afmeting van de Val zich openbaren op volstrekt onwaarschijnlijke momenten en plaaten: op het niveau van privé belevening zijn zulke momenten de noodzakelijke eschatologische ('ont-wordings') tegenhangers van 'numineuze wording' (Pankhurst, 2017). De auteur van dit werk beleefde een dergelijk eerste mini-moment van 'absurdistisch gezicht' in de dode lente van 2016 — vóór het formele breekpunten van 'Brexit' en 'Trump'. V&D, het wellicht meest iconische warenhuis van Laat-Modern Nederland was failliet gegaan en de bewindvoerder besloot ten lange leste over te gaan tot totale opheffingsuitverkoop. Het altijd keurig geklede en ouderwets beleefde personeel was al op straat gezet en was er niet bij — dit in de 'Eén Euro winkel' sector 'moeilijk bemiddelbare' personeelsoverschot was al onceremonieel bij het oudvuil gezet. Het erbij behorende formeel-maar-persoonlijke service model verdween ook op de vuilnisbelt van de cultuurgeschiedenis — van nu af aan was het kiezen tussen de Chinese-millionair/Russische-maffia *shopping experience* en Derde-Wereld-niveau pulp producten. Vanzelfsprekend deed de neo-liberale 'overheid' wat ze altijd doet wanneer er iets moet worden gedaan: niets. Duizenden kostwinners — leveranciers en contractkrachten meegerekend — vervielen in uitzichtloze werkloosheid en tientallen kleinere binnensteden vervielen in 'Johannesburg-stijl' imago-implosie. Vanzelfsprekend deden de regressief-linkse 'media' wat ze altijd doen wanneer er iets moet worden bestreden: niets. De neo-liberale heilige huisjes van 'vrije markt' en 'natuurlijke selectie' bepaalden de berichtgeving: 'verouderde' commerciële formules zijn immers onverdedigbaar — even onverdedigbaar als alle authentieke vormen van cultuur, identiteit en grensbewaking. En zo kwam het dus dat, op een lente morgen onder een stralende zon, de lang-gesloten winkels nog één keer open gingen voor de laatste boedelruiming. En zo gebeurde het: de Nederlandse *Sacco di Roma* — enorme meutes Neo-Derde-Werelders hadden, ruikend dat er iets te halen zou zijn, hadden zich al verzameld en om tien uur precies stormden ze de poorten door. In een verbazingwekkend *mêlée* van ongekende proporties werd de buit van de oude Eerste Wereld binnen een paar uur tijd totaal leeggeplunderd — verkocht tegen bodemprijzen of simpelweg 'gratis' meegenomen. De ingehuurde verkopers en beveiligers maakten geen schijn van kans. Op de vloeren van het in afbouw zijnde winkel lagen dure merkartikelen, krijsende huismoeders vochten over kinderkleren en marktmaffia bendeleden maakten zich meester van hele schappen tegelijk. Er was geen 'laatst standhouden' — binnen enkele uren werd het werk en leven van hele generaties zonder slag of stoot weggevaagd. Men zegt dat het leven doorgaat — maar dat is niet altijd waar. Daar, op dat moment, eindigde de Eerste Wereld.

Sindsdien heeft het collectieve Westen met het *Annus Terribilis* van 2020, door Greg Johnson zeer juist aangeduid als *The Year America Died*, een drievoudige rampencyclus ondergaan waarmee zijn globalistische overheersers alle bruggen naar het verleden achter zich hebben verbrand. De sociaal-economische schade van de 'Covid'-coup is onherstelbaar — hetzelfde geldt voor de psycho-historische schade van de 'BLM'-coup en de politiek-culturele schade van de 'Biden'-coup. De officiële sluiting van de Christelijke kerken, het straffeloos neerhalen van de 'blanke' standbeelden en het geruisloos afsterven van de Amerikaanse instituties waren onmiskenbare 'tekenen aan de wand' van de naderende slotfase van de Val van het Westen. Daarop volgde het zo mogelijk nog hallucinantere jaar 2021, waarin een voortvarend begin werd gemaakt van de fysieke 'deconstructie' van de meest elementaire Westerse realiteit: de Westerse lichamelijkheid. Met enige juridische variatie maar vrijwel zonder uitzondering werd de bevolking van de Westerse wereld onderworpen aan een alles afdekkende, scherp gecoordineerde 'injectie' campagne, profijtelijk gefaciliteerd door 'Big Pharma', feilloos geïndoctrineerd door 'Big Media', censurerend afgedekt door 'Big Tech' en *rücksichtslos* opgedrongen door 'Big Government'. Met de zeer tastbare dreiging van fysieke uitsluiting, financiële rampspoed, sociale stigmatisering en psychologisch isolement resulteerden 'vaccinatie mandaten', 'medische paspoorten' en 'afstandsregels' in een ongeëvenaard snelle ontbinding van zelfs de meest basale restanten van sociale cohesie, collectieve beschaving en ethisch besef. Met de inzettende massa-psychose en collectieve bewustzijnvernauwing werd een gemengd *Nineteen Eighty-Four-Brave New World* totalitaire onheilsstaat een feit. De nachtmerrie waarvoor vele denkers en kunstenaars al decennia waarschuwden — en waarvan de schrijver twee jaar eerder de duidelijke voortekens schetste in zijn boek *Alba Rosa* — is zo bewaarheid geworden.

Op het moment van schrijven van *De Zwarte Poolster* is de volle uitwerking van deze catastrofe — misschien genadelijk — nog enigszins verborgen door internet censuur en *MSM* afleidingsmanoeuvres, maar de basale contouren zijn al duidelijk: sui-genocidale ontvolking en trans-humanistische ontmenselijking op basis van wat vroeger gewoon zwarte magie en demonische bezetenheid werden genoemd. De ongezien ingeslapen ouderen, de gezien omvallende top-sporters, de onbesproken miskramen en de onuitspreekbare kinderoffers — ze worden vooralsnog verzwegen: men kan niet benoemen wat nog buiten het bewustzijnsvermogen ligt, maar men kan het al wel *voelen*. De lijkbleke gelaatsuitdrukking van de naald-uitpakkende verpleger, de wezenloze verstilling van de bewaker van de 'priklocatie', de langssnellende ambulance zonder sirene, het lege venster aan de straatoverzijde, het schichtig wegkijken van de persvoorlichter op televisie, de plechtige stilte in de ooit zo drukke straat. Slechts de steeds sneller binnenstromende 'migranten' transporten uit de Derde Wereld ondersteunen binnen de ex-Vrije Wereld nog de illusie van *business as usual*. Geen afgeschermde badfaciliteit achter hoog prikkeldraad, geen rokende schoorsteen met een vreemde geur, geen blaffende hond naast een vervaarlijke geweerloop. Slechts een nette priklokatie met een aardige verpleegster, slechts een pijnloos naaldje met een paar geurloze druppels, slechts een keurige oproepkaart met een gecomputeriseerde datum. Zo genadig vergeleken met de mondjesmaat in de media gesuggereerde alternatieven van nucleaire holocaust en klimaat doemsdag. Voor wie ogen en oren heeft om te zien en te horen vermenigvuldigen zich de tekenen en wonderen — slechts weinigen voelen zich geroepen te spreken. *Don't Look Up.*

Per saldo zijn zelfs de meest symbolisch-beladen en eschatologisch-beduidende incidenten slechts de uiterlijke *tekenen* van de Val van het Westen: de werkelijke Val vond lang tevoren plaats in innerlijke *conditioneringen*. In sociaal-filosofische termen kan het agglomeraat van existentiële conditioneringen van beschavingsentropie -permanent afgedwongen *Entfremdung, anomie* en *liminality* — worden beschreven als een collectief-geleefde 'Val naar Voren' — een val in en naar de toekomst (Sloterdijk, 2014). In artistieke termen kan het worden geïnterpreteerd als individueel-geleefde 'Chaos Theorie' (Larned, 2016). Het in toenemende mate gedenaturiseerde en gedecultiveerde biologische residue van de Westerse beschaving, — het overblijvende inheemse volksdeel van het Westen — kan nu worden beschreven als kwalitatief *post*-Westers: het zijn *les blancs Zulus* van het neo-tribale ex-Westen. De apocalyptische eindbestemming van de *post*-moderne en *ex*-Westerse 'laatste mens' kan nu als definitief vaststaand worden beschouwd. Zonder twijfel is de meest iconische afspiegeling van zijn versnelde Val te vinden in Richard Drew's onpeilbaar verschrikkelijke foto *The Falling Man*: daarop is een '9/11' slachtoffer te zien in 'vrije val' vanaf de noordelijke toren van het World Trade Centre in New York — nog een 'afgebrand' gebouw. Het is een bevroren moment dat alleen maar lang *lijkt*. Er is geen gerede twijfel meer mogelijk over de eindbestemming van de post-moderne en ex-Westerse 'laatste mens' — de enig overblijvende vraag betreft naar wie zijn plaats zal innemen. Het is tijd om het laatste strand van de Westerse geschiedenis te bezoeken — en uit te kijken over de oceaan van mogelijkheden die daarachter ligt.

Das Gestade der Vergessenheit, 'Het voorland der vergetelheid' (Eugen Bracht, 1889). Een tweede kopie van deze artistieke vooruitblik op de Val van het Westen werd in opdracht gegeven door Wilhelm II, de laatste keizer van Duitsland.

'Op het laatste strand'
Non sum qualis eram

— Ernest Dowson

Op het troosteloze laatste strand van de postmoderniteit, ronddolend tussen het wrakhout van een terminale cultuurfase, worden jonge mensen nu geconfronteerd met de cultuur-historische en psycho-historische *event horizon* van de Westerse beschaving. Existentieel klemgezet door het opkomend tij van historische vergetelheid, worden zij gedwongen óf wel onder te gaan, óf wel een onverwachte uitbraak te forceren uit het ogenschijnlijke 'schaakmat' van de Westerse geschiedenis.

Op het hoogtepunt van de Koude Oorlog was het de intellectuele mode om bezig te zijn met de aankomende nucleaire holocaust die verwerkt zat in het dominante geopolitieke model van die tijd: *Mutual Assured Destruction* ('MAD'). Dit Laat-Moderne 'verwachtingspatroon' had voor de los-van-God-geslagen baby boomers een zeer gelegen komende bijwerking: het rechtvaardigde een existentiële 'vrije val' in ongeremd *après nous le déluge* hedonisme. Dit was het psycho-historisch landschap waaruit de wildgroei het postmoderne Cultuur Nihilisme ontstond. Het verlammende nachtmerrie visioen van een zelf-gemaakt nucleair *Extinction Level Event* overheerste het collectieve bewustzijn en onder-bewijstzijn vanaf het boek *On the Beach* (Shute, 1957) tot aan de film *The Day After* (Meyer, 1983). Zelfs nu nog bepaalt deze psycho-historische conditionering de postbaby boom realiteit van het Westen: de toverspreuk van zogenaamd wiskundig-wetenschappelijke 'onvermijdelijkheid' overheerst bij elke poging to rationele bespreking van elk soort existentiële dreiging. Van antropogene klimaatcatastrofe en technologisch transhumanisme tot sociale implosie en etnische vervanging overheerst de 'berusting' in de eschatologische 'onvermijdelijkheid' die hoort bij de historisch-materialistische cultus van het Cultuur Nihilisme. En zo worden jongere generaties geconfronteerd met een hoogst giftige — nu welhaast ondragelijke — psychische nalatenschap: de Crisis van het Moderne Westen plaatst heb op een 'laatste strand' zonder hoop en zonder uitzicht.

Het Archeo-Futurisme biedt hen echter een uitweg in een stoutmoedig plan: het levert een recept voor een *fusie* van Traditie en Toekomst die hen in staat stelt over de Crisis van het Moderne Westen heen te stappen. Deze fusie-strategie is het 'Manhattan Project' van het Archeo-Futurisme: *De Zwarte Poolster* is verwijd aan dit 'Steen der Wijzen' project. De term 'Manhattan Project' is dubbel toepasselijk want de nieuwe gids van het Archeo-Futurisme, Jason Jorjani, komt uit dat *ground zero* van de Nieuwe Wereld. In de Lenape taal van haar oorspronkelijke bewoners betekent 'Manhattan' 'Boog Verzamelplaats'. Lezers die het geduld opbrengen Jorjani's werken te lezen (verg. *Alba Rosa*, 209ff.) zullen de — meer dan symbolische — betekenis van die etymologie begrijpen. Voor nu is het voldoende te zeggen dat het Archeo-Futuristische 'Manhattan Project' zich bezig houdt met de creatie van een 'numinueze machine' van weergaloze kracht: een

Nieuw Westen. Het Westen staat voor een radicale keuze: vergaan of herrijzen.

Het Archeo-Futurisme stelt een beslissende *Futuristische* uitbraak voor uit zijn *Traditionalistische* bruggehoofd. Het wijst de jonge mensen van het Westen op deze kans — de kans om het *on the beach* moment van het Oude Westen om te draaien naar de *Sternstunde* van een Nieuw Westen. Voor hen heeft Archeo-Futurisme deze boodschap: *jullie* tijd is gekomen. Dit is het moment om iets te *worden* — iets *nieuws*.

> *Let no man forget how menacing we are! We are lions!*
> *Do you know what's there, waiting beyond that beach?*
> *Immortality! Take it! It's yours!*
>
> — 'Troy' (Petersen)

> 'Vrouwe Wijsheid'
> *We can reach, we can beach*
>
> — Enya, 'Orinoco Flow'

Op sommige oude landkaarten wordt de Noordpool gemarkeerd door een 'spook eiland', precies in het midden van de eeuwige ijseilanden van Hyperborea. De Vlaamse cartograaf Mercator beschreef dit *Insula Magnetum*, ofwel 'Magneten Eiland', als *Rupes Nigra*, ofwel 'Zwarte Rots'. In een brief aan John Dee, de hofastroloog — en meer — van Koningin Elizabeth I van Engeland, beschreef Mercator het als een volledig kale 'magnetische monolyth' van enorme omvang, gelegen in het midden van een 'maalstroom' waarin zich alle wateren van de wereld verzamelen. Echoes van deze notie, en van het eraan gerelateerde idee van een voor onverschrokken zeevaarders toegankelijke 'open poolzee' doorvaart naar de fabellanden van het Verre Oosten, zouden nog tot de vroege 20e eeuw naklinken bij ontdekkingsreizigers, kaartenmakers en filosofen. Pas nadat de eerste ski-en-slede ontdekkingsreizigers en de eerste luchtvaart pioniers de geografische Noordpool hadden 'bereikt' vielen deze echoes definitief stil. De in kaart gebrachte 'nacht en ijs' wildernis van het Hoogste Noorden bleek leeg te zijn — alleen in de dubieuze eer van het als eerste zien van die leegte lag nog betekenis. Wat bijna het hele moderne 'lezende publiek' daarbij vergat was dat het oude mythologische begrip van *Rupes Nigra* verwees naar *een andersoortige* waarheid — het soort waarheid dat nooit 'achterhaald' wordt, ook niet wanneer het 'ingesneeuwd' ligt onder dikke pakken zinloze wetenschappelijke rapporten en zieldodende toeristische reisverslagen. De *hogere* ('noordelijker') waarheid achter Rupes Nigra — een waarheid die ontoegankelijk blijkt voor het 'platte aarde' denken van de moderne mens — berust op de archaïsche notie van het Ware Noorden die verwijst naar de 'pool' als Onbewogen Beweger: het 'vaste punt' in alle traditionele kosmologieën. Deze waarheid staat letterlijk 'in de sterren geschreven' in een *totaal echt* astronomisch referentiepunt: de Poolster, ofwel Polaris — *Stella Maris*. In traditionele kosmologieën vertegenwoordigt de Rupes Nigra eenvoudigweg de aardse hypostase van de hemelse Onbewogen Beweger: het is de Zwarte Steen onder de Poolster. De vermeende 'magnetische' kwaliteit ervan verwijst naar het feit dat alle kosmische krachten waaraan de Aarde onderhevig is er zich toe verhouden op centrifugale en centripetale wijze (zoals in de wetenschappelijke mathesis van asrotatie). De vermeende 'zwarte' kwaliteit ervan verwijst naar het feit dat de Onbewogen Beweger gedurende het Duistere Tijdvak in occultatie is in de immanente sfeer van de menselijke zintuigelijke waarneming (zoals in de theologische doctrine van *Deus Absconditus*). In de Perzische Traditie wordt het hyperboreale Ware Noorden geassocieerd met de Qaf Berg: de enige 'plaats' waar de Roc en de Simorgh (Feniks) Vogel kan landen. In die traditie wordt de Qaf Berg gedragen door het gigantische Bahamut zeemonster — een 'mythisch' monster dat in de Bijbel Behemoth wordt genoemd (Job 40:15ff) en dat in de Scandinavische folklore bekend staat als de Kraken.

Nu de 'laatste mens', via zijn klimaat-catastrofale consumptiewoede, het 'eeuwige ijs' letterlijk doet smelten staat de sneeuwwitte schoonheid van de natuurlijke pool op het punt voorgoed te verdwijnen. Maar wat in plaats daarvan kan terugkomen is het 'zwarte gat' van haar boven-natuurlijke 'tegenpool'. In het postmoderne Westen manifesteert dat 'zwarte gat' zich nu al in een al-te-echte 'magnetische' tegen-beweging: het 'zwarte gat' van het Westerse nihilisme is zich aan het vullen met een tegenstroom vanuit de 'Zwarte Steen' van het Oosterse pre-nihilisme — een stroom die het meest direct tastbaat wordt in een Oost-West en Noord-Zuid lopend 'menselijke getij' van historische ongekende proporties. Daarbij dient gezegd te zijn dat op de Aarde de positieve magnetische polariteit gelokaliseerd is op de *Zuidpool* — en daar is geen Poolster, daar is de hemel — geïndiceerd als *Sigma Octantis* — boven de pool leeg en zwart. En zo bedoelt de titel van dit boek, *De Zwarte Poolster*, te verwijzen naar de Archeo-Futuristisch-gedefinieerde *positieve kracht* van een her-kennen, her-activeren en her-leiden van de *boven-natuurlijke* kracht die uiteindelijk alles op Aarde — volkeren, culturen en beschavingen inclusief — schept en her-schept. Het Archeo-Futurisme wijst op de mogelijkheid van het voorkomen van het uitsterven van de volkeren, culturen en beschavingen van het Westen door het her-vinden en het her-uitvinden ervan: de mogelijkheid van het scheppen van een *gloednieuwe* Westerse Traditie van superlatieve kwaliteit.

Dit Archeo-Futuristische 'Manhattan Project' zal uiteindelijk een totale mobilisatie vergen in alle levenssferen — vandaar de synthetische benadering en structuur van *De Zwarte Poolster*. Dit werk streeft naar een *fusie* van de geo-politieke, sociaal-antropologische, meta-politieke en meta-fysieke vraagstukken waarmee de jonge mensen van het Westen worden geconfronteerd: het vat ze samen onder de noemer van één enkel groter vraagstuk: het vraagstuk van existentiële conditionering in relatie tot haar *transcendentale referent* — of het gebrek daaraan. Uiteindelijke is het Archeo-Futuristisch project niets anders dan een kosmologisch-onderbouwde overlevingsstrategie. De succesvolle voltooiing ervan zal geniale vindingrijkheid en zorgvuldige kalibrering vergen; *De Zwarte Poolster* biedt slechts een paar kleine stapsteentjes — vijftien om precies te zijn. In de aankomende jaren zal de jonge generatie, die nu voor de formidabele opgave staat om de *event horizon* van de Westerse postmoderniteit te overschrijden, een veel betere gids nodig hebben. *De Zwarte Poolster* kan daarvoor slechts een geschikte kandidaat aanbevelen: de oude Beschermengel van het Westen, *Hagia Sophia*. Vrouwe Wijsheid — *in memoriam*.

Zij is Zijn manifestatie in stralende pracht
Maar zij blijft ongezien, vluchtig vermoed door zeer weinigen
Soms is er geheel niemand die haar kent

— Thomas Merton

HAGIA SOPHIA

Priestess of Delphi, 'De priesteres van Delphi' (John Collier, 1891). Pythia is verdwenen, maar haar woorden blijven: 'Ik tel de zandkorrels van het strand en ik meet de diepte van de zee en ik versta de taal der stommen en ik hoor zij die geen stem hebben'.

Dankwoord

D E AUTEUR VAN dit werk is erkentelijk voor de bijdragen die anderen hebben geleverd aan het schrijfproject *De Zwarte Poolster*: bij deze spreekt hij zijn dank uit. Aan uitgeverij Arktos, voor haar inzet om *De Zwarte Poolster* niet alleen in haar Engelstalige maar ook in haar Nederlandstalige versie te publiceren — en zo dwars door de totaal-censuur van het Nederlandse uitgeef-kartel heen toegankelijk te maken in de moedertaal van de auteur. Aan de hoofdredacteur van uitgeverij Arktos, John Bruce Leonard, voor zijn geduldige ondersteuning van het hele project. Aan de heer Jack Chandler, voor zijn aperte commentaar op het 'Joodse Vraagstuk' artikel in *Arktos Journal* van 6/7 februari 2019 waarop Hoofdstuk 5 is gebaseerd: dit commentaar is opgenomen in de 'Nawoord' paragraaf. Aan de onvermoeibare grootmeester van Euro-Synergies, Robert Steuckers, voor de recensie exemplaren van zijn werken waarop het tweede hoofdstuk-triade van *De Zwarte Poolster* is gebaseerd — en voor zijn heruitvinding van de geopolitiek in de Lage Landen. Aan de lang dienende boekredacteur van uitgeverij Counter-Currents, John Morgan, voor het recensie exemplaar waarop Hoofdstuk 6 is gebaseerd — en voor zijn schaarse tijd. Aan de heer Fausto Lanser, onafhankelijk Nederlands nationalistisch publicist, voor de gedachtenwisseling over het 'Islam vraagstuk' dat ter sprake komt in paragraaf 1 van Hoofdstuk 1. Aan de heer Sjors Remmerswaal, co-redacteur van het Nederlands-Vlaamse online forum 'React Nieuws', voor zijn toestemming tot het opnemen van het vraaggesprek

'Iran is duidelijk deel van de Indo-Europese cultuurcirkel' als deel van Appendix B bij *De Zwarte Poolster*. Aan de heer Reinout Eeckhout, voorzitter van de voormalige Nederlandse Nieuw Rechts werkgroep Identiteit Nederland (IDNL), voor zijn toestemming voor de reproductie van delen van het ontwerpprogramma en voor zijn redactiewerk aan de paragraven 'Een Paard van Troje', 'Boreaal buitenspel' en 'Requiem voor de rechtstaat' van Hoofdstuk 13 alsmede aan de inleiding tot Hoofdstuk 2. Tenslotte aan Sona Bibi Khanom Bahadori Kashkuli, voor haar toestemming tot reproductie van twee van haar schilderijen 'Bloemenfee' en 'Zwanenzang'—en voor *Two Years of Living Dangerously*.

Bij de Nederlandstalige Versie

Hart van Nederland

DE NEDERLANDSTALIGE versie van *De Zwarte Poolster* richt zich op het Hart van Nederland. Dit Hart verplicht tot samenhorigheid in moeilijke tijden. Al diegenen die hart voor hun land en volk hebben, die pal staan voor hun land en volk, dienen zich te richten naar dat Hart. De gemeenschappelijke zaak overstijgt alle persoonlijke principes, meningen en voorkeuren. Zij overstijgt alle secundaire discussies — 'vrije markt economie', 'klimaat', 'emancipatie', 'alloseksualiteit', 'Islam', 'JQ', 'vaccinatie status' — en alle persoonsgebonden vetes. Het hoogste belang blijft de toekomst van land en volk.

Een uitweg uit de globalistische impasse — uit de gecombineerde schipbreuk van sociaal-economisch neo-liberalisme en psycho-sociaal cultuur-marxisme — vergt authentieke leergierigheid, gedisciplineerd debat en futuristisch iconoclasme. De hete hangijzers van genoemde secundaire discussies zullen uiteindelijk allemaal her-indenkbaar, her-bespreekbaar en her-interpreteerbaar moeten worden om te komen tot een leefbaarder en levensvatbaarder nieuw Nederland. Maar ze mogen niet afleiden van het hogere landsbelang. Concreet betekent deze richtlijn: de erfenis van het Nederlandse beschaving beschermen tegen globalistische uitverkoop en het nageslacht van het Nederlandse volk beschermen tegen globalistische schuldslavernij. Dit betekent: de globalistische 'massa-immigratie' terugdraaien, de globalistische 'open grenzen' verwerpen en het globalistische 'liberalisme' afschaffen. Dit zijn de enige 'programmapunten' waarover overeenstemming nodig is: deze punten definiëren wie aan de goede kant van de geschiedenis staat — en wie aan de foute.

Voor al het overige geldt dat het Hart van Nederland ruimte laat — zelfs ruimte *gebiedt* — voor persoonlijke gewetensvrijheid en levensbeschouwelijke bevinding — *binnenshuis* en *binnenskerks*. Alleen waar zogenaamde 'godsdienst' en 'levensbeschouwing' buitenshuis en buitenskerks hun boekje te buiten gaan komen de grenzen van godsdienst- en meningsvrijheid in zicht. Twee actuele voorbeelden van zulke grensgevallen zijn het primitivitisch 'islamisme' in de Nederlandse publieke sfeer en het agressief 'secularisme' in het Nederlandse publiek bestuur: de reëel bestaande uitwassen van beide dienen niet alleen onverbloemd te worden benoemd, ze dienen ook daadkrachtig te worden bestreden. Dit staat echter in geen enkel opzicht gelijk aan het verbieden van alle vormen van Islam of seculariteit — de staat heeft geen bevoegdheid in het Hart van Nederland. Het Hart van Nederland dicteert vrijheid van bevinding, geweten en geloof. *De Zwarte Poolster* doet daarom afstand van alle on-Nederlandse onverdraagzaamheid — en het doet een beroep op de oud-Nederlandse vrijheid van meningsuiting.

Atque haec non tantum ratio, sed etiam experientia quotidianis exemplis docet; nempe similes leges, quibus scilicet imperatur, quid unicuique credendum sit, et contra hanc aut illam opinionem aliquid dicere, vel scribere prohibetur, saepe institutas fuisse ad largiendum, vel potius cedendum eorum ira, qui libera ingenia ferre nequeunt, et torva quadam authoritate seditiosae plebis devotionem facile in rabiem mutare, et in quos volunt, instigare possunt. 'En dit zijn dingen dingen die niet slechts de rede, maar ook de ervaring door dagelijkse voorbeelden leert, namelijk dat dergelijke wetten, die bevelen wat ieder moet geloven en die verbieden iets tegen deze of gene mening te zeggen of te schrijven, dikwijls zijn ingesteld om tegemoet te komen aan, of liever te zwichten voor de woede van de mensen, die vrije geesten niet kunnen verdragen en die met hun grimmig gezag licht in staat zijn de vroomheid van het oproerige grauw in razernij te doen verkeren en op te stoken tegen wie ze maar willen.' — Benedictus de Spinoza, *Tractatus Theologico Politicus*

Echt Nederlands

'Dé Nederlander bestaat niet' — zo wordt ons voorgehouden als 'houding', als 'denken', als 'voorstelling'. En toch kennen wij de echte wereld ook anders dan als 'voorstelling' alleen: wij kennen haar ook als 'wil'. Als 'voorstelling' kan etniciteit worden gevonden in idealisme en ideologie — positief *bevestigend* in 'patriottisme' en 'nationalisme', negatief *ontkennend* in 'cultuur-relativisme' en 'cultuur-marxisme'. Maar als 'wil' blijft etniciteit altijd simpelweg levensrealiteit: *volk-zijn* is de reële bewoning van een meerlagig (fysiek, psychisch, spiritueel) gezamenlijk *Haus des Seins*. Het is lang geleden dat het Nederlandse volk — dé Nederlander — zichzelf heeft overdacht — en aan zichzelf *als zodanig* heeft gedacht. De lasten van de geschiedenis, de illusies in het heden en de angsten voor de toekomst bemoeilijken zulke bespiegelingen. De laatste authentieke pogingen ertoe liggen in een ver verleden. We moeten het verleden laten spreken om een andere 'voorstelling' te vinden dan die van de niet-bestaande Nederlander — om de wel-bestaande Nederlanden te begrijpen vanuit de unieke *geboortegrond* waaruit hij is ontstaan als unieke *mens-soort*. Henriëtte Roland Holst's *De nieuwe geboort* spreekt daarover als volgt:

> *Holland gij hebt zwellende wolken-stoeten,*
> *uit verre hemel-velden aangevlogen,*
> *gij hebt horizonnen, zacht omgebogen*
> *van oost naar west, zonder eenmaal te ontmoeten*
> *lijn die ze snijdt, en wijd-gespannen bogen*

> *van stranden en van zeeën om ze henen,*
> *gaand tot waar zij met heemlen zich vereenen*
> *die uw schijn van oneindigheid verhoogen.*
> *De lijnen van uw land en van uw water*
> *wekken in ons onpeilbare gedachten,*
> *verlengen zich tot eindeloos begeeren.*

Hier beginnen we iets te bespeuren van het Nederlands *volk-zijn*. We vermoede de blauw-grijze ogen die grootse hemel-velden weerspiegelen en rijzige gestalten die reikhalzend over verre horizons heenkijken naar wereldreizen, wereldrijken en wereldontdekkingen. Faustiaanse Vliegende Hollanders en Erasmiaanse grote geesten doemen op:

> *Onze oogen proeve' iets groots en daarvan gaat er*
> *een trek van grootheid door ons geestes-trachten*
> *en zijn wij thuis in grenzelooze sferen.*

Maar deze grootsheden worden geproefd — en beproefd — in een heel klein eigen wereldje dat heel weinig ruimte heeft:

> *Maar streven wij naar stoffelijk vertalen,*
> *waar blijft de weidsche onbeperkte baan?*
> *Op een eng veld dat nauwe grenze' ompalen*
> *vindt elk geringe ruimte en klein bestaan.*
> *Alle dingen raken elkaar hier aan,*
> *de voet mist afstanden om in te dwalen*

Klein-schaligheid, klein-geestigheid, benauwdheid en bekrompenheid doen zich gelden: in het vele avontuurlijk wegreizen en inhet vele overzeese streven zit naast ontdekkings-lust ook ontsnappings-drang. Een tastbare tegenstelling met de grootse buren — het Britse wereldrijk, de Franse cultuurmacht, de Duitse Rijk(s)dom — doet zich gelden:

> *en geduchte schokken van ginds herhalen*
> *zich als het lichte slingren van een kaan.*
> *Het leven schept genoopt zich eigen maten,*
> *'t is hier verdwergd als een kruidsoort in kloven*
> *en weet niet meer, anders te zijn geweest.*
> *Weg is de grootheid die we in waan bezaten*
> *zoodra we ons deel dragen van 't menschelijk sloven;*
> *Holland ge biedt geen ruimte als aan den geest.*

En zo wordt binnen het kleine Nederland veel van de grootheid en schoonheid van de wereld teruggebracht tot een al te nauwe — al te klein-menselijke — maat. En toch is al dat grote en schone ook van *ons* — al is het maar in miniatuur. Ook dat is *Echt Nederlands*. Met dit in gedachte wil dit boek eraan helpen herinneren dat het Nederlandse volk wél bestaat — en dat het een toekomst toekomt.

Ten geleide

Begrippenapparaat

Die herrschenden Ideen einer Zeit waren stets nur die Ideen der herrschenden Klasse

— Karl Marx

IN DE AANLOOP tot de publicatie van zijn vorige boek, met de titel *Alba Rosa*, werd de auteur gevraagd om een bijdrage te leveren aan het onderzoeksproject van de Nederlandse Nieuw Rechts beweging. Dit onderzoeksproject, improvisorisch ondergebracht in een werkgroep — later partijpolitiek testproject — 'Identiteit Nederland' (IDNL), beoogde een combinatie van meta-politieke en pre-politieke verkenning. In de loop van de daaropvolgende twee jaren, 2019 en 2020, leverde de auteur een aantal rapportages in de vorm van boekbesprekingen, essays en presentaties — deze rapportages vormen de basis van dit nieuwe boek, met de titel *De Zwarte Poolster*. Net zoals in de rest van de Westerse wereld, kan men de Nederlandse Nieuw Rechts beweging beschrijven als een kwantitatief verwaarloosbaar maar kwalitatief hoogwaardig samensmeltsel van nationalistisch, patriotisch, conservatief, identitair en Traditionalistisch denken, publiceren en activisme. Zij heeft haar directe voorlopers in de Nederlandse versies van de 'populistische' en *altright* bewegingen; zij is ook diep ingebed in de grotere internationale — in de eerste plaats Trans-Atlantische — Nieuw Rechts beweging. Omdat de oorsprong, ontwikkeling en omgeving van de Nederlandse Nieuw Rechts beweging vergelijkbaar zijn met die van haar tegenhangers in andere Westerse landen is *De Zwarte Poolster* inhoudelijk relevant voor de internationale Nieuw Rechts beweging als geheel — vandaar dat eerst een kortere Engelstalige versie is verschenen onder de titel *Rupes Nigra*. De nu voor de lezer liggende Nederlandstalige versie is aangepast aan de specifieke Nederlandse context: een aantal rapportages en mediamaterialen met betrekking tot die context zijn opgenomen in Hoofdstukken 13 en 3 en in de Appendices. Ook is de Nederlandstalige versie, waarvan de publicatie aanzienlijk werd vertraagd door de 'Covid Crisis' van 2020, uitgebreid met een drietal hoofdstukken die reflecteren op het in dat *Annus Horribilis* ontstane 'nieuwe politieke normaal': Hoofdstukken 15, 14 en 13 gaan in op, respectievelijk, de nieuwe realiteit van de globalistische 'scam/p(l)andemie-coup', de *Black Li(v)es Matter* psy-op en de 'gecontroleerde implosie' van de rechtse Nederlandse politiek.

Het moge duidelijk zijn dat de auteur van dit werk noch op nationaal noch op internationaal niveau pretendeert te spreken voor Nieuw Rechts als geheel: Nieuw Rechts is een collectief project en is een werk-in-wording — als zodanig kan het door geen enkel individu worden 'vertegenwoordigd'. In weerwil van 'samenzweringstheoriën' die af en toe opduiken in systeempers, bestaat er geen Nieuw Rechtse 'bestuursorganisatie' op enig niveau van betekenis: Nieuw Rechts is een acefale beweging en zal dat hoogstwaarschijnlijk blijven. Wel geeft het synergetisch potentieel van de Nieuw Rechts beweging op lange termijn uitzicht op haar uiteindelijke metamorfose naar iets *nog nieuwers*. Strikt gesproken behoort de auteur niet eens tot Nieuw Rechts; wel steunt hij Nieuw Rechts als voorvechter van de inheemse rechten van zijn eigen volk. Net als met *Alba Rosa*, wenst hij met *De Zwarte Poolster* een bijdrage te leveren in de zin van *advies* en, voor zover mogelijk, *correctie*. Nieuw Rechts heeft vele gebreken en lijdt aan vele kinderziekten — of het kindje zijn eerste levensjaren zal overleven is verre van zeker. De auteur beziet de Nieuw Rechtse meta-politiek door zijn eigen gespecialiseerde 'lens': Traditionalistische cultuurwetenschap, epistemologie en historiografie. De enige manier om dit Traditionalistische perspectief een 'operationele' functie te geven in de zin van Nieuw Rechts metapolitiek onderzoek is middels het *Archeo-Futurisme*: Traditionalistische hermeneutiek is namelijk een van de twee hoofdpijlers van het Archeo-Futurisme (de andere is de 'Mercuriaanse hermeutiek').

Deze paragraaf zover doorgeworsteld hebbende. zal de niet in de arcana van het 'post-postmoderne' metapolitieke discourse ingevoerde lezer de urgente noodzaak inzien van het definiëren van de gebruikte begrippenapparaat. Hierbij moet opgemerkt worden dat de werkzaamheid en doeltreffendheid van Archeo-Futuristische metapolitiek nu juist afhangen van een *doelbewuste toeëigening* van ideeën en woorden: de de-constructie en re-constructie van ideeën en woorden is een voorleggende taakstelling van het Archeo-Futuristische project (verg. Jorjani, *Prometheus and Atlas*). Desalniettemin kan de lezer niet gevraagd worden om met de 'aftelling' van *De Zwarte Poolster* een begin te maken zonder dat hem een aantal basale definiërende referentiepunten ter hand zijn gesteld. De volgende tien definitie-improvisaties, vijf voor meta-politieke en vijf voor cultuur-historische begrippen, moeten daarom aan de eigenlijke tekst van *De Zwarte Poolster* vooraf gaan — met de aantekening dat ze een pragmatisch *functionaliteit*, en geen filosofische *stellingname* nastreven. De vijf *meta-politieke* begrippen zijn: (1) 'Traditionalisme', (2) 'Cultuur-Nihilisme', (3) 'vijandelijke elite', (4) 'Archeo-Futurisme' en (5) 'Nieuw Rechts'. De vijf *cultuur-historische* begrippen zijn: (1) 'ras', (2) 'Indo-Europees', (3) 'Arisch', (4) 'Europees' en (5) 'Westers'. De definitie van de eerste van deze tien begrippen, 'Traditionalisme', zal toelichten hoe de auteur van dit werk komt tot de definities van de overige negen komt.

(1) *Traditionalisme*: *Alba Rosa* gaf een serie 'Traditionalistische' perspectieven op de Crisis van het Moderne Westen[1] — deze perspectiven geven jonge Westerlingen een aantal steunpunten in hun cognitieve oorlogsvoering tegen de vijandelijke elite die hun landen en volkeren overheerst. De belangrijkste opgaaf van *Alba Rosa* was het aandragen van authentieke en levensvatbare alternatieve wereldbeelden — alternatieven voor de ogenschijnlijk ondoordringbare modernistische (dat wil zeggen historisch-materialistische, sociaal-darwinistische, cultuur-marxistische, cultuur-relativistische) doctrines die de macht van de vijandelijke elite stutten. Het Traditionalisme geeft toegang tot zulke alternatieven in verschillende kennisvelden en op verschillende onderzoeksvlakken, waaronder cultuur-geschiedenis, vergelijkende godsdienstwetenschap, epistemologie en kosmologie.[2] Het hart van het Traditionalisme wordt gevonden in het idee van de universele *Sophia Perennis*, dat wil zeggen een eenduidig Eeuwige Waarheid die (deels) wordt gespiegeld in alle authentieke Tradities ter wereld — ook als die Tradities die Ene Waarheid op verschillende manieren uitdrukken, al naar gelang hun specifieke positionering in tijd en plaats (voor een wijdere definitie van het begrip, verg. *Alba Rosa*, 151-3). Zo biedt het Traditionalisme — hier meer precies te begrijpen als het geleerde discourse dat werd neergezet door de 20e eeuwse Traditionale School zoals gevestigd door René Guénon, Ananda Coomaraswamy en Frithjof Schuon — meer dan slechts een alternatief 'perspectief' op intellectueel niveau: het 'deconstrueert' — of eigenlijk: 'de-deconstrueert' — de Moderniteit als existentiële ervaringsrealiteit en ontologisch raamwerk. Tot nu toe heeft de auteur van dit werk bijdragen geleverd aan de Traditionalistische deconstructie van het modernistisch discourse in twee specifieke kennisgebieden: zijn werk *Sunset* leverde

---

1   Voor een bespreking van *Alba Rosa*, verg. 'Europodcasts' kanaal podcast *Traditionalist Vision*.

2   Voor een bespreking van een recente populair-wetenschappelijke publicatie met Traditionalistische symboolanalyse, verg. 'Arktos' kanaal podcast *Charles William Dailey*.

een deconstructie van de modernistische historiografie en zijn werk *Alba Rosa* leverde een deconstructie van de modernistische meta-politiek. Enerzijds behelst *De Zwarte Poolster* een *aanvulling* op deze twee eerdere werken: *De Zwarte Poolster* benut de *de-*constructies van het modernistische discourse in *Sunset* en *Alba Rosa* als referentiepunten voor een Traditionalistisch-geïnspireerde *re-*constructie van het Westerse meta-politieke discourse. Anderzijds behelst *De Zwarte Poolster* een *vertrek* uit de Traditionalistische analyses van deze twee eerdere werken want de re-constructie van het Westerse meta-politieke discourse vergt *meer* dan referentie- en uitgangspunten in Traditie: zij vergt ook ijk- en streefpunten in de Toekomst. Zo bekeken is *De Zwarte Poolster* voor de lezer toegankelijk zonder dat hij met de inhoud van *Sunset* en *Alba Rosa* bekend hoeft te zijn. In *De Zwarte Poolster* worden hier en daar verwijzingen naar *Sunset* en *Alba Rosa* gegeven, maar die zijn alleen relevant voor beginnende lezers die bepaalde Traditionalistische lijnen willen terugvolgen: *De Zwarte Poolster* is verder een volledig 'autarkische' monograaf.

(2) *Cultuur-Nihilisme*: het 'Cultuur-Nihilisme' wordt hier gedefinieerd als het de facto — functioneel-effectieve maar voornamelijk *impliciete* en *onderbewuste* — 'wereldbeeld' van de over de Westerse staten en volkeren regerende vijandelijke elite. Dit 'wereldbeeld' — feitelijk een *anti-*wereldbeeld — wordt aan de Westerse volkeren opgedrongen door 'post-gezin' opvoeding, 'idiocratische' anti-scholing, 'politiek-correcte' systeemmedia en normatieve 'consensus politiek'. Het gevolg is geïnstitutionaliseerde cognitieve dissonantie en een collectieve race naar de intellectuele en morele bodem. De voornaamste kenmerken van het Cultuur-Nihilisme zijn militant secularisme, hyper-kapitalistisch sociaal-darwinisme, collectieve narcistische conditionering en cultuur-relativisme van staatswege. De informele — functioneel-effectieve maar formeel onverbindelijke — ideologie die hoort bij het Cultuur-Nihilisme kan worden gedefinieerd als 'Liberaal Normativisme': deze ideologie resulteert uit een pragmatische machtsalliantie tussen het neo-liberalisme en

het cultuur-marxisme (verg. Hoofdstuk 12). Vanuit cultuur-historisch perspectief vertegenwoordigt het Cultuur-Nihilisme de 'boven-structuur' van de postmoderniteit: het wordt gerealiseert middels radicale anti-Traditionele en anti-identitaire 'deconstructie' in alle maatschappelijke facetten. Vanuit psycho-historisch perspectief vertegenwoordigt het Cultuur-Nihilisme het 'wereldbeeld' dat het best is 'aangepast' aan de voorlaatste 'devolutionaire' fase van wat Evola beschreef als *la regressione delle caste*: zijn nihilistische (zelf-verminkende, sadomasochistische) sleutelmechanismen zijn feminisatie en xenificatie. Deze mechanismen worden politiek gerealiseerd in 'matriarchaat' en 'omvolking' (verg. *Alba Rosa*, 168ff.).

(3) *Vijandelijke elite*: de 'vijandelijke elite' wordt pragmatisch gedefinieerd als de globalistisch handelende en universalistisch denkende elite die aan de macht is in de Westen. Haar 'globalistische' agenda vindt afspiegeling in een radicaal anti-Traditioneel, anti-identitair en anti-noministisch zelfbeeld: zij vormt een trans-etnische groep die opereert via boven-politieke en trans-nationale machtsmechanismen (verg. Hoofdstuk 5) — als *shape shifting* fenomeen kenmerkt zij zich door permanente improvisatie naar ledenbestand en beweegrichting. Het prototype van de vijandelijke elite is te vinden in de baby boomer *soixante-huitard avant-garde* die zichzelf nu reproduceert in een geïmproviseerde nieuwe generatie van *metoo* (heksenjagende) vierde generatie feministen, *woke* (politiek-gecastreerde) post-blanke ex-mannen en *dreamer* (hyper-geprivilegeerde) niet-blanke kolonisten (voor haar historische oorsprong, verg. *Alba Rosa*, xiv-xvii). Vanuit Traditionalistisch perspectief is de globalistische vijandelijke elite het makkelijkst te herkennen aan het 'fruit' dat haar 'Nieuwe Wereld Orde' project heeft voortgebracht: ecocide, trans-humanisme, etnocide en sociale implosie. Feitelijk functioneert de *hard core* vijandelijke elite als wegbereider voor wat de Christelijke Traditie aanduidt als de 'heerschappij van de antichrist' (voor haar metafysieke rol, verg. *Alba Rosa*, 162-4).

(4) *Archeo-Futurisme*:[3] in de huidige fase van de postmoderniteit — cultuur-historisch op te vatten als een *interregnum* tijdsvak — spiegelt het 'Archeo-Futurisme' de radicale metamorfose van de Westerse Traditie in filosofisch en meta-politiek discourse. Als *shape shifting* tegen-discourse vertegenwoordigt het Archeo-Futurisme een dynamische voorafschaduwing van het nog onbekende wereldbeeld dat in diametrale opposite staat tegenover het Cultuur-Nihilisme: het Archeo-Futurism deconstrueert het Cultuur-Nihilisme — het is zijn historische *Nemesis*. Het Archeo-Futurisme functioneert als 'dialectische' oppositie — en *opheffing* — van het Cultuur-Nihilisme: de oorsprong van eerstgenoemde ligt in de vroege jaren '90 (Fukuyama's *End of History* dateert van 1992) en de oorsprong van laatstgenoemde ligt in de late jaren '90 (Faye's *Archéofuturisme* dateert van 1998). Vanuit historisch perspectief laat de Cultuur-Nihilistische neergang van de oude academische disciplines — meest dramatisch zichtbaar in de Godsgeleerdheid en de Filosofie — een omgekeerd evenredige trent zien met de opkomst van de nieuwe extramurale discoursen van het Archeo-Futurisme: beide verhouden zich tot elkaar als deconstructie zich verhoudt tot re-constructie. Recente initiatieven in de opbouw van 'alternatieve academia' (Steve Bannon's project bij Rome, Marion Maréchal's project in Lyon) zijn gebaseerd op een vroege herkenning van deze ontwikkeling: zij wijzen op de naderende vervanging van de zich in staat van verregaande ontbinding verkerende Westerse Geesteswetenschappen en Sociale Wetenschappen. Het Archeo-Futurisme moet wordt begrepen voor wat het is: een *werk in uitvoering*: het bouwt aan de 'brug' die uiteindelijk 'archaïsche' Traditie zal verbinden met 'futuristische' Visie. Het kernstuk van de 'overbruggingsoperatie' is het her-kennen, her-bouwen en her-activeren van de *archetypes* van de Westerse Traditie. Hier zal het begrip 'archetype' worden gebruikt in zijn *cultuur-antropologisch functionele* zin, dat wil zeggen in verwijzing naar de cultuur-specifieke (tijds- en

---

3 Voor een korte inleiding, verg. 'Faust' kanaal podcast *Archeofuturism Stream*.

plaats-ingeperkte) verbindingen die elke authentieke cultuur legt tussen de immanente realiteit van de aardse microkosmos en haar transcendente referent in de hemelse macrokosmos. Aldus opgevat heeft het archetype dus een *boven-natuurlijke, myopoëtische* en *numinueze* essentie.[4] Vanuit Traditioneel perspectief houdt het Archeo-Futurisme zich bezig met de voorafschaduwing van de Gouden Dageraad die komt na de zelf-vernietiging van de postmoderniteit, dat wil zeggen na de alles-nivellerende eindfase van het Duistere Tijdvak. Binnen het Archeo-Futurisme functioneert het Traditionalisme als 'onderzoeksmodel': het laat onderzoek toe naar de archetypische krachtenvelden die uiteindelijk zullen doorbreken over de *event horizon* van de postmoderniteit. Met andere woorden: zo kan het Traditionalisme het Archeo-Futurisme nog *dienen*: dit is wat *De Zwarte Poolster* beoogt — onder de auspiciën van Hagia Sophia.

(5) *Nieuw Rechts*:[5] buiten het Westen bestaan er nog altijd een aantal formidable politiek-filosofische en geo-politieke tegenkrachten in oppositie tegen de globalistische vijandelijke elite — de belangrijkste daarvan is Doegin's in Rusland gebaseerde Neo-Eurazianistische beweging. Binnen het Westen zelf zijn zulke tegenkrachten echter niet beschikbaar. Ondanks een aantal ongecoördineerde 'illiberale',

---

4   De *psychologische* lading van het archetype kan worden gevat in het begrip *engram*, dat wil zeggen ...'de hypothetische wisseling van het protoplasma van zenuwweefsel die door sommigen wordt verondersteld de eigenlijke oorzaak te zijn van de geheugenfunctie. Het is een herinnerings-spoor: de permanente (biologische) 'indruk' die door een stimulus of ervaring wordt achtergelaten. ...Het leeft in 'innerlijke tijd', dat wil zeggen verborgen achter de oppervlakte van het bewustzijn in wakkere toestand en het wordt niet aangetast door tijdsverloop. ...Het idee van het engram [kan worden gerelateerd] aan de tijdloze dimensie van de *Dreamtime* van de Australische Aboriginals — en, meer algemeen, aan het begrip mythe. ...Het engram wordt [zo opgevat] als een [intrinsiek] vermogen tot genetische transmissie van de emotionele [en andere psychische] indrukken die onze voorouders hebben opgedaan, zodat ze door ons kunnen worden gereactiveerd.' — Pankhurst, *Numinous Machines*, 69-70 (vertaling Alexander Wolfheze).

5   Voor een korte inleiding, verg. 'Faust' kanaal podcast *Nouvelle Droite*.

'populistische' en 'civiel-nationalistische' achterhoede gevechten, zoals 'Visegrad', 'Brexit' en 'LEGA', valt bijna het hele Westen onder directe vijandelijke bezetting. De dichtste benadering van een substantiële uitdaging van de vijandelijke elite in het Westerse hartland waartoe het anti-globalistische 'proto-verzet' tot nu toe in staat was, was Richard Spencer's 'Alt-right' initiatief in 2017. Onder enorme druk (*black-ops* infiltratie, *mainstream media* stigmatisering, 'antifa' intimidatie, digitale *deplatforming*) implodeerde de Alt-right beweging op de breuklijnen van haar programmatische weeffouten en infantiele ego-conflicten. Sindsdien zijn alle sporen van substantieel inheems-Westers verzet tegen de vijandelijke elite uit het collectieve kortetermijnsgeheugen en de publieke sfeer gewist door een een combinatie van cognitieve oorlogsvoering (*framing*), digitale manipulatie (*deplatforming*) en mediale totaalcensuur (*black-out*). Elke vorm van institutionele politieke oppositie wordt effectief gemarginaliseerd door de standaard 'zelfregulering' mechanismen van bureaucratische sabotage (als bij 'Brexit', 'Trump') en cordon sanitaire (als bij 'PVV', 'AfD'). Elke vorm van activistische burger oppositie wordt effectief geneutraliseerd (doodgezwegen, verdraaid) door de systeemmedia — en dan buiten publiek zicht neergeslagen door politionele actie en 'antifa' stormtroepen ('Chemnitz', *Gilets Jaunes*). Oppositionele publicisten en kopstukken worden onderworpen aan digitale censuur ('Millennial Woes'), anti-commerciële marktmonopolies (Greg Johnson), fysieke bewegingsbeperkingen (Jared Taylor) en buiten-juridische strafmaatregelen ('Tommy Robinson'). De nog publiek zichtbare overblijfselen van de inheems-Westerse oppositie ontberen leiding, middelen en invloed. De vijandelijke elite weet de oppositie zo 'buiten zicht' en 'ondergronds' te drijven, maar zij dwingt die oppositie daarmee ook tot aanpassing en zelfvernieuwing. Deze zich in een nieuwe fase van aanpassing en zelfvernieuwing bevindende oppositie 'nieuwe stijl' — gezuiverd van zwakke elementen, geselecteerd op vindingsrijkheid en gedwongen tot ijzeren discipline — kan men aanduiden als 'Echt Rechts' of 'Nieuw Rechts'. De begrippen 'links' en 'rechts' mogen allang elke substantiële betekenis hebben verloren na hun effectieve fusie in een neo-liberaal/cultuur-marxistische partijkartel, maar het begrip 'rechts' krijgt in dit 'Nieuw Rechts' een nieuwe betekenis via de connotatie van juridisch en moreel *recht* tegen *onrecht*. In die zin kan men stellen dat het theoretische begrip 'Echt Rechts' die Daniel Friberg al in 2015 lanceerde nu pas praktische invulling begint te krijgen. Het is ironisch dat wat *echt* en *nieuw* is aan het 'rechts' van nu feitelijk wordt *opgelegd* aan de anti-globalistische oppositie door de panische over-reactie van de vijandelijke elite. Lezers die geïnteresseerd zijn in de historische achtergrond, de huidige situatie en het gedachtegoed van Nederlands Nieuw Rechts kunnen zich enigszins daarop oriënteren via de Appendices.

(6) *Ras*: Vanuit Traditionalistisch perspectief zijn de immanente dimensies van 'ras', dat wil zeggen de biologische (genetische) uitdrukkingen en zichtbare (fenotypische) afspiegelingen ervan, *secundaire* attributen: zij vertegenwoordigen slechts de immanente (microkosmische) spiegelbeelden van *primair* metafysische (macrokosmische) archetypen — de archetypes gaan vooraf aan de spiegelbeelden en bepalen de spiegelbeelden. Er bestaat geen objectieve 'hiërarchische' standaard waaraan *essentiële* (archetypisch bepaalde) verschillen kunnen worden 'afgemeten' in de zin van een 'hogere' of 'lagere' kwaliteit. Deze verschillen vertegenwoordigen *absolute waarden* in ontologische zin — ze zijn als zodanig herkenbaar door het feit dat ze *aangeboren* zijn (verg. Hoofdstuk 6). Verschillen in ras kunnen subjectief worden ervaren in de zin van 'minderwaardigheidscomplexen' en 'racistische vooroordelen', maar deze ervaringen hebben slechts een contingente betekenis. De aanverwante negatieve — want psychologisch-regressieve — sentimentaliteit heeft geen hogere objectieve waarde dan de fictieve 'gevoelens' die men kan projecteren op de relatie tussen schaap en wolf. Hierbij dient het klassiek-Traditionalistisch standpunt te worden benadrukt: het Traditionalisme gaat ervan uit dat de *innerlijke* kwaliteiten van elk specifiek soort 'raciaal type' altijd belangrijker zijn dan de *uiterlijke* kwaliteiten ervan (zoals huidskleur

en fysiognomie): de eerste categorie kan de tweede zelfs volledig overstemmen. Zo is het in Traditionalistische theorie mogelijk dat een uiterlijk zwart-gekleurde mens innerlijk 'noordwaarts georiënteerd' is en daarmee een 'blankere ziel' heeft dan een uiterlijk blank-gekleurde maar innerlijk 'zuidwaarts georiënteerde' mens. De praktische 'realisatie' van een dergelijke 'onder-huidse roeping' kan uiteindelijk echter alleen plaatsvinden in de private sfeer — de publieke sfeer mag een dergelijk 'realisatie-model' nooit veronderstellen, laat staan afdwingen. Het postmoderne spektakel van on-natuurlijke *blancs Zulus* die vervallen tot *gangsta* en 'antifa' rollenspellen verschaft een goede illustratie bij deze Traditionalistische leer. Voor alle duidelijkheid moet hierbij nog expliciet gesteld worden dat deze Traditionalistische verwerping van alle soorten 'racisme' niets te maken heeft met een zich lafhartig voegen naar het consensus-jargon van 'politieke correctheid': elk soort authentiek 'waarheid zoeken' verplicht eenduidige verwerping van elk soort 'politieke correctheid'. De Traditionalistische verwerping van 'racisme' berust op een simpele methodologische verwerping van het kunstmatige moderne begrip 'ras' als een exclusief immanent (biologisch, materieel) fenomeen.

(7) *Indo-Europees*: De 'Indo-Europese' volkeren worden hier primair gedefinieerd in taalkundige zin: het zijn de volkeren die van oudsher Indo-Europese talen spreken.

(8) *Arisch*: De 'Arische' Traditie wordt hier gedefineerd als de oudst — grotendeels pre-historische maar wetenschappelijk reconstrueerbare — gedeelde etnoculturele 'wortel traditie' van de Indo-Europese volkeren. Zoals deels herleidbaar uit geschreven bronnen heeft deze Arische wortel-traditie zich in drie grote historische takken ontwikkeld: de Indische, de Perzische en de Europese Tradities. Elk van deze drie takken laat een bepaalde graad van (fenotypische, religieuze, taalkundige) hybriditeit zien. De Europese Traditie heeft veel van haar oorspronkelijke (heidense) religieuze erfgoed verloren met de aanname van (gespecialiseerde vormen) van een niet-Indo-Europese godsdienst (Abrahamisme, via het Christendom), maar

zij heeft veel van haar oorspronkelijke fenotypische en taalkundige eigenheid behouden. De Indische Traditie heeft veel haar oorspronkelijke religieuze en taalkundige erfgoed grotendeels behouden (in dominant Hindoeisme en literair Sanskriet), maar zij heeft zich 'fenotypisch' sterk aangepast door absorptie van een grote niet-Indo-Europese substraat-bevolking. De Perzische Traditie heeft 'compromis vormen' aangenomen in alle drie opzichten: haar fenotypische, religieuze en taalkundige wortel-identiteiten zijn — marginaal — blijven bestaan, maar hebben zich verwijd voor opname van een dikke laag Turks-Mongoolse migratie, Islamitische godsdienst en Arabisch leenvocabulair.

(9) *Europees*: De 'Europese' volkeren worden hier primair gedefinieerd als het totaal-agglomeraat van de — fenotypisch blanke — inheemse volkeren van het Europese (sub-)continent in de vorm die het had ten tijde van de formele vestiging van het Christendom als hegemoniale godsdienst, dat wil zeggen ca. 1100 AD. Zo omvat het begrip 'Europese volkeren' dus meer dan de Indo-Europees sprekende inheemse volkeren van Europa: het omvat ook een aantal kleinere — ook fenotypisch blanke — groepen die andere talen spreken (de Basken, de Finno-Oegrische volkerene en een aantal Kaukasische volkeren). Het omvat ook de volkeren van herkenbaar (fenotypisch blank, religieus Christelijke) Europese afstamming die zich overzees hebben gevestigd — het meest prominent herkenbaar zijn daarbij de grote Anglo-Saksische volksplantingen van Noord-Amerika en Oceanië (voor een uitgebreidere Traditionalistische analyse van de identiteits markeringen 'Europees' en 'Westers', verg. *Alba Rosa*, 107-13).

(10) *Westers*: De 'Westerse' beschaving wordt hier gedefineerd als dat deel van de Europese Traditie dat sinds het Grote Schisma van 1054 ten westen van de Latijn-Grieks scheidslijn een afzonderlijk cultuur-traject doormaakt. Geografisch bestrijkt het Westen ongeveer de huidige 'EU' en 'EEA' gebieden, exclusief Roemenië, Bulgarije, Griekenland en Cyprus, plus Europa's overzeese

volksplantingskoloniën. Het Westen wordt dus gedefinieerd vanuit de West-Romeins/Katholieke Traditie en in tegenstelling tot de Oost-Romeins/Orthodoxe Traditie. Gezien de specifieke en problematische positie van de Europese volksplantingen in Latijns-Amerika en zuidelijk Afrika zal het Westen hier pragmatisch nauwer worden gedefinieerd als West-Europa plus de overzeese Anglosfeer. Vanaf het einde van de 15e eeuw heeft het specifieke cultuur-traject van het Westen een ontwikkeling geforceerd die het Westen tot het *ground zero* van de Moderniteit heeft doen (ver)worden.

(*) *De lezer kan enkele aanvullende definities van Nieuw Rechts 'jargon' vinden in het toegevoegde Glossarium, paragraaf 'FAQ'.*

Organisatie

Het doel van *De Zwarte Poolster* is om een Archeo-Futuristische gids te verschaffen op weg naar de naderende *event horizon* van de Westerse postmoderniteit. Ter wille van een optimale gebruikersvriendelijkheid is *De Zwarte Poolster* georganiseerd volgens een 'onderwerp hiërarchie' die flexibele focus en schuivende prioriteit toelaten. Deze 'onderwerp hiërarchie' laat het aan de lezer over om gebruik te maken van *De Zwarte Poolster* al naar gelang zijn eigen prioriteit, belangstelling en inclinatie. De Westerse jonge mensen die nu door de existentiële crisis van de postmoderniteit heen moeten leven, en die de maalstroom van Cultuur-Nihilistische deconstructie op alle vlakken van het dagelijks leven moeten ervaren, worden nu gedwongen tot een levenshouding van 'flexibele respons' — een overlevingsstrategie die door Evola op soliede grondslagen werd gebaseerd en op heldere wijze werd verwoord als het 'berijden van de tijger'. De auteur van *De Zwarte Poolster* erkent de absolute prioriteit van *dynamische focus* in de existentiële staat van 'totale oorlog' die aan jonge mensen wordt opgelegd door de escalerende postmoderniteit. Om met een existentiële noodsituatie van historisch ongekende diepte om te gaan vergt een 'suspensie' van het 'subject centrum' (beter bekend als 'persoon') tijdens de donkerste episode van de Crisis van het Moderne Westen — een 'suspensie' in de ambiance atmosfeer van de 'vrije improvisatie'. Met andere woorden: de 'vrije val' van de Moderniteit moet niet alleen passief worden herkend en doorleefd, die beweging moet ook actief worden *versneld* en *gestuurd*. Traditionele culturen werden gekenmerkt door de organische *incorporatie* en roeping *integratie* van persoonlijke identiteit in een holistisch gestructureerd collectief (beter bekend als 'gemeenschap'). In zulke culturen werd de drastische maatregel van (de-personaliserende en zelfs anti-persoonlijke) 'suspensie' alleen vereist van een handjevol zogenaamd 'gepriviligeerde' — beter: 'gepreselecteerde' — mensen, dat wil zeggen van het handjevol mensen met een aangeboren transcendent-referente (beter bekend als 'heilige', zoals in: koninklijke, ridderlijke, priesterlijke, shamanistische) roeping. Maar in moderne 'samenlevingen' zijn zulke organische incorporaties en roeping integraties niet langer mogelijk: het gecombineerde effect van de samenvallende noodtoestanden van de Moderniteit is het wegvallen van alle authentieke (dat wil zeggen niet-contingente) referentiepunten in de publieke sfeer (dat wil zeggen alle punten van authentieke religieus, politiek, academisch, economisch, sociaal, cultureel autoriteit). De versnelling en verdichting van de samenvallende toestanden — nu inclusief escalerende klimaatsverandering, invasief transhumanisme, grootschalige volksvervanging en sociale totaal-implosie — maken elk soort existentiële 'stellingname' feitelijk onmogelijk. De enige 'uitzondering' hierop is transcendent-referente 'suspensie' in het boven-persoonlijk 'bevroren centrum' van de kosmische tijdscyclus zelf. Vanuit deze 'suspensie' positie blijft ook *positieve* inter-actie met de immanente realiteit van postmoderne noodtoestanden mogelijk — middels dynamische focus. Archeo-Futurisme is de intellectuele articulatie van deze dynamische focus — *De Zwarte Poolster* integreert die focus door een meerlagige 'onderwerp hiërarchie'.

Van 'groot naar klein' telt *De Zwarte Poolster* af van de mondiale grotere en nationale kleinere crises van het *Annus Horribilis* 2020 (eerste hoofdstuk trade, Hoofdstukken 15-13), via *globale* geopolitiek (de tweede hoofdstuk triade, Hoofdstukken 12-10), en *Westerse* sociaal-antropologie (de derde hoofdstuk triade, Hoofdstukken 9-7) en *etno-nationale* metapolitiek (de vierde hoofdstuk triade, Hoofdstukken 6-4), naar *Archeo-Futuristische* strategie (de vijfde hoofdstuk triade, Hoofdstukken 3-1). Tegelijkertijd telt *De Zwarte Poolster* op van 'klein naar groot': het illustreert dat zelfs de grootste en 'hardste' overheersingsplannen en machtsstructuren (op geopolitiek niveau) en de 'vrijst gewilde' levensvormen (op sociaal-antropologisch niveau) afhangen van voor-liggende conditioneringen (op metapolitiek niveau) — en dat deze conditioneringen uiteindelijk aanpasbaar zijn door (hier: Archeo-Futuristisch georiënteerde) toekomst-visies. Als machtsstructuren en levensvormen worden geconditioneerd door (grotendeels impliciete) metapolitieke raamwerken, dan zijn ze ook te veranderen door aanpassing van die raamwerken.

Het enig mogelijke resultaat van de modernistische deconstructe van voorafgaande Traditionele raamwerken is *negatief*: zij schept een existentiële *leemte* zonder er iets voor in de plaats te kunnen zetten. Het dwaalbegrip 'constructionisme', dat binnen het Cultuur-Nihilisme dient als socio-culturele leidraad, leidt onvermijdelijkerwijs tot desastreuze effecten — zoals bewezen in de daadwerkelijk geleefde realiteit die resulteert uit de toepassing van het 'constructionistisch' Liberaal-Normativisme. Het gerealiseerde eindresultaat is de implosie van alle authentieke identiteitsstructuren in zowel de publieke als privé sfeer; het meest extreem is het zichtbaar in het Cultuur-Nihilistische *ground zero*: het postmoderne Westen. Met het dynamische focus prisma van *De Zwarte Poolster* wordt het mogelijk de verloren 'archaïsche' identiteits archetypes terug te vinden en ze over de leegte en *event horizon* van de postmoderniteit heen te tillen — en ze vooruit te projecteren op toekomstige 'reincarnaties'. Met een inbreng van Archeo-Futuristische 'proto-hermeneutiek' — nu nog een bricolage van Traditionalistische en Mercuriaanse hermeneutiek — assisteert *De Zwarte Poolster* in het opruimen van het intellectuele puin van de Moderniteit: zo kan dit werk bijdragen aan de *tabula rasa* die jonge Westerse mensen nodig hebben om een 'nieuwe start te maken'. Zij kunnen *De Zwarte Poolster* begrijpen — en gebruiken — als ambigram: dat wil zeggen op de manier die hun schikt: als 'op-telling', 'af-telling', 'her-rekening' of 'af-rekening' — of simpelweg als 'be-rekening'. Helemaal afgezien van deze flexibele organisatorische structuur kan elk van de vijftien hoofdstukken van *De Zwarte Poolster* echter ook worden gelezen als alleenstaand opstel. Met andere woorden: *De Zwarte Poolster* heeft weliswaar een 'handleiding', maar dient als 'gereedschapsdoos'. De diverse sporen naar en duidingen van specifieke kunstvormen — sommige zeer oud, sommige zeer nieuw — die worden aangeleverd in *De Zwarte Poolster* moeten op dezelfde manier worden begrepen: de auteur van dit werk beoogt een paar kostbare restanten van de Westerse denk- en kunstvorm over de zeer gevaarlijke eindstreep van de Westerse geschiedenis heen te lanceren.

Een andere specifieke vormkeuze waarover nog iets moet worden gezegd heeft ook te maken met de 'gereedschapsdoos' functionaliteit van *De Zwarte Poolster*: er zijn vier 'boekbesprekingen' in opgenomen die een Archeo-Futuristische exegese aanleveren van Nieuw Rechtse sleutelteksten. Hoofdstukken 12-10 bespreken drie werken van Robert Steuckers en Hoofdstuk 6 bespreekt een werk van Greg Johnson. Lezers kunnen deze hoofdstukken raadplegen om een betere indruk te krijgen van de contextuele relevantie — en het *futuristische potentieel* — van deze denkers.

Tenslotte is het nuttig aan te geven welke delen van *De Zwarte Poolster speciek-Nederlandse* thema's bespreken: Hoofdstuk 13 bespreekt een aantal binnenlandse ontwikkelingen met directe relevantie voor Nederlands Nieuw Rechts, Hoofdstukken 9-7 bevatten een aantal voorbeeld-analyses van Nederlandse socio-antropologische realiteiten (Cultuur-Nihilistische deconstructies) en Hoofdstuk 3 gaat in op de specifieke Nederlandse situatie met betrekking tot de *Katechon* functie van de monarchie. De Appendices bevatten tenslotte een aantal materialen die zijn geschreven om Nederlands Nieuw Rechts te helpen bij het ontwikkelen van een nieuw binnenlands programma en een nieuw buitenlands beleid. In de rest van *De Zwarte Poolster* wordt de 'Crisis van het Moderne Nederland' vooral belicht vanuit een *grotere* problematiek, namelijk als deel van de grotere 'Crisis van het Moderne Westen' — en van de grootste crisis van alle: de 'Crisis van Moderne Wereld'.

Triade:	Hoofdstuk — Titel:	Onderwerp:
1e Triade		*Actualiteit analyse*
	15 — *Decamerone Redux*	'Covid' Crisis
	14 — *De laatste golf*	*Black Lives Matter* Crisis
	13 — *Annus Horribilis*	'Rechts Nederland' Crisis
2e Triade		*Geopolitieke analyse*
	12 — Hephaistos	Decisionisme
	11 — *Le Rouge et Le Noir*	Eurasianisme
	10 — Edelweiss	Neo-Imperialisme
3e Triade		*Sociaal-antropologische analyse*
	9 — De verslinding	ethnische deconstructie
	8 — De gebroken pijl	sociale deconstructie
	7 — Achter de regenboog	culturele deconstructie
4e Triade		*Etno-nationale strategie*
	6 — Operatie Belisarius	'racisme'
	5 — Van JQ naar IQ	'antisemitisme'
	4 — De identitaire beeldenstorm	'nationalisme'
5e Triade		*Numino-politieke strategie*
	3 — De Oranje pil	rechts-filosofische inzet
	2 — *La Vita Nuova*	psycho-sociale inzet
	1 — De Zwarte Steen	transcendentale inzet

Presentatie

Vertalingen: Voor zover niet-Engelse en niet-Duitse vreemdtalige woorden en zinnen niet onmiddelijk binnen de hoofdtekst zelf worden vertaald zijn ze terug te vinden in het bijgevoegde Woordenlijst. Het dient te worden vermeld dat de meeste vertalingen van de auteur van dit werk zelf zijn — de enige uitzondering zijn de vertalingen uit het werk van Italiaans Traditionalistisch denker Julius Evola: de auteur is onvoldoende onderlegd in de taal van Dante en Petrarca en hij moet steunen op de inzichten van beroepsvertalers — de recente Evoliaanse studies van John Leonard zijn zeer waardevol voor allen die zich in een soortgelijke situatie bevinden. Ten aanzien van het werk van de Belgische Nieuw Rechts publicist Robert Steuckers heeft de auteur van *De Zwarte Poolster* gekozen voor het weergeven voor de oorspronkelijke Franse tekst van zijn senior Traditionalistische collega in de Lage Landen. Er zijn verschillende redenen voor deze dubbel Nederlands-Franse presentatie-strategie. *Ten eerste* is de auteur van dit werk van mening dat Steuckers' Waals-Franse tekst — altijd haarscherp en azijnzuur — in oorspronkelijke vorm voor jonge Europeanen een aansporing kan zijn om de Franse taal te herontdekken als de Europese *sleuteltaal* voor elke serieuze intellectuele exercitie. Kennis van de Franse taal is feitelijk onontbeerlijk voor elke serieuze poging tot een substantiële *studia humanitatis*. *Ten tweede* deelt de auteur de mening van Nederlands Nieuw Rechts publicist Alfred Vierling dat de Franse taalcultuur zozeer naar essentie afwijkt van de mondiaal dominante Angelsaksische taalcultuur en van de — door het Angelsaksische globalisme steeds meer vertekende — Nederlandse taalcultuur dat kennis van de Franse taal eigenlijk onontbeerlijk is voor elke evenwichtig ontwikkelde Nederlandse lezer. Het gebrek aan zulke kennis kan echter niet zonder meer de jonge Nederlandse lezer in de schoenen worden geschoven: dit desastreuze mankement komt grotendeels voor rekening van het opzettelijk idiocratische onderwijsbeleid van de Nederlandse hostile elite (minder teruggaand op het *slash and burn* staatssecretarisschap van onderwijs crimineel Mark R. dan op de cultuur-marxistische Mammoet Wet). De auteur heeft dus mede daarom besloten de lezer zowel Steuckers' originele Frans als zijn eigen ietwat (contextueel-)vrije Nederlandse vertaling voor te leggen — vanzelfsprekend ligt hij de verantwoordelijkheid voor alle minder geslaagde pogingen om de Waloons-Franse 'bijtertjes' van Steuckers weer te geven in het Nederlands. Een specifieke opsomming van de overblijvende onvertaalde Steuckeriaanse neo-logismen kan men vinden in een subsectie van de Woordenlijst — zij kunnen dienen als effectieve ammunitie in de cognitieve strijd die Nieuw Recht voert met de in *psy-ops* gespecialiseerde vijandelijke elite. *Ten derde* wenst de auteur door het weergeven van Steuckers' Franse tekst te herinneren aan het feit dat de Nederlandse cultuur deel uitmaakt van een grotere, oudere en *hogere* cultuur, namelijk die van de *Lage Landen*—zoals ooit belichaamt in Desiderius Erasmus en zoals nog erkent door Johan Huizinga. Die hogere cultuur was altijd meertalig maar *richtte* zich naar de Franse *Leitkultur*. De verschillende socio-culturele en staatkundig-politieke breuklijnen die door de Reformatie, de Tachtigjarige Oorlog, de Belgische Revolutie en de Belgische Taalstrijd werden bestendigd in de Lage Landen hebben de (Noord-)Nederlandse cultuur vervreemd en verwijderd van deze oudere gemeenschappelijke cultuurnorm. Binnen Nieuw Rechts heeft deze vervreemding geleid tot een anti-Traditionele stroming van kunstmatig 'groot-nederlands' nationalisme. De auteur van dit werk wenst Nieuw Rechts te wijzen op een levensvatbaar alternatief: een *pragmatisch* 'heel-nederlands' dat hecht aan een Traditionalistische her-oriëntatie en een confederatieve her-organisatie van de Lage Landen, gebaseerd op (h)erkenning van het unieke cultuur-historisch erfgoed dat België, Nederland en Luxemburg delen.

Voetnoten: *De Zwarte Poolster* verplicht zich tot een accurate weergave van feiten en een juiste toeschrijving van intellectuele rechten, maar is niet bedoeld als een wetenschappelijk vertoog. Daarom zijn *verwijzende* noten zoveel mogelijk vermeden—in plaats daarvan worden intellectuele rechten tussen haakjes weergegeven binnen de tekst zelf. Daarbij verwijzen de korte aanduidingen (*Sunset*) en (*Alba Rosa*) steeds naar de eerdere boekpublicaties van de auteur zelf (de Nederlandstalige versie van *Alba Rosa* was nog in de maak, dus de pagina nummers verwijzen voor *Alba Rosa* steeds naar de *Engelstalige* versie). In een paar hoofdstukken zijn wel een aantal *verklarende* noten toegevoegd—zij wijzen jongere lezers op een niet geringe opgave: de herovering van hun intellectueel erfgoed. Enerzijds wordt de ouderwets gedegen geschoolde lezer hier dus gevraagd om enig geduld met dit soms 'betuttelende' apparaat van verklarende noten: hij dient te beseffen dat zijn jonge mede-lezers door decennialange onderwijskaalslag zijn beroofd van hun basaal intellectueel erfrecht. Anderzijds wordt de niet in ouderwetse scholing opgevoede — en wellicht daardoor afgestoten — jonge lezer hier om uithoudingsvermogen gevraagd: hij moet bedenken dat wanneer de voor hem liggende tekst 'pretentieus' overkomt (*point taken*) hij toch echt kijkt in de spiegel van *zijn eigen* erfgoed — het erfgoed van de Westerse beschaving. Als Nieuw rechts ergens voor staat, dan is het voor die beschaving.

ΜΟΛΩΝ ΛΑΒΕ[6]

(*) Opmerkingen t.a.v. hoofdstuk-specifieke organisatie worden steeds weergegeven door asterisken tussen haakjes (*).

(**) Het moet duidelijk zijn dat de opname van specifieke items in de Boekenlijst, Filmlijst en Websitelijst geen enkele stellingname impliceert t.a.v. de inhoud en richting van de items op zich: de opname van items dient slechts de volledige weergave van intellectuele rechten en incidentele relevantie m.b.t. door De Zwarte Poolster besproken onderwerpen.

(***) Alle Bijbelcitaten zijn uit de Willibrord Vertaling, alle Koran-citaten zijn uit de vertaling van Soedewo Partokoesomo Kertohadinegoro.

(****) Alle illustraties zijn in het Publiek Domein, behalve de schilderijen 'Bloemenfee' en 'Zwanezang' — deze twee schilderijen worden gereproduceerd met toestemming van de artiest.

---

6 Het 'laconische' antwoord van de Spartaanse koning Leonidas op de Perzische oproep om de wapens neer te leggen en de hopeloze strijd te staken t.t.v. de Slag bij Thermopylae (480 v. Chr.). De strekking ervan is zoiets 'Kom ze maar halen', maar dan korter en krachtiger.

Hoofdstuk 15

Decamerone Redux: Reader's Digest voor een post-modern pest-seizoen

Giro, girotondo!
Quant'è bello il mondo,
il mondo dei bambini,
con tanti fiorellini
La gallina canta, canta sola sola
Non vuole andare a scuola
Il lupo è dietro la porta,
La porta casca giù, il lupo non c'è più
A terra tutti giù
'Draai, draai in 't rond!
Hoe schoon is toch 't aardrond
de wereld van de kindertjes
met zoveel bloempjes
De kip zingt, zingt helemaal alleen
Wil niet meer naar school lopen
De wolf is achter de deur
De deur valt neer, de wolf is niet meer
Allen vallen ter aarde neer'

— *anoniem kinderrijm en zangspel*

Voorwoord: reset retrospectief

('nabeschouwende inleiding')

WAT VOLGT WERD geschreven gedurende de eerste weken van de 'Covid Crisis', eind maart en begin april 2020. Toch lijkt het schrijver, die toen de in dit hoofdstuk samengevatte materialen verzamelde en becommentarieerde, nuttig om deze 'oude inhoud' te handhaven: het bewaren van de eerste indrukken van de 'Covid Crisis' heeft niet alleen intrinsieke waarde als historische getuigenis, maar geeft de lezer ook gelegenheid om met opgefriste blik opnieuw te kijken naar de essenties van de 'Covid-19'(84) *scam/p(l)andemic*, het 'Corona Bedrog' zoals Thierry Baudet het (weliswaar te laat maar toch) accuraat benoemde. Hernieuwde waarneming van die essenties, bemoeilijkt door — zeker ook als afleidingsmanoeuvres bedoelde — debatten over mondkapjes, QR-codes, *lockdowns*, 1/2/3G, etc., is nodig om het soort aanklacht te formuleren dat past bij de historisch ongeëvenaarde misdaad die de globalistische vijandelijke elite op wereldschaal beging en begaat onder het motto van het 'Covid' narratief.

Van meet af aan was het voor aandachtige waarnemers duidelijk dat er iets 'aparts' aan de hand was en dat aan het door Westerse hoernalisten, pseudo-academici en regime-creaturen openbaar gepropageerde 'pandemie' narratief een zorgvuldig verborgen programma ten grondslag lag. Pas veel later, vertraagd door ongeëvenaarde mediacensuur, kwamen door uitputtend journalistiek en wetenschappelijk onderzoek bij stukje en beetje deeltjes van de waarheid boven water. Zelfs nu nog, op moment van schrijven twee volle jaren later, zijn veel belangrijke details en specifieke data nog duister en twijfelachtig. Hoe hoger de reikwijdte en hoe dieper de belangen achter historisch significante 'complotten', van 'Sarajevo' en 'Gleiwitz' tot *JFK* en 9/11, hoe moeilijker het is en hoe langer het duurt totdat de waarheid geheel en al aan het licht komt. In die zin is het 'Covid Complot' de *ne plus ultra* uitdaging van elke begaafde 'complottheoreticus': in wereldhistorische zin is het onmiskenbaar ongeëvenaard te noemen — simpelweg op grond van de geografische impactschaal en het aantal betrokken slachtoffers.

Misschien zal het vele decennia duren voordat forensisch onderzoek en journalistiek speurwerk de waarheid boven water krijgt over 'detailzaken', zoals het 'goed getimede' overlijden van 'dwarsliggende' staatshoofden in een aantal verweggistans — Jovenel Moise (Haïti), Pierre Nkoeroenziza (Boeroendi) en John Magoefoeli (Tanzania). Daarnaast zullen er eindeloze nabeschouwende debatten mogelijk blijven over de exacte antropologische, sociologische en psychologische deelfactoren die het 'Covid' narratief begunstigden of benadeelden, ook al zijn er in al deze velden al belovende theses neergezet door dappere pioniers (relevant, respectievelijk: Charles Eisenstein, John Waters, Mattias Desmet). Aanverwant intigrerende kwesties zijn die van de 'keuzes' van culturele 'sleutelpersoonlijkheden' in de 'Covid Crisis': waarom ontpopte Noam Chomsky zich als onverholen prototalitair en waarom verkoos Giorgio Agamben maatschappelijke verguizing boven comfort en reputatie? Tenslotte zijn er interessante vragen te stellen binnen het geheel nieuwe, nauwelijks ontgonnen maar uitermate relevante onderzoeksveld van de psycho-historie. In hoeverre zijn het risico-averse matriarchaat, de boomer-narcistische gerontocratie, de infantiel-consumptieve idiocratie en de bewustzijnsvernauwende 'virtuele werkelijkheid' met elkaar verweven? In hoeverre bevorderen die factoren, ieder voor zich en in samenhang, massa-psychose en collectieve decompensatie in de modern Westerse 'laatste mens'? In hoeverre worden deze psycho-historische factoren en hun psycho-sociale uitkomsten niet efficiënter beschreven door verondersteld 'achterhaalde' begrippen als 'demonische bezetenheid' en 'eindtijd tekenen'? Is er voldoende nagedacht over de eigenaardige parallel tussen het verloop van het mensheid-omvattende 'Covid' proces en dat andere bijna vergeten proces van twee duizend jaar geleden, toen een (eerdere maar gelijk redenerende) 'vijandelijke elite' het beter achtte dat 'één mens stierf voor het volk': het 'kroon-virus' in plaats van 'doornenkroon', gevolgd door een juridische farce en door de 'vier injecties' in plaats van 'vier spijkers' — tenslotte de haastige begravenis buiten zicht?

Ongeacht al deze onopgeloste vraagstukken, zijn echter de hoofdlijnen van het 'Covid Complot' in zijn meest uitgebreide zin — dus inclusief zijn pragmatische toepassingen en synergische effecten, waaronder de *BLM* psy-op, de 'Biden'-coup, de *Great Reset* en de Vaccinocaust — al duidelijk: totalitaire programmatuur, technocratische dimensie en radicaal anti-transcendente signatuur. Om vast te houden aan de oorspronkelijke *Reader's Digest* opzet van dit hoofdstuk zal de schrijver zich beperken tot het simpelweg vertalen van een paar korte citaten die deze hoofdlijnen weergeven:

* Totalitaire programmatuur. *Er kan nu weinig twijfel over bestaan dat een totalitair programma zich voor onze ogen ontvouwt. Voorheen geloofde ik voor lange tijd dat het hier niet zozeer gaat om een voorbedacht complot tussen menselijke samenzweerders, als wel om een zich spontaan ontwikkelend fenomeen waarin een aantal synchroniciteiten samenvallen die de verborgen mythe en ideologie van [atomiserende] Gescheidenheid realiseren. Nu geloof ik dat beide tegelijkertijd waar zijn, met het eerste als ondergeschikt aan het laatste, als zijn personificatie, symptoom en uitdrukking.* — Charles Eisenstein, 'Mob Morality'

* Technocratische dimensie. *De uitdrukking 'totalitaire staat' roept onvermijdelijkerwijs clichés en gepassioneerde meningen op. Maar die vertegenwoordigen niets meer dan [verouderde] historische overpeinzingen. De totalitaire staat die we hier bespreken is niet het wrede, onbezonnen ding dat alles op zijn weg martelde, deformeerde en vernietigde, niet het strijdtoneel van bewapende bullebakken en fracties, niet de plaats van kerkers en niet de heerschappij van willekeur. Al die dingen hebben ooit echt bestaan, maar vertegenwoordigen slechts voorbijgaande stadia, en niet de essentiële eigenschappen van de totalitaire staat in haar echte onmenselijkheid. Marteling en overmaat zijn daden van personen die middelen zijn om een onderdrukte machtswens uit te drukken. Dit is niet hetgeen ons hier interesseert. Dit vertegenwoordigt* *niet het ware gezicht van de technisch volmaakte totalitaire staat. In een dergelijke [perfecte totalitaire] staat bestaan geen nutteloze zaken: er is geen marteling, want marteling is een zinloze verspilling van psychische energie die herwinbare hulpbronnen vernietigd zonder nuttige resultaten te produceren. Het hoofdkenmerk van het totalitarisme is en blijft weliswaar het 'kamp', soms als 'concentratiekamp', maar niet noodzakelijkerwijs in zijn karikaturale vorm. We moeten ons niet laten misleiden door naamsvarianten. Werkkampen, heropvoedingskampen, vluchtelingenkampen — ze vertegenwoordigen allemaal dezelfde realiteit.* — Jacques Ellul

* *Anti-transcendente signatuur: [Het] nieuwe begrip van de mens ontkent elke Goddelijke interpretatie van diens oorsprong. Door het afschaffen van alle spirituele en sociale componenten worden alle kwesties teruggebracht tot hun biologische substraat. En dit deelt de mensen via onoverwinbare barrières op in geïsoleerde kasten van hoger en lager niveau, daarmee het fundament leggend onder sociale opsplitsing en apartheid — dit werd duidelijk bewezen gedurende de pandemie. Dit fenomeen spiegelt de belangen van een kleine bovenlaag van de Westerse elites, op de voet gevolgd door niet-Westerse elites die willen blijven 'meedoen': hun Great Reset project is bedoelt om de eind-crisis van het moderne kapitalisme te boven te komen. Dit project slaagt wanneer die kleine opper-elite zichzelf voor eens en altijd als zodanig kan vastleggen en zo lang-uitgestelde en hoogst noodzakelijke écht democratische hervormingen kan overslaan.* — Geopolitica, 'Deep State'

En zo leidt de lijn terug naar de dode lente van 2020, toen het masker viel.

'Het masker van de gekroonde dood'[1]

(pandemo-politieke anamnese)

---

1   Een 'kromme' verwijzing naar de pest-thema novelle *The Mask of the Red Death* ('Het masker van de Rode Dood') uit 1842 van de Amerikaanse schrijver Edgar Allen Poe (1809-42).

> *A year passes*
> *And it's like nothing's changed*
> *We're all still here*
> *Warm embraces, smiling faces*
> *But only I know the secret:*
> *Nothing is like it used to be*
> 'Een jaar is voorbij gegaan
> En het is alsof niets veranderd is
> We zijn er nog allemaal
> Innige omhelzingen, glimlachende gezichten
> En alleen ik ken het geheim:
> Niets is nog zoals het ooit was'
>
> — Lupa G, 'The Secret'

Het is lang geleden dat de Westerse wereld één van de oudste vijanden van de mensheid, de pandemie plaag, te zien kreeg. Sinds de door oorlog en honger verhevigde epidemieën die volgden op de Eerste Wereld en Russische Burger Oorlogen, nu een eeuw geleden, stelden medisch-wetenschappelijke technologie en urbane hyper-hygiëne de Westerse mens in staat de oude dreiging van massa-sterven door ziekte op armslengte afstand te houden. Nadat hij zich *uit* de natuur had verwijderd en aan zijn oude biotoop — wilde natuur, harde seizoenscyclus — had ontworsteld scheen het voor een kort historisch seizoen dat de Westerse mens een beslissende overwinning *op* de natuur had behaald. Misschien wordt de weergaloze overmoed van de *Brave New World* van de Westerse mens jegens de natuur, de natuurlijke orde en de Aarde zelf nergens beter door geïllustreerd dan door de verschuiving in zijn verhouding tot het *menselijk* element van de natuur: op collectief niveau — bestuur, wetgeving, ethiek — heeft hij zich afgewend van *realiteit*-gerelateerde eigenheden, essenties en identiteiten en toegewend tot *idee*-gerelateerde algemeenheden, constructies en illusies.

Op collectief niveau heeft de Westerse mens afstand gedaan van de natuur- en grond-gebonden existentiële modaliteiten van zijn voorouders. Dit prijsgeven heeft een collectieve spirituele crisis van de eerste orde veroorzaakt: rationeel-dwingend en psychisch-deformerend materialisme (het zgn. 'overleven van de sterksten') en nihilisme (de zgn. 'dood van God'). Dit is wat het Traditionalisme met René Guénon de 'Crisis van de Moderne Wereld' noemde. Op het meest oppervlakkige niveau verwijst dit crisis begrip naar de existentiële conditionering van totale (psycho-sociale) vervreemding en permanente (socio-economische) onzekerheid, een conditionering die onvermijdelijk volgt uit het verlies van de authentieke beleving van vast gewortelde identiteit (filosofisch: Heidegger's *Dasein*; spiritueel: totaal-presentie tijd en plaats). Een dergelijke authentieke beleving vergt een zeer precies gedoseerde combinatie van *thuisgemeenschap* (familie, geslachtslijn, volk—doorvoelbaar in het Duitse woord *Gemeinschaft*) en een *thuisplaats* (huishaard, geboortegrond, thuisland—doorvoelbaar in het Duitse woord *Heimat*). De ervaring van vast gewortelde identiteit vergt toegang tot een specifieke *genius loci* in de fysieke wereld—zulke toegang wordt strikt ingeperkt door waarachtig geboorterecht (langdurende eigendomsrechten, oude familienamen, voorouder graven) en effectieve aanwezigheid (geboorteplaats, deelname aan een natuurlijke cyclus, duurzame plaatsbezetting). Hoe verder de 'moderne' mens—en de Westerse mens is zonder twijfel het meest 'moderne' deel van de mensheid—zich verwijderd van de dubbele natuur-cultuur wortels van zijn voorouders, des te meer ontdoet hij zich van de vele beschermingsmuren die zijn voorouders in de loop van de eeuwen voor hem opbouwden. Naar mate de fysieke veiligheid van het nauwe familieleven, het overerfde eigendomsrecht, het zelfredzame huishouden en waarachtige (etnische, nationale) gemeenschapsidentiteit vervaagt, vervagen ook haar psychologische en spirituele equivalenten. Ten diepste is de Crisis van de Moderne Wereld—het meest acuut ervaren in het Westen als 'modernste' deel van het Westen—een *identiteitscrisis*. Deze crisis geeft het 'bevrijde' Westers individu slechts 'vrijheid' in de *negatieve* zin van het woord: hij heeft een formele maar tegelijk fictieve 'vrijheid' van verantwoordelijkheden in het heden (waar zijn voorouders zich verplicht voelden naar familie, gemeenschap en vaderland) en van verplichtingen naar het verleden (waar zijn voorouders zich verantwoordelijk voelden voor erfgoed, cultuur en traditie). Maar hij koopt de 'vrijheid' van deze verantwoordelijkheden en verplichtingen tegen een hoge prijs, namelijk het verlies van oude privileges en rechten. Naar mate de moderne Westerse mensen traditionele geslachtsrollen en traditionele huwelijksstructuren afwijzen, verbeuren zij ook de privileges van sociale harmonie en echtelijke exclusiviteit — en de rechten van echt vaderschap en echt moederschap. Daarmee ontzegt de moderne Westerse mens zich — grotendeels zonder er zich rekenschap van te geven — de mogelijkheid van deelname aan de tijdloze (doorlopende, multi-generationele) sferen van gezinsleven, familieleven en gemeenschapsleven, sferen die onontbeerlijk zijn voor het normaal openbaar functioneren — laat staan privaat welbevinden — van de overgrote meerderheid van alle mensen. Naar mate moderne Westerse mensen traditionele etnische alliantes en traditionele nationale identiteiten afwijzen, verbeuren zij ook de privileges van etniciteit-gerelateerde solidariteit (sociale zekerheid, publieke zorg) en natiestaat-gerelateerde bescherming (veiligheid van binnen, grensbewaking naar buiten). Daarmee verwaarlozen en verliezen zij, om met een duidelijk beeld te spreken, de met grote zorg aangelegde tuinen en boomgaarden van hun voorouders: het waren hun voorouders die al deze infrastructuren en instituties opbouwden op basis van (relatief) etnisch-homogene gemeenschappen en historisch gegroeide natiestaten. Homogene volken en organische staten waarvoor zij — het moge gezegd zijn — een hoge prijs in bloed, zweet en tranen betaalden: er is door hen — vaak in grote offers — *betaald* voor de schijnbare 'vanzelfsprekendheden' van sociale zekerheid, publieke zorg, binnenlandse veiligheid en grensbewaking. De meest extreme en voorkombare vormen van armoede, honger, ziekte, binnenlandse wetteloosheid en vreemde invasie werden alleen door de grote inspanningen van voorafgaande generaties gebannen uit de Westerse tuin. Rond het midden van de 20e eeuw waren de plagen verbannen achter de Westerse tuinmuren- dezelfde grensmuren die moderne Westerse mensen nu meer dan een generatie lang hebben verwaarloosd. En zo komt het dat nu, na jaren van systematische verwaarlozing van de muren van het Westen — uiteindelijk uitmondend in opzettelijk 'open grenzen' *verraad* — de oude spoken met verdubbelde kracht hun weg terug hebben gevonden naar het Westen.

Het eerste oude spook dat terugkroop naar het Westen was *armoede*: rond veertig jaar terug werd haar terugkeer gefaciliteerd door hippie-naar-yuppie baby boomer nihilisme, gerationaliseerd in de 'pseudo-protestantse ethiek' van het Thatcher-Reagan-Lubbers-stijl neo-liberalisme. Beginnend in de vroege jaren '80 bracht dit neo-liberalisme Victoriaans aandoend sociaal-darwinisme terug naar West-Europa en de overzeese Anglosfeer door de vernietiging van inheemse industrie, de afbraak van arbeidersrechten en de ontmanteling van de verzorgingsstaat. Daarmee werden een hele generatie arbeiders en grote delen van de plattelands en kleinstedelijke bevolking tot permanente economische stagnatie, gestage infrastructurele neergang en toenemende culturele kaalslag veroordeeld. Structurele massa-werkloosheid, grootschalige drugsproblematiek, wijdverbreide SOA's en oplopende zelfmoord statistieken drukten een diep stempel op een hele generatie jonge mensen en bogen de ontwikkelingscurve van het Westen genadeloos naar beneden. Twee rampen in het voorjaar van 1986 markeerden het *point of no return* aan beide zijden van het IJzeren Gordijn: met terugwerkende kracht kan worden gesteld dat de Challenger ramp van 28 januari en de Tsjernobiel ramp van 26 april sleutelmomenten waren in de val de Amerikaanse en Russische supermachten — de Westerse beschavingsontwikkeling naar techno-sociale door- en uitbraak naar een dubbel kosmische en aardse utopie was ten einde.

Tegen die tijd had het tweede oude spook ook al zijn weg teruggevonden naar het Westen: *vreemde invasie* begon toen het neoliberalisme (*big business, high finance*) en het cultuur-marxisme (academische pseudo-intelligentsia, politiekcorrecte systeemmedia) een monsterverbond sloten in een alles-of-niets 'globalisme' project onder de banieren van 'vrije markten', 'open grenzen' en 'globale instituties', een project dat zich niet alleen baseerde op de-industrialiserende *outsourcing* vanuit de Eerste naar de Derde Wereld, maar ook op massale 'migratie' in omgekeerde richting. De grootschalige repatriatie beweging die volgde op de liquidatie van de Europese koloniale rijken tussen 1945 en 1980 en de (oorspronkelijk als tijdelijk bedoelde) gastarbeid toeloop die volgde op de Europese *Wirtschaftswunder* arbeidskrapte in de tweede helft van die periode hadden al een precedent geschapen voor massa-immigratie uit de Derde Wereld. Zelfs gedurende de diepe economische crisis van de jaren '80 werd Derde Wereld immigratie opzettelijk bevorderd: de enige wijziging was in de politieke retoriek, die nu 'asielrechten' propageerde in plaats van 'gastarbeid'. Na het einde van de Koude Oorlog en na de *Machtergreifung* van de globalistische Nieuwe Wereld Orde versnelde deze massa-immigratie strategie. Het werd één van de meest lucratieve verdienmodellen van het Gorden Gecko-stijl neo-liberalisme: arbeidskosten werden permanent omlaag geduwd, onroerend goed prijzen werden structureel werden permanent omhoog geduwd, de arbeidersbeweging werd permanent gecastreerd en de electorale weegschaal werd permanent 'demogr/cratisch' omgebogen in het voordeel van het neo-liberale regime. Het spookbeeld van de vreemde invasie van het Westen was in eerste instantie slechts marginaal en lokaal waarneembaar — *white flight* uit vervallende binnensteden, 'etnisch geprofileerde' straatcriminaliteit, *free rider* bijstandsfraude — maar groeide al spoedig in intensiteit en reikwijdte. De tussenstand van de neo-liberaal geforceerde etnische 'diversiteit': *grooming gangs* op industriële schaal (alleen al de in 2013 half-geopenbaarde 'Rotherham' operatie telde zelfs volgens de 'conservatieve' officiële getallen meer dan 1.500 slachtoffers), systematische 'islamistische' terreur (de hallucinante dood-martel details van het 'Bataclan' bloedbad van 2015 worden nog steeds weggecensureerd) en open invasie over de 'open grenzen' (gedurende de 'Migratie Crisis' van 2015 spoelden meer dan een miljoen Aziatische en Afrikaanse 'vluchtelingen' van militaire leeftijd Europa binnen via de oude Ottomaanse invasieroutes over de Balkan en Centraal-Europa).

De terugkeer van het spookbeeld van vreemde invasie uit Azië en Afrika werd onmiddellijk gevolgd door het heropduiken van een veelvoud aan in het Westen bijna vergeten dreigingen: de dreiging van zakkenrollers bendes kwam naar winkelcentra, de dreiging van grootschalig banditisme (*car-jackings*, huisovervallen) kwam naar het platteland, de dreiging van 'zinloos geweld' kwam naar volksbuurten en scholen, de dreiging van heroplevende hygiëneziekten kwam naar de ziekenhuizen, de dreiging van interetnische verkrachting kwam naar de zwembaden, de dreiging van *lover boy*-stijl *grooming* operaties kwam naar het schoolplein en de dreiging van fanatiek anti-Westerse terreur doordrong de publieke ruimte. Niet alleen werden deze dreigingen systematische onderbelicht en verborgen door liberaal-normativistische kartelpolitici en systeemjournalisten: alle pogingen van dissidente denkers en politici om deze 'diversiteit'-gerelateerde fenomenen te herleiden tot hun oorzaken werden systematisch onderdrukt door ('algoritmische') censuur, ('racisme') vervolging en ('antifa') intimidatie. Maar de maskerade van de globalistische vijandelijke elite — het door kartelmachinaties, marketing manipulaties en 'migranten' stemmen ongeloofwaardig geworden 'democratische mandaat', de door doorgeslagen antirationele, antimannelijke en antiblanke identiteitspolitiek ongeloofwaardig geworden 'politieke correctheid' — is niet langer in staat de ware aard van die 'schijn-élite van de valsemunters' (Martin Bosma) te verbergen. Zij wordt in toenemende mate door het volk doorzien en herkend voor wat zij is: een piratenkliek van huurlingen en verraders die uit is op het plunderen van de Westerse landen en het in slavernij verkopen van de Westerse volkeren. Haar echte doel is het vervangen van de Westerse culturen en Westerse volkeren door globalistische anti-cultuur en wortelloze diversiteit. De globalistische vijandelijke elite neemt nu haar masker, en haar handschoenen, af — maar op een manier die weinigen konden voorzien.

Het ware gezicht van de globalistische vijandelijke elite is terug te zien in de manier waarop zij het nieuwste globalistische massavernietigingswapen hanteert, een wapen dat zijn — tot nu toe — meest destructieve uitwerking heeft in Europa: de 'Covid-19' corona virus pandemie. Zelfs zonder terug te vallen op gemakzuchtige 'samenzweringstheorieën' over opzettelijke biologische oorlogsvoering (daar is overigens niets nieuws aan: bron vergiftiging en gifpijlen zijn al terug te vinden in de spijkerschrift documentatie uit de Bronstijd) en zelfs zonder een overdosis paranoia over de langdurige inertie van West Europa's 'leiders' na het uitbreken van de pandemie is het eenvoudig te begrijpen hoe de binnenkomst en verspreiding van de Gekroonde Dood werd gefaciliteerd door hun globalistische *business-as-usual* politiek — en door hun globalistische 'open grenzen' bovenal. Met zeer weinige uitzonderingen hebben de 'leiders' van het Westen voor de zoveelste maal laten zien dat zij *aan de verkeerde kant van de geschiedenis* te staan. Het is zeer wel mogelijk dat hun falen om te alles te doen wat menselijk mogelijk was en is ter bescherming van diegenen die zich aan hun toezicht hebben toevertrouwd in zaken van leven en dood tenslotte zal eindigen in een kritieke massa van wantrouwen en woede. Met het vervagen van de dunne lijn tussen criminele nalatigheid en moedwillig verraad is het zeer wel mogelijk dat het publiek vertrouwen in wettige autoriteit onder een kritieke minimumgrens valt. Afhankelijk van de nog nader te bepalen diepte en duur van de huidige pandemische noodtoestand is het zeer wel mogelijk dat het ontbreken van authentiek gezag — dat wil zeggen gezag dat in staat is tot decisionistisch interventies in echte crisissituaties — uiteindelijk resulteert in een wegvallen van publieke orde en wetshandhaving. Een serieuze gezagscrisis — in werkelijkheid dan wel in waarneming — zou de nieuwe 'diverse' demo-politieke realiteit van het Westen vrijwel onmiddellijk reduceren tot haar laagste gemene delers: narcocratische criminele netwerken, etnisch-gebaseerde sociale allianties en neo-primitivistisch sociaal atavisme. Nu het Westen van aangezicht tot aangezicht staat met de Gekroonde Dood is het goed eraan te herinneren dat deze specifieke 'ruiter', pestilentie, drie metgezellen heeft die nooit veraf zijn: oorlog, honger en hel. Wellicht kan het Westen deze ruiter deze keer in het gezicht zien en, door de gunst van een Hogere Macht, ontkomen aan deze wraakengel. Maar er zijn dan wel lessen die geleerd moeten worden en plannen die bedacht moeten worden om de volgende crisis het hoofd te bieden — het is onverstandig dit voorteken te negeren.

En ik zag, en ziet, een wit paard, en Die daarop zat, had een boog en Hem is een kroon gegeven en Hij ging uit overwinnende, en opdat Hij overwonne

— Openbaring 6:2

De Eurazianistische diagnose

(geo-politieke anamnese — vrij naar Aleksandr Doegin[2])
Nu kan de aftelling beginnen naar een multipolaire wereld orde — de globalisatie, de open samenleving en het globalistisch kapitalisme zijn begraven door de corona virus epidemie. Menselijke enclaves zijn begonnen aan hun afzonderlijke historische ontwikkelingstrajecten. — Aleksandr Doegin, 'Coronavirus Horizons of a Multipolar World'

* *De ter aarde bestelling van de globalistische mythologie*. De Corona Crisis heeft de valse veronderstellingen van de globalistische Nieuwe Wereld Orde blootgelegd: het open grenzen beleid heeft de pandemie versneld, de transnationale instituties hebben volledig gefaald er adequaat op te reageren, de globalistische financiële wereld is ineengestort

---

2 Vrij naar Doegin, 'Coronavirus' — vertaling Alexander Wolfheze.

onder haar inslag, het liberaal-normativisme heeft bewezen zich niet te kunnen meten aan het decisionistische crisisbeleid van het Chinese en Russische 'illiberalisme'.

* *Het wegsmelten van de geopolitieke unipolariteit* (uni/multipolariteit: verg. Hoofdstuk 11). De uitbraak van de corona virus epidemie is een beslissend moment in de val van de unipolaire Nieuwe Wereld Orde van de globalistische post-moderniteit. De neergang van de geopolitieke unipolariteit en de socio-economische globalisatie werden al zichtbaar in de jaren '00 en is gestaag in versnelling geraakt met de opeenstapeling van 'tegenstroming' incidenten en ontwikkelingen zoals Amerika's '9/11', China's opkomst als supermacht, Poetin's herstel van de Russische staatssoevereiniteit, de militant-islamistische aanval op het hyper-liberale secularisme, de nationaal-populistische opstanden van 'Brexit' en 'Trump' en het discursieve failliet van het liberaal-normativisme ten aanzien van de Neo-Eurazianistische en Nieuw Rechtse meta-politieke uitdagingen.

* *De eindstreep van de liberaal-normativistische ideologie* (liberaal-normativisme: verg. Hoofdstuk 12). Het wegsmelten van de globalisatie in de Corona Crisis kan het einde van het liberaal-normativisme zeer wel versnellen: de toverformule van zijn mondiale hegemonie als menselijk 'standaard ideologie', zoals verwoord in Fukuyama's aankondiging van het 'einde van de geschiedenis en de opkomst van de 'laatste mens' (1992), heeft veel van haar kracht ingeboet. Het einde van het liberaal-normativisme betekent tevens het einde van een aantal kunstmatige constructies die er onlosmakelijk mee zijn verbonden: de absolute heerschappij van de 'wereldmarkt', het totalitaire model van de 'parlementaire democratie' en de onmogelijke dwangbuis van de 'mensenrechten'. Wat er aan gene zijde van die eindstreep ligt is nog onbekend: het is onmogelijk om de eindvorm van de toekomstige wereld orde te voorzien. Echte geopolitieke multipolariteit heeft nog nooit in de echte wereld bestaan en als we een soort verre analogie willen vinden, dan moeten we die niet zoeken in de vroeg-moderne Westfaalse wereld orde, maar eerder in de voor-moderne Tijd die

voorafging aan het tijdperk van de grote ontdekkingsreizen, dat wil zeggen naar de pre-moderne wereld orde van meerdere gelijktijdige en authentieke autonome cultuurcirkels, zonder overkoepelend systeem van 'universele' uitwisseling, 'internationale' wetgeving en 'humanistische' ethiek.

* *De decisionistische basis van de post-globalistische wereld orde* (decisionisme: verg. Hoofdstuk 11). Veel zal afhangen van datgene dat uiteindelijk het corona virus zal verslaan: de technische, juridische en disciplinaire maatregelen die zich als effectief bewijzen zullen als essentiële onderdelen gelden in de politieke en sociaal-economische orde van de toekomst. Zo kan het zijn dat de tijdelijke vervreemding die nu wordt voorgeschreven door de directe dreiging van buitenlandse besmetting, en de ermee samenhangende noodzakelijke vervreemding van transnationale markten en regulaties, staten zullen dwingen tot een politiek van maximaal onafhankelijke zelfvoorziening. De prioriteit zal dan verschuiven naar gezondheidsbescherming, voedselzekerheid, minimale economische autarkie en maximale politieke manoeuvreerruimte. Zelfs als elementen van liberaal bestuur en kapitalistische uitwisseling overleven, dan nog zullen die stevig moeten ingebed in raamwerken van nationale controle, zoals buitenlandse handelsmonopolies en staatsregulatie van kapitaalstromen. Het kan zeer wel zijn dat naties die historisch ver staan van liberaal-normativistische ideeën en gewoonten, met name naties die zich toeleggen op landmacht in plaats van zeemacht, zich zullen richten op de herinrichting van *Lebensraum* sferen die geopolitieke veiligheid en economische autarkie optimaliseren.

* *De uitdaging van multipolaire veiligheid in de post-globalistische geopolitiek.* Directe overwegingen van staatsveiligheid, evidente eisen van economische autarkie en structurele cultuur-historische affiniteiten zijn zeer wel in staat alle globalistische pogingen tot het opleggen van 'mondiale veiligheid', 'wereldmarkt' en 'globaal bestuur' de kop in te drukken. In zoverre de grenzen van natiestaten en culturele cirkels elkaar dekken kan direct-isolationistische politiek

succes hebben. Voortekenen van zulke isolationistische alternatieven voor het unipolair-imperialistische globalisme zijn al zichtbaar in recente neo-nationalistische fenomenen zoals Trump's voorzichtige loslaten van mondiaal interventionisme en Israël's rigoureuze politiek van etnische afscheiding en preventieve afschrikking. In zoverre de grenzen van natiestaten, culturele cirkels en economisch autarkische regio's aanzienlijk van elkaar afwijken, kunnen drastische regionale herindelingen nodig zijn. Zulke regionale herindelingen, gebaseerd op simpele 'machtsbalans' rekensommetjes, kunnen worden geholpen met een heroverweging van oudere imperiale ideeën en traditionele supra-nationale staatsvormen, zoals de oudere supra-national imperium structuren die zich historisch vormden rond natuurlijke machtspolen zoals die van Ottomaans Turkije (Constantinopel), Safavidisch Perzië (Esfahan) en Mogol Indië (Delhi). Een drastische herziening van kunstmatige grenzen kan nodig zijn bij het faciliteren van zowel neo-isolationistische als regionale herindeling politiek. In zoverre etnische, taalkundige en godsdienstige grenzen niet kunnen worden ondervangen door legitieme supra-nationale 'neo-imperium' grenzen, zullen ze moeten worden hersteld ten koste van de vele kunstmatige ('Versailles', 'Berlijn Conferentie', 'ex-Sowjet') grenzen die nu nog steeds harmonieuze internationale relaties in de weg staan op de Euraziatische en Afrikaanse landmassa's.

Men moet zich niet vergissen: de mondiale corona virus pandemie is een keerpunt in de wereldgeschiedenis. Niet alleen storten de beurskoersen en brandstofprijzen in, maar de wereldorde zelf stort in. ...Menselijke gemeenschappen zullen spoedig in vrije val geraken: dit is het einde van dogmatiek, van dollar-imperialisme, van vrije markt mantra's, van Federal Reserve en Wall Street dictatuur, van de denkpolitiek van de media-elite. ...Het is vanzelfsprekend onmogelijk te zeggen wat het eindresultaat van deze ontwikkeling zal zijn en waar haar eindstation zal zijn. Maar wat al wel duidelijk is dit: dat de oude wereldorde in de geschiedenis aan het verdwijnen is en dat de contouren van een nieuwe realiteit zich nu voor onze eigen ogen beginnen af te tekenen. Wat noch ideologie, noch oorlog, noch economisch competitie, noch terreur, noch godsdienstige beweging vermochten te doen, dat wordt nu bereikt door een onzichtbaar maar dodelijk virus. Het mag dood, pijn, angst, paniek en verdriet met zich brengen — maar het brengt ook de toekomst.

— Aleksandr Doegin, 'Coronavirus Horizons of a Multipolar World'

De Nationalistische diagnose

(etno-politieke anamnese — vrij naar Greg Johnson[3])
Zelfs als het globo-virus vandaag stopt, dan nog staan we nu in een wereld waarin de argumenten voor het etno-nationalisme sterker zijn en waarin de argumenten voor het anti-etno-nationale globalisme — multiculturalisme, democratie en liberalisme incluis — zwakker zijn. — Greg Johnson, 'Coronavirus Will Change the World'[4]

---

3   Vrij naar Johnson, 'Coronavirus' — vertaling Alexander Wolfheze.

4   De schrijver heeft Johnson's woorden hier aangepast door de toevoeging van de voorwaardelijke frase 'de argumenten voor': zelfs als de Corona Crisis *de argumenten voor* het etno-nationalisme en het globalisme, respectievelijk, sterker en zwakker maakt, dan nog dient men te bedenken dat de uitkomst van de machtstrijd tussen beide niet wordt beslist door *argumenten*. De schrijver wijst de lezer in dit verband op één van de kritische commentaren onder Johnson's artikel: *[T]he problem with optimism is the same as [with] pessimism: it pre-commits you to a conclusion. In order to see how corona will change the world, we should look at what [MSM and social media] 'influencers' say: (*) airport testing, not closed borders; (*) testing: ...[t]hey want everyone tracked; ...a hint of authoritarianism; (*) nationalized healthcare; (*) remov[al] of the [crisis-discredited] Republican Party [and] Trump; (*) globalism... is inevitable: [the corona crisis] is not proof that globalism failed — it is proof that global governance is needed to handle 'global threats'; (*) 'virus borders' can be [independent] of national borders, as done [with]in China: [t[he need for 'virus borders' does not imply nationalism, [but] could [be made to] happen [by] a one-world government* ('Sutter', 19 maart 2020). Hierbij zij aangetekend dat het kritische commentaar van 'Sutter' zich toespitst op 'gevaren' die vooral 'gevaarlijk' zijn vanuit

* Globale vrije handel is slecht voor de volksgezondheid. *Dit omdat zakenlieden slechts aan de eigen winst denken, en niet aan het grotere collectieve belang, en omdat de Westerse politieke klasse niet langer het belang van de Westerse volkeren dient: die klasse is meer bezig met het beschermen van de economie tegen 'paniek' dan met het beschermen van de Westerse volkeren tegen het virus zelf. Het grootste deel van farmaceutische producten wordt nu in China gemaakt en dat land is in de globale vrije handel een concurrent van het Westen, waardoor het nu in staat is het Westen af te persen.*

* Globalisme is slecht voor de volksgezondheid. *Met globalisme wordt hier bedoeld: het uitwissen van nationale grenzen om het globale vrije verkeer van goederen en mensen te faciliteren. Het is mogelijk nationale grenzen met internationale handel en reizen te combineren, maar natiestaten dienen grensverkeer te reguleren ter bescherming van de volkeren. Immigratie fraude, visa termijnovertredingen en andere vormen van bureaucratische incompetentie en sabotage hebben de Westerse grenzen effectief uitgewist. Naast mass-immigratie bevorderen goedkope vliegtickets ook een enorme hoeveelheid onnodig gereis voor zaken en plezier.*

* Multiculturalisme — en wat daarmee samenhangt: 'diversiteit, 'anti-racisme' — is slecht voor de volksgezondheid. *In tijden van pandemie zijn diversiteit en multiculturalisme gevaarlijke lasten voor een samenleving want deze zaken verminderen het sociaal vertrouwen en de solidariteit die nodig zijn voor gedisciplineerde en effectieve publieke gezondheidsmaatregelen zoals quarantaines, avondklokken en testen. Het is duidelijk dat de 'openheid' van een samenleving nooit een absoluut goed kan zijn als het een ziekteplaag binnenlaat. Dit betekent dat er ook een goed soort 'xenofobie' bestaat, namelijk het soort 'xenofobie' dat ons tegen ziekteplagen beschermt. En dat er ook een goed soort*

---

een specifiek *Amerikaans* oogpunt: vanuit het oogpunt van Europees Nieuw Rechts zijn zaken zoals autoritair overheidsingrijpen, grootschalige surveillance en genationaliseerde zorgvoorzieningen eerder *wenselijk* dan 'gevaarlijk'.

'racisme' bestaat, namelijk het soort 'racisme' dat ons beschermt tegen een ziekteplaag.

* Democratie is slecht voor de volksgezondheid. *Democratie laat toe dat politici niet verder vooruitdenken dan de volgende verkiezing. Omdat rampen slechts zelden gebeuren, weet iedere politicus dat een ramp onwaarschijnlijk is tijdens zijn ambtsperiode. Omdat politici — en vooral nationale leiders — slechts korte ambtsperioden hebben, zijn zij slechts minimaal gemotiveerd om hun politieke kapitaal te besteden aan gebeurtenissen die ver in de toekomst zullen plaatsvinden, en nog minder aan gebeurtenissen die wellicht nooit zullen plaatsvinden...*

* Liberalisme is slecht voor de volksgezondheid. *Zowel de klassieke politieke filosofie als het simpele gezonde verstand leren dat een legitieme regering zorg moet dragen voor het algemene belang van de samenleving. Bij een regering die slechts de speciale belangen van één enkele klasse dient ten koste van de rest van de samenleving is er in moreel opzicht geen verschil met een buitenlands bezettingregime. Liberalisme ontkoppelt het politieke bedrijf van het algemeen belang — het legt zich toe op de politiek van een individualisme dat stelt dat alleen het individu en diens belangen ertoe doen. Geen enkele samenleving gebaseerd op een liberaal bestel kan op langere termijn blijven functioneren. Het liberalisme lost de sociale cohesie, het openbaar engagement en de zelfopofferende geest van pre-liberale samenlevingen op in het zoutzuur van het individualisme. Tijdens een crisis, wanneer mensen saamhorigheid nodig hebben en zich offers moeten getroosten voor het grotere groepsbelang, blijkt dat hoe liberaler een samenleving is, hoe moeizamer en hoe onvolwassener de beleidsmaatregelen zijn. Hoe liberaler een samenleving is, hoe kwetsbaarder zij is voor massaal sterven in tijden van een crisis zoals een ziekteplaag.*

Johnson's diagnose van de huidige 'globo-virus' crisis bevestigt dus een aantal van de oudste thesen van Nieuw Rechts — die thesen mogen nu als vaak genoeg bewezen geacht worden. Het is nu tijd om de vraag te stellen naar hetgeen komen moet *na* de volledige ineenstorting van het globalisme — na de bewezen fouten van het globalisme:

mondiale vrije handel, open grenzen, multiculturalisme, diversiteit, anti-racisme, democratie, liberalisme. Er zijn een aantal belangrijke vragen die door deze crisis worden opgeworpen. Is Nieuw Recht er klaar voor om het roer over te nemen — om de globalistische vijandelijke elite te vervangen? Is Nieuw Rechts er klaar voor om over te stappen van de *sloop*-fase naar de *opbouw*-fase — om vast te stellen wat er aan nieuwe structuren en beleidsmaatregelen nodig is? Staat Nieuw Rechts klaar om het korte kansmoment te benutten dat gaat komen wanneer het globalisme — misschien wel heel plotseling — in elkaar stort en van het toneel verdwijnt? Staat Nieuw Rechts klaar om de lege wandelgangen van de liberale namaakmacht door te lopen naar de er achter liggende, lang vergeten troonkamer van de échte macht? Of zal het komende kansen overlaten aan mindere maar snellere competitie? Als Nieuw Rechts iets te leren heeft van de Corona Crisis dan is het dit: dat zulke vragen beter vroeger dan later worden gesteld — dat ze *nu* moeten worden gesteld en *nu* moeten worden beantwoord. Want het zou zomaar kunnen zijn dat op een zekere dag, lang nadat we alle hoop hebben laten varen lang nadat we al onze verwachtingen hebben opgegeven, een Hogere Macht het globalisme wegvaagt met een totaal onverwacht wapen. En dat onze machtige, schijnbaar onoverwinnelijke vijand dan plotseling dood neervalt voor onze voeten

> *...dead, slain, after all man's devices had failed,*
> *by the humblest things that God, in His wisdom, has put upon this earth.*
>
> '...dood, verslagen, nadat alle mensbedachte middelen waren mislukt, door de nederigste dingen die God in Zijn wijsheid op de wereld had gezet'

— Herbert George Wells, *The War of the Worlds*

Van om-volking naar ont-volking

(demo-politieke anamnese)
Das Volk hat das Vertrauen der Regierun verscherzt.
Wäre es da nicht doch einfacher,
die Regierung löste das Volk auf und wählte ein anderes?
'Het volk heeft het vertrouwen van de regering verspeeld.
Zou het niet gewoon gemakkelijker zijn
dat de regering het volk ontbond en er een ander voor in de plaats
koos?'

— Bertolt Brecht

Sinds de Europese 'Migratie Crisis' van 2015 heeft binnen de Nieuw Rechts demo-politieke kritiek van het globalisme noodzakelijkerwijs de nadruk gelegen op de specifieke problematiek van etnische vervanging ('omvolking' door massa-immigratie), maar die focus is ten koste gegaan van aandacht voor het grotere vraagstuk van algemeen bevolkingsbeleid. Eén van de bijwerkingen van de Corona Crisis is nu echter een — vermoedelijk zeer tijdelijke — focusdraai, weg van de globalistisch-gestuurde massa-immigratie naar een wijdere kijk op de globalistische demo-politiek.

Eén van de vele voordelen die Nieuw Recht nieuwsproducenten hebben over hun concurrenten in de politiekcorrect gebonden en ideologisch verblinde *Main Stream Media* is hun relatieve — want zeer noodzakelijke — open kijk op de vele 'samenzweringstheorieën' van de *lunatic fringe*. Sinds de internet revolutie van de vroege jaren '00 heeft elke serieuze Nieuw Rechtse nieuwsconsument daarom uitgebreid kennis kunnen proeven van een groot assortiment — vaak smakelijk groteske en hilarisch doorslaande — gedachte-experimenten, van alle varianten tussen de recht-toe-recht-aan 'reptilische staatsgreep' (ongetwijfeld versterkt door het daadwerkelijk 'buitenaardse' gedrag van de globalistische vijandelijke elite) en de subtielere 'transhumanistische agenda' (ongetwijfeld daadwerkelijk een werk in uitvoering voor de cosmetische industrie en de transgender lobby). Heel voorspelbaar heeft de Corona Crisis nu weer een vloedgolf nieuwe 'samenzweringstheorieën' veroorzaakt: zoals gebruikelijk kijkt men daarbij vooral naar 'toevallige' samenlopen van omstandigheden en *cui bono* argumenten (de al dan niet opzettelijke en/of experimentele inzet van een biologisch wapen, de al dan niet economisch gemotiveerde pathogene decimering van bepaalde bevolkingssegmenten, de al dan niet geplande invoering van een totalitaire versie van het globalistische). Zulke gedachte-experimenten hebben het voordeel dat ze het Nieuw Rechts narratief scherp houden en dat ze het demopolitieke gronddiscours van Nieuw Rechts terug in focus brengen. Waarschijnlijk slechts voor een kort moment heeft de Corona Crisis de kwestie van algemene bevolkingspolitiek namelijk teruggebracht in het centrum van de belangstelling. Zo is de kleinere dreiging van globalistische *om*-volking tijdelijk ondergeschikt aan de grotere dreiging van globalistische *ont*-volking. Feit is echter dat de dreiging van globalistische ontvolking eigenlijk al sinds de Val van de Muur in 1989 centraal had moeten staan: de feitelijke effecten van globalistische ontvolking zijn namelijk al intens voelbaar sinds de globalistische *Machtergreifung* die volgde op de ontmanteling van het Oostblok.

Eerst, in de jaren '90, was het de beurt aan Oost-Europa en de ex-Sowjet-Unie met de invoering van 'rampen-kapitalisme'-stijl neoliberalisme: met de 'privatisering' van vrijwel alle productiemiddelen, uitgebuit door 'aasgier beleggingsfondsen' in de post-communistische opheffingsuitverkoop van nationale industrie en infrastructuur, en de daaropvolgende de-industrialisatie deden echte honger en echte armoede daar hun herintrede. Miljoenen oudere mensen werden permanent hun kans op werk en een fatsoenlijk inkomen ontnomen en miljoenen jongere mensen werden permanent naar het buitenland verjaagd. Gras groeide over duizenden spookstadjes en spookwegen, natuurlijk altijd net buiten het gezichtsveld van de geëigende toeristenpaden terwijl zich in het voormalige Oostblok een demografische implosie van ongekende proporties voltrok. De Westerse pers besteedde er natuurlijk slechts marginaal aandacht aan — de voornaamste attracties waren de spotgoedkope kindhoertjes en postorder bruidjes. Niemand heeft ooit het aantal doden geteld dat resulteerde uit de onnodige overlijdensgevallen in onderbemande en bankroete staatsziekenhuizen, de zelfmoordgolf onder geruïneerde winkeliers en boeren en de abortus golf onder wanhopige jonge meisjes.

Daarna, in de jaren '00, was het de beurt aan het Westen zelf, toen het Nieuwe Wereld Orde neo-liberalisme de sociaal-economische toestanden van stateloze anarchie herschiep door de interne en externe ontmanteling van de Westerse natiestaten middels een aantal gelijktijdige 'globalisering' projecten. Natiestaat grenzen werden weggevaagd door een combinatie van gelijktijdige 'globaliseringen': technologische ontwikkeling (internet, mobiele telefonie), institutionele hervorming (het VN *Global Compact* in 2000, het Internationale Strafhof effectief in 2002, de fysieke Euro van het ECB in 2002, het Verdrag van Lissabon effectief in 2009). In de periferie van het Westen werd hetzelfde project geïmplementeerd door de zgn. 'Kleurenrevoluties' (Joegoslavië in 2000, Georgië in 2003, Oekraïne in 2004). Het demografische verlies dat resulteerde onder de inheemse volkeren van het Westen werd natuurlijk cosmetisch gemaskeerd door globalistisch aangestuurde massa-immigratie uit de Derde Wereld, maar het was daarom nog niet minder reëel.

Tenslotte, in de jaren '10, werd de meest directe en wrede vorm van globalistische ontvolking opgelegd aan de Moslim-meerderheid landen van het Midden Oosten en Noord Afrika: daar bracht de globalistisch-gestuurde 'Arabische Lente' revolutie, terrorisme en (burger) oorlog maar landen die toch al een demografische crisis doormaakten (overbevolking in combinatie met watertekorten, teruglopende landbouw capaciteit en ernstige degradatie van het natuurlijk leefmilieu). Het wegvallen van stabiel staatsgezag in grote delen van Libië, Syrië en Jemen, opgeteld bij de eerdere ineenstorting van Somalië, Afghanistan en Irak, resulteerde in een globalistisch-gunstige combinatie van *ontvolking* in het Midden Oosten en Noord Afrika (oorlog, honger, etnische zuivering, infrastructurele catastrofe) en *omvolking* in West Europa (humanistisch-verkochte massa-immigratie, kunstmatig afgedwongen inter-etnische welvaartsoverdracht, systematisch geplande sociale destabilisatie).

> *Puisqu'un mort n'a de poids que si on l'a vu mort,*
> *cent millions des cadavres semés à travers l'histoire*
> *ne sont qu'une fumée dans l'imagination*
> 'Omdat de dood geen gewicht in de schaal legt tenzij men de dode zelf heeft gezien
> zijn de honderd miljoen lijken die de weg van de menselijke geschiedenis bedekken
> niets meer dan een rookvlaagje van de menselijke verbeelding'
>
> — Albert Camus, *La Peste*

Inmiddels zijn de jaren '20 begonnen met een eerste 'globale pandemie' die het Nieuwe Wereld Orde project van de globalistische vijandelijke elite op scherp zet. Afhankelijk van de specifieke aard en effectieve uitwerking van het virus zou de Corona Crisis potentieel twee tegengestelde politieke resultaten kunnen hebben: ófwel de apocalyptische eindoverwinning van de globalistische Nieuwe Wereld Orde in te luiden (met het einde van natiestaat soevereiniteit door de 'noodtoestand' invoering van totalitaire transnationaal bestuur), ófwel de totale ineenstorting van de globale grootheidswaanzin (met het ontstaan van Neo-Eurazianistische multipolariteit en Etno-Nationalistische natiestaat souvereiniteit — daarover gingen de twee voorafgaande paragraven).

Wellicht ligt na de Corona Crisis de grootste taak van Nieuw Rechts in een specifiek project van meta-politieke her-opvoeding en de-conditionering: de ontwikkeling van een substantiële demopolitieke lijn. De enige echte remedie voor globalistische omvolking en ontvolking is te vinden in een radicale verwerping van de historisch-materialistisch vertolkte *règne de la quantité*[5] in alle aspecten van demo-politiek. Wat namelijk *niet* telt is de *kwantiteit* van de volkeren die de verschillende incidenten, crises en catastrofes van het globalisme overleven — de categorie waartoe de Corona Crisis in dit opzicht behoort is nog niet geheel duidelijk. Wat *wel* telt is de *kwaliteit* van de overlevende bevolking: zelfs als slechts een kleine fractie van de inheemse Westerse volkeren overleeft, dan kan die kleine fractie toch de kiem in zich dragen voor een zelfovertreffende wedergeboorte van de Westerse beschaving (*Alba Rosa*, 203ff). Dit betekent ook dat Nieuw Rechts verplicht is tot de verwerping van het ultieme axioma van het historisch materialisme (de filosofische 'rode lijn' die de modernistische ideologieën van liberalisme, socialisme en fascisme verbindt), namelijk groei *à l'outrance*, en zijn sociaal-darwinistische gevolgtrekking, namelijk natalisme *à l'outrance*. Op het huidig moment van de menselijke geschiedenis — met een wereldbevolking die de kritische acht miljard grens nadert en een totale Europees-stammige bevolking die nog altijd op een historisch absoluut hoogtepunt ligt — kan het zeer wel zijn dat *bevolkingskrimp* een noodzakelijke voorwaarde is voor kwalitatieve sociaal-economische ontwikkeling. Op dit specifieke moment zouden de natalistische maatregelen die worden gepropageerd door minder kritische groepen binnen Dissident Rechts wel eens een funeste fout kunnen blijken te zijn — zo wie zo zijn ze onmogelijk als *keeping-up-with-the-Joneses* strategie ten aanzien van r-reproductie Azië en Afrika.

Nieuw Rechts zou er goed aan doen zich te herinneren dat de hoogte menselijke archetypen van de Westerse beschaving worden gevonden in haar *niet-reproducerende* toplaag: de eeuwig-ongetrouwde échte wetenschapper, de eenling-wolf filosoof, de écht celibaat-houdende priester, de jong-stervende krijger, de altijd-zwervende ridder en de laatst-stamboomhoudende edelman. Vanuit Traditionalistische optiek

---

5   Verwijzing naar het kosmologische werk *Le règne de la quantité et les signes des temps* ('De heerschappij van de kwantiteit en de tekenen des tijd') uit 1945 van de Franse Traditionalist René Guénon (1886-1951).

heeft de evolutie van de Westerse beschaving slechts één authentiek doel, en dat is de re-productie van deze *hogere archetypen*. Vanuit die optiek hebben alle inspanningen van alle Westerse mannen, alle offers van alle Westerse vrouwen en alle kinderen die uit hen worden geboren slechts een doel, namelijk het — zeer zelden — voortbrengen van deze zeer schaarse hogere archetypen. Zij zijn ons meest kostbare erfgoed, want zij kunnen, uit de grootheid van hun ziel, onze hele beschaving keer op keer uit het niets herscheppen — ook wanneer het noodlot al haar materiële grondvesten door één of andere catastrofe uitwist. Alleen de ondergang van deze archetypes — door decadente vredestijd, door pandemische ontvolking of door genocidale oorlogsvoering — zou de Westerse beschaving haar *raison d'être* ontnemen.

For however the fortune of war shall go,
may it not come to pass that much that was fair and wonderful
shall pass forever out of earth?
'Want zou het niet kunnen zijn dat, ongeacht hoe de uitkomst van de oorlog,
veel dat schoon en wonderbaar was voor altijd van de aardbodem zal verdwijnen?'

— 'Théoden', *De Twee Torens*

'Vergeet nooit een goede crisis uit te buiten'

(eco-politieke anamnese — met iets uit de systeempers[6])
Ga niet uit van het haalbare, maar van het denkbare

— Pim Fortuyn

---

6   Citaten uit Roelofs, 'Moge coronavirus het failliet van goedkope globalisering worden'.

...[D]eze coronacrisis [is] een mooie gelegenheid om eens radicaal na te denken over de manier waarop wij onze samenleving en openbare ruimte inrichten. ...[H]et zalige effect van het ineenstorten van het toerisme en de massaconsumptie: ...[g]een straten vol doorgeblowde hispagnolen en dronken easyjetbritten, geen sjokkende dikke provincialen met tassen vol door kindslaven in Bangladesh gefabriceerde wegwerpkleding, crisis bij de vreetschuren vol leedvlees uit de bio-industrie — je mag het eigenlijk niet zeggen, maar stiekem is het best prettig. Het grootkapitaal en de patjepeeërs van de vreet- en vastgoedlobby horen het natuurlijk liever niet, maar het wordt eindelijk weer een beetje leefbaar in de stad.

...Als het virus één ding aantoont, dan is het wel dat het there is no alternative-*liberalisme van laagwaardig toerisme,* fast fashion, *open grenzen en verrommeling van de openbare ruimte wel degelijk negatieve consequenties heeft. De laagwaardige globalisering en massamigratie heeft een giftig klimaat veroorzaakt waar mens en dier veel te dicht op elkaar leven in stenen jungles, door fijnstof en giftige uitstoot kwetsbaar voor longziekten en voortdurend rochelend en kuchend op drift in overgesubsidieerde autootjes en vliegtuigjes — en daar plukken we nu de wrange vruchten van. Al sinds SARS waren de experts bang dat er ooit als reactie op de planetaire roofbouw een virusje zou overspringen van dier op mens en dat dat een verwoestend spoor zou trekken door de urbane centra van de wereld, en nu is het dan eindelijk zo ver.*

Never waste a good crisis...: *dit is het moment om gezonde restricties op massatoerisme in te voeren en de steden weer leefbaar en gezond te maken voor de inwoners. Weg met het pamperen van de low cost carriers en de verwende luchtvaartlobby, weg met de disneyficatie van de binnenstad, weg met ons idiote geforens in veel te grote auto's en overvolle treinen. ...Aangezien we toch allemaal veel meer thuis moeten werken en de bureauslaven zich nu realiseren dat al die face time in zielloze kantoorkolossen aan de rand van de stad verspilde tijd was, is het een goed idee om kleinschalige, gezellige huiskamerkantoren voor kleine teams of zzp-collectieven te beginnen in de straten waar nu rommelwinkels en vreetschuren heersen. ...Het zou meteen een mooi moment zijn om ten bate van onze collectieve pulmonaire gezondheid de versteende koopgoten om te toveren in groene stroken en al onze gedempte grachten weer open te gooien. Auto's weren, om van de scooters van het tuig dat te belazerd is om te fietsen, nog maar te zwijgen.*

Het zou ook een goed moment zijn om eindelijk eens wat te doen aan de import van veel te goedkope, niet-duurzame of recyclebare en onder erbarmelijke omstandigheden geproduceerde goederen. Beheersing, beschaving, rust, reinheid en regelmaat: het zijn allemaal vieze woorden voor de kongsi van pandjesbazen, leasebakrijders en postmoderne opengrenzenrelativisten die de boel runt in Nederland, maar zo'n pandemie toont mooi aan dat we zonder al deze zaken ten onder gaan aan onze verslaving aan goedkope globalisering.

Bewezen hebbend dat ook de stilstaande klok van de systeempers één keer per dag de juiste tijd kan aangeven, sluit deze paragraaf af met een veel-verklarend woorden en getallen lijstje (bron laatste categorie = CBS):

Streven naar duurzaamheid zonder bevolkingsreductie is dweilen met de kraan open

— 'Manifest Overbevolking', De Club van Tien Miljoen (referentiepunt 1950: 10.027.000 inwoners)

Nederland is vol, ten dele overvol

— HKM Koningin Juliana (1979: 13.986.000 inwoners)

Nederland is vol, vol, vol

— Jelle Zijlstra (1997: 15.567.000 inwoners)

Ik zal niet zeggen dat Nederland vol is, maar wel behoorlijk druk. In mijn ogen zelfs een beetje te druk

— Pim Fortuyn (2001: 15.987.000 inwoners)

Dit is gewoon een waanzinnig gaaf land

— Mark Rutte (2015: 16.901.000 inwoners)

Post-Marrakesh, Pre-Corona 2019: 17.424.000 inwoners

— *Requiescant In Pace*

'Don't Look Now'[7]

(eco-politieke anamnese — Greta Thunberg)
In the face of madness
I stood and I screamed:
'You can't have me!'
Crying, as I chased the poisoned shadow away
In its place, I planted a seed
And I watched it
As it blossomed
'In 't aangezicht van de waanzin
stond ik op en ik schreeuwde het uit:
"Mij zul je niet krijgen!"
Ik huilde toen ik de giftige schaduw verjoeg
In plaats daarvan plantte ik toen een zaadje
en ik bleef kijken
terwijl het opbloeide'

— Lupa G, 'The Secret'

---

7 Verwijzing naar Roeg's film *Don't Look Now*.

Een twistpunt binnen Nieuw Rechts dat evenveel zinloze verdeeldheid opwekt als de 'Joodse', 'Islamitische' en 'Alloseksuele' Vraagstukken[8] maar dat veel minder prioriteit krijgt is het 'Klimaat' Vraagstuk. Ondanks zijn perfecte geloofsbrieven in de Diep Groen beweging — terug te voeren op het Oud Rechtse eco-fascisme (Richard Darré, Savitri Devi Mukherji[9]) en de vroege *New Age* diepte-ecologie (Garrett Harding, Pentti Linkola[10]) — loopt Nieuw Rechts gevaar zijn holistisch-ecologisch grondvisie uit het oog te verliezen door aansluiting te zoeken bij de (al dan niet oprechte) 'klimaat-ontkenners' van het civiel-nationalistische en alt-light populisme. Gezien de catastrofale schade die in de afgelopen decennia is toegebracht aan het globale ecosysteem door ongecontroleerde 'demografische groei' in de Derde Wereld en de onhoudbare 'economische groei' in de Eerste Wereld — nu pervers gecombineerd in vervangings-niveau Derde Wereld massa-migratie naar de Eerste Wereld — is het de hoogste tijd om Nieuw Rechts rigoureus te zuiveren van deze onwaardige zwakte. De Corona Crisis biedt Nieuw Rechts nu de perfecte gelegenheid om een duidelijk keuze te maken voor zijn holistisch-ecologische kernwaarden, een keuze die tegelijk het liberaal-linkse politieke monopolie op de 'groene agenda' kan breken — een niet onbelangrijke meevaller omdat Nieuw Rechts zich zo toegang kan verschaffen electorale 'groeimarkt' onder in toenemende mate eco-bewuste inheemse jongere generaties van de Westerse landen. Zoals aangegeven in de vorige paragraaf komt het analytische verband tussen ecologie,

---

8   Voor de insteek van de schrijver inzake deze vraagstukken, verg. (alle artikelen vrij toegankelijk), respectievelijk, Hoofdstuk 6 ('JQ'), Hoofdstuk 1 ('Islam') en Hoofdstuk 7 ('allo-seksualiteit').

9   Savitri Devi Mukherji's meest direct 'groen-relevante' werk is *The Impeachment of Man* ('Aanklacht tegen de mensheid', eerste uitgave 1959), is vrij digitaal toegankelijk in *The Savitri Devi Archive*.

10 Pentti Linkola overleed op 5 april 2020 — zijn meest recente werk, *Can Life Prevail? A Revolutionary Approach to the Environmental Crisis* ('Het het leven overleven? Een revolutionaire benadering van de milieucrisis', 2009), is als paperback, e-book en audioboek beschikbaar via Arktos Media.

demografie en etniciteit dat werd benadrukt in de oude Diep Groen beweging[11] — het is de hoogste tijd dat Nieuw Rechts de links/liberaal pseudo-groenen voorgoed hun aanspraak op de ecologische *moral high ground* ontneemt.

Het is de hoogste tijd voor Nieuw Rechts om deze uitdaging op de meest directe manier aan te gaan — men kan beginnen met het openlijk en eerlijk confronteren van de boodschap van de waarschijnlijk meest tot de verbeelding sprekende vertegenwoordiger van het hedendaagse milieu-activisme: Greta Thunberg. Helemaal los van de niet-ecologische praatjes en de niet-ecologische agendas van de mensen om haar heen (familie, 'vrienden', *fellow-travellers*) — zelfs helemaal los van die van *haarzelf* — is het noodzakelijk dat Nieuw Rechts zich datgene uit haar repertoire toe-eigent dat zij op meest authentieke wijze vertegenwoordigt, en zelfs belichaamt: *ecologisch bewustzijn*. Het is daarbij goed zich voor ogen te houden dat deze toe-eigening helemaal los moet worden gezien van de zeer terechte Nieuw Rechtse kritiek op het liberaal-linkse *grüne Wende* verdienmodel dat milieubewustzijn alleen maar mobiliseert ten bate van nepotistische zakkenvullers op kosten van miljoenen belastingbetalers. Deze toe-eigening uitdaging wordt ook nog eens aanzienlijk bemoeilijkt door het feit dat de milieu-activistische boodschap van Thunberg, nu 17 jaar oud, heel gemakkelijk kan worden afgedaan als 'gestoord'. Zij heeft namelijk een psychiatrische diagnose die drie zogenaamde 'stoornissen' noemt: Asperger Syndroom, Obsessief-Compulsieve Stoornis en Selectief Mutisme. Het is echter belangrijk aan te tekenen dat deze drie 'diagnoses', recent steeds frequenter gesteld bij jonge Westerse mensen en door achtergebleven critici ook wel 'modieus' genoemd, feitelijk op niets anders duiden dan op persoonsgebonden maar collectief 'onmodieuze' *kwaliteiten* die grotendeels genetische zijn bepaald maar die in steeds mindere mate te combineren zijn met

---

11 In Nederland werd de oude Diep Groen beweging vanaf 1980 in de nationalistische politiek prominent vertegenwoordigd door kaderleden van de Centrum Partij zoals Henry Brookman en Alfred Vierling.

het zogenaamde 'normale leven' in het openlucht gekkenhuis waartoe de Westerse wereld nu is verworden.

Zo is het 'Asperger Syndroom' niets anders dan een genetisch bepaalde combinatie van hoge intelligentie, ingebouwde zelfdiscipline en geautomatiseerde eerlijkheid die hoge waardering zou vinden in alle sociaal-economische dispensaties behalve die van de ressentiment-voedende hyper-democratie en de alles-nivellerende idiocratie zoals nu prevalerend in de meeste Westerse landen. Op soortgelijke wijze is de 'Obsessief-Compulsieve Stoornis' te relateren aan perfectionistische normzetting en nauwgezette naleving van persoonlijke integriteit — kwaliteiten die niet zijn te combineren met de Gordon Gecko-geïnspireerde *greed is good* mentaliteit en de Kim Kardashian- geïnspireerde *me, myself and I* zelfstilering die voortvloeien uit de nihilistische conditionereing en het collectieve narcisme van de Westerse post-moderniteit. En dan is er nog Thunberg's derde 'diagnose', 'Selectief Mutisme': dit verschijnsel werkelijk als 'stoornis' te bestempelen betekent het afschrijven van het hele hogere segment van de mensheid — dit zou gelijk staan aan de psychiatrisering van alle echte filosofen, kloosterlingen, krijgers en edellieden want dat zijn allemaal mensen die *weten te zwijgen*. Laat ons luisteren naar wat Grunberg zelf over haar 'Selectief Mutisme' te zeggen had: *That basically means I only speak when I think it's necessary* 'Dat betekent dat ik alleen spreek wanneer ik denk dat het nodig is'.

Laten we daarom luisteren naar wat zij op 23 september 2019 te zeggen had in New York, toen haar werd gevraagd het woord te doen op de VN *Climate Action Summit*. Laten we zien of zij daar iets heeft gezegd dat *niet* de waarheid was, ook al was het het soort waarheid dat mensen liever niet onder ogen zien. Het soort waarheid dat je niet meer ziet als het te dichtbij je is. Over de winters en de Hollandse ijstaferelen die zijn verdwenen. Over de ooit-eeuwige gletsjers die zijn gesmolten. Over de oude deltaland-rivieren die nu zomers droogvallen. Over de oerbossen die zijn geveld ter wille van de zoveelste wegwerp-meubel-mode. Over de gestorven koraalriffen die zijn gebleekt ter wille van de zoveelste verre-vlieg-vakantie. Over de bijen die mysterieus verdwenen in de tijd dat mobiele zendmasten het hele land binnen kwaak-en-twitter-bereik moesten brengen. Het soort waarheid waarvoor een dwars 16-jarig meisje opstond en dat zij de moed had in het gezicht te slingeren van een hoogst arrogant publiek van hele grote boze wolven. Dit is (het meeste van) wat zij zei:

Dit is helemaal verkeerd. Ik zou hier niet moeten staan. Ik zou weer op school aan de andere kant van de oceaan moeten zijn. Maar komen jullie allemaal naar mij voor hoop. Hoe durven jullie!

Jullie hebben mijn dromen en mijn jeugd gestolen met jullie lege woorden. En toch ben ik een van de gelukkigen. Mensen lijden. Mensen gaan dood. Hele ecosystemen zijn aan het instorten. We staan aan het begin van een massale uitsterving. En alles waar jullie over kunnen praten is geld en sprookjes van eeuwige economische groei. Hoe durven jullie!

Al meer dan 30 jaar is de wetenschap glashelder. Hoe durven jullie weg te blijven kijken en hier te komen zeggen dat jullie genoeg doen, terwijl de benodigde politiek en oplossingen nog nergens te bekennen zijn. Jullie zeggen ons te horen en de urgentie te begrijpen. Maar hoe verdrietig en boos ik ook ben, ik wil dat niet geloven. Want als jullie de situatie echt zouden begrijpen en toch zouden blijven falen, zouden jullie slecht zijn. En ik weiger dat te geloven.

...Jullie zijn nog steeds niet volwassen genoeg om de dingen te benoemen voor wat ze zijn. Jullie laten ons in de steek. Maar jonge mensen beginnen jullie verraad te begrijpen. De ogen van alle toekomstige generaties zijn op jullie gericht. En als jullie ervoor kiezen om ons in de steek te laten dan zeg ik: we zullen jullie nooit zullen vergeven. Jullie zullen hier niet mee wegkomen. Hier, hier en nu, trekken we de streep. De wereld wordt wakker. En er komt verandering, of jullie het nu leuk vinden of niet.

Children and fools always speak the truth
'Het zijn de kinderen en de dwazen die de waarheid spreken'

— Mark Twain

'De judicio Solis'[12]

(numino-politieke anamnese — vrij naar Aleksandr Doegin[13])

Eerste vonnis: *De laatste paar decennia hebben we gewacht op een catastrofe, op iets onomkeerbaars en op iets beslissends. Misschien is het de corona virus epidemie. Het moge te vroeg zijn om precieze conclusies te trekken, maar wat nu al duidelijk is, is dat bepaalde elementen van geopolitiek en ideologie nu over hun houdbaarheidsdatum zijn. De corona virus epidemie vertegenwoordigt het einde van de globalisatie in huidige vorm. Elke werkelijk 'open' maatschappij stelt zich bloot aan infectie. Een ieder die grenzen wil slechten richt zijn land in op de decimering van zijn volk. Alleen afsluiting kan ons redden — afsluiting in alle dingen: gesloten grenzen, gesloten economieën, gesloten markten. Het is tijd om in herinnering te brengen wat werkelijk kostbaar voor ons is, dat wil zeggen te herkennen wat werkelijk van ons is. En dat zijn de dingen die je al deze tijd om je heen had maar die je niet zag:* je eigen huis, je eigen familie, je eigen volk, je eigen natie, je eigen land, je eigen planeet. Hier moeten we ons het oude woord van de Heilige Schrift herinneren: *Mijn kinderkens, laat ons niet liefhebben met den woorde, noch met de tong, maar met de daad en waarheid* (1 Johannes 3:18).

Tweede vonnis: *Het liberalisme heeft het virus vrij gegeven en gelaten — in de meest directe zin van het woord. Het liberalisme is de eigenlijke drager van het virus — het is zijn beschermheer. De echte 'pestgoden' kunnen wel eens vertegenwoordigers blijken te zijn van de globalistische financiële elite die de 'grenzen van de groei' wel degelijk kenden maar opzettelijk schonden. De globalistische elites en hun plaatselijke zetbazen*

---

12 Verwijzing naar het in het Latijn geschreven Zwarte Dood gedicht 'Over het vonnis van de zon' uit 1350 van de Belgische astronoom Simon de Couvin (ca. 1325-67).

13 Vrij naar Doegin, *The Plague Gods* — vertaling Alexander Wolfheze.

rekenen er misschien op dat ze kunnen overleven met één of ander vaccine, maar er is iets dat erop wijst dat dit wel eens een misrekening kan blijken te zijn. Het virus is onvoorspelbaar en de processen die er nu door in gang zijn gezet, op het niveau van de beschaving als geheel zowel als op het niveau van specifieke — spontane, onvoorspelbare — gebeurtenissen, kunnen zelfs de meest goed berekende plannen verstoren. Of het nu wel of niet werd gecreëerd als biologisch wapen in de 'Citadel van het Liberalisme', Amerika, het echte virus is en blijft het liberalisme zelf: het vernietigt alles dat anders, speciaal, authentiek en uniek is — het vernietigt alles dat ons menselijk maakt. Het liberalisme is dodelijk. Het is tijd om dit virus voor eens en altijd van de aardbodem weg te vagen. Het is tijd om terug te keren van de brede en gemakkelijke weg naar de dood en om de nauwe en steile weg te zoeken die terugvoert naar het leven.

Derde vonnis: *De maatstaven van werelds succes en wereldse welvaart verschuiven zich nu snel — zij schuiven nu weg van modernistische illusies zoals de 'vermogenspositie' (Amerika), het 'handelsoverschot' (China) en de 'humaniteit' (West Europa). Al de dingen die de moderne mens voor oneindig houdbaar en eeuwig geldend hield zijn niets anders dan illusies — het corona virus heeft dit zichtbaar en tastbaar bewezen. En het zou kunnen dat we, als we de logica van wat er nu gebeurt een beetje verder volgen, kunnen zien hoe de wereld aan haar einde komt — dat wil zeggen de wereld zoals wij die lang kenden en nog kennen.* Nu het kompas van de geschiedenis even terugschiet naar het Ware Noorden, komen allerlei niet-illusionaire waardevolle dingen terug in beeld: het vermogen je eigen voedsel te produceren, het vermogen zelf dingen te bouwen en je eigen infrastructuur in beweging te houden. Het is tijd om met het inkomende getij mee te bewegen, de golfbeweging te volgen en haar ons naar een nog onbekende kust te laten meevoeren: daar kunnen vast land vinden — in de nieuwe wereld die ligt aan gene zijde van het verdrinkende Atlantis van het stervende globalisme.

Vierde vonnis: *Volgens natuurkundige denkers kunnen in een 'vals vacuüm', dat wil zeggen een vacuüm dat stabiel lijkt maar het niet* is, theoretisch gesproken zo nu en dan 'niets-bel' ontstaan. Wanneer zulke bubbels ontstaan, kunnen ze hele Melkweg stelsels het niets inzuigen — de draaikolk die door een onstabiel vacuüm wordt veroorzaakt kan een zeer groot effect hebben. De wetenschappelijke elite verzekert ons dat er slechte een onmogelijk minimale kans bestaat dat een dergelijke 'niets-bel' ooit ook echt optreedt. Op soortgelijke wijze verzekert ons de politieke elite ten aanzien van het corona virus: 'niets bijzonders, alles komt goed'. Maar het lijkt mij dat dit niet klopt: de hele moderne wereld is precies een dergelijk 'niets-bel' — een zeepbel die snel groeit, die alle betekenis wegzuigt en die het bestaan zelf in het niets oplost. Het liberalisme en het globalisme zijn er de meest intellectueel-levendige uitdrukkingen van. Het is tijd om deze 'niets-bel' te verlaten — de existentiële leegte van de moderniteit achter ons te laten. Het is tijd om verder te kijken dan de waarnemingshorizon van de modernistische — historisch-materialistische, liberaal-normativistische, cultuur-nihilistische — conditionering.

'La Peste'[14]
(meta-politieke prognose — Aleksandr Doegin[15])

C'est au moment du malheur qu'on s'habitue à la vérité
'Het is wanneer het ongeluk toeslaat dat men begint te wennen aan de waarheid'

— Albert Camus, *La Peste*

Is het mogelijk dat de mensheid, nadat zij het corona virus heeft overwonnen, de juiste conclusies trekt, de globalisatie inperkt, het liberale bijgeloof afzweert, de migratie stopzet en de obscene

---

14 Verwijzing naar de roman *La peste* ('De Pest') uit 1947 van de Franse schrijver Albert Camus (1913-60).
15 Vrij naar Doegin, *The Plague Gods* — vertaling Alexander Wolfheze.

techologisch uitvindingsgolf afsluit die iedereen nu steeds dieper en dieper het labyrinth van het materialisme in trekt? Het antwoord is overduidelijk nee. Iedereen zal in een oogwenk terugkeren naar oude gewoonte, zelfs nog voordat alle lijken zijn begraven. Op het moment dat de markten weer opleven en de Dow Jones weer ontwaakt zal alles terugkeren naar de 'normaalstand'. Degenen die zichzelf iets anders voorstellen zijn naïef. Maar wat betekent dit? Dit betekent dat zelfs een epidemie op deze schaal uiteindelijk wordt veranderd in een onfortuinlijk misverstand. Niemand zal de terugkomst van de 'pestgoden' meer begrijpen en niemand zal nog aan de 'niets-bellen' denken en alles zal zichzelf keer op keer herhalen — totdat het point of no return zich tenslotte aandient. Als men nauwlettend het verloop van de tijd besturderen zou het duidelijk moeten zijn dat we dat punt op dit moment passeren.

- Mais vos victoires seront toujours provisoires, voilà tout.
-Toujours, je le sais. Ce n'est pas une raison pour cesser de lutter.
- Non, ce n'est pas une raison. Mais j'imagine alors ce que doit être cette peste :
Une interminable défaite
'*- Maar al onze overwinningen zullen altijd tijdelijk blijven — dat is alles.*
- Altijd, ik weet het. Maar dat is geen reden om de strijd op te geven.
- Nee, dat is geen reden. Maar dan bedenk ik mij wat deze plaag eigenlijk betekent: één eindeloze nederlaag.'

— Albert Camus, *La Peste*

Nawoord: koda

(apotrofeïsch traditionalisme)

Ongeacht de betwiste geldigheid van de Fichteaans-Hegeliaanse these-antithese-synthese dialectiek in de pure filosofie, blijft zij waardevol als begripskader in de filosofisch geïnspireerde cultuurwetenschappen.

Geprojecteerd op de Europese geschiedenis worden cyclische patronen van *punctus contra punctum* — steeds gevolgd door sublieme recapitulatie — herkenbaar. Een 'Faustiaans' element van zelfovertreffende wederopstanding is daarbij niet alleen zichtbaar in de Christelijk-ascetische helft maar ook in de heidens-heroïsche helft van Europese Traditie. Omwille van de (velen of weinigen) onder ons die hun ogen spoedig voor altijd sluiten wil deze reader's digest daarom op *twee* noten eindigen — twee noten die recht doen aan beide helften.

De eerste voor hen die nog het hele gewicht van onze integrale Traditie wensen te dragen:

De Heere zegene u, en behoede u
De Heere doe Zijn aangezicht over u lichten, en zij u genadig
De Heere verheffe Zijn aangezicht over u, en geve u vrede

— Numeri 6:24-6

De tweede voor hen die slechts wensen straks naast de meest bewonderde van onze voorvaderen te kunnen staan:

Imagine where you will be, and it will be so
If you find yourself alone, riding in green fields with the sun on your face,
do not be troubled, for you are in Elysium
'Denk aan waar je wilt zijn — en zo zal het zijn
En als jezelf terugziet in groene weiden, alleen te paard met de zon in je gezicht,
wees dan niet bezorgd — want dan ben je in Elysium

— 'Maximus', *Gladiator*

Hoofdstuk 14

De Laatste Golf: Reader's Digest voor een zwart jaargetijde

Hear the trumpets, hear the pipers
One hundred million angels singing
Multitudes are marching to the big kettledrum
Voices calling, voices crying
Some are born and some are dying
It's Alpha and Omega's kingdom come
'Hoor de bazuinen schallen en de fluiten schellen
Honderd miljoen engelen zingen
Mensenmassa's marcheren achter de grote keteldrommen
Stemmen roepen, stemmen schreeuwen
Geboorte uur en stervensuur
Alfa en Omega hier en nu: Uw Koninkrijk kome'

— Johnny Cash, 'The Man Comes Around'

(*) De auteur zal in dit essay de termen 'wit' en 'blank' pragmatisch gebruiken. Alhoewel hij van mening is dat het prachtig — subtiele — Nederlandse woord 'blank' de enig cultuur-historisch juiste term is voor de fenotypische typering van het (inheems-)Nederlandse volk, stelt hij zich ook op het standpunt dat dit essay een flexibel woordgebruik vergt voor een efficiënte bestrijding van het discours van de globalistische vijandige elite. Vanuit het perspectief van Nieuw Recht is het noodzakelijk dat de patriottisch-identitaire revolutie tegen de

globalistische vijandige elite het hele politieke-correcte discours van die elite deconstrueert. Nieuw Rechts behoudt zich uitdrukkelijk het recht voor tot omgekeerde 'culturele appropriatie' van alle psy-op woordfabricaties van de globalistische pseudo-intelligentsia — inclusief het woordje 'wit' voor blank. Nieuw Rechts laat zich niet in de gedachten dwangbuis van het totalitair-nihilistisch globalistisme stoppen, noch door politiek-correct woordgebruik, noch door dwangmatig afgedwongen 'purisme'. De eindoverwinning in de metapolitieke jungleoorlog tegen het totalitair-nihilistisch globalisme vergt niets minder dan een totaaltoe-eigening van het hele vijandelijke woord- en gedachtearsenaal.

Voorwoord: 'Paint it, Black'

(cultureel-anthropologische overwegingen)
*I see a red door and I want it painted Black
No colors anymore, I want them to turn Black*
'Ik zie een rode deur — ik wil haar zwart schilderen
Het einde van de kleur — ik wil alles zwart maken'
— The Rolling Stones

Antifa wordt nu algemeen erkend als hoofdrolspeler in de *Black Lives Matter* (BLM) machtsgreep van extreem-links en het is belangrijk dat Nieuw Rechts een goed beeld heeft van Antifa's huidige motivaties. Antifa is al sinds de grote (fascistisch/nationaal-socialistische) anti-globalistische opstand van de jaren '20 wn '30 de straatvechters arm van de globalistische vijandige elite, maar haar rol heeft zich gedurende de afgelopen decennia steeds consistent aangepast aan de wisselende behoeften van het vigerende globalisme. De Grote Westerse Burger Oorlog, waarvan de 'warme' en 'koude' fases eindigden in 1945 en 1990, is weliswaar geëindigd in de formele overwinning van het globalisme, maar Antifa is nog steeds een nuttige organisatie voor zuivering- en politionele acties tegen hier en daar overblijvende weerstandsnesten. Antifa ontleent weliswaar haar naam aan de oudste en gevaarlijkste vijanden van het globalisme, namelijk het Europese fascisme, maar de organisatie heeft haar tactiek continu aangepast aan de strijd tegen de latere en mindere vijanden van het globalisme — in het huidige tijdsbestek zijn 'nationaal-populistische' politiek, 'alt-right' digi-activisme en Nieuw Rechtse meta-politiek de belangrijkste van die vijanden. Met een combinatie van ouderwets storm troep geweld, digitaal-opgewaardeerde surveillance en innovatieve sociale media 'doxxing' heeft de Antifa de globalistische vijandige elite geholpen de anti-globalistische onrustgolf van midden jaren '10 te breken — het was deze golf die Donald Trump het Witte Huis en Boris Johnson Down Street 10 inloodste en die het hele bouwwerk van de Nieuwe Wereld Orde op zijn grondvesten deed schudden. Maar het recente defensieve postuur van de globalistische vijandelijke elite, gericht op het saboteren van Trump en Brexit, moeten worden begrepen voor wat zij zijn: achterhoede gevechten en storingsacties die tijd winnen voor een nieuw globalistisch offensief — een grootschalig eindoffensief dat ten doel heeft het anti-globalisme voor eens en altijd weg te vagen. *C'était reculer pour mieux sauter.*

Het huidige globalistische tegenoffensief is weliswaar getimed op de ontsporing van Trump's herverkiezing, in november 2020, maar de einddoelen ervan zijn veel ambitieuzer: het begint nu de richting en omvang aan te nemen van een slotoffensief — een alles-of-niets poging om de Westerse beschaving omver te werpen. Het lijkt goed doordacht te zijn gefaseerd in perfect geregisseerde 'golven'. De eerste van deze *wag the dog* golven, de zgn. 'Corona Crisis' van voorjaar 2020, had overduidelijk een *shock and awe* doel: zij beoogde de intimidatie, verlamming en demoralisatie van de inheems-Westerse volksmassa's — en het teniet doen, met één enkele klap, van de met bloed, zweet en tranen gekochte economische en politieke successen van Trump's eerste ambtsperiode en Johnson's Brexiteer regering. De tweede golf, de zgn. 'BLM Crisis' van zomer 2020, dient het uitbuiten van het succes van de eerste golf: zij beoogt het afkappen van de psycho-historische verbindingslijnen van de inheems-Westerse volksmassa's met hun cultuur en hun identiteit door het wegnemen van hun laatste stukje veiligheid en continuïteit in de (fysieke en digitale) publieke ruimte — en door hun leiders tot electorale zelfmoord te dwingen met een keuze tussen brutale onderdrukking of abjecte capitulatie ten aanzien van de BLM uitdaging. Antifa speelt een essentiële rol in deze globalistische greep naar totalitaire controle over de Westerse publieke ruimte: de storm troepen van Antifa bieden fysieke focuspunten en tastbare provocatie kansen voor de verwezenlijking van een daadwerkelijke, effectieve *ont-westering* van de publieke ruimte. Deze ont-westering wordt gekenmerkt door de opzettelijke import van de typische eigenschappen van de publieke ruimte in de Derde Wereld: sporadische wetshandhaving, bende heerschappij, permanente onveiligheid, chaotische verkeersstromen, haperende infrastructuur, bergen zwerfvuil, vernielde groenvoorzieningen, dierenmishandeling en geruïneerde architectuur. De BLM golf introduceert deze eigenschappen opzettelijk in de Westerse urbane ruimt: kleine maar veelbetekenende signalen druppelen binnen via de alternatieve media — scènes van 'activisten' die politiebureaus aanvallen, winkels plunderen, publiek hun behoeften doen, parken 'tuinieren', huisdieren doden en standbeelden omverwerpen. De *materiële* ont-westering van de publieke ruimte wordt noodzakelijkerwijs gespiegeld in haar *menselijke* ont-westering: zwart-, bruin- en licht-getinte gezichten overheersen de nieuwe as-en-stof ex-Westerse stadslandschappen.

De *Paint It Black* 'kleurenrevolutie'[16] van de BLM Crisis staat onder het teken van de rood-zwarte — anarcho-communistische — Antifa vlag. De thematische keuze voor de kleur zwart geeft essentiële informatie over de doelstelling achter de BLM revolutie: het is de kleur die symbolisch wordt geassocieerd met nacht, duister, wetteloosheid, zonde, gevaar en dood — de tegenpool van de kleur wit die staat voor dag, licht, wet, puurheid, veiligheid en leven. Het mooie Nederlandse

---

16 Verwijzing naar de nu binnen-Westers ingezette *colour revolution* strategie van globalistische *regime change* gedurende de jaren '00-'10 (roze Georgië 2003, oranje Oekraïne 2004, groen Iran 2009, jasmijn Tunesië 2010, lotus Egypte 2011, koffie Jemen 2011).

woord dekt slecht een deelaspect van deze wit-associaties, maar voegt er subtiele betekenissen aan toe: *in abstracto* transparant en zuiver, *in concreto* pigmentarme huidskleur. Deze toegevoegde dimensies zijn essentieel voor de inheems-Nederlandse identiteit: de associatie met transparantie en zuiverheid hangt samen met typisch Nederlandse levensdoelen (ook *financiële*) 'schuldvrijheid', (ook *botte*) 'eerlijkheid' en (vooral fysieke) 'properheid' — de associatie met blanke huidskleur hangt samen met historisch-onloochenbare raciale en etnische afkomst. Deze speciale blank-associaties zetten de Nederlandse tak van de globalistische vijandige elite voor een ironisch dilemma: ófwel het internationale 'zwart-goed/wit-slecht' standaard-narratief invoeren en *onnatuurlijk* — geforceerd, kunstmatig — overkomen, ófwel een semantische — en dus abstracte, moeizame — discussie aangaan en daarin verzanden. Geheel voorspelbaar op de weg van de minste weerstand hebben de Nederlandse *capo regimes* van het globalisme — oikofobe intelligentsia, MSM top, partijkartel ideologen — gekozen voor de terminologie optie 'wit': zij vertrouwen op de accumulatieve effecten van post-Mammoet Wet 'idiocratie', maar geven daarmee de patriottisch-identitaire oppositie wel zelf het wapen in handen van het oudere, beschaafdere en mooiere 'blank'.

En zo zitten de deugende 'pratende klasse' van Nederland — politiek-correcte politici, eindredacteuren, journalisten en publicisten — nu opgescheept met het goedkope, gekunstelde en lelijke 'wit'. Maar hoe braaf zij ook hun best doen om ook met deze handicap de globalistische lijn binnenlands aan de man te brengen, zij zich blijkbaar onbewust van een veel groter gevaar, namelijk het existentiële gevaar van het klakkeloos toepassen van een conflict-symboliek die zijn dynamiek put uit een universeel-menselijke affect-oppositie: de associate wit-goed/zwart-slecht. Het gaat hier om universeel-menselijke symboliek die direct samenhangt met existentiële affecten — deze laat zich niet straffeloos misbruiken. Wat de *Paint It Black* BLM kleurenrevolutie feitelijk doet is een onmiskenbaar eenduidig signaal afgeven: dat de BLM revolutie zich richt tegen alles dat (ver)licht, open, legaal, onschuldig, veilig en gezond is en dat zij zich associeert met alles wat duister, gesloten, illegaal, onveilig en ziek is. De BLM kleurenrevolutie beoogt — en *creëert* — sociaal, etnisch en raciaal conflict door een tweevoudige — waarachtig gespleten tong — leugen: (a) zij associeert *abstracte* en *symbolische* (ethische, esthetische) categorieën met *concrete* en *menselijke* (etnische, raciale) categorieën en (b) zij *draait* die categorieën *om*, resulterend in een kortsluiting tussen de oorspronkelijke positieve en negatieve ladingen. Een vereenvoudigde structuralistische analyse van deze BLM leugens wordt in de volgende 'stenografische' stelling weergegeven:

(1) − [zwart : nacht : slecht] :: + [wit : dag : goed] >
(a) 0 [zwarte *mensen* : zonsopgang : gelijkheid] :: 0 [witte *mensen* : zonsondergang : gelijkheid] >
(b) + [zwarte mensen : verlicht : goed] :: − [witte mensen : verduisterd : slecht] >
(2) zwarte leven (actief, vooruitgang) − witte dood (passief, achteruitgang) = 0 (som spel)

Zo laat de *Paint It Black* BLM kleurenrevolutie zich herkennen als opzettelijke psychologische oorlogsvoering: het gaat om een *black op* van de globalistische vijandige elite, gericht op niet meer of minder dan een culturele revolutie — een *reset* van de klok van de geschiedenis. Ook laat zij zich herkennen als een 'nul som spel' dat met wiskundige zekerheid op een heuse rassenoorlog uitloopt — ook als deze oorlog vooralsnog meer in de institutionele, juridische en culturele sfeer afspeelt dan op straat. Er is maar één mogelijke uitkomst van een daadwerkelijk verwezenlijkte BLM kleurenrevolutie, namelijk een radicale omkering van de raciale verhoudingen: *blanke slavernij*. Haar expliciet sado-masochistische semantiek en symboliek spreekt in dit opzicht boekdelen: blanken moeten knielen, zwarte voeten kussen en boete doen. De BLM kleurenrevolutie mag slechts een klein stapje lijken in de geschiedenis van het Westen, maar zij is een grote sprong in een scenario dat zelfs de meest doemdenkende en paranoïde 'blank-nationalistische' ideologen zich tot nu toe niet konden voorstellen. Tot nu toe was het 'blank-nationalistische' *worst case scenario* een relatief simpele rassenoorlog eindigend met de systematische uitroeiing van het blanke ras, maar dit scenario lijkt hoe langer hoe meer op naïef *wishful thinking*. De BLM trend naar structurele omkering van rolpatronen schetst namelijk een veel erger scenario: een ziekelijke Zwart/Morlock versus Blank/Eloi symbiose, waarbij dan ook nog de meeste Eloi voordelen toevallen aan de Morlocks.[17] In dit scenario eindigt de *war of whiteness* van de vijandige elite niet in de fysieke uitroeiing van blanken, maar in de doelbewuste (zelf-) reductie van blanken tot *Untermensch* status: blanken vervullen dan de rol van 'lastdieren' (werken om anderen materieel comfort en vrije tijd te geven), 'status huisdieren' (bedienen van *rap(p)er* en *role-playing* fantasieën) en 'zondebokken' (botvieren en compenseren van minderwaardigheidscomplexen). In het huidige Westen zijn de eerste contouren van een dergelijk rolpatroon omkering allang zichtbaar: levende blanke mannen dienen als 'belasting melkvee' om grote groepen niet-blanke kolonisten te onderhouden, levende blanken vrouwen dienen als 'fokvee' om de 'diepere' aspiraties van deze groepen te verwezenlijken en dode blanke mannen — staatslieden, denkers, artiesten — dienen als bliksemafleider voor opzettelijk opgestookte niet-blanke minderwaardigheidscomplexen.

---

17 Verwijzing naar de 'evolutionaire' splitsing van de mensheid in twee groepen die het hoofdthema vormt van Herbert George Wells' science fiction klassieker *The Time Machine* (1895). De Morlocks zijn daarin de nakomelingen van de 19e eeuwse arbeidersklasse, die in de toekomst ondergronds leven en daar een restant van industriële productie gaande houdt — zij zijn individueel kleiner en slapper dan mensen, maar zij zijn collectief wreed en gevaarlijk. De Eloi daarentegen zijn de nakomelingen van de 19e eeuwse *leisure classes* — het staat hen vrij in de vrije lucht te leven, waar zij zich naar believen met onschuldige vermaak en vleselijke pleziertjes mogen bezig houden. De Eloi zijn apathisch en dom en worden door de Morlocks als vleesvee gehouden.

De BLM kleurenrevolutie is een breekpunt in de Westerse geschiedenis: de globalistische vijandige elite is haar Rubicon overgestoken en heeft zich nu niet alleen openlijk gekeerd tegen de Westerse *beschaving*, maar ook tegen de Westerse *volkeren*. Beide zijn essentieel *blank*: zij staan en vallen samen. Door haar 'progressieve' narratief opzettelijk parallel te trekken met de raciale scheidslijn en door niet-blanken op te zetten tegen blanken heeft de globalistische vijandige elite eindelijk haar oude claim als legitiem gezag over de Westerse volkeren achter zich gelaten. De globalistische vijandige elite heeft blijkbaar besloten *va banque* te spelen: blijkbaar voelt zij zich na decennia van omvolking-door-massa-immigratie nu sterk genoeg (lees demografisch-electoraal gesterkt) om in te zetten op haar *Endsieg*. Deze globalistische eindoverwinning staat gelijk aan de vernietiging van de Westers/blanke beschaving in haar hartland en de marginalisatie van de Westers/blanke volkeren in hun historische stamlanden. Voor de globalistische vijandige elite zijn de niet-blanke minderheden en immigrantenmassa's slechts een wapen — maar wel een essentieel wapen: zij manipuleert en mobiliseert deze groepen om alle oude grenzen, instituties, monumenten, ideeën en kunstvormen van de Westerse beschaving weg te vagen. Het is redelijk om aan te nemen dat de huidige BLM golf van massademonstraties, chaos, vandalisme en beeldenstormend geweld slechts de eerste fase is van deze niet-Westerse/niet-blanke mobilisatie tegen de Westers/blanke beschaving.

De hoofdwerkzaamheden van dit eerste-fase activisme is door de globalistische vijandige elite uitbesteed aan haar Antifa storm troepen. Om deze vijand effectief te bestrijden is het nodig zijn geestesgesteldheid te kennen: Nieuw Rechts moet weten hoe de Antifa storm troepen denken — hoe hun dirigenten en sponsoren van Antifa *willen* dat zij denken. Laten wij Antifa daarom eens reduceren tot zijn — dubbel logische en absurde — essentie door die denktrend tot in de uiterste consequentie te volgen. En als die essentie *kwaadaardig* is, dan dienen we te onthouden dat zelfs de hel haar helden heeft.

'De protocollen van Antifa'
(psycho-historische antecedenten)

Hell is empty and all the devils are here
'De hel is leeg — alle duivels zijn hier'

— William Shakespeare, 'The Tempest'

In augustus 2017, rond de tijd van de met *black ops* gesaboteerde Charlottesville Rally, begon in de sociale media van dissident-rechts een pamfletachtig document te circuleren met de titel *The Antifa Manual*, 'Het Antifa Handboek'. Er gaan verschillende geruchten rond omtrent de dubieuze oorsprong van dit 'handboek': in de meest gangbare versie werd het gevonden op de campus van het Evergreen State College (Olympia, in de Amerikaanse staat Washington) en de (nietuitgesloten maar ook wel erg voorspelbare) MSM consensus is dat het gaat om een vervalsing door 'blank-suprematistische' *agents provocateurs*.[18] Maar zelfs als dat klopt — of als het gaat om een satire in de stijl van *MS Found in a Bottle*[19] — dan nog is 'Het Antifa Handboek' nuttig als een 'teken des tijds': het duidt een opkomend getij van anti-Westers/blank sentiment. In die zin is 'Het Antifa Handboek' een vroeg-21e eeuwse tegenhanger van het beruchte vroeg-20e eeuwse document dat bekend staat onder de titel 'De Protocollen van de Wijzen van Zion' — ook verondersteld een vervalsing te zijn, en ook gewijd aan een veronderstelde anti-Westerse samenzwering.

Voor lezers die minder bekend zijn met laatstgenoemd document zal de schrijver van dit opstel een fragment uit zijn boek *Sunset* vertalen: 'Historisch gesproken is het belangrijkste "bewijs" document voor een "Joods wereld complot" het pamflet met de titel "De

---

18 Voor een voorbeeld van MSM *fact checking*, verg. https://www.snopes.com/fact-check/antifa-manual-online/ .

19 Verwijzing naar de titel van Edgar Allen Poe's zee-avontuur novella uit 1833, met daarin een maritieme 'hellevaart'.

Protocollen van de Wijzen van Zion" dat voor het eerst verscheen in 1903 in de Russische nationalistische krant *Znamya* ("Banier"). Dit pamflet zegt een verslag te zijn van een 19e eeuwse vergadering van Joodse "ouderlingen" met betrekking tot een programma ter bewerkstelliging van Joodse wereldheerschappij — het geeft tevens de essentie weer van anti-semitisch samenzweringsdenken (verg. Hoofdstuk 5). Dit pamflet, waarschijnlijk een vervalsing en wellicht gefabriceerd door Russische "Zwarte Honderden" nationalisten, werd al snel naar vele talen vertaald en kreeg in korte tijd een wereldwijde status als anti-semitisch standaard-kost. De aanvankelijke verspreiding in Rusland viel samen met de Russische nederlaag in de Russisch-Japanse Oorlog (1904-05) en de erop volgende geweldsgolf van de Eerste Russische Revolutie (1905-06) — het versterkte de wijdverspreide mening dat "Joodse ondermijning" verantwoordelijk was voor Rusland's internationale zwakte en binnenlandse instabiliteit. Na geheim valsheid-in-geschrifte onderzoek door premier Stolypin gelastte Tsaar Nicolaas II een publicatie-verbod van de "Protocollen", maar de verdere verspreiding ervan door illegale drukpersen bleek nauwelijks te bestrijden. Het staat buiten kijf dat de verspreiding van de "Protocollen" bijdroeg tot het steeds verder oplaaien van het anti-semitisme in Rusland — vooral toen de gebeurtenissen van de Grote Oorlog (1914-1918), de Tweede Russische Revolutie (1917) en de Russische Burger Oorlog (1917-1923) de quasiprofetieën van de "Protocollen" zeer accuraat uit leken te doen komen. Het dient te worden genoteerd dat de dubieuze historische authenticiteit van de "Protocollen" geenszins afbreuk doet aan hun ontegenzeggelijke historische betekenis. Eerder is het zo dat de "Protocollen" expliciet uitdrukking geven aan het grootste maar bijna steeds onuitgesproken vraagstuk van de 20e eeuwse mensheid: het escalerende conflict tussen Moderniteit en Traditie — en de eindstrijd tussen de achter deze twee abstracties verborgen principes. Als men het zogenaamde "Joodse wereld complot" begrijpt als "dwars-referentie" naar het conglomeraat van mondiale Modernistische ondermijning, dan kan men zonder meer stellen dat de "Protocollen" de achter het Modernisme verscholen negatieve principes en tendensen uitermate juist schetst' (schrijvers eigen vertaling — Wolfheze, *Sunset*, 113-4).

De schrijver van dit essay meent dat "Het Antifa Handboek" van soortgelijk waardevolle diagnostische waarde is: dit document geeft expliciete uitdrukking aan een hoogst belangrijke spirituele — of juister: *anti-spirituele* — tendens in het vroeg-21e eeuwse Westen, op dezelfde manier dat de "Protocollen" dat deden in het vroeg-20e eeuwse Rusland. Deze diagnostische waarde wordt wellicht het best verwoord door de Traditionalistisch denker Julius Evola: 'Afgezien van de kwestie van de 'authenticiteit' van het document in kwestie, als al dan niet waarachtige protocol van een vermeend internationaal machtsnetwerk, is het enig belangrijke en essentiële punt het volgende: dat dit geschrift onderdeel is van een groep teksten die op verschillende manieren (sommige min of meer fantaserend en sommige regelrecht fictief) uitdrukking geven aan een algemeen gevoel dat de wanorde van de afgelopen jaren geen toeval is, maar toe te schrijven is aan een plan. De fasering en het basisinstrumentarium van dit plan worden accuraat beschreven in de "Protocollen". ...In zekere zin kan men stellen dat daarin een profetisch voorgevoel tot uitdrukking komt. Hoe dan ook is de waarde van het document onweerlegbaar als werkhypothese: het presenteert de verschillende aspecten van mondiale beschavingsondermijning (waaronder aspecten dit pas vele jaren na de publicatie van de "Protocollen" zouden worden gerealiseerd) als onderdelen van een groter geheel waarin ze op hun plaats vallen als logischerwijs en noodzakelijkerwijs samenhangend. ...Het is moeilijk te ontkennen dat deze literaire "fictie", ontmaskerd aan het begin van [de 20e] eeuw, toch een accurate voorafspiegeling biedt van veel dat later realiteit is geworden in de loop van de moderne "vooruitgang" — en dan hebben we het nog niet over de voorspellingen die het hebben over wat ons nog verder te wachten staat. Het moet ons daarom niet verbazen dat de "Protocollen" zoveel aandacht hebben gehad binnen allerlei bewegingen die in het recente verleden hebben gepoogd het grote getij van nationaal, sociaal en moraal verval te keren' (Evola, *Ruins*, 240-1 — vertaling, uit het Engels: Wolfheze).

Het staat buiten kijf dat 'Het Antifa Handboek' de psychologische essentie van Antifa goed tot haar recht doet komen. Het inzicht dat Nieuw Rechts eraan kan ontlenen reduceert Antifa's zorg voor 'zwarte levens' (*Black Lives Matter* betekent immers 'zwarte levens tellen') tot haar ware proporties — Antifa wordt erdoor ontmaskerd als een bende huurlingen, bandieten, criminelen en vandalen in dienst van veel grotere en veel duisterder machten: 'De enige leven die tellen [voor Antifa activisten] zijn hun eigen levens en de enige macht die ze nastreven is hun eigen macht. Zij zijn wolven in wolfskleding, gemaskerd als dieven en bandieten, slechts uit op het verwoesten van de levens van de armen en het profiteren van de angst van alle anderen. Het zijn niet anders dan mades en parasieten die leven van isolatie, vervreemding, verslaving en gebroken familiestructuren — het enige perspectief dat ze bieden is de vervanging van de huidige frustratie en angst door nog meer ongeluk en nog groter ressentiment (Theodore Rothrock, 28 juni 2020[20]).

'Black Lies Matter'

(psycho-politieke uitgangspunten — RE: 'Het Antifa Handboek'[21])

> *I look inside myself and see my heart is Black*
> *I see my red door, I must have it painted Black*
> *Maybe then I'll fade away and not have to face the facts*
> *It's not easy facing up, when your whole world is Black*
> 'Ik kijk naar binnen — ik zie mijn zwarte hart

---

20 Aangehaald in Kaitlyn Lange, 'Carmel church pastor suspended after calling Black Lives Matter organizers "maggots"'. *Indianapolis Star* 1 juli 2020.

21 Voor de volledige tekst van *The Antifa Manual*, verg. https://archive.is/ncfxz , compleet met 'Schindler's List'-achtige koffie-vlek vervalsers keurmerk op de voorkant — vertaling Wolfheze.

Ik zie mijn rode deur — ik moet haar zwart geschilderd hebben
Misschien zal ik nu vervagen — hoef ik de harde waarheid niet te zien
Moeilijk is het om omhoog te kijken als je de hele wereld zwart ziet'

— The Rolling Stones

Do not distribute to any cis white males, non-PoC, non-LGBTQ peoples, a.k.a. fascists. 'Niet doorgeven aan cis-blanke mannen, niet-kleurlingen, niet-LGBTQ mensen, d.w.z. fascisten.'

(*) *New Speak*[22]: 'cis-geslacht' = (niet-transsexueel) geboorte geslacht; *PoC* afkorting voor Engels *People of Colour*, 'mensen met een kleur' (effectief dus alle niet-blanken); LGBTQ = Engels *Lesbian-Gay-Bisexual-Transgender-Queer*, 'lesbisch, homoseksueel, biseksueel, transgender, twijfelend' (effectief dus alle alloseksuele geaardheden (verg. Hoofdstuk 7, paragraaf 'Casus 'La vie en rose'). Notities: (1) blanke vrouwen vallen niet onder de categorie 'fascisten-door-geboorte': blijkbaar nemen zij een geprivilegieerde positie in, ófwel direct, als begunstigde partij in een man-vrouw oorlog, ófwel indirect, als willige 'oorlogsbuit' in een blank-zwart oorlog; (2) blanke *transgender* ex-mannen vallen ook niet onder de categorie 'fascisten': blijkbaar worden 'zelf-gecastreerde' blanke mannen gewaardeerd als over/meelopers; (3) 'kleurlingen' is een zeer brede categorie: blijkbaar mikt de globalistische vijandige elite op een pragmatische alliantie, of althans een tijdelijke wapenstilstand, met gele en bruine mensen tegen de blanke hoofdvijand; (4) de globalistische vijandige elite eerste en laatste obsessie met (liefst perverse) seksualiteit (van transgender tot LGBTQ) legt haar ultieme psychologische wortels bloot: die wortels liggen in feminisme, feminisatie en misandrie. Het einddoel van de globalistische vijandige elite lijkt te liggen in het vestigen van een mondiaal matriarchaat door het systematisch elimineren van de

---

22 De term *New Speak* verwijst naar de politiek-correcte nieuwe taalproject van het (recent steeds minder) fictieve totaal-totalitaire *New World Order* project beschreven in George Orwell's befaamde dystopische roman *1984*.

meest formidabele vijand: blanke mannen. Anderskleurige mannen (blijkbaar verondersteld te vallen in de categorieën als 'laag-IQ', *useful idiot* of 'edele wilde') worden blijkbaar verondersteld ongevaarlijk te zijn: blijkbaar valt hen de rol van matriarchale buit toe — naar wens controleerbaar en manipuleerbaar.[23] Vanzelfsprekend is deze veronderstelling typisch-feministisch naïef en irreëel: het matriarchaat mag dan graag exotische mannen selecteren en importeren, maar zodra er teveel van worden geïmporteerd is het slechts een kwestie van tijd totdat ze de macht overnemen. Deze wiskundige zekerheid wordt in het Westen nu al zichtbaar in het beginnend uiteenvallen van de feministisch-islamistische alliantie die tot voor kort nog in de politiek-correcte MSM overheerste: het hele matriarchale project begint nu al te falen.

[C]is white males have inherent privilege in our society. This is the basis on which people of color, LGBTQ, the disabled, and other groups that need protection will level the playing field and form a New World Order, a.k.a. One World Government. A government by protected classes of people, for protected classes of people, for the protection and betterment of all of humanity. 'Cis-gender blanke mannen hebben een inherent privilege in onze maatschappij. Dat is het uitgangspunt waarmee kleurlingen, LGBTQers, gehandicapten en andere beschermingsbehoeftige groepen het maatschappelijk speelveld willen effenen en een Nieuwe Wereld Orde willen vestigen. Dat betekent een Wereld Regering, een regering door beschermingsbehoeftige klassen voor beschermingsbehoeftige klassen — ter bescherming en verbetering van de hele mensheid.'

(*) *New Speak*: (1) 'inherent privilege'/ 'beschermingsbehoeftige klassen' = dubbele *New Speak* taal-inversie: van klassiek-marxistische 'klassenstrijd' naar cultuur-marxistische 'privilege deconstructie' — en weer terug. Voor de globalistische vijandige elite zijn cis-gender

---

23 Voor een analyse van het post-moderne neo-matriarchaat (inclusief de pioniersrol van Charles Manson in het samenvallen van het feministische en de anti-blanke beweging), verg. Hoofdstuk 5, Paragraaf 6 Wolfheze, *Alba Rosa*.

blanke mannen een natuurlijke (voor 'inherente' lees 'geboorte') vijand: een vijandelijke (en dus 'gepriviligeerde') demografische categorie die zij ten koste van alles wil onderwerpen. Boven alles gaat het om *macht* (vijandelijke macht is 'privilege', eigen macht is 'mensheidverbetering'); (2) 'regering door beschermingsbehoeftige klassen' = dictatuur van het feministisch-allochtone neo-proletariaat; (3) 'maatschappelijk speelveld effenen' = revolutionair nivelleren. Het echte doel van de globalistische vijandige elite is om alles te reduceren tot haar eigen existentiële niveau, dat wil zeggen het niveau van bruut materialisme, bestiaal hedonisme, idiocratisch anti-intellectualisme en rancuneuze lelijkheid. De globalistische vijandige elite richt zich niet op de transformatie straathoer>prinses maar op de transformatie prinses>straathoer: zij richt zich op het neerhalen van alles dat nog hoog, edel en mooi is in de wereld; (4) 'Nieuwe Wereld Order' = kosmologisch deconstructie. Uiteindelijk beogen alle 'progressieve' ideologieën van de historisch-materialistische variant (een categorie die socialisme, fascisme en liberalisme omvat) en alle 'emancipatorische' bewegingen van de revolutionaire variant hetzelfde doel: de nihilistische omverwerping van alle goddelijke wetten, alle menselijke wetten en alle natuurlijke wetten.

Most liberals are not Antifa (yet), but soon they will be. 'De meeste liberalen behoren (nog) niet tot Antifa, maar zullen zich er snel bij aansluiten.'

(*) En hier hebben we dan de politieke sleutelzin van 'Het Antifa Handboek': hier wordt de vinger gelegd op het sleutel vraagstuk van de globalistische vijandige elite, namelijk de urgentie van een voortvarende 'ideologie-transitie', van het aflopende 'festivistische' neo-liberalisme (voor een operationele definitie van Robert Steuckers' term 'festivisme', verg. Hoofdstuk 11) (preciezer: liberaal-normativisme) naar het opkomende totalitaire neo-fascisme. Als 'het liberaal-normativisme de basis-ideologie is van de vijandige elite, dat wil zeggen de ideologie die haar greep op de macht legitimeert' (Hoofdstuk 12) dan is nu juist haar liberaal-normativistische discours haar Achilles hiel.

In die zin kunnen de 'Corona Crisis' en de 'BLM Crisis' worden begrepen als *softening up* operaties waarmee de globalistische vijandelijke elite de inheems-Westerse volksmassa's voorbereid op haar aanstaande ideologie-transitie naar een totaal-totalitaire anti-rechtstaat. Deze *softening up* wordt bewerkstelligd door een geraffineerde combinatie van behaviouralistische conditionering (traumasturing en gedragsdressuur), moderne technologie (algoritmische censuur en controle) en noodwetgeving (politiestaat en rechtswillekeur).[24]

[O]ur endgame... is the socialization of capital. ...Obviously, we start with healthcare. It's after all, a basic human right. ...After healthcare, the next target... will obviously be the media. Use one of the government's only tools against big corporations: anti-trust, anti-monopoly laws — to split the media into worker-owned... entities. ...After media, banks and finance will be our next target: ...if the workers owned and controlled their own businesses, everyone would win, except the big fat cat CEOs who would be out of a job. 'Onze eindinzet... is de socialisatie van het kapitaal. ...Vanzelfsprekend begint dat bij de zorgsector, want medische zorg is een basaal mensenrecht. ...Na de zorgsector is de mediasector... het voor de hand liggende volgende doelwit. Hier kunnen wij één van de weinige middelen inzetten die de overheid heeft tegenover de grote corporaties: anti-trust en anti-monopolie wetgeving — zo kunnen we de media opsplitsen in kleinere eenheden die arbeiders in eigen bezit kunnen houden. ...Na de media zijn de banken en de financiële sector aan de beurt: ...als de arbeiders hun eigen zaken zouden controleren en bezitten, dan komt dat iedereen te goede — behalve de volgevreten directeuren en managers die dan hun positie verliezen.'

(*) En hier hebben we dan de psychologische angel van 'Het Antifa Handboek' te pakken: hier wordt verwezen naar de grootste onvervulde vraag op de Westerse politieke markt, namelijk de alles-overheersende vraag naar échte sociaal-economische rechtvaardigheid.

---

24 Voor een analyse van de 'rode onkruid' metastase van het late liberaal-normativisme, verg. Hoofdstuk 10.

Dit vraagstuk is relevant voor alle etnische groepen: het overschrijdt nu in bijna klassiek-marxistische zin alle etnische en raciale grenzen en daarmee heeft Antifa een zowel politieke als activistische 'marktwaarde' die slim wordt uitgebuit door de globalistische vijandige elite. Er heerst ook in de blanke onder- en middenklasse en — vooralsnog grotendeels latent maar exponentieel stijgende — onvrede met de huidige neo-liberale dispensatie: men heeft genoeg van de zich eindeloos herhalende 'bezuinigingsmaatregelen' en 'arbeidsmarkt hervormingen' die de Westerse volksmassa's langzaam maar zeker hebben doen verzinken in neo-victoriaanse arbeidsomstandigheden en neo-primitieve leefomstandigheden. Aldus hebben Antifa en BLM een groot 'woede reservoir' — nu ook nog gevoed door de willekeurige en alom gehate Corona maatregelen — waaruit zij naar believen kunnen putten. Als Nieuw Rechts het vraagstuk van authentieke sociaal-economische rechtvaardigheid laat liggen dan zal het zijn geloofwaardigheid verliezen — en laat zij een unieke activistische en politieke kans liggen. Laat Nieuw Rechts zich herinneren dat het ooit ver boven 'links-rechts' tweespalt stond: Nieuw Rechts (in het Frans en het Engels duidelijker in de woorden *droit* en *right*) staat boven al voor (diep) Recht — Recht in de zin van Carl Schmitt's *Nomos* (voor de bespreking van een recent boek met een diepgravende analyse van hedendaags Nieuw Rechts, verg. Wolfheze, 'Deep Right Rising'). Nieuw Rechts staat voor authentieke sociaal-economische gerechtigheid: voor een herstel van sociaal evenwicht door een sterke dosis sociaal-economische hervormingen. Nieuw Rechts is *meer* dan nationalisme, maar alleen doordat het nationalisme *incorporeert* in sociaal-economisch beleid. Nieuw Rechts is ook *meer* dan (staats-)socialisme, maar alleen als het sociaal-economisch beleid combineert met nationalisme. Zogenaamd 'linkse' punten zoals 'identiteitspolitiek', 'sociale rechtvaardigheid' en 'milieubewustzijn' zijn eigenlijk kernpunten van Nieuw Rechts — ze worden holistisch gecombineerd in klassieke Nieuw Rechtse concepten als etnische zelfbeschikking, sociaal-economisch corporatisme en diepte-ecologie (verg. de Appendices). Nieuw Rechts doet er goed aan te bedenken dat de Westerse volksmassa's kansen zoeken om hun sociaal-economische verhaal te halen op de globalistische vijandige elite. Wanneer de economische prijs van de Corona Crisis eenmaal inzinkt dan zullen zij dat verhaal eerder vinden bij de Antifa/BLM gepromote neo-communistische revolutie van morgen dan bij de alt-lite/neo-con 'populistische' oppositie van vandaag — deze oppositie biedt slechts hetzelfde neo-liberale *business-as-usual* refrein als het zittende partijkartel. De geloofwaardigheid van Nieuw Rechts staat op het spel: zij valt en staat met een principiële verdedigingskring rondom de Westerse volkeren — één verdedigingssector opgeven betekent dat de ringverdediging faalt. Nieuw Rechts kan het zich compromissen met het globalisme eenvoudigweg niet veroorloven: noch populistische 'klimaatscepsis', noch neo-con 'civiel nationalisme', noch neo-randiaans 'libertarianisme' — dit zijn definitief gepasseerde stations. Nieuw Rechts kan zich nu het hele anti-liberale discours toe-eigenen — en zo het tapijt wegtrekken onder de *Social Justice Warrior* marionetten van Antifa en BLM. Nieuw Rechts kan daarmee twee essentiële engagementen herbevestigen: sociaal-economische rechtvaardigheid en nationaal-corporatieve solidariteit — beide zijn onmisbare ingrediënten voor het breken van de Antifa/BLM golf. Nieuw Rechts kan de aankomende strijd niet winnen tenzij het aan de juiste zijde van de geschiedenis staat — en de geschiedenis van het Westen wordt nu geschreven. Het is vijf minuten voor twaalf.

'Independence Day'[25]

(psycho-politiek frontverlloop — RE: President Donald Trump)

We're fighting for our right to live, to exist
and should we win the day,

---

[25] Verwijzing naar Emmerich's film *Independence Day* van Roland Emmerich (1996) — over een invasie door 'buitenaardse' — dus *wezensvreemde* — binnendringers.

the 4th of July will no longer be known as an American holiday,
but as the day when we declared in one voice:
we will not go quietly into the night
we will not vanish without a fight
'Wij vechten voor ons recht te leven, te bestaan
en mochten wij vandaag overwinnen
dan zal de 4e juli niet langer slechts een Amerikaanse feestdag zijn
dan zal het als de dag herinnerd worden dat wij met één stem verklaarden:
wij zullen niet vredig in de nacht verdwijnen
wij zullen niet ondergaan zonder onze dag op het slagveld'

— 'Independence Day'

'Er is een groeiend gevaar dat nu alles bedreigt waarvoor onze voorvaderen zo hard hebben gevochten, hebben gestreden en hebben gebloed. Onze natie is nu ooggetuige van een genadeloze campagne die gericht is op het uitwissen van onze geschiedenis, het besmeuren van onze helden, het wegvlakken van onze waarden en het indoctrineren van onze kinderen. Woedende meutes proberen standbeelden van de stichters [van onze republiek] neer te halen, onze heiligste monumenten te onteren en een golf van gewelddadige misdaad in onze steden te ontketenen. De meeste van deze mensen beseft niet waar ze mee bezig zijn, maar sommige van hen weten precies wat ze aan het doen zijn. Zij denken dat het Amerikaanse volk zwak en zacht en onderdanig is. Maar zo is het niet: het Amerikaanse volk is sterk en trots en zal niet toelaten dat ons land, onze waarden, onze geschiedenis en onze cultuur ons worden afgenomen.'

'Eén van hun politieke wapens is de 'annulering cultuur' die mensen arbeid ontzegt, opponenten beschaamt en totale onderwerping eist van iedereen die anders denkt. Dit is de precieze definitie van een totalitair systeem en het is volledig vreemd aan onze cultuur en onze waarden — het heeft enkele plaats in de Verenigde Staten van Amerika. Deze aanval op onze vrijheid, onze magnifieke vrijheid, moet worden gestopt — en zal zeer snel gestopt worden. Wij zullen deze gevaarlijke beweging aan het licht brengen, de kinderen van onze natie beschermen, deze radicale aanslag verijdelen en onze geliefde Amerikaanse levenswijze behouden. In onze scholen, onze nieuws studio's, zelfs onze zakelijke directiekamers, bestaat nu een nieuw extreem-links fascisme dat absolute trouw eist. Iedereen die de juiste taal niet spreekt, de juiste rituelen niet volgt, de juiste mantra's niet opleest en de juiste geboden niet opvolgt wordt gecensureerd, verbannen, afgeserveerd, vervolgd en bestraft. ...We moeten ons niet in deze vijand vergissen: deze linkse culturele revolutie beoogt de omverwerping van de Amerikaanse Revolutie. Daarmee zou zij een hele beschaving teniet doen — een beschaving die miljarden mensen van armoede, ziekte, geweld en honger heeft gered en die de mensheid naar nieuwe hoogten van prestatie, ontwikkeling en vooruitgang heeft getild. Om dit te bereiken zijn zij bereid elk standbeeld, elk symbool en elke herinnering aan ons nationale erfgoed neer te halen.' — President Donald Trump, Mount Rushmore toespraak 4 juli 2020.

'Saco di Roma'
(Geo-politieke uitwerkingen)

The Revolution was effected before the war commenced.
The Revolution was in the minds and hearts of the people...
This radical change in the principles, opinions, sentiments, and affections of
the people was the real American Revolution.
'De revolutie voltrok zich vóór de oorlog begon.
De revolutie voltrok zich in de geest en het hart van het volk...
In deze radicale omslag in de principes, meningen, gevoelens en genegenheden van
het volk lag de échte Amerikaanse Revolutie'

— John Adams

(*) *Independence Day Redux:* 'De [*Independence Day*] feestdag van 4 juli zou niet bestaan zoals hij nu bestaat zonder Francis Scott Key. Key was een jurist en een dichter — hij was degene die de tekst van het Amerikaanse volklied schreef. ...Toen hij... tijdens de oorlog van 1812... de Amerikaanse vlag nog steeds zag waaien over... Fort Henry... schreef hij de tekst die nu bekend staat als *The Star-Spangled Banner*. ...Ruim twee eeuwen later zijn [BLM en Antifa] terroristen bezig... Key's standbeeld in het Golden Gate Park neer te halen. Misschien is de tijd gekomen voor de blanke bevolking van Amerika om een nieuwe identiteit aan te nemen. Als Amerika ons niet langer vertegenwoordigt en ons niet langer beschermt, waarom zouden wij dan nog loyaal moeten zijn aan Amerika, of onszelf als Amerikanen moeten identificeren? ...Misschien zal de Verenigde Staten van Amerika 'Balkaniseren' en zich oplossen in verschillende naties. Misschien kunnen blanke mensen naar gebieden verhuizen waar ze gemeenschappen, buurten en ondernemingen kunnen vorm samen met ander blank-positieve mensen. Misschien kunnen bepaalde Europese landen zelfs terugkeer programma's aanbieden aan mensen met voorouders die uit die landen kwamen. Dit zijn slechts een paar verschillende ideeën voor mensen in verschillende situaties. Maar wat onze eigen situatie ook moge zijn, de tijd is gekomen voor blanke mensen om hun onafhankelijkheid uit te roepen — onafhankelijkheid van de alles onderdrukkende tirannie van de anti-blanke Verenigde Staten van Amerika. ...Soms zeggen mensen mij dat ik altijd "gewoon een Amerikaan" zal blijven, [maar] zouden zij hetzelfde zeggen tegen mensen die ooit in de Sovjet-Unie of Joegoslavië woonden? Blijven die mensen voor altijd Sovjetburger of Joegoslaaf? Nee. Die onderdrukkende regimes mogen een stempel hebben gezet op hun leven, maar zij hebben niet langer die identiteit. ...En net als alle andere grootrijken die té groot en te divers werden zal ook Amerika uiteindelijk in brand vliegen en ten onder gaan. Misschien dat blanke Amerikanen in staat zijn om uit de overgebleven as een maatschappij te herbouwen die bij hen past. ...Een nieuw land dat toegewijd is aan de bescherming van ons blanke volk — en aan de toekomst van onze blanke kinderen. ...Laat in het land der vrijen en het huis der dapperen[26] de vrijheid herleven — de vrijheid om te kiezen voor etnische soevereiniteit en blanke solidariteit.' — Fullmoon Ancestry, 'Freedom' (vertaling Wolfheze)

(*) *De plutocratische revolutionairen op appel:* '[Wat] is de rol van het [grote multinationale] zakenleven bij deze [BLM] gebeurtenissen? Vele grote firma's haasten zich om de rellen te ondersteunen — en zelfs om plunderaars en opstandelingen te steunen tegen de regering. Onder de vele grote bedrijven die openlijk hun steun voor BLM en Antifa hebben uitgesproken zijn de volgende grote namen: The [Oscar-uitreikende] Academy, Airbnb, Adidas, Amazon (dezelfde firma die de altijd Trump-kritische *New York Times* in eigendom heeft), American Airlines, American Express, Bank of America, Bayer, BMW, BP, Booking.com, Burger King, Cadillac, Citigroup, Coca Cola, DHL Express, Disney, eBay, General Motors, Goldman Sachs, Google, H&M, IBM, Levi's, Lexus, LinkedIn, Mastercard, McAfee, McDonald's, Microsoft, Netflix, Nike, Paramount Pictures, Pepsi Co, Pfizer Inc, Porsche, Procter & Gamble, Society Generale US, Sony, Starbucks, Twitter, Uber, Verizon, Walmart, Warner Bros, YouTube en Zara. Een totaal van rond de drie honderd grote bedrijven en organisaties zijn bekend. Dit is een karakteristiek symptoom van de globalisatie-nieuwe-stijl, waarin trans-nationaal opererende bedrijven zich sterk en rijk genoeg voelen om tegen regeringen op te staan — ook al doen ze dat met indirect middelen. De bestuurders van deze vele firma's vergeten echter een belangrijke les van de geschiedenis, namelijk dat de vele kapitalisten die ooit revoluties en coups financierden steeds onmiddellijk uit hun macht werden ontzet zodra de revolutionaire hen niet langer nodig hadden.' — Savin, 'America's Maidan' (vertaling Wolfheze)

---

26 Vertaling van de befaamde zinsnede *the land of the free and the home of the brave* uit het 2e couplet van het Amerikaanse volkslied.

(*) *Terug naar de Onzichtbare Hand:*[27] 'Het is zinloos om [onze steden] te heroveren als [niemand] nog wil dat [ze deel] blijven van een gezond en redelijk gedefinieerde Amerikaanse beschaving. Laat ze maar afbranden. ...Laten Links en het linkse stemvee maar de consequenties dragen voor de onafgebroken serie politieke blunders en foute beslissingen die zij hebben gemaakt gedurende de laatste decennia. Als zij de politie haten, laten wij dan sympathiek zijn — en geen politie sturen. ...Detroit ziet er nu erger uit dan Hirosjima — en er was geen onplezierige ontmoeting met Enola Gay voor nodig om het zover te laten komen. Voor Nagasaki wilde Japan al niet meer sterven. Wij moeten even weinig nostalgie voelen voor Los Angeles. President Trump kan simpelweg de Zwarte *Oehoeroe*[28] afkondigen in al dat soort steden en hij kan daar dan 'vrijheid' laten neervallen, als zwavel en vuur op deze post-moderne versies van Sodom en Gomorra. ...Laat deze hippe, snoezige linkse hipsters zich maar uitleven. Laat hen hun eigen doctrines maar eens écht voelen — en ruiken — in al hun fantastische glorie. Laat hen hun ideologische pretentie maar opeten en inslikken, twee weken nadat de laatste supermarkt is geplunderd en neergebrand. Dan zullen ze om vrede smeken — maar dan zullen ze er geen meer kennen. De beste manier om de stedelijke rellen te beëindigen is om ze simpelweg uit te laten woeden — totdat de ammunitie op is en er niets meer is om te verbranden. ...Tot die tijd: #NoWarInAmerika — pak je popcorn en frisdrank en geniet van het vlammenspel.' — Wilkinson, 'Boogaloo' (vertaling Wolfheze)

'De morele uitputting van het Westen'
(psycho-historische conditioneringen — RE: Furedi, 'Birth' (vertaling Wolfheze)

---

27 Verwijzing naar Adam Smith's concept van de 'onzichtbare hand' van de zelfregulerende vrije markt die individueel eigen belang en collectief welzijn zou combineren.

28 Swahili: 'vrijheid'.

Every species can smell its own extinction. The last ones left won't have a pretty time of it. And in ten years, maybe less, [our species] will be just a bedtime story for their children-a myth, nothing more. 'Elke soort kan haar eigen uitsterven bespeuren. De laatst-overgeblevenen zullen geen prettige tijd beleven. Tien jaar van nu, misschien eerder, zal [ons soort] nog slechts een sprookje voor het slapengaan zijn voor hun kinderen — niet meer dan een mythe.' — 'In the Mouth of Madness' (John Carpenter, 1994)

(*) *De oorsprong van de "Cultuur Oorlog"*: 'Ontkoppeld van de geschiedenis aan het einde van de Eerste Wereld Oorlog had de Westerse maatschappij grote moeite om een overtuigend narratief neer te zetten waarmee zij haar culturele erfgoed kon overdragen aan nieuwe generaties. Het resultaat was een fenomeen dat tegenwoordig bekend staat als de "generatie kloof". Deze kloof ontstond na de Eerste Wereld Oorlog echter niet zozeer omdat er sprake was van een kloof tussen generaties: er was sprake van een *culturele* kloof, dat wil zeggen een kloof tussen de cultuur van voor de oorlog en die van na de oorlog. In de volgende decennia werd de spanning tussen "cultuur generaties" steeds meer ervaren een probleem van *identiteit*. ...Eén van de redenen waarom de Westerse bestuurselites niet in staat waren om hun verlies van morele autoriteit [met een nieuw narratief] te ondervangen was dat zij moesten erkennen dat hun eigen levenswijze [en waardesysteem] door verval van binnenuit niet langer levensvatbaar waren. Gedurende de jaren '40 en '50 waren zelfs conservatieve denker niet in staat de volle implicaties te overzien van het probleem waarmee hun traditie zich geconfronteerd zag (vooe een Traditionalistische analyse van het cultuur-historische traject waarlangs de na-oorlogse 'generatie kloof' zich ontwikkelde, verg. Wolfheze, *Sunset*). ...De achteloze manier waarop vervolgens in de jaren '60 traditionele taboes werden doorbroken liet aan de traditioneel-georiënteerde volksmassa zien dat traditionele waarden niet langer de boventoon voerden. ...Deze uitputting van moraal kapitaal werd bewezen door de stormachtige opkomst van de 'tegencultuur' [van de jaren '60 en '70]... Sinds de jaren '70 zijn de vertegenwoordigers van traditionele [Westerse waarden] steeds in de verdediging geweest. In plaat van het poneren van debatpunten en het bepalen van de debatagenda hebben zij zich beperkt tot *reageren* — steeds schieten zij in de verdediging om steeds weer nieuwe aanvallen op hun levenswijze te pareren. Deze cyclus van defensieve reacties komt terug in een lange serie vraagstukken, van het "homo huwelijk" en "trans-gender rechten" tot "wit privilege"..'

(*) *De "Cultuur Omslag" voorbij:* 'De huidige fase van de Cultuur Oorlog begon in de jaren '70. Het was in die jaren dat de traditionele Westerse elites de strijd tegen de in de jaren '60 opgekomen "tegencultuur" stilletjes opgaven. Tegen het einde van de jaren '70 beheersten de waarden van de "tegencultuur" de cultuur: ze waren geïnstitutionaliseerd, eerst in het schoolonderwijs en de cultuursector, en daarna in andere maatschappelijke sectoren. Sommige analisten karakteriseren deze ontwikkeling als de "Cultuur Omslag". In de late jaren '70 werd deze Cultuur Omslag toegeschreven aan een "nieuwe klasse" in de culturele elite, een klasse die zich verbond aan zogenaamd... postmateriële waarden. ...Deze nieuwe klasse legde zich toe op postmateriële behoeften, zoals de behoefte aan esthetische bevrediging, en op wat psychologen "zelfrealisatie" noemen... De leden [van deze nieuwe klasse]... begonnen therapeutische zelfhulp groepen... en raakten in toenemende mate geobsedeerd met identiteitsvraagstukken... Van meet af aan werden hun postmateriële behoeften echter niet *neutraal* gepresenteerd, niet als één van vele mogelijke waardesystemen. Eerder was het zo dat deze behoeften door hun voorsprekers werden gezien als [intrinsiek] superieur aan traditionele waarden zoals patriottisme, nationalisme en respect voor autoriteit...'

(*) *De matriarchale revolutie:* 'De Cultuur Omslag marginaliseerde alle traditionele waarden. Meestal werd dit bereikt door een "mars door de instituties" die het socialisatie-proces bepalen. ...Met nieuwe klasse van intellectuelen en kenniswerkers bereikte de postmateriële elite als snel een monopolie-positie in de instituties van de onderwijs- en wetenschapsector, waar ze de Culturele Omslag promoten en toewerkten naar de deconstructie van traditionele culturele waarden. ...Deze ontwikkeling werd gefaciliteerd door grote veranderingen in het Westerse familieleven. In de context van stijgende welvaart verzwakten de tweelingkrachten van de vrouwenemancipatie en onderwijsdemocratisering alle vormen van patriarchale autoriteit. Dit verlaagde de capaciteit van het prevalerende socialisatiesysteem, dat tot dan toe gebaseerd was geweest op de familie: [de culturele reproductie begon te haperen en] historische waarden werden niet langer op nieuwe generaties overgedragen. ...[Er is een direct] verband tussen de verstoorde socialisatie in de familiesfeer en de intensivering van de Cultuur Oorlog...'

(*) *Politisering en polarisatie:* '[Velen] dachten dat de [Cultuur Omslag] beweging van traditionele waarden naar postmateriële waarden een positief proces was omdat het de invloed van hebzuchtig materialisme binnen de maatschappij zou verminderen. Maar de betekenis van de Cultuur Omslag lag niet zozeer in de zogenaamd postmateriële waarden die erdoor werden bevorderd, als wel in zijn [grotere] effect, namelijk de verdere politisering van cultuur en identiteit. ...De Cultuur Oorlog is niet slechts één politiek domein tussen vele anderen: het is geen conflict dat komt en gaat zoals de specifieke vraagstukken van "homo huwelijk" en Brexit. Eerder is het zo dat de Cultuur Oorlog nu het hele politiek bedrijf beheerst: het *is* de politiek... In zijn huidige stadium bestrijkt de Cultuur Oorlog vrijwel alle facetten van het dagelijks leven. De Cultuur Oorlog heeft een weergaloze polarisatie veroorzaakt in bereiken die ooit totaal apolitiek waren. Dat is de reden dat nu bijna alles, van het voedsel dat men eet tot de kleding die men draagt, onderwerp van zure discussie kan worden. Conflicten over waarden hebben een enorm belang gekregen in het politieke leven. Recente debatpunten, zoals abortus, euthanasie, immigratie, "homo huwelijk", trans-gender voornaamwoorden, "witheid" en familieleven, laten zien dat er geen consensus [meer] bestaat over de meest fundamentele vraagstukken binnen [onze] maatschappij. De strijd tegen normen en waarden heeft het politieke bedrijf diep gepolariseerd. Zelfs ooit strikt persoonlijke zaken, zoals de keuze met wie men seksuele relaties heeft, worden nu als politieke stellingnamen gezien...'

(*) *De Oorlog tegen het Westen:* '[Begin jaren '80] was de "tegencultuur" beweging geïnstitutionaliseerd: haar vertegenwoordigers domineerden niet alleen de instituties in de cultuur sector en in het hogere onderwijs, maar ook die in de publieke sector. Sinds die tijd zijn ook de zakenwereld en de private sector onder haar heerschappij gekomen. Sinds zij de hegemonie verwierven zijn de leden van het "tegenculturele" establishment steeds minder geworden om hun waarden op te leggen aan de rest van de maatschappij. Vanuit hun perspectief is [de Britse premier] Boris Johnson feitelijk niet meer dan een elite dissident en is zijn verdediging van Churchill [gedurende de BLM rellen] herinnert hen eraan dat er nog steeds obstakels bestaan tegen hun project van het losmaken van de maatschappij van de geschiedenis. Nu zijn zij het culturele establishment en zijn degenen die standbeelden van Churchill... of Lincoln willen verdedigen op hun beurt de "tegencultuur" tegenstanders van het nieuwe establishment. Op dit moment is de Cultuur Oorlog [nog steeds] een zeer eenzijdig conflict dat zich vooral richt op een [passief], defensief traditionalistisch doelwit.

...Sinds de jaren '70 heeft de politisering van de cultuur de [voorheen] machtige ideologieën van het moderne tijdvak effectief vervangen, of tenminste getransformeerd. Binnen scholen en universiteiten zijn conservatieve en [zelfs] klassiek-liberale ideeën nu volkomen gemarginaliseerd — zelfs basale noties zoals tolerantie en democratie zijn aan het vervagen. In de grote culturele instituties [van het Westen], van de kunsten tot aan de media, worden humanistische waarden en idealen nu geassocieerd met de [zogenaamd "verouderde"] Westerse Traditie die loop van de Klassiek-Griekse filosofie tot de Renaissance en de Verlichting. Zelfs klassiek-socialistische noties als solidariteit en internationalisme zijn weggevaagd door de politisering van cultuur en identiteit. Deze ontwikkelingen vinden plaats binnen een eenzijdige oorlog tegen de geschiedenis in het algemeen en Westers erfgoed in het bijzonder. Degenen die het belang van tradities en historische continuïteit nog hoog houden lijken nu altijd in de verdediging te zijn. Meer nog: zij lijken zich er bij neer te leggen dat zij de strijd om de ziel van de samenleving hebben verloren... Deze atmosfeer van defaitisme is begrijpelijk. Degenen die principieel staan voor de grote prestaties die de [Westerse] beschaving heeft geleverd voor de mensheid hebben namelijk een eindeloze serie van nederlagen geleden gedurende de afgelopen decennia...'

(*) *De Oorlog tegen de Blankheid:* 'Rond de eeuwwisseling waren Westerse onderwijsinstituties, en met name universiteiten, niet langer bezig met onderwijs. Zij waren meer bezig met her-scholing en her-socialisatie. Vooral in de Verenigde Staten wordt van nieuwe studenten nu verwacht dat zij aan allerlei *workshops* deelnemen waarin op "bewustwording" wordt aangestuurd met betrekking tot specifieke vraagstukken. "Bewustwording" kan daarbij het best worden begrepen als een eufemisme voor de bekering van individuele studenten tot de persoonlijk waardesystemen van de "bewustmakers". Campus "bewustwording" initiatieven beogen de deelnemers deugden en morele kwaliteiten bij te brengen die hen zogenaamd onderscheiden van zogenaamd "onbewuste" en "onverlichte" individuen. De populaire aansporing om "wit privilege" te (h)erkennen is een belangrijk voorbeeld van dit "bewustwording" model. Zij die een bekentenis en biecht afleggen onderscheiden zich van zogenaamd enggeestige en bevooroordeelde mensen die dat niet doen. Het hebben van "bewustzijn" wordt zo een teken van superieure status — het niet-hebben is een teken van [morele] minderwaardigheid. Dat is waarom de weigering om de aansporing tot "bewustwording" op te volgen resulteert in verontwaardiging en veroordeling...'

(*) *De contouren van de cultuur-nihilistische eindoverwinning:* 'Bijna ongemerkt zijn de morele waarden die mensen ooit hielpen om goed en kwaad te onderscheiden verdwenen: ...[die waarden] hebben geen invloed meer op gedrag en besluitvorming in de publieke sfeer. In [Westerse] universiteiten wordt de taal van moraliteit nu zelfs aangevallen als bedrog, of als een discours dat moet worden gedeconstrueerd en aan de kaak moet worden gesteld... Het basale vermogen goed van kwaad te onderscheiden is zwaar beschadigd door de "tegenculturele" devaluatie van alle soorten grenzen: de grenzen tussen goed en kwaad, tussen kind en volwassene, tussen man en vrouw, tussen mens en dier, tussen privésfeer en publieke sfeer. Al deze symbolische grenzen zijn de afgelopen jaren systematisch in twijfel getrokken. Zo wordt bijvoorbeeld de basale tegenstelling tussen man en vrouw aangevallen als "transfoob". Zelfs het *concept* van binaire oppositie wordt gezien als anti-inclusief en discriminerend... Het belangrijkste verlies van deze oorlog tegen traditionele [ideeën en] idealen is het verlies van de status van het morele oordeel. ...[Dit totale] verlies van geloof in elk moreel oordeel laat zien hoe ver de strijd voor het behoud van basale beschavingswaarden is verloren... In het huidige tijdsgewricht wordt elk moreel oordeel — dat wil zeggen elke poging goed en kwaad te onderscheiden — gezien als verdacht, discriminerend en bevooroordeeld. In plaats daarvan overheerst nu de tegen-ethiek van het *anti-oordeel*: *de-judgement* heerst.'

'De-Judge New Speak'

(neo-theologisch perspectief — RE: Stevo, 'Social Justice' (vertaling Wolfheze)

Systemen van beelden, concepten van onuitgesproken oordelen, verschillend geordend in verschillende sociale klassen; systemen in beweging en daarom studieobject voor de geschiedschrijving, maar niet altijd gelijktijdig bewegend in verschillende cultuurlagen — systemen die het gedrag van mensen bepalen zonder dat zij zich er rekeningschap van geven.

— Georges Duby

(*) *Omgekeerde zondeleer:* 'De moderne feministische beweging schrijft binnen de menselijke verhoudingen de erfzonde toe aan de man: dit wordt tegenwoordig populair omschreven met "privilege". Anders dan de [oude Christelijke] erfzonde is dit [nieuwe post-Christelijke] oerzonde niet digitaal en niet binair, maar analoog en gradueel. Als de man ook nog blank is, dan is zijn erfzonde nog groter. Er bestaan namelijk allerlei soorten privileges. Hoe minder geprivilegieerd men is, hoe hoger men als mens staat. Alle individueel geprivilegieerden moeten hun erfzonden publiek bekennen en naar zo nederig mogelijk het collectieve gelijk opzoeken. Hoe meer privilege men heeft, hoe meer men de biecht behoeft. Hoe minder privilege men heeft, hoe minder biechten wordt verwacht.'

(*) *Omgekeerde verlossing:* 'Er bestaat [in de nieuwe *De-Judge* religie] geen verlossing. Iedereen kan te allen tijde worden geconfronteerd met het eigen privilege en daarop worden aangevallen door het hele collectief tegelijk. Met genoeg training elke offensieve referentie naar privilege genoeg om een tegenwerkend individu op te zadelen met een verlammend schuldcomplex. De priesters van deze [nieuwe De-Judge] religie geven geen absolutie van zonde: zij leggen zich exclusief toe op boetedoening en (zelf)kastijding. En zo zijn de geprivilegieerde aanhangers van deze religie feitelijk permanente martelaren die nooit, noch door goede werken noch door priesterlijk absolutie, kunnen worden verlost.'

(*) *Omgekeerde katholiciteit:* 'Alleen mensen die via schuld en boete kunnen worden bewogen tot acceptatie van hun eigen privilege zijn zondig. Niet-boetvaardige mensen zullen fanatiek worden vervolgd, maar hun weigering tot publieke boetedoening beschermt hen toch tegen de ergste veroordeling die deze nieuwe religie kent. De zondaar moet zelf zijn rol als zondaar accepteren. Elke vorm van publieke verontschuldiging maakt iemand een zondaar binnen deze sociale rechtvaardigheid beweging. Boetedoening en excuses zijn daarom bij uitstek masochistische daden. Eenmaal een zondaar, blijft men een zondaar. Zo komt het dat een publieke verontschuldiging een vorm van doop wordt; deze doop is niet gericht op reiniging, maar stelt de gedoopte juist bloot aan herhaalde verontreiniging. Deze doop moet daarom steeds weer herhaald worden in een constant rollenspel dat uit is op vernedering en straf in plaats van spijt en boetedoening. Er bestaat geen manier om oprecht spijt te betuigen in deze religie en er bestaat ook geen mogelijkheid om verlost te worden.'

(*) *Omgekeerde uitverkiezing:* 'Geboorte met de grootste opsomming van onderdrukkingskenmerken bestempelt iemand tot uitverkorene. Het vermogen een eigen narratief van het eigen slachtofferschap te creëren is een teken van hogere genade. Toch bestaat er geen pad naar verlossing: er bestaat alleen een tijdelijke status als uitverkorene — gedurende die tijd wordt men nog steeds door sommigen als een zondaar en door sommige als een heilige beschouwd, maar met meer van het tweede dan van het eerste. Men verliest de uitverkorene status zodra de proporties zich omkeren.'

(*) *Omgekeerde goddelijkheid:* 'De smaak-van-de-maand trend die populair is binnen het collectief heeft de rol van het goddelijke beginsel. De rol van het goddelijke beweegt dus van groep naar groep en van tijd tot tijd. Goddelijke status geeft almacht en alziendheid, maar is zo tijdelijk dat men er vaak maar een paar dagen gebruik van kan maken.'

(*) *Omgekeerde verlossingsleer:* 'Er bestaat geen Jezus. Er bestaat geen Messias. Er bestaat geen verlossing. Er is geen eindpunt. De sociale rechtvaardigheid beweging is een duivelse schepping die de hel op de aarde vestigt. Niemand kan ooit ontsnappen aan het hamsterwiel waarop je altijd wordt achtervolgd door een monster. Uiteindelijk wordt iedereen neergesabeld. De uitverkoren *social justice warrior* van vandaag is verdoemde van morgen. Uiteindelijk is iedereen is verdoemd, maar de meest geprivilegieerde mensen vallen sneller in de verdoemenis. Er bestaat in die logica wel een bepaalde rechtvaardigheid: uiteindelijk valt iedereen in de verdoemenis, maar de diepste cirkel van deze hel is voorbehouden aan de meest geprivilegieerde mensen.'

(*) *Omgekeerde demonologie:* 'Degenen die weigeren de schuld van hun privilege op zich te nemen worden gelijkgesteld met de duivel — dat wordt ook uitgedrukt in het etiket "letterlijk Hitler" of soortgelijk [aan het fascisme-nazisme gebonden] ketterij vocabulaire. Weigering privilege te erkennen en zich daarvoor in zelfvernedering te excuseren is de walgelijkst denkbare houding.'

(*) *Omgekeerde profetie:* 'Alleen mensen die zich persoonlijk identificeren met een thema kunnen over dit thema spreken. Het idee dat een heteroseksuele blanke man een waardevolle mening zou kunnen hebben over racisme, abortus, homoseksualiteit en armoede is verboden. Wanneer men met mensen met minder privilege spreekt dient men zichzelf te censureren — in die situatie zijn alleen uitspraken van zelf-beschuldiging en zelf-vernedering toegestaan.'

(*) *Omgekeerde orthodoxie:* 'Het Concilie van Nicea is permanent in vergadering — meestal op de sociale media. Waar zich twee of drie mensen verenigen om over sociale rechtvaardigheid te spreken, daar vindt ook het Concilie van Nicea plaats ter verwezenlijken van een nieuw dogma. De tijdelijkheid van dat nieuwe dogma doet niet af aan het gewicht en de strengheid van de uitvoering ervan — feitelijk verhoogt die tijdelijkheid de passie, de eindinzet en de extreemheid van het dogma.'

(*) *Omgekeerd priesterschap:* 'De meest onderdrukte persoon kan op elk mogelijk moment tot hogepriester worden verheven. Rollen kunnen snel wisselen, al naar gelang de conjunctuur van collectieve modes en individuele grillen. De rol van god en hogepriester kunnen soms samenvallen in één persoon.'

(*) *Omgekeerde autoriteit:* 'Het meest hypocriete lid van de groep dient te spreken met de luidste stem. De luidste stem is genoeg om dat groepslid de macht te geven om anderen te veroordelen.'

(*) *Nieuwe geloofsartikelen:* 'Diversiteit is een onaanvechtbaar en onontkoombaar dogma. Diversiteit moet echter steeds zeer krap en zeer onduidelijk worden gedefinieerd. Zo is leeftijd diversiteit relatief onwenselijk omdat dan ook oudere en wijzere mensen zouden mogen meepraten. Raciale diversiteit is ook onwenselijk omdat dat de deur opent naar blanke mensen. Er bestaat geen acceptabel minimum getal aan blanke gesprekspartners hoger dan nul. Diversiteit in denken is alle helemaal uit den Boze. Diversiteit is het belangrijkste geloofsartikel van deze nieuwe religie.'

(*) *Nieuw hiernamaals:* 'Wanneer eenmaal alle geprivilegieerde mensen zijn verdwenen, dan zal de wereld een betere plaats zijn. Wanneer eenmaal alle duivels en Hitlers zijn overwonnen, dan zal de wereld een betere plaats zijn. Deze constant wisselende definities maken het realiseren van de betere wereld moeilijk, maar dat weerhoudt niemand ervan zich met passie in deze religie te werpen. Alhoewel blanken de duidelijkst geprivilegieerde groep zijn, laat de mogelijkheid om nieuwe privileges te ontdekken een voortbestaan van deze religie toe, ook na de uitroeiing van alle blanken.'

(*) *Nieuwe heilige boeken:* 'De Bijbel is eeuwenoud. *Social justice warriors* kunnen niets met dingen die de tand des tijds hebben doorstaan. Alleen sterke gevoelens en extreme gedragingen ingegeven door die sterke gevoelens dwingen nog respect af. Extreme kleding — bijvoorbeeld een Moslim vrouw die zich volledig bedekt — geldt als een imposant teken dat hogere status verleent. Zeldzame etniciteit — bijvoorbeeld een volbloed Amer-Indiaanse etniciteit — geeft ook hogere status. Maar die etniciteit hoeft niet eens authentiek te zijn: het is genoeg dat men een claim legt op die identiteit, ook als die niet echt is. Des te emotioneler dit wordt uitgedragen, des te meer kans maakt men op hogere religieuze status. ...Ervaringsdeskundigheid is in het algemeen van beperkte waarde. Hetzelfde geldt voor het aanhalen van logica en ervaring in gesprek met anderen: dit geeft risico op beschuldigingen van *splaining* (van explaining, "uitleggen"), of zelfs *mansplaining* ("mannelijk uitleggen") — een zwaar vergrijp. Ervaring wordt afgedaan als van weinig waarde, zoals blijkt uit populaire frases als "OK boomer" die worden gebruikt om ervaring te ondermijnen — dit is een legitieme strategie omdat zo personen tot zwijgen kunnen worden gebracht die ervaring door privilege hebben kunnen opdoen.'

(*) *Nieuwe schriftgeleerden:* 'Des te meer *woke* men is, des te meer invloed men heeft. Dit zijn de nieuwe farizeeën: de *woke* zijn niet alleen het tempelpersoneel van deze nieuwe religie, zij zijn tevens de meest succesvol-hypocriete mensen van het moment.'

(*) *Nieuwe priesterkledij:* 'Piercings en gekleurd haar zijn tekens van een echte volger van deze nieuwe religie.'

(*) *Nieuwe deugden:* 'Het hoogst-aangeschreven goede werk van deze nieuwe religie is luidruchtigheid. Het effectief verweven van privilege in een aanval op anderen resulteert in de meest effectieve hermeneutiek. Logica komt na gevoel — en ligt ver achter. Logica resulteert in ongewenste verstoring van de voortvarende uitvoering van religieuze voorschriften en is daarom niet welkom.'

(*) *Nieuwe wonderen:* 'Gewoon bankbiljetten drukken om de rekeningen te betalen — en gewoon nullen toevoegen. Werken is/zijn in deze nieuwe religie niet langer van belang. Er bestaat geen dag van economische gramschap. Manna valt uit de hemel en alles is gratis.'

(*) *Nieuwe naam:* 'Hoewel deze nieuwe religie geen officiële naam heeft kan men haar aanduiden met de titel *Democratic Judgment* ("Democratisch Oordeel") — *De-Judge* in het kort. Deze naam brengt haar alles-nivellerende meute-mentaliteit en snelle veroordeling instinct tot uitdrukking, evenals haar belangrijke rol in *virtue signalling* ("deug pronken") en haar dogmatisch onvermogen tot rechtvaardig oordelen. *De-Judge* heeft de democratisch-totalitaire toekomst.'

'Het laatste kwartier van het Westen'
(macro-historisch perspectief)

Een juist begrip van de 'Corona Crisis' en 'BLM Crisis' golven vergt een macro-historisch perspectief: een dergelijk perspectief laat zien dat deze golven niet slechts middelen zijn die globalistische vijandige elite kan gebruiken voor de versnelde deconstructie van de Westerse beschaving — het zijn tegelijk ook typische 'eindtijd' symptomen in de beschavingscyclus van het Westen. Voor een juist begrip van de dubbel opzettelijke en onvermijdelijke aard van deze vernietigende golven — door Oswald Spengler als 'evolutionair' proces geduid via zijn 'pseudo-morphose' analyse — is het nuttig ze te bezien vanuit het Traditionalistische concept van de Cyclische Tijd. Voor lezers die minder bekend zijn met dit concept zal de schrijver van dit opstel hier een kleine passage uit zijn boek *Sunset* vertalen: 'In modern-wetenschappelijke termen kan het Traditionalistische concept van de Cyclische Tijd worden opgevat als een "werkhypothese", dat wil zeggen een theoretisch model om bepaalde fenomenen te beschrijven en begrijpen. Afhankelijk van de precieze onderzoek parameters kan deze "werkhypothese" meer of minder, juist of onjuist blijken voor specifieke historische fenomenen. In modern-wetenschappelijke termen is het Traditionalistische concept van de Cyclische Tijd het meest relevant voor macro-historisch onderzoek. In de loop van de laat-moderne tijd (hier gedefinieerd als het tijdvak 1920-1992) herkende een aantal historici duidelijke tekenen van culturele decadentie en beschavingsverval in het Westen en zij interpreteerden die tekenen als symptomen van een grotere cyclus van historische ontwikkeling. Spengler werd langzaam maar zeker gevolgd door andere historici in zijn idee van de "Ondergang van het Avondland" — een idee waarin hij het postulaat verweeft van een universeel-toepasselijk model van macro-historische cyclische ontwikkeling. Toynbee werkte dit idee van de op handen — of eigenlijk gaande — zijnde ondergang van de Westerse beschaving uit door het te relateren aan de innerlijke degeneratie van haar creatieve elite. Beide these zijn historiografisch waardevol want daarmee ontstaat een *macro-historisch* perspectief. Het Traditionalisme vergt echter een nog hoger perspectief om de neergang van het Westen accuraat te duiden, namelijk een *meta-historisch* perspectief. Spengler's werk baseert zich op de universele notie van een gefaseerde ontwikkelingsgang binnen alle culturen, die uiteindelijk functioneren als super-organismen met een — bij benadering — voorspelbare levenscyclus. Toybee's werk is gebaseerd op een soortgelijke notie van "beschavingscycli". Zowel Spengler als Toynbee herkende in gestructureerde patronen van cultuur-historische symptomen de kenmerken van een cyclische ontwikkelingsgang. In de modern-wetenschappelijke geschiedschrijving komen hun macro-historische analyses het dichtst in de buurt van een Traditionalistische interpretatie van de geschiedenis van de Moderniteit. Toch wagen zij zich aan de doelstelling van wat het Traditionalisme aanduidt als *essentiële*, met een hoofdletter geschreven Geschiedenis — zij wagen zich niet aan de vanuit Traditionalisch perspectief enig nuttige doel van die Geschiedenis: *hogere betekenis*. Voordat de moderne, met een kleine letter geschreven geschiedschrijving ooit kan fuseren met de Traditionalistische, met hoofdletter geschreven Geschiedenis in een hogere ("archeo-futuristische") synthese zullen de perspectieven van traditionele geschiedschrijving moeten worden geïncorporeerd in de moderne geschiedschrijving. *Hoe meer men te weten komt over de mythen, legenden en godsdiensten van de mensheid, hoe dringender de noodzaak om ze op één of andere wijze als geheel te begrijpen. Hun verschillende stemmen, onderlinge tegenstrijdigheden en onverenigbare dogma's vereisen de sterke hand van een strenge scheidsrechter die zin en eenheid geeft aan het geheel* (Godwin, *Arktos*, 141 — vertaling Wolfheze). Een systematische studie van de menselijke geschiedenis op grond van revolutionaire filosofisch-epistemologische principes, zoals synchroniciteit en retro-causaliteit, kan bijdrage tot een toekomstige synthese van de modern-wetenschappelijke seculiere geschiedenis en de Traditionalistische Heilige Geschiedenis' (eigen vertaling — Wolfheze, *Sunset*, 349-50). Deze overwegingen geven de lezer een indruk in welke hoek een archeo-futuristische geschied-schrijving moet worden gezocht. Uiteindelijk kan het doel van een dergelijk revolutionair-nieuwe geschiedschrijving niet minder zijn dan een macro-historisch perspectief op de micro-historische plaats van de geschiedenis-student, met andere woorden de concrete *betekenis* van de geschiedenis voor elk individu. Deze betekenis staat gelijk aan toegang to de hoogste vorm van de oude *kunst* van de geschiedschrijving: meta-geschiedenis.

'Agora'[29]
(meta-historische perspectieven)

Oorlogen zijn ethische geschillen
- ze worden in de tempels gewonnen voordat ze ooit worden gestreden

— Sun Tzu, volgens 'JFK'

Beginnend met Edward Gibbons, die zijn meerdelige werk *Decline and Fall of the Roman Empire* ('Verval en Val van het Romeinse Rijk') schreef tussen de grote omwentelingen van de Amerikaanse en Franse Revolutie, hebben sommige van de grootste Westerse historici geprobeerd de enigmatische 'wetmatigheden' en 'patronen' te reconstrueren die de levenscyclus lijken te bepalen van alle menselijke beschavingen. Met het verstrijken van de tijd en de toenemende 'idiocratisering' van het Westerse onderwijs- en media-systeem zijn Westerse lezers echter steeds minder in staat het basale uitgangspunt van deze schrijvers na te volgen, namelijk hun vermogen de verschuiving te volgen in de *transcendente referentiepunten* die de beschavingscyclus bepalen. Dit vermogen, in schrijver zowel als lezer, is logischerwijs een functie van hun eigen relatie tot de transcendente sfeer — en wordt dus noodzakelijkerwijs in de weg gestaan door elke belangrijke verstoring in de grotere relatie die hun eigen maatschappij heeft tot diezelfde sfeer.

---

29 Verwijzing naar de titel van de Spaans-Engelse *biopic* van Amenábar, met Rachel Weisz in de hoofdrol als Hypathia van Alexandria (gestorven AD 415), een heidens ('neo-platonisch') filosoof die werd omgebracht door een meute militante Christenen — haar dood wordt vaak gezien als een historisch omslagpunt in de neergang van het Grieks-Romeinse heidendom.

In dit verband is er een belangrijke vraag die zich nu aandient voor Westerse mensen: wat is het transcendente referentiepunt in onze Agora, in de grote publieke debatruimte en de 'marktplaats van ideeën' in het hart van onze publieke sfeer? Het antwoord is met de 'BLM Crisis' gegeven: onze Agora is nu gesloten, zelfs in letterlijke zin — door de quarantaine maatregelen van 'Corona' en door de *occupy movement* nieuwe stijl van 'BLM'. De heiligdommen (waaronder kerken) worden gesloten en de standbeelden (waaronder van 'vaderen des vaderlands') van onze Agora worden omvergeworpen. Toegang tot onze Agora is nu gesloten voor zelfs onze meest gematigde en redelijke van onze publieke sprekers: de recente YouTube ban van een publiek spreker als Stefan Molyneux bewijst wel definitief deze uitsluiting nu is. Na het 'vrije meningsuiting' beginsel, dat eeuwenlang de 'agoristische' fabrieksinstelling van het Westerse sociaal-politiek leven was, verdwijnt nu de Westerse Agora zelf uit beeld. Om een historische parallel te vinden met een omwenteling van deze reikwijdte moeten wij terug naar de laatste fase van de Klassieke Oudheid: daar kunnen wij onderzoek doen naar het gecompliceerde maar onloochenbare verband tussen superstructuur en infrastructuur, *in casu* het verband tussen de val van het Romeinse Rijk en de val van het Grieks-Romeinse polytheïsme. De val van het Grieks-Romeinse heidendom en de val van het Westerse Christendom zijn niet hetzelfde en kunnen niet hetzelfde resultaat hebben, maar beide zijn wel onlosmakelijk verbonden met — of onderdeel van — de val van de beschavingen die waren ontstaan rondom hun wereldbeeld.

Late Oudheid ('Val van het Romeinse Rijk)	**Late Moderniteit** ('Val van het Westen)
Constantijn I 306-337 *Christendom gelegaliseerd*	Wereld Oorlogen 1914-1945 *globalisme triomfeert*
312 Chi-Rho Christelijk symbool op militaire standaard	1920 Volkerenbond: proto-globalistische instituties
313 Edict van Milaan: Christendom gedoogd	1922 Sovjet-Unie: proto-globalistische staat
325 Concilie van Nicea: de facto staatskerk	1941 Atlantisch Handvest: globalisch programmatuur
330 Constantinopel Christelijke als hoofdstad gewijd	1945 Verenigde Naties: globalistische instituties

Late Oudheid ('Val van het Romeinse Rijk)	Late Moderniteit ('Val van het Westen)
Constantius II 337-361 *anti-heidense wetgeving* 353 verbod op rituele offers 357 Victoria Altaar eerstmaals verwijderd	Naoorlogse jaren *'deconstructie' van het Christendom* 1961/65 Vahanian/Altizer 'God is dood' theology 1962-66 Tweede Vaticaans Concilie
Julianus 361-363 *laat-heidense restoratie, syncretisme* 362 Tolerantie Edict: vrijheid/gelijkheid van godsdienst	Jaren '60 *Counter Culture, laat-Christelijk syncretisme* 1968 Amerikaanse *Civil Rights Act*
Gratianus 367-383, Valentinianus II 375-392 (Westen); Theodosius I 379-392 (Oosten) *verbod en vervolging van het heidendom* 378 Slag bij Adrianopel: Romeinse militaire ondergang 380 Edict Thessaloniki: Christendom staatsgodsdienst 382 Victoria Altaar opnieuw verwijderd 390 vernietiging van de Tempel van Delphi 391 vernietiging Serapeum van Alexandrië 393 einde Mysteriën Eleusis & Olympische Spelen 394 einde Eeuwige Vuur & Vestaalse Maagden	Thatcher-Major, Reagan-Bush-Clinton 1979-2001 (Westen); Yeltsin 1991-1999 (Oosten) *globalo-liberale aanval op het Christelijke Westen* 1986 Challenger & Chernobyl rampen 1989 val Berlijnse Muur: globalo-liberale NWO 1992 Fukuyama's 'einde der geschiedenis' 2001 9/11, Amerikaanse *Patriot Act* 2002 world wide web totaalbereid, digitale pornificatie 2010 laatste gedrukte *Encyclopaedia Britannica* 2013 zelfmoord Dominique Venner
Theodosius I 392-395 laatste keizer van verenigd rijk: 395 finale deling Romeinse Rijk	Oost-West splitsing, Nieuwe Koude Oorlog: 2004 EU/NAVO expansie
406 overtocht over de Rijn: barbaarse invasie 407 Romeinse militaire evacuatie Brittannië 408 moord op de 'laastste Romeinse generaal', Stilicho, gevolgd door West-Gothische invasie, gevolgd door 410 *Eerste Val van Rome* 410 Romeinse administratie eindigt in Brittannië	2015 Migratie Crisis 2016 Brexit referendum 2018 Marrakesj Conferentie *non est ista pax sed pactio servitutis* 2019 *Notre Dame de Paris brand* 2019 Brexit

Laatste Golf:
415 moord op de 'laatste klassieke filosoof', Hypathia van Alexandrië
416 heidenen verwijderd uit openbaar bestuur, 423 heidense privé rituelen verboden
453 moord op de 'Laatste Romein', Aetius
455 Tweede Val van Rome, 476 val van het West Romeinse Rijk

Late Oudheid ('Val van het Romeinse Rijk)	Late Moderniteit ('Val van het Westen)

Doodtij:
Justinianus I (527-565) *einde Klassieke Oudheid, aanvang Donkere Middeleeuwen*
526, 528 aardbeving Antiochië, 535-536 'extreem weer', 541-543 Plaag van Justinianus, 551 aardbeving Beiroet
529 Neo-Platonische Academie gesloten: formele einde van de Grieks-Romeinse filosofie
553 Tempel van Philae gesloten: formele einde van de oude Egyptische godsdienst
Eb getij:
Byzantijns bestuur over de stad Rome 536-546, 547-549, 552-751/6 (formeel einde met Donatie van Pepijn)

'De laatste golf'[30]
(numino-politieke prognose)

Agitio ter consuli gemitus britannorum
repellunt barbari ad mare repellit mare ad barbaros
inter haec duo genera funerum aut iugulamur aut mergimur
'Aan Aëtius, driemaal consul: de zuchten van de Britten
the barbaren drijven ons in de zee en de zee drijft ons naar de barbaren
tussen deze twee graf soorten worden ofwel vermoord ofwel verdronken'

De val van het Romeinse Rijk voltrok zich niet als een eenmalige gebeurtenis, zelfs al moeten er verschillende *points of no return* zijn geweest in verschillende maatschappelijke bereiken; eerder was het een proces van gestaag geval, met hier en daar neerwaartse schokken door een golfachtige serie rampen. De grootste ramp vond echter pas plaats na de val, nadat een combinatie van 'open grenzen', 'hervorming programma's' en 'defensie bezuinigingen' de burgerbevolking ten

---

30 Verwijzing naar de titel van van Weir's film uit 1977 — de film eindigt met het binnenrollen van een einde-van-de-wereld zondvloed-golf als artistieke weergave van een dubbele apocalyps: het einde van de Wit-Australische beschaving door de lens van de terugkerende Zwart-Australische (Aborigine) *Dreamtime*.

prooi liet vallen aan natuurlijke en menselijke gevaren die tot dan toe buiten de grensgrenzen waren gebannen. Invasie, uitroeiing, ontstedelijking, honger, slavernij en kolonisatie zijn woorden die passen bij de 'Donkere Middeleeuwen' die pas goed beginnen *na* de val van het Romeinse Rijk: het gaat daarbij grotendeels om *gereconstrueerde* werkelijkheden want in die nasleep hield men vrijwel op met schrijven.

Zo was het dus de taak van archeologen, taalkundigen en genetici om met pijn en moeite het stuk Britse (proto-)geschiedenis te reconstrueren dat volgt op de terugtrekking van de laatste Romeinse garnizoenstroepen. De enige zekerheid die er is over het daarop volgende 'historische proces' is de uitkomst ervan: het 'licht ging uit', andere volkeren betreden Britse bodem en *alles* veranderde — architectuur, infrastructuur, godsdienst, taal, kunst. Alles veranderde want de bevolking veranderde: *omvolking* veranderde alles — de Romaans-Britse bevolking werd vervangen door een Angel-Saksische bevolking. Misschien na nog een heldhaftige laatste poging om het tij te keren door een 'Koning Arthur' weken de overgebleven inheems Romaans-Keltische Britten uit: ofwel zij namen hun toevlucht overzees (naar Frans Klein-Brittannië en naar Spaans Galicië), ofwel zij vluchtten naar de bossen en bergen van de Keltische randgebieden van Groot-Brittannië (waar hun afstammelingen nog steeds het Welsh als taal hebben). Dit was hun *lugubre divortium barbarorum*, hun 'lugubere scheiding van de barbaren: *the winner takes it all, the looser standing small*.

De 'Corona' en 'BLM' golven zijn slechts symptomen van een veel groter proces van beschavingsverval — maar het zijn ook belangrijke 'tekenen des tijds'. Deze en andere kleine en grote incidenten van de afgelopen jaren mogen in onze ogen onbeduidend schijnen, maar misschien zullen historici van een veel latere tijd ze op een goudschaaltje wegen om te kunnen begrijpen hoe de mensen van onze tijd ooit zo blind konden zijn. Veruit de meeste 'laatste Romeinen' konden niet bevatten wat de diepere betekenis was van het stilvallen van het

Orakel van Delphi en het doven van het Heilige Vuur van Vesta — en zo kunnen ook veruit de meeste 'laatste Westerlingen' niet bevatten wat de diepere betekenis van het afbranden van de Notre Dame en de Corona-sluiting van de kerken. Maar dat wil nog niet zeggen dat het Westen reddeloos verloren is: het kan heel goed zijn dat wij nog onze eigen Slag op de Catalaunische Velden, onze eigen miraculeuze Belisariaanse Reconquista en onze eigen 'rokade-tegen-de-tijd' Tweede Rome tegoed hebben. Want wanneer de Laatste Golf op ons afrolt staan wij nog steeds ferm op ons eigen land — wij zijn hier thuis.

Nawoord: Albitude — 'verduur het zwarte getij met de witte wig'[31]

(Apotropeïsch Archeo-Futurisme)

I know in my bones, I've been here before
The ground feels the same, tho' the land's been torn
I've a long way to go, the stars tell me so
On this road that will take me home
'Ik voel het ergens van binnen — ik ben hier ieder geweest
De grond voelt hetzelfde — ook al is het land nu verscheurd
Ik heb een lange weg te gaan — de sterren zeggen het mij
Op deze weg — die mij naar huis leidt'

---

31 Omgekeerde verwijzing naar de titel van de beroemde propagandaposter in de Sovjet-burgeroorlog in suprematistische stijl *Клином красным бей белых* 'Splijt de Witten met de Rode Wig' (1919) van de Joods-Russische ontwerper El Lissitzky (1890-1941). Merk op dat de 'rode wig' van de poster van links naar rechts ('met de tijd') en van boven naar beneden ('zwaartekracht') wijst, verwijzend naar het modernistische principe van 'devolutie door vooruitgang'. Het beweegt ook van licht naar donker, doordringt een grijze zone en stampt letterlijk het woord 'Witten' 'in de grond', dat wordt afgebeeld in een kistachtige, 'ondergrondse' kist aan het zwarte uiteinde van de rechterbenedenhoek van de poster. In onze eigen tijd krijgt de oude symboliek van Lissitzky's werk een geheel nieuwe betekenis, maar de oude programma's en de oude vijanden blijven hetzelfde.

— 'Going Home', Mary Fahl

De kracht van de Witte Wig tegen het Zwarte Getij komt niet vanuit een verouderd en negatief-beladen racisme van de 'blanke suprematie' variant (verg. Hoofdstuk 7), maar vanuit een vooruitstrevend en positief-geladen supra-temporele *Albitude*. Net zoals 20e eeuwse zwarte denkers, activisten en politici het concept van *Négritude* ontwikkelden om hun landen, volkeren en gedachten vrij te maken van Westers-afgedwongen racisme, kolonialisme en imperialisme,[32] zo kunnen 21e eeuwse blanke denkers, activisten en politici het concept van *Albitude* uitwerken om hun Westerse landen, hun Westerse volkeren en hun Westerse beschaving vrij te maken van de dwingelandij van globalistisch-afgedwongen omgekeerd racisme, omgekeerde kolonisatie en omgekeerde gedachten-slavernij. *Albitude* kan — mag, zal — nooit de unieke nationale identiteiten en nationale aspiraties van de vele verschillende Westerse volkeren vervangen, maar *Albitude* kan die identiteiten en aspiraties wel emanciperen en versterken. Het kan de Westerse volkeren wijzen op hun grootse gemeenschappelijke erfgoed, een erfgoed dat dubbel heidens en Christelijk, dubbel Grieks en Romeins en dubbel materieel en spiritueel is. De Westerse beschaving, die de Westerse naties verenigt, heeft een unieke geest en een unieke roeping (verg. Wolfheze, *Alba Rosa*, Hoofdstuk 3). Omdat (onbewust, impliciet) *Albitude* van nature leeft in de Westerse volkeren en vast verankerd ligt in de Westerse thuislanden hoeft het niet te worden uitgevonden of geconstrueerd: het hoeft slechts in herinnering gebracht en *herleefd* te worden. Daarmee is het precies het tegenovergestelde van 'wit privilege' — en nauw verbonden met een hoge natuurijke roeping. Achter en boven deze *Albitude*, die de natuurlijke basis vormt voor de komende Reconquista van het Westen staat echter

---

32 Verwijzing naar de dubbel sociaal-politieke en sociaal-culturele emancipatie beweging die post vatte onder Francofoon-Afrikaanse intelligentsia en kunstenaars in de jaren '30 — prominente voorsprekers ervan waren bijvoorbeeld Frantz Fanon (Martinique, 1925-1961), Aimé Césaire (Martinique, 1913-2008) en Léopold Senghor (Senegal, 1906-2001).

het symbool van de Witte Wig — het is het baken voor alle mensen, ongeacht ras en geloof, die het Westen begrijpen, bewonderen en liefhebben. De Witte Wig wijst ons de weg naar huis: zij wijst naar het westen, naar de westerse horizon van de Aarde — zij wijst naar Elysium.

Ὤλετο μεν μοι νόστος ἀτάρ κλέος ἀφθιτον ἔστα
'Mijn thuisreis is verloren, maar mijn roem zal nooit vergaan'

— Homer, *Ilias* IX

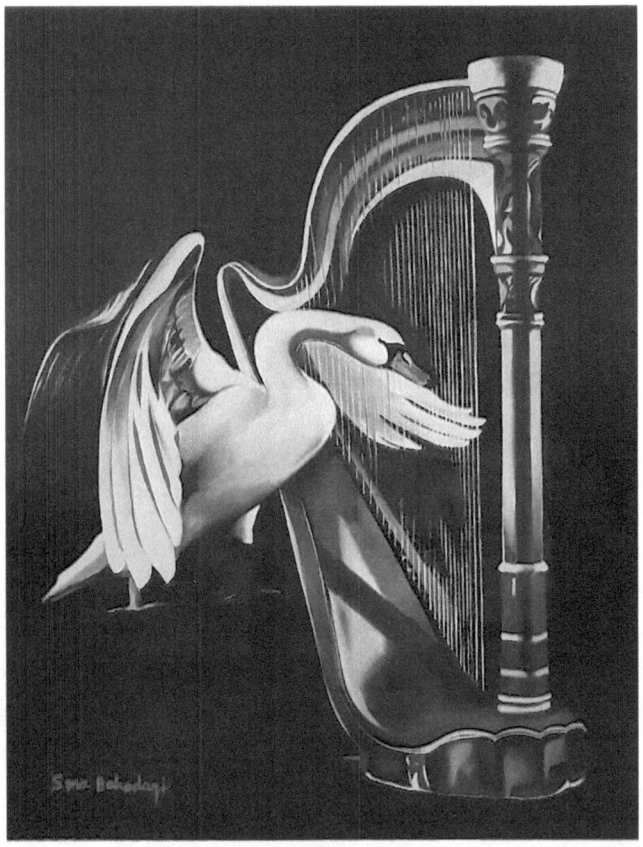

CARMEN CYGNI

Zwanenzang (Sona Bibi Khanom Bahadori Kashkoeli, 2018). 'Ik zal terugkeren naar die Perfecte Plaats die de mijne is'.

Hoofdstuk 13

Annus Horribilis: jaaroverzicht 2020 Nederlands Nieuw Rechts

Finis ergo Reipublicae revera libertas est
'Daarom is het doel van de Publieke Zaak in werkelijkheid de vrijheid'

— Benedictus de Spinoza, *Tractatus Theologico Politicus*

Voorwoord

IN *De Zwarte Poolster* wordt hier en daar in gegaan op de *algemene* (cultuurhistorische, politiek-filosofische) achtergrond waarbinnen de opkomst van Nieuw Rechts kan worden begrepen — dit hoofdstuk is bedoeld voor lezers die geïnteresseerd zijn in de *specifieke* omstandigheden en de *specifieke* gestaltevormingen van Nederlands Nieuw Rechts in het huidige tijdgewricht. Hier wordt ook een korte schets gegeven van een aantal specifieke gebeurtenissen die gedurende het *Annus Horribilis* 2020 van invloed zijn geweest op Nederlands Nieuw Rechts.

Paragraaf 1 van dit hoofdstuk, 'Achtergrond', gaat kort in op de stormachtige ontwikkeling die Nieuw Rechts in de afgelopen jaren heeft doorgemaakt — deze ontwikkeling verklaart haar recente metamorfose en actuele positionering. Paragraaf 2, 'Krachtsverhouding', schetst de huidige 'patstelling' tussen Nieuw Rechts en de globalistische vijandelijke elite — feitelijk gaat het voor de beweging om een 'doodtij' moment dat vooraf gaat aan haar overname van het strategische initiatief en aan haar tegenoffensief. Paragraaf 3, 'Strategie', weerspiegelt vervolgens een aantal basale overwegingen die van cruciaal belang zijn voor de verdere ontwikkeling van de beweging. Paragraaf 4, 'Een Paard van Troje', geeft de Nieuw Rechtse analyse van het Forum voor Democratie, een Nederlandse politieke partij die vaak ten onrechte wordt gezien als deel van Europees Nieuw Rechts. Paragraaf 5, 'Boreaal buitenspel', gaat kort in op leiderschapscrisis en de interne machtstrijd waarmee het Forum voor Democratie in het najaar van 2020 kampte naar aanleiding van een MSM hetze — en de gevolgen van die crisis op het Nederlandse politieke speelveld. Paragraaf 6, 'Requiem voor de rechtsstaat', beschrijft de — met het in paragraaf 5 beschreven grotere en bekendere drama bij het Forum voor Democratie synchroon lopende — gelijksoortige leiderschapscrisis en interne machtstrijd binnen het Nederlands Nieuw Rechts partijpolitieke testproject Identiteit Nederland (IDNL). Paragraaf 7, 'Het nieuwe politieke normaal', geeft vervolgens een Nieuw Rechtse analyse van de met de 'Corona Crisis' ingetreden totalitaire realiteit van het 'nieuwe politieke normaal'. Het 'Nawoord' herinnert ten slotte aan één van de hoofddoelen van de nationalistische politiek überhaupt: het openhouden van een op vreedzame, juridische en democratische wijze bereikbare 'nooduitgang' — de nationalistische beweging is dat, zolang het ook maar enigszins mogelijk blijft, verplicht aan het volk dat zij dient.

1. Achtergrond

Nederlands Nieuw Rechts is slechts een klein onderdeel van een veel grotere 'cultuur revolutionaire' beweging die zich sinds enkele jaren op spontane en organische wijze ontwikkelt uit het toenemende maatschappelijke verzet van de Westerse volkeren tegen hun gezamenlijke vijand, namelijk de globalistische — trans-nationaal opererende en universalistisch denkende — *Superclass*[33] van *Davos Men*.[34] Deze vijand wordt hier kortweg benoemd als de globalistische 'vijandelijke elite'. De Westerse 'cultureel-revolutionaire' beweging vond haar eerste en meest expliciete politieke uitdrukking in Amerika, waar zij aanvankelijk werd aangeduid met de inmiddels allang achterhaalde term *Alt-Right*, ofwel 'Alternatief Rechts' (verg. Eordred, 'Verspilde momentum'). Als politiek project was de Alt-Right feitelijk een miskraam: na een leiderschapskaping door *agents provocateurs* en een *framing* campagne door de *mainstream media* eindigde de publieke presentie van de *Alt-Right* in de als 'valse vlag operatie' geregisseerde *Charlottesville Rally* (11-12 augustus 2017). Een gecoördineerde golf aan gewelddadige intimidatie ('Antifa'), *social media* laster ('doxing'),[35] pseudo-juridische vervolging ('discriminatiewetgeving') en digitale censuur (*deplatforming*) verdreef de Beweging vervolgens grotendeels uit het klassieke publieke domein.

De vijandelijke elite slaagde erin de Beweging weg te vagen uit het klassieke publieke domein — uit traditionele nieuwskanalen, papieren publicaties, televisie zenders, academische colloquia, parlementair debatten — maar zij betaalde daarvoor een hoge prijs: zij verengde dat domein tot een cognitief-dissonante 'bubbel' wereld die nu totaal los staat van de reële wereld waarin het gewone volk (door Hillary Clinton karakteristiek betiteld als *the deplorables*) en de jonge generatie blijft leven. De vijandelijke elite slaagde er zo in de intelligentsia en de middenklasse althans formeel in het gareel te houden, maar ten koste van haar laatste reserves aan geloofwaardigheid en respect. Echte journalistieke nieuwsgaring en substantieel politiek debat werden verdreven naar de digitale sfeer en sociale media, waar

---

33 David Rothkopf, *Superclass: The Global Power Elite and the World They Are Making* (Farrar, 2008).
34 Samuel Huntington, 'Dead Souls: The Denationalization of the American Elite'. www.nationalinterest.org 1 March 2014.
35 Voor een concreet schrijnend voorbeeld, verg. 'Dodson en geprivatiseerde politieke vervolging'. www.erkenbrand.eu 27 mei 2018.

zij zich aan alle censuurpogingen onttrekken door de technologische voorsprong en de improviserende inventiviteit van de jonge generatie. Op het uit de publieke sfeer verdreven 'echte nieuws' en 'echte debat' kwam zo een hoge premie te staan. De spreekwoordelijke *red pill* (etnisch realisme, inter-geslachtelijk respect, identitaire assertiviteit etc.) is nu meer dan een *rite de passage*: ze is nu de — al dan niet uitgesproken — ultieme karaktertest voor de hele zelfrespecterende Westerse jeugd. In zekere mate ondergaat zo een hele generatie Westerse jonge mensen op natuurlijke wijze hetzelfde emancipatieproces dat in eerdere decennia door de cultuurmarxistische *soixante-huitards* (ofwel de 'achtenzestigers' — de *hippie*-naar-*yuppie babyboomers*) kunstmatig werd opgeroepen bij hun politiek mobilisatie van 'achtergestelde' groepen: vrouwen ('feminisme'), homoseksuelen (*gay pride*) en minderheden (*black power*, 'islamisme'). Zelfs bij de intelligentsia en de middenklasse veroorzaakt de in uiterste perversiteit doorgeslagen 'radicalisering' van de vijandelijke elite, richting openlijke oikofobie en demofobie, nu een toenemende — vooralsnog grotendeels onzichtbare — *red pill* 'zelfmedicatie'. De drastische teruglopende *mainstream* kijkcijfers, systeempers krantenoplagen en kartelpartij ledenbestanden staan in schril contrast met de explosief stijgende aantallen 'politiekincorrecte' Youtube *views*, Twitter *shares* en weblog *posts*.

In die zin is de *post-Charlottesville* Beweging 'ondergronds' gegaan. Niet omdat ze iets illegaals in zich heeft, integendeel: de Beweging wordt in overweldigende mate gekenmerkt door een hang naar een publieke ruimte gekenmerkt door vrede, wet en orde — kenmerken die uit veel Westerse samenlevingen zijn verdwenen na een halve eeuw neoliberale kaalslag, cultuurmarxistische deconstructie en (s) linkse 'omvolking'. De reden dat de Beweging 'ondergrondse' karaktertrekken krijgt is simpelweg omdat zij door de vijandelijke elite *zelf* uit de officiële publieke ruimte is verdreven. Deze 'struisvogelpolitiek' zegt echter meer over de *kortzichtigheid* van de vijandelijke elite dan over de *zichtbaarheid* van de Beweging. Zij werkt zelfs averechts: de overblijvende systeemmedia en debatcircuits worden nu door de afhakers — waaronder naast het gewone volk en de jonge generatie dus nu ook een steeds groter deel van de intelligentsia en de middenklasse — gezien als, in het beste geval, wereldvreemd en, in het ergste geval, 'leugenpers'. Voor minimaal realisme en basale substantie kan men niet langer terecht bij de *mainstream media*: de weg naar de alternatieve media — en dus naar de Beweging — is snel gevonden.

Wat er op internationaal niveau aan publiek zichtbare uitingen van de Beweging na *Charlottesville* overbleef is bovenal een aantal klassieke websites, zelfstandige uitgeverijen en individuele publicisten waarvan de internationale zichtbaarheid te groot was voor effectieve censuur (voor een basaal inventaris, verg. Eordred, 'Overzicht' en 'Rechtse Radio'). In Nederland resteerde begin 2020 van de oorspronkelijke *Alt-Right* — in de zin van *totaal alternatief discours* — feitelijk alleen nog het (inmiddels 'gefossiliseerde') studiegenootschap 'Erkenbrand'.[36] Op het onverwacht overleven van dit — overigens ideologisch gematigde en politiek neutrale — studiegenootschap reageerde de vijandelijke elite met karakteristieke *overkill*: een politiekcorrecte schandpaal rapportering bij de staatsveiligheidsdienst. Na 'Charlottesville' is de focus van de Beweging verschoven naar intellectuele verbreding (historische analyse, culturele studies) en logistieke versterking (alternatieve media, sociale netwerken) — deze nieuwe heroriëntatie duidt op een noodzakelijk verschuiving van spontane en ludieke acties naar toekomstbestendige en substantiële opbouw. Deze opbouw is deel van haar noodzakelijke voorbereiding op een langdurige *offensieve* confrontatie met de vijandelijke elite.

2. Krachtsverhouding

Wo aber Gefahr ist,
Wächst das Rettende auch

---

36 Voor een inschatting van *fellow travellers* door Nieuw Rechts, verg. 'Alternatieven op GeenStijl'. www.erkenbrand.eu 15 juni 2018.

— Friedrich Hölderlin

De vijandelijke elite ontleent haar macht aan een monsterverbond tussen de neoliberale *high finance* sector (bankenmaffia, multinationals, drugskartels) en de cultuurmarxistische intelligentsia (systeempers journalisten, politiekcorrecte academici, *Social Justice Warrior* publicisten) dat zich heeft ingegraven in een institutioneel machtsmonopolie op zowel nationaal niveau ('partijkartel') als internationaal niveau ('letterinstituties' — EU, IMF, VN etc.). Op grond van deze formidabele machtspositie, verkregen na de vijftigjarige 'mars door de instituties' van de *soixante-huitards*, heeft de vijandelijke elite besloten tot een versnelde uitvoering van haar kernstrategieën: economische deconstructie (monetarisering, privatisering, deregulering), sociale deconstructie (secularisme, consumentisme, feminisme) en etnische deconstructie (massa-immigratie, multiculturalisme, omgekeerde discriminatie). De versnelde uitvoering van deze strategieën vormt niet langer alleen een directe bedreiging voor de beschavingstradities (godsdiensten, talen, kunsten) en de historische verworvenheden (zorgvoorzieningen, onderwijskansen, sociale zekerheden) van de Westerse volkeren, maar ook voor hun *fysiek overleven*. De Westerse Nieuw Rechts beweging is een directe reactie op deze bedreiging: zij is niets meer of minder dan een natuurlijke — organische — immuunreactie op een existentiële bedreiging en is daarom ook zichtbaar in alle aspecten van de Westerse publieke sfeer. De spontane, simultane en sensationele opkomst van 'alternatieve media', 'burgerbewegingen' en 'populistische partijen' wijst op de organische aard en authentieke legitimiteit van deze Beweging: haar bestaansrecht ontleent zij direct aan het zelfbehoudsinstinct van de Westerse volkeren — de enig mogelijke *dragers* van de Westerse beschaving. Haar uiteindelijke strategisch doel is niets meer of minder dan het elimineren van de existentiële bedreiging die uitgaat van de vijandelijke elite. Dit betekent dat er niet alleen dat de vijandelijke elite moet worden ontzet uit haar institutionele macht, maar ook dat haar anti-Westerse — in Hoofdstuk

12 als Liberaal-Normativistisch benoemde — ideologie moet worden ontkracht. Deze gecombineerde wortel-en-tak saneringsoperatie vergt niets minder dan een *culturele revolutie* in de meest essentiële zin van het woord. De zelfovertreffende synergie die nodig is voor deze culturele revolutie wordt daarbij in de eerste plaats geleverd door de ideologisch geïmmuniseerde, digitaal geëmancipeerde en identiteitsvaste jonge generatie. Noch de 'late bekering' van *babyboomer* spijtoptanten, noch de 'late volwassenheid' van x-generatie *Aussteiger* kunnen de kritieke massa leveren voor de Neo-Culturele Revolutie waarvan Nieuw Rechts de wegbereider is — zij zijn hooguit nuttig in de achterhoede gevechten tijdens de tactische terugtocht die voorafgaat aan de beslissende slag.

Dat wil niet zeggen dat de Beweging het zich kan veroorloven de inzet en de offers van eerdere generaties patriotten en nationalisten — door de vijandelijke elite in het rariteitenkabinet van de geschiedenis bijgezet als 'fascisten', 'rechts-extremisten' en 'populisten' — te vergeten. In tegendeel: de Beweging behoort de patriottische en identitaire kernwaarden van de 'oude garde' vast te houden en haar offers te eren. In de Nederlandse context betekent dit concreet: eerherstel voor strijders van het eerste uur, zoals Henry Brookman en Hans Janmaat, en herdenking van hen die stierven voor het vrij woord, zoals Pim Fortuyn en Theo van Gogh. Daarbij geldt ook: de Nederlandse Beweging moet zich losmaken van de politiekcorrecte 'banvloek' op zogenaamd 'besmette' en 'foute' ideeën van haar wegbereiders en voorgangers. Zolang de Beweging zich niet openlijk de distantieert van de verketteringen en etiketteringen die de vijandelijke elite hanteert met betrekking tot haar voorgangers — hoe imperfect en ineffectief die voorgangers nu ook mogen lijken — zolang zal zij tekort doen aan één van haar belangrijkste opgaven, namelijk *zelf* de toon van het publieke discours te bepalen. Een nette acceptatie van de 'oude garde' en een strikte verwerping van de politiekcorrecte consensus naar de 'oude garde' zijn belangrijke testen van de geloofwaardigheid van de Beweging. Dat gezegd zijnde, is het nóg belangrijker om de essentieel *nieuwe* — hyper-eigentijdse, hyper-progressieve — aard van de Beweging te blijven onderstrepen. De Beweging staat nu immers op de *morale high ground*: de Beweging heeft nu het monopolie op échte arbeidersrechten, échte vrouwenrechten, échte kinderrechten, échte dierenrechten en échte zelfbeschikkingsrechten. Het vinden van de precieze balans tussen ethisch-etnische traditie en evolutionair-adaptieve moderniteit bepaalt de mate waarin de Beweging daadwerkelijk *Archeo-Futuristisch* kan zijn — en de mate waarin zij in staat is af te sturen op een waarachtige *culturele revolutie*.

De Westerse Nieuw Rechts Beweging vond zijn eerste grootschalige politieke uitdrukking in de anti-globalistische 'golfbeweging' van 2016-2017: 'Brexit' in het Verenigd Koninkrijk, 'Trump' in Amerika en 'LEGA' in Italië. Hiermee bewees de Beweging haar capaciteit als 'autoriteit in wording' (zie Hoofdstuk 12). Formeel eindigde deze 'eerste golf' tijdens de electoraal-organisatorisch, allochtoon-demografisch en journalistiek-geregisseerde verkiezingsnederlaag van de 'populistische' partijen in het West-Europese globalistische hartland: in Nederland in maart, in Frankrijk in mei en in Duitsland in september 2017 (verg. *Alba Rosa*, 91ff). Gesterkt door deze *defensieve* overwinning waagde de globalistische vijandelijke elite zich vervolgens aan een fanaat tegenoffensief ter herovering van verloren Engelstalig terrein — de actuele en verwoede pogingen om Trump's presidentschap en de Brexit procedure te saboteren waren deel van dit tegenoffensief.

De verkiezingsoverwinning van de vijandelijke elite op de globalistische as Parijs-Berlijn-Stockholm (Macron-Merkel-Löfven) is echter een Pyrrusoverwinning: de vijandelijke elite mag er dan — met veel pijn en moeite — in geslaagd zijn haar machtspositie in het West-Europese hartland te handhaven, maar zij heeft daarbij wel veel van haar kracht ingeboet. Door de doorzichtige mediaal-theatrale verkiezingsmanipulatie, de *cordon sanitaire* veelpartijen-coalities en de ongegeneerde zelfcensuur van de systeempers verdampt het laatste beetje publiek vertrouwen, politiek krediet en maatschappelijke geloofwaardigheid dat de vijandelijke elite nog bezat. De antinationale en antidemocratische toon van de systeemmedia is in toenemende mate regelrecht pathologisch (voor voorbeeld-analyses, verg. Hoofdstuk 7). Feitelijk is de vijandelijke elite door de Beweging gedwongen haar masker af te werpen. De in de Beweging uitgedrukte nationalistisch-patriottisch-identitaire mobilisatie van de Westerse volkeren dwingt de vijandelijke elite tot een 'race tegen de klok': het perspectief van een totale electorale nederlaag en een totale burgerrevolte dwingt haar tot een versnelde doorvoering van haar deconstructie projecten te versnellen. Openlijk etnische vervangingspolitiek ('Marrakesj'), openlijke arbeidersvijandige afpersing ('klimaatbelasting'), openlijk totalitaire mediacensuur (*deplatforming*) en openlijk gewelddadige intimidatie ('Antifa') markeren de vlucht naar voren richting een directe 'dictatuur van het neo-proletariaat'. De contouren van een dubbel neoliberaal-cultuurmarxistische dictatuur beginnen zich al af te tekenen: het politiek-correcte 'partijkartel' als 'Politburo', de globalistische bankiers- en drugsmaffia als 'Centraal Comité' en het feministisch-allochtone electoraat als rancuneus *beroepsproletariaat*.

Het is de opgave van Nieuw Rechts om de definitieve vestiging van deze globalistische dictatuur — al dan niet formeel via totalitaire 'superstaat' projecten als de 'VN' en de 'EU' — vóór te zijn en de vijandelijke elite haar macht op vreedzame wijze en met democratische middelen af te nemen zolang dat nog mogelijk is. Of deze opgave nog tijdig — dat wil zeggen vóór het demografisch-democratische 'schaakmat' van de Westerse volkeren — kan worden gerealiseerd is natuurlijk maar zeer de vraag. Het antwoord op die vraag hangt echter — ten minste ten dele — af van de strategie die Nieuw Rechts op nationaal en internationaal niveau kiest.

3. Strategie

De frontlinie tussen de Westerse vijandelijke elite en de Westerse inheemse bevolking begint zich uit te kristalliseren. Vooralsnog heeft Nieuw Rechts weinig middelen in het veld te brengen in een directe confrontatie met het institutionele machtsmonopolie, de oneindige financiële middelen en de Derde Wereld mankrachtreserve van de vijandelijke elite. Naast de institutioneel marginale en ideologisch zwakke parlementaire oppositiegroepen staan de Beweging vooralsnog slechts een handjevol activisten en intellectuelen ter beschikking. Sinds het falen van het doodgeboren *Alt-Right* project ontbeert de Beweging een overkoepelende organisatie — en zelfs een samenhangend programma. Toch liggen wellicht juist in deze 'handicaps' de grootste krachten van de Beweging. Het feit dat de Beweging wordt geleid door een klein aantal uitzonderlijke denkers en doeners wijst op een zeer nuttig proces 'natuurlijke selectie'. De enorme druk van de vijandelijke elite zuivert namelijk de *avant garde* van de Beweging en laat slechts de krachtigste — scherpste, eerlijkste, dapperste — elementen over. Het feit dat de Beweging tot nu toe organisatorisch ongecoördineerd en intellectueel ongedefinieerd is gebleven maakt haar daarnaast nagenoeg ongrijpbaar. De vijandelijke elite wordt namelijk geconfronteerd met — en in toenemende mate gemarginaliseerd door — een waarachtige volksbeweging en een authentiek volksverzet dat niet afhangt van bepaalde organisaties of bepaalde mensen. Fenomenen als 'Chemnitz' en 'Gele Hesjes' — en nog meer de overdreven reacties van de overheden erop — bewijzen dat het strategisch initiatief definitief is overgegaan in handen van de volksbeweging. Intellectueel en moreel gesproken is de vijandelijke elite allang bankroet: haar cultuur-nihilistische (historisch-materialistische, militant-seculiere, cultuur-relativistische) ideologie is intellectueel achterhaald en moreel uitgehold tot op het punt van karikaturale obsceniteit.

> *Op aard valt voor hen niets meer te leren,*
> *Zij zijn volkomen gaaf en afgerond,*
> *Oud-liberaal, wantrouwend en gezond:*
> *De dominee, de dokter, de notaris,*
> *Die denken uw dichter niet goed gaar is.*
> *Maar 't kan verkeren.*

— Jan Gresshof, 'Liefdesverklaring'[37]

Alle serieuze denkers en authentieke autoriteiten erkennen het intellectueel-morele bankroet van de vijandelijke elite — de enig overblijvende taak is de afhandeling van haar institutionele boedel. Met haar intellectuele en morele gezag is de vijandelijke elite de maatschappelijke regie en het strategisch politiek initiatief definitief kwijt: zij kan alleen nog maar *reageren*. De vijandelijke elite heeft nog een grote mate aan fysieke (financiële, politieke, militaire) macht, maar het tij van de geschiedenis heeft zich definitief tegen haar gekeerd. Het is alleen nog een kwestie van tijd tot zij haar macht verliest — dit 'tijdspad' zal bepalen hoeveel schade zij de Westerse volkeren nog kan berokkenen. Het is belangrijk Nieuw Rechts profiteert van de arrogantie en overmoed van de vijandelijke elite: haar toenemende ondoordachtheid, onredelijkheid en gewelddadigheid resulteren in statusverlies, gezichtsverlies en gezagsverlies. Het in toenemende mate ondoordachte, onredelijke en dwangmatige beleid van de vijandelijke elite is een klassiek geval van *hubris* — de tot de ondergang leidende overmoed van de Griekse tragedie. Deze *hubris* stelt de Beweging in staat haar sterke en vaste positie op de *moral high ground* uit te bouwen naar het maatschappelijk middenveld.

De maatschappelijke middenklasse — middenstanders, kleine ondernemers, vrije beroepen — hebben *alles* te verliezen met het voorschrijden van de economische, sociale en etnische deconstructie die de vijandelijke elite nu versnelt doorvoert. Deze middenklasse kan haar welvaartsniveau en levensstijl slechts handhaven met een minimum mate aan publieke orde en veiligheid, een minimale rechtsstaat, een minimum aan politieke stabiliteit en een minimum aan sociale cohesie. Valt de maatschappelijke realiteit onder deze

---

37 Naar verluidt kostte dit 'cultuur-kritische' gedichtje de schrijver ervan zijn baan en toekomst in ons formeel zo 'tolerante' vaderland — hij woonde rest van zijn leven in het buitenland. In België en Zuid-Afrika werd hem wel een literair plaatsje gegund. Hij is niet de enige Nederlandse schrijver die het zo vergaat.

minimale waarden dan zal deze middenklasse — die in Nederland nog steeds een (steeds krapper wordende) meerderheid van de inheemse bevolking uitmaakt — zich definitief afwenden van de elite. Hoe meer burgerrechten worden ingeperkt (afschaffing van referendum), hoe meer persvrijheid wordt verkleind (censuur van terreurdaden en etnische criminaliteit), hoe meer de vrijheid van meningsuiting wordt afgebroken (rechtsvervolging van Wilders), hoe meer de publieke ruimte wordt verziekt (Zwarte Piet discussie) en hoe meer de rechtstaat verwordt tot een politiekcorrecte karikatuur (herimporteren van IS jihadisten), des te meer zal de middenklasse vervreemd raken van de vijandelijke elite. Vanuit dat perspectief zijn de algemene neiging tot apolitieke apathie, de escalerende partijpolitieke versnippering, de afnemende bereidheid tot politieaangifte en de kelderende kijk- en omzetcijfers van de systeemmedia 'positieve' signalen: ze duiden op een onomkeerbare vertrouwenscrisis — en op een blijvende vervreemding van de middenklasse.

Om voor het volk een geloofwaardig alternatief discours — een betrouwbaar baken van hoop — te bieden is het daarnaast belangrijk consistent vast te houden aan het legitimiteitverlies van de vijandelijke elite. De Beweging is nu aan het woord — het discours van de vijandelijke elite kan niet langer onderwerp van gesprek zijn. Concreet betekent dit: consistent afzien van 'bewijslast' en 'discussie' in het volstrekt kunstmatige en zinsledige 'publieke debat' waarin de vijandelijke elite eerdere generaties 'dissidenten' van energie en doelmatigheid beroofde. De (etnische, economische, sociale, culturele, ecologische) 'bewijslast' tegen het beleid van de vijandelijke elite is allang geleverd in enorme bergen statistieken, analyses, rapportages en publicaties. De (wetenschappelijke, publicitaire, journalistieke, politieke) 'discussie' over het beleid van de vijandelijke elite is allang afgelopen. Die discussie eindigde in Nederland met de kogel die om vijf over zes 's avonds op 6 mei 2002 het Nederlandse volk beroofde van de grote geest van Professor Fortuyn. Elke 'discussie' die daarna nog plaats vindt met de vijandelijke elite onteert de nagedachtenis aan het ultieme offer dat 'Onze Pim' bracht voor de vrijheid van meningsuiting — en voor het Nederlandse volk. De vijandelijke elite wilde toen geen discussie met hem — de Beweging wil nu geen discussie met haar. Het aangaan van een verder 'debat' legitimeert de vijandelijke elite op een voor het volk volstrekt onacceptabele manier — het is het equivalent van een 'rationele discussie' met je op overspel betrapte ex-vriendin of van een 'constructief gesprek' met de moordenaar van je kind. Er is maar één 'discussie' die nog mogelijk is: de 'discussie' over precies waar, wanneer en hoe de vijandelijke elite de sleutels van de macht gaat overhandigen aan het volk en — als zij haar dronkenman handen niet tijdig van het stuur haalt — over de strafmaat voor haar vele misdaden tegen het volk.

4. Een Paard van Troje

Veel bezorgde Nederlanders vestigden de afgelopen jaren de hoop op een nieuwe politieke partij: Forum voor Democratie. Het nieuwe woordgebruik, de onorthodoxe standpunten en de positieve uitstraling van deze nieuwe partij en haar keurige woordvoerders werd in 2017 beloond met twee zetels in de Tweede Kamer. Sindsdien heeft het FvD met gedegen parlementaire oppositie en constante groei bewezen een politiek blijvertje te zijn. De afgelopen jaren hebben echter ook iets anders bewezen: dat de door velen op het FvD gevestigde hoop op échte verandering misplaatst was. In zijn verwoede poging om de systeemmedia 'framing' van 'extreem-rechts' af te schudden is het FvD vervallen in een defensieve strategie: het FvD heeft veel voorwaartse kracht verloren in een moeizaam conformeren aan de politiek-correcte verwachtingspatronen van de systeemmedia en de kartelpolitiek waarin het opereert. Deze vuurdoop heeft ook duidelijk gemaakt wat het FvD nu eigenlijk echt is — en vooral ook wat het niet is.[38]

---

38 Voor een 'ervaringsdeskundig' inzicht in de recente Nederlandse nationalistische politiek, verg. 'Europodcasts' kanaal podcast *De Salon: Aflevering 1*.

Het FvD is simpelweg een modieus-modern 'mediageniek' verpakt klassiek-liberale partij — een partij die Nederland wil terugvoeren naar het veel nettere, vrijere en leefbaarder Nederland van de dertig jaren tussen het einde van de oorlog in Indonesië en het Lubbersiaanse begin van de neo-liberale oorlog van 'allen tegen allen'. Het FvD is zeker niet de politieke dijk die de Nederlandse staat en het Nederlandse volk gaat beschermen tegen de ondergang in de globalistische springvloed van massa-immigrerende 'asielstromen', internationale 'marktwerking' en 'open grenzen' internationalisme. Het door FvD zo mooi geagendeerde partijkartel waarin neo-liberaal 'rechts' en cultuur-marxistisch 'links' samenspannen tegen het Nederlands volk zal niet worden doorbroken door het FvD: het FvD functioneert binnen de kartelpolitiek nu al als 'gecontroleerde oppositie'. De reden daarvoor is eenvoudig: het FvD deelt, als puntje bij paaltje komt, de kernwaarden van de kartelpolitiek. Die kernwaarden zijn: materialistisch reductionisme, agressief secularisme en moralistisch normativisme. Materialistisch reductionisme betekent dat het FvD geen authentieke vuist kan maken tegen het 'Dagobert Duck' globalisme dat onze nationale grenzen wegvaagt. Agressief secularisme betekent dat het FvD geen alternatief kan bieden voor het 'lang leve de lol' nihilisme dat onze volkscultuur wegvaagt. Moralistisch normativisme betekent dat het FvD geen echt argument heeft tegen het 'iedereen is gelijk' relativisme waarmee de 'diversiteit' en de omvolking van Nederland wordt gerechtvaardigd.

Het FvD is een 'civiel-nationalistische' partij van liberaal-libertarische signatuur — en daarmee deel van het probleem in plaats van de oplossing. Ondanks zijn vele goede ideeën en mooie programmapunten — vele goed overdacht en zeer bruikbaar — is het FvD, als puntje bij paaltje komt, geen betrouwbare bewaker van de Nederlandse staatssoevereiniteit en de Nederlandse volksidentiteit. De klassiek-liberale 'tussen-oplossingen' van het FvD zijn uiteindelijk niet meer dan nostalgische drogbeelden: het echte momentum blijft liggen bij de veel radicalere links/liberale extremisten van het machtsblok VVD-D66-GL-PVDA, gesecondeerd door de ex-Christelijk machtsopportunisten van CDA-CU. De met 'Corona' en 'BLM' begonnen ombouw van een formeel-democratische links/liberale orde naar een informeel maar effectief totalitair regime, nu onder directe controle van globalistische banksters en eurocraten, kan het FvD dan ook niet effectief bestrijden. Het FvD valt in de nieuwe orde de rol toe van een liberaal-libertarisch museumstuk — een beetje zoals de SGP een christen-democratisch museumstuk was ten tijde van neo-liberaal 'paars'. Daar functioneert het FvD als 'VVD 2.0': een nostalgische herinnering aan een betere tijd — uitsluitend van esthetische waarde met de keurige maatpakken, het mooie vocabulaire en de beschaafde ideeën van zijn voorsprekers.

Maar ten aanzien van de échte nationale beweging tegen het links/liberale globalisme heeft het FvD een andere en zeer negatieve rol: het FvD fungeert daar als 'bliksemafleider' — het leidt mensen af, sluist middelen weg, ontneemt energie aan en snoept kostbare tijd af van het Nederlandse nationale beweging. Binnen die beweging is het FvD niets meer en minder dan een *Paard van Troje* — een schitterend bouwsel dat een teken van overwinning lijkt maar dat de nederlaag in zich draagt. Nederlands Nieuw Rechts erkent en benoemt deze realiteit. Een korte vergelijking van enkele essentiële standpunten — uitgelicht uit de FvD website — volstaat om het essentiële verschil tussen het FVD en Nederlands Nieuw Rechts (NNR) duidelijk te maken.

FVD: 'Verplichte referenda bij soevereiniteitsoverdracht'

NNR: Alle soevereiniteitsoverdracht terugdraaien: uit EU, uit de Euro, uit het IMF, uit Schengen, uit het Vluchtelingenverdrag. Nooit en te nimmer soevereiniteitsoverdracht- punt uit.

FVD: 'Een referendum over [het] lidmaatschap aan de Eurozone, over voortzetting van de open grenzen en het vrije, ongecontroleerde verkeer van personen binnen de Unie en over het lidmaatschap van de Europese Unie'

NNR: Uit de Euro, uit Schengen en uit de Europese Unie — punt uit.

FVD: 'Invoering van de Wet Bescherming Nederlandse Waarden'

NNR: Invoering van de Wet Bescherming Nederlandse *Identiteit*: identiteit vormt de basis van waarden — waar identiteit niet is gewaarborgd zijn waarden een hellend vlak.

FVD: 'Directe democratie'

NNR: *Houdbare* democratie — voorbehoud democratische inspraak aan Nederlandse volk en balans tussen democratische rechten en plichten: optrekken kiesgerechtigde leeftijd naar 21 jaar, uitsluiten van vreemdelingen en niet-netto-belastingbetalers in werkende leeftijd, verlies kiesrecht bij ernstige misdaden en fraude.

FVD: 'Waar integratie niet lukt, is remigratie de beste oplossing'

NNR: Waar 'integratie' de problemen van cultuurvernietigende 'diversiteit' tijdelijk weglakt, heft remigratie de diversiteit op: integratie werkt *niet*, remigratie *wel*.

FVD: 'Dubbele paspoorthouders verliezen Nederlands paspoort bij (ernstige) misdrijven'

NNR: 'Dubbel paspoort houden' wordt beëindigd. 'Geen huisknecht kan twee heren dienen; want of hij zal den enen haten, en den anderen liefhebben, of hij zal den enen aanhangen, en den anderen verachten; gij kunt God niet dienen en den Mammon' (Lukas 16:13).

FVD: 'Waar mogelijk, berechting van niet-genaturaliseerde immigranten in hun land van herkomst'

NNR: Altijd mogelijk: onverbiddelijke en onmiddellijke uitzetting van terroristische, jihadistische en criminele vreemdelingen, ongeacht hun papieren status in Nederland.

FVD: 'Asielbeleid naar Australisch model'

(NB: De Australische staat werd gevestigd door immigranten voor immigranten en Australië heeft geen externe landgrenzen.)

NNR: Asielbeleid naar *Nederlands model*: permanente asielstop voor alle landen waarmee Nederland geen externe landgrens deelt. Kortom: geen asielbeleid totdat er rampen en oorlogen optreden in België en Duitsland.

FVD: '*Iedereen heeft het recht godsdienstige ideeën te bekritiseren, te ridiculiseren, te analyseren en in twijfel te trekken*'

NNR: Authentieke godsdienstige ideeën zijn niet vrijblijvend — ze zijn absoluut: er bestaat geen abstract 'recht' dat hoger staat dan zulke ideeën. Doorgeschoten secularisme en militant atheïstisch van overheidswege zijn onverenigbaar met de vrijheid van godsdienst — een verbod op godslastering geeft basale bescherming tegen beide.

FVD: '*Religieuze scholen moeten hun leerlingen in aanraking brengen met andere levensovertuigingen en hun leerlingen de ruimte bieden een ander geloof of géén geloof te omarmen.*'

NNR: Het recht op bijzonder — godsdienstig of anderszins — onderwijs zonder 'diversiteit' is een kernonderdeel van de Nederlandse vrijheid: ouders hebben het recht hun kinderen op te voeden en te scholen volgens hun eigen waardesysteem — godsdienstig of anderszins.

FVD: '*De vrijheid van meningsuiting dient altijd te prevaleren boven de vrijheid van godsdienst*'

NNR: Beide vrijheden staan los van elkaar — het denigreren en ondermijnen van de geloofsbeleving of niet-geloofsbeleving van anderen valt niet onder de categorie 'meningsuiting'.

FVD: '*Wij gaan niet het hele zorgsysteem weer volledig overhoop halen*'

NNR: Wij gaan dat *wel* doen: wij gaan de marktwerking en de bureaucratisering terugdraaien, wij gaan een degelijk en alles-dekkend nationaal zorgfonds optuigen en wij gaan een rechtvaardige bekostiging verzorgen via een combinatie van zorgvraag vermindering (remigratie), inkomensafhankelijke premies en kleine maar direct te betalen eigen bijdragen.

5. Boreaal buitenspel

Балет невылупившихся птенцовт

('Ballet van de kuikens in de dop')

Het in het najaar van 2020 door onvervaarde Geen Stijl (GS) onderzoeksjournalistiek aan het licht gebrachte 'JFVD schandaal', compleet met heuse *Werwolf*-stijl neo-nazi's en heuse *Deep Throat*-stijl SJW-klokkenluiders in de jongerenafdeling van 's lands meest controversiële oppositiepartij, geeft een welkom zuchtje wind in het verder zo onder hand drooggevallen glaasje water van de vaderlandse politiek. Na gedurende de Corona Coup maandenlang keurig de kartellijn te hebben gevolgd — geïnspireerd door een snelle inschatting van de nieuwe, stormachtig-totalitaire windrichting — heeft GS nu blijkbaar besloten een gooi te doen naar de gunst van de heersende klasse. Er is immers ook media-politiek gezien een 'nieuw normaal' nodig en GS zag het gat in de markt als eerste: ere wie ere toekomt. En zo komt GS als zelfbenoemde nieuwe waakhond van de politieke correctheid — natuurlijk precies op tijd voor optimale uitwerking op de aanstaande verkiezingscampagne van de boreale oppositie — met een journalistieke *scoop* op *Watergate* niveau: diep doorgravend tot de meest respectabele en betrouwbare bronnen op FB en 4chan. Beter gezegd gaat het om een *scoop* van onverdacht *Boys from Brazil* kaliber: het gaat immers om de heldhaftige bestrijding van een grootschalig complot dat een nieuwe generatie onverslaanbare neo-nazi strijders dreigt te creëren, nu met Neerland's hoogst eigen Bart Nijman in de glansrol van Ezra Lieberman. Een onversaagd nazi-jager die zelfs de nieuw-voorbereide *Führerbunker* aan de Heregracht 74 weet te infiltreren om daar de stekker uit de broedmachine van de neo-nazi kuikens-in-de-dop te trekken. *Niemals wieder* — toch?

Of toch wel? Vraag is of deze idealistische *Antifa-schistische Aktion* van GS wel ver genoeg gaat: is de aankomende en onvermijdelijke — door GS van buiten geïnitieerde maar door partij prominenten intern haastig aangegrepen — *Entnazifizierung* wel rigoureus genoeg? Anders geformuleerd: het blijft de vraag of een nieuwe zuivering van de partijkaders en een nieuwe rituele boetedoening in de media de partijtop wel voldoende zullen schoonwassen van door GS gesignaleerde bruine smetten en onderbuik associaties. Het blijft de vraag of het FVD voldoende *salonfähig* is om de enige écht door de partijtop geambieerde doelen te bereiken, namelijk zetels in een volgend kabinet en carrièrekansen in het landsbestuur. Feit is dat noch de systeempers noch het politieke establishment het FVD het voordeel van de twijfel zullen gunnen totdat zij zich volledig conformeren aan de polcor gedrag- en spreek-codes van hun *old boys'* netwerk. De jonge honden van politieke nieuwkomers FVD moeten zich, als puntje bij paaltje komt, toch echt daaraan conformeren — anders blijf je op het steeds krapper en steeds voller wordende schoolpleintje van de Nederlandse politiek toch echt een buitenbeentje. Volksjongens en -meisjes als Wilders en Marijnissen begrijpen dit en berusten in hun rol, maar voor dandies als Baudet en groupies als Nanninga liggen er kansen die op het juiste moment moeten worden uitgebuit. Dit vergt in de FVD partijtop dus een beetje *soul searching* — en het definitief overboord zetten van de jeugdillusie dat originaliteit en kritisch denken ooit te combineren zouden zijn met systeempolitiek en een 'goede pers'. Wat als eerste overboord moet is elke dweperij of associatie met 'gevaarlijk gedachtegoed' — GS geeft dit signaal af zodat de leiders van het FVD zich op tijd kunnen conformeren aan de denk- en leefwereld van het establishment waartoe zij zo graag willen behoren. Voor Nederlands Nieuw Rechts zou het goed zijn dat zij deze les tijdig en goed tot zich nemen — dat zij nu snel definitief afstand neemt van de 'onorthodoxe' (dus vooral *jonge*) elementen die zich in de afgelopen jaren vastklampten aan de boreale retoriek van het FVD. Die retoriek gaf het FVD zijn aanvankelijke valse schijn van nationalistische legitimiteit — duizenden hoogopgeleide, systeem-kritische jongeren kwamen daar op af. De meeste van die jongeren zijn allang afgeknapt op dit holle retoriek — maar het FVD is en blijft een Paard van Troje zolang het blijft aanschuren tegen authentiek etno-nationalisme en authentiek systeem-kritisch denken. Voor Nederlands Nieuw Rechts zou het goed zijn dat dit onechte spelletje nu snel ophoudt — dat het

FVD niet langer mensen, middelen en energie wegzuigt uit de échte nationalistische beweging. Waarschijnlijk zal het FVD simpelweg gedwongen worden zijn 'schone schijn' als nationalistisch en systeemkritisch alternatief op te geven: de interne zuivering van het FVD kan wat dat betreft niet snel genoeg beginnen.

De jongens en meisjes van het JFVD zullen dan moeten kiezen of delen: carrièrekansen, zomerschoolfeestjes en declaratierekeningen zullen voor veruit de meeste van hen gaan boven alle andere, eerdere overwegingen. De *feel good* herinneringen aan de nazi-*LARP*, de *Altright*-meme en de 'verboden boek' besprekingen zullen dan verdampen in de harde grote mensen wereld van de échte politiek. Het JFVD kader zal hoe dan ook pijnlijke keuzes moeten maken — het ontwaak moment is gekomen: men moet ontwaken uit de 'boreale droom'. Echte nationalistische en patriottische politiek is onverenigbaar met dure dineetjes, zinloze snoepreisjes en korpsbal bralpraat. Echte nationalisten en patriotten behoren ook in het échte leven te staan: met en tussen het volk — en dat leven is hard. Nieuw Rechts is de *real deal*.

Natuurlijk verdienen de jonge échte nationalisten die in het FVD fuik zijn gezwommen sympathie. Zij verdienen een beter politiek thuis — net als ons volk een betere toekomst verdient. Voor degenen onder hen die een nationalistische doorstart wensen is er de volgende paragraaf als *reality check* — een herinnering aan de enig juiste weg. En als dat niet (leuk) genoeg is dan blijft deze boodschap staan:

welcome to reality
Back to basics
('Terug naar af')

Sommigen zagen het FVD in 2017 als (mogelijk) onderdeel van Europees Nieuw Rechts (ENR) — de MSM waren er als de kippen bij om het FVD als zodanig (en 'dus' racistisch, extremistisch, fascistisch) te 'framen'. FVD was echter nooit deel van ENR — het dweepte hooguit, bij monde van zijn charmante en welbespraakte leider, hier en daar met een paar brokjes ENR gedachtegoed. Retoriek is echter nooit genoeg — inmiddels is die gebakken lucht ballon totaal doorgeprikt. En ENR staat anders tegenover het 'politiek bedrijf' dan het FVD: voor het FVD is systeempolitiek een standaardmodaliteit waarbinnen men denkt en werkt, voor ENR is systeempolitiek een historische aberratie die essentieel niet door politiek *business as usual* kan worden gecorrigeerd. Voor het FVD blijft deelname aan het 'politieke bedrijf — alle loffelijke retoriek en goede intenties ten spijt — een doel op zich, Voor ENR is zulke deelname (hooguit, en met vele slagen om de arm) een (vrij inefficiënt) middel tot een doel. Dat doel is een Culturele Revolutie — een maatschappelijke omslag. Voor ENR kan deelname aan het 'politieke bedrijf' alleen meerwaarde hebben als — en zolang als — het bijdraagt tot het doel. Voor alle nationalisten die verdwaald zijn geraakt bij het FVD is het zaak zich nu te heroriënteren — het is beter voor hen om nu even een stap terug te doen. *Back to basics* dus:

Binnen Europees Nieuw Rechts is al jarenlang een discussie gaande over de mate waarin deelname aan institutionele politiek wenselijk is. Dus over de mate waarin deelname aan de door ENR als intrinsiek schadelijk opgevatte 'systeempolitiek' gerechtvaardigd kan zijn. Daarbij is de kernvraag of politiek engagement binnen het huidige — steevast *liberaal* gedefinieerde — parlementaire bestel meerwaarde heeft in relatie tot de eigenlijke doelstelling van ENR.

Die eigenlijke doelstelling van ENR is: de grondslag leggen voor een Culturele Revolutie in Europa — het gaat daarbij om een *tegen*-revolutie in zoverre zij vooral anti-nihilistisch en anti-globalistisch is. ENR (her)vindt en (her)creëert daarom intellectuele en artistieke alternatieven en remedies voor de nihilistische ideologie van de anti-Europese heersende elite. Dit nihilisme wordt gekenmerkt door historisch materialisme en cultuur relativisme en stuurt aan op de vernietiging van alle vormen van authentieke (biologische, historische) identiteit die de macht van de 'materiele mens' in de weg staan.

Het is essentieel dat wij ons dit steeds voor ogen houden: de denk- en leefwereld van de over ons heersende elite is de denk- en leefwereld van de 'materiele mens'. Daarbij is het belangrijk dat we onthouden dat het bij de categorie 'materiele mens' niet alleen gaat om de succesvolle, grootverdienende 'geldmens' variant (bonusbankiers, grootaandeelhouders, beleggingsmagnaten), maar ook om de gemankeerde, *wannabe* 'gutmensch' variant (streber-intelligentsia, polcor-*SJW*s, antifa-activisten).

De 'materialistische mens' — de laaggeboren mens die geen hogere principes erkent en alles tot het eigen niveau wil reduceren — is noodzakelijkerwijs *rancuneus*. Hij kijkt met haat en nijd naar alles wat hij niet is en niet heeft: hoge geboorte, schoonheid, intelligentie, talent, liefde en onschuld. Al deze dingen kan hij alleen maar *negatief* benaderen: hij kan ze hooguit met geld in beslag nemen, door ze te vervalsen (zoals Zuidaziatische magnaten 'adeltitels' kopen in Engeland en zoals rijkeluiszoontjes 'diploma's' halen in Harvard), of te verleiden (zoals oliesjeiks zich fotomodelletjes aanschaffen en zoals boomer pensionados postorderbruidjes bestellen). De rancuneuze 'materialistische mens' kan alles wat van werkelijke waarde is in deze wereld verder alleen maar *naar beneden halen* en *kapot maken*. Onze heersende elite bestaat uit zulke 'materialistische mensen': het is dus ten diepste een *anti-elite*, of, zoals Martin Bosma het uitdrukt: een 'schijnelite van valsemunters'. Deze elite, die haar directe oorsprong vindt in de *counter culture* van de jaren '60, is tegelijk een *vijandige elite*: zij heeft in '68 de oorlog verklaart aan de Westerse beschaving en aan de Europese cultuur — en aan de dragers van beide: de Europees-stammige volkeren. Zij heeft sindsdien haar 'mars door de instituties' voltooid en zij is nu aan de macht. Nu kan de vijandige elite haar haat botvieren in een historisch ongeëvenaarde exercitie van sadistische compensatie: alles wat hoog, schoon, intelligent, talentvol, goed en onschuldig is in het Westen — en dat is nogal wat gezien de Europese erfenis van beschavingsvormen, cultuurrijkdom, wetenschap en kunst — moet en zal kapot. Wat echter vooral kapot moet worden gemaakt is de Europees-stammige *bevolking*, het zijn immers de Europese mensen die de Europese beschaving, cultuur, wetenschap en kunst hebben voortgebracht.

De vijandige elite heeft de instituties van de Westerse beschaving, de transmissie van de Europese cultuur en de biologische reproductie van de Europese volkeren nu al ernstige schade geschaad. Transnationale instituties en verdragen (VN, IMF, Wereldbank, EU, Schengen, Euro, NAVO, Vluchtelingenverdrag) hebben de Westerse staatssoevereiniteit gesaboteerd. Nihilistische indoctrinatie en conditionering (militant secularisme, anti-traditioneel onderwijs, anti-identitaire propaganda, infotainment desinformatie) hebben de Westerse cultuur gesaboteerd. Anti-conceptie ('seksuele revolutie'), anti-natalisme ('arbeidsmarktparticipatie') en anti-hierarchie ('vrouwenemancipatie') hebben het Westerse gezinsleven gesaboteerd.

Voor de vijandige elite is dit echter niet voldoende: de sadistische compensatie van haar rancune vergt de totale fysieke eliminatie van het object van die rancune: er mag en zal niets overblijven van het object van haar haat. Vandaar dat zij besloten heeft tot de *letterlijke vervanging* van de Europese volkeren: dit omvolking project wordt gerealiseerd via massa-immigratie door Derde Wereld kolonisten. De kolonisatie van Europa wordt bevorderd met onverdiende privileges ('asielopvang', 'inrichtingskosten', 'bijstand', 'kindertoeslag') en speciale voorrangsregelingen ('gezinshereniging', 'woningurgentie', 'starters subsidie', 'diversiteit quota') en wordt via verplichte inkomstenbelasting en via hogere volks/zorgverzekeringstatieven betaald door de inheemse Europeanen zelf. Tegelijkertijd betekenen falende ('gedogende') wetshandhaving en falende ('liberale') rechtspraak dat de inheemse bevolking feitelijk is overgeleverd aan de criminele willekeur van de steeds overmoediger wordende kolonisten: terroristische organisaties, drugsmaffia's, *grooming gangs*, dievenbendes en 'hangjongeren' worden feitelijk *beschermd* door de vijandige elite. Dit is de huidige systeempolitieke 'normaalstand' die door de vijandige elite wordt gehandhaafd: de vijandige elite bedrijft feitelijk *anti-politiek*: men doet zo min mogelijk om het eigen volk te beschermen.

Het belangrijkste strijdmiddel van ENR is niet politiek, maar *metapolitiek*: ENR richt zich op de deconstructie en vervanging van de ideologieën en conditioneringen die aan de systeempolitiek van de vijandige elite ten grondslag liggen. Als die ideologieën en conditioneringen wegvallen, dan zakt het systeempolitieke kaartenhuis vanzelf ineen. Elke *politieke* inzet vanuit ENR dient dus altijd als een functie te worden opgevat van de *metapolitieke* inzet van ENR — niet meer en niet minder. Deelname aan het 'politieke bedrijf' is ENR van ondergeschikt belang, ook als het nuttig zou zijn dat er enige partijpolitieke ruimte is voor politiek begaafde en geëngageerde nationalisten en patriotten om zich te ontwikkelen en ontplooien. Vooralsnog bestaat die ruimte echter niet in Nederland — de 'boreaal buitenspel' episode van FVD in de herfst van 2020 bewijst dit.

Welcome to the real world

6. Requiem voor de rechtsstaat

(*) *Voor de voorgeschiedenis van de in deze paragraaf beschreven gebeurtenissen, verg. Hoofdstuk 7 Paragraaf 'Casus Hegedüs'.*

Midden augustus 2020 ontving de politiek leider van de Nederlands Nieuw Rechts partij-politieke testproject Identiteit Nederland (IDNL), Géza Hegedüs, een 'uitnodiging voor verhoor' van de Districtsrecherche Rijnmond naar aanleiding van een door het Openbaar Ministerie klaarblijkelijk gefiatteerde aangifte inzake 'discriminatie'. Het gaat om — expres? — niet nader gespecificeerde en noodzakelijkerwijs ballonachtig opgeblazen — blijkbaar 'omstreden' uitlatingen die Géza Hegedüs bijna drie jaar geleden zou hebben gedaan. Het heeft het Nederlandse justitiële apparaat blijkbaar drie jaar gekost om deze 'zaak' voor te bereiden, zodat — natuurlijk geheel toevallig — de aangifte in bus viel vlak nadat Géza Hegedüs de leiding op zich had genomen van het partijpolitieke testproject IDNL, en — natuurlijk geheel toevallig — precies in de aanloop tot het campagneseizoen voor de aankomende Tweede Kamerverkiezingen.

Blijkbaar hebben de 'gekwetste gevoelens' van — natuurlijk niet met name genoemde — personen, of zelfs die van geanonimiseerde overheidsfunctionarissen zelf, een hogere prioriteit voor 'justitie' dan de efficiënte strafvervolging van de messtekende bendeleden die brave burgers van strandboulevards en uit recreatiegebieden verjagen, van vandalistisch straattuig dat de binnensteden van de Randstad terroriseert en van illegaal in Nederland verblijvende criminelen.

En blijkbaar is het berucht elastische strafrechtbegrip 'discriminatie' inmiddels zover opgerekt dat iedere verdere vorm van publiek bespreken — laat staan politiek agenderen — van de snel escalerende omvolking van Nederland, zoals door Hegedüs en zijn partij benoemd, nu feitelijk onmogelijk is. Bewijze ook het politiek doordrijven van de juridische farce geheten het 'Wildersproces': de aanvang van de juridische vervolging van de politiek leider van IDNL valt — natuurlijk geheel toevallig — samen met de eindfase van het showproces tegen de leider van de PVV.

De sinds het *wir schaffen das*-moment van 2015 — het punt waarop de globalistische vijandige elite het masker definitief liet vallen — in een stroomversnelling geraakte omvolking van West-Europa heeft inmiddels naar inschatting van die elite kennelijk een kritiek moment bereikt. Het moment namelijk, waarop oude vrijheden, zoals de vrijheid van meningsuiting, de vrijheid van associatie en de persvrijheid, niet langer verenigbaar zijn met het omvolkingsproces. Gedekt door 'Coronawetgeving' (feitelijk een anti-democratische coup) en gestut door *Black Lives Matter*-indoctrinatie (feitelijk een Culturele Revolutie) heeft de Nederlandse onderafdeling van de globalistische vijandige elite besloten de rechtsstaat af te schaffen — zo niet in de theorie, dan toch in de praktijk. De bliksemsnelle verbouwing van de vroegere natiestaat Nederland van een liberaal-precaire bijnarechtsstaat tot een totalitaire anti-rechtsstaat is zo goed als voltooid:

de strafvervolging van de partijleiders van IDNL en PVV kunnen worden begrepen als een laatste 'bezem'-fase, waarbij de laatste restjes democratische oppositie en politiek geweten verwijderd worden uit het nieuwe gebouw van een perfect Orwelliaanse anti-rechtsstaat.

De uitkomst van de showprocessen tegen Geert Wilders en Géza Hegedüs — heren die elkaar persoonlijk kennen en die elkaar politiek aanvullen — is voorspelbaar: de eerstgenoemde zal ervan af komen' met een tikje op de vingers, maar de laatstgenoemde zal, mocht hij zijn politieke ambities blijven vasthouden, de volle laag krijgen Want de vijandelijke elite — nu feitelijk functionerend als een globalistisch bezettingsregime in de ex-natiestaat Nederland — wil een lijn trekken en een voorbeeld stellen.

Omvolkingsvriendelijk staatsnationalisme (waarin fictief juridisch staatsburgerschap prevaleert boven aangeboren etnische nationaliteit), zoals uitgedragen door de 'gecontroleerde oppositie' zoals Thierry Baudet's FvD, *mag* (nog net), maar etnonationalisme dat met omvolking onverenigbaar is omdat daarin de inheemse rechten prevaleren boven de globalistische belangen achter de massa-immigratie, zoals uitgedragen door authentieke oppositie, *mag niet*.

Wie daar politiek tussenin hangt, zoals in het vlees-noch-vis (semi-identitair) patriottisme van de PVV, zal moet nu moeten kiezen of delen. Ook een voorvechter van Nederlandse inheemse rechten als Geert Wilders — wiens persoonlijke moed en politieke vasthoudendheid wij zeker respecteren — wordt nu gedwongen zich te conformeren aan de denkdwangbuis en de mediamuilkorf van het 'nieuwe politieke normaal'. Hier geldt het reality check waarmee 'oud-rechts' politicus Alfred Vierling de nieuwere generatie placht te confronteren: 'Wat men politiek niet kan winnen, kan men ook juridisch niet winnen'.

Het ligt in de lijn der verwachting dat de huidige 'Coronamaatregelen' en *Black Lives Matter*-indoctrinatie slechts de eerste fase markeren van de — tot nu toe verbluffend snel doorgedrukte — ombouw van het Nederlandse politieke bedrijf en het

Nederlandse 'publieke debat' tot totalitaire theaterstukjes. Nu al is een onmiskenbare 'Pravda'-achtige toonzetting te beluisteren in de zogenaamde mainstream media: de waandenkbeelden van de staatsomroep en de systeempers staan nu al volledig los van de dagelijkse leefrealiteit van de niet-bovenmodale inheemse bevolking. Irrelevante statistiek ('Coronacijfers'), Orwelliaanse Newspeak ('jongeren'), fictieve verklaringen ('meteorologische omstandigheden' in plaats van 'rassenrellen') en kwaadaardige manipulaties ('transgenderisme'-agenda, 'systematisch racisme' indoctrinatie, 'diversiteit uitstralende' advertentiecampagnes) overheersen. De mainstream media zijn nu al gezonken tot het niveau van infantiele propaganda dat de Sovjet-Unie kenmerkte onder Stalin.

Het definitieve falen van de etnische 'diversiteit' en de 'multiculturele' samenleving is niet langer bespreekbaar: daarmee is de omvolking — de versnelde vervanging van het inheemse Nederlandse volk en de inheemse Nederlandse cultuur — niet langer politiek agendeerbaar. Met de direct-politiek-gestuurde juridische vervolging van de laatste echte oppositiepartijen is de Nederlandse democratie gedoemd: het Nederlandse politieke bedrijf is reeds op sterven na dood. Het hallucinante 'Proces Wilders' en het abortieve 'Proces Hegedüs' markeren de laatste stuiptrekkingen van de Nederlandse democratie en het Nederlandse politieke bedrijf.

De politieke moord op Pim Fortuyn markeerde het omslagpunt in het ziekbed van de Nederlandse democratie: vanaf dat punt zijn alle patriottische en nationalistische bewegingen en projecten met terugwerkende kracht te begrijpen als louter palliatieve maatregelen. De PVV, gedreven door de persoonlijke durf van Geert Wilders, diende enige tijd als 'chemotherapie' ter vertraging van het ziekteproces. Het FvD, drijvend op het charisma van Thierry Baudet, gaf enige tijd de illusie van een 'wondermiddel'. IDNL was een 'experimentele behandeling' met een nieuw medicijn uit de fabriek van Europees Nieuw Rechts (waar overigens ook nog nieuwere producten in de maak zijn). Het partijpolitieke testproject IDNL stond op de laatste halte is op het reguliere systeem-politieke oppositietraject: dat testproject stond nog steeds voor onvoorwaardelijk respect voor de democratische procesgang, wettige kaders en het beginsel van geweldloos handelen. Tot nu toe heeft niets mogen baten: noch de revolte onder Pim Fortuyn, noch de retoriek van de PVV, noch de slimme mediastrategie van het FvD bleek opgewassen tegen het diep ingegraven partijkartel.

Maar waar menselijk denken en menselijk calculeren op hun grenzen stuiten, daar blijft toch nog altijd een boven-menselijke hoop. Tegen alle logica en calculatie in blijft het mogelijk dat de patiënt — niets meer en minder dan het Nederlandse volk — deze crisis toch nog overleeft. Het Nederlandse volk, dat zich ooit tegen alle wiskundige zekerheden in wist vrij te vechten van de Spaanse wereldmacht, dat de Franse Zonnekoning tot stilstand vocht en dat het machtige Engeland meermaals versloeg, heeft een eigen unieke kracht. Nederlands Nieuw Rechts erkent deze kracht en staat met het Nederlandse volk. Met de globalistisch-totalitaire coup van de 'Coronamaatregelen' en de neo-communistische Culturele Revolutie van *Black Lives Matter* zijn echter wel donkere tijden aangebroken voor het Nederlandse volk en voor de paar mensen die nog durven opstaan voor inheemse rechten. Het is vijf voor twaalf. Of misschien al later.

Good night and good luck

7. Het nieuwe politieke normaal
(*Перестройка & ускоре'ние*, 'herstructuring' & 'versnelling')

(1) Er is met ingang van de 'Corona Crisis', dus sinds de vroege lente van 2020, sprake van een voor Nederland sinds de Tweede Wereld Oorlog ongeëvenaard totalitair maatschappelijk en politiek klimaat. De basale burgerrechten en de politieke grondrechten die in Nederland bestonden gedurende de laatste decennia kregen, na een lange slijtageslag van soevereiniteitsoverdracht aan globalistische transnationale

instituties (EU, Schengen, ECB, IMF, UNHCR, NAVO, etc.), feitelijk de genadeklap door de 'corona maatregelen' van 2020. Deze maatregelen, inmiddels verankerd in een serie *Ermächtigungsgesetze*, hebben een *de facto* einde gemaakt aan een aantal rechten die voorheen essentieel werden geacht voor 'vrije verkiezingen' binnen een 'democratisch bestel', ook al waren beide begrippen sinds de moord op Pim Fortuyn in toenemende mate karikaturaal holle frasen. Deze rechten, bijvoorbeeld het recht op verzameling (campagnebijeenkomsten) en het recht op demonstratie (campagnemanifestaties), behoren nu tot het verleden. Daarnaast is de 'vrijheid van meningsuiting' nu een illusie, zoals bewezen door de extreme (sociale) mediacensuur (*deplatforming, shadow bans, search result deletion, autocomplete manipulation*) op elke kritiek op dubieuze *mainstream* narratieven, zoals de corona pandemie en de Amerikaanse presidentsverkiezingen, en de bananenrepubliek-niveau strafvervolging van oppositieleiders zoals Geert Wilders en Géza Hegedüs (verg. Hoofdstuk 7). *Kortom: de meest basale randvoorwaarden voor het bedrijven van klassieke 'systeempolitiek' en het voeren van een reguliere verkiezingscampagne zijn weggevallen.*

(2) Er is, mede in het verlengde van het voorafgaande, sprake van een toenemende *onzichtbaarheid* van elke échte oppositie tegen de gevestigde links/liberale orde. De enige zichtbare oppositie is de 'gecontroleerde oppositie', dat wil zeggen de oppositie die zich conformeert aan de steeds krapper wordende liberaal-normativistische en cultuurmarxistische *Overton Window* en aan de systeempolitieke *business as usual*. In de praktijk is die 'gecontroleerde oppositie' steeds 'populistisch' dan wel 'conservatief-liberaal' civiel-nationalistisch — zoals in Nederland, respectievelijk, PVV en FVD. Alle échte oppositie wordt systematische gecensureerd, genegeerd en gedemoniseerd. Voor zover kopstukken en publicisten van de échte oppositie niet worden geïntimideerd door MSM laster, sociale stigmatisering en antifa geweld, worden zij onderworpen aan systematische indirecte en directe vervolging via D666-rechtspraak en broodroof. Onder deze omstandigheden kiezen vrijwel alle échte nationalistische en patriottische

dissidenten voor de preventieve anonimiteit en pseudonimiteit van digitale 'guerrilla' en marginaal activisme. Op zich een logische en legitieme keuze, maar dat betekent wel dat de échte oppositie nu feitelijk 'ondergronds' is gedreven. Het is in deze situatie vrijwel onmogelijk om nog capabele en integere mensen te vinden die bereid zijn *en plein publique* échte oppositie te voeren. *Kortom: in het publieke debat en binnen de publieke sfeer van het ex-democratische, ex-vrije Nederland (en daarbuiten vrijwel de gehele Westerse wereld) is er nu net zo min ruimte voor 'vrije verkiezingen' als in Stalin's Sovjet-Unie.*

(3) Het 'nieuwe politieke normaal', dat wil zeggen de totalitaire realiteit van links/liberaal 'corona'-stijl dictatuur, moet nog inzinken. De *Great Reset*, dit jaar ingezet met 'corona maatregelen', *Black Lives Matter* en neo-communistische *lockdown* en aangestuurd door een ad hoc globalistisch monsterverbond tussen banksters, FAANGs en SJWs, is nog (lang) niet voltooid. Het duurt naar nog tenminste één kabinetsperiode totdat de beoogde volledige sociaal-economische transformatie van de *Great Reset* — en de daartoe noodzakelijke volledige *Gleichschaltung* van de politieke sfeer — is voltooid. Met andere woorden: de *Machtergreifung* van de bankster-FAANG-SJW coalitie moet nog inzinken en die coalitie moet haar echte gezicht, en haar echte einddoelen nog openbaren. De eerste contouren van haar utopie, waarbij pseudo-wetenschappelijke *Critical Theory* (anti-blank, anti-man, anti-familie, anti-traditie) de praktische exploitatie van de beoogde nieuwe slavenklasse rechtvaardigt, beginnen weliswaar duidelijk te worden, maar de echte uitwerking ervan moet worden ervaren voordat de volksmassa ontvankelijk wordt voor radicale alternatieven. *Het is vanuit Nieuw Rechts perspectief nutteloos om binnen het huidige — electoraal retroactief bepaalde — systeempolitieke bestel te anticiperen op een realiteit die maatschappelijk nog moet inzinken. Pas na de bestendiging van de door de globalistische vijandelijke elite beoogde permanente maatschappelijke noodtoestand wordt de volksmassa ontvankelijk voor radicale politieke alternatieven.*

(4) Het door het FVD aangeboden 'campagne-nationalisme', dat wil zeggen een elitair *feel good* nep-alternatief voor écht nationalisme, heeft nog niet haar volledige gang door het Nederlandse politieke spijsverteringskanaal gemaakt. Na de doorstart van Baudet moeten de door het romp-FVD aangemoedigde 'conservatief-liberale' nostalgie en civiel-nationalistische illusie-politiek hun natuurlijke verloop vinden. De FVD moet als klassiek-liberaal museum-stuk zijn eigen politieke mini-niche vinden voordat iedereen duidelijk is wat nu al duidelijk is voor Nieuw Rechts analysten: het FVD is (verg. paragraaf 4 hierboven) het Paard van Troje van de nationalistisch-patriottische beweging en achter zijn mooie retoriek en zijn mooie maatpakken is het FvD niets anders dan schnabbel-politiek door en voor snelle jongens met een goede babbel. *Het is vanuit Nieuw Rechts perspectief nuttig om het FVD zich de volgende paar jaar ongestoord te laten compromitteren: zo zullen het conservatief-liberalisme en het civielnationalisme permanent in diskrediet worden gebracht.*

(5) Het nu door de PVV — en wellicht binnenkort ook door nepnationalistische splinterpartijtjes in iets 'bruinere vorm' — aangeboden 'barbecue-nationalisme', dat wil zeggen een populistisch 'behapbaar' alternatief voor écht nationalisme, moet nog enige tijd zijn beloop moet hebben voordat de volksmassa er definitief mee klaar is. Na jaren ineffectieve 'gecontroleerde oppositie' in het parlement bestaat er binnen de PVV nu al veel teleurstelling: het is niet ondenkbaar dat andere *controlled opposition* splinterpartijtjes de ontevreden, maar moeilijk leerbare PVV-kiezer zo hier en daar een herkansing zullen geven om zich uit te leven in extremer gepresenteerd 'onderbuik gevoel' nep-nationalisme'. In de landelijke verkiezingen van maart 2021[39] figureerde zo bijvoorbeeld het partijtje 'Wij Zijn Nederland' — een project dat met minder ideologische inhoud, maar veel losse-flodder leuzen en een meer fysieke, straat-activistische presentie aan de

---

39 Voor een nabeschouwing TK21, verg. 'Faust' kanaal podcast *Election Retrospective*.

weg timmerde.⁴⁰ *Het is vanuit Nieuw Rechts perspectief nuttig om de PVV—en wellicht ook nieuwe 'biefstuk-bruine' nep-nationalistische splinters—zich de volgende paar jaar ongestoord te laten compromitteren: zo zullen het 'onderbuik' populisme en de infantiele illusie van activistische 'doe-het-zelf' politiek permanent in diskrediet worden gebracht.*

Nawoord

Klampt u niet vast aan wat vroeger gebeurd is
en geeft niet al uw aandacht aan wat eens is geschied:
Zie, iets nieuws ga Ik maken,
het is al aan het kiemen, weet gij dat niet?

— Jesaja 43:18-19

Ongeacht de zeer benauwende realiteit van de 'nieuwe politiek normaal' is Nederlands Nieuw Rechts het Nederlandse volk een zowel realistisch als positief perspectief verschuldigd. Nieuw Rechts dient een realistische uitweg en een positief toekomstperspectief te bieden aan het door de vijandelijke elite politiek verraden—en in fysieke (sociaaleconomische) en psychologische (psychohistorische) schuldslavernij verkochte—Nederlandse volk. Haar eerste opgave is dus het formuleren van een realistisch en positief alternatief voor de 'verschroeide aarde' strategie van de vijandelijke elite—economische uitbuiting (privatisering piraterij in publieke sector, loondrukkende arbeidsimmigratie, verplichte interetnische welvaartsoverdracht), sociale implosie (alleenstaand moederschappolitiek, obligaat tweeverdienermodel, *dumbing down* onderwijsbeleid), etnische vervanging ('asielopvang', 'gezinshereniging', 'vrij verkeer van personen'). Als

---

40 De verkiezingsinzet van Wij Zijn Nederland, denkbaar opgezet als 'honingpot' project, was door deelname in slechts een paar kiesdistricten bij voorbaat tot fallen gedoemd—het totaal behaalde stemmen was nog geen 0,01% van de kiesdeler.

Nieuw Rechts consequent vasthoudt aan oer-Nederlandse maatstaven als fatsoenlijkheid, redelijkheid en gezond verstand vormt zij als vanzelf een ideologische vluchtheuvel voor de middenklasse — en met het electorale gewicht van de middenklasse zal haar uiteindelijk ook de politieke macht toevallen. Een combinatie van fermheid en behoedzaamheid is hier essentieel. Enerzijds ontneemt de Beweging zichzelf met radicale ideologische roekeloosheid en voortijdig politiek voorsorteren de laatste kans om land en volk te redden voordat de vijandelijke elite de inheemse bevolking demografisch-democratisch schaakmat zet. Het Nederlandse volk is wars van radicale heethoofden en politieke polarisatie — dat is waarom het extremistische partijen als de Nederlandse Volks Unie mijdt als de pest. Anderzijds ontneemt de Beweging zichzelf met *teveel* politiek water bij de ideologische wijn en een *te lange* mars door de instituties alle legitimiteit: inkapseling in het establishment en coöptatie door de macht maakt haar deel van de vijandelijke elite. Het Nederlandse volk overleeft bij de huidige etnisch-demografische ontwikkeling niet *nog* een generatie politiek verraad — de vijandelijke elite weet dit en dat is waarom zij binnen het libertair-civielnationalistische — en dus *te zwakke* — discours, ofwel 'verhaal', opererende oppositiepartijen als het Forum Voor Democratie tolereert. Mocht de vijandelijke elite erin slagen haar *business as usual* politiek van gestage massa-immigratie en geleidelijke inheemse marginalisatie nog een generatie voort te zetten en over het demografisch-democratische *point of no return* heel te tillen, dan zijn land en volk nog niet automatisch verloren — maar dan zullen de Nederlandse staat en het Nederlandse etniciteit hun soevereiniteit alleen nog kunnen hervinden door een beroep op middelen die vallen buiten staatsrechterlijke continuïteit, buiten de democratische orde en buiten de rechtstatelijke parameters. Zulke middelen vallen buiten de *voorliggende* denk- en wenspatronen van het Nederlandse volk — zij vallen daarom ook buiten het programma bestek van de Nieuw Rechts beweging.

De falende publieke orde, de bestuurlijke implosie, de maatschappelijke atomisering en het etnisch conflict die met wiskundige zekerheid volgen op nog een generatie massa-immigratie uit de Derde Wereld zijn funest voor Nederland. Het kwetsbare Eerste Wereld raderwerk van hoogurbane distributiecycli, onderhoudsintensieve infrastructuur, *high tech* productiecentra en integriteitgebaseerde financiële systemen zijn simpelweg niet verenigbaar met een overdosis Derde Wereld bevolking. Daarenboven is er geen enkele garantie dat de effectieve afschaffing van de Nederlandse staat en het Nederlandse volk die worden nagestreefd door de vijandelijke elite kunnen worden verwezenlijkt zonder op fysieke weerstand te stuiten. Ook als de scenario's van een burger- of rassenoorlog buitenissig lijken in het Nederlandse 'poldermodel', moet er op termijn rekening worden gehouden met de bio-evolutionaire spanningsvelden die logischerwijs ontstaan wanneer een land ongevraagd wordt gekoloniseerd en wanneer een volk ongewild wordt gemarginaliseerd op eigen bodem. De eerste etnische breuklijnen beginnen zich al af te tekenen in fenomenen als *white flight*, 'achterstandswijken', 'zwarte scholen', 'probleemjongeren', etnische maffia's, 'radicalisering', 'jihadisme' en terreurdreiging. Ook als de traditionele sociale verdraagzaamheid en het grote economische incasseringsvermogen van het Nederlandse volk voorlopig nog een hoog spanningsniveau toelaten, dan nog is er het reële risico van het overslaan van de eindcrisis die waarschijnlijk veel eerder dan in Nederland elders in Europa zal uitbreken. De oude Franse revolutionaire traditie en de nieuwe Duitse identiteitscrisis zijn in dit opzicht factoren om nauwlettend te blijven bezien. De machinaties van de vijandelijke elite zullen de Europese eindcrisis ongetwijfeld nog enige tijd rekken, maar aan elke rekkelijkheid komt ooit een einde. Er is dus nog tijd, maar de klok tikt.[41]

Nederlands Nieuw Rechts dient het Nederlandse volk — zij dient het volk daarom een alternatief toekomstperspectief te bieden. Nieuw

---

41 Voor een 'overlevingstechnische' discussie van *worst case* scenario's, verg. 'Arktos' kanaal podcast *Interregnum 57: Piero San Giorgio* (boekbespreking).

Rechts biedt een laatste kans voor het 'veilig stellen' van de 'multiculturele' tijdbom die de vijandelijke elite een halve eeuw geleden onder ons land heeft gelegd. Nieuw Rechts is de laatste halte aan de weg van een vreedzame, wettige en democratische de-escalatie van de Crisis van het Postmoderne Nederland (*Alba Rosa*, 61ff). Het is daarom essentieel dat de Beweging zich onberoerd laat door gewelddadige provocaties ('Antifa'), gepolitiseerde vervolging ('2e zaak Wilders'), systeempers *framing* ('racisme') en politieke marginalisatie (*cordon sanitaire*). Ook als er geen sprake is van een 'gelijk speelveld', ook als publieke wetshandhaving, onafhankelijke rechtspraak, vrijheid van meningsuiting en parlementaire democratie stevig zijn gedeformeerd na het decennialange machtsmonopolie van de liberaal-normativistische vijandelijke elite, ook dan nog — juist dan — is het aan Nieuw Rechts om het speelveld te vereffenen en het Nederlandse volk een fatsoenlijke uitweg te bieden uit de doodlopende straat van economische *fracking*, sociale deconstructie en etnische vervanging. De strategische inzet van Nieuw Rechts is daarom de 'gouden middenweg', een weg waarop de mechanismen van vreedzame evolutie, rechtsstatelijke orde en democratisch procesgang worden gerespecteerd, maar ook een weg die uitkomt op de gewenste eindbestemming: een volledig soevereine Nederlandse staat die de historische identiteit, het eerstgeborenenrecht en het sociaaleconomische belang van het Nederlandse volk voorop stelt.

Het blijft vanzelfsprekend waar dat zelfs de woorden van de wijsten onder de wijzen op dovemansoren kunnen vallen. Dan rijst er een vraag: wat gebeurt er als Nieuw Rechts zijn stem niet kan laten horen — en faalt? Er bestaat een heel oud antwoord op deze schijnbaar heel nieuwe vraag:

> Ga dan en zeg tot dit volk: Luister maar, gij zult het toch niet begrijpen, kijk maar scherp toe, gij zult het niet vatten. Verhard de geest van dit volk, maak zijn oren doof, strijk zijn ogen dicht, opdat het met zijn ogen niet ziet, met zijn oren niet hoort, opdat zijn geest

niet begrijpt, opdat het zich niet bekeert, en geen genezing vindt. Ik zei: 'Hoelang, Heer?' Hij antwoordde: 'Totdat de steden in puin liggen, geheel ontvolkt, de huizen zonder bewoners zijn en het bouwland geteisterd is, een woestenij is geworden, totdat de Heer de mensen ver heeft weggevoerd, en alom verlatenheid heerst in het land.

— Jesaja 6:9-12

Hoofdstuk 12

Uit het arsenaal van Hephaistos: Tien Traditionalistische perspectieven op de ideologie van de vijandelijke elite aan de hand van Robert Steuckers' *Sur et autour de Carl Schmitt. Un monument revisité* (Les Edition du Lore, 2018)

Voorwoord: de anatomische les van Carl Schmitt en Robert Steuckers

Zonder macht kan rechtvaardigheid niet bloeien,
zonder rechtvaardigheid vergaat de wereld tot as en stof.

— vrij naar Goeroe Gobind Singh

ERDER IS HIER al zijdelings aandacht besteed aan bepaalde aspecten van het gedachtegoed van Duits staatsrecht specialist en rechtsfilosoof Carl Schmitt (1888-1985) — dit hoofdstuk zal Schmitt's wetenschappelijke nalatenschap in meer detail bekijken. Aanleiding hiertoe is het recent verschijnen van het nieuwste boek van Belgisch Traditionalistisch publicist Robert Steuckers. Met *Sur et autour de Carl Schmitt* bijt Steuckers in de Lage Landen de spits af met een eerste substantiële monografie die past bij de recente internationale rehabilitatie van Schmitt's hoogst originele — en hoogst actuele — gedachtegoed (verg. Benoist, *Carl Schmitt actuel*). Lange tijd was Schmitt's gedachtewereld en levenswerk nagenoeg 'taboe' door zijn — complexe en daarom gemakkelijk vulgariseerbare — associatie met het Naziregime. Inderdaad werd Schmitt in mei 1933, kort na Hitler's machtsovername, lid van de NSDAP en ondersteunde hij de autoritaire amputatie van de in zijn ogen — en die van bijna alle Duitsers — ongeneeslijk verrotte Weimar instituties. Inderdaad werd hij na de ondergang van het Derde Rijk door de Amerikaanse bezettingsautoriteiten geïnterneerd[42] en weigerde hij consistent zich te onderwerpen aan de politiekcorrecte 'wederdoop' van semiverplichte *Entnazifizierung*: zijn principiële verzet tegen de bezetter kostte hem zijn academische carrière en zijn maatschappelijke aanzien. Die houding werd echter niet ingegeven door groot enthousiasme voor het Naziregime: in Schmitt's visie schoot dat regime volledig tekort in termen van hogere legitimiteit en historische authenticiteit.[43] Schmitt's weigerde zich na *Stunde Null* simpelweg in te laten met de nieuwe ideologische *Gleichschaltung* — en met collaboratie met de bezetter. Ongeacht de exacte mate van Schmitt's inhoudelijke 'besmetting' met de meer virulente uitwassen van het Nationaalsocialisme, blijft het een feit dat Schmitt's denken en werken in dezelfde naoorlogse 'quarantaine' belandde waarin ook het denken en werken van vele andere Europese grote namen werd 'weggezet'. Zo eindigde hij — net als Julius Evola in Italië, Louis-Ferdinand Céline in Frankrijk, Mircea

---

42 Op Hitler's sterfdag werd Schmitt in Berlijn door het Rode Leger gearresteerd maar na een kort verhoor werd hij meteen weer vrijgelaten. Hij werd later als potentieel verdachte bij het Neurenberger Tribunaal alsnog opgepakt en geïnterneerd door de Amerikaanse bezetter. Plettenberg, Schmitt's geboorte-, woon- en sterfplaats, ligt in Westfalen en dus in de toenmalige Amerikaanse bezettingszone.

43 De volgende aantekening in zijn dagboek schetst Schmitt's diep kritische houding tegenover de subrationeel-collectivistische ('volksdemocratische') wortels van het Naziregime: *Wer ist der wahre Verbrecher, der wahre Urheber des Hitlerismus? Wer hat diese Figur erfunden? Wer hat die Greuelepisode in die Welt gesetzt? Wem verdanken wir die 12 Mio. [sic] toten Juden? Ich kann es euch sehr genau sagen: Hitler hat sich nicht selbst erfunden. Wir verdanken ihn dem echt demokratischen Gehirn, das die mythische Figur des unbekannten Soldaten des Ersten Weltkriegs ausgeheckt hat.*

Eliade in Roemenië, Knut Hamsun in Noorwegen en Ezra Pound in Amerika — in het rariteiten kabinet van de geschiedenis.

Maar zeventig jaar later blijkt dat de na de Tweede Wereld Oorlog tot standaarddoctrine verheven historisch-materialistische mythologie van 'vooruitgang' en 'maakbaarheid' — de socialistische variant in het 'Oostblok' en de liberale variant in het 'Westblok' — de Westerse beschaving aan de rand van de ondergang heeft gebracht. Na de val van het *Realsozialmus* in het Oostblok valt de hele Westerse wereld ten prooi aan wat men het 'Cultuur Nihilisme' kan noemen: een giftige cocktail van neoliberaal 'kapitalisme voor de armen en socialisme voor de rijken' en cultuurmarxistische 'identiteitspolitiek' (de nieuwe 'klassenstrijd' van oud tegen jong, vrouw tegen man en zwart tegen blank). Dit Cultuur Nihilisme kenmerkt zich door militant secularisme (vernietiging levensbeschouwelijke structuur), gemonetariseerd sociaaldarwinisme (vernietiging sociaaleconomische structuur), totalitair matriarchaat (vernietiging familiestructuur) en doctrinaire oikofobie (vernietiging etnische structuur) en vindt zijn praxis in de *Macht durch Nivellierung* mechanismen van de totalitair-collectivistische *Gleichheitsstaat* (Leisner). Dit Cultuur Nihilisme wordt nog steeds in eerste plaats gedragen door de *forever young* 'baby boom' generatie van *rebels without a cause*, maar zij plant zich nu voort als *shape-shifting* 'vijandelijke elite' die zichzelf voedt uit steeds weer nieuw uitgevonden 'onderdrukte minderheden' (rancuneuze beroepsfeministen, ambitieuze beroeps-allochtonen, psychotische beroeps-LBTG-ers). De macht van deze vijandelijke elite berust op twee onlosmakelijk met elkaar verbonden krachtenvelden: (1) de globalistische institutionele machinerie (de 'letterinstituties' — VN, IMF, WTO, WEF, EU, ECB, NAVO) waarmee zij zich onttrekt aan staatssoevereiniteit en electorale correctie en (2) het universalistisch-humanistische discours van 'mensenrechten', 'democratie' en 'vrijheid' waarmee zij zich de ideologische *moral high ground* toe-eigent. Deze dubbel *trans*-nationale en *meta*-politieke machtspositie stelt de vijandelijke elite in staat zich systematisch te onttrekken aan elke verantwoordelijkheid voor de enorme schade die zij toebrengt aan de Westerse beschaving. De door de vijandelijke elite begane misdaden — industriële ecocide (antropogene klimaatverandering, gewetenloze milieuverontreiniging, hemeltergende bio-industrie), hyper-kapitalistische uitbuiting ('marktwerking', 'privatisering', *social return*), sociale implosie (matriarchaat, feminisatie, transgenderisme) en etnische vervanging ('vluchtelingenopvang', 'arbeidsmigratie', 'gezinshereniging') — blijven ongestraft binnen een institutioneel en ideologisch kader dat letterlijk 'boven de wet' opereert. Het is alleen met een geheel nieuw juridisch kader dat deze straffeloosheid kan eindigen. Carl Schmitt's rechtsfilosofie levert dat *frame*: zij biedt een herbezinning op de verloren verbinding tussen institutioneel recht en authentieke autoriteit en op wat daar tussenin hoort te liggen — maatschappelijke *rechtvaardigheid*. Voor het herstel van deze verbinding benut Schmitt het begrip 'politieke theologie': de aanname dat alle politieke filosofie direct of indirect voortvloeit uit al dan niet expliciet 'geseculariseerde' theologische stellingnamen. De politieke verplichting om een op *immanente* rechtvaardigheid gericht institutioneel recht te bevorderen ligt dan in het verlengde van een *transcendent* — theologisch — onderbouwde autoriteit.

Het is tijd het achterhaalde politiekcorrecte en niet langer houdbare 'taboe' op Carl Schmitt's gedachtegoed te corrigeren en te onderzoeken welke relevantie het kan hebben voor het hier en nu overwinnen van de Crisis van het Postmoderne Westen.[44] Robert Steuckers' *Sur et autour de Carl Schmitt* laat ons daarbij niet alleen een monumentaal verleden bezoeken — het laat ons ook actuele inspiratie putten uit het machtige 'Arsenaal van Hephaistos'[45]

---

44 Hier wordt het 'Westen' gemakshalve gedefinieerd als het agglomeraat van de Europese natiestaten die hun oorsprong vinden in de West-Romeinse/Katholieke Traditie in plaats van de Oost-Romeins/Orthodoxe Traditie, kortweg West-Europa plus de overzeese Anglosfeer.

45 In de Klassieke Oudheid was (Grieks:) Hephaistos (Latijn: Vulcanus) de smid van de goden en beschermgod van de smeedkunst — dit dus in verwijzing naar 'Schmitt'.

(*) Naar opzet is dit hoofdstuk niet alleen bedoeld als recensie, maar ook als metapolitieke analyse — een bijdrage tot de Nieuw Rechtse deconstructie van de Postmoderne Westerse vijandelijke elite. Het is belangrijk te weten wie deze vijand is, wat hij wil en hoe hij denkt. Carl Schmitt's gedachtegoed levert een rechtsfilosofische 'anatomische' ontleding van de vijandelijke elite — het trekt in die zin definitief de schuif weg onder die elite. Robert Steuckers levert een briljante actualisatie van dat gedachtegoed — Nieuw Rechts in de Lage Landen is hem een dankwoord en felicitatie verschuldigd.

1. De wereld van het Normativisme als wil en voorstelling[46]

auctoritas non veritas facit legem
[macht, niet waarheid, maakt wet]

Steuckers begint zijn bespreking van het leven en werk van Carl Schmitt met een reconstructie van de cultuurhistorische wortels van de naoorlogse Westerse rechtsfilosofie. Hij herleidt de historisch-materialistische reductie — men zou kunnen zeggen 'secularisatie' — van de Westerse rechtsfilosofie tot de Reformatie en de Verlichting (verg. *Sunset*, 53ff en 367ff). De godsdienstoorlogen van de 16e en 17e eeuw resulteerden in een tijdelijke terugval van de Westerse beschaving tot een 'natuurlijke staat' die slechts gedeeltelijk kon worden gecompenseerd door de noodgreep van het klassieke Absolutisme (tweede helft 17e en eerste helft 18e eeuw).[47] Dit 'noodrem' Absolutisme wordt gekenmerkt door de hooggestileerde personificatie van

---

46 Een 'schuine' verwijzing naar de titel (en inhoud) van het hoofdwerk van de Duitse filosoof Arthur Schopenhauer (1788-1860), *Die Welt als Wille und Vorstellung*.

47 Een belangrijke cultuurhistorische reflectie van deze regressie is te vinden in Thomas Hobbes' midden-17e eeuwse visie van een universeel geprojecteerde (proto-sociaal-darwinistische) *bellum omnium contra omnes*.

totaal soevereine monarchistische macht als laatste beschermer van de traditionalistische samenleving tegen de demonische krachten van modernistische chaos: na het wegvallen van de oude zekerheden van de sacrale en feodale orde grijpen 'absolute' monarchen in om de ontwrichtende dynamiek van het vroeg mercantiel kapitalisme, de ontluikende burgerrechten beweging en de escalerende tendens naar religieuze decentralisatie te kanaliseren. Cultuurhistorisch kan deze terugval op 'persoonsgebonden' *auctoritas* worden opgevat als een tijdelijke 'noodmaatregel': *...en cas de normalité, l'autorité peut ne pas jouer, mais en cas d'exception, elle doit décider d'agir, de sévir ou de légiférer.* '...onder normale omstandigheden speelt [zulk een absolute] autoriteit geen rol, maar in het uitzonderingsgeval moet zij besluiten handelend, overheersend en wetgevend op te treden.' (p.4) Deze absolutistische 'noodmaatregel' is echter slechts *lokaal* en *tijdelijk* effectief: de pionierstaten van de moderniteit, zoals Groot-Brittannië en de Republiek der Zeven Verenigde Nederlanden, blijven ervan gevrijwaard — 'semi-absolutistische' episodes als de Stuart Restauratie en het stadhouderschap van Willem III ten spijt. Zelfs in zijn hartland overschrijdt het Absolutisme al binnen een eeuw zijn houdbaarheidsdatum — de Amerikaanse en Franse Revolutie markeren het einde van het Absolutisme en de definitieve *Machtergreifung* van de bourgeoisie als nieuwe dominante kracht in de Westerse politieke arena.

De burgerlijk-kapitalistische *Wille zur Macht* wordt abstract uitgedrukt in een politieke doctrine die gebaseerd op de effectieve *omkering* van de voorafgaande Traditionalistische rechtsfilosofie (dat wil zeggen van de klerikaal-feodale 'politieke theologie'): dit nieuwe *Normativisme*, geconstrueerd rond burgerlijk-kapitalistisch belangen, abstraheert en depersonaliseert de staatsmacht — Thomas Hobbes beschreef haar al als een mythisch-onzichtbare 'Leviathan'. De cultuur-historische uitwerking van dit Normativisme (verg. Zwitzer, *Permafrost*) is inmiddels beter bekend dan de rechts-filosofische. Abstractie vindt plaats door ideologisering en depersonalisering door institutionalisering: beide processen zijn gericht op het bevestigen en bestendigen van de nieuwe burgerlijk-kapitalistische hegemonie in de politieke sfeer. Rigide routines en mechanische procedures ('bureaucratie', 'administratie', 'rechtstaat') vervangen de menselijke maat en de persoonlijke dimensie van de macht: concrete macht verandert in abstract 'bestuur'. *L'idéologie républicaine ou bourgeoise a voulu dépersonnaliser les mécanismes de la politique. La norme a avancé, au détriment de l'incarnation du pouvoir.* 'De republikeinse en burgerlijke ideologie wil het politieke mechanisme depersonaliseren. Zij bevordert *normatieve* macht ten koste van *belichaamde* macht.' (p.4) Het eerste consistente experiment met het Normativisme als *Realpolitik* eindigt in de Grote Terreur van de Eerste Franse Republiek: het illustreert de totalitaire realiteit die noodzakelijkerwijs voortvloeit uit de consequente toepassing van het *do-or-die* motto dat het burgerlijk-kapitalistisch machtsproject in zowel formele (republikeinse) als informele (vrijmetselaars) vorm dekt: *liberté, égalité, et fraternité ou la mort*. De ethische discrepantie tussen de utopische ideologie en praktische applicatie van dat machtsproject wordt pas ideologisch afgedekt — en tot *norm* verheven — in het 19e eeuwse *Liberalisme*: het Liberalisme wordt de politieke 'fabrieksstand' van de moderniteit. Onder de propagandistische oppervlakte van het Liberalisme — de utopie van 'humanisme', 'individualisme' en 'vooruitgang' — ligt zijn diepere substantie: de met (sociaaldarwinistische) pseudowetenschap gerechtvaardigde economische uitbuiting ('monetarisatie', 'vrije markt', 'concurrentie') en sociale deconstructie ('individuele verantwoordelijkheid', 'arbeidsmarkt participatie', 'calculerend burgerschap') die met wiskundige zekerheid eindigen in sociale implosie (door Karl Marx geanalyseerd als *Entfremdung* en door Emile Durkheim als *anomie*). De op lange termijn door het Liberalisme bewerkstelligde 'superstructuur' berust op een zeer puristische — en daarmee zeer bestendige — vorm van Normativisme: het Liberalisme heeft daarmee tegelijk de hoogste totalitaire capaciteit van alle modernistische (historisch-materialistische) ideologieën. Zo wijst Aleksandr Doegin in zijn historische analyse, naar het Engels vertaald als *The*

Fourth Political Theory, op deze intrinsieke — logisch-consistente en existentieel-adaptieve — superioriteit van het Liberalisme. *...Le libéralisme-normativisme est néanmoins coercitif, voire plus coercitif que la coercition exercée par une personne mortelle, car il ne tolère justement aucune forme d'indépendance personnalisée à l'égard de la norme, du discours conventionnel, de l'idéologie établie, etc., qui seraient des principes immortels, impassables, appelés à régner en dépit des vicissitudes du réel.* '...Het liberaal-normativisme werkt desalniettemin afpersend, het is zelfs veel dwingender dan de dwang die wordt uitgeoefend door een sterfelijk heerser, want het tolereert geen enkele vorm van gepersonifieerde onafhankelijkheid ten opzichte van zijn eigen 'norm' (conventionele consensus, standaard ideologie, politieke correctheid), verheven tot een eeuwig en ongenaakbaar principe dat zich permanent onttrekt aan de wisselvalligheden van de werkelijkheid.' (p.5) Sociologisch kan de totalitaire superstructuur van het Liberaal-Normativisme worden beschreven als 'hyper-moraliteit' (verg. Bauch, *Abschied*).

De vraag dringt zich op naar de rechtsfilosofische 'bewegelijkheid' en de ideologische relativeerbaarheid van deze schijnbaar onwrikbaar in de psychosociale Postmoderniteit verankerde monoliet. Het antwoord op deze vraag ligt in een doorbreken van de *event horizon*, de 'waarnemingshorizon' van de Liberaal-Normativistische Postmoderniteit. Een doorbraak van de 'tijdloze' dimensie van het Liberaal-Normativisme is mogelijk via een 'Archeo-Futuristische' formule: de gelijktijdige mobilisatie van hervonden oude kennis en nieuw ontdekte kracht levert de benodigde combinatie van voorstellingsvermogen en wilsbeschikking.

2. Door het glazen plafond van het Postmodernisme

ΔΩΣ ΜΟΙ ΠΑ ΣΤΩ ΚΑΙ ΤΑΝ ΓΑΝ ΚΙΝΑΣΩ
[geef me een plaats om op te staan, en ik zal de aarde bewegen]

— Archimedes

Een van de gevaarlijkste 'kinderziekten' van de recentelijk in de hele Westerse wereld opkomende Nieuw Rechtse verzetsbeweging tegen de globalistische Nieuwe Wereld Orde is haar onvermogen tot een correcte inschatting van de aard en kracht van de vijandelijke elite. De wijdverspreide ('populistische') volkswoede en beginnende ('alt-right') intellectuele kritiek die deze verzetsbeweging voeden worden deels gekenmerkt door oppervlakkig pragmatisme (politiek opportunisme) en emotionele regressie (extremistische samenzweringstheorieën). Beide kunnen worden begrepen als politieke en ideologische weerslag van een natuurlijk zelfbehoudsinstinct: in confrontatie met existentiële bedreigingen zoals de doelbewuste etnische vervanging van de Westerse volkeren en de escalerende psychosociale deconstructie van de Westerse beschaving hebben politiek purisme en intellectuele integriteit simpelweg geen prioriteit. Toch is het belangrijk dat Nieuw Rechts deze kinderziekten — met name *short cut* ideologisch 'anti-semitisme' en *quick fix* politieke 'islamofobie' — zo snel mogelijk ontgroeit (verg. Hoofdstuk 1, resp., Hoofdstuk 5,). Een 'preventieve zelfcensuur' met betrekking tot de *legitieme* cultuurhistorische vraagstukken die vervlochten zijn in de 'islamofobische' en 'antisemitische' discoursen, zoals afgedwongen door het huidige politiekcorrecte journalistieke en academische establishment, is daarbij uitdrukkelijk *niet* aan de orde. Nieuw Rechts geeft uitdrukkelijk prioriteit aan *authentieke* (dus niet slechts legalistische) vrijheid van meningsuiting: zij stelt zich op het standpunt dat politiekcorrecte (zelf)censuur en repressief mediabeleid averechts (letterlijk: 'extreemrechts' bevorderend) werken doordat ze het publiek wantrouwen vergroten. Door de flagrante partijdigheid van de systeempers (stigmatiseren van elke rationele kosten-baten analyse van de massa-immigratie, negeren van etnisch-geprofileerde *grooming gangs*, 'herinterpreteren' van islamistische terreur incidenten) en door het *shoot the messenger* overheidsbeleid ten aanzien van systeemkritische media (*fake news* projecties,

Russian involvement verdachtmakingen, digitale *deplatforming*) haken mensen massaal af uit de mediale en politieke *mainstream*. De teloorgang van de klassieke (papieren en televisie) media en de versplintering van het politieke speelveld zijn hiervan slechts de meest oppervlakkige symptomen. Nieuw Rechts, daarentegen, werpt zich nu op als verdediger van door de vijandelijke elite verraden — want voor haar nu overbodige en gevaarlijke — oude vrijheden van pers en meninguiting (verg. Johnson, 'Freedom'). Nieuw Rechts valt nu de taak toe de door de vijandelijke elite prijsgegeven — neoliberaal verkochte en cultuurmarxistische verraden — Westerse beschaving te beschermen: dat houdt in dat ze een hoge intellectuele en ethische standaard te verdedigen heeft. Een correcte inschatting van de aard en kracht van de vijandelijke elite is daarbij een prioritaire — zelfs voorliggende — opgave: de 'vijand' kortweg afdoen als 'de Islam' of 'het Joodse wereldcomplot' (of beide tegelijk) doet simpelweg geen recht aan deze opgave.

Het correct benoemen van de vijandelijke elite vergt *meer* dan een simpele — religieus, ethisch en existentieel op zich correcte — verwijzing naar haar ontegenzeggelijk 'duivelse' kwaliteit: het absolute kwaad dat zich manifesteert in industriële ecocide, bloeddorstige bio-industrie, etnocidale 'omvolking', neoliberale schuldslavernij en matriarchale sociale deconstructie spreekt voor zich (voor een cultuur- en psycho-historische plaatsbepaling van de vijandelijke elite, verg. *Alba Rosa*, 160ff). Er is *meer* nodig: het is nodig te komen tot een juridisch-kaderende en politiek-actioneerbare identificatie van de vijandelijke elite. Robert Steuckers analyse van Carl Schmitt's 'politieke theologie' is in dit opzicht van grote toegevoegde waarde: zij levert het intellectuele instrumentarium dat nodig is voor deze — wellicht grootste — opgave van Nieuw Rechts.

3. Het Liberalisme als totalitair nihilisme

le libéralisme est le mal, le mal à l'état pur, le mal essentiel et substantiel

[...het liberalisme is een absoluut kwaad: het kwaad in pure vorm, het kwaad in essentie en substantie] (p.37)

Steuckers analyseert het Liberaal-Normativisme als de *default ideology* van de vijandelijke elite — de ideologie die haar machtsstatus staatsrechterlijk legitimeert: *Le libéralisme... monopolise le droit (et le droit de dire le droit) pour lui exclusivement, en le figeant et en n'autorisant plus aucune modification et, simultanément, en le soumettant aux coups dissolvants de l'économie et de l'éthique (elle-même détachée de la religion et livrée à la philosophie laïque) ; exactement comme, en niant et en combattant toutes les autres formes de représentation populaire et de redistribution qui s'effectuait au nom de la caritas, il avait monopolisé à son unique profit les idéaux et pratiques de la liberté et de l'égalité/équité : en opérant cette triple monopolisation, la libéralisme et son instrument, l'Etat dit 'de droit', prétendant à l'universalité. A ses propres yeux, l'Etat libéral représente dorénavant la seule voie possible vers le droit, la liberté et l'égalité : il n'y a donc plus qu'une seule formule politique qui soit encore tolérable, la sienne et la sienne seule.* 'Het liberalisme... monopoliseert (1) het recht (en het recht om recht te spreken) door het [voor eens en altijd] vast te leggen, door geen enkele aanpassing meer toe te laten en door het prijs te geven aan de 'oplossende' inwerking van [een ongebreidelde] economie en [een losgeslagen] ethiek (een ethiek die ontsnapt aan een godsdienstig kader en die wordt gekaapt door 'seculiere filosofie'). Door ten bate van het exclusieve eigen profijt tegelijkertijd alle andere vormen van (2) [niet partij-politieke] volksvertegenwoordiging en (3) [niet-monetaire economische] redistributie te ontkennen en te saboteren, monopoliseert het liberalisme uiteindelijk ook het [volledige] ideële en praktische [discours] van vrijheid, gelijk[waardig]heid [en] billijkheid. Met deze drievoudige monopolie positie kan het liberalisme — via zijn instrument genaamd 'rechtsstaat' — een claim leggen op universele geldigheid. In zijn eigen ogen vertegenwoordigt de liberale staat aldus de enig mogelijk [en alleenzaligmakende] weg naar recht, vrijheid en gelijkheid. Daarmee blijft er maar één enkele acceptabele politieke formule over: de liberale — en alleen de liberale.' (p.38) Dit is de achtergrond van door het neoliberale globalisme als universalistisch-absoluut afgespiegelde 'waarden' als *good governance* en *human rights*. Vanuit Traditionalistisch perspectief vertegenwoordigt het door Steuckers gedefinieerde Liberaal-Normativisme de tastbare politiek-ideologische 'infrastructuur' die hoort bij een erboven liggende maar ontastbare cultuur- en psychohistorische 'superstructuur' die hier eerder werd aangeduid met het begrip 'Cultuur Nihilisme': de geconditioneerde belevingswereld van sociaaleconomische *Entfremdung*, psychosociale *anomie*, urbaan-hedonistische stasis en collectief-functioneel malignant narcisme (voor een opsomming van de belangrijkste in deze 'superstructuur' samenvallende cultuur-historische fenomenen, verg. *Sunset*, 9-12). Dit Traditionalistisch perspectief sluit naadloos aan bij Steuckers' analyse van de tastbare cultuurhistorische inwerking van het Liberaal-Normativisme, dat hij expliciet benoemt als ....*[le] principe dissolvant et déliquescent au sein de civilisation occidentale et européenne. ...Le libéralisme est l'idéologie et la pratique qui affaiblissent les sociétés et dissolvent les valeurs porteuses d'Etat ou d'empire telles l'amour de la patrie, la raison politique, les mœurs traditionnelles et la notion de honneur...* '...[h]et principe van 'oplosmiddel' en 'verrotting' in het hart van de Westerse en Europese beschaving. ...Het liberalisme is bij uitstek de ideologie en de praktijk die gemeenschappen verzwakt en die de dragende waarden van de staat of het imperium, zoals vaderlandsliefde, staatsmanschap, traditietrouw en eerbesef, 'oplost.' (p.36-7)[48]

Vanuit Traditionalistisch perspectief wordt de cultuurhistorische inwerking van het Liberaal-Normativisme bepaald door een groter

---

48 Een bio- en psychosociale analyse van de cultuurhistorische inwerking van het Liberaal-Normativisme is te vinden in het werk van de Duitse socioloog Arnold Gehlen (1904-76). Zijn structurele oppositie tussen (anagogische) *Zucht* en (katagogische) *Entartung* laat een objectief meetbare analyse toe van het Liberaal-Normativistische *de-socialisatie* proces (sociale 'deconstructie').

metahistorisch krachtenveld (de neerwaartse tijdspiraal die door de Hindoeïstische Traditie wordt benoemd als *Kali Yuga* en door de Christelijke Traditie als 'Laatste Dagen'). Het historische *agency* van het Liberaal-Normativisme als drager van een contextueel functionele *Wertblindheit* komt expliciet tot uitdrukking in Steuckers' prognose: *...une 'révolution' plus diabolique encore que celle de 1789 remplacera forcément, un jour, les vides béants laissés par la déliquescence libérale* '...[het is] onvermijdelijk dat op een zekere dag een nog duivelser revolutie dan die van 1789 de gapende leegte zal opvullen die de liberale verrotting heeft achtergelaten.' (p.37) Een eerste indicatie van die nog achter het Liberaal-Normativisme verscholen liggende diepere leegte kan worden gevonden in het recente monsterverbond tussen het neoliberalisme en het cultuurmarxisme (in de Nederlandse politieke context is dit verbond al zichtbaar in de tegelijk graai-kapitalistische en diep-nihilistische programma's van VVD en D66). Steuckers laat zien hoe Schmitt de cultuurhistorisch neerwaarts-regressieve aard van het Liberaal-Normativisme dubbel filosofisch en religieus duidt. Schmitt benoemt de consistente Liberaal-Normativistische begunstiging van pre-Indo-Europees primitivisme (Etruskisch moederrecht, Pelagiaanse 'katagogische' theologie) ten koste van de Indo-Europese beschaving (Romeins vaderrecht, Augustiaanse 'anagogische' theologie).[49] Het Traditionalisme ziet in deze begunstiging een meta-historische beweging richting 'neo-matriarchaat': dit verklaart de chronologische samenhang tussen de Postmoderne hegemonie van het Liberaal-Normativisme en typisch Postmoderne symptomen als feminisatie, xenofilie en oikofobie (voor de cultuurhistorische ontwikkeling van het neo-matriarchaat, verg. *Alba Rosa*, 168ff; voor een actueel *emic* inkijkje in de neo-matriarchale belevingsrealiteit, verg. 'Eordred', 'Against Escapism'). Sociologisch wordt deze

---

49 De theologische verwijzing betreft een vroeg-Christelijke doctrinaire controverse die in de Westerse context werd beslecht ten voordele van de erfzonde-erkennende leer van Augustinus (354-430) en ten nadele van de erfzonde-ontkennende leer van Pelagius (360-418).

fenomenologie zeer treffend beschreven als passend in de ontwikkeling van een 'dissociatieve samenleving' (verg. Bauch, *Abschied*). Het spookbeeld van een absoluut nihilistisch vacuüm werpt zijn schaduw al vooruit in Postmoderne discoursen als 'open grenzen' (genocide-op-bestelling), 'transgenderisme' (depersonalisatie-op-bestelling), 'reproductieve vrijheid' (abortie-op-bestelling) en 'voltooid leven' (dood-op-bestelling) — discoursen die als regelrecht 'duivels' zijn te begrijpen vanuit elke authentieke Traditie.[50]

Afgezien van de natuurlijke interetnische (feitelijk 'neo-tribale') conflicten van de hedendaagse 'multiculturele samenleving' (bio-evolutionaire spanningsvelden, interraciale drifttrajecten, postkoloniale minderwaardigheidscomplexen) is het vooral de in toenemende mate *diabolische* leefwereld van de Liberaal-Normativistische Westerse 'samenleving' die het existentiële conflict tussen Westerse autochtonen en niet-Westerse allochtonen voedt. Voor elke traditionele Moslim uit het Midden-Oosten, voor elke traditionele Hindoe uit Zuid-Azië en voor elke traditionele Christen uit Afrika is de Liberaal-Normativistische *open society* van het Postmoderne Westen niet slechts een abstract (theologisch) kwaad, maar een geleefde (existentiële) gruwel. De gewapende terreur van de islamistische *jihad* is weliswaar naar (getolereerde) *vorm* een offensief onderdeel van de 'verdeel en heers' strategie van de globalistische vijandelijke elite, maar naar (geleefde) *inhoud* is hij beter te begrijpen als een defensief mechanisme tegen de godslasterlijke en mensonterende leefrealiteit van het Liberaal-Normativisme. Vanuit Traditionalistisch perspectief zou men kunnen stellen dat een Islamitisch Kalifaat inderdaad een (zeer relatief) 'beter' alternatief is voor de Westerse volkeren dan de

---

50 Het spookbeeld van de ultieme totalitaire staat, dat wil zeggen een leefwereld waarin de *hele* sociale en individuele sfeer is overwoekerd door de staat, vormt al het thema van vroeg 20[ste] eeuwse dystopische literaire klassieken zoals Jevgeni Zamjatin's *My* (1924), Aldous Huxley's *Brave New World* (1932) en George Orwell's *Nineteen Eighty-Four* (1949).

bestiale ontmenselijking van de zich in het Postmoderne Liberaal-Normativisme aftekenende hellegang.

Hiermee is de grootste vijand van de Westerse volkeren — en tegelijk de gemeenschappelijke vijand van *alle* volkeren die nog leven naar authentieke Tradities — politiek benoemd: het totalitair nihilistische *Liberalisme*. Het Liberaal-Normativisme wordt politiek verwezenlijkt door het Liberalisme: het programma van de vijandelijke elite wordt vormgegeven door het Liberalisme. Daarbij moet worden aangetekend dat het Liberalisme sinds de Tweede Wereld Oorlog in de Westerse wereld gestaag de status heeft verworven van 'standaard politiek discours'. Het Liberalisme doordringt, vervormt en ontregelt alle aanvankelijk concurrerende politieke stromingen — Christen Democratie (CDA, CU), Sociaal Democratie (PVDA, SP), Civiel Nationalisme (PVV, FVD) — nu zozeer dat elk spoor van authentieke democratisch-parlementaire oppositie richting een alternatieve maatschappijvorm ontbreekt. Steuckers benoemt dit 'politicide' proces als een functie van het 'ideologische sterilisatie' vermogen van het Liberalisme. Ook buiten het klassieke partijkartel (in Nederland te definiëren als de standaard bestuurspartijen — VVD, D66, CDA, CU en PVDA) is het Liberalisme nu zozeer tot politieke *habitus*[51] geworden, dat alle overige partijen — grotendeels onwillekeurig, onbewust, onbedoeld — in de rol vallen van *controlled opposition*. De resulterende 'consensuspolitiek' — in Nederland geassocieerd met het letterlijk nivellerende 'poldermodel' — wordt in de Westerse wereld conventioneel benoemd als 'Neoliberalisme' (datering: Thatcher-Reagan-Lubbers).

4. Het Liberalisme als politicide

Het 'democratisch gekozen' parlement is nooit de plaats voor authentiek debat:

---

51 De sociologische omschrijving van sociaal-psychologische conditionering (*hexis, mimesis*) van Pierre Bourdieu.

het is altijd de plaats waar het collectivistisch absolutisme zijn decreten uitvaardigt.

— Nicolás Gómez Dávila

De vorming van Liberalistisch-geleide partijkartels en Liberalistisch-gestuurde consensuspolitiek is grotendeels te wijten aan de simpele *praktijk* van het *parlementarisme*: door de techniek van het hyperdemocratisch genivelleerde en van de realiteit losgekoppeld 'debat' reduceert het parlementarisme alle 'meningen' en 'standpunten' *grosso modo* tot hun laagste gemene deler: die van het grotesk materialistische en totaal amorele Liberalisme. In het totaal nivellerend debat vervangt kwantiteit ('democratie') kwaliteit, vervangt gevoel ('humaniteit') verstand, vervangt abstract 'bestuur' (regelgeving, bureaucratie, protocol) concrete rechtvaardigheid en vervangt infantiele impulsiviteit ('behoefte bevrediging') het collectieve toekomstperspectief. De 'koopkracht' gaat altijd voor nalatenschap, de *life style* gaat altijd voor duurzaamheid en het relationele experiment gaat altijd voor gezinsbescherming. Het parlementarisme is de politiek-institutionele reflectie van de door het Liberalisme bevorderde collectivistische nivellering: het is de *reductio ad absurdum* van het politieke bedrijf — politiek als *talkshow entertainment*. *L'essence du parlementarisme, c'est le débat, la discussion et la publicité. Ce parlementarisme peut s'avérer valable dans les aréopages d'hommes rationnels et lucides, mais plus quand s'y affrontent des partis à idéologies rigides qui prétendent tous détenir la vérité ultime. Le débat n'est alors plus loyal, la finalité des protagonistes n'est plus de découvrir par la discussion, par la confrontation d'opinions et d'expériences diverses, un 'bien commun'. C'est cela la crise du parlementarisme. La rationalité du système parlementaire est mise en échec par l'irrationalité fondamentale des parties.* 'De essentie van het parlementarisme ligt in debat, discussie en publiciteit. Zulk parlementarisme kan zichzelf als waardevol bewijzen in Areopagen[52] met rationeel en helder denkende mannen, maar dat is niet langer het geval wanneer daarin rigide ideologische partijen tegenover elkaar staan die beweren de ultieme waarheid in pacht te hebben. Dan is het debat niet langer *loyaal*: het einddoel van de deelnemers is dan niet langer om door een discussie en een confrontatie van meningen en ervaringen het 'hogere belang' te ontdekken. Hierin ligt de crisis van het [huidige] parlementarisme. De rationaliteit van het [huidige] parlementaire systeem faalt door de fundamentele irrationaliteit van de partijen.' (p.18-9)

Het is onvermijdelijk dat deze zelfversterkende crisis in toenemende mate wordt gevoed door voorheen in de politiek 'onzichtbare' maatschappelijke groepen. Het escalerende proces van politieke nivellering voedt zich met de individuele ambities en rancunes van de zelfbenoemde 'voorvechters' van zogenaamd 'gediscrimineerde' groepen. Wie zoekt zal vinden: er zijn altijd nieuwe 'ondergepriviligeerde' groepen (uit) te vinden: jongeren, ouderen, vrouwen, allochtonen, homoseksuelen, transgenders. Het totalitair nihilistische Liberalisme is het uit dit proces resulterende diepste (meest 'gedeconstrueerde' en meest 'gedesubstantialiseerde') politieke sediment — en sentiment: het is de politieke 'nul-stand' die overblijft na het totaal nivellerend 'debat', dat wil zeggen na de neutralisatie van alle pogingen tot politiek idealisme, politieke intelligentie en politieke wilsbeschikking.

Het Liberalisme realiseert de politieke (parlementaire, partitocratische) dialectiek van het Liberaal-Normativistische ideologie. In Schmitt's visie is de dialectische vicieuze cirkel die voortvloeit uit deze ideologie alleen te doorbreken door een fundamenteel herstel van het politiek primaat. Steuckers formuleert dit als volgt: *Dans [cette idéologie], aucun ennemi n'existe : évoquer son éventuelle existence relève d'une mentalité paranoïaque ou obsidionale (assimilée à un 'fascisme' irréel et fantasmagorique) —...il n'y a que des partenaires de discussion. Avec qui on organisera des débats, suite auxquels on trouvera*

---

52 Een verwijzing naar de heuvel nabij de Acropolis waar in de Klassieke Oudheid de Atheense senatoren bijeen plachten te komen.

immanquablement une solution. Mais si ce partenaire, toujours idéal, venait un jour à refuser tout débat, cessant du même coup d'être idéal. Le choc est alors inévitable. L'élite dominante, constituée de disciples conscients ou inconscients de [cette] idéologie naïve et puérile..., se retrouve sans réponse au défi, comme l'eurocratisme néolibéral ou social-libéral aujourd'hui face à l'[islamisme politique]... De telles élites n'ont plus leur place au-devant de la scène. Elles doivent être remplacées. 'In [deze ideologie] kan een [echte] vijand niet bestaan: zelfs maar het mogelijke bestaan van zulk een [vijand] te suggereren is al 'bewijs' van een paranoïde of obsessieve mentaliteit (vast geassocieerd met een irreëel en ingebeeld 'fascisme') —...er bestaan alleen maar 'discussie partners'. Daarmee organiseert men debatten die altijd onveranderlijk eindigen in een oplossing. Maar als die altijd in ideaal [vorm gedachte discussie] 'partner' op een dag elk debat weigert, dan vervalt ook meteen dat ideale ['discussie model']. Een [existentiële] shock toestand is dan onvermijdelijk. De heersende elite, die bestaat uit bewuste of onbewuste discipelen van [deze] naïeve en kinderlijke ideologie..., zal [dan] geen antwoord op deze uitdaging hebben — net zoals de neoliberale en sociaaldemocratische eurocratie [geen antwoord heeft] op het [politiek islamisme]... Voor zulke elites is geen plaats meer op het [politieke] toneel — zij moeten worden vervangen.' (p.245)

5. Het Liberalisme als anti-rechtsstaat

*Men herkent een Marxistisch systeem daaraan
dat het misdadigers in bescherming neemt en
politieke tegenstanders als misdadigers bestempelt.*

— Aleksandr Solzjenitsyn

Ergens in de nasleep van de *Machtergreifung* van de *soixante-huitards* heeft de vijandelijke elite het strategische besluit genomen tot vervanging van de inheemse Westerse volkeren.⁵³ *De achterliggende logica [van dat besluit] is even helder als meedogenloos: de Europese volkeren hebben historisch bewezen incompatibel te zijn met de Cultuur-Nihilistisch gedefinieerde Moderniteit en worden daarom vermengd met en vervangen door beter manipuleerbare — minder economisch spaarzame, minder sociaal individualistische, minder intellectueel immune — slavenvolkeren. De Europese volkeren blijken demografisch onvruchtbaar onder totalitaire dictatuur, economisch onproductief in urbaan-hedonistische stasis en politiek onbetrouwbaar in schuldslavernij* (auteur's vertaling, Alba Rosa, 159). De etnische vervanging van de Westerse volkeren is echter een riskant project: zelfs de bestgecalculeerde omvolking receptuur en de meest optimale doseringsaanpassing van haar verschillende ingrediënten (massa-immigratie, etnischselectief natalistisch beleid, omgekeerde discriminatie, inheemse economische marginalisatie) vergen een politieke balanceerakte van historisch ongeëvenaarde raaffinesse. Tot het bereiken van het politieke *point of no return* (het demografisch-democratisch schaakmat van de Westerse volkeren) loopt de vijandelijke elite het risico dat haar slachtoffer tijdens het amputatie-transplantatie project op de operatietafel ontwaakt uit zijn dubbel psychologische en spirituele verdoving. Tot die tijd is de uiterste houdbaarheidsdatum van de vijandelijke elite een functie van de twee hoofdelementen van die verdoving: (1) het hedonistisch-consumentistische gedefinieerde welzijn-welvaartsniveau en (2) de educatief-journalistiek gemanipuleerde politiekcorrecte

---

53 Een voorafspiegeling van dit besluit is al terug te vinden in het gedachtegoed van één van de ideologische grondleggers van het transnationale project 'Europese Unie', Richard Graaf von Coudenhove-Kalergi (1894-1972). Het mogelijk bestaan van een dienovereenkomstig anti-Europees etnocidaal 'Kalergi Plan' is onderwerp van omstreden complottheorieën, maar de visie van Coudenhove-Kalergi laat niets aan duidelijkheid te wensen over: *De toekomstige mens zal van gemengd ras zijn. Hedendaagse rassen en klassen zullen geleidelijk verdwijnen als gevolg van het verdwijnen van ruimte, tijd en van vooroordelen. Het Euraziatische-negroïde ras van de toekomst, dat uiterlijk zal lijken op de oude Egyptenaren, vervangt de verscheidenheid van volkeren met een verscheidenheid aan individuen.* (Praktischer Idealismus p.22-3)

consensus. Zodra één van beide elementen onder een bepaalde (steeds neerwaarts glijdende) grenswaarde valt bestaat het gevaar van een vroegtijdig ontwaken van de patiënt. Zo dient een bepaald (steeds kleiner wordend) minimum restant aan verzorgingstaat, arbeidsrecht, politieke pluraliteit en vrije meningsuiting te worden gehandhaafd tot het proces van etnische vervanging is voltooid — pas daarna kunnen de neoliberaal-globalistische idealen van totaal 'open grenzen', een totaal immorele *open society* en een totale sociaaleconomische *bellum omnium contra omnes* volledig worden geïmplementeerd. De juridische afweging die hiermee nauw samenhangt, is de mate en snelheid van de afbouw van de Westerse rechtsstaat en haar ombouw tot *Liberale anti-rechtstaat*.[54] Een te snelle en te rigoureuze invoering van die Liberale anti-rechtstaat riskeert een onbeheersbare *backlash*: een teveel aan wanorde en onrechtvaardigheid in de publieke sfeer riskeert een voortijdige vervreemding en een collectieve tegenreactie bij de inheemse Westerse volkeren.

De in toenemende mate groteske bijwerkingen van de Liberale afbouw van de Westerse rechtsstaat zijn met name problematisch in exclusief aan 'allochtonen' verleende privileges en expliciet tegen 'autochtonen' gerichte sancties. Het zijn met name deze privileges ('voorkeursaanstelling' in overheidsfuncties, 'doelgroepsubsidies' uit overheidsmiddelen, 'voorrangsplaatsing' in sociale huurwoningen etc.) en deze sancties ('leenstelsel' voor Nederlandse studenten tegenover 'vluchtelingenbeurzen' voor asielfraudeurs, 'sociale leningen' voor Nederlandse daklozen tegenover 'huisvestingsvouchers' voor 'vluchtelingen', 'bestuurlijke boetes' voor Nederlandse uitkeringgerechtigden tegenover standaard sepots voor 'kansarme asielzoekers' etc.) die het — als 'populistisch' en 'extreemrechts' genegeerde — inheemse verzet voeden. De uitheemse bevolking wordt uitgebreid door na-reizende 'gezinshereniging' en cultureel-selectief pro-natalistisch inkomensbeleid (onverdiende toegang tot inheemse sociale zekerheid,

---

54 Verg. https://tpo.nl/2018/12/23/sid-lukkassen-welke-ondermijnende-krachten-bedoelt-johan-remkes-eigenlijk/ .

medische voorzieningen, sociale uitkeringen en kindertoelagen) en tegelijk bediend met extra faciliteiten (effectief: gratis huisvesting, gratis inboedel, gratis medische zorg, gratis rechtsbijstand, gratis taalcursussen) — een uitbreiding en bediening die de inheemse bevolking betaalt. Tegelijkertijd wordt de inheemse bevolking in de tang genomen door een versnelde afbouw van door haar moeizaam opgebouwde beschavingsvormen zoals arbeidsrecht, verzorgingsstaat, vrij toegankelijk onderwijs, vrij toegankelijke zorg en integer bestuur. Zaken zoals een bestaansdekkend minimumloon, een minimummate van inkomenszekerheid, een tegelijk degelijke en betaalbare opleiding, een fatsoenlijk verzorgde oude dag en een rechtvaardige overheid zijn inmiddels al bijna verdwenen uit het collectieve geheugen.

De anti-rechtsstaat degradeert haar hardwerkende, consciëntieuze en goedgelovige inheemse onderdanen tot de status melkkoe en slachtvee: zij worden uitgebuit ten voordele van steeds grotere massa's gewetenloze, werkschuwe, frauderende en criminele 'migranten'. De inmiddels groteske rechtsongelijkheid treft met name de meest kwetsbare inheemse groepen: loonarbeiders, kleine zelfstandigen, gepensioneerden, gehandicapten, zieken, gebroken gezinnen — hun stem legt de vijandige elite het zwijgen op met pervers-manipulatieve pseudo-Calvinistische leuzen as 'eigen verantwoordelijkheid', 'participatie samenleving' en 'marktwerking'. Hun situatie wordt nog het best uitgebeeld door het steeds frequenter dominerende 'maatschappelijk verkeersbeeld' van de nederige autochtone fietser die in de stromende regen wordt bekeurd voor zijn kapotte lamp, terwijl naast hem een allochtone drugscrimineel met zijn sportwagen ongemerkt door het rode licht rijdt op weg naar de witwas avondwinkel van de familieclan.

Maar het kan nog veel erger — en velen beginnen dit aan den lijve te ondervinden. Erger is de ervaring van inheemse meisjes en vrouwen: met de cliënten van hun *loverboys* na schooltijd, met hun *rapefugee* stalkers tijdens hun studietijd en met hun '#metoo' *affirmative action* 'leidinggevenden' tijdens hun professionele carrière. Meer nog — de bestiale dekolonisatie (Lari 1953, Algiers 1956, Stanleyville

1964, Kolwezi 1978, Air Rhodesia Vlucht 827 1979) en het postkoloniale atavisme (Macías Nguema in Equatoriaal Guinea 1968-79, Moeammar Gaddafi in Libië 1969-2011, Idi Amin in Oeganda 1971-79, Pol Pot in Cambodja 1976-79, Saddam Hoessein in Irak 1979-2003) van de Derde Wereld doen het ergste vermoeden voor de toekomst van de overblijvende inheemse bevolking in een door primitieve Afrikanen en rancuneuze Aziaten gekoloniseerd Nederland. Pervers zijn nu al de bureaucratisch en juridische ervaringen van de aan escalerende 'allochtone' verdringing, overlast en criminaliteit blootgestelde 'autochtone' bevolking: de machteloze politie die zich verre moet houden van 'etnisch profileren', het seponerende openbaar ministerie dat deugdelijk 'antiracisme' moet uitstralen, de matriarchale on-rechtspraak die voortvloeit uit de *totaler Staat aus Schwäche*, de zwijgende journalistiek die politieke correctheid prefereert boven waarheidsvinding — en de politieke doofpot waarin de laatste restanten verantwoordelijkheidszin worden weggepoetst ter wille van het Tefal-gladde imago. Maar het zijn nu juist deze steeds perversere ervaringen van de gewone burger en de steeds absurdere uitwassen van de Liberale antirechtsstaat die nu ruimte creëren voor een effectief Westerse verzet tegen de vijandelijke elite. De morele legitimiteit van dat verzet als 'autoriteit in wording' kan namelijk uiteindelijk een streep zetten door de schijnbaar wiskundig onbetwistbare rekening van de vijandelijke elite. Voor het Liberalisme staat het stoplicht inmiddels op oranje. De *gilets jaunes* hebben de gele kaart uitgeschreven — het is nu aan de Westerse volkeren om tijdig de rode kaart uit te schrijven en het Liberalisme definitief van het politieke speelveld over te hevelen naar het justitiële strafbankje.

(*) Voor een Nieuw Rechtse inschatting van één van de belangrijkste psycho-sociale zwaktes van de vijandelijke elite, namelijke haar 'pedocratische' aspect, verg. Hoofdstuk 2.

6. Nieuw Rechts als 'autoriteit in wording'[55]

Bovendien, gij kent de tijd waarin wij leven,
gij weet dat het uur om uit de slaap te ontwaken reeds is aangebroken.
De nacht loopt ten einde, de dag breekt aan.
Laten wij ons dus ontdoen van de werken der duisternis en ons
wapenen met het licht.

— Romeinen 13:11-12

Het uitgangspunt van de succesvolle eliminatie van het Liberaal-Normativisme als ideologisch model en van het Liberalisme als politieke praktijk is de noodzaak van het identificeren van beide als *doodsvijanden* van de Westerse beschaving. Voor de Westerse volkeren is de vernietiging van het Liberalisme als politieke machtsfactor een absolute voorwaarde voor het heroveren van hun staatssoevereiniteit en voor het behoud van hun volksidentiteit. Het *absolute recht* op (over)leven valt daarbij samen met een authentieke verzetsethiek. Dit is de ethische imperatief die geldt bij alle 'rug tegen de muur' verzet, zoals verwoord door Marek Edelman, de laatste leider van de *Zydowska Organizacja Bojowa* ('Joodse Verzetsorganisatie') tijdens de Warschau Getto Opstand: *We wisten heel goed dat we geen kans hadden om te winnen. We vochten simpelweg om de Duitsers het recht te ontzeggen de tijd en plaats van onze dood te bepalen. We wisten dat we gingen sterven.*[56]

---

55 Een verwijzing naar Carl Schmitt's rechtsfilosofische analyse van het fenomeen van de partizaan als 'autoriteit in wording' in de context van de volksoorlogen gevoerd door Mao Tse-Toeng in China, Vo Nguyen Giap in Vietnam en Ernesto 'Che' Guevara in Congo.

56 Marek Edelman werd op 8 mei 1943 de opvolger van Mordechai Anielewicz, na diens zelfmoord in de commandopost in 18 Mila Straat. De schrijver had lang geleden gelegenheid te spreken met toen nog levende getuigen van de Warschau Getto Opstand — hij woonde enige tijd vlakbij Edelman in de Poolse stad Lodz (Edelman was antizionist, vocht voor Polen in de Warschau Opstand van 1944 en woonde vervolgens in Lodz tot aan zijn dood in 2009).

Nieuw Rechts zou er goed aan doen ter harte te nemen wat Steuckers in dit verband te zeggen heeft over de illusie van een 'dialoog' met de vijandelijke elite. Redelijkheid en gespreksbereid eindigen — moeten eindigen — waar men geconfronteerd wordt met existentiële bedreigingen: *...l'ennemi n'est pas bon car il veut ma destruction totale, mon éradication de la surface de la Terre: au mal qu'il représente pour moi, je ne peux, en aucun cas et sous peine de périr, opposer des expressions juridiques ou morales procédant d'une anthropologie optimiste. Je dois être capable de riposter avec la même vigueur. La distinction ami/ennemi apporte donc clarté et honnêteté à tout discours sur le politique.* '...de vijand is [simpelweg] niet goed: hij wenst mijn totale vernietiging — mijn verdwijnen van de aarde. Tegenover het [absolute] kwaad dat hij naar mij toe vertegenwoordigt, kan ik mij geen op antropologisch optimisme gebaseerd juridisch en moralistisch relativisme veroorloven — daar staat voor mij de doodstraf op. Ik moet in staat zijn met eenzelfde kracht terug te slaan. Het onderscheid tussen vriend [en] vijand brengt dus duidelijkheid en eerlijkheid terug in elke politiek debat.' (p.51)

De Liberaal-Normativistisch denkende en Liberaal politiek bedrijvende vijandelijke elite heeft de oorlog verklaard aan de Westerse volkeren en aan de Westerse beschaving: de Westerse volkeren blijft geen simpelweg andere keuze dan voor hun leven te vechten en zich daarbij te laten leiden door een nieuw-legitieme 'autoriteit in wording'. De wapenen waarmee Nieuw Rechts deze vijandelijke elite de intellectuele genadeklap kan toedelen zijn te vinden in het arsenaal van Carl Schmitt, zoals het wordt ontsloten in Robert Steuckers' *Sur et autour*. Eén van die wapenen is de rechtsfilosofische onderbouwing van het herstel van authentieke *Auctoritas*.

7. Het Decisionisme als staatsleer

In Gefahr und grosser Noth
Bringt der Mittel-Weg den Tod

— Friedrich von Logau

De rechtsfilosofische zwakte van de vijandelijke elite wordt blootgelegd in Steuckers' analyse van Schmitt's basale noties van de noodzakelijkerwijs *concrete* en *persoonlijke* dimensie van alle authentieke vormen van legitieme rechtsorde en authentieke autoriteit. De concrete en persoonlijke dimensie van recht en macht wordt het best geïllustreerd in de onvermijdelijke belichaming ervan in de persoon van de *rechter*: de rechter fungeert als brug tussen abstract-historische wetgeving (wetstekst, jurisprudentie) en concreet-actuele realiteit (gebeurtenis, omstandigheid). *La pratique quotidienne des palais de justice, pratique inévitable, incontournable, contredit l'idéal libéral-normativiste qui rêve que le droit, la norme, s'incarneront tous seuls, sans intermédiaire de chair et de sang. En imaginant, dans l'absolu, que l'on puisse faire l'économie de la personne du juge, on introduit une fiction dans le fonctionnement de la justice, fiction qui croit que sans la subjectivité inévitable du juge, on obtiendra un meilleur droit, plus juste, plus objectif, plus sûr. Mais c'est là une impossibilité pratique.* 'De dagelijkse, onvermijdelijke en onbetwistbare praktijk van de rechtspraak is in [volledige] tegenspraak met de ideële hersenschim van het Liberaal-Normativisme waarin het recht — de norm — zich kan realiseren zonder belichaming in vlees en bloed. Door zich voor te stellen dat een 'absoluut' recht — los van de persoon van de rechter — ['objectief'] mogelijk zou zijn, introduceert men een fictie in de rechtsgang: een fictie die laat geloven dat men zonder de onvermijdelijke subjectiviteit van de rechter een beter, rechtvaardiger, zekerder recht verkrijgt. Maar dat is in de praktijk [natuurlijk volledig] onmogelijk.' (p.5-6) De recht-*spraak* verloopt noodzakelijkerwijze via een fysieke *Vermittler*, dat wil zeggen een mens van vlees en bloed, bewust of onbewust doorleeft met waarden en sentimenten, en de recht*orde* neemt noodzakelijkerwijs vorm aan door het specifieke *charisma* — in de Postmoderne context steeds vaker het *anti-charisma* — van de rechter. *Parce qu'il y a inévitablement une césure entre la norme et le cas concret, il faut l'intercession d'une personne qui soit une autorité. La loi [et] la norme ne peuvent pas s'incarner toutes seules.* 'Omdat er altijd een breuklijn bestaat tussen de [abstracte] norm en de concrete werkelijkheid is de tussenkomst van een belichaamde autoriteit een onvermijdelijke noodzaak. De wet en de norm kunnen [dus] nooit zichzelf belichamen.' (p.6) Dezelfde concrete en persoonlijke dimensie geldt in de politiek: de door het Liberaal-Normativisme gewenste, gepretendeerde en nagestreefde depersonalisatie, abstrahering, institutionalisering en bureaucratisering van politieke macht is simpelweg *onmogelijk*. De onvermijdelijke en onmisbare *belichaming* van politieke autoriteit blijft *...le démenti le plus flagrant à cet indécrottable espoir libéralo-progressisto-normativiste de voir advenir un droit, une norme, une loi, une constitution, dans le réel, par la seule force de sa qualité juridique, philosophique, idéelle, etc.* '...het meest definitieve argument tegen de onverbeterlijke liberaal-progressivistische-normativistische hoop dat er in de toekomst in de werkelijke wereld ooit een recht, norm, wet of bestel zou kunnen bestaan dat gebaseerd is op een [exclusief abstract gedefinieerde] juridische, filosofische of idealistische kracht' (p.6)

In het Liberaal-Normativistisch gemonopoliseerde 'politieke bedrijf' van het Postmoderne Westen zijn rationeel debat en superieure argumentatie echter van geen enkele waarde — hier geldt simpelweg: *might is right*. *L'idéologie républicaine ou bourgeoise a voulu dépersonnaliser les mécanismes de la politique. La norme a avancé, au détriment de l'incarnation du pouvoir.* 'De republikeinse of burgerlijke ideologie wil het politieke mechanisme depersonaliseren. Zij begunstigt *normatieve* macht ten koste van *belichaamde* macht.' (p.4) De hedendaagse macht van het Liberaal-Normativisme is psychosociaal verankerd in een anti-rationeel matriarchale conditionering die alle gepersonifieerde vormen van authentieke macht simpelweg opheft door een hyper-collectivistische *règne de la quantité* (Guénon). Dramatische illustraties van deze onverdund matriarchale realiteit zijn te vinden in het West-Europese *ground zero* van het Postmodernisme: in de ex-natiestaten van het hedendaagse anti-Frankrijk en anti-Duitsland nemen anti-traditie, anti-nationalisme en anti-mannelijkheid nu vorm aan in regelrecht sadomasochistische projecten van zelfverminkende en suïcidale *Umvolkung à l'outrance*. In deze context is elke vorm van *collectivistisch* verzet — parlementaire 'oppositie' dan wel buitenparlementair 'activisme' — tegen de idiocratische en absurdistische uitwassen van Liberaal-Normativisme gedoemd tot falen omdat het blijft steken in pragmatische 'symptoombestrijding'. Door binnen het matriarchaal-collectivistische (dubbel politiek-institutionele en psycho-sociale) *frame* van het Liberaal-Normativisme te opereren, fungeren zulke parlementaire oppositie (de *AfD* in Duitsland, het FvD in Nederland) en zulk buitenparlementair activisme (de *Reichbürger* in Duitsland, de *gilets jaunes* in Frankrijk)[57] feitelijk als niets anders dan 'bliksemafleiders'. Voor de matriarchaal-collectivistische 'antimacht' van het Liberaal-Normativisme bestaat maar één remedie: de patriarchaal-personifieerbare macht van een Traditionalistisch gedefinieerd *Decisionisme*.

De Decisionistische opvatting van recht en politiek is altijd *concreet* — dus ook *fysiek* en *persoonlijk*. Rechtsfilosofisch gaat zij uit van de noodzaak van fysieke bescherming van de geografisch en etnisch concrete realiteiten van staat en volk. In het Decisionisme prevaleert de 'aardse' realiteit boven de abstracte 'norm': *das Recht ist erdhaft und auf Erde bezogen*. Metapolitiek gaat het uit van de noodzaak van belichaamde autoriteit bij onvoorziene fysieke calamiteiten zowel als uitwassen van 'normatieve' macht. Hier geldt: effectief ingrijpen tegen existentiële bedreigingen van staat en volk (*Ausnahmezustand, Ernstfall,*

---

57 Verwijzingen naar, resp., de Duitse burgerbeweging die de soevereine rechten van de Bondsrepubliek afwijst en de Franse protestbeweging die het aftreden van President Macron eiste.

Grenzfall) vergt gepersonifieerde autoriteit. Deze *hoogste bevelsautoriteit* is gebaseerd op een (tijdelijke) *schorsing* (eigenlijk: correctie) van het (normatieve) recht door zijn (tijdelijke) *belichaming*: zij moet zich doen gelden wanneer rechtsorde, staatsgezag en volksbestaan fundamenteel worden ondermijnd of wankelt. ...*En cas de normalité, [cet] autorité peut ne pas jouer, mais en cas d'exception, elle doit décider d'agir, de sévir ou de légiférer.* '...Onder normale omstandigheden staat [deze] autoriteit buiten het [maatschappelijk] speelveld, maar in het uitzonderingsgeval moet zij besluiten handelend, overheersend en wetgevend op te treden.' (p.4) Een dergelijke 'nood autoriteit' grijpt in bij van buiten komende bedreigingen (natuurramp, invasie) en bij van binnen komende crises (opstand, verraad). In Traditionele samenlevingen is deze gepersonifieerde autoriteit altijd institutioneel beschikbaar en wel als een 'reserve functionaliteit' die voortvloeit uit een *sacraal ambt*. De — door verkiezing of erfopvolging geregelde — Monarchie is de institutie die deze reserve functionaliteit vertegenwoordigde in premoderne Westerse samenlevingen. De sacrale aard van de hoogste bevelsautoriteit is een afgeleide van de *transcendente* (en dus ook *anagogische*) opvatting van staat en volk die overheerst in alle premoderne samenlevingen. De rechtsfilosofie van Carl Schmitt — geïnspireerd door de Traditionalistisch-Katholieke staatsleer van Donoso Cortés[58] — houdt vast aan dit sacrale element in haar transcendentale definitie van het agglomeraat staat-volk-samenleving als *Unitas Ordinis*, 'geordende eenheid', *Societas Civiles*, 'beschaafde samenleving', en *Corpus Mysticum*, 'mystiek lichaam': als zodanig kan dit agglomeraat nooit volledig door politieke instituties worden omvat. De man die door het lot is voorbestemd het leven van het mysterieuze schepsel staat-volk-samenleving te verdedigen moet worden gezien als drager van een heilige roeping van de hoogste orde.

In de Traditionalistische visie wordt het agglomeraat staat-volk-samenleving dus opgevat als een *levend organisme* en een *historische*

---

58 Een verwijzing naar de Spaanse politieke filosoof Markies Donoso Cortés (1809-53).

lotsgemeenschap met *mystieke meerwaarde* waaraan de politiek zich moet aanpassen en dat door de politiek gediend moet worden. *...La peuple... n'est pas chose formée (par une volonté humaine et arbitraire) mais fait empirique et n'est jamais 'formable' complètement; il restera toujours de lui un résidu rétif à tout formatage, un reste qui échappera à la volonté de contrôle des instances dérivées de certaines 'Lumières'... La souveraineté populaire ne peut être entièrement représentée (par des députés) car alors une part plus ou moins importante de sa présence concrète est houspillée hors des institutions de représentation, lesquelles ne représent[e]nt plus que les intérêts ou des réalités fragmentaires.* '... Het volk... is geen (door menselijke wil en naar menselijke discretie) 'maakbaar' ding, maar een empirisch gegeven dat nooit helemaal 'kneedbaar' kan zijn: er blijft altijd een ondeelbaar residu over dat elke 'maakbaarheid' weerstaat, een restant dat ongrijpbaar blijft voor de controle instanties die zich baseren op het 'verlichtingsdenken'... Volkssoevereniteit [en democratisch mandaat kunnen] nooit volledig representatief zijn via 'afgevaardiging' want een groter of kleiner deel van de concrete presentie [van het volk] blijft altijd uitgesloten van de institutionele vertegenwoordiging, [een vertegenwoordiging] die noodzakelijkerwijs slechts fragmentarische belangen en realiteiten weerspiegelt.' (p.33) De Traditionalistische definitie het agglomeraat staat-volk-samenleving ligt besloten in de visie van *...la 'nation unie', non mutilée par des dissensions partisanes, donc une nation tournant ses forces vives vers l'extérieur, et non pas vers sa seule sphère interne en y semant la discorde et en y désignant des ennemis, provoquant à terme rapide l'inéluctable implosion du tout. La Nation comme l'Eglise doit être un* coïncidentia oppositorum : *elle doit faire coïncider et s'harmoniser toutes les forces et différences qui l'irriguent, en évitant les* modi operandi politiciens *qui sèment les* dissensus *et ruinent la continuité étatique...* '...de 'verenigde natie', niet verminkt door partijstrijd, dus een natie die haar vitale kracht naar buiten richt, en niet alleen maar naar binnen, waar ze onenigheden en vijanden schept en daarmee op korte termijn onvermijdelijk uitloopt op een totale implosie. Net als de Kerk dient de Natie een *coïncidentia oppositorum* te zijn: zij moet alle krachten en verschillen die haar voeden met elkaar samenbrengen en harmoniseren. Zij moet daarbij ['partijdige'], gepolitiseerde *modi operandi* vermijden die [maatschappelijke] tweedracht veroorzaken en die de continuïteit van de staat ondermijnen...' (p.38)

Hieruit vloeit de dubbel theologische en rechtsfilosofische noodzaak voort van een boven-democratische en boven-seculaire staatsmacht die doorlatend is naar onder (aardwaarts) en naar boven (hemelwaarts) en die garant staat voor de historische continuïteit van de door haar vertegenwoordigde natie(s). Een permanentingebouwde Decisionistische 'reserveoptie' — (tijdelijke) 'dictatoriale' *Ernstfall* autoriteit — is een noodzakelijk deel van die staatsmacht. In de Traditionalistische rechtsfilosofie van het Christelijke wereld wordt deze reserveoptie echter altijd gekaderd — en ingeperkt — door het bovenliggende transcendente principe van *Caritas*, expliciet uitgewerkt in de staatsleer van de Katholiek Triade: Gemeenschap, Solidariteit, Subsidiariteit. *Caritas*: de op het Christelijk 'antropologisch pessimisme' gebaseerde ethische noodzaak en vrome praktijk van grootmoedigheid met alles wat hulpbehoevend is op Aarde. Dat zijn eerst en vooral zwakkere, ongelukkige en handelingsonbekwame mensen — kinderen, ouderen, vrouwen, armen, zieken, geesteszieken, gehandicapten en stervenden. Maar het zijn ook de dieren en planten die niet kunnen spreken en die aan de mens onderworpen zijn. *Noblesse oblige*. Binnen de Traditionalistische rechtsfilosofie van het Christelijke wereld was de Monarchie de hoogste natuurlijke en legitieme drager van de Decisionistisch gedefinieerde *Auctoritas*: *...les familles royales, qui incarnent charnellement les Etats dans l'Ancien régime, offrent de successions de monarques, différents sur le plan du caractère et de la formation, permettant une plus grande souplesse que les régimes normatifs et normateurs. Elles permettent la continuité dans l'adaptation et le changement, apportés par les héritiers de la lignée. En ce sens, les monarchies constituent des contrepoids contre le déploiement purement technique de la raison normative, qui fait basculer* *les Etats dans l'abstraction et apportent,* in fine, *la dictature.* '...koninklijke families, die ten tijde van het [Absolutistische] *ancien régime* de staat zelf letterlijk *belichamen*, bieden een [continue] erfopvolging van [steeds nieuwe generaties] monarchen die verschillen in karakter, opvoeding en opleiding: ze bieden een ['ingebouwde' en] veel grotere flexibiliteit dan 'normatieve' en 'normerende' [democratisch-liberale] regimes. In die zin bieden monarchieën een tegenwicht voor het puur technocratische bewind van de normatieve 'rede' die staten tot 'statische' abstractie, en uiteindelijk tot dictatuur, doet vervallen.' (p.36) Onder de Monarchie postuleert het principe van Subsidiariteit een aanvullende en afgeleide rol voor de 'geprivilegieerde' — correcter: door *Pflicht zur Tat* verantwoordelijkheid dragende — instituties: Clerus en Adel. Al deze Traditionele instituties werden geacht hun natuurlijke en legitieme verantwoordelijkheden te nemen vanuit een existentiële kwaliteit die onbestaanbaar is in Liberaal-Normativistische moderniteit, een kwaliteit die nog het best tot uitdrukking komt in bepaalde — grotendeels onvertaalbare — begrippen uit 'aristocratischer' talen: *solemnidad, gravedad, Haltung, Würde.* Steuckers wijst in dit verband op de 'Romeinse Vorm' die vervat ligt in deze existentiële oriëntatie, een geaardheid die grotendeels uit de van origine *Rooms-Katholieke Kerk* verdween met de 20e eeuwse *aggiornamenti* die worden geassocieerd met het Tweede Vaticaans Concilie (1962-65). Deze Romeinse Vorm ziet ...*l'homme... comme un être combattant, un être sans cesse préoccupé de limiter le chaos naturel des choses, de donner forme au réel, de maintenir les continuités constructives léguées par l'histoire...* 'de mens... als strijdend wezen, als wezen dat verwikkeld is in een onophoudelijke strijd met de natuurlijke chaos van de wereld, [geroepen] om vorm te geven aan de [hem omringende] realiteit [en] om de construerende continuïteiten in stand te houden die zijn historische nalatenschap zijn...' (p.41)

Deze Romeinse Vorm wordt gedeconstrueerd door het valse 'antropologisch optimistische' Liberaal-Normativistisme waarin de 'maakbare' — kosmologisch 'autonome', zondeloos 'vrije', moreel 'zelfbeschikkende' — moderne mens zich los denkt van en ontheven acht aan de Goddelijke Schepping, de Goddelijke Orde en de Goddelijke Voorzienigheid. Het Liberaal-Normativisme biedt niets — *kan* niets bieden — dat de afgeschafte Romeinse vorm vervangt: het Liberaal-Normativisme is een exclusief *negatieve* ideologie die alleen maar plaats heeft voor ontkenning, deconstructie en vernietiging. Politiek gesproken is het de abdicatie van *Fortitudo*, 'standvastigheid', (bestuurlijke chaos, juridisch vacuüm), economisch gesproken is het de abdicatie van *Temperantia*, 'gematigdheid', (materialisme, consumentisme), sociaal gesproken is het de abdicatie van *Castitas*, 'kuisheid' (publieke feminisatie, private immoraliteit) en psychologisch gesproken is het de abdicatie van *Humilitas*, 'nederigheid' (grootheidswaanzin, narcisme). In de zin van Carl Schmitt's *politische Theologie* kan het Liberaal-Normativisme dus worden opgevat als een politieke toepassing van theologisch *antinominalisme*.

8. Het antinominalistische project van de vijandelijke elite

errare humanum est, perservare est diabolicum
'een vergissing is menselijk, erin volharden is duivels'

Het Liberaal-Normativisme is volledig onverenigbaar met elke positieve (eudemonische, anagogische) — laat staan Traditionalistische (holistische, Decisionistische) — staatsleer en rechtsfilosofie. Door zijn antinominalisme — zijn pretentie boven de Goddelijke Orde en de Goddelijke Wet te staan — plaatst het zich *buiten* en *beneden* elke transcendentaal geankerde staatsleer en rechtsfilosofie. In de woorden van Robert Steuckers: *Le normativisme se place en dehors de tout continuum historique puisque la norme, une fois instaurée, est jugée tout à la fois comme un aboutissement final et comme indépassable et, en théorie, le normativisme exclut toute dérogation au fonctionnement posé une fois pour toutes comme 'normal', même en cas d'extrême danger pour les choses publiques.* 'Het normativisme plaatst zich buiten elke historische continuïteit aangezien zijn *norm*, zodra zij als zodanig is geïnstalleerd, wordt gezien als noodzakelijk en onovertrefbaar eindresultaat. Strikt gesproken sluit het normativisme elke soort vrijstelling uit van het eenmalig als 'normaal' vastgestelde functioneren [van de staat], zelfs wanneer het algemeen belang in buitengewoon gevaar verkeert.' (p.35) De epistemologische en ontologische 'stalen kooi' van het Liberaal-Normativisme sluit zich met wiskundige zekerheid en in haar doctrinaire volmaaktheid sluit zij elke correctieve mogelijkheid uit. In dit verband benoemt Steuckers het liberaal-normativistische legalisme als het ultieme *arcanum* van de Westerse Postmoderniteit: het farizeïsch legalisme garandeert de (mentaal-preventieve) 'deconstructie' van elk authentiek *societas perfecta* visioen. De Decisionistische (pragmatische, flexibele, tijdelijke) *Auctoritas* die is ingebouwd in elke Traditionalistische staatsleer en rechtsfilosofie wordt onmogelijk.

In het hoofdstuk *La décision dans l'oeuvre de Carl Schmitt*, 'Het besluit in het werk van Carl Schmitt', geeft Steuckers een precieze analyse van Schmitt's intellectuele *Werdegang*. Hij wijst daarbij op de frappante parallellie tussen Schmitt's intellectuele ontwikkeling en de 20e eeuwse ontstaansgeschiedenis van de Liberaal-Normativistische epistemologisch-ontologische 'stalen kooi'. De drie fasen die Steuckers onderscheidt in Schmitt's werk en leven kunnen feitelijk worden geïnterpreteerd als drie fasen in het antinominalistische project van de vijandelijke elite: drie fasen in de opbouw van de Liberaal-Normativistische totalitaire dictatuur die haar voltooiing nadert in de Westerse Postmoderniteit. Ieder van deze drie fasen wordt door Steuckers genoemd naar de historische functie die 'beslisser' — als symbolische personificatie van de macht — heeft gedurende die fase. In het kader van de in dit hoofdstuk beoogde 'kleine anatomie van de ideologie van de vijandelijke elite' is het nuttig deze drie 'beslissers' kort de revue te laten passeren aan de hand van zijn eigen geïmproviseerd — kunstmatig maar *probleemstellend* — tijdschema.

(1) De fase van de *Beschleuniger*, de 'versneller', ofwel de veertig jaar tussen twee pregnante jaartallen in de Westerse geschiedenis: 1905 met de eerste militair-politieke overwinning van een niet-Westerse op een Westerse grootmacht (Russisch-Japanse Oorlog) en de 'constitutionalisering' van de laatste Traditioneel Westerse autocratie (Eerste Russische Revolutie), en 1945 met de definitieve militair-politieke overwinning van de klassiek-moderne natiestaat (*Lebensraum*, Asmogendheden) door het laat-moderne transnationalisme (*Grossraum*, Amerikaanse en Sovjet supermachten).[59] Deze fase wordt getypeerd door een 'ingenieursideologie' die een technische *machtsversnelling* mogelijk maakt, zowel in de zin van chronologische *door*braak als ruimtelijke *uit*braak. Daarbij drukt beginpunt '1905' een dubbel *breek*punt uit met significante machtsexpansies op zowel technisch vlak (onderzeevaart, luchtvaart, ethercommunicatie, spectrumanalyse) als cognitief vlak (Einstein's *annus mirabilis*, de Weber These, de Saussure's semiotiek, Durkheim's sociale feiten analyse). De technische overwinning op de klassiek-moderne natiestaat gedurende deze fase begint met versnelling van maritieme hegemonie (1905 markeert met de tewaterlating van de *Dreadnought* het begin van de *Naval Arms Race*) en eindigt met een doorbraak naar letterlijk *bovenaardse* macht: de lancering van V-2 *Wunderwaffe* nummer MW18014 op 20 juni 1944 markeert het begin van het ruimtetijdperk en de *Trinity Test* van 16 juli 1945 markeert het begin van het atoomtijdperk. Het is ironisch dat het streven naar revolutionaire en transformatieve vormen van macht het meest ideologisch expliciet tot uitdrukking kwamen bij de geopolitieke *verliezers* van de 20e eeuw, namelijk in het Italiaanse *Futurisme* en in het Duitse *Technisch-Idealisme* (verg. *Sunset*, 237). Steuckers wijst op het feit dat Schmitt's rechtsfilosofische analyse van de economisch-technologisch gemotiveerde *Beschleuniger* vooral moet worden begrepen als uitdrukking van een nieuwe 'titanische'

---

59 Chronologische terminologie volgens het schema van *Sunset*, 390-2: Vroege Moderniteit 1488-1776, Klassieke Moderniteit 1776-1920, Late Moderniteit 1920-1992, Post-Moderniteit 1992-heden.

ontologie die ligt achter het Duitse Technisch-Idealisme, dat wil zeggen achter dezelfde 'spectrale' spiritualiteit die bespeurbaar is in beruchte technocraten van het Derde Rijk als Albert Speer en Wernher von Braun. De Duitse Technisch-Idealistisch doelstelling van transformatieve *Beschleunigung* kenmerkt ook de gelijktijdige filosofische verkenningen Martin Heidegger.[60] Hierbij zij aangetekend dat de zoektocht naar een uitweg uit de doodlopende straat van de Westerse Postmoderniteit zeer gebaat zou zijn bij een systematische revaluatie van de *ideële* inhoud van het Duits Technische-Idealisme — een revaluatie die veel interessanter zou zijn dan de eindeloos herkauwde *ideologische* weging ervan. Bij die revaluatie kan de Duits Technisch-Idealistische nadruk op een *productieve* (kwalitatief beoordeelde), in plaats van een *commerciële* (kwantitatief beoordeeld), economie en op een *exploratieve*, in plaats van een *utilitaire*, wetenschap als uitgangspunt dienen.

(2) De fase van de *Aufhalter*, de 'vertrager', ofwel de veertig jaar tussen de *Götterdämmerung* van het Duits Technisch-Idealisme en de *Promethium Sky over Hiroshima*[61] van 1945 en 1985, het jaar van de dood van Carl Schmitt. 1985 is ook symbolisch significant als jaar *na* George Orwell's *1984* en als *point of no return* in de antropogene aardopwarming — het markeert het punt waarop de Postmoderne 'val in de toekomst' (Sloterdijk, *Die schreckliche Kinder*) onvermijdelijk wordt en waarop alle 'vertraging' strategieën falen. Deze fase wordt getypeerd door een 'vertragend' achterhoedegevecht van de (politieke, sociale, culturele) traditie-instituties van de Westerse beschaving tegen het overmachtige (dubbel technisch-industrieel en psychosociaal gemobiliseerde) proto-globalisme dat in 1945 definitief de

---

60 Een eerste systematische poging tot hervatting van Heidegger's lijn, gericht op een *door*braak van het historisch-materialistische *Gestell* van de Westerse Moderniteit en een *uit*braak naar de 'spectrale ruimte' daarbuiten, is te vinden in het werk van Jason Jorjani.

61 Een verwijzing naar Jason Jorjani's 'magische' interpretatie van de ontologische (Atlanticistische) transformatie van Japan die wordt voltrokken in de collectieve ervaring van nucleaire oorlogvoering.

overhand krijgt. Gedurende deze fase worden deze traditie-instituties (Monarchie, Kerk, Adel, Academie) steeds verder teruggedrongen in hun rol als *Katechon*. Als *Aufhalter* vertegenwoordigt de *Katechon* het 'beschavingschild' waarmee elke authentieke Traditionale gemeenschap is toegerust (voor het thema Katechon in de Nederlandse context, verg. *Alba Rosa*, 103ff). *Le katechon est le dernier pilier d'une société en perdition; il arrête le chaos, en maintient les vecteurs la tête sous l'eau.* 'De *katechon* is de laatste pijler van een instortende maatschappij: hij houdt de chaos tegen door de vectoren [ervan] het hoofd onder water te drukken.' (p.10). Gedurende deze fase worden de wortels van het staatsrecht en de rechtsfilosofie afgesneden: hun authentieke *Ortungen* (zoals uitgedrukt in Schmitt's adagium *Das Recht ist erdhaft und auf die Erde bezogen*) worden opgeheven in een planetair proces van ontworteling, de-territorialisatie en de-lokalisatie. Gedurende deze fase zijn de *Katechon* instituties niet meer in staat dit letterlijk alles-*mobiliserende* maar teleologisch negatieve proces van globalisatie te stoppen — zij hebben alleen nog maar een *remmende* functie.[62] De politieke weerslag van dit cultuur-historische proces is te vinden in de doelbewuste globalistische sloop van de natiestaat: staten en volkeren verliezen hun soevereine rechten en hun authentieke identiteiten. Het geopolitieke krachtenveld staat in toenemende mate in het teken van de mobiel-makende, vloeiend-makende en grens-overschrijdende *thalassocratie*: de door 'geld getijden' alles-economiserende 'zeemacht' die zich geleidelijk uitspreid vanuit de haar Atlantisch-Angelsaksische kerngebied (voor een uitwerking van het thema 'thalassocratie', verg. Hoofdstuk 11). Globalistische *fata morgana's* zoals 'universele mensenrechten', 'internationaal verdragen', 'vrije markt mechanismen' en 'open grenzen' worden verheven tot politiek richtinggevende *normen*. *L'horreur moderne, dans cette perspective généalogique du*

---

62 Carl Schmitt projecteerde deze rol ook op al *vooruit* Adolf Hitler als 'beschermer van het recht' (*der Führer schützt das Recht*) tegen de revolutionaire krachten van atavistische chaos die (tijdelijk) werden uitgeschakeld gedurende de *Nacht der langen Messern*.

droit, c'est l'abolition de tous les loci, *les lieux, les enracinements, les im-brications. Ces dé-localisations, ces* Ent-Ortungen, *sont dues aux accélérations favorisées par les régimes du XXe siècle, quelle que soit par ailleurs l'idéologie dont ils se réclamaient.* 'De moderne verschrikking die zich uitdrukt in deze genealogie van het recht is de afschaffing van alle *loci* — alle plaatselijkheid, alle worteling, alle ommuring. Die 'de-placeringen, die *Ent-Ortungen*, vloeien voort uit de versnellingen die worden nagestreefd door alle 20e eeuwse regimes, ongeacht de [formele] ideologische [discoursen] die zij voor zichzelf opeisen.' (p.10)

(3) De fase van de *Normalisateur*, de 'normalisator', kan *grosso modo* worden gelijkgesteld met die van het Postmodernisme. In deze tijd is de structurele omkering van de traditionele instituties en waarden van de Westerse beschaving in essentie voltooid. De politiekinstitutionele en rechtsfilosofische rol van de *Katechon*, die zich voorheen richtte naar het *positieve* (anagogische) traject van de Westerse Traditie, wordt nu *omgekeerd* overgenomen door de 'normalisator', dat wil zeggen de politiekinstitutionele en rechtsfilosofische 'antichristus' die zich richt naar de *negatieve* (katagogische) norm van de globalistische Postmoderniteit. Dit is de fase van het volgroeide Liberaal-Normativisme. Steuckers wijst op de 'Weimar Standaard' als beginstand van het Liberaal-Normativisme: deze standaard is als het ware het 'heilige' referentiepunt en het ideaal van de seculair-burgerlijke Liberalisme. De thalassocratische 'Nieuwe Wereld Orde' (geëffectueerd door 'letterinstituties' als VN, IMF, WEF, EU, NAVO) implementeert deze 'Weimar Standaard' op globale schaal, meeliftend op technische (digitale, virtuele) innovaties die 'grensoverschrijdende' producten en diensten direct koppelen aan 'grensoverschrijdende' wensen en emoties (*world wide web, social media, virtual reality*). Instabiliteit wordt hier tot standaard modaliteit in alle levenssferen. In de politieke sfeer overheersen 'open grenzen'. In de sociale sfeer overheersen 'open relaties'. In de psychologische sfeer overheerst *open access*: relaties vervallen tot rollenspel, interacties tot narcistische

egocommunicatie en intimiteiten tot pornosfeer. In de culturele sfeer overheersen *open sources*: kennis vervalt tot *resource management* en publiciteit tot *(b)log activity* — Schmitt gebruikt de term *Logbücher*. Het spirituele wegsmelten van de Westerse beschaving in een bijna letterlijke nieuwe *Age of Aquarius* is een feit. Tegen deze achtergrond wordt de rol van de 'normalisator' begrijpelijk. *La fluidité de la société actuelle... est devenue une normalité, qui entend conserver ce jeu de dé-normalisation et de re-normalisation en dehors du principe politique et de toute dynamique de territorialisation. Le normalisateur, troisième figure du décideur chez Schmitt, est celui qui doit empêcher que la crise conduirait à un retour du politique, à une re-territorialisation de trop longue durée ou définitive. La normalisateur est donc celui qui prévoit et prévient la crise.* 'De vloeibaarheid van de huidige maatschappij... is tot 'norm' geworden: het [dialectische] spel van de-normalisatie en re-normalisatie wordt permanent [versneld] — politieke primaat en territorialisatie dynamiek worden buiten de deur gehouden. De 'normalisator', de derde avatar van de 'beslisser' bij Schmitt, is degene die moet voorkomen dat er een crisis optreedt die een te langdurige en te definitieve terugkeer voorkomt van politieke macht en van her-territorialisatie. De 'normalisator' is dus degene die de crisis *voorziet* en *voorkomt*.' (p.14) Feitelijk is de 'normalisator' degene die de Liberaal-Normativistische anti-orde in stand houdt en degene die *voorkomt* dat het *Ernstfall* wordt erkend en dat de noodtoestand wordt uitgeroepen. Religieus geïnterpreteerd is dit de klassieke functie van de 'antichristus'. Deze 'normalisator' is nu belichaamd in de vijandelijke elite van het Postmoderne Westen. De functionaliteit van de vijandelijke elite als 'normalisator' verklaart de extreme vormgeving van haar antinominalistische project: institutionele oikofobie, rabiate demofobie, politiekcorrect totalitarisme, Orwelliaanse censuurpraktijk, matriarchaal 'anti-recht', idiocratisch 'anti-onderwijs', sociale deconstructie en etnische vervanging.

9. Het Decisionistisch alternatief

*In the beginning of a change the patriot is a scarce man,
and brave, and hated and scorned.
When his cause succeeds, the timid join him,
for then it costs nothing to be a patriot.*

— Mark Twain

Een antwoord op de vraag of de snelgroeiende Nieuw Rechts beweging in de zwaargehavende natiestaten van het Westen politiek in staat is om de globalistische Nieuwe Wereld Orde in haar oude thuisland te vernietigen hangt af van haar metapolitiek — filosofisch, ideologisch — vermogen om uit te breken uit het *frame* van de Postmoderniteit, namelijk de eerder benoemde 'stalen kooi' van het Liberaal-Normativisme. Het is binnen het beperkte kader van dit hoofdstuk onmogelijk deze problematiek uitvoerig te bespreken — hier kan alleen een indicatie worden gegeven van de richting waarin dit vermogen moet worden gezocht.

Martin Heidegger wees al op de psychosociaal conditionerende inwerking van de ontologische kwaliteit van de Westerse Moderniteit. Het Liberaal-Normativisme kan worden gedefinieerd als een psychosociale weerspiegeling van deze ontologische kwaliteit, die door Heidegger wordt benoemd als belichaamd in het Modern-Westerse *Gestell*, ofwel 'technisch *frame*'. Jason Jorjani wijst op de noodzaak van een expliciete heroriëntatie op de *Techne* als autonome en zelfscheppende kracht achter dit *Gestell*: alleen een nieuw technisch-idealistisch 'door-denken' van de *Techne* geeft grip op de psychosociale dynamiek van het *Gestell*. Jorjani heeft een begin gemaakt met dit door-denken: zijn Archeo-Futuristische benadering *omvat* de *Techne* en breekt daarmee door het epistemologische plafond van het historisch-materialisme. Jorjani's uitbraak uit de historisch-materialistische discursieve dialectiek brengt een dodelijke slag toe aan de erop gebaseerde Liberaal-Normativistische ideologie, *mits* deze doorbraak tot in zijn laatste (politieke, economische, sociale, culturele) consequenties wordt uitgebuit. Hier is Carl Schmitt's rechtsfilosofisch gedachtegoed hoogst relevant: het biedt de mogelijkheid tot een Archeo-Futuristische deconstructie van het Liberaal-Normativisme in politieke en juridische zin. Het levert een 'breekijzer' om uit te breken uit de politiek-juridische 'stalen kooi' van de Liberaal-Normativistische anti-rechtstaat. Dit breekijzer is het door Carl Schmitt's rechtsfilosofie gelegitimeerde Decisionisme. Tegenover de (abstracte, deconstructieve) discursieve dialectiek van het Liberaal-Normativisme stelt Carl Schmitt de (concrete, constructieve) *Realdialektik* van het Decisionisme. Het Decisionisme keert terug tot de habitus van het *Ordnungsdenken* en herstelt de *authentieke* — want flexibele, pragmatische — *tegen*-norm van de *Obrigkeitsstaat*. Het Decionisme biedt Nieuw Rechts een Archeo-Futuristische gevalideerde deconstructie van het Liberaal-Normativisme.

Steuckers' reconstructie van Schmitt's rechtsfilosofie levert de bouwstenen van een nieuw Archeo-Futuristisch gekaderd Decisionisme als remedie voor het Liberaal-Normativisme. Een Archeo-Futuristisch vormgegeven Decisionisme zal zich moeten oriënteren op de institutionele en rechtsfilosofische Westerse Traditie: *Tout avenir doit être tributaire du passé, être dans sa continuité, participer d'une perpétuation faute de quoi il ne serait qu'une sinistre farce, un projet éradicateur et, par là même, criminel.* 'Iedere toekomstvisie moet zichzelf kennen als erfgenaam van het verleden en als [drager van historische] continuïteit: anders is zij niets anders dan een sinistere farce, een vernietigingsproject en — daarmee — een misdaad.' (p.60-1) Tegelijk is echter een aanzienlijk voorbehoud te maken: Steuckers wijst op de noodzaak van een *pragmatische* applicatie van het Decisionisme in de eigentijdse context: *...il y a... deux dangers à éviter, celui de caricaturer la tradition, [comme] éloigné[e] de tout véritable souci du...' politique politique', et celui de l'abandonner au profit de maigres schémas normativistes.* '... twee gevaren moeten worden vermeden: [ten eerste] een karikatuur van de traditie, als losstaand van elk effectieve zorg om... een [altijd pragmatische] 'politieke politiek', en [ten tweede] een loslaten van de traditie ten gunste van magere normativistische schemaatjes.' (p.63) Er kan dus geen sprake zijn van een neoreactionaire terugkeer naar achterhaalde vormen van Decisionisme: *...les régimes pré-libéraux... étaient plus stables sur le long terme, [m]ais... on ne pourra pas les restaurer sans d'effroyables bains de sang, sans une sorte d'apocalypse. [On] doit dès lors éviter l'enfer sur terre et œuvrer au maintien des stabilités politiques réellement existantes.* '... de preliberale regeringsvormen [van de premoderne wereld]... waren stabieler op de lange termijn, [m]aar... men kan ze niet herstellen zonder verschrikkelijke bloedbaden en een soort apocalyps. Dus moet men de hel op aarde vermijden en werken binnen het kader van de daadwerkelijk nog bestaande politieke stabiliteit.' (p.31) Een eigentijds Decisionisme is meer gebaat met het bevorderen van een *organische ontwikkeling* dan met het nastreven van een anachronistisch purisme.

Kernelementen van deze organische ontwikkeling zijn terug te vinden in de door Steuckers gereconstrueerde historische lijn van het Westers Decisionisme. Deels geseculariseerde maar nog steeds transcendent geïnspireerde aspecten van een 'hoger belang' dienend Decisionisme zijn terug te vinden in elkaar chronologisch opvolgende maar organisch verweven rechtsfilosofische noties: het *Corpus Mysticum* van Francisco Suárez (1548-1617), de *volonté générale* van Jean-Jacques Rousseau (1712-78), het *élan vital* van Henri Bergson[63] (1859-1941), de *omul nou* van Corneliu Codreanu (1899-1938) en de *Reichstheologie* van Erich Przywara (1889-1972). Deze noties overstijgen alle 19e en 20e eeuwse 'ismes': ze overstijgen het fascisme (foutief in zoverre het in de staat een *doel* in plaats van een *middel* ziet), het nationalisme (foutief in zoverre het de natie een *actieve* in plaats van

---

63 Een notie met de implicatie van morfogenetische synergie die wordt uitgewerkt in zijn hoofdwerk, *L'Evolution créatrice* — voor een Archeo-Futuristische herinterpretatie van *élan vital*, verg. Jason Jorjani's *Prometheus and Atlas* (voor een relevante boekbespreking, verg. *Alba Rosa*, 209ff).

passieve rol toedenkt) en het parlementarisme (foutief in zoverre het *procedures* prioriteit geeft boven *probleembestrijding*). Er is dus een (semi-)Traditionalistische continuïteit die zich constant blijft ontwikkelen naast en tegen de gestage modernistische devolutie die nu is uitgelopen op het door de (trans-nationale en informele) *potestas indirecta* van de vijandelijke elite gerealiseerde Liberaal-Normativisme. Deze alternatieve Decisionistische lijn biedt houvast bij een Archeo-Futuristische deconstructie van het Liberaal-Normativisme: zij biedt een uitweg uit het op totale *Staatsdämmerung* gerichte neo-liberalisme en het op permanente *Ersatz-Revolution* gerichte cultuur-marxisme. Aan de periferie van het Westen zijn de eerste tekenen van een proto-Archeo-Futuristische reactie op het Liberaal-Normativisme al zichtbaar in het—door de Liberaal-Normativistisch propaganda zeer toepasselijk als 'illiberaal' betitelde—'Verlichte Decisionisme' van Vladimir Poetin, Viktor Orbán en Recep Erdogan. De Westerse vijandelijke elite probeert een overslaan van de Decisionistische reactie op het Westerse hartland—al zichtbaar in 'Brexit', 'Trump', 'LEGA'—te voorkomen door een versnelde doorvoering van haar kernstrategieën: totalitair matriarchaat (anti-blank 'multiculturalisme', anti-masculien 'transgenderisme', anti-intellectuele 'politieke correctheid'), sociale implosie ('flitsechtscheiding', 'anti-conceptie', 'seksuele revolutie') en etnische vervanging ('vluchtelingenquota', 'migratiepacten', 'kennismigratie').

Het succes van Nieuw Rechts in haar strijd tegen de vijandelijke elite zal echter niet alleen afhangen in een intellectuele revalidatie van het Decisionisme: het zal ook afhangen van een innerlijke herbeleving van het eraan ten grondslag liggende *Wehr- und Waffen-Instinkt*. Steuckers wijst in dit verband op de Traditioneel-Westerse ethiek van de *kruisvaarder*, dat wil zeggen het dubbel monastieke en ridderlijke archetype van de 'militaire *Katechon*'. Er is een direct psycho-historisch verband tussen de Crisis van het Postmoderne Westen en het wegvallen van de Westerse monastieke en ridderlijke tradities. Steuckers wijst op het belang van het kruisvaarder ideaal in de Westerse geschiedenis, hooggestileerd in heroïsche figuren als Johann Tserclaes Graaf van Tilly, aanvoerder van de Katholieke Liga van 1610 tot 1632, en Prins Eugenius van Savoye, overwinnaar van de Franse erfvijand bij Blenheim (1704) en Oudenaerde (1708) en de Turkse aartsvijand bij Zenta (1697) en Belgrado (1717). Het vermogen van Nieuw Rechts tot een succesvol alternatief-Decisionistisch verzet tegen de Liberaal-Normativistische vijandelijke elite hangt mede af van een hervinden van het Westerse *Wehr- und Waffen-Instinkt*. Men moet in staat zijn tot een combinatie van fysieke, psychologische, intellectuele en spirituele strijd. De daartoe benodigde weerbaarheidoefening begint met een therapeutische behandeling van de psycho-historische trauma's van het Westen.

Sessie 1: de *positieve innerlijke* herbeleving van de levenshouding die besloten ligt in oeroude — vanzelfsprekend *Duitse* en *Pruisische* — 'taboewoorden' als *Beharrung, Kleinkrieg, Zermürbung, totaler Widerstand, totaler Krieg*. Sessie 2: de *transformatieve projectie* van deze herbeleving op splinternieuwe, tot vreedzaam maar effectief burgerlijk verzet oproepende *catch phrases* als *Take the Hit* (Jared Taylor) en *Great White Strike* (Frodi Midjord). Sessie 3: het ontwikkelen van een onbuigzame onverzettelijkheid door een *constante confrontatie* met de vijand — *innerlijk* in wat in de Islamitische Traditie *al-jihad al-akbar* wordt genoemd en *uiterlijk* in wat de Augustiniaanse Traditie *bellum justum* wordt genoemd. Tegen de in deze weerbaarheidoefening aangekweekte discipline en moed zal deze vijandelijke elite het snel afleggen: de vijandelijke elite mag dan kwaadaardig zijn — ze is vooral ook *laf.*

> *Noch sitzt ihr da oben, ihr feigen Gestalten.*
> *Vom Feinde bezahlt, dem Volke zum Spott.*
> *Doch einst wird wieder Gerechtigkeit walten, dann richtet das Volk.*
> *Dann genade Euch Gott!*
>
> — Theodor Körner

10. De Euraziatische dimensie

à tous les coeurs bien-nés que la patrie est chère

De strijd tegen de globalistisch denkende en opererende vijandelijke elite vergt méér dan alleen een Nieuw Rechts interventie op het niveau van iedere Westerse natiestaat voor zichzelf: deze strijd vergt ook een bepaalde mate van geopolitieke coördinatie op internationaal niveau. Steuckers levert in dit verband een hoogst originele actualisatie van Schmitt's geopolitieke *Land und Meer* analyse (Schmitt). Steuckers stelt dat het naderende hoogtepunt van de globalisme — feitelijk het hoogtepunt van de door Schmitt geanalyseerde Atlantisch-Angelsaksische thalassocratie — wordt gekenmerkt door 'pyro-politiek', dat wil zeggen een dwangmatig proces van globalistische 'brandstichting' in alle delen van de wereld die niet direct toegankelijk en beheersbaar zijn door het zeemacht-gedragen globalisme. *Les forces hydropolitique cherchent à détruire par tous les moyens possibles cette terre qui ne cesse de résister. Pour parvenir à cette fin, l'hydropolitique cherchera à provoquer des explosions sur les lambeaux de continent toujours résistants ou même simplement survivants. L'hydropolitique thalassocratique va alors chercher à mobiliser à son profit l'élément Feu comme allié, un Feu qu'elle ne va pas manier directement mais confier à des forces mercenaires, recrutées secrètement dans des pays ou des zones urbaines en déréliction, disposant d'une jeunesse masculine surabondante et sans emplois utiles. Ces forces mercenaires seront en charge des sales boulots de destruction pure, de destruction de tout ce qui ne s'était pas encore laissé submerger.* 'De hydro-politieke machten trachten met alle mogelijke middelen de landmachten te vernietigen die zich blijven verzetten [tegen de globalistische thalassocratie]. Om dat doel te bereiken tracht de hydro-politiek explosies te bewerkstelligen op de nog weerstand biedende of simpelweg overlevende flarden van continent[ale macht]. De thalassocratische hydro-politiek zal daarbij trachten aan haar zijde het element Vuur te mobiliseren — een element dat zij niet direct kan inzetten, maar dat zij toevertrouwt aan huurlingen legers die heimelijk worden gerekruteerd uit de overtollige en werkloze mannelijke jeugd van achtergebleven landen en buitenwijken. Zulke huurlingen legers kunnen worden ingezet voor vuile karwijtjes van pure vernietiging — vernietiging van alles wat zich niet heeft laten verdrinken [in het globalisme].' (p.241)

Hiermee verklaart Steuckers een aantal actuele geopolitieke patronen zoals *humanitarian interventions* (Somalië 1992, Kosovo 1999, Libië 2011), *proxy wars* (Tsjetsjenië vanaf 1994, Sinkiang vanaf 2007, Syrië vanaf 2011) en etnische *émeutes* (Los Angeles 1992, Parijs 2005, Londen 2011). Ook de kunstmatige creatie van *colour revolutions*, *separatist movements* en *failed states* door de globalistische elite kan worden begrepen binnen het kader van Steuckers' pyro-politiek. De auteur van dit hoofdstuk voegt hieraan toe dat het, in het verlengde hiervan, zelfs mogelijk is een aantal nóg grotere patronen te herinterpreteren. Zo kunnen (de via globale hyper-consumentisme en industriële *outsourcing* naar de Derde Wereld bewerkstelligde) antropogene klimaatverandering en (de via 'ontwikkelingshulp' aan de Derde Wereld gesponsorde) mondiale overbevolking en (de via 'vluchtelingen verdragen' en 'humanitaire hulp' gefaciliteerde) intercontinentale migratiestromen worden opgevat als *gewilde* globalistische experimenten in pyro-politiek. ...*La stratégie thalassocratique de mettre le Feu à des régions entières du globe en incitant à des révoltes, en ranimant des haines religieuses ou des conflits tribaux n'est certes pas nouvelle mais vient de prendre récemment des proportions plus gigantesque qu'auparavant dans l'histoire. C'est là le défi majeur lancé à l'Europe en cette deuxième décennie du XXIe siècle.* '...De thalassocratische 'verschroeide aarde' strategie die hele regio's tegelijk treft door het aanstichten van opstanden, het aanwakkeren van religieuze haat en het oprakelen van tribale conflicten is zeker niet nieuw maar heeft recent historisch ongeëvenaarde proporties aangenomen. Hierin ligt voor Europa de grootste uitdaging van het tweede decennium van de 21ste eeuw.' (p.243)

Steuckers wijst op Schmitt's rechtsfilosofische validatie van een geopolitieke visie die Europa een alternatief biedt voor de globalistische pyro-politiek: een *Europese Monroe Doctrine*. Dit alternatief ontleent haar rechtsfilosofische geldigheid aan de Decisionistische prioriteit van aardse *Realpolitik* boven abstracte 'norm-politiek': *das Recht ist erdhaft und auf Erde bezogen*. In de door Steuckers gereconstrueerde geopolitieke visie van Schmitt is het wrede primitivisme van de globalistische pyro-politiek te herleiden tot de rechtsfilosofische regressie die samenhangt met de opkomst van Amerika als thalassocratische supermacht — de Amerikaanse interventie in de Eerste Wereld Oorlog markeert daarbij het fatale omslagpunt. *...Le droit n'existe pas sans territoire et... les civilisations se basent sur une organisation spécifique de l'espace* (Raumordnung)*, d'où découle un* jus publicum *admis par tous. En Europe, de la fin du Moyen Age jusqu'au début de notre siècle, l'histoire a connu un* jus publicum europaeum *où l'on admettait que chaque Etat, chaque Nation menaient une guerre juste de son point de vue. Ce respect de l'adversaire et des [motives] qui le poussent à agir humanisera la guerre. Avec Wilson, on assiste à un retour à la discrimination entre les ennemis car l'Amérique s'arroge le droit de mener seule une guerre juste.* '...Er bestaat geen recht zonder territorium en... alle beschavingen baseren zich op een specifiek-eigen 'ruimtelijke ordening' (*Raumordnung*) waaruit een *jus publicum* kan worden afgeleid dat door allen wordt erkend. Vanaf het einde van de Middeleeuwen tot aan het begin van [de 20e] eeuw kent de geschiedenis van Europa een *jus publicum europaeum* waarbinnen men erkende dat elke Staat en elke Natie vanuit het eigen perspectief een rechtvaardige oorlog mag voeren. Dit respect voor de vijand en voor de motieven die hem tot handelen aanzetten leiden tot een [relatieve] 'humanisering' van de oorlog. Maar met Wilson komt het tot een terugval naar discriminatie tussen vijanden, want [tijdens zijn presidentschap] matigt Amerika zich het exclusieve recht op de rechtvaardige oorlog toe.' (p.19)

De abstract-normativistische rechtsfilosofie van de globalistische geopolitiek die voortborduurt op het Wilsoniaanse patroon kan slechts worden gedeconstrueerd door een systematische terugkeer naar concrete rechtsfilosofische *Ortungen*, dat wil zeggen letterlijke her-territorialisaties van plaatsgebonden rechtsordes — hierin ligt de rechtsfilosofische onderbouwing een levensvatbare *multipolaire* geopolitiek. Deze opvatting onderbouwt ook het (Neo-)Eurazianisme, zoals bepleit door Aleksandr Doegin (meer hierover in Hoofdstuk 11).[64] Het gedachtegoed van Doegin markeert in zekere zin de her-territorialisatie van de Russische staatsopvatting en de Russiche volksidentiteit na de zeventigjarige de-territorialisatie van het transnationale Sovjet project. En zo komt uit wat Steucker al in 1985, dus nog voor Gorbatsjov's *Glasnost* en *Perestroika*, voorspelde: *Quand les Russes cesseront de se laisser gouverner par de vieux idéocrates, ils seront à nouveau eux-mêmes: le peuple théophore, le peuple porteur du sublime.* 'Wanneer de Russen ophouden zich door oude ideocraten te laten besturen, dan zullen zij opnieuw zichzelf kunnen zijn: het theofore volk — het volk dat het Sublieme draagt.' (p.27) Uit de miraculeuze wederopstanding van Rusland uit de as van het Sovjet-Communisme kunnen de Westerse volkeren inspiratie ontlenen voor hun eigen wederopstanding uit de as van het Liberaal-Normativisme.

Het uitgangspunt van een Eurazianistische 'Monroe Doctrine' voor de bescherming van de Europese volkeren ligt dus in de concrete rechtsfilosofische *Ortung*. *Si l'Europe a un droit à l'identité, il convient de définir cette identité à la lumière du concret, en rappelant les lourdes concrétudes de l'histoire et sans ressasser ces pseudo-arguments complètement stériles qu'avancent tous les fétichistes adorateurs d'idéaux désincarnés. Parce que l'Europe n'est pas d'abord une idée, belle et abstraite... L'Europe, c'est d'abord une terre, un espace, morcelé en Etats nationaux depuis le XVIIe siècle, balkanisée avant la lettre en son centre géographique depuis ce pré-Yalta que furent les traités de Westphalie conclus en 1648.* 'Als Europa al een recht op identiteit heeft, dan dient die identiteit herleidbaar te zijn naar een concrete basis,

---

64 Verg. ook 'Faust' kanaal podcast *Discussing Eurazianism*.

met verwijzing naar de loodzware concrete lasten van de geschiedenis en zonder herhaling van de volstrekt steriele pseudo-argumentaties die worden gelanceerd door de zwijmelende fetisjisten van abstracte idealen. Want wat Europa vooral *niet* is, is een mooi abstract idee... Europa is in de eerste plaats een [fysiek] *territorium*, een *gebied*, sinds de 17e eeuw opgedeeld in natie-staten en al in zijn geografisch centrum 'gebalkaniseerd' *avant la lettre* sinds het proto-Yalta van het Verdrag van Westfalen dat werd ondertekend in 1648.' (p.23) Het programma van een Eurazianistisch geopolitiek kan worden afgeleid uit dit uitgangspunt: *Notre tâche, notre objectif, notre volonté: créer une 'doctrine de Monroe' européenne, une doctrine qui, en politique internationale, puisse regrouper les peuples par affinités culturelles en zones semi-autarciques autocentrées, gouvernées pas une conception de l'économie politique non-libérale, une conception de l'économie qui rejette le libre-échangisme et l'interdépendance économique mondialiste.* 'Onze taak, ons doel, onze wil: tot een 'Monroe Doctrine' te komen voor Europa — een doctrine die het internationaal politieke effect heeft van een hergroepering van de volkeren rond culturele affiniteit, semiautarkische en autocentrale zones, geleid door een niet-liberaal model van economische politiek — een model dat de globalistische principes van [onbeperkte] vrije markt principe en [onbegrensde] wederzijdse economische afhankelijkheid verwerpt'. (p.25) Het Eurazianistische project is dus gericht op *her-territorialisaties*: politiek in herstelde staatssoevereiniteit, sociaal in herstelde volksidentiteit en economisch in herstelde autarkie (maximale voedsel, energie, industrie autarkie in regionale welvaartssferen). *L'économie, par la crise, nous défie et nous accuse d'avoir fait fausse route. La géopolitique nous dicte ses vieux déterminismes que personne ne peut contourner. Il n'y a que nos volontés qui vacillent, qui ne suivent pas l'implacable diktat du réel et de l'histoire.* '[Chronische] economische crises dagen ons uit en laten ons zien dat we de verkeerde weg zijn ingeslagen. De geopolitiek dwingt ons [om te keren naar] oude wegen die in hun aardse vastheid door niemand kunnen worden omgeleid. Het is slechts onze wil die nog weifelt in het volgen van de onverbiddelijke wegwijzers van de aardse en historische realiteit.' (p.27)

Nieuw Rechts kan zich bij het vinden van de wijsheid die nodig is om de globalistische vijandelijke elite te verslaan putten uit de erfenis van de grote denkers van de Westerse Traditie. Zij is dank verschuldigd aan Robert Steuckers voor het ontsluiten en actualiseren van het rijke gedachtegoed van Carl Schmitt — en voor het aanleveren van wapens om de vijandelijke elite voor eens en altijd het zwijgen op te leggen.

Zelf heb ik de smid geschapen,
die het kolenvuur aanblaast,
en gereedschap voor zijn werk te voorschijn brengt;
zo ben Ik het ook die de verdelger heeft geschapen om te gronde te richten.
Geen wapen, tegen u gesmeed, zal slagen,
en gij zult de schuld bewijzen
van elke tong die in het geding zich tegen u verheft.

— Jesaja 54:16-17

Hoofdstuk 11

Le Rouge et le Noir: inleiding tot het Eurazianisme — *Parerga en Paralipomena* bij Robert Steuckers' *Europa II. De l'Eurasie aux périphéries, une géopolitique continentale* (Madrid: BIOS, 2017)

Voorwoord: 'Trois Couleurs'

Sur Bruxelles, au pied de l'archange,
Ton saint drapeau pour jamais est planté[65]

— La Brabançonne

AAN DE CULTUUR-HISTORISCHE waarnemingshorizon van het postmoderne Westen begint zich geleidelijk aan een storm van ongekende proporties af te tekenen: met de aanstaande climax van de Crisis van het Moderne Westen — door Jason Jorjani nader geduid als de op handen zijnde *World State of Emergency* — nadert ook de Archeo-Futuristische Revolutie (verg. *Alba Rosa*, 209ff). Nieuw Rechts, dat nu een stormachtige ontwikkeling doormaakt in alle Westerse landen, mag gelden als 'stormvogel' van deze Archeo-Futuristische Revolutie (meer hierover in Hoofdstuk 4). Het is belangrijk dat deze beweging zich beraadt op effectieve metapolitieke strategieën ter voorbereiding van het

---

65 De aartsengel St. Michael is de beschermheilige van de stad Brussel.

aanstaand socio-politieke faillissement van de vigerende — dubbel neo-liberaal/cultuur-marxistische — globalistische werldorde. Het oudste metapolitieke discours dat de beweging daarbij ten dienste staat is het Traditionalisme. De enige hedendaagse mondiale geopolitieke visie die het Traditionalistisch gedachtegoed substantieel incorporeert is het *Eurazianisme*. Dit hoofdstuk wil nader ingaan op het Traditionalistisch-georiënteerde Neo-Eurazianisme waarvan Aleksandr Doegin als bekendst exponent mag gelden.[66] Dit hoofdstuk wil echter ook wijzen op het — onterecht onderbelichte en hogelijk onderschatte — Traditionalistische denken en schrijven dat leeft in de Nederlanden zelf. Dit hoofdstuk is gewijd aan de meest vooraanstaande — en oudstgediende — exponent van het typisch eigenwillige soort Traditionalisme dat gedijt in de Lage Landen: Robert Steuckers. Recentelijk verscheen van zijn hand een encyclopedisch werk over de Europese geschiedenis, beschaving en actualiteit: het drieluik *Europa* is een intellectuele *tour de force* van een diepgang en reikwijdte die zich niet laten smoren in de obligate politiek-correcte doofpop van (zelf-)censurerende systeem-publicisten. *Europa* is geschreven in het Frans en is nog niet naar het Nederlands of Engels vertaald; de lamentabele neergang van het onderwijs in de Franse taal in Nederland maakt het daarmee helaas ontoegankelijk voor grote delen van haar belangrijkste doelgroep in ons land: de patriottisch-geïnspireerde en identitair-bewuste intellectuele *avant garde* van de nieuwe generatie. Niet alleen in Nederland, maar in heel Europa maakt deze *génération identitaire* zich op voor de eindstrijd om haar existentieel bedreigde erfgoed: de Westerse beschaving en de Westerse geboortegrond. Dit hoofdstuk wil althans een klein stukje van het denken dat vervat ligt in Steuckers' *Europa* toegankelijk — of tenminste bekend — maken voor/bij het Nederlandse publiek. Naar mening van ondergetekende recensent vertegenwoordigt Steuckers' *Europa* een juweeltje — een kleine afspiegeling van de Gouden Dageraad waar het Traditionalisme

---

66 Verg. ook 'Faust' kanaal podcast *Discussing Eurazianism*.

en het Eurazianisme naar terug en vooruit kijken. Zo komt uit België — uit Brussel — niet alleen het postmodern-globalistische 'Europa' van de EU moloch, maar ook het Archeo-Futuristische visioen *Europa* van Robert Steuckers. Dit hoofdstuk is daarom niet alleen opgedragen aan Robert Steuckers zelf, maar ook aan zijn vaderland, Nederland's stamverwante buurland, België.

Hoewel de (Frans-revolutionaire) oriëntatie en (heraldiek-traditionele) kleuren van de Belgische vlag historisch voorspelbaar zijn uit het specifieke wordingsproces van de Belgische staat, is zij toch zeer ongewoon in één opzicht. Wellicht reflecteert haar vreemde — bijna vierkante (13:15) — proportionaliteit de historische uniciteit van de Belgische staatkundige configuratie: België is feitelijk een cultuurhistorisch 'restgebied' dat als 'bufferzone' soeverein werd verklaard ter wille van een vroeg-19e eeuwse Brits-Frans-Pruisische *balance of power* compromis. Alleen kleurmatig heeft de Belgische vlag een authentiek-traditionele (dat wil zeggen dubbel historisch-symbolieke) stamboom. Tussen het bloedrood van de achterlandgewesten Luxemburg, Henegouwen en Limburg en het sabelzwart van het rijke zeegewest Vlaanderen staat het goudgeel van het machtige gewest Brabant en zijn hoofdstad Brussel, administratief pan-Europees machtscentrum van de premoderne Bourgondische staat tot aan de postmoderne Europese Unie. Het Belgische rood en zwart hebben dezelfde heraldiek-symbolische lading als het Eurazianistische rood en zwart: rood is in beide de kleur van aardse macht (Adel, leger) en zwart de kleur van bovenaardse macht (Kerk, clerus). Beide vullen elkaar noodzakelijkerwijze aan in de holistische visie van het Traditionalistische Eurazianisme: samen vormen ze een intimiderende combinatie die de dreiging van (zondvloed) storm en (heilige) oorlog voorspiegelt. Tot op de dag van vandaag weet iedereen dat de rood-zwarte vlag staat voor *revolutie*, zelfs als de *Social Justice Warrior* ideologen niet begrijpen wat de ware — *terug*-waartse en *op*-waartse — richting van elke authentieke *re*-volutie is (*in casu*: de Archeo-Futuristische Revolutie). Tussen het Belgische bloedrood en sabelzwart staat echter ook nog een kleur die in 'occultatie' *schijnt* te zijn in het Eurazianisme: het goudgeel dat de heraldiek-symbolische lading draagt van het hemelse licht en de Gouden Dageraad — en daarmee van het Traditionalisme zelf. Het is een straaltje van dat licht dat in Steuckers' *Europa* uit Belgisch Brabant tot ons komt.

(*) De organisatie van dit hoofdstuk in 'vraag paragraven' (met experimentele 'antwoorden' in de mottos/ondertiteltjes) komt grosso modo overeen met die van Hoofdstuk I van Europa *deel II (een uitgeschreven interview), maar is wel enigszins bijgesteld om de basisprincipes van het daarin beschreven Eurazianisme zo precies mogelijk begrijpelijk te maken voor de geïnteresseerde leek.*

Wat is de cultuur-historische visie van het Eurazianisme?

History is written by those who hang heroes

— Robert the Bruce

Ter inleiding van het Eurazianisme is het van essentieel belang te wijzen op het belang van een *long durée* perspectief op de Westerse beschaving: Steuckers doet dit door te verwijzen naar de prehistorische wortels van de Europese volkeren, zoals die in de nasleep van de laatste IJstijd vorm kregen in het oudste Europese stamland tussen Thüringen en Zuid-Finland en zoals die zich al spoedig verspreidden door de hele Euraziatische ruimte tussen de Atlantische kust en het Himalaya gebergte. Ongetwijfeld is het deze archetypische beleving van dit prehistorische 'Europese Avontuur' — het ontdekken, ontsluiten en ontginnen van de immens gevarieerde oerlandschappen die liggen tussen de bevroren nevels van Scandinavië en de stomende jungles van Indië — die bepalend is voor Europa's 'Faustiaanse' aandrang om over alle horizons heen te reiken. Het is deze zelfovertreffende aanleg — een subtiele combinatie van geïnspireerde visie, de lotstartende overmoed en het technisch vernuft — die een blijvend stempel heeft gedrukt op de archetypen van de Europese beschaving, van Klassiek-Griekse Titanen en Argonauten tot Laat-Moderne atoomwetenschappers en astronauten. Met het temmen van het paard en met superieure wapentechniek overheersten de proto-Europeanen al aan het begin van de geschreven geschiedenis het steppeland-centrum van de Euraziatische ruimte: Steuckers herinnert aan het feit dat zelfs nog ten tijde van de oudste Indo-Europese grootmachten — Achaemenidisch Perzië, Alexandrijns Macedonië, Maurya Indië — semi-mythische bereden riddervolkeren als de Scythen en de Sarmaten de Euraziatische Steppe beheersten. Het is op de geopolitieke as van deze steppe, die zich nagenoeg ononderbroken uitstrekt van Hongarije tot Mantsjoerije, dat de geschiedenis van de Europese volkeren op cruciale momenten is bepaald.

Steuckers wijst erop dat de dertien eeuwen Europese geschiedenis sinds het verlies van het Indo-Europese machtsmonopolie op de Euraziatische Steppe — gemarkeerd door de opkomst van het Hunnen Rijk onder Attila (406-453) — in feite kan worden beschreven als één gigantische strijd om het initiatief te heroveren op concurrerende Turks-Mongoolse volkeren die westwaarts stormen vanuit de steppe. Vanuit die optiek markeert de nederlaag van de Hunnen op de Catalaunische Velden (451) niet zozeer een Europese overwinning als wel de (dusver) diepste laagwaterstand van de Europese beschaving, dan teruggedrongen tot nauwelijks 300 kilometer van de Atlantische kust. Het is pas gedurende de 16e en 17e eeuw dat de Aziatische stormloop op Europa definitief wordt gekeerd: pas in de zeeslag bij Lepanto (1571) en het tweede beleg van Wenen (1683) wordt de Ottomaanse bedreiging van het Europese hartland definitief beëindigd. Steuckers wijst op de cruciale rol van de bereden Kozakken legers in de erop volgende — twee eeuwen durende — *Reconquista* van de Euraziatische Steppe (archetypisch uitgedrukt: 'Rohan' dat de 'Pelennor' schoonveegt). Deze herovering schept een brug tussen de twee grote beschavingspolen van Eurazië: Europa in het westen en

China in het oosten — deze *beschavingsbrug* is het kernstuk van het Eurazianistische Project.

Het is de Vroeg-Moderne herovering van de Euraziatische kernruimte die de Klassiek-Moderne Europese wereldmacht mogelijk maakt. Het anker van het globale 'Europees Imperium' ligt in de Diplomatieke Revolutie — het *renversement des alliances* — van 1756 en de strategische alliantie van de grootmachten Spanje, Frankrijk, Oostenrijk en Rusland, zich ongebroken uitstrekkend over de hele Euraziatische ruimte van Finisterre tot Kamchatka. De op deze Diplomatieke Revolutie volgende Zevenjarige Oorlog (1756-63) heeft met recht de bijnaam 'Wereld Oorlog Nul': het is de eerste directe strijd tussen de Angelsaksisch-geleide 'thalassocratie' en de Euraziatische landmachten. Catastrofale maritieme en koloniale nederlagen kostten Frankrijk bijna al zijn bezittingen in Noord-Amerika en Zuid-Azië: de geopolitieke basis van de tot op de dag van vandaag voortdurende Angelsaksische hegemonie ter zee is gelegd. Abstract gesproken vertegenwoordigt de Angelsaksische thalassocratie de op zeemacht gebaseerde Westerse Moderniteit en vertegenwoordigen de Euraziatische kernmonarchieën de op landmacht gebaseerde Westerse Traditie. Deze *beschavingstegenstelling* is het — zuiver Traditionalistische -kernstuk van de Eurazianistische gedachte.

Met de Franse Revolutie — ironisch genoeg direct voortvloeiend uit het Franse staatsbankroet dat volgt op de Franse *revanche* ter zee op Groot-Brittannië tijdens de Amerikaanse Revolutie (1775-83) — krijgt de thalassocratische Moderniteit vaste voet aan grond op het Europese continent: Frankrijk speelt als brandhaard van revolutionaire politiek en anti-Eurazianistische geopolitiek gedurende de 19e en 20e eeuw constant de rol van continentaal bruggenhoofd voor de thalassocratische Moderniteit (voor de metahistorische achtergrond en ontstaansgeschiedenis ervan, verg. *Sunset*, 284ff). De post-Napoleontische restauratie van de Traditionalistische Bourbons en de instelling van de proto-Eurazianistische Heilige Alliantie (1815) brengen hierin geen verandering: in 1830 valt Frankrijk terug in revolutionaire politiek en met haar anti-revolutionaire falen zowel binnen als buiten Europa is de Heilige Alliantie failliet. Met vrijwel de hele Nieuwe Wereld vast in handen van vrijmetselaars liberalen — nu afgeschermd door de Monroe Doctrine — en met escalerende revolutionaire agitatie op het Europese vasteland verschuift het geopolitieke evenwicht gestaag ten voordele van de Atlanticistische thalassocratie en ten nadele van het Traditionalistische Eurazië. Steuckers wijst terecht op de elementaire rol van de Anglo-Franse *rapprochement* in dit proces: de Krim Oorlog (1853-56) is in zijn optiek het definitieve moment waarop de Euraziatische ruimte landinwaarts wordt teruggedrongen naar de Rijn. Enkele jaren later neemt het door Bismarck wederopgerichte (Tweede) Duitse Rijk de rol van Euraziatische buitenpost over van het definitief in republikeinse decadentie verzonken Frankrijk: Duitsland's *Wacht am Rhein* als hoeder van de Europese Traditie begint. In het tijdperk van de gecombineerde Tweede Industriële Revolutie en het Moderne Imperialisme en de onweerstaanbare opkomst van een globale *règne de la quantité* is het verval van het Traditionalistische Eurazië echter onstuitbaar. De globale strategische deficiëntie van Eurazië is het duidelijkst zichtbaar in het verlies van de laatste Euraziatische buitenposten in de Nieuwe Wereld (de Russische verkoop van Alaska in 1867 en de Spaanse nederlaag in de Caraïben in 1898) en in het falen van Duitsland om zich een substantiële *Platz an der Sonne* toe te eigenen. Met het verlies van de *Naval Arms Race* met Groot-Brittannië is Duitsland in 1912 gedwongen haar offensieve *Weltpolitik* in te ruilen voor een defensieve *Mitteleuropapolitik*: tegen die tijd is haar fatale *Einkreisung* door een overmachtige alliantie van thalassocratisch Groot-Brittannië en republikeins Frankrijk plus het financieel-gemanipuleerde en revolutionair-ondermijnde Rusland allang een feit. Historisch gesproken is de onvermijdelijke nederlaag van Duitsland als kampioen van de Europese Traditie het resultaat van een zorgvuldig voorbereide hinderlaag. Met het *Diktat* van Versailles, de ontmanteling van het Habsburgse Rijk en met de Bolsjewistische terreurbewind zijn de grote stutten van het Traditionalistische Eurazië geslecht. De opstand tegen de resulterende eerste versie van de thalassocratisch-globalistische Nieuwe Wereld Orde, abstract gesymboliseerd in de dubbele oprichting van de Comintern en de Volkenbond in 1919/20, door de 'As-mogendheden' in 1937-45 is nóg hopelozer dan de ongelijke wedstrijd 'Duitsland vs. Wereld' van 1914-18. Met de definitieve vernietiging van de Europese Traditie en de Europese grootmachten in jaren '40 (Frankrijk verliest grootmacht status in 1940, Italië in 1943, Duitsland in 1945 en Groot-Brittannië — met Indië — in 1947), valt de rol van Euraziatisch voorvechter toe aan een ideologisch onwaarschijnlijke maar geopolitiek logische kandidaat: het nieuwe 'nationaal-communistische' Rusland van Stalin. De thalassocratische strijd tegen dit nieuwe Euraziatisch bolwerk neemt de vorm aan van een langdurige mondiaal-uitgevochten belegeringsstrijd: de 'Koude Oorlog'. In 1991 gooit de Sovjet-Unie, failliet en uitgeput na vier decennia ongelijke strijd tegen een overmachtige globale vijand, de handdoek in de ring. Zo kunnen Francis Fukuyama zijn *End of History* en George Bush Senior zijn *New World Order* verkondigen: 'Globalië', de grenzeloze wereldstaat van de onbeperkte banken heerschappij en universalistisch cultuur nihilisme, is geboren.

Steuckers wijst op de ideologisch-propagandistische rode draad die loopt door de triomfale campagne van de Modernistische thalassocratie tegen het Traditionalistische Eurazië: het constante gebruik van verschillende soorten *leyenda negra* tegen de 'verliezers van de geschiedenis'. De moderne geschiedenis wordt geschreven door de 'beulen van helden': in 1588 verliest Katholiek Spanje van Protestants Engeland (in 1648 ook nog eens van Protestants Nederland) en wordt in teleologisch-triomfantelijke *Whig History* bestempeld als de overwonnen 'Anti-Christ'[67], in 1918 verliest het 'militaristische' Duitsland

---

67 De dubieuze eer van de laatste onverdund-puristische *Whig History* gaat naar niemand minder dan Winston Churchill met diens *A History of the English-Speaking Peoples*, begonnen tussen zijn twee beruchte 'eigen doelpunt' ambtsperiodes in de Eerste en Tweede Wereld Oorlog en door Clement Atlee alternatief betiteld als *Things in history That Interested Me*. Note Bene: De historiografische verguizing van Spanje werd in 1898 nog een keer dunnetjes

van de 'vredelievende' Entente en krijgt de historische (en financiële) 'schuld' voor de oorlog in de schoenen geschoven[68], in 1991 verliest het 'onvrije' Sovjet-Rusland van het 'vrije' Westen en gaat de geschiedenis in als *Evil Empire*.[69] Dezelfde propagandistische rode draad wordt de systeempers van het Postmoderne Westen vanzelfsprekend doorgetrokken naar de huidige actualiteit: alle overblijvende niet-globalistische machtspolen in buitenlandse politiek en alle niet-nihilistische krachten in de binnenlandse politiek worden politiek-correct weggezet via soortgelijke *leyendas negras*. Het zich internationaal tegen het cultuur-nihilistische globalisme verzettende Rusland van Vladimir Poetin wordt afgedaan als 'anti-democratisch', het Hongarije van Viktor Orbán als 'illiberaal' en het Turkije van Recep Erdogan als 'autoritair'. De zich binnen het 'Vrije Westen' tegen transnationale soevereiniteitsoverdracht en etnische vervanging verzettende patriottische en identitaire bewegingen worden afgedaan als 'populistisch', 'chauvinistisch' en 'racistisch'. Het effectief annuleren van zulke historiografische en mediale indoctrinatie is volgens Steuckers een prioritaire opgave van de hedendaagse Eurazianistische beweging: *Il conviendrait donc de réfléchir à annuler les effets de toutes les leyendas negras, par des efforts coordonnés, à l'échelle globale, dans tous les états européens, en Iran, au sein de toutes les puissances du BRICS* (p.6). 'Het verdient dus de aanbeveling na te denken over het teniet doen van de effecten van alle 'zwarte legenden' door een gecoördineerde inspanning, op globaal niveau, zowel in de Europese staten, als in Iran en de BRICS landen.'[70]

---

    overgedaan in de Amerikaanse journalistiek tijdens de Amerikaanse *false flag* oorlogshitse die vooraf ging aan de Spaans-Amerikaanse Oorlog.

68 Artikel 231 van het Verdrag van Versailles.

69 Hollywood acteur Ronald Reagan 'schrijft geschiedenis' in 1983.

70 De BRICS landen — Brazilië, Rusland, India, China, Zuid-Africa — zijn de actuele hoofdrol spelers in de mondiale multipolaire geopolitieke visie van het Neo-Eurazianisme.

Steuckers' ziet de toekomst van het Eurazianisme — meer precies het Neo-Eurazianisme dat zich oriënteert op het onder Vladimir Poetin wedergeboren Rusland — in een herleving van de strategische allianties die bestonden in de wereld van voor de wereldoorlogen: *L'eurasisme, à mon sens, doit être la reprise actualisée de l'alliance autro-franco-russe du XVIIIe siècle, de la Sainte-Alliance et de l'Union des Trois Empereurs, voire une résurrection des projets d'alliance franco-germano-austro-russe... avant 1914* (p.6). 'Naar mijn opvatting dient het Eurazianisme te worden hervat middels een wederopvatting van de 18e eeuwse Oostenrijks-Frans-Russische alliantie, de Heilige Alliantie en de Drie Keizers Bond, of middels een wederopwekking van de Frans-Duits-Oostenrijks-Russische bondgenootschappelijke projecten... van voor 1914.'

Welke betekenis heeft 'etniciteit' binnen het Eurazianisme?

Nullus enim locus sine genio est

— Servius

De Traditionalistische 'kleuring' van het Euraziatisch gedachtegoed komt tot uiting in een niet-*bio*deterministische invulling van de categorieën 'ras' en 'etniciteit': in het Eurazianisme worden beide geïnterpreteerd als voorgegeven — en dus ononderhandelbare — bio-evolutionaire constructies van gelijktijdig biologische (fysiek-fenotypisch) en culturele (psycho-sociale) aard. Vanuit die optiek is elk 'volk' een unieke historische combinatie van fysieke, psychische en spirituele gesteldheden die tot uitdrukking komen in een eigen 'fenotypische bandbreedte', een eigen 'communicatieve toonzetting', een eigen 'materiële voetafdruk' en een eigen 'transcendentale niche' — uitdrukkingen die cultuur-historisch worden gedefinieerd als 'ras', 'taal', 'cultuur' en 'godsdienst'. Tezamen genomen kunnen deze uitdrukkingen worden gebruikt om het ongrijpbare fenomeen 'etniciteit' te 'trianguleren' en het subjectieve bestaansmedium 'volk' te abstraheren. Vanuit die optiek is 'wetenschappelijk racisme' een *contradictio in terminis*: er bestaan geen absoluut objectieve 'evolutionaire meetlatten' omdat ieder volk op unieke wijze is aangepast aan zijn unieke biotoop. Relatieve metingen (van pre-wetenschappelijke schedel- en neus-metingen tot hoogst-wetenschappelijke IQ- en DNA-metingen) kunnen hooguit hopen een functionele beschrijving geven van specifieke bio-evolutionaire aanpassingen: absolute maatstaven van 'menselijke kwaliteit' vallen er niet uit af te leiden. Onderdelen van het Tradionalistische wereldbeeld dat de Eurazianistische visie op 'ras' en 'etniciteit' voedt kan men terugvinden in het werk van Johann Herder ('idealistisch nationalisme') en Julius Evola ('spiritueel ras'). Dat gezegd zijnde, is het belangrijk te onderstrepen dat de Traditionalistische 'kleuring' het Eurazianisme een *essentialistische* inslag geeft: het Eurazianisme streeft naar het behoud van 'ras' en 'etniciteit' omdat het de intrinsieke existentiële waarde van elk uniek element binnen de mensheid als geheel erkent — het staat in die zin lijnrecht tegenover de *constructivistische* ideologieën van de Moderniteit (liberalisme, socialisme, communisme — voor een korte bespreking van de tegenstelling essentialisme-constructivisme, verg. Hoofdstuk 4). Gegeven dit streven — wellicht nog het best te vergelijken met op menselijke (bio)diversiteit afgestelde strategie van 'natuurbehoud' — verwerpt het Eurazianisme elke afbreuk in de staatssoevereiniteit, culturele eigenheid en territoriale integriteit van de volkeren die inheems zijn aan de gemeenschappelijke Euraziatische 'biotope'. Steuckers verwoordt deze stellingname als volgt: *Mon concept d'Eurasie est synonyme d'une confédération solidaire de peuples de souche européenne qui devront, éventuellement, occuper des territoires où vivent d'autres peoples, pour des raisons essentiellement stratégiques. ...La vision ethno-différentialiste postule que les peuples non européens ne soient pas obligés de singer les Européens, de modifier leurs substrats naturels, que ce soit par fusion, par mixage ou par aliénation culturelle* (p.7-8). 'Mijn concept van Eurazië is een confederatief solidariteitspact tussen alle volkeren van Europese afstamming, aangevuld — waar nodig — met een bezetting van territorium van andere volkeren om redenen van vitale strategische veiligheid. ...De etno-differentialistische visie[71] gaat ervan uit dat de niet-Europese volkeren niet gedwongen moeten zijn om de Europese volkeren 'na te apen', of om hun natuurlijke substraat aan te passen door fusie, vermenging of culturele ontvreemding.'

Het 'raciale' en 'etnische' aspect van het Neo-Eurazianisme beperkt zich tot het (her)scheppen van cultuur-historische 'ademruimte' voor alle inheemse volkeren binnen de Euraziatische ruimte. Steuckers wijst in dit verband op een vier basale strategische overwegingen: (1) De noodzaak van een wijde definitie van het begrip 'Europees' als het hele (blanke, *Caucasian*) volkerenconglomeraat dat taalkundig als Indo-Europees, Finno-Oegrisch, Baskisch en (Noord, Zuid en Oost) Kaukasisch sprekend word benoemd. (2) De noodzaak van een pragmatische incorporatie van de inheemse Oeralo-Altaïsche (inclusief de Turkofone) volkeren in een gemeenschappelijk 'Europees Huis' op basis van vrijwillige etnische segregatie en beperkte territoriale autonomie. (3) De noodzaak van een los institutioneel kader voor vreedzame co-existentie met de vier andere grote beschavingspolen die zich direct rond de (Christelijke) Euraziatische beschavingspool bevinden: het (Zoroastrische) Iran, het (Hindoeïstische) India, het (Confucianistische) China en het (Sjintoïstische) Japan. Denkend vanuit het Euraziatische hartland dient de beschavingsuitstraling van deze vier andere autonome polen daarbij noord-zuid gericht te zijn: Japan een natuurlijke beschavingsmissie naar heel de Aziatische *Pacific Rim*, China naar heel Zuid-Oost-Azië, India naar heel Zuid-Azië en Iran heeft naar heel het Midden-Oosten (voor een Nieuw Rechtse inschatting van de actuele Iraanse geopolitiek, verg. Appendix B). (4) De noodzaak van een pragmatisch geopolitiek bondgenootschap

---

71 Een verwijzing naar de denkbeelden van de 19e eeuwse Russische 'proto-etnonationalistische' *narodniks* die uitdrukking vonden in de 20e eeuwse etnische politiek van de Sovjet-Unie.

met alle overzeese Europees-stammige volkeren, met name met de overzeese Anglosfeer en de post-globalistische Verenigde Staten. Dit bondgenootschap kan zich baseren op de 'gecorrigeerde' Amer-Eurazianistische *Realpolitik* van de late Zbigniew Brzezinski en op het Archeo-Futuristische 'boreale alliantie' visioen van Guillaume Faye.

Steuckers benoemt ook expliciet de grootste tegenstanders van de Neo-Eurazianistische Project: dit zijn de verschillende soorten hyper-universalistisch globalisme en missionair primitivisme die voortvloeien uit de psycho-historisch regressieve (Post-)Moderniteit. De radicaal-constructivistische illusies die voortvloeien uit het historisch-materialistisch 'verlichtingsdenken' en de extreem destructieve visioenen die voortvloeien uit reactionair neo-primitivisme representeren een dodelijk dreiging voor al die vormen van authentieke collectieve identiteit die in bescherming worden genomen door het Neo-Eurazianisme: godsdienst, cultuur, taal en etniciteit. Als dodelijkste bedreigingen benoemt Steuckers het missionaire neo-liberalisme (sociaal-economisch atavisme gebaseerd op post-protestants hyper-individualisme met Amerika als brandhaard) en het even missionaire islamisme (sociaal-culturele regressie gebaseerd op post-islamitisch hyper-collectivisme met Saoedi-Arabië als brandhaard). In Steuckers' visie is het geen toeval dat deze twee 'missies' zich in een strategisch (geopolitiek) bondgenootschap verbinden. Voor het eerst in een generatie tekenen zich echter beginnende breuklijnen af in de dubbel neoliberaal-islamistische ('Amerikaans-Saoedische') Nieuwe Wereld Orde. De voorzichtige programmalijnen die worden uitgetekend door Donald Trump's *éminence grise*, Steve Bannon, wijzen op een revaluatie van de Amerikaanse hegemoniale strategie, mede ingegeven door de simpele rekensommen van Amerika's *imperial overstretch* en China's *economic miracle*. Bannon's programma past al gedeeltelijk in Steuckers evaluatie van het effectieve ideologische faillissement van het Amerikaanse globalisme: ...*Il faudrait que l'Amérique du Nord revienne à une pensée aristotélicienne, renaissanciste, débarrassée de tous les résidus de ce puritanisme échevelé, de cette pseudo-théologie fanatique où aucun esprit d'équilibre, de pondération et d'harmonie ne souffle, pour envisager une alliance avec les puissances du Vieux Monde* (p.9). 'Het is nodig dat Noord-Amerika terugkeert tot een Aristoteliaans en Renaissancistisch wereldbeeld gezuiverd van alle resten van zijn warrige puritanisme — het pseudo-theologische fanatisme waarin de geest van evenwichtigheid, aandachtigheid en harmonie niet kan ademen — zodat het zich weer een bondgenootschap met de machten van de Oude Wereld kan voorstellen.'

Welke prioriteit heeft 'nationalisme' binnen het Eurazianisme?

'The Empire Strikes Back'

Omdat het Eurazianisme maximale soevereiniteit nastreeft voor alle Europese volkeren, maar tegelijk de noodzaak van een gemeenschappelijke verdedigingsfunctie erkent, dringt zich de vraag op naar de precieze rol en functie van de vele verschillende soorten nationalisme die naast — en tegen — elkaar bestaan binnen het hedendaagse 'Europa van de Volkeren'. Steuckers maakt hierbij onderscheid tussen twee essentieel verschillende visies op 'Europa': de 'harde' traditionele visie en de 'zachte' moderne visie. Omdat de Traditionalistische 'harde' visie al zolang uit de belevingswereld — en grotendeels ook uit het historisch geheugen — van de Europeanen is verdwenen is het belangrijk Steuckers' analyse van het nationalistische 'Europa van de Volkeren' in te leiden met een korte herinnering aan de Traditionalistische visie op *supra-nationale* (dat wil zeggen natuurlijke boven-nationale) gezagsvormen. Het is belangrijk die visie te onderscheiden van de moderne realiteit van *trans-nationale* (dat wil zeggen kunstmatige anti-nationale) gezagsvormen zoals die van de globalistische 'letterinstituties' (VN, IMF, NAVO, EU etc.).

De enige Traditionalistisch legitieme vorm van supra-nationaal gezag berust op het geval van wat Carl Schmitt het *Ernstfall* noemt:

de transcendent gesanctioneerde *Auctoritas* en de bevoegdheid tot *Imperium* die voortvloeien uit een collectief erkend en collectief levensbedreigend *clear and present danger* (verg. *Alba Rosa*, 65-8). Voor het Eurazianistische Project betekent dit concreet dat er maar één soort legitiem supra-nationaal gezag bestaat dat — met maximaal behoud van het principe van subsidiariteit — (tijdelijk) boven de staatssoevereine instellingen van de Europese volkeren kan staan: het gezag dat nodig is om een *fysieke aanslag* op de Euraziatische ruimte *als geheel* te weerstaan. Schmitt wijst in dit verband op de kernbetekenis van het Traditionalistische begrip van de *Katechon*: Bijbelse echatologie wijst de *Katechon* aan als de transcendent-gelegitimeerde 'hoeder' van het Christendom — en daarmee van de Christelijk-Europese Traditie. Elke andere vorm van — nationaal-hegemoniaal of historisch-materialistische geïnspireerd — trans-nationaal 'gezag' (Napoleontisch-Frans Europa, Hitleriaans-Duits Europa, de 'Sovjet-Unie', de 'Europese Unie') is vanuit Traditionalistisch perspectief *illegitiem*. Het naderende dieptepunt van de Crisis van het Moderne Westen, gekarakteriseerd door de samenvallende noodtoestanden van etnische vervanging, antropogene klimaatverandering, transhumanistische 'technocalypse' en matriarchale sociale implosie, noopt tot een urgent collectief beroep op de *Auctoritas* van de *Katechon*. Meest urgent is het afweren en omkeren van barbaarse invasie en kolonisatie van West-Europa en de overzeese Anglosfeer: de urgente noodzaak van een effectieve bestrijding van het door anti-Europese ideologen aangemoedigde 'massa-immigratie' project rechtvaardigt een beroep op de *Katechon* in zijn capaciteit als 'grenswacht' van de Westerse Traditie (voor het thema 'grenswacht', verg. Hoofdstuk 8). *Faute de mieux* ziet het Neo-Eurazianisme in het uit de as van het zeven decennia Bolsjewisme en één decennium globalisme herrezen Rusland een mogelijke *Laatste Katechon*. Binnen Rusland zijn er tekenen die wijzen op een sociaal-culturele ontwikkeling in deze richting: het herstel van de Russische staatsautoriteit door Vladimir Poetin, de wederopleving van de Russisch Orthodoxe Kerk onder Patriarch Kirill en de coherente formulering van een alternatief metapolitiek discours onder Aleksandr Doegin staan in schril contrast met de negatieve sociaal-culturele ontwikkelingen in het 'Westen' (hier gedefinieerd als de Europese *Atlantic Rim* en de overzeese Anglosfeer).

Vrijwel onmiddellijk na de val van de communistische dictatuur in Oost-Europa (de Sovjet-Unie werd opgeheven in 1991) werd een globalistische dictatuur ingevoerd in West-Europa (de Europese Unie werd opgericht in 1992): het 'Oostblok' werd vervangen door een 'Westblok'. Dit nieuwe Westblok, gekarakteriseerd door een extreem anti-traditionele ideologie en een matriarchaal-xenofiele publiekscultuur die als zoutzuur inwerken op alle vormen van authentieke autoriteit en identiteit, bedreigt het fysieke voortbestaan van de Europese volkeren nu op een veel directere manier dan het oude Oostblok ooit deed. Waar het Oostblok — althans in theorie — inzette op een 'anagogische' overwinning van het Europese nationalisme en een evenwichtige 'broederschap' van afzonderlijke volkeren, zet het Westblok in op de *fysieke deconstructie* van de Europese volkeren door anti-natalisme (middels sociale implosie) en etnische vervanging (middels massa-immigratie). De ex-Oostblok staten van Centraal Europa die vanaf 2004 in het Westblok werden geabsorbeerd erkennen nu dit verschil — dit is de diepere reden dat de Visegrad staten zich met hand en tand verzetten tegen het door Brussel opgelegde 'open grenzen' principe. Het is ironisch dat Europees klein-nationalisme de Brusselse globalisten daarbij effectief in de hand werkt: kortzichtige en kunstmatig-vergrote neo-nationalistische belangentegenstellingen tussen de Europese volkeren onderling leiden de aandacht af van hun veel grotere gemeenschappelijke belang, namelijk het overleven van de Westerse beschaving als geheel. Voorbeelden van zulke kunstmatige tegenstellingen zijn de noord-zuid verdeeldheid na de 'Europese Staatsschulden Crisis' van 2010, de west-oost verdeeldheid na de Russische incorporatie van de Krim in 2014 en de continentaal-insulair verdeeldheid na de 'Brexit' van 2016. Hier herleven — propagandistisch uitgebuite — 'klein nationalistische' tegenstellingen in de kunstmatige grotere setting van een zorgvuldig verzwegen maar grootschalig globalistische offensief op het geheel van alle Europese natie-staten en alle Europese volkeren tezamen.

Recente 'separatistische' tendensen binnen bestaande Europese staten (de afscheiding van Kosovo in 2008, het Schotse onafhankelijkheid referendum van 2014, de Catalaanse 'onafhankelijkheidsverklaring' van 2017) onderstrepen de actueel acute relevantie van het 'nationalisme' vraagstuk. De dubbele last van het achterhaalde internationale staatsrecht ('Westfalen' — ongedifferentieerde staatssoevereiniteit) en de achterhaalde territoriale afbakeningen ('Versailles' — kunstmatige staatsgrenzen) versterkt de politieke tendentie naar de 'kleinste nationalistische deler'. Steuckers wijst op het effect van de globalistische *divide et impera* strategie die wordt geëffectueerd door een versterking van de moderne 'zachte visie' ten koste van de traditionele 'harde visie' op de Europese geopolitiek. Hij wijst op de historische oorsprong van de 'zachte visie' die ontstaat op de drempel van de Moderne Tijd: het was Frans I van Frankrijk (r. 1515-47) die voor het eerst een *moderne* (absolutistische) soevereiniteit bevocht op het traditionele pan-Europese (supra-nationale) oppergezag van de Rooms-Duits keizer, *in casu* Karel V (r. 1519-56) — hij was ook de eerste moderne vorst die Europa verried middels een buiten-Europese (Ottomaanse) alliantie. De voortschrijdende staatsrechterlijke 'balkanisatie' van Europa — definitief geïnstitutionaliseerd in de Vrede van Westfalen (1648) — heeft het dubbele effect van het tenietdoen van elke vorm van traditioneel-legitiem supra-nationaal gezag en het bevorderen van zowel modern-illegitiem trans-nationale machtsvormen als buiten-Europese interventies. Het bevordert het klein-nationalistische conflicten binnen Europa en ontdoet Europa als geheel van een overkoepelend beschermmechanisme: het maakt Europa *zwak*. De *harde* visie, gebaseerd op subsidiaire (gelaagde, gedelegeerde) soevereiniteit verdwijnt definitief van het Europese toneel met de val van de laatste *Katechon* staatsinrichtingen aan het eind van de Eerste Wereld Oorlog (de West-Romeinse *Katechon*, abstract vertegenwoordigt door het Habsburgse Imperium, en de Oost-Romeinse *Katechon*, abstract vertegenwoordigt door het Romanov Imperium). Sindsdien is het proces van staatsrechterlijke 'devolutie' naar steeds kleinere 'natie-staten' onomkeerbaar — het bereikt haar hoogtepunt met het ontdooien van de door de Koude Oorlog 'bevroren' kunstmatige veelvolkerenstaten (Sovjet-Unie, Joegoslavië, Tsjechoslowakije). En zo is Europa nu opgedeeld in meer dan vijftig — deels onvolledig erkende — staten en staatjes en de tendens naar versplintering is onverminderd sterk. Het herinvoeren van de *harde* visie op de Europese geopolitiek is een absolute voorwaarde voor het overkomen van het futiele en verzwakkende klein-nationalisme, voor het bestrijden van globalistische verdeel-en-heers strategieën en voor het redden van de Europese volkeren van de dubbele fysieke en psychische *Götterdämmerung* van *Umvolkung* (etnische vervanging) en *Entfremdung* (sociaal-cultureel identiteitsverlies).

Wat is het Eurazianistische alternatief voor 'Globalië'?

ceterum censeo Carthaginem esse delendam

— Cato Maior

Om de vraag die boven deze paragraaf staat goed te kunnen beantwoorden is een goed begrip nodig van wat de globalistische *hostile elite* nu precies voor ogen staat. Hier helpt Steuckers' scherpzinnige analyse van de meest extreme vertegenwoordigers van het globalistische *New World Order* project: de *Neocons* die de Amerikaanse buitenlandse politiek overnamen na de *coup d'état* van '9//11'. Steuckers omschrijft hen als 'herbedachte trotskisten' die het beginsel van de 'permanente revolutie' op mondiale schaal invoeren voor het handhaven van de 'unipolaire' hegemonie van de Amerikaanse supermacht als een nuttige politieke en militair wachthond van een informeel globalistisch bankiers regime. Inderdaad zijn er directe persoonlijke en ideologische overlappingen tussen de vroeg-21e eeuwse nihilistische *Neocons* en de late-20e eeuwse trotskistische *New York Intellectuals*: Francis Fukuyama wees al in 2006 op de incorporatie in de *Neocon* ideologie van het — diep in het trotskisme verweven — leninistische beginsel van het 'versnellen van de geschiedenis' door brute machtsmiddelen. De unipolaire geopolitieke strategie van de *Neocons* neemt inderdaad haar toevlucht tot de nietsontziende middelen om zoveel mogelijk afbreuk te doen aan alle andere (potentiële) machtspolen: het Amerikaanse machtsinstrumentarium mag dan niet in staat zijn de hele wereld direct te beheersen, maar het is wel een uitstekend instrument om alle andere machten klein te houden met een goed gekalibreerde combinatie van economische manipulatie, politieke ondermijning en militaire interventie. *Shock Doctrine Disaster Capitalism* is een middel voor het scheppen van een wereldwijde 'consumenten cultuur' (*McWorld*) en een globale arbeidsdeling (*free trade flat world*). *Flower/Colour Revolution* (*soft power* en *black ops* sociaal-politieke ondermijning) is een middel voor het invoeren van corrupte en dus manipuleerbare 'democratie' in tegenstribbelende staten (de Georgische 'Rozen Revolutie' van 2003, de Oekraïnse 'Oranje Revolutie' van 2004, de Egyptische 'Lotus Revolutie' van 2011 etc.). *Regime Change*, tenslotte, is een laatste redmiddel voor de gewelddadige liquidatie van hopeloos delinquente 'dictators' (Manuel Noriega 1989, Saddam Hussein 2003, Moeammar Gadaffi 2011 etc.).

De meest zichtbare toepassingen van dit *Neocon* machtsinstrumentarium mogen dan plaatsvinden buiten de Westerse en Westersgeallieerde wereld (propagandistisch flexibel gedefinieerd als de Orwelliaans kneedbare *International Community*), maar in principe is de basale strategie van de *Neocon* trotskisten *vis-à-vis* Europa niet anders. Steuckers wijst in dit verband op de cruciale rol van Duitsland: de beheersing en beknotting van de geografisch, demografisch en economisch meest formidabele natie-staat van Europa is essentieel in de Nieuwe Wereld Orde van de *Neocons*. De militaire vernietiging van het Derde Rijk werd daarom gevolgd door permanente militaire bezetting, systematische denazificatie, doctrinaire pacificatie en permanente schatplichtigheid (*Wiedergutmachung*, Euro, 'ontwikkelingshulp'). De *Neocons* ...*considèrent l'Europe comme un espace neutralisée, gouverné par des pitres sans envergure, un espace émasculé que l'on peut piller à mieux mieux...* (p.14) '...beschouwen Europa als een geneutraliseerd gebied, bestuurd door clowns zonder enig statuur, een gecastreerd gebied dat men naar believen kan plunderen...'. En toch blijft in het hart van Europa het 'Duitse gevaar' bestaan: ondanks de brave economische afdrachten, het onderdanige buitenlandse beleid en de slaafse politieke correctheid blijft Duitsland met zijn ongeëvenaarde economische productiviteit, de robuuste sociale cohesie en de taaie intellectuele traditie een blijvend potentieel gevaar voor het unipolaire globalisme van de Neocons. Noch de enorme kosten van de *Wiedervereinigung*, noch de monsterlijke uitgaven aan de Euro, noch het loodzware gewicht van de 'Eurozone Crisis' hebben de Duitse sociaaleconomische motor doen haperen. Het is in dit licht dat de globalistische strategie van *Umvolkung* begrijpbaar wordt: alleen de *fysieke vervanging* van het Duitse volk biedt een realistische 'hoop' op een permanente eliminatie van het 'Duitse gevaar'. Het feit dat dit omvolkingsproject — historisch uniek in schaal — überhaupt mogelijk is valt alleen te verklaren uit het diepe psycho-historische trauma en de decennia-lange politiek-correcte conditionering van Duitsland. De hedendaagse *fysieke* schending van Duitsland — actueel gerealiseerd via *taḥarruš jamāʿī* en *jihād bi-ssayf*, praktisch: (groeps)verkrachting en (rituele) slachting — kan alleen maar écht worden begrepen uit de voorafgaande *psychische* schending (verg. *Alba Rosa*, 21-6).

De systematische globalistische strategie van *Deutschland ad acta legen* (Sieferle, *Finis Germania*) heeft een zekere parallellie met de Romeinse strategie versus aartsvijand Carthago — het is nuttig voor in urbaan-hedonistische stasis verzonken moderne Europeanen om deze materie te overdenken ter herinnering aan de onverbiddelijke machtspolitieke mechanismen die de geschiedenis bepalen. Net als Carthago na de Eerste Punische Oorlog (264-241 v. Chr.) werd Duitsland na de Eerste Wereld Oorlog onderworpen aan drastische territoriale amputatie en loodzware herstelbetalingen — een druk die in beide gevallen leidde tot internationale zwakte en binnenlandse verdeeldheid (verlies van maritieme grootmacht, internationaal diplomatiek prestige en binnenlandse gezagsautoriteit). In beide gevallen sloeg de door de nederlaag veroorzaakte crisis uiteindelijk om in een opmerkelijke 'nationalistische' wederopleving: in Carthago vormgegeven in het 'Barcidische Rijk' en in Duitsland in het 'Derde Rijk'. In beide gevallen leidde deze wedergeboorte tot een hernieuwde confrontatie met de onverzoenlijk afgunstige aartsvijand: zoals het onbenullige maar beeldvormende *casus belli* voor Rome tegen Carthago werd geleverd door 'Saguntum', zo werd het voor Engeland en Frankrijk tegen Duitsland geleverd door 'Dantzig'. Net als de Tweede Punische Oorlog (218-201 v. Chr.) betekende de volgende Tweede Wereld Oorlog het dramatische hoogtepunt van een diep-existentiële confrontatie waarin de verliezer onvermijdelijk de geschiedenis onvermijdelijk in gaat als de archetypische belichaming van een semi-metafysisch 'Absoluut Kwaad'. De Carthaagse oorlogsleider Hannibal Barca deed Rome op haar existentiële fundamenten schudden en Romeinse denkers als Livius en Cicero beschreven hem dus als de meest monsterlijke bedreiging voor de Romeinse beschaving en de meest zuivere belichaming van barbaarse wreedheid. Net als het Latijnse spreekwoord *Hannibal ante portas* voor Rome, zo drukt de naam van de Duitse oorlogsleider Adolf Hitler voor het Westen een archetypische existentiële angst uit (*reductio ad hitlerem...*). Net zoals de Tweede Punische Oorlog, eindigde de Tweede Wereld Oorlog met een nog draconischer 'vrede': in beide gevallen is er sprake van nog grotere territoriale amputaties en nog drastischer herstelbetalingen. Zoals Carthago na de Tweede Punische Oorlog, zo komt Duitsland na Tweede Wereld Oorlog onder directe militaire, politieke en economische curatele van de overwinnaars — een curatele die door de overwinnaar als een vanzelfsprekend en permanent recht wordt opgevat. In beide gevallen ziet de overwinnaar de overwonnen aartsvijand als een permanent wingewest met beperkte interne autonomie dat nooit meer een bedreiging mag worden. Toch vertegenwoordigen het fysiek voortbestaan en de socio-economische veerkracht van de overwonnene voor de overwinnaar een — deels latente maar permanente — bron van onzekerheid en angst. De Romeinse politiek van groteske inmenging in de interne aangelegenheden van het na de Tweede Punische Oorlog overgebleven romp-Carthago vertoont opmerkelijke overeenkomsten met de globalistische politiek van socio-economische manipulatie van het na de Tweede Wereld Oorlog overgebleven romp-Duitsland. In beide gevallen vertegenwoordigen de natuurlijke rijkdom, hoge productiviteit en culturele eigenheid van de gekortwiekte aartsvijand een blijvende bron van ambitie, afgunst en angst: *ceterum censeo Carthaginem esse delendam* wordt het motto. Zoals onafhankelijk Carthago *moest* verdwijnen om de Romeinse wereldmacht te bevestigen, zo *moet* Duitsland verdwijnen om de globalistische wereldmacht te garanderen. Na Carthago tot het uiterste te hebben uitgezogen, gemanipuleerd en bedrogen — tot aan het uitleveren van zijn beste wapens en beste mensen toe — laat Rome uiteindelijk zijn echte gezicht zien: het komt met de eis dat de oude en rijke handels- en havenstad zichzelf afbreekt, zichzelf in brand steekt en zichzelf 'vervangt' door landinwaarts te verhuizen als landbouwkolonie. In confrontatie met deze eis hervindt Carthago tenslotte na jarenlange geforceerde en vernederende *appeasement* de moed om in vrijheid en met eer te sterven: de Derde Punische Oorlog (149-146 v. Chr.) tussen het overmachtige Rome en het ten dode gewijde Carthago lijkt meer op een executie dan op een oorlog — op de heroïsche doodstrijd volgt de volkomen verwoesting: de verbrande stad wordt met de grond gelijk gemaakt, het gedecimeerde volk wordt in slavernij verkocht en het verbeurd verklaarde land wordt met zout bestrooid. Het is — marginaal -voorstelbaar dat ook Duitsland, wanneer het ooit geconfronteerd zou worden met een openlijke globalistische eis naar zelf-opheffing via totale omvolking, uiteindelijk alsnog zou kiezen voor een *Ende mit Schrecken* in plaats van het geëiste *Schrecken ohne Ende*.[72] Het realistischer alternatief is echter hetgeen nu al zichtbaar wordt in Europa: een 'ex-Duits' psychohistorisch en geopolitiek 'zwart gat' dat heel (West-) Europa meetrekt in een historisch ongeëvenaard proces van sadomasochistische zelfopheffing. Het is dit traject van geleidelijke zelfopheffing dat voor Duitsland door Frau Merkel wordt bedreven als palliatief alternatief voor de Wagneriaanse heldendood van Carthago. Geheel ongelijk kan men haar misschien niet eens geven: wie weet welke verschrikkelijke wraak de Duitsers zouden nemen als zij op het laatste moment zouden ontwaken uit de sussende verdovingen waarmee 'verpleegster Merkel' hen richting 'vrijwillige' euthanasie begeleidt?

Het is tegen deze achtergrond dat de volle betekenis van Steuckers' geopolitieke analyse duidelijk wordt: *L'Europe-croupion, que nous avons devant les yeux, est une victime consentante de la globalisation voulue par l'hegemon américain. ...En ce sens, l'Europe actuelle, sans 'épine dorsale', est effectivement soumise aux diktats de la haute finance internationale* (p.17). 'Het 'romp-Europa' dat we nu met onze eigen ogen kunnen zien is het gewillige slachtoffer van een door Amerikaanse hegemonie opgelegde Globalisme. ...In die zin is het huidige 'ruggengraatloze' Europa effectief onderworpen aan het dictaat van de internationale *high finance* maffia.' Steuckers geeft duidelijk aan wat nodig is om aan dit dictaat te ontkomen: niets meer of minder dan een nieuwe Europese Renaissance, gebaseerd op (gelijktijdig) herstel van maximale economische autarkie (systematische her-industrialisatie, strategische handelsverdragen, gedeprivatiseerde geldschepping), herinvoering van een socio-economisch evenwichtig ordo-liberalisme (Rijnland Model, Keyseniaans Socialisme) en geopolitieke heroriëntatie op multipolariteit (Euraziatische Confederatie, Boreale Alliantie).

---

72 Een precieze — en dus geforceerde — historische projectie van de historische Romeins-Carthaagse confrontatie tussen 264 en 146 v. Chr. (90 jaar in totaal) op de Duits-globalistische confrontatie maakt dit scenario onwaarschijnlijk: de Duitse *last stand* had dan al plaats moeten vinden in het jaar 2001.

Het uitzetten van een nieuwe geopolitieke koers, dwars in tegen de globalistische storm, vergt niet alleen een eensgezinde Europese inzet maar ook een uitgekiend Europees laveren tussen nieuwe geopolitieke machtspolen: ....*Pour se dégager des tutelles exogènes... [l'Europe faut] privilégier les rapports euro-BRICS ou euro-Shanghaï, de façon à nous dégager des étaux de propagande médiatique américaine et du banksterisme de Wall Street, dans lesquels nous étouffons. La multipolarité pourrait nous donner l'occasion de rejouer une carte contestatrice.. en matière de politique extérieure* (p.18). 'Om zich van vreemde voogdij te bevrijden... [moet Europa] prioriteit toekennen aan betrekkingen met de BRICS of het Sjanghai Pact,[73] op een manier die het in staat zich los te maken uit de bankschroeven van de Amerikaanse media propaganda en het 'banksterisme' van Wall Street waarin we nu worden gesmoord. Multipolariteit kan ons de kans geven om een sterke kaart te spelen... op het gebied van de internationale politiek.'

ceterum censeo Germaniam esse restituendam

— Bernard Willms

Wat is de Eurazianistische visie op de globalistische 'omvolking'?

la vérité, l'âpre vérité

— Danton

Steuckers duidt de globalistische politiek van 'omvolking' — door hem benoemt als 'Grote Vervanging' — in de eerste plaats als geopolitiek *instrument*, dat wil zeggen als middel ter permanente verzwakking

---

73 Respectievelijk, het uit 2009 daterende strategische partnerschap van Brazilië, Rusland, India, China en Zuid-Afrika (verg. n.8) en de in 1996 opgerichte Sjanghai Samenwerkingsorganisatie.

van de Europese geopolitieke machtspool door het totaal aan economische en sociale lasten dat voorvloeit uit een volstrekt kunstmatig gecreëerde overbevolking en een radicaal tegen-natuurlijke etnische 'diversiteit' (overbelasting infrastructuur, dempen economische prestatie, ondermijning rechtsorde, verstoring sociale cohesie). Hij wijst op het simpele *materiële belang* dat ligt achter het meedogenloze omvolkingsproject: *Le néo-libéralisme en place est principalement une forme de capitalisme financier, et non industriel et patrimonial, qui a misé sur le court terme, la spéculation, la titrisation, la dollarisation, plutôt que sure les investissements, la recherche et le développement, le longe terme, la consolidation lente et précise des acquis, etc. ...[C'est] une idéologie fumeuse, inapplicable car irréelle...* (p.19-20). 'Het vigerend neo-liberalisme is een vorm van puur financieel kapitalisme, anti-industrieel en anti-patrimoniaal, dat inzet op de korte termijn, op speculatie, securisatie en dollarisatie, in plaats van op de lange termijn, op investering, onderzoek, ontwikkeling en langzame en nauwkeurige consolidatie van vermogen... [Het is] een nevelige ideologie die niet werkt omdat ze irrealistisch is...' De neo-liberale ideologie is in Steuckers' optiek dus in de eerste plaats een 'rookgordijn' waarachter slechts een 'Ponzifraude' van kortzichtige financiële piraterij op mondiale schaal schuil gaat.

Steuckers' analyse van de 'Grote Vervanging' is speciaal interessant in de aandacht die hij besteedt aan haar inhumane gevolgen voor de recentelijk in miljoenen-sterkte door de globalisten naar Europa overgebrachte Aziatische en Afrikaanse 'migranten'. Hij wijst op de feitelijke 'slaven status' en de beestachtige uitbuiting waarin de nieuwe 'illegalen' effectief vervallen: *Les flux hétérogènes, différents des premières vagues migratoires légales vers l'Europe, génèrent, de par leur illégalité, une exploitation cruelle, assimilable à une forme d'esclavage, n'épargnant des mineurs d'âge (50% des nouveaux esclaves!) et basculant largement dans une prostitution incontrôlable. A laquelle s'ajoutent aussi les trafics [de drogues et] d'organes. Cette 'économie' parallèle contribue à corrompre les services de police et de justice. ...Tous ces problèmes horribles, inouïs, et le sort cruel des exploités, des enfants réduits à une prostitution incontrôlée, les pauvres hères à qui on achète les organes, les travailleurs sans protection qu'on oblige à effectuer des travaux dangereux ne font pas sourciller les faux humanistes, qui se donnent bonne conscience en défendant les 'sans papiers' mais qui sont, par là même, les complices évidents des mafieux... Ceux-ci peuvent ainsi tranquillement poursuivre leurs activités lucratives : en tant qu'idiots utiles, les humanistes... sont complices et donc coupable, coauteurs, des crimes commis contre ces pauvres déracinés sans protection... Nos angélistes aux discours tout de mièvrerie sont donc complices des forfaits commis, au même titre que les proxénètes, les négriers et les trafiquants. Sans la mobilisation des 'bonnes consciences, ces derniers ne pourraient pas aussi aisément poursuivre leurs menées criminelles* (p.20-1). 'De huidige heterogene migratiestromen, anders dan de eerste golven die Europa bereikten als legale migratie, genereren door hun illegaliteit een wrede exploitatie die leidt tot een nieuwe vorm van slavernij die ook minderjarigen (50% van de nieuwe slavenbevolking!) niet spaart wanneer zij in oncontroleerbare prostitutie vervallen. Waarbij moet worden opgeteld de handel in drugs en organen.[74] Deze parallelle 'economie' corrumpeert ook het apparaat van politie en justitie. ...Al deze verschrikkelijke, ongehoorde problemen en het wrede lot van de uitgebuite illegalen, de kinderen die in ongecontroleerde prostitutie belanden, de arme drommels van wie men de organen koopt, de onbeschermde arbeiders die men dwingt gevaarlijk werk te doen — ze gaan voorbij aan de valse 'humanisten' die met hun goede geweten te koop lopen wanneer ze 'ongedocumenteerden' verdedigen, maar die daarmee feitelijk medeplichtig zijn aan criminelen. Die criminelen kunnen zo rustig hun lucratieve activiteiten voortzetten: als 'nuttige idioten' zijn deze humanisten... medeplichtig en dus schuldig als mede-plegers van misdaden tegen armzalige ontwortelde mensen die alle bescherming ontberen. Onze predikers van het 'humanistische' discours van aanstellerij zijn dus medeplichtig aan misdaden die

---

74 https://www.gatestoneinstitute.org/13346/greece-organ-trafficking.

worden begaan door pooiers, slavendrijvers en mensenhandelaars. Zonder de 'humanistische' mobilisatie van de 'goede gewetens' zouden deze misdadigers niet zo makkelijk hun criminele handwerk kunnen doen.'

Steuckers' meedogenloze analyse van het perverse pseudo-humanisme van de *Social Justice Warrior* activists en de *Gutmensch* intelligentsia geeft een belangrijke aanvulling op het groeiende publieke begrip van de directe belangen die gebaat zijn met een voortzetting van de globalistische 'Grote Vervanging'. In die zin mag Steuckers' analyse gelden als een laatste intellectuele nagel in de doodskist van het failliete 'open grenzen' discours.[75]

Wat is de Eurazianistische diagnose van de Westerse Postmoderniteit?

We zijn geen ooggetuigen van een crisis van de Westerse beschaving, maar van een wake bij haar stoffelijk overschot

— Nicolás Gómez Dávila

Steuckers duidt de existentiële realiteit van het hedendaagse Westen als niets minder dan wat het Traditionalisme omschrijft als de 'Crisis van de Moderne Wereld'. Hij wijst op de absurdistische — en zelfs ronduit 'idiocratische' — aspecten van een ongeëvenaarde politieke degeneratie die alleen maar als doelbewust *gewenst* kan worden begrepen. Voor hem bestaat de massa van Westerse politici uit *connards et... connasses... qui titubent d'une corruption à l'autre, pour chavirer ensuite dans une autre perversité* 'blaffertjes en teefjes die van de ene corruptie naar de andere wankelen om tenslotte in een andere perversiteit te kapseizen' en zijn de Westerse 'intelligentsia' niets anders dan *festivistes écervelés qui se donnent... l'étiquette d'"humanistes"* 'hersenloze feestvierders die zich het etiket 'humanist' aanmeten'. Voor

---

75 http://www.pi-news.net/2018/06/umvolkung-die-wahren-gruende/.

Steuckers is het postmoderne politiek bedrijf een *technocratisme sans épaisseur éthique* 'technocratisme zonder ethische substantie' geleid door *une série de politiciens sans envergure [et] sans scrupule* 'een serie politici zonder visie en zonder scrupules', afglijdend in *[une] absence d'éthique dans le pôle politique qui... provoque l'implosion du pays* 'een ethisch vacuüm in de politieke sfeer dat.. de implosie van het land veroorzaakt'. Het resultaat is een *déliquescence totale* 'totale ontbinding' van staatssoevereiniteit, rechtstaat, etnische identiteit en gemeenschapszin. Naar Steuckers' mening vertegenwoordigt Frankrijk het *ground zero* van dit postmoderne globalistische 'deconstructie' proces: *...la France, depuis Sarközy et Hollande, n'est plus que la caricature d'elle-même, et la négation de sa propre originalité politico-diplomatique gaullienne...* (p.24) '...sinds Sarkozy en Hollande is Frankrijk niet meer dan een karikaturale schaduw van zichzelf, een omkering van zijn Gaullistische politiek-diplomatieke eigenheid'.

In de onderwijs sector signaleert Steuckers duidelijke tekenen van een terminale culturele degeneratie, in de hand gewerkt door verkeerd toegepaste moderne technologie en resulterend in *démence digitale* 'digitale dementie', gekenmerkt door een gecombineerde vermindering van concentratievermogen, aandachtspanne en socialisatie. *L'effondrement du niveau, où le prof doit se mettre au niveau des élèves et capter leur attention* no matter what *et la négligence des branches littéraires, artistiques, et musicales, qui permettent à l'enfant de tenir compte d'autrui, font basculer les nouvelles générations dans une déhumanisation problématique...* (p.26). 'Het wegzinken van het onderwijsniveau, waarbij de onderwijzer geacht wordt het niveau van zijn leerlingen op te zoeken — *no matter what* — en hun aandacht te winnen, en het verwaarlozen van literatuur, kunst en muziek, kennisvelden die het kind in staat stellen altruïsme aan te leren, doen nieuwe generaties in een problematische ontmenselijking vervallen...' De psychosociale impact van deze educatieve degeneratie versnelt de 'psychiatriering' van de hele Westerse maatschappij. Steuckers wijst in dat verband op recent onderzoek in België: *[Les spécialistes voient] disparaître toute forme de 'normalité' et glisser nos populations vers ce qu'il[s] appelle[nt], en jargon de psychiatrie, le* borderline, *la 'limite' acceptable pour tout comportement social intégré, une* borderline *que de plus en plus de citoyens franchisent malheureusement pour basculer dans une forme plus ou moins douce, plus ou moins dangereuse de folie : en Belgique , 25% de la population est en 'traitement', 10% ingurgitent des antidépresseurs, de 2005 à 2009 le nombre d'enfants et d'adolescents contraints de prendre de la ritaline a doublé rien qu'en Flandre ; en 2007, la Flandre est le deuxième pays sur las liste en Europe quant au nombre de suicides...* (p.26) 'Specialisten onderkennen dat elke vorm van 'normaliteit' verdwijnt en dat onze bevolkingen afglijden naar wat zij in psychiatrisch vakjargon de *borderline* noemen, dat wil zeggen de 'grenswaarde' van wat nog acceptabel is als sociaal integer gedrag — een *borderline* die ongelukkigerwijs door meer en meer burgers wordt overschreden om vervolgens te vervallen in min of meer zachte of min of meer gevaarlijke vormen van krankzinnigheid: zo is in België 25% van de bevolking onder 'behandeling', neemt 10% antidepressiva in, is alleen al in Vlaanderen het aantal kinderen en jongeren dat gedwongen is ritaline te gebruiken tussen 2005 en 2009 verdubbeld [en] is Vlaanderen in 2007 het tweede land op de Europese lijst van zelfmoord frequentie...' In de Nederlandse context wordt een equivalente psychiatriering van de publieke sfeer geïllustreerd door typerende fenomenen als 'motivatie coach' Emile Ratelband, 'model persoonlijkheid' Paul de Leeuw en 'gewetens anesthesist ' Jeroen Pauw.

Kenmerkend voor de psychosociale implosie van het postmoderne Westen is het verlies van alle authentieke vormen van traditionele identiteit (etniciteit, geloofsgemeenschap, geboortestand, leeftijdsklasse, geslacht, persoonlijke roeping). Steuckers wijst op het feit dat zulk consequent beoogt en doorgevoerd identiteitsverlies logischerwijs eindigt in daadwerkelijke verstandsverbijstering: *Sans identité, sans tradition, sans 'centre' intérieur, on devient fou... Ceux qui nous contrarient au nom de leurs chimères et leurs délires, sont, par voie de conséquence, sans trop solliciter les faits, des fous qui veulent précipiter leurs contemporains au-delà de la* borderline... (p.27) 'Zonder identiteit, zonder traditie, zonder innerlijke 'kern' wordt men krankzinnig... Zij die ons in naam van hun waandenkbeelden en waanvoorstellingen tegenspreken zijn daarom — het kan zonder overdrijving gezegd worden — krankzinnigen die hun tijdgenoten over de *borderline* willen jagen...'.

Wat is de Eurazianistische prognose voor de Westerse Postmoderniteit?

'The End of the Affair'

Steuckers stelt dat het tot dusver ontbreken van een structureel Nieuw Rechts politiek antwoord op het globalisme in de Europese context te wijten is aan een giftige combinatie van persoonlijke na-ijver tussen kopstukken, politiek-opportunistische islamofobie (waarbij 'islamisme' als ideologie — Wahhabisme en Salafisme — worden verward met de 'Islam' als Traditie) en kortzichtige definities van (klein-)nationalistische eigenbelangen. De tendens tot (hyper-)nationalistische *Alleingang* die de recente Europese geschiedenis kenmerkt — en die de Europese volkeren nog steeds verdeeld — speelt het anti-Europese globalistische project in de kaart. Steuckers wijst in dat verband op de grote toegevoegde waarde van de alternatieve visie van het Eurazianisme: alleen een confederatief-opererend Euraziatische 'imperiaal blok' van soevereine staten kan de Europese volkerengemeenschap als geheel effectieve bescherming bieden tegen de op de Transatlantisch-Angelsaksische as gegrondveste globalistische 'thalassocratie'. De volgende stap is de neutralisatie van het globalisme op basis van een 'boreale alliantie' tussen het Euraziatische blok en de overzeese Europese volkeren.

Per saldo is Steuckers echter weinig optimistisch over de kans dat de metapolitieke visie van het Eurazianisme op korte termijn in politieke realiteit zal worden vertaald. Naar zijn inschatting is de opbouw van coördinerende metapolitieke instituties — dat wil zeggen de opbouw van een pan-Europees alternatief netwerk van universiteiten, media en denktanks als tegenpool voor de instituties van het politiekcorrecte establishment — van essentieel belang. Pas vanuit een dergelijk alternatief netwerk wordt het mogelijk gecoördineerde speldenprikken (debatten, publiciteitscampagnes, verkiezingsvoorbereiding) te organiseren. Daarenboven moge vermeld zijn dat stabiele materiële faciliteiten (rechtsbijstand, vakbondsfondsen, professionele beveiliging) absolute voorwaarden zijn voor een levensvatbare politieke en activistische strategie van vreedzaam en legitiem burgerlijk verzet.

Steuckers voorziet weliswaar een einde van de globalistische Nieuwe Wereld Orde en de eraan ten grondslag liggende *soixantehuitard* combi-ideologie van neo-liberalisme en cultuur-marxisme, maar alleen *ná* een beschavingscatastrofe van ongekende omvang. Hij vermoedt dat het Westen de bittere kelk van de hemelbestormende, hyper-humanistische 'maakbaarheid' illusie tot op de bodem zal moeten leegdrinken. De utopische hippie dromen van de *soixantehuitards* — 'vooruitgang' en 'maakbaarheid' als ideologische 'engeltjes' maskers voor de duivels-bezeten babyboomers — verworden voor volgende generaties noodzakelijkerwijs tot daadwerkelijk geleefde nachtmerries, beginnend met de Aziatische en Afrikaanse stormloop van Gog en Magog op het Europese 'Legerkamp der Heiligen' en de *Zombie Apocalypse* van extreem-matriarchale sociale implosie (verg. Raspail, *Le camp*, resp., *Alba Rosa*, 147ff). *Selon l'adage: qui veut faire l'ange, fait la bête... Les négateurs de balises et de limites, qui voulaient tout bousculer au nom du 'progrès' (qu'ils imaginent au-delà de tout empirisme), vont provoquer une crise qui rendra leurs rêves totalement impossibles pour au moins une dizaine de générations, sauf si nous connaissons l'implosion totale et définitive... Quant aux solutions que nous pourrions apporter, elles sont nulles car le système a bétonné toute critique : il voulait poursuivre sa logique, sans accepter le moindre correctif démocratique, en croyant que tout trouverait une solution. Ce calcul s'est avéré faux. Archifaux. Donc tout va s'éffondrer. Devant notre lucidité.*

Nous rirons de la déconfiture de nos adversaires mais nous pleurerons amèrement sur les malheurs de nos peuples (p.23). 'Volgens het spreekwoord 'wie de engel wil spelen, zal het beest spelen'... De ontkenners van de verkeersborden en de snelheidslimieten die alles omver wilden werpen in de naam van de 'vooruitgang' (dat zij verheven dachten boven het empirisch reglement) gaan een crisis ontketenen die hun dromen volkomen onmogelijk zal maken voor tenminste tien generaties — tenzij we een totale en definitieve implosie van de [Westerse] beschaving gaan meemaken... Wat betreft de oplossingen die wij zouden kunnen aandragen: ze zijn niets waard want het systeem maakt elke constructieve kritiek onmogelijk: het systeem moet dus zijn eigen [destructieve] logica tot het einde toe doorlopen — het verdraagt niet de minste democratische correctie want het is gebaseerd op de aanname dat er voor alles een 'maakbare' oplossing is. Deze berekening heeft zich als foutief bewezen. Volkomen foutief. En dus zal alles ineenstorten. Voor onze wijdgeopende ogen. We zullen lachen om nederlaag van onze vijanden, maar we zullen bitter wenen om het ongeluk van onze volkeren.'

Coda

Ongeacht de betwiste geldigheid van de Fichteaans-Hegeliaanse these-antithese-synthese dialectiek in de pure filosofie, blijft zij waardevol als begripskader in de filosofisch geïnspireerde cultuurwetenschappen. Geprojecteerd op de Europese geschiedenis worden cyclische patronen van *punctus contra punctum* — steeds gevolgd door sublieme recapitulatie — herkenbaar. Een 'Faustiaans' element van zelfovertreffende wederopstanding is daarbij niet alleen zichtbaar in de heidens-heroïsche helft maar ook in Christelijk-ascetische helft van Europese Traditie. *Le Rouge et le Noir* mag daarom eindigen op een noot die beide verenigt:

> *Was Gott tut, das ist wohlgetan,*
> *Dabei will ich verbleiben.*

Es mag mich auf die rauhe Bahn
Not, Tod und Elend treiben.
So wird Got mich
Ganz väterlich
In Seinen Armen halten:
Drum lass ich Ihn nur walten.

— BWV 12

Hoofdstuk 10

Edelweiss: De Archeo-Futuristische Europese Rijksgedachte aan de hand van Robert Steuckers' *Europa I. Valeurs et racines profonds de l'Europe* (Madrid: BIOS, 2017)

Voorwoord: Slangtong in Zürich

D E AANSTAANDE EUROPESE verkiezingen, waarmee het globalistisch-eurocratisch regime in Brussels zich nogmaals vier jaar een 'democratische' dekmantel wil aanmeten, biedt een goede gelegenheid tot een gedegen heroverweging van het 'EU project'. De democratische camouflagekleding van het EU keizerschap is inmiddels echter zodanig afgedragen dat zelfs troonopvolger kandidaat Mark Rutte zich afvraagt of het niet tijd is om gewoon over te gaan naar onverhuld totalitaire 'uniform' stijl. De titel van zijn op 13 februari 2019 in Zürich uitgesproken — en door analisten als 'sollicitatiebrief' nummer zoveel geïnterpreteerde[76] — 'Churchill Lezing' spreekt in dit opzicht boekdelen: *The EU: from the power of principles towards principles and power.*[77] Ofwel: 'De EU: van de macht van

---

76 https://www.nrc.nl/nieuws/2019/02/13/rutte-eu-moet-meer-voor-eigen-macht-opkomen-a3653992

77 https://www.government.nl/documents/speeches/2019/02/13/churchill-lecture-by-prime-minister-mark-rutte-europa-institut-at-the-university-of-zurich

principes naar principes en macht'. 'Naar machtsprincipe' zegt hij nog net niet, maar de inhoud windt er geen doekjes om: 'het gaat in de wereld om macht en macht is geen vies woord' (lees: de EU heeft machtsmiddelen die onvoldoende worden gebruikt), 'de EU moet minder naïef zijn en meer realisme tonen' (lees: het is tijd voor de EU het idealistisch masker laat vallen) en 'we moeten besluiten over sancties tegen landen voortaan met een gekwalificeerde meerderheid nemen' (lees: de resterende staatssoevereiniteit van de lidstaten moet nog verder worden verkleind). En inderdaad ontwikkelt de EU zich steeds meer in de richting van een 'superstaat': de gestage accumulatie van censuurmaatregelen in de mediale en digitale sfeer met *hate speech codes*,[78] *fake news taskforces*[79] en *copyright directives*[80] neemt inmiddels Orwelliaanse vormen aan. Met de totalitaire finish lijn van het EU project in zicht, is het goed de historische ontwikkeling en ideologische grondslagen ervan nog eens de revue te laten passeren.

Het Verdrag van Maastricht dat de formele grondslag legde voor de huidige Europese Unie werd getekend op 7 februari 1992, zes weken na de formele opheffing van de Sovjet Unie: zo begon de opbouw van het nieuwe cultuurmarxistische Westblok direct na de afbraak van het oude reaalsocialistische Oostblok. Sindsdien heeft de EU zich niet alleen naar buiten toe sterk uitgebreid (met name door de haastige inlijving van de net uit het Oostblok ontsnapte Centraal-Europese natiestaten), maar zij heeft zich ook in rap tempo als proto-totalitair 'superstaat' project naar binnen toe ontwikkeld tot een waardige opvolger van de Sovjet Unie. De overeenkomsten zijn in toenemende mate frappant: dezelfde sociale 'deconstructie' (Oostblok: hyperproletarisch collectivisme / Westblok: neo-matriarchale nivellering),

---

78 https://ec.europa.eu/digital-single-market/en/news/countering-illegal-hate-speech-online-eu-code-conduct-ensures-swift-response

79 https://ec.europa.eu/digital-single-market/en/fake-news-disinformation

80 https://ec.europa.eu/digital-single-market/en/modernisation-eu-copyright-rules — let op de expliciet vermelde invulling van deze maatregelen aan de hand van het op versnelde etnische vervanging gerichte 'Marrakesh Pact'.

dezelfde economische 'deconstructie' (Oostblok: 'dwangcollectivisatie' / Westblok: 'rampen kapitalisme') en dezelfde etnische 'deconstructie' (Oostblok: 'groepsdeportatie' / Westblok: 'omvolking'). De tegenstelling tussen het theoretisch discours van het liberaal-normativisme ('vrijheid', 'gelijkheid', 'democratie', 'rechtsstaat', 'mensenrechten') en de praktische leefrealiteit van maatschappelijke degradatie (sociaal-darwinistische economische tweedeling, sociale implosie, institutionele corruptie, endemische criminaliteit, etnische vervanging) neemt in het huidige Westblok even groteske vormen aan als in het voormalige Oostblok. In zeker opzichten is het Westblok zelfs verder doorgeschoten in de richting van een 'superstaat': zo staat de EU vlag in alle lidstaten obligaat naast de nationale vlag — een directe degradatie van nationale waardigheid die zelfs de formeel onafhankelijke Sovjet satellietstaten bespaard bleef.

Met deze escalerende discrepantie tussen theorie en praktijk is de heersende klasse van het Westblok — een globalistisch-eurocratisch opererende coalitie tussen het neoliberale grootkapitaal en de cultuurmarxistische intelligentsia — inmiddels verworden tot een regelrecht *vijandelijke elite*. Haar EU project heeft ontpopt zich tot een voor allen zichtbaar globalistisch *anti-Europa project*. Voor het overleven van de Europese beschaving en van de Europese inheemse volkeren die deze beschaving dragen is de verwijdering van de vijandelijke elite absolute noodzaak. Daarbij is een fundamentele (cultuurhistorische, politiekfilosofische) kritiek op haar ideologie van essentieel belang. Een belangrijke bijdrage tot deze kritiek is recent geleverd door Belgisch Traditionalistisch publicist Robert Steuckers — een passender 'verkiezingswijzer' voor de 'Europese verkiezingen' van mei 2019 dan zijn grote trilogie *Europa* is nauwelijks denkbaar. Dit hoofdstuk beoogt Steuckers' analyse van de *echte* kernwaarden en identitaire wortels van Europa, zoals vervat in het eerste deel van zijn nog niet uit het Frans vertaalde trilogie, onder de aandacht van het Nederlandstalige publiek te brengen. Steuckers' *Europa* I biedt meer dan een grondige tegenanalyse van de postmoderne 'deconstructie' van Europa's authentieke waarden en identiteiten: het biedt een heldere formule van een levensvatbaar alternatief: een Archeo-Futuristisch geïnspireerd 'Europa van de volkeren' gebaseerd op de complementaire principes van autonome volksgemeenschappen, consistente politieke subsidiariteit en pragmatische confederatieve structuren. Het moet nogmaals gezegd zijn: de Nieuw Rechtse beweging van de Lage Landen is Robert Steuckers grote dank verschuldigd — en een hartelijke felicitatie met een werk dat de gewoonlijk nogal bescheiden intellectuele begrenzingen van onze gewesten verre te boven gaat.

(*) *Net zoals de twee voorafgaande hoofdstukken is dit hoofdstuk niet alleen bedoeld als boekbespreking, maar ook als meta-politieke analyse, dat wil zeggen als een bijdrage aan de Nieuw Rechtse tegen-deconstructie van het door de vijandelijke elite gehanteerde postmoderne deconstructie discours. De kern van dit hoofdstuk is een samenvatting van Steuckers' Traditionalistische her-toeëigening van de Europese identiteit. Die her-toeëigening betekent een omkering van de postmoderne deconstructie van die identiteit: het aldus bewerkstelligde cultuurhistorische* tabula rasa *stelt Nieuw Rechts in staat een revolutionair nieuwe invulling te geven aan het idee 'Europa'. Een Archeo-Futuristisch Europa komt daarmee binnen intellectueel handbereik.*

(**) *Dit hoofdstuk belicht 'casus Europa' in drie stappen: het eerste drietal paragraven beoogt diagnostische 'nulmetingen', het tweede drietal paragraven geeft therapeutische 'referentiepunten' en de zevende paragraaf indiceert een concreet 'behandelplan'. In de eerste en laatste paragraven schetst de recensent het grotere Archeo-Futuristische kader waarbinnen Steuckers' her-toeëigening van de Europese identiteit relevant is voor Nieuw Rechts — de eigenlijke 'recensie' van Steuckers'* Europa I *vindt de lezer daartussen, dat wil zeggen in paragraven 2 t/m 6.*

1. Het rode onkruid

(psycho-historische diagnose)
'Over Your Cities Grass Will Grow'[81]

H.G. Wells' eeuwig groene meesterwerk *The War of the Worlds* blijft tot op de dag van vandaag niet alleen een van de grootste werken van het hele literaire *science fiction* genre: het behoudt ook tot op de dag van vandaag een directe — veelal alleen onderbewust, instinctief erkende — relevantie voor de existentiële conditie van de Westerse beschaving (voor een Traditionalistische interpretatie van het science fiction genre als cryptomnesie en hierofanie, verg. *Sunset*, 24ff; voor een psycho-historische *update* voor dit thema, verg. *Alba Rosa*, 35ff). Wells' magistrale sfeerimpressie van de *Earth under the Martians* schetst een wereld waarin de mens alle herkenning- en referentiepunten verliest: de menselijke beschaving wordt weggevaagd door superieure buitenaardse technologie, de mensheid zelf wordt gereduceerd tot slachtvee voor een buitenaardse bezettingsmacht en zelfs de aardse natuur wordt verdrongen door buitenaardse vegetatie. Een griezelig 'rood onkruid' — in verwijzing naar de rode kleur van de oorlogsplaneet Mars — overwoekert de ruïnes van de menselijke beschaving en verstikt de restanten van de aardse vegetatie.[82] Literaire analyses van *The War of the Worlds* erkennen dat Wells' meesterwerk op aannemelijk wijze kan worden geïnterpreteerd als een serie retrospectieve en contextuele psycho-historische 'bespiegelingen'. Zo projecteert Wells de in zijn tijd recent afgeronde en sociaaldarwinistisch geïnterpreteerde genocide van 'primitieve volkeren' (zoals de

---

81 Een (*double entendre*) verwijzing naar de titel van de post-modern — en 'pre-apocalyptische' — kunst documentaire van Sophie Fiennes (2010).
82 Verg. de magistrale illustraties bij Jeff Wayne's op Wells' boek gebaseerd *musical* versie: http://www.thewaroftheworlds.com/

inheemse bevolking van Tasmanië)[83] door het 'blanke meesterras' op een hypothetische uitroeiing van de mensheid door superieur buitenaards ras. Ook projecteert hij de mensonterende horreur van de in zijn tijd opkomende bio-industrie op een hypothetische 'slachtvee status' van de mensheid na een buitenaardse invasie. Waar de meeste literaire analyses zich echter niet mee bezig houden is de *voorspellende* waarde van Wells' werk, een waarde die het ontleent aan de *voorwaartse* projectie van meerdere — en gelijktijdige — technologische en sociologische ontwikkelingstrajecten. Wells' geniale literaire verpakking van deze projecties geeft zijn 'wetenschappelijke fictie' een kwaliteit die in eerdere eeuwen als 'profetisch' zou hebben gegolden.

De existentiële breuklijnen die de Moderniteit heeft veroorzaakt in de Westerse beschaving kunnen worden geanalyseerd — en deels ook vooruit geprojecteerd — met verschillende moderne wetenschappelijk modellen: economisch als *Entfremdung* (Karl Marx), sociologisch als *anomie* (Emile Durkheim), psychologisch als *cognitive dissonance* (Leon Festinger) en filosofisch als *Seinsvergessenheit* (Martin Heidegger). De metapolitieke relevantie van deze analyses voor Nieuw Rechts ligt niet zozeer in hun — al dan niet ideologisch negatieve — 'deconstructieve' capaciteit, als wel in hun simpele *diagnostische* waarde. Hierin ligt een belangrijke overeenkomst tussen deze moderne wetenschappelijke modellen en moderne artistieke 'modellen' zoals Wells' meesterwerk *The War of the Worlds*: door 'maatschappelijke signalen' te interpreteren dienen ze als metapolitieke 'verkeersborden' — en als *waarschuwingen*. Inmiddels is de accumulatieve impact van de Moderniteit op de Westerse samenlevingen echter zó

---

83 Truganini wordt in de pre-postmoderne wetenschappelijke literatuur beschreven als de laatste volbloed Tasmaniër en de laatste Tasmanische moedertaal spreker. Zij werd rond 1812 geboren als de dochter van het opperhoofd van de inheemse bevolking van het voor de Tasmaanse zuidkust gelegen Bruny Eiland, overleefde de moordpartijen, verkrachting en 'hervestiging' van de Britse koloniale 'omvolking' van haar moederland en stierf in ballingschap in 1876 — na haar dood werd haar skelet tentoon gesteld als 'wetenschappelijk curiosum' (verg. *Sunset*, 318ff).

groot geworden, dat de existentiële conditie van de Westerse volkeren niet langer in termen van authentieke beschavingscontinuïteiten en historische standaardmodellen kan worden beschreven. Wanneer afwijking, aberratie en ontsporing een existentiële conditie volledig bepalen, dan is er immers niet langer sprake van een historische herkenbare 'standaard'. Wanneer wetenschappelijke 'waarschuwingsborden' worden genegeerd, dan komen artistiek 'voorspelde' dystopische eindbestemmingen in zicht. Niet voor niets wordt deze fase van de (ex-)Westerse beschavingsgeschiedenis getypeerd als '*post*-modern': de (ex-)Westerse samenlevingen van nu hebben authentieke beschavingscontinuïteit grotendeels *achter* zich gelaten en bewegen zich versneld in de richting van existentiële condities die overeenkomsten vertonen die van Wells' *Earth under the Martians*.

De nieuwe 'globalistische' heerserklasse van het Westen staat nu in effectief *boven* en *los van* de Westerse volkeren, zij is alleen nog 'verbonden' met deze volkeren in de *uitwerking* van haar macht. De vijandelijke elite acht zichzelf nu niet alleen ethisch en esthetisch, maar ook en vooral *evolutionair* verheven boven de 'massa' die zij is 'ontgroeid' (voor een 'techno-filosofische' uitwerking van deze 'evolutionaire' ontwikkeling, verg. Jorjani, *World State*, 69ff). De consistent negatieve effecten van haar machtsuitoefening — hoofdrichtingen: neo-liberale uitbuiting, industriële ecocide, bio-industriële dierkwellerij, cultuur-marxistische deconstructie, sociale implosie, etnische vervangingsstrategieën — maken haar herkenbaar als een letterlijk *vijandelijke* elite. Zij kent geen sympathieën — niet voor haar autochtone vijanden, niet voor haar allochtonen dienaren en niet voor haar aardse thuis. *The globalists are at war with humanity as a whole. They seek to eliminate or enslave at will. They care about themselves and themselves alone. They are committed to concentrating all wealth in their hideous hands. In their evil eyes, our only purpose is to serve them and enrich them. Hence, there is no room for racism, prejudice, and discrimination in this struggle. It is not a race war but a war for the human race, all included, a socio-political and economic war of planetary proportions* (Paradis, 'White Genocide').

De globalistische en *dus* anti-Europese geopolitieke strategie van de vijandelijke elite (gericht op industriële delokalisatie, sociale atomisering en culturele ontworteling, verg. Steuckers 223ff.) mag als zodanig—als sociaaleconomische en psychosociale *oorlogsvoering*—worden erkend door een handjevol denkers binnen Nieuw Rechts, maar zij wordt door de Westerse volksmassa alleen begrepen in haar uitwerkingen: economische marginalisatie (arbeidsmarktverdringing, kunstmatige werkeloosheid, interetnische tribuutplicht), sociale malaise (matriarchale anti-rechtsstaat, gezinsontwrichting, digitale pornificatie) en culturele decadentie (onderwijs 'idiocratie', academische 'commercialisering, 'politiekcorrecte' mediaconsensus). Deze economische, sociale en culturele 'deconstructie' programma's worden door de vijandelijke elite kracht bijgezet en onomkeerbaar gemaakt door een zorgvuldig gedoseerd, maar inmiddels kritieke proporties aannemend proces van massa-immigratie. Het proces van etnische vervanging heeft tot doel de Westerse volkeren als etnisch, historisch en cultureel herkenbare eenheden te elimineren door ze als geatomiseerde *déracinés* 'op te lossen' in *la boue*,[84] de 'modder' van identiteitsloze, karakterloze en willoze massamens. Dit proces van etno-culturele, sociaal-economische en psycho-sociale totaal-nivellering beoogt—prioritair richting Europa—de ultieme *Endlösung* van het kernprobleem van de Nieuwe Wereld Orde, dat wil zeggen van het automatisch anti-globalistisch voortbestaan van authentieke identiteiten op collectief niveau. Concreet wordt deze *Endlösung* gerealiseerd in totalitair geïmplementeerde etnocidale 'multiculturaliteit' en anti-identitaire 'mobocratie'.

---

84 Een term uit het anti-multiculturele discours van Frans politiek filosoof Charles Maurras (1868-1952), bekend als voorstander van 'nationaal integralisme' en ideoloog van de monarchistische en anti-revolutionaire beweging *Action française*.

De motivaties en doelstellingen van de vijandelijke elite onttrekken zich feitelijk aan het voorstellingsvermogen van de Westerse volksmassa — ze gaan in zekere opzichten het gewone menselijk verstand 'te boven'. Hun 'niet-aardse' en 'diabolische' kwaliteit wordt echter in toenemende mate waarneembaar in hun concrete uitwerkingen (*Alba Rosa*, 147ff). Elders werd de ideologie van de vijandelijke elite gedefinieerd als 'Cultuur Nihilisme': een geïmproviseerde ideeëncocktail die zich kenmerkt door militant secularisme, sociaal-darwinistisch hyper-individualisme, collectief geïnternaliseerd narcisme en doctrinair cultuur- relativisme die uitmondt in de vernietiging van alle authentieke Westerse beschavingsvormen (voor een samenvatting van de filosofische en cultuur-historische context van het Cultuur-Nihilisme, zie Hoofdstuk 4). Het feit dat de volksmassa niet in staat het Cultuur Nihilisme als ideologie en programma te begrijpen heeft veel te maken met de *opzettelijke* 'ongrijpbaarheid' ervan: de expliciete motivaties en doelstellingen van de vijandelijke elite zijn *intentioneel on*-logisch en *anti*-rationeel. Het enige wat voor de vijandelijke elite telt is haar *macht* — haar zogenaamde 'ideeën' zijn slechts manoeuvres om de macht te krijgen, te behouden en te vergroten: ze dienen te worden begrepen in het kader van *cognitieve oorlogsvoering*.

Een goed voorbeeld van deze cognitieve oorlogsvoering is het huidige 'klimaatdebat': de door de vijandelijke elite uitgestippelde 'partijkartel lijn' beroept zich op *Gutmensch* eco-bewustzijn, maar het op basis van deze lijn via nieuwe 'klimaatbelastingen' aan de volksmassa opgelegde 'straftarief' wordt exclusief aangewend voor het 'investeren' in het commerciële 'klimaat bedrijf' — en het subsidiëren van politiek-correcte 'klimaat clubs'. Het onvermijdbare verzet van de volksmassa wordt vervolgens cognitief 'weggesluisd' naar een subrationeel 'klimaatontkenning' discours dat wordt toegeschreven aan — en zelfs opportunistisch wordt opgeëist door — de 'populisten', activistisch (Frankrijk's 'gele hesjes') dan wel parlementair (Baudet's '0,00007 graden'). De daarbij succesvol bewerkstelligde opgelegde cognitieve dissonantie inzake 'klimaat' gaat zover dat men in de volksmassa het verdwijnen van winterijs en het toeslaan van februarilentes instinctief wegredeneert. De balanceerakte van de vijandelijke elite is feilloos: de 'populistische oppositie' is blij met een paar extra zeteltjes maar verspeelt haar échte moreel aanzien, de volksmassa is blij nog een paar jaartjes 'dansen op de vulkaan' met vakantievliegen en autorijden en de vijandelijke elite is blij dat haar 'economische groei' ongestoord oploopt — en met de extra 'klimaatbelastingen' die kunnen worden aangewend voor 'commerciële aanbestedingen' en, natuurlijk, 'klimaat vluchtelingen'. Ondertussen loopt de ecocidale klok van antropogene aardopwarming en meteorologische catastrofes gewoon door — naar de *final countdown*.

De Westerse volksmassa erkent per saldo wel *instinctief* de globalistische grootheidswaanzin van de vijandelijke elite — deze instinctieve erkenning wordt door de elitaire intelligentsia veelal neerbuigend afgedaan als 'onderbuikgevoel' en de politieke vertaling ervan wordt al even neerbuigend betiteld als 'populisme'. Deze ultiem demofobe arrogantie mag lang werken, maar er zal uiteindelijk wel een hoge prijs op staan: de Westerse volkeren ervaren het globalistische regime van de vijandelijke elite nu al in toenemende mate als een regelrechte 'bezettingsmacht'. Men begint de alles verstikkende macht van de vijandelijke elite te zien voor wat zij is: een *wezensvreemd* 'rood onkruid' dat de Westerse beschaving en het Westerse thuisland versmoort.

I had not realised what had been happening to the world, had not anticipated this startling vision of unfamiliar things. I had expected to see... ruins — I found about me the landscape, weird and lurid, of another planet. For that moment I touched an emotion beyond the common range of men, yet one that the poor brutes we dominate know only too well. I felt as a rabbit might feel returning to his burrow and suddenly confronted by the work of a dozen busy navvies digging the foundations of a house. I felt the first inkling of a thing that presently grew quite clear in my mind, that oppressed me for many days, a sense of dethronement, a persuasion that I was no longer a master, but an animal among the animals, under [alien rule]. With us it would be as with them, to lurk and watch, to run and hide; the fear and empire of man had passed away.

— Herbert George Wells, *The War of the Worlds*

2. De Europese kata-morfose

(politiek-filosofische diagnose)
*Impia tortorum long[o]s hic turba furores sanguinis innocui, non satiata, aluit.
Sospite nunc patria, fracto nunc funeris antro, mors ubi dira fuit, vita salusque patent.*
'Hier voedde een goddeloze en onverzadigbare meute beulsknechten hun lange waanwoedes met het bloed der onschuldigen.
Pas nu het vaderland veilig is, nu deze moordkelder opengebroken is, zijn leven en gezondheid weer mogelijk.'[85]

Na een halve eeuw systematische sloop van staatsstructuren en volksidentiteiten is het Europese politieke, economische, sociale en culturele landschap nagenoeg onherkenbaar veranderd. Decennialange neoliberale woeker en cultuurmarxistische wildgroei hebben als Europa als een 'rood onkruid' in hun greep en vroeger onvoorstelbare 'maatschappelijke vormen' zijn ontstaan. Hypermobiel 'flitskapitaal' levert kortstondige economische bubbels op waarin zich architecturale, artistieke en modieuze monstruositeiten nestelen, met name in *central business districts*, *leisure time resorts* en *academic campus environments*. Etnische 'diversiteit' resulteert in sociaaleconomische netwerken die als 'invasieve exoten' de Westerse publieke sfeer overwoekeren: diaspora economieën, drugsmaffia's, polycriminele

---

85 Het naar de (proto-globalistische) Franse revolutionaire terreur verwijzende 'epitaaf' ontwerp voor de Jacobijnse Club in Parijs, aangehaald in Edgar Allen Poe's *The Pit and the Pendulum*.

subculturen. Deze netwerken worden aangevuld door on-Westerse 'levensovertuigelijke' instituties: de door Midden-Oosters oliekapitaal aangestuurde *awqāf*,[86] de uit belastingtribuut bekostigde 'asielindustrie' en de door globalistisch kapitaal aangestuurde systeemmedia. Wat deze door de vijandelijke elite effectief gedoogde en gefaciliteerde netwerken en instituties met elkaar verbindt is hun gemeenschappelijke functionaliteit: hun rol als *vervangingsmechanismen* ter bewerkstelligen van de Nieuwe Wereld Orde. Hierbij valt een cruciale voortrekkersrol toe aan *die schwebende Intelligenz*: de cultuur-marxistische intelligentsia die zich opwerpt als globalistische avant-garde. Deze intelligentsia is belast met de bovenruimtelijke en im-materiële deconstructie die voorafgaat aan de ruimtelijke en materiële deconstructie van de Westerse beschaving. Deze 'spirituele' en 'intellectuele' voorsprekers van het globalistische bezettingsregime ...*se nichent dans les trois milieux-clefs — média, économie, enseignement — et participent à la élimination graduelle mais certaines des assises idéologiques, des fondements spirituels et éthiques de notre civilisation. Les uns oblitèrent les résidus désormais épars de ces fondements en diffusant une culture de variétés sans profondeur aucune, les autres en décentrant l'économie et en l'éclatant littéralement par les pratiques de la spéculation et de la délocalisation, les troisièmes, en refusant l'idéal pédagogique de la transmission, laquelle est désormais interprétée comme une pratique anachronique et autoritaire, ce qu'elle n'est certainement pas au sens péjoratif que ces termes ont acquis dans le sillage de Mai 68.* '...hebben zich genesteld in de drie sleutelposities [van de globalistische macht] - de media, de economie en het onderwijs — en zij werken van daar uit aan de langzame maar zekere eliminatie van de ideologische, spirituele en ethische fundamenten van onze beschaving. Sommigen van hen werken aan het wegwissen van de toch al uiteengevallen fundament restanten door een oppervlakkige 'culturele diversiteit' te verspreiden. Anderen [werken aan] de 'decentralisatie' van de economie door

---

[86] 'Afgeschermd bezit' — een liefdadigheidsinstelling voor publiek gebruik onder Islamitisch Recht (bijv. een moskee, een school, een badhuis).

haar letterlijk op te blazen door middel van speculatie en dislokalisatie. Weer anderen [werken aan] de sabotage van het pedagogische ideaal van [culturele] transmissie door [dat ideaal] af te doen als een 'verouderde' en 'autoritaire' praktijk door [gebruik te maken van] de negatieve betekenis waarmee deze termen zijn belast in de nasleep van mei '68.' (p. 262-3)

De globalistische intelligentsia coördineert middels geraffineerde *alien audience* propaganda strategieën de cognitieve oorlogsvoering van de vijandelijke elite tegen de Westerse volkeren: zij bewerkstelligt de liberaal-normativistische habitus van exclusief 'economisch denken' dat de fysieke deconstructie van Westerse beschavingsvormen rechtvaardigt. ...*Une économie ne peut pas, sans danger, refuser par principe de tenir compte des autres domaines de l'activité humaine. L'héritage culturel, l'organisation de la médecine et de l'enseignement doivent toujours recevoir une priorité par rapport aux facteurs purement économiques, parce qu'ils procurent ordre et stabilité au sein d'une société donnée ou d'une aire civilisationnelle, garantissant du même coup l'avenir des peuples qui vivent dans cet espace de civilisation. Sans une telle stabilité, les peuples périssent littéralement d'un excès de libéralisme, ou d'économicisme ou de 'commercialité'...* 'Een economisch model kan niet ongestraft weigeren rekening te houden met de andere domeinen van menselijke activiteit. De culturele nalatenschap, het medische zorgsysteem en de onderwijstechnische organisatie moeten altijd prioriteit krijgen boven puur economische factoren want zij verschaffen orde en stabiliteit aan een gegeven gemeenschap of beschavingssfeer: zij garanderen namelijk de toekomst van de volkeren die leven binnen die beschavingssfeer. Zonder die stabiliteit sterven d[ie] volkeren letterlijk aan een overdosis van 'liberalisme', 'economisme' en 'commercialisme'...' (p. 216-7)

In de Europese context wordt de dubbel neoliberale en cultuurmarxistische deconstructie van de Westerse beschaving en volkeren geïmplementeerd door het in Brussel gebaseerde 'EU project'. Dit project wordt gekenmerkt door een radicale omkering van alle traditionele noties van pan-Europese samenwerking: in metahistorische zin staat het postmoderne 'EU project' *in structurele tegenstelling* tot de klassieke Europese rijksgedachte. *L'Europe actuelle, qui a pris la forme de l'eurocratie bruxelloise, n'est évidemment pas un empire, mais, au contraire, un super-état en devenir. La notion d'"état" n'a rien à voir avec la notion d'"empire", car un 'état' est 'statique' et ne se meut pas, tandis que, par définition, un empire englobe en son sein toutes les formes organiques de l'aire civilisationnelle qu'il organise, les transforme et les adapte sur les plans spirituel et politique, ce qui implique qu'il est en permanence en effervescence et en mouvement. L'eurocratie bruxelloise conduira, si elle persiste dans ses errements, à une rigidification totale. L'actuelle eurocratie bruxelloise n'a pas de mémoire, refuse d'en avoir une, a perdu toute assise historique, se pose comme sans racines. L'idéologie de cette construction de type 'machine' relève du pur bricolage idéologique, d'un bricolage qui refuse de tirer des leçons des expériences du passé. Cela implique une négation de la dimension historique des systèmes économiques réellement existants, qui ont effectivement émergé et se sont développés sur le sol européen.* 'Het huidige 'Europa', zoals het vorm wordt gegeven door de Brusselse 'eurocratie', is duidelijk *geen* rijk — het is het omgekeerde: een superstaat-in-wording. De notie van een 'staat' staat volledig los van de notie van een 'rijk', want een 'staat' is [letterlijk] 'statisch' en [in zijn essentie] onbewegelijk, terwijl een rijk nu juist alle binnen de erdoor beheerste beschavingssfeer organische vormen incorporeert, omvormt en aanpast aan zijn spirituele en politieke grondslagen: [een rijk] is daardoor nu juist permanent in een staat van gisting en beweging. Als de Brusselse eurocratie voortgaat op de door haar ingeslagen [tegengestelde en] doodlopende weg, dan zal zij uitlopen op een totale 'verstening'. De Brusselse eurocratie van vandaag ontbeert — en weigert — [elk soort historisch] geheugen, heeft elk [soort] historisch fundament verloren en zet zich af tegen [elk soort historische] worteling. [Haar radicaal] constructivistische en mechanische zelfbegrip berust op een ideologische improvisatie die weigert om uit de lessen en ervaringen van de [Europese] geschiedenis te leren. Dit behelst een ontkenning van de historische dimensie van de [specifieke en volkseigen — althans tot voor kort -] echt bestaande economische systemen die [organisch] zijn voortgekomen en zich hebben ontwikkeld uit de Europese bodem.' (p. 215-6)

In politiek-filosofisch perspectief vertegenwoordigt het essentieel *anti-Europese* 'EU project' niets meer en minder dan een globalistische *Machtergreifung*. Neo-Jacobijnse radicalen hebben de macht overgenomen en historische precedenten met betrekking tot Jacobijnse machtsexperimenten[87] — met name de Franse en Russische revolutionaire terreur — geven aanleiding tot zorg. Kennis van de Europese historische context van het 'EU project' is echter onvoldoende voor een echt begrip van de ogenschijnlijk tegenstrijdige — want *zelfdestructieve* — anti-Europese doelstellingen van dat project. Zulk begrip vergt inzicht in de *grotere* doelstellingen van het globalisme — dat inzicht wordt nu in hapklare brokken aangeleverd in Steuckers' *Europa*.

3. Het globalistische anti-Europa

(geo-politieke diagnose)
Soms is de misdaad die men wil begaan zo groot,
dat het niet volstaat haar te begaan namens een volk:
dan moet men haar begaan namens de mensheid.

— Nicolás Gómez Dávila

---

87 De Jacobijnse Club, gebaseerd op het Jacobijnen klooster in de Parijse Rue Saint-Honoré, was gedurende de Franse Revolutie een extreem-links georiënteerde partijpolitieke organisatie van vrijmetselaars radicalen, gesticht en aangevoerd door Maximilien Robespierre. Zij beoogde seculiere republiek en sociale revolutie af te dwingen door middel van justitiële moord en staatsterreur. Lenin's politieke methodiek na de Russische Oktober Revolutie werd direct geïnspireerd door het Jacobijnse experiment.

Steuckers' panoramische overzicht van de hedendaagse mondiale geopolitiek herleidt de oorsprong van het anti-Europese 'EU project' tot het einde van de Tweede Wereld Oorlog. Dit conflict bracht een einde aan de grootmacht status en imperiale hegemonie van de Europese natie-staten: de militaire nederlagen van Frankrijk in 1940, Italië in 1943 en Duitsland in 1945 werden gevolgd door de liquidatie van alle Europese koloniale rijken (Brits Indië in 1947, Nederlands Indië in 1949, Belgisch Congo in 1960, Frans Algerije in 1962 en Portugees Afrika in 1975). De wereldheerschappij werd in kort tijdbestek overgenomen door twee supermachten die beide op een universalistische ideologie en een mondiale geopolitiek inzetten: de Verenigde Staten als voorvechter van het Liberalisme en de Sovjet Unie als voorvechter van het Socialisme. Het fysieke (geografische, demografische, industriële) restbestand 'Europa' werd met militaire verdragen (NAVO, Warschau Pact) en economische samenwerkingsverbanden (EEG, Comecon) vervolgens tussen de overwinnaars verdeeld. Het is belangrijk de brute realiteiten van militaire nederlaag, koloniale liquidatie en politieke ontvoogding voor ogen te houden. *La Seconde Guerre mondiale avait pour objectif principal, selon Roosevelt et Churchill, d'empêcher l'unification européenne sous la férule des puissances d'Axe, afin d'éviter l'émergence d'une économie 'impénétrée' et 'impénétrable', capable de s'affirmer sur la scène mondiale. La Second Guerre mondiale n'avait donc pas pour but de 'libérer' l'Europe mais de précipiter définitivement l'économie de notre continent dans un état de dépendance et de l'y maintenir. Je n'énonce donc pas un jugement 'moral' sur les responsabilités de la guerre, mais je juge son déclenchement au départ de critères matériels et économiques objectifs. Nos médias omettent de citer encore quelques buts de guerre, pourtant clairement affirmés à l'époque, ce qui ne doit surtout pas nous induire à penser qu'ils étaient insignifiants.* 'Volgens Roosevelt en Churchill was het hoofddoel van de Tweede Wereld Oorlog te verhinderen dat Europa zich verenigde onder leiding van de As mogendheden, om zo te voorkomen dat er een [Europese] economie zou ontstaan die zich op het wereldtoneel als 'ondoordringbaar' en 'onverslaanbaar' zou kunnen handhaven. Hun Tweede Wereld Oorlog had dus niet ten doel om Europa te 'bevrijden', maar om de economie van ons continent te doel vervallen tot een staat van afhankelijkheid — en daarin te houden. Daarmee doe ik dus geen uitspraak over de 'morele' verantwoordelijkheid voor die oorlog — ik beoordeel [slechts] zijn uitbreken vanuit objectieve materiële en economische doelen. Het feit dat onze media [ook] de vermelding van een aantal andere oorlogsdoelen vermijden die toentertijd duidelijk werden verkondigd moet ons er niet toe brengen te denken dat die [doelen] onbelangrijk waren.' (p.220)

Na veertig jaar Koude Oorlog beginnen zich midden jaren '80 de eerste tekenen stressfracturen af te tekenen in de globaal opererende machtsmachines van de twee supermachten. De rampen met de Challenger en Chernobyl (28 januari en 26 april 1986) laten duidelijk zien dat de symptomen van *imperial overstretch* niet langer te verbergen zijn. Escalerende economische chaos en toenemend politieke gezagsverlies dwingen beide supermachten tot ingrijpende binnenlandse maatregelen: *Reaganomics* en *Perestrojka* markeren de geopolitieke vloedlijn van de supermachten. Na de implosie van de Sovjet Unie is de Verenigde Staten de officiële winnaar van de Koude Oorlog maar de Pyrrus-kwaliteit van de formele overwinning blijkt uit het feit dat Amerika onvoorwaardelijk berust in de sensationele opkomst van de Chinese economische supermacht en zich effectief terugtrekt uit de eerder felomstreden Derde Wereld. Na de Amerikaanse nederlaag in Somalië (*Black Hawk Down*, 1993) vervalt Afrika in *failed states* en neo-tribale chaos. Na de Amerikaanse evacuatie uit Panama (*Canal Zone Handover*, 1999) wordt Latijns Amerika overgelaten aan *Bolivarianismo* en *Marea Rosa*.[88] De imperiale *rat*

---

88 Verwijzingen naar, resp., de naar de 19e Zuid-Amerikaanse vrijheidsstrijder Simón Bolívar genoemde pan-Hispaans-Amerikaanse, anti-imperialistische en semi-socialistische staatsopvatting zoals geformuleerd door de Venezuelaanse President Hugo Chávez (1954-2013) en het 'Roze Getij' van (semi-)anti-globalistische en progressieve politieke hervormingen dat grote delen van Latijns-Amerika domineerde, ongeveer tussen de verkiezing van de Venezuelaanse

race tussen de soevereine natiestaten die begon met de Zevenjarige 'Wereld Oorlog Nul' (1756-63) mag dan zijn geëindigd met Amerika als *last man standing*, maar het opleggen van een *authentiek-imperiale* Pax Americana ligt ver buiten het bereik van Amerika's geopolitieke intenties, ambities en capaciteiten. De met Wilsoniaanse retoriek ingeklede interventies van Bush Senior en Bush Junior in Irak in 1991 en 2003 waren geen exercities in principiële *global governance*, maar in pragmatische *resource control*. Na de zelfopheffing van de Sovjet Unie als supermacht concurrent en de afkondiging van de 'nieuwe wereld orde' (Bush Senior, 1991) besloot de Amerikaanse heersende klasse dat het 'einde van de geschiedenis' (Francis Fukuyama, 1992) gekomen is: zij schakelde over van Amerikanisme naar globalisme. Er ontstond zo een 'wereld elite', toegankelijk voor iedereen met heel veel geld en heel weinig moraliteit. Deze elite acht zich ontheven aan alle geopolitieke regels en wetmatigheden: staatsrechterlijke soevereiniteit, culturele eigenheid en etnische identiteit zijn in die optiek definitief achterhaalde fenomenen, obstakels op de door haar ingeslagen snelweg naar een *Brave New World*. Als geheel definieert zich deze nieuwe 'globalistische' elite los van alle etnische religieuze en culturele wortels: vanuit deze zelfgewilde ontworteling keert zij zich meteen tegen de rest van de nog wel gewortelde mensheid — tegen staten die nog soevereiniteit hebben, tegen culturen die nog essentie hebben en tegen volken die nog identiteit hebben. De globalistische vijandelijke elite is geboren.

Onder de dubbele banieren van neoliberalisme en cultuurmarxisme beschouwt de vijandelijke elite beschouwt het 'achtergebleven' menselijke 'residu' als weinig meer dan een oneindig 'maakbare' massa 'mensenmateriaal' dat kan worden gebruikt voor het aanvullen van banksaldi, het invullen van seksuele perversiteiten en het opvullen van existentiële leemtes. *La superclasse... domine à l'ère idéologique du néoliberalisme. Il n'est pas aisé de la définir : elle comporte évidemment les managers des grandes entreprises mondiales, les directeurs des*

President Hugo Chávez (1999) en de afzetting van de Braziliaanse Presidente Dilma Roussef (2016).

grandes banques, de cheiks du pétrole ou des décideurs politiques voire quelques vedettes du cinéma ou de la littérature ou encore, en coulisses, des leaders religieux et des narcotrafiquants, qui alimentent le secteur bancaire en argent sale. Cette superclasse n'est pas stable : on y appartient pendant quelques années ou pendant une ou deux décennies puis on en sort, avec, un bon 'parachute doré'. ...Numériquement insignifiante mais bien plus puissante que les anciennes aristocraties ou partitocraties, elle est totalement coupée des masses, dont elle détermine le destin. En dépit de tous les discours démocratiques, qui annoncent à cor et à cri l'avènement d'une liberté et d'une équité inégalées, le poids politique/ économique des masses, ou des peuples, n'a jamais été aussi réduit. Son projet 'globalitaire' ne peut donc pas recevoir le label de 'démocratique'. 'De 'superklasse'... domineert het tijdperk van de neoliberale ideologie. Het is niet gemakkelijk haar te definiëren: zij bestaat het duidelijkst uit de managers van de grootste multinationals, de directeuren van de grootste banken, de oliesjeiken [en bepaalde] politieke leiders, maar ook uit enkele filmsterren, intellectuelen en 'spirituele leiders' — en daarnaast uit een schimmiger personeelsbestand van [maffiabazen en] drugsbaronnen die de bankensector voeden met zwart geld. Deze 'superklasse' is verre van stabiel: men kan er enkele jaren of decennia toe behoren voordat men er weer uit valt — meestal met een 'gouden parachute'. ...Numeriek is zij zeer klein, maar zij is machtiger dan alle voorafgaande aristocratieën en partitocratieën uit de menselijke geschiedenis. Zij is volledig afgesneden van de volksmassa's, waarvan zij het lot bepaalt. Ondanks het [publieke] discours dat continu spreekt over het aanbreken van weergaloze vrijheid en gelijkheid is het politieke en economische gewicht van de volksmassa's nog nooit [eerder in de geschiedenis] zo klein geweest. Het globalistische project [dat wordt nagestreefd door de 'superklasse'] kan daarom in geen enkel opzicht 'democratisch' worden genoemd.' (p. 291)

De globalistische vijandelijke elite *instrumentaliseert* de militaire macht en politieke invloed van Amerika: zij wendt *Amerikaanse* macht en invloed aan voor *globalistische* doelen en wensen. Zij misbruikt het Amerikaans prestige, het Amerikaans vermogen en het Amerikaanse volk — dit is de diepste reden voor de anti-globalistische en nationalistische reactie die Donald Trump in het Witte Huis brachten. De vijandelijke elite opereert echter *boven* en *achter* Amerikaanse instituten als het presidentschap: in Amerika onttrekt de echte macht zich grotendeels aan institutionele controle en democratische correctie. De *Washington swamp*, de *lying press* en de *deep state* bepalen het beleid — het is voor de strijd tegen deze monsters dat het Amerikaanse volk Donald Trump tot president koos. De monsterlijke macht van de vijandelijke elite is echter zo groot dat ook na Trump's verkiezingsoverwinning de Amerikaanse publieke sfeer nog steeds volledig werd gedomineerd door zijn vijanden. De onfatsoenlijke woede en openlijke sabotage waarmee de vijandelijke elite reageerde op Trump is begrijpelijk: de globalistische vijandelijke elite valt en staat met haar grip op haar Amerikaanse instrumentarium. Alleen met controle over de Amerikaanse geldschepping, de Amerikaanse krijgsmacht en de Amerikaanse diplomatie is zij in staat de internationale geopolitieke chaos te handhaven waarin haar financiële belangen en ideologische waandenkbeelden gedijen.

Controle over Amerika is voor de globalistische vijandelijke elite vooral van belang voor het blijvend onderdrukken van haar potentieel machtigste vijand: Europa. Europa is een potentieel dodelijk gevaar voor het nihilistische en ontwortelde globalisme omdat het een ongeëvenaarde technologisch-industriële en sociaal-economische capaciteit combineert met authentieke cultuurhistorische en etnische worteling. Met het wegvallen van de Sovjet Unie eindigde de tweehoofdige 'bewindvoering' die aan het einde van de Tweede Wereld Oorlog werd opgelegd aan Europa. De geopolitieke opgave om Europa 'klein te houden' valt vervolgens toe aan Amerika alleen: de permanente verdragsmatige verzwakking van het verenigde Duitsland (vooral via monetaire convergentie met Frankrijk) en de Amerikaanse militaire expansie naar het oosten (vooral via uitbreiding van de NAVO) zijn basale ingrediënten van deze globalistische strategie. Toch blijkt deze strategie niet waterdicht: militaire aanwezigheid in Europa vergt een aanzienlijke en constante inspanning van een economisch en politiek mondiaal overbelast Amerika en zelfs de via de Europese eenheidsmunt (2002) afgedwongen tribuutplicht blijkt onvoldoende in staat de Duitse sociaaleconomische motor af te remmen. De EU expansie naar het voormalige Oostblok (2004) laat bovendien het gevaar herleven van een door Duitsland geleid semi-autarkisch geopolitiek blok — het tegenwerken van een dergelijk *Mitteleuropa* project was de hoofdreden van de Balkan 'dwarsboom' politiek waarmee de Triple Entente in 1914 de Eerste Wereld Oorlog provoceerde. Dit grotere geopolitieke perspectief geeft een heel andere duiding aan de in Amerika bedachte 'Financiële Crisis' van 2008, die leidde tot de economisch desastreuze en politiek destabiliserende 'Europese Schuldencrisis' van 2009, en aan de door Amerika geïnstigeerde 'Arabische Lente' van 2011, die leidde tot de Europese 'Migratie Crisis' van 2015.

Deze duiding wordt het best verwoordt door Steuckers zelf: *La globalisation, c'est... le maintien de l'Europe, et de l'Europe seule, en état de faiblesse structurelle permanente. Et cette faiblesse structurelle est due, à la base, à un déficit éthique entretenu, à un déficit politique et culturel. Il n'y a pas d'éthique collective, de politique viable ou de culture féconde sans que Machiavel et les anciens Romains, auxquels le Florentin se référait, appelaient des 'vertus politiques', le terme 'vertu' n'ayant pas le sens stupidement moraliste qu'il a acquis, mais celui, latin, de 'force agissante', de 'force intérieure agissante'...* 'De globalisatie betekent dit: ...het gijzelen van Europa — en alleen van Europa — in een staat van permanente [en] structurele zwakte. En die zwakte is in essentie te wijten aan een doorlopend 'ethisch tekort' [dat zich vertaalt in] een politiek en cultureel tekortschieten. Een collectieve ethiek, een levensvatbare politiek en een vruchtbare cultuur zijn onmogelijk zonder wat Machiavelli, en de oude Romeinen waarop de Florentijn [zijn denken] baseerde, de 'politieke deugden' noemden — waarbij de term 'deugd' niet de kortzichtige moralistische lading heeft die hij nu heeft, maar de [oorspronkelijk] Latijnse [betekenis] van 'acterende kracht' en 'innerlijk sturende kracht'. (p. 279-80) Terecht wijst Steuckers op de door globalistische cognitieve oorlogsvoering bewerkstelligde 'ethisch tekort' van Europa: het is dit tekort aan politieke deugd, doelbewustheid en daadkracht dat Europa verlamt. Dit tekort maakt psycho-historische catharsis, geopolitieke assertiviteit en decisionistische zelfverdediging onmogelijk: het maakt Europa machteloos tegen de acute existentiële bedreigingen van opzettelijk gestuurde sociale implosie, massa-immigratie en jihadistische terreur. Dit globalistisch 'anti-European' Europa verwezenlijkt zich door de verinnerlijking van het cognitieve-dissonante globalistische *mainstream media* discours van zelfdestructief geïnterpreteerde 'mensenrechten', 'multiculturaliteit' en 'diversiteit'. *L'arme principale qui est dirigée contre l'Europe est donc un 'écran moralisateur', à sens unique, légal et moral, composé d'images positives, de valeurs dites occidentales et d'innocences prétendues menacées, pour justifier des campagnes de violence politique illimitée.* 'Het voornaamste wapen dat gericht is tegen Europa is een uniek 'moralistisch [televisie- en] beeldscherm' dat [specifieke] juridische en morele 'waarden' [afdwingt via] het positieve 'frame' van zogenaamde 'westerse waarden' en gepretendeerde 'bedreigde onschuld' voor het goedpraten van een [systematische] campagne van eindeloze politieke terreur.' (p.281)

In Europa wordt dit globalistische discours exemplarisch geïnternaliseerd en prioritair vertegenwoordigd door de *soixante-huitard* generatie die zich na haar 'lange mars door de instituties' het monopolie op de politieke macht heeft toegeëigend. *Pendant les années de leur traversée du désert, ...les [utopistes]de [la] génération soixante-huitard] feront... un 'compromis historique' qui repose, ...premièrement, sur un abandon du corpus gauchiste, libertaire et émancipateur, au profit des thèses néolibérales, deuxièmement, sur une instrumentalisation de l'idée freudo-sartienne de la 'culpabilité' des peuples européens, responsables de toutes les horreurs commises dans l'histoire, et troisièmement, sur un pari pour toutes les démarches 'mondialisatrices', même émanant d'instances capitalistes non légitimées démocratiquement ou d'institution comme la Commission Européenne, championne de la 'néolibéralisation' de l'Europe, dont le pouvoir n'est jamais sanctionné par une élection.* 'Gedurende hun jaren in de woestijn... maakten de [utopisten] van de ['achtenzestig'] generatie... een 'historisch compromis' dat berust... op [drie complementaire strategieën:] (1) een verraad van hun linkse kerngedachtegoed van bevrijding en emancipatie ten gunste van het neoliberalisme, (2) een [politieke] toepassing van het Freudiaans-Sartriaanse idee van de 'schuld' van de Europese volkeren, [die zo] verantwoordelijk [worden gehouden] voor alle misdaden van de geschiedenis en (3) een inzet op 'globaliserende' processen — zelfs [als die processen] worden gedreven door [on]democratische [en] illegitieme kapitalistische machten of door instituties zoals de Europese Commissie, die [zich heeft opgeworpen] als kampioen van de 'neoliberalisatie' van Europe en waarvan de macht nog nooit door een verkiezing is goedgekeurd.'[89] (p.293) Dit ideologische verraad en globalistische deze collaboratie, de standaard modaliteiten van de Europese vijandelijke elite, hebben de Europese beschaving aan de rand van de afgrond gebracht.

Steuckers wijst op de *functionaliteit* van het verraad van de Europese *soixante-huitards* ten aanzien van de globalistische

---

89 De Europese Commissie bestaat (na de 'Brexit') uit 27 *ongekozen* 'Commissarissen' (let op de nomenclatuur die is overgenomen uit het oude Sovjet systeem) die worden *voorgedragen* door de regeringen van de lidstaten en die gezamenlijk de uitvoerende macht monopoliseren — naast hun exclusief recht op wetsvoorstellen en hun sterke controle op de wetsuitvoering. De Europese Commissie, sinds 2014 voorgezeten door de Luxemburger Jean-Claude Juncker, heeft daarmee feitelijk dictatoriale macht, ook als zij deze macht vrijwel uitsluitend *in negatieve zin* uitoefent door haar institutionele begunstiging van *laissez faire* neo-liberalisme en 'open grenzen' cultuur-marxisme. Theoretisch gesproken moet het Europees Parlement de benoemingen goedkeuren en heeft het Parlement het recht de Commissie naar het huis te sturen, maar in de praktijk zijn de benoemingen vrijwel altijd exercities in consensuspolitiek en wordt het afzettingsrecht door parlementaire sabotage gereduceerd tot een dode letter. Een verder *democratic deficit* ligt natuurlijk in het feit dat de opkomst voor de verkiezingen van het zogenaamd 'controlerende' Europese Parlement structureel onder de 50% ligt.

geopolitiek: dit verraad levert Europa over aan het *de facto* monsterverbond tussen twee essentieel *anti-Europese* globalistische krachten: het *liberaal-normativisme*, gesymboliseerd in het Amerikaanse 'Puritanisme', en het *islamisme*, gesymboliseerd in het Saoedische 'Wahhabisme'. *Aujourd'hui, nous faisons face à l'alliance calamiteuse de deux fanatismes religieux : le wahhabisme, visibilisé par les médias, chargé de tous les péchés, et le puritanisme américain, camouflé derrière une façade 'rationnelle' et 'économiste' et campé comme matrice de la 'démocratie' et de toute 'bonne gouvernance'. Que nous ayons affaire à un fanatisme salafiste ou hanbaliste qui rejette toutes les synthèses fécondes, génératrice et façonneuses d'empires, qu'elles soient byzantino-islamiques ou irano-islamisées ou qu'elles se présentent sous les formes multiples de pouvoir militaire équilibrant dans les pays musulmans, ou que nous ayons affaire à un fanatisme puritain rationalisé qui entend semer le désordre dans tous ces états de la planète, que ces états soient ennemis ou alliés, parce que ces états soumis à subversion ne procèdent pas de la même matrice mentale, nous constatons que toutes nos propres traditions européennes... sont considérées par ces fanatismes contemporains d'au-delà de l'Atlantique ou d'au-delà de la Méditerranée comme émanations du Mal, comme des filons culturels à éradiquer pour retrouver une très hypothétique pureté, incarnée jadis par les pèlerins du 'Mayflower' ou par les naturels de l'Arabie du VIIIe siècle.* 'In het huidige tijdsbestek hebben we te maken met een rampspoedig [globalistisch, anti-Europees] bondgenootschap tussen twee religieuze fanatismes: het Wahhabisme,[90] zoals gevisualiseerd en als 'zondig'

---

90 Het Wahhabisme, vernoemd naar Soenni-Islamitisch religieus leider en hervormer Mohammed al-Wahhad (1703-92), is een fundamentalistische en iconoclastische doctrinaire stroming binnen de Hanbali School. De aanduiding 'Wahhabi' voor een aanhanger van deze stroming wordt voornamelijk gebruikt door haar tegenstanders: zelf geven aanhangers ervan de voorkeur aan termen als *muwahhīd* ('monotheïst') of Salafist. Het Wahhabisme wordt gekenmerkt door een militant en zelfs agressief purisme dat zich uit in regressieve sociale praktijken naar binnen en institutionele intolerantie naar buiten. Het historisch pragmatische bondgenootschap tussen de Wahhabitische geestelijkheid en het

bestempeld door de [mainstream] media, en het Amerikaanse puritanisme, gecamoufleerd achter een 'rationele' en 'economische' façade en voorgesteld als vast referentie 'frame' voor 'democratie' en 'behoorlijk bestuur'. Of we nu te maken hebben met vormen van 'Salafistisch' of 'Hanbalitisch' fanatisme[91] dat een punt zet achter de vruchtbare, creatieve en imperium-scheppende byzantijns-islamitische of iraans-islamitische syntheses, of met vormen van puriteins-gerationaliseerd en militair-hegemoniaal fanatisme dat over de hele wereld chaos schept (bij bevriende zowel als vijandelijke staten, want alle aan die hegemonie onderworpen staten vertegenwoordigen andersoortige mentale werelden): wij moeten constateren dat onze eigen Europese tradities... onverenigbaar zijn die fanatismes van de overzijde van de Atlantische Oceaan en Middellandse Zee. Die hedendaagse fanatismes beschouwen [onze tradities] als incarnaties van het pure Kwaad en als cultuuruitingen die moeten worden bestreden met het — overigens zeer hypothetische — puurheid die wordt belichaamd in de *Pilgrim*

Saoedische koningshuis vertaalt zich in contemporaine geopolitieke realiteiten als 'Al-Qaida' en de 'Islamitische Staat'.

91 Het Salafisme (*salaf*, 'voorgangers, voorvaderen', concreet: de eerste drie generaties religieuze autoriteiten in Islam) is een door het 18e eeuwse Wahhabisme geïnspireerde Soenni-Islamitische religieuze hervormingsbeweging die ontstond in het 19e eeuwse Egypte ontwikkelde in verzet tegen de maatschappelijke effecten van het Westerse imperialisme. Hoewel deze hele beweging zich verzet tegen secularisme en democratie naar Westers model, is slechts een kleine minderheid van haar aanhangers (de zgn. 'Jihadisten') voorstander van de gewapende 'heilige oorlog' ter implementatie van de Salafistische maatschappelijke hervorming. De Hanbali *maḏab* ('gedragscode', concreet: doctrinaire 'school'), gesticht door Ahmad ibn-Hanbal (780-855), is de kleinste van de vier traditionele jurisprudenties van de Soenni-Islam en als dominante leer beperkt tot het Arabische Schiereiland (waar die leer tot wet is verheven in het publieke domein in Saoedi-Arabië en Qatar). De Hanbali School wordt gekenmerkt door een effectieve verwerping van *ijmāʿ* ('specialistische consensus') en *ijtihād* ('mentale inspanning') en een beperkte inzet van *qiyās* ('deductieve analogie') in Islamitische jurisprudentie. Het maatschappelijk conservatisme en financiële slagkracht van de Golfstaten maken de Hanbali School aantrekkelijk als ideologisch basismodel voor islamistische extremisten.

Fathers van de 'Mayflower'[92] en de *bons sauvages*[93] van de 8e eeuwse Arabische binnenlanden'. (p. 261-2)

De totalitair-regressieve fanatismes van het 'Puristisch' liberaal-normativisme en het 'Wahhabistisch' islamisme zullen emotioneel, intellectueel en spiritueel moeten worden overwonnen als de Europese beschaving en de Europese volkeren de Crisis van het Moderne Westen willen overleven. De therapie die op dit kritieke punt vanuit Traditionalistisch oogpunt momenteel de grootste kans van slagen biedt is een politiek-filosofische 'noodgreep': de nooduitgang van het Archeo-Futuristisme.

4. Het Archeo-Futuristisch alternatief

(politiek-filosofische therapie)
*Lo, all our pomp of yesterday
Is one with Nineveh and Tyre!*

---

92 De 'pelgrim vaderen' waren de Engelse (grotendeels radicaal-Calvinistische) religieuze dissidenten die in 1609 eerst uitweken naar de Nederlandse Republiek, maar vervolgens met het schip de 'Mayflower' emigreerden naar Noord-Amerika, waar zij de *Plymouth Colony* stichtten (later territoriaal opgenomen in de *Massachusetts Bay Colony*). Zij worden beschouwd als de grondleggers van de Amerikaanse natie (hier 'klassiek' gedefinieerd als *White Anglo-Saxon Protestant*) en zij worden vaak gezien als de initiators van de Amerikaanse feestdag *Thanksgiving Day*, 'Dankzeggingsdag' (naar verluidt beïnvloed door hun herinnering aan het Leidse Oktoberfeest).

93 Het concept van de 'edele wilde', nog niet 'gecorrumpeerd' door de globaal-imperialistisch expansieve maar 'tegen-natuurlijke' Westerse beschaving, was een integraal onderdeel van het 18e eeuwse Verlichtingsdenken. De term wordt ten onrechte toegeschreven aan de antropologisch-optimistisch (op een utopische 'natuur staat') georiënteerde Frans filosoof Jean-Jacques Rousseau (1712-78). Rousseau's werk gaf echter wel een 'proto-oikofobische' invulling aan de voorliggende archetypische notie van 'romantisch primitivisme' (een archetype dat al is terug te vinden in de 'Enkidoe' karakter van het Gilgamesj Epos). Voor een Archeo-Futuristische herinterpretatie van het Verlichtingsmotief van de 'edele wilde', verg. *Sunset*, 318ff.

Judge of the Nations, spare us yet.
Lest we forget — lest we forget!

— Rudyard Kipling

Het Archeo-Futuristische alternatief voor het globalistische anti-Europese 'EU project' is een gelijktijdig *terug*grijpen en *vooruit*projecten van een Traditionalistisch concept dat lang een vitale rol heeft gespeeld in de Europese geschiedenis en dat weer kan doen: de *Europese Rijksgedachte*. Het gaat hierbij om een concept dat strikt genomen *boven-historisch* is daarom te allen tijde kan herleven. Het ideologisch misbruik en de historiografische misinterpretatie van de Europese Rijksgedachte door het 19e en 20e eeuwse (hyper-)nationalisme — meest recent in het 'Derde Rijk' — doet niets af aan de boven-historische vitaliteit ervan. Steuckers wijst in dat verband op het essentieel belang van een *juist* begrip van het Traditionalistische gedachtegoed waarvan de Rijksgedachte deel uitmaakt. Het Traditionalisme stelt namelijk dat alle collectieve (taalkundige, religieuze, etnische, nationale) identiteiten, en de horizontaal (werelds, fysiek) ervaren verschillen daartussen, organisch onderdeel (kunnen, moeten, zullen) zijn van *grotere*, synergetisch unieke entiteiten met een *hogere* verticale, transcendent (spiritueel, psychologisch) ervaren, functionaliteit. Deze entiteit kan worden betiteld als *Imperium*, ofwel 'Rijk' — in het Avondland als het 'Europese Rijk'. Het numineuze karakter ervan is onmiddellijk aantoonbaar in het feit dat het ontzag inspireert in degenen die er zich op natuurlijke wijze deel van voelen — en dat het angst inspireert in degenen die het onwaardig zijn.

Pour résumer brièvement la position traditionaliste,... disons que les horizontalités modernes ne permettent pas le respect de l'Autre, de l'être-autre. Si l'Autre est jugé dérangeant, inopportun dans son altérité, il peut être purement et simplement éliminé ou mis au pas, sans le moindre respect de son altérité, car l'horizontalité fait de tous des 'riens ontologiques', privés de valeur intrinsèque. Tel est l'aboutissement de la logique égalitaire, propre des idéologies et des systèmes qui ont voulu usurper et éradiquer la tradition 'reichique' : si tout vaut tout dans l'intériorité de l'homme, ou même dans sa constitution physique, cela signifie, finalement, que plus rien n'a de valeur spécifique, et si une valeur spécifique cherche à pointer envers et contre tout, elle sera vite considérée comme une anomalie qui appelle l'extermination. L'intervention fanatique et sanglante de 'colonnes infernales'. La verticalité, en revanche, implique le devoir de protection et de respect, un devoir de servir les supérieurs et un devoir des supérieurs de protéger les inférieurs, dans un rapport comparable à celui qui existe, dans les sociétés et les familles traditionnelles, entre parents et enfants. La verticalité respecte les différences ontologiques et culturelles ; elle ne les considère pas comme des 'riens' qui ne méritent ni considération ni respect. 'Om het traditionalistische standpunt samen te vatten... kan men stellen dat de modern[istische] horizontaliteit een [waarachtig] respect van de Ander en het anders-zijn onmogelijk maakt. Wanneer de Ander in zijn anders-zijn [slechts] als storend en inopportuun wordt beoordeeld, dan kan hij simpelweg worden geëlimineerd of worden weggezet zonder het minste respect voor zijn anders-zijn: de [modernistische] horizontaliteit reduceert immers alle [vormen van authentieke] identiteit tot een 'ontologisch nulwaarde' zonder intrinsieke waarde. Dat is het [onvermijdelijke] eindresultaat van de egalitaire logica die ligt achter de ideologieën en systemen die de rijkstraditie willen vervangen en uitwissen. Als alles alleen maar afhangt van het innerlijk van de mens, of zelfs alleen maar van zijn fysieke constitutie, dan blijft er uiteindelijk niets van specifieke waarde over. Wanneer een specifieke waarde in de tegenovergestelde [niet-egalitaire] richting wijst tegen het ['algemene belang' in], dan wordt zij al snel gezien als een 'afwijking' die moet worden geëlimineerd. Dit [resulteert] in de fanatieke en bloedige interventie van de 'helse colonnes'[94] [van het modernistische collectivisme]. Daartegenover staat

---

94 Een verwijzing naar de semi-genocidale pacificatie campagne van de eerste maanden van 1794 die door het Jacobijnse regime werd gevoerd in de nasleep van de Opstand in de Vendée — deze campagne combineerde de strategieën

de [Traditionalistische] verticaliteit die uitgaat van de verplichting tot bescherming van en respect voor de Ander. Dat is de verplichting [van lager gestelden] om hoger gestelden te dienen en de verplichting van hoger gestelden om lager gestelden te beschermen in een verhouding die vergeleken kan worden met die tussen ouders en kinderen in traditionele gemeenschappen en families. Deze verticaliteit respecteert ontologische verschillen en de culturele [uitdrukkingen daarvan]: zij reduceert ze niet tot '[ontologische] nulwaarden' die geen consideratie en respect verdienen.' (p. 157)

De Traditionalistische Rijksgedachte behelst dus een holistische visie waarin alle collectieve en individuele [authentieke] identiteiten op organische wijze worden ingepast in een groter geheel van synergetische meerwaarde. *Il faut enfin... que chaque communauté et chaque individu aient conscience qu'ils gagnent à demeurer dans l'ensemble impéria[ux]au lieu de vivre séparément. Tâche éminemment difficile qui souligne la fragilité des édifices impériaux : Rome a su maintenir un tel équilibre pendant les siècles, d'où la nostalgie de cet ordre jusqu'à nos jours. ...La* civitas *de l'origine... de l'*Urbs, *la* Ville *initiale de l'histoire impériale, ...s'est étendue à l'*Orbis romanus. *Le citoyen romain dans l'empire signale son appartenance à cet* Orbis, *tout en conservant sa* natio *et sa* patria, *appartenance à telle nation ou telle ville de l'ensemble constitué par l'*Orbis. 'Het is uiteindelijk noodzakelijk... dat elke gemeenschap en ieder individu zich ervan bewust zijn dat zij er meer bij gebaat zijn vast te houden aan het imperiale geheel dan afzonderlijk te leven. Dit is een zeer ingewikkelde opgave die de kwetsbaarheid van alle imperiale projecten onderstreept: Rome wist eeuwenlang een dergelijke balans te handhaven — vandaar de nostalgie naar de [Romeinse] orde die voortduurt tot op de dag van vandaag. ...De originele *civitas*... van de *Urbs* waaruit men stamt, [dat wil zeggen] de Stad vanwaaruit de imperiale geschiedenis zich ontplooide... breidde zich [met het Romeinse rijk] uit tot een *Orbis romanus*.

---

van verschroeide aarde en *ethnic cleansing* en kostte tot 40.000 burgers het leven.

Onder het [Romeinse] keizerrijk duidde het Romeins burgerschap op een identificatie met die *Orbis*, met behoud van de eigen *natio* en het eigen *patria*, [dat wil zeggen] met een [blijvend] toebehoren aan een bepaalde natie of vaderland binnen het geheel van die *Orbis*.' (p.129-31) *D'abord, il faut préciser que le 'Reich' n'est pas une nation, même s'il est porté, en théorie, par un* populus *(le* populus romanus*) ou une 'nation' (la* deutsche Nation*) : ...[c'est] n'est pas [une chose] nationaliste, [c'est] même [une chose] anti-nationaliste. Il n'a rien contre les sentiments d'appartenance nationale, contre la fierté d'appartenir à une nation. De tels sentiments sont positifs... mais doivent être transcendés par une idée. Cette transcendance conduit à une verticalité, qui oppose à toutes les formes modernes d'horizontalité, ce qui est, par ailleurs, le noyau idéel, de toutes les traditions...* 'Vooraf moet worden vastgesteld dat een 'Rijk' geen natie is, zelfs als het in theorie door een *populus* ([een 'volk' zoals] het *populus romanus*) of door een natie ([een natie zoals] de *deutsche Nation*) wordt gedragen: ...[het Rijk] is niet nationalistisch, het is zelfs anti-nationalistisch. Het heeft niets tegen het identiteit bepalende [collectieve] nationalistisch sentiment of tegen de [individuele] trots op het behoren tot een natie. Zulke sentimenten zijn positief... maar dienen te worden overstegen door het [nog hogere imperiale] idee. Deze transcendentie leidt tot een verticaliteit die zich afzet tegen alle moderne vormen van horizontaliteit — deze verticaliteit is uiteindelijk de ideële kern van alle [authentieke] Tradities.' (p. 156-7)

Het praktische samengaan van collectieve en individuele identiteiten wordt gerealiseerd in de politieke toepassing van het Traditionalistische beginsel van *subsidiariteit* (een laatste spoor daarvan is in de Nederlandse Traditie terug te vinden in het antirevolutionaire principe van 'soevereiniteit in eigen kring'[95]). ...*Le principe de 'subsidiarité', tant évoqué dans l'Europe actuelle mais si peu*

---

95 Het door Neo-Calvinistische denker Abraham Kuyper geformuleerde beginsel van autonome 'sfeer soevereiniteit' voor alle autonome — aan eigen wetmatigheden onderworpen — menselijke levenskringen, toegepast op

mis en pratique, renoue avec un respect impérial des entités locales, des spécificités multiples que recèle le monde vaste et diversifié. '...Het beginsel van 'subsidiariteit', waaraan men vaak refereert in het hedendaagse Europe maar dat men zelden in de praktijk brengt, kan [nieuw] imperiaal [ondersteund] respect geven aan de lokale gemeenschappen en specifieke identiteiten die horen bij de echte wereld van enorme [authentiek-gewortelde] diversiteit.' (p. 139)

In relatie tot de Rijksgedachte zijn 'identiteitspolitiek', 'multiculturaliteit' en 'diversiteit' *non-issues*: ze worden organisch 'opgelost' door sublimatie in de hogere functionaliteit van het Rijk. *L'empire est donc fait de multiplicités, de différences, qui n'ont rien de commun avec la fausse multiculturalité vantée par les médias d'aujourd'hui. Cette multiculturalité, escroquerie idéologique, relève justement de cette horizontalité qui vise à vider tous les hommes, autochtones et allochtones, de leur substance ontologique. Cette multiculturalité tue l'essentiel qui vit en l'homme. Toute politique qui cherche à la promouvoir est une politique criminelle, exterministe...* 'Een Rijk behelst dus [altijd complexe] meervoudigheden en diversiteiten die niets gemeen hebben met de valse 'multiculturaliteit' die wordt aangeprezen door de [mainstream] media van vandaag. Deze [namaak-] multiculturaliteit is een ideologisch bedrog dat voortvloeit uit de [modernistische] horizontaliteit die bedoeld is om alle mensen — autochtoon zowel als allochtoon — the ontdoen van hun ontologische substantie. Deze multiculturaliteit doodt de essentie die leeft in de mens. Alle politiek die haar wil bevorderen is een criminele — en etnocidale — politiek...' (p.158) Het is een ironisch feit dat de Traditionalistische Rijksgedachte en Rijksgemeenschap effectief veel meer tolerantie en vrijheid bieden dan de modernistische 'diversiteit' en 'democratie' dat ooit zouden kunnen.

---

verschillende niveaus van maatschappelijke organisatie, hier geprojecteerd op etnisch en religieus definieerbare groepen.

5. Sacrum Imperium

(neo-imperiale therapie)
Hier die Manen hehrer Krieger
Seien euch ein Musterbild
Führen euch vom Kampf als Sieger

— Joseph Hartmann Stuntz[96]

De Westerse beschaving is gebaseerd op een kwetsbare balans tussen elkaar aanvullende authentieke identiteiten die samen synergische meerwaarde krijgen via historische interacties. Deze meerwaarde kan worden uitgedrukt in de 'hyper-boreale' archetypen van *Techne* (technische bevrijding), *Nomos* (juridische bevrijding) en *Evangelion* (spirituele bevrijding; verg. *Alba Rosa*, 112ff). Maar deze meerwaarde en de beschaving waarop zij is gebaseerd vergen constante bescherming en bewaking — dit is de basis van de Traditionalistisch Europese Rijksgedachte. *En Europe, les structures de type impérial sont... une nécessité, afin de maintenir la cohérence de l'aire civilisationnelle européenne, dont la culture a jailli du sol européen, afin que tous les peuples au sein de cette aire civilisationnelle, organisée selon les principes impériaux, puissent avoir un avenir.* 'In Europa zijn structuren van het imperiale type... onontbeerlijk om de cohesie te beschermen van de Europese beschavingssfeer die is ontsproten aan de Europese grond — en om aan de binnen die beschavingssfeer inheemse volkeren een toekomstperspectief te bieden door een haar te [re]organiseren volgens imperiale principes.' (p. 214) Een dubbel idealistische en realistische — Archeo-Futuristische — heroverweging van de Rijksgedachte is van essentieel belang ter bescherming van de Europese volkeren en van hun gezamenlijke beschaving. De uitbreiding van de Europese Rijksgedachte tot de overzeese Europees-stammige volkeren is daarbij een logische volgende stap: deze stap is reeds Archeo-Futuristisch

---

96 Tekst ter gelegenheid van de opening van de Beierse Walhalla Gedenkhal (1842).

uitgewerkt in het concept van de 'Boreale Alliantie'. Op globale schaal zou een dergelijke alliantie natuurlijke bondgenoten vinden in de twee andere Indo-Europese Rijksgedachten: de Perzische en Indische: een Archeo-Futuristische exploratie van dit thema is te vinden in Jason Jorjani's concept van de *World State of Emergency*. De alternatieve geopolitiek die past bij deze Archeo-Futuristische heroverwegingen wordt al concreet onderzocht in de anti-globalistische Neo-Eurazianistische beweging (voor een inleiding op het Eurazianisme, zie Hoofdstuk 11).

Het is de taak van het Traditionalisme om de gezamenlijke 'Hogere Roeping' van de Europese volkeren in herinnering te brengen wanneer deze bedreigd wordt (*Alba Rosa*, 200ff). Steuckers voldoet hieraan door de Traditionalistische visie van Europa eenduidig te neer te zetten: *L'Europe, c'est une perception de la nature comme épiphanie du divin... L'Europe, c'est également une mystique du devenir et de l'action... L'Europe, c'est une vision du cosmos où l'on constate l'inégalité factuelle de ce qui est égal en dignité ainsi qu'une pluralité de centres... [C'est] une nouvelle vision de l'homme, impliquant la responsabilité pour l'autre, pour l'écosystème, parce que, ... sur ses bases philosophiques, ...l'homme... est un collaborateur de Dieu et un* miles imperii, *un soldat de l'empire. Le travail n'est plus malédiction ou aliénation mais bénédiction et octroi d'un surplus de sens au monde. La technique est service à l'homme, à autrui... La construction de l'Europe... nécessite de revitaliser une 'citoyenneté d'action', où l'on retrouve la notion de l'homme coauteur de la création divine et l'idée de responsabilité.* 'Het [Traditionalistisch] 'Europa' is een visioen waarin de natuurlijke wereld als Goddelijke Epifanie geldt... Dit Europa is een mysterie in wording en werking... Dit Europa is een kosmisch visioen dat de feitelijke ongelijkheid erkent van alles dat gelijk is in waardigheid en daarmee ook van [cultuurhistorische en geopolitieke] multipolariteit... Dit nieuwe visioen van mens-zijn impliceert verantwoordelijkheid voor [alles dat] anders en voor het [hele natuurlijke en menselijke] ecosysteem omdat... op de filosofische basis [van dit visioen]... de mens een *medewerker* is van God—een *miles imperii*, een soldaat van het [goddelijk ingestelde]

Rijk. Hier is werk niet langer vloek of vervreemding,[97] maar een zegen en een octrooi voor [een hoger] verantwoordelijkheidsbesef voor de [hele schepping]. Hierbij staat de techniek ten dienste van de mens — en van de ander... (verg. *Alba Rosa*, 55). De constructie van Europa... vereist een herleven van 'activistisch burgerschap' waarin men het idee terugvindt van de mens als medewerker aan de Goddelijke Schepping — en het idee van [zijn uit zijn authentieke identiteit voortvloeiende kosmische] verantwoordelijkheid.' (p. 138-9) Het is duidelijk dat de Hogere Roeping van de Europese volkeren niet stopt aan de geografische grenzen van het Europese subcontinent: zij geldt ook voor de Europees-stammige volkeren die zich over deze grenzen heen hebben begeven en zich overzees hebben gevestigd in boreale en australe regionen.

Naar binnen toe vereist dit visioen een individuele zelfdiscipline, een individuele arbeidsethos en een individuele acceptatie van hiërarchische orde — en dus een omkering van de narcistische, hedonistische en collectivistische levenshouding die wordt bevorderd en bestendigd in het liberaal-normativisme dat nu dominant is in het postmoderne Westen. Dit betekent een overgang naar een nieuwe existentiële realiteit die wordt beheerst door authentieke normen en waarden — en door een legitieme Autoriteit. In de Europese Traditie draagt die Autoriteit, in navolging van zijn Romeinse archetype, de titel 'keizer'.[98] *Dans la conception [traditionaliste] hiérarchique des êtres et des fins terrestres... l'empire constituait le sommet, l'exemple impassable pour tous les autres ordres inférieurs de la nature. De même, l'empereur, également au sommet de cette hiérarchie par la vertu de sa titulaire, doit être un exemple pour tours les princes du monde, non pas en vertu de*

---

97 Verwijzingen naar, resp., de Bijbelse zondeval (specifiek Genesis 3:17), en Karl Marx' theorie van *Entfremdung*.

98 Latijn: *Caesar*, in de Europese Traditie de eretitel van de *Imperator*, de hoogste bevelsautoriteit, afgeleid van de bijnaam van de Romeinse dictator Gajus Julius (100-44 v. Chr.). Eén van de historisch overgeleverde etymologieën herleidt de bijnaam tot een Noord-Afrikaans woord voor 'olifant' (Caesar liet opvallend veel munten slaan met de afbeelding een olifant).

son hérédité, mais de supériorité intellectuelle, de son connaissance ou des ses connaissances. Les vertus impériales sont justice, vérité, miséricorde et constance... 'In de [Traditionalistische] hiërarchische opvatting van wereldse wezens en wensen... vertegenwoordigt het Rijk het hoogste doel, het onevenaarbare voorbeeld voor alle lagere natuurlijke ordeningen. Dit betekent dat de keizer, die op grond van zijn titel aan de top van deze hiërarchie staat, een voorbeeld stelt voor alle [overige] prinsen van de wereld — niet op grond van zijn afstamming, maar [op grond] van zijn intellectuele superioriteit en van zijn kundigheid en inzichten. [In hem worden de] imperiale 'politieke deugden' van rechtvaardigheid, waarheid, mededogen en standvastigheid verwezenlijkt'. (p. 136) Vanzelfsprekend is een als zodanig herkenbare legitieme Autoriteit bijna onvoorstelbaar in de huidige Europese context, maar toch is dit ideaalbeeld van deze Autoriteit onontbeerlijk als vast referentiepunt. Ditzelfde geldt tot op zekere hoogte voor de Rijksgedachte zelf: in het huidige politiek-filosofisch discours is deze gedachte eerst en vooral een *experiment* waarmee een bestemming en een koers kunnen worden bepaald voor Nieuw Rechts. Op dezelfde manier dat het 'Koninkrijk der Hemelen' als referentiepunt dient voor de Hogere Roeping van het Christendom, zo dient de Europese Rijksgedachte als referentiepunt voor de Europese beschaving — ook als het ideaal nog niet is verwezenlijkt in het hier en nu. De oude Traditionalistische Rijksgedachte dient hierbij als voorbeeld voor een nieuwe Archeo-Futuristische Rijksgedachte.[99] De hiërarchische politieke filosofie van het Neo-Eurazianisme kan ook hierbij een brugfunctie vervullen.

Naar buiten toe vereist de Traditionalistische Rijksgedachte collectief zelfbewustzijn, collectieve trots en collectieve opofferingsbereidheid. Het is daarbij belangrijk te benadrukken dat de Rijksgedachte, zoals die wordt gehandhaafd door de hoogste bevelsautoriteit, zich *positief* — als letterlijke meerwaarde — verhoudt tot de verschillende authentieke identiteiten die met subsidiaire waarborgen

---

99 Voor een cultuur-historische analyse van de Traditionalistische Rijksgedachte, verg. Hoofdstuk 2, Wolfheze, *The Former Earth*.

worden bewaard binnen het Rijk. Een Traditionalistisch gedefinieerd Europees — of groter: Westers — Rijk doet niets af aan de specifieke taalkundige, godsdienstige, culturele en etnische identiteiten die erbinnen blijven bestaan: het *voegt* een identiteit *toe*, namelijk een *Europese* — of zelfs *Westerse*. Deze identiteit is dan *niet* dominant naar binnen (in de individuele *voorstelling*), maar *wel* naar buiten: naar buiten vertegenwoordigt zij een collectieve *wil*. Dat wil zeggen: het Rijk vertegenwoordigt naar buiten een *absolute standaard*, uitgedrukt in *fysieke grenzen*. De liberaal-normativistische illusie van globalistische 'universele waarden' en de 'open grenzen' zijn onverenigbaar met de effectieve handhaving van de klassieke beschavingsnormen die worden belichaamd in Traditionalistische Rijksgedachte. *L'empire se conçoit comme un ordre, entouré d'un chaos menaçant, niant par là même que les autres puissent posséder eux-mêmes leur ordre ou qu'il ait quelque valeur. Chaque empire s'affirme plus ou moins comme le monde essentiel, entouré de mondes périphériques réduits à des quantités négligeables. L'hégémonie universelle concerne seulement "l'univers qui vaut quelque chose". Rejeté dans les ténèbres extérieures, le reste est une menace dont il faut se protéger.* 'Het Rijk concipieert zichzelf als een orde die wordt omgeven door een dreigende chaos — [de Rijksgedachte] ontkent daarmee feitelijk dat andere beschavingen zelf een eigen orde met zelfstandige waarde kunnen hebben. Ieder Rijk ziet zichzelf min of meer als een 'wereld op zich', omgeven door tot op verwaarloosbare eenheden teruggebrachte 'perifere werelden'.[100] Universele hegemonie wordt alleen gezocht binnen de sfeer van het als [exclusief] waardevol erkende eigen universum. De resterende [realiteit wordt] verstoten naar de Buitenste Duisternis en is niet anders dan een dreiging waartegen men zich moet beschermen.[101]' (p. 129)

---

100 Dit 'begrenzing' principe kan worden teruggevonden in de *Dasein* hermeneutiek van de Duitse filosoof Martin Heidegger (1889-1976) en is recentelijk Archeo-Futuristisch uitgewerkt door de Amerikaans-Perzische filosoof Jason Jorjani (geboren 1981) — verg. *Alba Rosa*, 228ff.

101 Een verwijzing naar de metafysische dimensie van het Traditionalistische begrip 'Wachter op de Drempel' zoals recent geactiveerd door de Russische

6. Ex oriente lux

Paymon (illustratie uit Collin de Plancy's *Dictionnaire infernal*). *Il enseigne les arts, les sciences et les choses secrètes.*

(psycho-historische therapie)
Wees gegroet, Hoge Prins!
Op de noordwesten wind hebben wij naar u gezocht
Aan u offeren wij nu onze sterfelijkheid
U bent onze Eedhouder!

— vrij vertaald uit *Hereditary*

Een effectieve Archeo-Futuristische therapie voor de psycho-historische zelfverminking van de Westerse beschaving ligt in de herontdekking en reactivering van haar archetypes (*Alba Rosa*, 209ff). Vanuit meta-historisch perspectief vertegenwoordigt het politieke

---

filosoof Aleksandr Doegin — zie ook Hoofdstuk 8.

experiment van het nationalistisch-enggeestige en hyper-biodeterministische 'Derde Rijk' een geïmproviseerde poging tot een reactivering van deze archetypes. Door de — feitelijk zeer ver gezochte — associatie van de Traditionalistische Rijksgedachte met het 'Derde Rijk' en door de Europese *Götterdämmerung* van 1945 werden deze archetypes verdrongen uit het Westerse publieke discours. De bij deze archetypes horende idealistische, ridderlijke en ascetische levenshouding — belichaamt in de oude roepingen van Academie, Adel en Kerk — verloor hiermee haar bestaansgrond: het rampzalige verval van de Westerse geesteswetenschappelijke, militaire en kerkelijke instituties vormen hiervan het tastbare bewijs. Deze psycho-historische *Untergang* is recentelijk zover doorgeschoten dat nu alles wat zelfs maar enigszins verwijst naar 'aristocratische', 'arische' en 'mannelijke' kwaliteit in de publieke sfeer 'verdacht' is. Een diep ingezonken conditionering van matriarchale oikofobie en een rancuneuze feminisatie hebben de oude Westerse instituten van Academie, Leger en Kerk vernietigd.

Toch is deze ontwikkeling niet onomkeerbaar — ze kan zelfs worden opgevat als een noodzakelijke fase in een zuiverend 'dialectisch proces'.[102] Een extreem negatieve polariteit is immers een noodzakelijke voorwaarde voor een extreem positieve energielading. De deconstructie van de geïmproviseerde en oppervlakkige 'hyper-nationalistische' en 'hyper-biodeterministische' ideologie van het Derde Rijk vormen zo een noodzakelijke voorwaarde voor een her-ontdekking en her-activering van de diepst liggende archetypes van de Indo-Europese Traditie. De Archeo-Futuristische exploratie van deze diepst gelegen archetypes is pas begonnen, maar de richting waarin de nieuwe Gouden Dageraad van het Westen moet worden gezocht ligt al vast — *ex oriente lux*. Jason Jorjani, de filosofisch pionier van de Archeo-Futuristische Revolutie in de Nieuwe Wereld, is de *event*

---

102 Een verwijzing naar de moderne dialectische methode ('these-antithese-synthese') ontwikkelt door de Duitse filosoof Friedrich Hegel (1770-1831) en 'geoperationaliseerd' door de Duits-Joodse politiek filosoof Karl Marx (1818-83).

horizon van de Westerse Moderniteit reeds overgestoken en hij heeft reeds gerapporteerd welke beschavingscontouren zichtbaar worden in wat als een nieuwe 'Gouden Dageraad' kan worden aangeduid. Het kan geen toeval zijn dat Robert Steuckers, de voorman van het Traditionalisme in de Lage Landen, in dezelfde richting wijst. Beiden laten de oudste Indo-Europese archetypes, zoals behouden in de Perzische Traditie, terugkeren naar het Avondland.

La catégorie d'hommes capables d'incarner un 'Reich' est née de la tradition persane, laquelle a été longtemps un 'Orient' (in modèle sur lequel on s'"orientait')... Dans la tradition persane, il est question d'un 'hiver éternel', allusion plus que probable au début d'une ère glaciaire particulièrement rude, qui a surpris les premiers peuples européens dans leur habitat premier. Au moment où survient cet 'hiver éternel', un roi-héros, Rama, rassemble les tribus et les clans et se dirige, à leur tête, vers le sud, vers le Caucase, la Bactriane et la Perse (les hauts plateaux iraniens). Ce roi-héros fonde les castes, ou, plus exactement, les fonctions que George Dumézil étudiera ultérieurement. Après avoir mené son peuple à bonne destination, pour échapper aux rigueurs de cet 'hiver éternel', Rama se retire dans les montagnes. Cette figure héroïque et royale se retrouve dans les traditions avestique et védique où il s'appelle Yama ou Yima. Pour mener cette expédition et cette migration, Rama-Yama-Yima s'est servi de chevaux et de chars et a jeté ainsi les premiers principes d'organisation d'une cavalerie... Plus tard, Zarathoustra codifie les règles qui doit suivre chaque cavalier... La troupe de Zarathoustra, qui doit faire respecter son enseignement pratique, est armée de massues (la 'Clave' dans l'œuvre de Julius Evola). Au départ de la troupe des adeptes de Zarathoustra se forme la caste des guerriers, les Kshatriyas de la tradition indienne, une caste opérative ancrée dans le réel politique et géographique, qui domine la caste de prêtres, contemplative et moins encline à exercer sur elle-même une discipline rigoureuse. ...La figure iranienne de Sraosha, qui donnera le Saint-Michel de la tradition médiévale, évolue entre le ciel et la terre, c'est-à-dire entre l'idéal de la tradition et la réalité, va-et-vient qui postule une formation rigoureuse, à l'instar des disciples de Zarathoustra. Ceux-ci, au fur et à mesure que se consolide la tradition iranienne, sont formés à rendre claire leur pensée, à purifier leurs sentiments, à prendre conscience de leur devoir. Armés de ces trois principes cardinaux d'orientation, le disciple de Zarathoustra lutte contre Ahriman, incarnation du mal, c'est-à-dire de la déliquescence des sentiments, qui rend inapte à œuvrer constructivement et durablement dans le réel. Seul les chevaliers capables d'incarner cet idéal simple mais rigoureux se donneront un charisme, un rayonnement, une lumière, la kwarnah. Ils sont liés entre eux par un serment. 'De categorie van mensen die in staat zijn een Rijk te personificeren is ontstaan in de Perzische Traditie, die [voor het Westen] eeuwenland een Oriëntaals referentiepunt was in de eigenlijke zin van existentiële *oriëntatie*. In de Perzische Traditie is sprake van een 'eeuwige winter', een begrip dat waarschijnlijk teruggaat op het begin van een zeer harde IJstijd die de eerste Europese volkeren trof in hun eerste leefgebied. Toen de 'eeuwige winter' intrad, bracht een heroïsche koning genaamd Rama deze volkeren en stammen bijeen en leidde hen naar het zuiden, naar de Kaukasus, Baktrië en Perzië (de Iraanse hoogvlakten). Deze heroïsche koning was de stichter van hun kasten, of preciezer gezegd: van de [sociaalhiërarchische] functionaliteiten die uiteindelijk door Georges Dumézil zijn gereconstrueerd.[103] Na zijn volk uit de ontberingen van de 'eeuwige winter' in veiligheid te hebben gebracht, trok Rama zich terug in de bergen. Deze heroïsche en koninklijke persoonlijkheid vinden we [vervolgens] terug in de Avestische en Vedische Traditis, waar hij Yama of Yima genoemd wordt.[104] Om deze onderneming en

---

103 Een verwijzing naar de Franse vergelijkende taalwetenschapper Georges Dumézil (1898-1986) die pionerend onderzoek deed naar archaïsche Indo-Europese mythen en sociale structuren, bekend om zijn 'Trias These' m.b.t. het oorspronkelijke Indo-Europese kastensysteem.

104 In latere Perzische taalvarianten en in de *Sjāhnāmeh* (het nationale epos van Iran, getiteld 'Het Boek der Koningen', geschreven door dichter Firdawsī aan het einde van de 10e eeuw AD) wordt deze koning aangeduid als *Jamšīd* (ofwel 'Schitterende Yama'), een mythische priester-koning met bovennatuurlijke gaven en de charismatische roeping van de hoogste *Katechon*.

deze migratie te volbrengen organiseerde Rama-Yama-Yima paarden en wagens, waarmee hij de fundamenten van een cavalerie organisatie legde... Later werden de regels die elke bereden krijger, [ofwel 'ridder,'] te volgen heeft vastgelegd door Zarathoestra... De krijgsmacht van Zarathoestra die zich onderwerpt aan zijn praktische onderwijs is bewapend met knotsen (als *clava* betiteld in het werk van Julius Evola).[105] Uit deze 'school' van Zarathoestra ontstaat [vervolgens] de kaste van de krijgers — de Kshatriya's van de Indische Traditie — die zich in politieke [instituties] en geografische [machtsbereiken] vastlegt en die komt te heersen over de kaste van de priesters, die contemplatief zijn ingesteld en zich niet aan een zodanig rigoureuze discipline wil onderwerpen. ...De Iraanse figuur Sraosja,[106] die in de middeleeuwse [Westerse] Traditie naar voren komt als de Heilige Michaël, neemt [voortdurend opnieuw] gestalte aan tussen hemel en aarde, dat wil zeggen tussen het Traditie ideaal en de [wereldse] realiteit — een ontstaan en vergaan dat [voor aspirant-ridders] een [constant vastgehouden] rigoureuze scholing veronderstelt, net zoals bij de leerlingen van Zarathoestra. [Het gaat daarbij om] diegenen die, naarmate de Iraanse Traditie zich verwezenlijkt, worden opgeleid om hun gedachte[n] en gevoelens te zuiveren en zich bewust te worden van hun levensopgave. Bewapend met deze drie hoofdprincipes van levensoriëntatie strijdt de leerling van Zarathoestra tegen Ahriman,[107]

---

105 De Indo-Europese knots wordt als — vaak met goud foelie overtrokken — ceremoniële staf overgenomen als machtssymbool van hoogwaardigheidsbekleders binnen alle Tradities van de Oude Nabije Oosten en de Klassieke Wereld. De symbolische betekenis van de knots is (via cultureel-antropologisch herleidbare structurele opposities) gerelateerd aan die van de *scepter* (politiek gezag), de *toverstaf* (spiritueel gezag) en de *baton* (militair gezag).

106 De Avestaanse aanduiding voor een van de Zoroastrische Yazata's ('vererenswaardige', vergoddelijkte principes — de term is etymologisch verwant aan het Griekse woord ἅγιος 'heilig'): het gaat hier om het principe van het 'Geweten' dat functioneert als een 'aartsengel' en is toegerust met de knots van wereldse macht — in latere Perzische taalvarianten wordt hij aangeduid als *Sorūš*.

107 De Middel-Perzische naam Ahriman wordt in het oudere Avestisch weergegeven als *Angra Mainyu*, 'Kwade Geest', de kosmische tegenstrever van de

de personificatie van het kwaad, dat wil zeggen primair tegen de gevoelszwakte die het hem onmogelijk maakt constructief en duurzaam op de realiteit in te werken. Alleen 'ridders' die in staat zijn dit simpele maar rigoureuze ideaal te belichamen verkrijgen het charisma, de stralenglans, het lichtwezen — de *khvarenah*.'[108] (p. 159-60)

Het Indo-Europese archetype dat het nieuwe Rijk moet vestigen is bovenal de 'ridder'. Zoals gezegd, wordt oudste uitdrukking daarvan bewaard in de Perzische Traditie: *...le modèle de la chevalerie perse... constitue... pour l'Europe un mode opératif sans égal, de type 'kshatriyaque'... [que] ne peut être pensé en dehors du projet de 'nouvelle chancellerie impériale européenne', énoncé par Carl Schmitt. Celui-ci a évoqué la nécessité de former une instance de ce type, après les catastrophes qui ont frappé l'Europe dans la première moitié du XXe siècle et pour préparer la renaissance qui suivra l'assujettissement de notre sous-continent.* '...het model van de Perzische ridderstand... vertegenwoordigt... voor Europa een kwalitatief ongeëvenaarde modus van het 'kshatriyaanse' type... waarzonder men zich geen voorstelling kan maken van het project dat Carl Schmitt voor ogen stond: de 'nieuwe Europese rijkskanselarij'. [Schmitt] wees op de noodzaak een dergelijke instantie te vormen in de nasleep van de catastrofes die Europa gedurende de eerste helft van de 20e eeuw heeft ondergaan ten einde de wedergeboorte voor te bereiden die zal volgen op de onderwerping van ons subcontinent.'[109] (p. 163) De kroniek van de Perzische Traditie

---

opper- en scheppergodheid Ahura Mazda. Zoals in het Christendom God (Licht, Waarheid, Orde) en de duivel (duisternis, leugen, chaos) tegenover elkaar staan, zo staan in het Zoroastrianisme Ahura Mazda en Angra Mainyu tegenover elkaar.

108 Dit charisma wordt in de Christelijke Traditie symbolisch uitgebeeld door middel van een aureool, een halo-effect toegeschreven aan engelen en heiligen. De moderne wetenschap beschrijft dit fenomeen in neurologische termen (bijv. in relatie tot liminele verschijnselen als epilepsie, synesthesie en hallucinatie). Voor de historische context van het concept van de *khvarenah* verg. Jorjani, *World State*, 153-92.

109 Voor Steuckers' visie van Europa als subcontinentaal deel van de totale Euraziatische ruimte, verg. Hoofdstuk 11.

kan de volkeren van Europa hoop geven: zij laat zien hoe de oudste Indo-Europese archetypes zelfs de catastrofe van barbaarse bezetting, etnische vervanging en culturele regressie kunnen overleven.
...Le philosophe perse islamisé Sohrawardi, ...dépositaire de la sagesse iranienne originelle, s'insurge, avant la destruction de son pays par les Mongols, contre la bigoterie, le rationalisme étrique qui est son corollaire, et réclame le retour à une attitude noble, lumineuse, archangélique et michaëlienne, qui n'est rien de autre que la tradition perse/avestique des origines les plus lointaines. Sohrawardi réclame une révolte contre la caste des prêtres étriques, et, partant, contre toutes pensées et démarches impliquant des limitations stérilisantes. Cette attitude a toujours paru suspecte aux vastes de prêtres ou d'intellectuels, soucieux d'imposer des corpus figés aux populations qui leur étaient soumises, en Occident comme en Orient. Arthur de Gobineau... a été le premier... à attirer l'attention des Européens... sur le passé lumineux de la Perse antique, modèle plus fécond, à ses yeux, que la Grèce, trop intellectuelle et trop spéculative. Le modèle chevaleresque, dont les traces premières remontent à Rama et à Zarathoustra, induit une pratique de le maîtrise de soi, supérieure, pour Gobineau, à la spéculation intellectuelle des Athéniens. Et, de fait, quand la Perse a été laminée par les Mongols, l'islam tout entier a commencé à sombrer dans le déclin. Le fondamentalisme wahhabite est l'expression de cette décadence, dans la mesure où il est une réaction outrée, caricaturale, au déclin de l'islam, désormais privé de la grande Lumière de la Perse. Les pauvres simagrées wahhabites ne pouvant bien entendu jamais servir d'"Orient'. '...De geïslamiseerd-Perzische filosoof Sohrawardi,[110] ...drager van de oorspronkelijke Iraanse

---

110 Šihāb ad-Dīn Yahya Sohrawardi (1154-91), bijgenaamd 'Meester der Verlichting', baseerde zijn Illuminationisme op de notie van *prisca theologia* en was zo in staat pre-Islamitische (filosofische concepten en) kennis te integreren in zijn werk. Esoterische symboliek en intellectuele intuïtie zijn essentiële elementen in Sohrawardi's werk, dat invloed kreeg op het Westerse Traditionalisme door de vertalingen en interpretaties van Henri Corbin (1903-78) en Seyyed Hossein Nasr (geboren 1933).

wijsheid, stond nog voor de Mongoolse verwoesting van zijn land[111] op tegen religieuze kwezelarij en het oppervlakkige rationalisme... — hij eiste een terugkeer naar de adellijke, verlichte, engelachtige en michaëlitische [existentiële] houding die hoort bij de oorspronkelijke Perzische Traditie zoals teruggaande op haar oudste historische Avestische bronnen.[112] Sohrawardi staat voor een opstand tegen de [intellectueel en spiritueel] oppervlakkig priesterkaste en daarmee tegen alle denk[stroming]en en activismen die zich onderwerpen aan steriliserende begrenzingen. Deze houding schijnt altijd verdacht toe aan het priesterlijke en intellectuele establishment dat zowel in het Westen als het Oosten bedacht is op het handhaven van een dogmatische consensus. Arthur de Gobineau[113]... was de eerste die... de aandacht van Europa... vestigde op het lumineuze verleden van het Oude Perzië: [hij achtte het] een veel vruchtbaarder model dan het [Klassieke] Griekenland dat in zijn optiek te intellectueel en te speculatief [was ingesteld]. Het ridderlijke model dat teruggaat op Rama en Zarathoestra bewerkstelligde een zelfdisciplinaire praktijk die voor de Gobineau superieur was aan die van het speculatieve intellectualisme van Athene. Het is inderdaad waar dat de hele Islam[itische wereld] in [culturele] neergang verzonk nadat Perzië door de Mongolen in de as was gelegd. Het Wahhabitische fundamentalisme is de [ultieme] uitdrukking van deze decadentie: het is een uiterste — karikaturale — reactie op het verval van de Islam na het uitdoven van zijn grootse

---

111 Een verwijzing naar de verovering van het Chorasmidische Rijk (*grosso modo* het toenmalige 'Perzië') door Dzjengis Khan, beginnend in 1219.

112 In de Iraanse context kan deze spirituele houding zonder voorbehoud worden omschreven als 'Arisch' — het is deze Arische existentiële conditie die door Jason Jorjani wordt onderzocht in zijn werken *Prometheus and Atlas* en *The World State of Emergency*.

113 Joseph Arthur Graaf de Gobineau (1816-82) was een paleo-conservatief Frans denker — vaak genoemd als grondlegger van het laat-19e en vroeg-20e eeuwse 'wetenschappelijk racisme' — die tijdens zijn diplomatieke dienst in Perzië een levenslange filosofische, geschiedkundige en mystieke fascinatie voor de Perzische Traditie ontwikkelde.

Perzische Licht. De armzalige verwaandheid van de Wahhabieten kan [noch voor het Westen noch voor het Oosten] ter existentiële 'oriëntatie' dienen.' (p. 162)

De Indo-Europese archetypes die worden bewaard in de Perzische Traditie zijn via een eeuwenlange wisselwerking doorgegeven aan Avondland: via het [Helleense] Rijk dat werd gesticht door Alexander de Grote, via de Romeinse cavalerietraditie, via de kruisvaarders, via de Oosterse Letteren — en via de filosofie van de Traditionele School (Steuckers, p. 161ff.). Hun kracht berust in hun *essentie* — een essentie waarop noch pseudo-islamische cultuurbarbarij, noch pseudo-christelijke psychologische regressie, noch cultuur-nihilistische intellectuele deconstructie vat kunnen krijgen. Nietzsche overkwam het moderne Europese nihilisme in een authentieke herbeleving van het Indo-Europese archetype dat vervat ligt in de Perzische profeet Zarathoestra. Hij zocht niet alleen fysieke gezondheid in de hoge Alpen maar ook spirituele gezondheid op deze ijlste top van de Indo-Europese Traditie — daar vond hij zijn geneesmiddel voor het nihilisme.

...wirf den Helden in deiner Seele nicht weg! Halte heilig deine höchste Hoffnung!

— Friedrich Nietzsche, *Also Sprach Zarathustra*

7. Edelweiss-heid

EWIGE BLUMENKRAFT

Bloemenfee (Sona Bibi Khanom Bahadori Kashkoeli, 2019). 'De roep van Eeuwige Bloemenkracht klinkt over het land. Wij zullen niet verwelken. Laat duizend bloemen bloeien.'

(Archeo-Futuristische medicatie)
*Save a spot for me
Among the Edelweiss*

— Danielle White

Elke queeste naar het hoogste begint echter bij het laagste: de fundering van de Europese Rijksgedachte kan niet anders dan liggen in de Europese aarde—het grotere Europese Huis kan niet anders dan beginnen bij de kleinste Europese huisjes.

'Een beter Nederland begint in Kleine Huisjes!'—zo sprak Koning Willem Alexander ter gelegenheid van het Kerstfeest van 2018.[114] Veel wijsheid ligt in deze eenvoudige woorden: de Vorst wijst op het feit dat het grote begint met het kleine en dat zelfs de grootste reis aanvangt met een eerste kleine stap. Aan een Nieuw Europa gaat dus een Nieuw Nederland vooraf. Het begint zelfs nog dichter bij huis: bij een nieuwe stad, een nieuw dorp, een nieuwe straat—en dan ook nog bij een *nieuw zelf*. Een Nieuw Europa begint met de basale kwaliteiten die horen bij het *Europese* mens-zijn: zelfdiscipline, arbeidsethos, natuurlijke hiërarchie en toekomstplanning. Bij eenvoudige zaken als gezinstoewijding en huwelijkstrouw, bij bescheiden looneisen en gewetensvolle arbeid, bij kansen voor jongeren en respect voor ouderen, bij passend ontzag voor hoge geboorte en aangeboren talent, bij maatschappelijke ruimte voor artistieke gave en wetenschappelijke verdienste, bij solidariteit met de minder fortuinlijke volksgenoot en bij ecologisch verantwoordingsbesef. De karakteristieke eigenschappen van het huidige Europa en haar liberaal-normativistische postmoderniteit—collectief narcisme, consumptief hedonisme en kunstmatige klassenstrijd—horen hier dus pertinent *niet* bij. Ook niet in *reactieve* zin: een Nieuw Europa is onhaalbaar voor reactiefonwaardige 'boze witte mannen'. Het is haalbaar wanneer het positief begint bij—en wordt gedragen door—*blije blanke mensen*. Dus alleen wanneer de Europese—inheems-fenotypisch niet anders dan *blank* definieerbare—bevolking blij is met zichzelf: de slagzin *it's ok to be white* is in dat opzicht niet meer dan een minimaal beginpunt. Dus ook pas wanneer de Europese vrouw blij is met haar specifieke vorm van mens-zijn als Europees en als vrouw—en zich afkeert van

---

114 https://www.koninklijkhuis.nl/documenten/toespraken/2018/12/25/kerst-toespraak-van-de-koning-25-december-2018.

de kunstmatige oikofobe en feministische 'klassenstrijd' tegen de Europese beschaving en de man. In het Nieuwe Europa — dat een *universele beschavingsstandaard* herstelt — moet expliciet een plaatsje worden opengehouden voor — een beperkt aantal — goedwillende, hardwerkende en nette (ex-koloniale, aangetrouwde, geassimileerde) niet-Europeanen die zich vereenzelvigen met de Europeaanse *Leitkultur*. Ook dat hoort bij de Archeo-Futuristische Europese Rijksgedachte: de 'magnetische' inwerking van de authentieke Europese Traditie waarvan een existentieel ordenende — dus *innerlijk transformatieve* — aantrekkingskracht kan uitgaan voor speciaal getalenteerde *individuen* uit andere culturen. Deze inwerking is echter geen automatisch gegeven: alleen een absoluut dominante *Leitkultur* garandeert de voor die innerlijke transformatie vereiste polaire hoogspanning. In het falen van deze dominantie ligt meest catastrofale weeffout van het liberaal-normativistisch 'multiculturalisme'.

Steuckers wijst op het belang van 'micro-herterritorialisaties', dat wil zeggen een *Reconquista* van Europa door middel van een stapsgewijs geplande en minutieus uitgewerkte herovering van de Europese erfenis. Het grotere 'Europese Huis' van de Archeo-Futuristische Rijksgedachte begint dus ook voor hem bij 'Kleine Huisjes': een Nieuwe Europa begint bij *ge*leefde, *be*leefde en *door*leefde lokale traditie, regionale cohesie en nationale identiteit. Een Nieuwe Europa is onbereikbaar via een nationalistische *Einzelgang*: de val van Napoleon en Hitler bewijzen het. Wat wel erkend moet worden is dat de Archeo-Futuristische Rijksgedachte in Europa in de eerste plaats zal moeten worden gedragen door het volk — of: de paar volkeren — die een centrale plaats innemen in Europa. Enkele hoofdlijnen in de verwezenlijking van de Archeo-Futuristische Rijksgedachte zijn al duidelijk. De centrale positie van het Duitse volk, het dragende volk van het oude Heilige Roomse Rijk, is een natuurlijk uitgangspunt — een pragmatische anti-globalistische alliantie op de Frans-Duits-Russische as al evenzeer. Gegeven het feit dat de globalistische vijandelijke elite prioritair, via de Macron-Merkel strategie van *Umvolkung à* *l'outrance*, inzet op de 'pyropolitieke' verwoesting van de Frans-Duitse ruimte zal de herovering van Europa moeten beginnen bij 'terugvalbasis' Rusland. De door President Putin begonnen anti-globalistische bevrijding van Rusland is de natuurlijke uitvalsbasis voor een oost-naar-west metapolitiek tegenoffensief. Het door Aleksandr Doegin geformuleerde — confederatieve, multipolaire — Eurazianisme geeft hiertoe een eerste aanzet — ook hier geldt: *ex oriente lux* (verg. Savin, 'European Sovereignty').

Ter afsluiting van dit hoofdstuk lijkt het passend Steuckers' pleidooi voor micro-herterritorialisatie te ondersteunen door zijn argument verder uit te werken. Het is namelijk verre van denkbeeldig dat het globalistische 'EU project' binnen een aantal jaren implodeert. Het is dan aan de kleinere staten van Europa om direct hun eigen plaats te bepalen in een post-globalistisch Nieuw Europa — zij zullen zich dan direct opnieuw moeten uitvinden en positioneren. Ook voor staten van bescheiden omvang en gering gewicht, zoals de huidige staten van de Lage Landen, is er dan een wereld te winnen. Een Nieuw Europa biedt immers kansen voor het herwinnen van sinds de Tweede Wereld Oorlog verloren en verkwanselde zelfstandigheid: staatssoevereiniteit, volksidentiteit, valuta en welvaartsstaat. Het falen van het globalistische 'EU project' en het wegvallen van globalistische controlemechanismen zal de kleinere staten van Europa de vrijheid geven om zich op hun eigen unieke wijze te ontwikkelen.

Op het kleinste niveau wordt dit potentieel geïllustreerd door de nog kleinere Europese microstaten: de ministaatjes San Marino, Andorra, Monaco en Liechtenstein zijn in vele opzichten tussen de mazen van het globalistische net heen geglipt. Zij hebben zich in hun eigen biotoopjes optimaal kunnen ontwikkelen zonder hun eigenheid op te geven. Anders dan in de kleinere EU lidstaten blijft de inheemse bevolking van de microstaten — *grosso modo* — juridisch geprivilegieerd, economisch beschermd, sociaal dominant en cultureel behouden.[115] Daar krijgt niet zomaar iedere willekeurige 'arbeidsmigrant' verblijfsstatus en staatsburgerschap. Daar worden sociale voorzieningen en huisvesting niet zomaar uitgedeeld aan de eerste de beste 'asielzoeker'. Daar wordt van de inheemse bevolking niet verwacht dat zij berust in de modegrillen van identiteitsondermijnende 'diversiteit'. Daar is het blijkbaar wél mogelijk moderne technologie en economische welvaart te combineren met een dominante etniciteit en een dwingend cultuurmodel. Zonder de specifieke omstandigheden van deze microstaten te negeren en zonder hun specifieke problemen te vergoelijken kan wel worden gesteld dat de Archeo-Futuristische Revolutie daar in bepaalde opzichten al is begonnen. Met name het Vorstendom Liechtenstein, door Prins Hans-Adam II sinds de democratisch goedgekeurde constitutionele hervorming van 2003 *direct* en *persoonlijk* bestuurd, bewijst dat een combinatie van semi-decissionistisch bestuur en beschermde etnische identiteit met een vrije markt mechanisme, grote welvaart en hoge sociaaleconomische ontwikkeling heel goed mogelijk is. Het is misschien geen toeval dat Liechtenstein als laatste legitiem bestuurd overblijfsel van het Heilige Roomse Rijk een eerste beeld laat zien van hoe een Archeo-Futuristisch Europa er uit zou kunnen zien. Het is dit hoog in de Alpen verscholen 'Edelweiss model' dat de kleine en middelgrote EU lidstaten kan inspireren tot het verwerpen van het 'Calimero argument': het globalistische argument dat ze 'te klein' zouden zijn om op eigen benen te staan.

Feitelijk is de situatie van de Europese microstaten vanuit mondiaal perspectief niet essentieel anders dan die van de kleinere EU lidstaten. De veel evenwichtiger sociaaleconomische en etnische politiek van de kleinere en middelgrote staten van de welvarende *Pacific Rim* — Maleisië, Singapore, Brunei, Taiwan, Zuid-Korea — bewijzen

---

115 Na 'Brexit' heeft zelfs in de mainstream media voorzichtige interesse getoond voor de niet-globalistische immigratie politiek van de Europese microstaten. bijv. https://www.theguardian.com/politics/2016/oct/09/liechtenstein-solution-key-to-softer-brexit-tory-mep.

dat het 'Edelweiss model' ook op grotere schaal voor herhaling vatbaar is.[116] Het behoud van de Monarchie in een deel van de kleinere EU lidstaten — in Scandinavië en de Lage Landen — geeft hierbij een gunstige uitgangsbasis voor overschakeling naar het Leichtensteiner 'Edelweiss model': de Monarchie biedt hier een 'reserve soevereiniteit' die een decissionistische reactie mogelijk maakt op het liberaal-normativistische globalisme. Het Nieuwe Europa kan ook beginnen met een 'Edelweiss positionering' van het Kleine Huisje geheten Nederland. De afgelopen decennia van neo-liberale kaalslag en cultuur-marxistische deconstructie hebben geleid tot sociale implosie en etnische vervanging: de 'puinhopen van vijftig jaar paars' (Fortuyn) bewijzen dat het Kleine Huisje geheten Nederland op de slooplijst staat van het globalistische 'EU project'. Voor de Lage Landen — België, Nederland, Luxemburg — is het tijd voor beraad op een levensvatbaar alternatief: een subsidiair gedefinieerde en geborgen plaats in een *Nieuw* Europa, een Europa dat is zich kan inspireren op de Archeo-Futuristische Rijksgedachte en het confederatieve Eurazianisme. Dit is wat de Lage Landen verdienen: een eigen plaats tussen de Edelweiss.

Nawoord: de Koning als Katechon

De Nederlandse Nieuw Rechts beweging zou er goed aan doen de Koning te erkennen als *Katechon* — als door de Goddelijke Voorzienigheid aangestelde Beschermer van de Nederlandse staat en het Nederlandse volk. Meer dan dat: de Vorst *belichaamt* de Nederlandse staat in meest letterlijke zin: het feit dat zijn macht door constitutionele scherpslijperij in de loop van de laatste anderhalve eeuw stukje bij beetje is weggesneden door een jaloerse regentenklasse en een *wannabe* 'schijnelite van valsemunters' (Bosma) doet daar niets aan af. Door de eeuwen heen heeft het Huis van Oranje, wanneer puntje bij paaltje kwam, altijd voor de belangen van het Nederlandse

---

116 Modellen die waardevolle elementen bevatten zijn o.a. de etnisch-gebaseerde *Community Funds* van Singapore en de *Bumiputra* privileges van Maleisië.

volk en de gewone man gestaan. Nieuw Rechts dient de diepe eerbied en aanhankelijkheid van het Nederlandse volk naar het Huis van Oranje en de Monarchie als institutie te respecteren — en te integreren in haar doen en laten.

Uiteindelijk is het aan de Vorst om te bepalen wat het beste is voor zijn land en zijn volk — het land is immers *zijn* erfdeel en hij is vader van *zijn* volk. Het is niet redelijk te denken dat de Vorst ook maar enigszins geneigd zou zijn erfdeel te verkwanselen en zijn volk te verraden — basaal vertrouwen in zijn oordeel hoort bij de eeuwenoude band tussen het Vorst en volk. Zijn woord en zijn wil moeten daarom, binnen de grenzen van wat redelijk is, zeer zwaar wegen — ook als hij de tijd en manier om op te treden tegen het globalisme wellicht (nog) anders inschat dan de meeste van zijn onderdanen. Ook zulk respectvol inschikken in de natuurlijke hiërarchie en de wettelijke orde hoort, binnen de grenzen van wat redelijk is, bij goed burgerschap. Net zoals de wettelijke orde en het politiek proces — hoe onredelijk en onbehoorlijk ze ook feitelijk worden ingevuld — moeten worden gerespecteerd zolang dat nog enigszins mogelijk is. Natuurlijk kan er, gegeven de globalistische ramkoers met de soevereiniteit van de Nederlandse staat en de identiteit op het Nederlandse volk, op den duur een situatie ontstaan waarin dit niet langer mogelijk is, maar die ultieme afweging komt alleen toe aan het volk als geheel — en aan de Vorst, als vader van het volk. Wat Nederlandse Nieuw Rechts tot die tijd betaamt, is respectvol in te schikken — en volk en Vorst respectvol te dienen, door een redelijk alternatief aan te dragen voor globalistische deconstructie en door in metapolitieke zin de vervanging voor te bereiden van de vijandelijke elite. Nieuw Rechts dient, omwille van het volk, ook de Vorst: waar en wanneer nodig, en waar en wanneer gevraagd, zou de Vorst Nieuw Rechts aan zijn zijde moeten weten — ook tegen de vijandelijke elite. Diep in het verradershart van de vijandelijke elite — het ziekelijk monsterverbond tussen de crypto-republikeinse 'regenten klasse' en de eeuwig-rancuneuze *soixante-huitard* 'intelligentsia' — zit namelijk niet alleen haat voor het *volk*, maar ook haat voor de *Vorst*.

De kersttoespraak van de Koning biedt hoop aan alle Nederlanders: zij biedt een veilige afstand tot 'verre tafels' en een tijdige herinnering aan de tachtigjarige vrijheidsstrijd van het Nederlandse volk. Niets past Nieuw Rechts echter minder dan woorden te leggen in de mond van de Vorst. Dit hoofdstuk sluit daarom af met diens eigen woorden — woorden van welgemeende zorg en eenvoudige troost, gericht tot ons arme volk:[117]

> *Tegenover de sterke en brute krachten in de wereld staan gewone mensen machteloos... zo voelt het vaak. Maar zou het niet kunnen dat we onze eigen rol onderschatten? ...U denkt misschien: 'Wat moeten we met zo'n verklaring? Het klinkt zo ver weg allemaal'. Maar de drijvende kracht erachter — Eleanor Roosevelt dacht daar heel anders over. Zij zei: 'Waar beginnen mensenrechten? Op plekken dicht bij huis, zó dichtbij en zó klein dat ze op geen enkele kaart zichtbaar zijn.' Ze legt hiermee een direct verband tussen de straat waarin we wonen en de grote wereld. Vrijheid, gelijkheid en eerlijke kansen voor iedereen zijn óók afhankelijk van de manier waarop wij dagelijks met elkaar omgaan. Een leven zonder angst en onverschilligheid wordt niet alleen bepaald aan verre vergadertafels, hoe onmisbaar die ook zijn. Daar gaan we gelukkig ook zelf over. We zijn minder machteloos dan we denken. Verreweg de meeste Nederlanders voelen zich thuis in een omgeving waarin tegenstellingen niet op de spits worden gedreven en waarin conflicten zo goed mogelijk samen worden opgelost. Vergelijking met andere landen is vaak een bron van troost, zo niet van trots. De bereidheid om rekening met elkaar te houden en samen te werken heeft ons vèr gebracht. Dit was de basis onder ons land, 450 jaar geleden, toen een klein groepje Nederlandse gewesten tegen de verdrukking in de krachten bundelde en met succes zijn eigen weg ging. Zoiets was nog*

---

117 https://www.koninklijkhuis.nl/documenten/toespraken/2018/12/25/kerst-toespraak-van-de-koning-25-december-2018.

nooit eerder vertoond.... Een beter Nederland begint in Kleine Huisjes! We onderschatten vaak de positieve invloed die we met onze bescheiden mogelijkheden als mens kunnen hebben. Juist dicht bij huis wordt de wereld gewonnen. We kunnen samen niet alles. Maar wel veel... Een mooie toekomst is mogelijk. Mits we het geloof in onszelf en in elkaar vasthouden!

— Zijne Majesteit Willem-Alexander, Koning der Nederlanden

Mon Dieu, ayez pitié de ce pauvre peuple

Hoofdstuk 9

De verslinding: Archeo-Futuristische devolutie-theorie in tien stappen

Historie boekt 't relaas, het smarten-rijke
van meenge klasse en menig volk, wiens helden
ten strijd ginge' en hun vijanden niet telden,
want voor recht, zeiden zij, moet macht bezwijken.
Zij vielen. De heerschzucht der meesters kwelde
als voren 't volk; machtige wereldrijken
rezen omhoog op vrijer volken lijken
en van een loop des rechts valt niets te melden.

— Henriëtte Roland Holst, *De nieuwe geboort*

Voorwoord: 'een seizoen van geloofsvoltooiing'

DE ZOMER VAN 2018 ging de meteorologische annalen in als de warmste en droogste uit de Europese en Nederlandse geschiedenis — vakantie van werk en studie geeft velen ruime gelegenheid tot reflectie op de nuchtere realiteiten van een nieuw klimaat. Een toepasselijk Nederlands spreekwoord zegt: 'wie niet horen wil, die moet voelen'. De nuchtere realiteiten — kleine en grote — doen echter hoogst on-Nederlands aan: de driedubbele wespenplaag in de tuin, de massa's dode vissen in de sloot, de verschroeide oogst op de akker, de 38° op de thermometer. Deze realiteiten behoeven geen langdradige theoretische verhandelingen en geen snoeverige academische referaten: het zijn letterlijk voelbare lessen voor hen die niet goedschiks leren *wilden*. Voor hen die veertig jaar waarschuwingen — het verdwijnen van hun schaats- en sneeuwmanwinters, het terugwijken van hun skipistes, de nieuwe tropische voorjaar moessons — niet zien *wilden*. Voor hen die *coûte que côute* — files of geen files, accijnsverhoging of geen accijnsverhoging — *moesten* autorijden. Voor hen die *coûte que côute* — vier uur inchecktijd of geen vier uur inchecktijd, bomvol hotelstrandje of geen bomvol hotelstrandje — *moesten* vliegreizen. De narcistische baby boomer elite heeft het makkelijk: men laat gewoon een airco inbouwen in de villa en men laat gewoon een ijsvoetbadje aanrukken op het favoriete terrasje — de rest is *business as usual*. De minder gefortuneerde 'mede-lander' heeft gewoon pech: hij kan zich aanpassen en 'zijn verantwoordelijkheid nemen' — of niet. Stapje voor stapje dienen zich de contouren aan van de ultieme *survival of the fittest*: de hyper-individualistische *rat race* om het laatste hapje frisse lucht en het laatste slokje vers water nadert langzaam aan de bewustzijnshorizon. Tegen de tijd dat de baby boomer elite kan worden afgerekend op haar klimaatsgerelateerde *life style* keuzes, heeft zij haar buit al binnen en heeft zij zich veilig verschanst in haar lommerrijke *gated communities*. Net als haar ultieme *poster boy*, Barack Obama, wordt zij nooit afgerekend op de aan haar leefstijl ten grondslag liggende *do or die* ideologie van 'maakbaarheid'. Het motto is en blijft *yes, we can* — tot de laatste ademtocht. En het is waar: ongetwijfeld blijven water, elektriciteit en internet het langst aan in Wassenaar, Laren en Bloemendaal. Ongetwijfeld blijven politie, beveiliging en handhaving daar het langst overeind. Maar hoe lang? Een jaar, een maand, een week? En daarna? De privéjet waarnaar toe? Naar het buitenhuis op Madeira, de uitwijk ranch bij Bariloche, de vakantiebungalow op Tahiti?

Voor het 'gewone volk' — de 98% die wel meespeelt in de neoliberale casino economie, maar steeds net niet de hoofdprijs wint — liggen de kaarten anders geschud: daar *leert* men nog steeds niets, maar *voelt* men langzamerhand wel dat er meer op het spel staat dan men lief is. *Causaliteit* kan worden genegeerd, gedenigreerd en bediscussieerd — *synchroniciteit* niet. Het klimaat, de economie en de natie staan krap voor de terminale fase. Escapisme in *virtual reality*, *online dating* en recreatieve zelfmedicatie kunnen deze harde realiteit niet verhullen: elke *morning after* is het ontwaken net een tandje moeilijker. Lang vergeten lessen — waarschuwingen uit de tijd dat een verdwaalde enkeling binnen de elite nog verantwoording aflegde aan een Hogere Macht en een opvoedkundige taak voelde ten opzichte van het volk — sijpelen terug in het bewustzijn: *Road to Survival* (1948), *Dode lente* (1964), *Grenzen aan de groei* (1972). Nog oudere wijze woorden — lang smalend afgeschreven visioenen uit de Heilige Boeken — borrelen onvrijwillig op in selectieve geheugens en in weggedrukte gewetens. De deurwaarder geheten 'Geschiedenis', belast met de afwikkeling van de failliete baby boom boedel, staat voor de deur — de betalingstermijn van land en volk is verlopen. De laatste keuze momenten dienen zich aan: het 'seizoen van geloofsvoltooiing' is aangebroken.

> *De Heer heeft een aanklacht tegen de bewoners van dit land:*
> *er bestaat geen trouw en geen vroomheid meer,*
> *en van God wil men niet meer weten in het land.*
> *Zweren en liegen, moorden, stelen en echtbreken zijn er schering en inslag,*
> *bloedbad volgt op bloedbad.*
> *Daarom verdroogt het land en kwijnen al zijn bewoners weg:*
> *de dieren op het veld, de vogels in de licht, de vissen in de zee komen zelfs om.*
>
> — Hosea 4:1-3.

1. Finis Hollandia

Dit alles is niet van ons: wij hebben het te leen van onze kinderen

— Ileen Montijn

Het is maar zeer de vraag of het Nederlandse volk nog lang genoeg zal bestaan om de finale klimaatscatastrofe mee te maken. Het droogvallen van de Grote Rivieren door continentale droogte, het wegvegen van de infrastructuur door tropische stormen en het onderlopen van de Randstad door zeespiegelstijging nog mee te kunnen maken zou in zekere zin een onverwachte toegift van de geschiedenis zijn. Er is namelijk een voorliggend probleem dat veel sneller een definitieve punt achter de geschiedenis van land en volk dreigt te zetten: *etnische vervanging*. De huidige snelheid van politiek-gefaciliteerde en journalistiek-gecensureerde *omvolking* — een fatale combinatie van sui-genocide en massa-immigratie — is zodanig dat het simpelweg verdwijnen van de historisch inheemse bevolking van Nederland waarschijnlijk eerder zal plaatsvinden dan het verdwijnen van haar natuurlijke biotoop. Gezien de systematische overheidscensuur van etnische statistiek is een precieze berekening van het aanstaande demografische *point of no return* — het punt waarop het inheemse volk een minderheid in eigen land zal zijn — hoogst problematisch, maar de schaarse beschikbare data en de uitvoerig ervaarbare realiteit suggereren dat er nog maar één generatie tijd is.

Inmiddels is er in vele talen een uitgebreide literatuur beschikbaar die de cultuur-historische en psycho-sociale achtergrond van de zelfopheffing van de Westerse volkeren toelicht. De auteur van dit werk heeft eerder een korte bijdrage geleverd aan het gestage bewustwordingsproces binnen het Nederlandse taalgebied (*Alba Rosa*, 103-31), maar de impact van het zelfopheffingproces is zonder meer vele malen dramatischer in het *ground zero* van het Postmoderne nihilisme: Duitsland (verg. *Alba Rosa*, 21-6). De meeste poignante getuigenis van het zich nu versneld voltrekkende noodlot van Duitsland wordt ongetwijfeld gegeven in het recent verschenen boek *Finis Germania* (2017). Dwars tegen de censuur in gepubliceerd door uitgeverij Antaios, verscheen het postuum: de schrijver ervan, Rolf Peter Sieferle, verkoos kort na het voltooien van het manuscript een eervolle *Freitod* boven het mede-aanzien van de door hem voorziene slotakte. Deze omstandigheid benadrukt het niet slechts complotachtig gemanipuleerde maar ook daadwerkelijk *sui*-genocidale karakter van de *Umvolkung* van Duitsland. Het feit dat Duitsland, het economisch cruciale achterland en het geopolitiek dominante gidsland van Nederland, nu snel wegglijdt in het drijfzand van Postmoderne 'deconstructie' kan niet anders dan zeer ernstige gevolgen hebben voor Nederland. Met hoogste prioriteit dient zich daarom de vraag aan of de huidige ramkoers van de Europese vijandige elite van kartelpolitici, banksters en censuurjournalisten, binnenlands en internationaal, nog tijdig kan worden gestopt. Daarop is voor een échte Nederlander — dus niet de globalistisch denkende en nihilistisch voelende *homo aeroporticus* — maar één antwoord mogelijk: de vijandelijke elite moet en zal gestopt worden — er blijft geen andere keuze over. De zandloper van de omvolking loopt door — alleen door de stroom van de geschiedenis met een krachtige handomdraai terug te voeren kan het Nederlandse volk zich bewijzen als *toekomstwaardig*.

De toekomst:
de tijdsrichting waarin de entropie van een geïsoleerd macroscopisch systeem toeneemt

— vrij naar 'Nieuwe Grote Sovjet Encyclopedie' *Wikipedia*

2. Devolutie theorie[118]

Derhalve, dat niemand uit flauwheid of uit schroomvalligheid denke of zegge dat een mensch te ver kan gaan in het zoeken naar waarheid; dat hij al te kundig kan zijn in het boek van Gods woord of in het boek van Gods werken; dat hij te groot kan zijn in de kennis van God of in de wijsbegeerte. Laat hij liever trachten in beiden eindelooze vorderingen te maken.

— Francis Bacon, vert. Tiberius Cornelus Winkler

De Nederlandse vertaling van Charles Darwin's *On The Origin of Species by Means of Natural Selection, or the Preservation of Favoured Races in the Struggle for Life* verscheen al in 1860, minder dan een jaar na de publicatie van het Engelstalige origineel. De titel werd vertaald als 'Het ontstaan der soorten van dieren en planten door middel van de natuurkeus, of het bewaard blijven van bevoorregte rassen in den strijd des levens'. Opvallenderwijs verscheen Charles Darwin's meesterwerk, nog altijd de grondslag van de op diens 'natuurlijke selectie' principe berustende en later met begrippen als 'evolutionaire wapenwedloop' en 'seksuele marktwaarde' uitgewerkte evolutietheorie, in een tijd waarin sociaal-politiek gelijkheidsdenken en sociaal-economisch emancipatiestreven Westerse maatschappijen begonnen te overheersen. Het Emancipatie Edict van Tsaar Alexander II, dat een einde maakte aan de Russische lijfeigenschap, trad in werking in 1861. De Emancipatiewet, ondertekend door Koning Willem III om de slavernij in West-Indië te beëindigen, ging in op 1 juli 1863 (1 juli is, als *Ketikoti* bekend, daarom een nationale feestdag in Suriname). Het Dertiende Amendement van de Amerikaanse grondwet, door

---

118 Voor de verhouding tussen cultuur-historische (en Traditionalistische) en historisch-deterministische (en bio-realistische) benaderingen binnen Nieuw Rechts, verg. Jolly Heretic kanaal podcast *Anarchic Future of the West*.

President Lincoln ontworpen om de slavernij af te schaffen, werd rechtskrachtig in 1865.

Nu, inmiddels meer dan 120 jaar later, hebben beide denkwijzen, zowel dat van darwinistische 'natuurlijke selectie' als dat van 'progressief' gelijkheidsdenken, essentiële ideologische functies gekregen in Westerse samenlevingen. Het zijn elkaar functioneel aanvullende onderdelen van het standaard politiek-filosofische denksysteem van de moderniteit: het historisch-materialisme (*Sunset*, 53ff.). Enerzijds overheersen het dogmatisch 'sociaal-darwinisme' en de eruit afgeleide hyper-kapitalistische 'strijd van allen tegen allen' de Westerse denkwereld op *individueel* niveau ter rechtvaardiging van een zuiver en alleen op geld-denken gebaseerde neo-liberale maatschappelijke machtsorde. Anderzijds overheersen het dogmatisch egalitarisme en de eruit afgeleide alles-nivellerende 'politieke correctheid' de Westerse leefwereld op *collectief* niveau en rechtvaardigen zo de geperverteerde anti-rechtsstaat en de rancuneuze *cancel culture* van haar *soixantehuitard* 'schijnélite van valsemunters'. De functionele afperking tussen beide bereiken, die alle vormen van maatschappelijk onvrede en verzet tegen de nieuwe machtselite neutraliseert door ze te 'framen' als cultuur-marxistische 'emancipatie' en te herleiden tot (feministische, alloseksuele, allochtone) 'identiteitspolitiek', vereist echter een collectieve cognitieve dissonantie van historisch ongeëvenaarde proporties.

In de Nederlandse context — feitelijk een 'snelkookpan' experiment dat een 'bananen republiek' juridisch vacuüm, een 'narco-staat' open-grenzen economie en massa-immigratie op vervangingsniveau combineert — neemt deze collectieve cognitieve dissonantie inmiddels hallucinante vormen aan. De gelijktijdige realiteit van semivictoriaans neo-liberalisme ('privatisering', 'marktwerking', 'participatiesamenleving') en geforceerde etnische vervanging ('asiel opvang', 'gezinshereniging', 'arbeidsmigratie') vergt, naast in toenemende mate totalitaire media censuurmaatregelen en justitiële inquisitie praktijken, nu ook een ideologische *Flucht nach vorne*. Dit blijkt uit het feit dat het jaar 2020 niet alleen in bijzondere mate werd gekenmerkt door totalitaire (sociale) media censuur ('commercieel' gerealiseerd via *deplatforming, shadow bans, search result removal*) en totalitaire wetgeving (formeel toegespitst op *fake news, hate speech, social distancing*) maar ook door extremistische ideologische *framing*—meest dramatisch in de *Black Lives Matter* (*BLM*) psy-op. De *BLM* beweging belichaamt een prefect georkestreerde *gelijktijdige* toepassing van zowel de sociaal-darwinistische als de politiek-egalitaire kernideologieën van de nihilistisch-globalistische—en *dus* anti-Westerse—machtelite. Met *BLM* zet deze machtelite het darwinistische principe van 'natuurlijke selectie' namelijk in als wapen van egalitaire nivellering—door het *om te keren* (verg. Hoofdstuk 14).

Om deze strategie van psycho-sociale oorlogsvoering te doorgronden moet men zich rekenschap geven van het *omgekeerde* waarden- en normen-systeem van de machtselite, waarin alles wat 'traditioneel' goed was 'progressief' slecht is—en omgekeerd (*Alba Rosa*, 172ff.) Zwart is wit en wit is zwart. Na meer dan een halve eeuw van in eerste plaats *psychische* (cultuur-marxistische) 'de-constructie' van de Westerse cultuur, bewerkstelligd door 'vrije' opvoeding, 'waardevrije' scholing en 'kritische' media (en dus effectief twee volle generaties onderbreking van culturele transmissie), acht de machtelite de Westerse volkeren blijkbaar rijp voor de in eerste plaats *fysieke* 're-constructie' van de ex-Westerse thuislanden. Deze re-constructie behelst wederom *omkering* en betekent dus idealiter dat mannen vrouwen worden (trans-genderisme, homo-activisme), dat vrouwen mannen worden (feminisme, arbeidsparticipatie), dat volwassenen kinderen worden (infantiliserende feestcultuur, betuttelende bureaucratie), dat kinderen volwassenen worden (seksualiserende propaganda, digitaal narcisme), dat inheemsen uitheems worden (economisch marginalisering, sociale vervreemding) en dat uitheemsen inheems worden (massale immigratie, gesubsidieerde kolonisatie). En, *last but not least*, dat ontwortelde blanken in hun eigen thuislanden worden 'zwart gemaakt' terwijl kleurling kolonisten daar worden 'witgewassen': vandaar de consistente inzet van de nihilistisch-globalistische machtelite op 'institutioneel racisme' en 'wit privilege'. 'Wit privilege' dient ertoe blanken 'zwart te maken' door een combinatie van geïnternaliseerde schuldcomplexen en publieke intimidatie. Tegelijk dient 'institutioneel racisme' ertoe kleurlingen 'wit te wassen': het rechtvaardigt hun consistente straffeloosheid (systematische asielfraude, gedoogde illegaliteit, onbestreden overlast, weggecensureerde misdaadcijfers, D666-rechtspraak) en speciale voorrechten (personeelsquota's, woningvoorrang, inrichtingskosten, startersubsidies, dubbele paspoorten).

Feitelijk beoogt de nihilistisch-globalistische machtselite met deze anti-Nietzscheaanse *Umwertung aller Werte* een *anti-evolutionair* programma te verwezenlijken: haar fascinatie met trans-humane modeprojecten (trans-genderisme, kosmetische chirurgie, gedigitaliseerde relaties, *virtual reality games*, microchip- en nano-biotechnologie) bevestigt dit. Met dit anti-evolutionaire programma verwezenlijkt de machtselite haar waarden en normen, zij staat immers voor alles wat maximaal onnatuurlijk, onmenselijk, ongevoelig, onwettig en onwaardig is. De nihilistisch-globalistische machtselite van het Westen beoogt niets meer of minder dan een luciferiaanse opstand tegen de gehele — zogenaamd 'verouderde' — natuurlijke orde en alle — zogenaamd 'achterhaalde' — menselijke tradities. De demonische doelstellingen van de machtselite maken haar tot de vijand van zowel de natuur als de mens, om nog maar helemaal niet te spreken over de Schepper van natuur en mens. Deze machtselite is dus letterlijk een *vijandelijke* elite — zij vertegenwoordigt in zekere zin een absoluut kwaad.

Voor de radicaal-negatieve 'devolutie theorie' van de globalistische vijandelijke elite en de door haar geëntameerde *Great Reset* biedt Europees Nieuw Recht een totaal-alternatief: een radicaal-positief *Archeo-Futuristisch* wereldbeeld en een op dat wereldbeeld gebaseerde Culturele Revolutie. Binnen Europees Nieuw Rechts en binnen de snel opkomende 'Diep Recht(s)' beweging wereldwijd is het Archeo-Futurisme, dat zowel op cultuur-historisch als op politiek-filosofisch vlak de historisch-materialistische illusies van zowel het liberaal-normativisme als het cultureel-marxisme heeft weggevaagd, in stormachtige ontwikkeling. Zoals alle organisch groeiende en historisch levensvatbare ideeën is het Archeo-Futurisme een project-in-wording, maar er is elders — mede door de schrijver van dit boek — al genoeg over geschreven (*Alba Rosa*, 227ff, verg. ook Wolfheze, 'Deep Right Rising') om het hier als referentiepunt op te voeren ten aanzien van het noodzakelijk alternatief voor de nihilistisch-globalistische *Great Reset*, namelijk een radicale anti-nihilistische en anti-globalistische Culturele Revolutie. De vereiste diepgang en omvang van die Culturele Revolutie zijn zodanig dat zij met recht kan worden omschreven als 'Archeo-Futuristisch'. De diepte en breedte van die Archeo-Futuristische Revolutie zijn het best in te schatten door te kijken naar wat zij allemaal gaat wegvagen — en dat is niets meer en niets minder dan de gehele, dubbel neo-liberaal/cultuur-marxistische, maatschappelijke orde van het huidige Westerse wereld.

Vóór alles zal echter het *wereldbeeld* van de globalistische vijandelijke elite moeten worden geëlimineerd: haar *infrastructuur*, dat wil zeggen haar fysieke (economische, politieke) macht, valt en staat immers met haar *superstructuur*, dat wil zeggen haar psychologische (ideologische, filosofische) autoriteit. Het is dus tijd voor een kritische evaluatie van de 'devolutietheorie' van de vijandelijke elite: het eenvoudigst kan dat door die nieuwe 'devolutietheorie' simpelweg naast de lat te leggen van de oude evolutietheorie. En dan leveren oude evolutietheorie termen plotseling een aantal heel nieuwe inzichten: vijf van die termen leveren toepasselijke motto's voor de volgende vijf paragraven van dit hoofdstuk:

3. Tegen-natuurlijke selectie
motto: 'snelle verandering van wezens buiten de natuurstaat'
(*culturele devolutie: democratisering, feminisering, infantilisering*)

4. Domesticering
motto: 'het gewennen aan het klimaat'
(*intensieve menshouderij: economische, sociale, psychologische, politieke selectie*)

5. Hibridisering

motto: 'inheems worden' (*open grenzen: asielopvang=slavenimport, diversiteit=piraterij; immigratie=kolonisatie*)

6. De Archeo-Futuristische Revolutie

motto: 'afwezigheid of zeldzaamheid van overgangsvormen'
(accelerationisme: wiskundige zekerheid als postmoderne voorzienigheid)

7. 'Edge of Tomorrow'

motto: 'terugkeren tot lang verloren kenmerken'
(Lagebesprechung en frontverkenning)

3. Tegen-natuurlijke selectie

motto: 'snelle verandering van wezens buiten de natuurstaat'
(culturele devolutie: democratisering, feminisering, infantilisering)
*Hoogstwaarschijnlijk zal de nabije toekomst buitengewone catastrofes brengen
want wat de wereld nu bedreigt is niet het geweld van hongerige vreemde volkeren
maar de oververzadiging van verveelde mensenmassa's*

— Nicolás Gómez Dávila

De evolutietheorie leert dat natuurlijke selectie — epigenetisch ingevoerd, genetisch gecodeerd en fenotypisch uitgedrukt — wordt bepaald door omgevingsfactoren: in de loop van de tijd ontstaan in specifieke — biologisch en aardrijkskundig definieerbare — 'leefomgevingen' specifieke 'soorten'. Fysieke kenmerken worden daarbij steeds in de eerste plaats functioneel gedacht: zij worden teruggevoerd op 'aanpassingen' aan de natuurlijke leefomgeving: specifieke uitkomsten van natuurlijke selectie worden geacht te resulteren in een beter functioneren in specifieke ecologische niches. Het sociaal-darwinisme breidt de toepassing van deze evolutietheorie uit door te stellen dat niet alleen biologische en aardrijkskundige omgevingsfactoren, maar ook economische en sociale structuren kunnen worden opgevat als 'natuurlijk': 'onzichtbare hand' mechanismen van 'marktwerking' worden 'natuurlijk' opgevat en daarmee projecteerbaar op economische en sociale verhoudingen ('kapitalistische concurrentie', 'seksuele markwerking'). *Wenselijke* culturele ontwikkelingen kunnen zo worden gepresenteerd als *onvermijdelijke* natuurlijke ontwikkelingen. Via het sociaal-darwinisme — al dan niet expliciet benoemd — levert de evolutietheorie dus een als 'objectief' (namelijk 'wetenschappelijk') gepresenteerde rechtvaardiging voor de machtspolitieke 'evolutiepraktijk' van bepaalde (belangen)groepen. De evolutietheorie en het sociaal-darwinisme zijn uiteindelijk echter niets anders dan in bepaalde historische fases voor bepaalde (belangen) groepen nuttige 'narratieven'.

De waarde van beide wordt, zoals eerder gezegd, nog verder gerelativeerd door het feit dat zij slechts *expliciete* microhistorische (op specifieke cultuur-historische contexten afgestelde) uitdrukkingen zijn van een veel groter, maar *impliciet*, macrohistorisch narratief, namelijk dat van het historisch-materialistisch determinisme. Vanuit het binnen Europees Nieuw Rechts vaak als hermeneutisch instrument gebruikte Traditionalistisch perspectief kan het historisch-materialistisch determinisme worden begrepen als een psycho-historische bijwerking van de Moderniteit zelf. Met ingang van de Moderne Tijd (grofweg beginnend met de grote Europese ontdekkingsreizen, het vroege kapitalisme en de Protestantse Revolutie) beheerst het historisch-materialistisch determinisme het intellectuele en filosofische discours van het moderne Westen. Het 'onderbouwt' de Moderniteit door zijn immanent-katagogische omkering van elke soort transcendent-anagogische traditie (*Sunset*, 18ff.). In de anti-traditionele denkstroom van het historisch-materialistisch determinisme markeren de evolutietheorie en het sociaal-darwinisme twee belangrijke sociaal-politieke 'devolutie' punten: respectievelijk de 19e eeuwse machtsovername van de bourgeoisie en de 20e eeuwse machtsovername van het proletariaat. In de Nederlandse geschiedenis waren deze omslagpunten relatief geweldloos: de (onder druk van de Franse bezetting doorgevoerde) Bataafse Revolutie van 1795 markeert de machtsoverdracht van het patriciaat aan de bourgeoisie en de (onder dreiging van internationale revolutie) afgekondigde Pacificatie van 1917 markeert de machtsoverdracht van de bourgeoisie aan het proletariaat. In termen van *Realpolitik* markeert de evolutietheorie dus slechts een machts-*devolutie* (van het aristocratisch-denkende patriciaat naar de democratisch-denkende bourgeoisie) en markeert het sociaal-darwinisme dus slechts een tweede anti-politieke machts-*socialisering* (weg van de verantwoording-dragende bourgeoisie naar het verantwoording-mijdende proletariaat).

Van de door de evolutietheorie geagendeerde 'natuurlijke selectie' en van het door het sociaal-darwinisme gepropageerde 'overleven der sterksten' was in werkelijkheid geen enkele sprake: er werd maatschappelijk gesproken juist steeds *minder* geselecteerd en steeds *meer* overleefd. Verbeterde infrastructuur, voeding en zorg veroorzaakten een ongeëvenaarde bevolkingsexplosie, met name bij de laagste klassen: juist de zwakken — kinderen, zieken, ouderen — overleefden steeds meer en steeds langer. Burger-*rechten* werden volledig losgekoppeld van burger-*plichten*: mannen en vrouwen kregen kiesrecht, ongeacht hun daadwerkelijke bijdrage aan de publieke zaak (militaire dienstplicht, netto belastingbijdrage, persoonlijke verdienste). Historisch gesproken is er dus feitelijk sprake van een in toenemende mate *tegennatuurlijke* selectie.

Na de Tweede Wereld Oorlog raakte dit proces van tegen-natuurlijke selectie — van sociaal-medische verlaging van overlevingsdrempels en van radicale machtsdevolutie naar bevolkingsgroepen van steeds lagere status — in een stroomversnelling. Ondanks grootschalige naoorlogse emigratie zorgden vaccinatie programma's, verbeterde voeding en nieuwe, levensduurrekkende medische techniek ervoor dat de Nederlandse bevolkingsomvang tegen het jaar 1965, dus vóór aanvang van de 'gastarbeid' fase van het globalistische omvolkingproject, een omvang van 12 miljoen had bereikt — een bevolkingsstijging van maar liefst 3 miljoen in minder dan een kwart eeuw tijd. Terwijl het maximale inheemse bevolkingsaantal — vermoedelijk rond de 14 miljoen — in de jaren daarop werd bereikt, begon tegelijkertijd de laatste fase van de inheemse machtsdevolutie: de infantiliserende jeugdcultus, de gezinsontwrichtende vrouwencultus en de antimorele homoseksualiteitcultus van de jaren '60 maakten een einde aan de laatste restanten van traditionele gezagstructuur. Tijdens de *babyboomers* 'gang door de instituties' verloren alle instituties hun laatste authentieke autoriteit: met de monarchie en adel allang buiten spel, vielen de kerk, de academia, het onderwijs, de journalistiek en de kunsten als dominostenen. Onder druk van de *babyboomers* 'culturele revolutie' implodeerden tegelijkertijd alle sociale structuren. De 'secularisatie' (een betrouwbare indicatie van zowel individueel hedonisme als collectief narcisme) amputeerde de laatste restjes publiek verantwoordelijkheidsgevoel en privaat geweten. De 'seksuele revolutie' (een giftige combinatie van 'de pil', 'abortusrecht', drugscultuur en pornocratisch denken) zette een punt achter de publieke moraal en het geboorteoverschot. Het 'alternatief samenleven' (een bestiaal neo-primitivisme met gelijke delen 'alloseksueel' experiment, 'zelfontplooiende' vechtscheiding en stiefouderlijke 'bedeling') verbrak het verband tussen biologische voortplanting en culturele transmissie. Tegen het jaar 1980 was dit proces van tegen-natuurlijke selectie feitelijk voltooid: alle gezagsstructuren en maatschappelijke spelregels van de Nederlandse traditie waren bij het oud vuil gezet. De Nederlandse vorm van de 'laatste mens', dat wil zeggen 'de Nederlandse mensensoort' gereduceerd tot zijn laagste gemene deler van seculiere en narcistische hoogmoed, was gerealiseerd. Maar die ogenschijnlijke 'laagste gemene deler' was verre van het devolutionair eindpunt.

Het grotere maatschappelijke devolutie-proces is namelijk nog lang niet voltooid met het bereiken van een binnen-soortelijke 'laagste gemene deler': men kan 'een wilde soort' immers ook nog *temmen* ('domesticeren') en men kan een 'pure soort' immers ook nog *mengen* ('hybridiseren') Als we de 'inheemse Nederlander' ruim definiëren als de binnen het Eems-Rijn-Maas-Schelde delta-gebied sinds de Romeinse Tijd ontstane en aan de locale omstandigheden aangepaste 'mensensoort', met een hoge mate van specifieke, zowel uiterlijke als innerlijke, herkenbaarheid (fenotypisch als 'blank', sociologisch in het 'exogaam-neolocale kerngezin', economisch aan intensieve grondontginning plus maritieme oriëntatie en taalkundig in Nederduitse dialectiek), dan blijft die inheemse Nederlander etnisch en cultureel absoluut dominant in zijn oorspronkelijke leefgebied (ook wel: 'habitat') tot rond 1965. Episoden van buitenlandse bezetting, zoals gedurende de Franse Tijd en de Tweede Wereld Oorlog, en groepsimmigratie, zoals de opvang van Hugenoten na het Edict van Nantes (1685) en Oost-Indiërs na de onafhankelijkheid van Indonesië (1949), veroorzaakten noch etnische, noch cultuur-historische discontuïniteit. In die zin was er tot rond 1965 sprake van een absolute dominantie van de inheemse Nederlander in zijn (etnisch) 'pure' en (cultureel) 'wilde' vorm. In de jaren '60 bereikte het *interne*—democratiserende, feminiserende, infantiliserende—devolutie-proces echter een *point of no return*: een punt waarop de inheems Nederlandse 'mensensoort' *extern* bevattelijk werd voor culturele *domesticering* en etnische *hybridisering*. Daarbij denkt te worden bedacht dat het tweede proces in essentie pas grootschalig mogelijk wordt nadat het eerste proces een bepaalde mate van voortgang heeft gehad, hetgeen wordt gespiegeld in het feit dat de eerste etappe van het kort voor 1965 begonnen omvolkingproces nog werd gepresenteerd als — in theorie omkeerbare — 'gastarbeid'.

Abstract gesproken kan de externe druk die het proces van (culturele) domesticering en hybridisering begunstigd worden benoemd als *globalisering* (een combinatie van anti-autarkische internationale 'marktwerking', soevereiniteitoverdracht aan transnationale instituties en cultuur-relativistische 'deconstructie' van nationale identiteiten). *Concreet* gesproken wordt dat proces geïmplementeerd door een niet langer Nederlandse, maar trans-nationale elite, namelijk een combinatie van *high finance* banksters, eurocratische *apparatsjiks* en cultuurnihilistische intelligentsia. Omdat die elite doelgericht en welbewust werkt aan de ondermijning van de Nederlandse staatssoevereiniteit en de Nederlandse volksidentiteit zal zij hier verder worden aangeduid als de *globalistische vijandelijke elite*. Het is deze elite, gebruikt makend van al dan niet expliciet neo-liberale en cultuur-marxistische programmatuur, die de processen van domesticering en hybridisering aanstuurt en, voor zover zij een autonome dynamiek ontwikkelen, bewaakt. De programmatuur van de globalistische vijandelijke elite wordt verwezenlijkt door een combinatie van sociaal-economische sturing (arbeid- en woningmarktbeleid, fiscale herverdeling), geraffineerde sociaal-psychologische manipulatie (onderwijs- en mediapropaganda, internet algoritmes) en juridisch-politieke druk (anti-rechtspraak, censuurmaatregelen, politieke sabotage). De ingezette middelen en de communicatie strategieën kunnen daarbij variëren, al naar gelang de mate van ondervonden weerstand, maar de beoogde einddoelen van het elite-programma van tegen-natuurlijke selectie blijven dezelfde: *domesticering* en *hybridisering*. Deze twee einddoelen zullen in de volgende twee paragraven worden toegelicht.

4. Domesticering

motto: 'het gewennen aan het klimaat'
(intensieve menshouderij: economische, sociale, psychologische, politieke selectie)

Ik zeide in mijn hart van de gelegenheid der mensenkinderen, dat God hen zal verklaren, en dat zij zullen zien, dat zij als de beesten zijn aan zichzelven. Want wat den kinderen der mensen wedervaart, dat wedervaart ook den beesten; en enerlei wedervaart hun beiden; gelijk die sterft, alzo sterft deze, en zij allen hebben enerlei adem, en de uitnemendheid der mensen boven de beesten is geen; want allen zijn zij ijdelheid. Zij gaan allen naar een plaats; zij zijn allen uit het stof, en zij keren allen weder tot het stof. Wie merkt, dat de adem van de kinderen der mensen opvaart naar boven, en de adem der beesten nederwaarts vaart in de aarde?

— Prediker 3:18-21

Economische selectie: Het sinds de kabinetten Lubbers absoluut dominante economische model van het neo-liberalisme, sluit psychologisch goed aan bij de sterk individualistische Nederlandse volksaard en de 'calvinistische' Nederlandse arbeidsethiek: het staat theoretisch voor handhaving van een vrije markt en vrije handel, bescherming van privé-bezit en bevordering van kapitaalaccumulatie. Dit zijn, in theorie, de oude randvoorwaarden van het op 'protestantse ethiek' gebaseerde 'klassieke kapitalisme', waarbinnen iedere burger de vruchten kan eten van zijn eigen harde werk, individuele initiatief en innoverende ondernemerschap. In de praktijk zijn de uitkomsten van het neo-liberalisme echter heel anders. De overheid heeft door het slopen van basale arbeidsrechten, het afdwingen van permanente loonmatiging, het verhogen van de collectieve lastendruk en het toelaten van massale arbeidsimmigratie de positie van de Nederlandse arbeider zozeer ondermijnd dat niemand in Nederland nog rijk wordt van hard werk. Onder het neo-liberale regime is loonarbeid in Nederland nu alleen nog voor *losers*. Tegelijk is de regel- en belastingdruk op zelfstandigen en ondernemers in de vitale MKB sector zodanig vergroot dat noch initiatief noch ondernemerschap lonen, tenzij men terugvalt op de grijze en zwarte sectoren. Het zijn vooral de veelal met ruimhartige startsubsidies en buitenlands kapitaal begonnen, vaak voor witwas doeleinden misbruikte en frequent met informeel beloonde familie bemande 'etnische minderheid' ondernemingen die zich goed kunnen handhaven in het oerwoud van woekerende regelgeving en exploderende belastingdruk.

Het oud-Nederlandse verband tussen werk en opbrengst, tussen verdienste en beloning is daarmee een exclusief archeologisch fenomeen. Dat verband is inmiddels *omgekeerd*: waar men vroeger voor een dubbeltje geboren nooit een kwartje werd, daar wordt dat dubbeltje nu een stuiver. Wie wél floreren onder het neo-liberale regime zijn haar nieuwe zetbazen ('investeerders', 'ondernemers' en 'consultants' die handig weten te profiteren van constante cycli 'privatiseringen', 'aanbestedingen' en 'reorganisaties'), haar trouwe uitvoerders (het nieuwe *Befehl-ist-Befehl* ambtenarencorps van politiek-correcte femo- en allo-creaturen) en alle grote en kleine criminelen die niet al teveel de randjes van het 'gedoogbeleid' van post-Nederlandse narco-staat en piraten-republiek opzoeken. Naïeve inheemse Nederlandse arbeiders, ZZPers en MKBers die zich nog vastklampen aan restanten ex-calvinistische arbeidsethos en burgerzin zijn in die nieuwe realiteit letterlijk het kind van de rekening: het is met hun werk en uit hun belastinggeld dat het neo-liberale regime haar corrupte bestuurders, haar monstrueuze bureaucratie en haar stemvee, consumptiebasis en slavenpersoneel producerende massa-immigratie onderhoudt. Het neo-liberale regime is in die zin de ultieme 'omgekeerde Robin Hood': het steelt van de armen om aan de rijken te geven. Het verwezenlijkt aldus de economische selectie die hoort bij het door de globalistische vijandelijke elite beoogde domesticering proces: het bestraft het goede bestraft en beloont het slechte.

Sociale selectie: Het sinds de *counter culture* van de jaren '60 intellectueel modieuze en sinds de jaren '00 absoluut dominante sociale model van het cultuur-marxisme sluit even goed aan bij de radicaal-protestantse Nederlandse traditie: besef van nooit inlosbare erfzonde, bevinding van goddelijke uitverkiezing en nadruk op hypertrofische gewetensvorsing zijn basale en onmisbare uitgangspunten binnen de cultuur-marxistische dogmatiek (met 'seksuele repressie', 'patriarchale onderdrukking' en 'wit privilege' als centrale thema's) en dus essentiële elementen van het *Social Justice Warrior* ethos. Het cultuur-marxisme werd geleidelijk dominant tijdens de 'lange mars door de instituties' van de *hippie-to-yuppie* baby boomer generatie: deze (als geheel) collectief narcistische generatie slaagde erin een schizofrene 'alternatieve realiteit' te bestendigen waarin Gordon Gecko-stijl *greed is good* neo-liberalisme probleemloos gedijt naast Femke Halsema-stijl 'knokken voor wat kwetsbaar is' cultuur-marxisme. Het hallucinante resultaat van deze twee generaties consequent volgehouden *doublethink* is niets meer of minder dan een nihilistische *Umwertung aller Werte* in het sociale bereik. Christelijke opofferingsbereidheid en naastenliefde zijn vervangen door hun cultuur-marxistische tegenstellingen: lafheid en egoïsme zijn de standaardinstellingen van het door geïnstitutionaliseerde rancune gedreven cultuur-marxisme. Alle logica, rechtvaardigheid en moed is *toxic masculinity*. Alle beschaving, hoge cultuur en schoonheid is *white privilege*. Elk waargenomen kwaliteitsverschil — hoge geboorte, lichamelijke schoonheid, overerfde intelligentie, natuurlijk talent, jeugdig geluk — is een *micro agression*. Het cultuur-marxistische establishment richt zich daarom op de maximale nivellering, afschaffing en bestraffing van alles wat in deze wereld nog hoog, intelligent, schoon en onschuldig is. Het wachten is op de ultieme consequentie: dat mooie vrouwen een masker moeten dragen om lelijke vrouwen niet te 'kwetsen', dat intelligente mensen een hoofdtelefoon met luide popmuziek moeten opzetten om hun 'privilege' te verkleinen, dat sportieve en sterke mensen met metalen gewicht in hun schoenen moeten rondlopen om hun 'oneerlijke voordeel' te compenseren — en dat blanken nog slechts mogen 'paren' met niet-blanken om hun 'biologische privilege' voor altijd uit te bannen.

Psychologische selectie: De psychologische selectie die past bij de hiervoor besproken neo-liberale economische selectie en cultuur-marxistische sociale selectie berust op een geraffineerd systeem van *social engineering* dat begint met anti-opvoeding ('kinderopvang', 'gebroken gezinnen', 'alternatieve gezinsvormen') en anti-scholing ('openbaar onderwijs', 'seksuele voorlichting', 'maatschappijleer') en dat wordt bestendigd met permanente *MSM*-indoctrinatie en massale psychiatrische interventie. In deze nieuwe dispensatie is mannelijk-assertief gedrag bij schooljongens *ADHD*, is gereserveerd-intelligent gedrag bij wetenschappers 'Asperger Syndroom', is geniale inspiratie bij artiesten 'Bipolaire Stoornis', is perfectionistische organisatie 'Obsessieve-Compulsieve Stoornis' en is bedachtzaam zwijgen 'Selectief Mutisme' (verg. Hoofdstuk 15, paragraaf *Don't Look Now*). In dit psychologische 'nieuwe normaal' worden psychische ziekte en gezondheid omgekeerd gedefinieerd en wordt de nieuwe psychologische 'normaal-stand' op collectief niveau gehandhaafd door een combinatie van permanente sociaal-economische druk, media manipulatie, justitiële repressie en illusie politiek. Dit is de leefwereld van het post-moderne Westerse *liberaal-normativisme*, sinds de 'Corona Coup' van 2020 in toenemende totalitair vorm gegeven door de globalistische vijandelijke elite. (verg. Hoofdstuk 12).

Politieke selectie: De op nationaal niveau hoogst zichtbare autoriteit verantwoordelijk voor de implementatie van het liberaal normativisme is de Nederlandse politieke klasse, verenigd in wat door Thierry Baudet goed is omschreven als het 'partijkartel'. In eerste en laatste instantie is dit partijkartel verantwoordelijk voor het handhaven van de neo-liberaal/cultuur-marxistische *status quo* en het voorkeursbeleid daarbij is simpelweg *niets doen*. Dit beleidsmodel ligt in de oude lijn van het in Nederland sinds anderhalve eeuw dominante klassieke liberalisme: als puntje bij paaltje komt is liberalisme altijd *anti-politiek*, dat wil zeggen de sabotage van elke politieke actie die gericht is tegen de tegen-natuurlijk heerschappij en het woeker-sjacher verdienmodel van de geldklasse. De politieke implementatie van het liberaal normativisme vereist het wegschrappen van alle politieke ijkpunten, idealen en hogere referentiepunten. Het resultaat is de sabotage van elke anti-regressieve vorm van politieke actie en elke niet-lucratieve vorm van wetshandhaving. Het liberaal normativisme kan in dat opzicht worden begrepen als het 'zwaartekracht' bezinksel van de politieke wereld: het reduceert elke politieke overweging tot de laagste gemene deler. Liberaal normativistische politiek realiseert het egalitair collectivistisch denken dat eigen is aan zowel het neo-liberalisme als het cultuur-marxisme en dat vorm geeft aan de 'maatschappelijke vrijheid' van de zogenaamde 'participatie maatschappij', waarin iedereen zogenaamd zijn 'eigen verantwoordelijkheid neemt'.

Zo worden veel onbegrijpelijke *evil clown world* fenomenen 'begrijpelijk'. Waarom in het 'gave land' van Mark Rutte *grooming gangs* en *lover boys* ongestoord hun gang gaan: tienermeisjes kiezen immers *zelf* voor het oudste beroep. Waarom ouderen in armoede leven: mensen zijn immers *zelf* verantwoordelijk voor hun levensonderhoud.

Waarom 'Henk en Ingrid' in onleefbare en criminele achterstandsbuurten wonen: zij kiezen immers *zelf* voor hun woonomgeving. Zij allemaal hadden immers kunnen kiezen voor het *Wunderwaffe* van de liberaal normativistische *Brave New World*: geld. Let wel: niet geld *verdienen*, maar geld *graaien*. Als je het niet wilt binnenharken via een pooier, kun je immers toch ook kiezen voor 'suikeroompjes' sponsoring of een 'bolletjes' vliegreisje naar Zuid-Amerika? Als je niet arm oud wilt worden, kun je immers toch ook kiezen voor een groot geld carrière in het 'management' en 'project aanbesteding' circuit rond de (semi-)overheid in plaats van voor oneigentijds domme 'eerlijke arbeid'? Als je niet in een omgevolkte 'prachtwijk' wilt wonen, kun je immers toch altijd met een zwartgeld bijbaantje en een woekerpolis hypotheekje verhuizen naar één van de schone, veilige en prettige — men zou bijna zeggen: *blanke* — buurten waar 'het betere soort mensen' woont?

De inheemse Nederlander moet natuurlijk wel even 'gewennen aan het klimaat' — aan de realiteit van een nieuwe, *ex-Nederlandse* leefwereld. Aan een letterlijk nieuw (want: nu al tien graden Celsius warmer) klimaat, aan de overwoekering door 'invasieve exoten', en aan de nu alles overheersende jungleoorlog van allen tegen allen — van jong tegen oud, van vrouw tegen man, van arm tegen rijk, van hoogopgeleid tegen laagopgeleid en van zwart tegen blank. Dat 'gewennen' is simpelweg deel van de domesticering proces dat de inheemse Nederlander moet doorlopen om zijn nieuwe plaatsje in de intensieve menshouderij en het aankomende paradijs van de globalistische Nieuwe Wereld Orde te verdienen. De inheemse Nederlander moet eventjes 'door de zure appel heen bijten'.

5. Hybridisering

motto: 'inheems worden'
(open grenzen: asielopvang=slavenimport, diversiteit=piraterij, immigratie=kolonisatie)

Wellicht het zuurste hapje uit de door de globalistische vijandelijke elite listig aanbevolen nieuwe paradijsappel is de noodzaak tot *fysieke* verandering: van de inheemse Nederlander wordt namelijk verwacht dat hij *essentieel* veranderd. Als ongewenst overblijfsel uit een primitiever 'evolutionair stadium' dient de inheemse Nederlander zich niet alleen — zoals in de vorige paragraaf aangegeven — sociaal-economisch, psychologisch en politiek aan te passen: hij dient zich ook *biologisch* aan te passen. De oude fysieke identiteit van het *relatieve* blank-zijn dat ooit mocht bestaan in de nu afgeschafte soevereine natie-staat is namelijk niet te verenigen met de nieuwe psychische identiteit van het *absolute* gelijk-zijn dat ten grondslag ligt aan de globalistische *Brave New World* van verplicht maximaal egalitaire uitkomsten. Het verband tussen innerlijk anti-egalitair 'wit privilege' en uiterlijk non-egalitair blank-zijn is namelijk té sterk: alleen de opheffing van het tweede garandeert de opheffing van het eerste. Het einddoel van de globalistische vijandelijke elite is het opheffen van alle vormen van niet-globalistisch groepsidentiteit — de opheffing van de Nederlandse natiestaat en het Nederlandse volk hebben de hoogste prioriteit. Een volledig *gehybridiseerde* bevolking, een 'homeopathisch verdund' in permanente overheidsafhankelijkheid levend 'precariaat' onder het moreel onaanvechtbare gezag van een nieuwe links-liberale *Diktatur des Lumpenproletariats*, garandeert deze uitkomst. Dit is een intrinsiek onderdeel van het globalistische deconstructie- en omvolking-programma gericht op de neutralisatie van de gevaarlijkste authentieke groepsidentiteit die het globalisme meest direct in de weg staat, namelijk die van de meest innovatieve, kapitaal-krachtigste, hoogst-opgeleide en meest politiek mondige bevolkingsgroep ter wereld: de (blanke) Europese bevolking.

Een belangrijke stap voorwaarts in deze neutralisatie strategie was daarom de *Black Lives Matter* beweging. *BLM* was niet voor niets de eerste grote publieke manifestatie die de globalistische elite organiseerde na het begin van de nieuw-totalitaire *Great Reset*: *BLM* effent namelijk de weg voor een radicaal *om-denken* in etnische identiteit — en een radicaal *om-keren* van rassenverhoudingen. *BLM* speelt geraffineerd in op het psycho-historisch diep-verankerde maar nog steeds politiek brisante taboe op etniciteit en ras: met *BLM* kanaliseert de globalistische vijandelijke elite de sterke psycho-sociale lading van dit taboe door een omkering in polariteit. Het 'slavernij verleden' wordt via 'institutioneel racisme' in verband gebracht met 'wit privilege': dit 'onderliggende' verband probleem wordt met een Freudiaans-Marcusiaanse trucje (handig want alleen door de nieuwe priesterklasse controleerbaar) in het onderbewustzijn geprojecteerd. De échte projectie die hierbij plaats vindt ligt voor de hand maar blijft onbenoemd: de globalistische vijandelijke elite projecteert het privilege van de *eigen*, uiterlijk grotendeels *onherkenbare* groep (*high finance* banksters, groot-kapitalisten, top-bureaucraten, mediamagnaten en polcor academici) op een *andere*, uiterlijk duidelijk *herkenbare* groep (blanken). Hiermee leidt de elite de onvrede en de rancune van de recent massaal in het Westen geïmporteerde niet-blanken af van zichzelf. En van het feit dat het juist de elite zelf is die deze niet-blanken 'als slaven' *misbruikt*, namelijk voor het verlagen van arbeidskosten, het verhogen van onroerend goed prijzen, het versnellen van de massa-consumptie cyclus en het sturen van verkiezingsuitslagen. In *BLM* voelt de door de elite gecreëerde 'nieuwe slaven-klasse' van permanent ontevreden en rancuneuze niet-blanken zich erkend en gehoord, niet beseffend dat het anti-blanke discours van *BLM* feitelijk een slim opgezette bliksemafleider is waarmee de elite verdeeldheid zaait tussen twee groepen die zij beide vreest en haat: de inheemse blanke arbeiders- en midden-klasse enerzijds en de uitheemse niet-blanke nieuwe slaven-klasse. De niet-blanke activisten en sympathisanten van *BLM* — overigens een beweging grotendeels geëntameerd en georganiseerd door 'blanken' (namelijk de cultuur-marxistische intelligentsia in combinatie met *white trash* antifa activisten) — beseffen niet dat zij worden gebruikt als *useful idiots* door dezelfde globalistische elite die hen continue vernederd met bevoogdende uitkeringswetgeving, betuttelende 'diversiteit' maatregelen en manipulerende 'anti-racisme' symbool-politiek.

Het échte doel van *BLM* is het uitbreiden van de vernedering, bevoogding, betutteling en manipulatie van de niet-blanke 'migranten'-massa tot de inheemse blanke bevolking: de kernboodschap van *BLM* aan de inheemse blanke bevolking is dat zij zich moet verontschuldigen en wegcijferen en dat zij zich moet laten gebruiken en manipuleren. Afgezien van een enkele verdwaalde activist en publicist zijn het vervolgens echter *niet* de niet-blanken die hiervan profiteren. Alleen de handlangers van de elite profiteren: de asiel-industrie die van massa-immigratie leeft, de diversiteit-industrie die grof geld verdient aan *awareness* trainingen en adviezen en de massa-media die winst slaan uit advertentie-campagnes. De inheemse blanke bevolking dient daarbij als melkkoe en zondebok: zij bekostigt — via stijgende belastingen, huren en premies — zelf haar eigen onteigening. Tegelijkertijd wordt diezelfde inheemse blanke bevolking onder het motto van 'diversiteit' door ex-eigen instituties 'gedeconstrueerd'.

Zo staat de inheemse blanke bevolking via de D666 anti-rechtstaat bloot aan bijna straffeloze vervolging: terreur, criminaliteit, illegaliteit en overlast blijven feitelijk onbestreden terwijl moord, verkrachting, diefstal en vandalisme belachelijk laag worden bestraft. Deze situatie wordt wellicht goed geïllustreerd met het beeld van de allochtone 'lichtgetinte' tiener die in zijn splinternieuwe Mercedes met zijn drugslading door rood rijdt terwijl een paar meter verderop de autochtone blanke kostverdiener in de regen wordt bekeurd voor een kapotte fietslamp. Of met het beeld van het brave, hardwerkende autochtone gezinnetje dat meer dan tien jaar op een sociale huurwoning wacht terwijl asielfraudeurs — inclusief ongescreende (want ongedocumenteerde en pseudonieme) oorlogsmisdadigers, terreursympathisanten, moordenaars en verkrachters — vooraan in de wacht rij inschuiven voor toplocatie woningen. De inheemse blanke bevolking staat daarnaast via media-indoctrinatie bloot aan continue demoralisatie ('blank dom/slecht-zwart slim/slecht' rollenspel in films en series, 'institutioneel racisme' debat in opiniebladen en talkshows, 'interraciale relatie' idealisatie in commerciële advertenties). Tenslotte zijn er de intense propaganda, de systematische karaktermoord, de juridische vervolging en de directe doodsdreiging waaraan de paar overgebleven échte dissidenten staan blootgesteld in de publieke sfeer. Het einde van de vrijheid van meningsuiting en van elke vorm van authentieke politieke oppositie versterken bij de inheemse blanke bevolking wezenlijk het gevoel van collectieve vervreemding: haar respect voor de politieke klasse van 'bananenrepubliek' ex-Nederland is onderhand tot een nulpunt gedaald. Voor de inheemse Nederlandse bevolking is de geleefde realiteit van de multiculturele diversiteit die van een totaal amorele en totaal wetteloze 'piratenstaat'.

Deels dienen deze economische uitbuiting, psychosociale indoctrinatie en politieke *Gleichschaltung* simpelweg de verzwakking en verdoving van de inheemse blanke bevolking in afwachting van haar fysieke verdringing en vervanging. De door de globalistische vijandelijke elite geactiveerde mechanismen van fysieke omvolking zijn die van 'gastarbeid' (moderner: 'arbeidsmigratie'), 'gezinshereniging' en 'asielopvang' Daarbij is de derde categorie nu (dat wil zeggen sinds de Corona-gerelateerde binnen-Europese grenssluitingen) de belangrijkste en meest bedreigende (want cultureel niet-Europese en dus meest cultureel afwijkende) — en geeft tevens de grootste aanzet voor de tweede categorie van immigratie. Daarbij moet worden aangetekend dat de 'asielinstroom' tijdens de 'Corona Crisis' kwantitatief onverminderd is gebleven. De geïnstitutionaliseerde rechtsongelijkheid tussen inheems-blank en uitheems-niet-blank wordt onomstotelijk bewezen door het feit dat vrijwel altijd ongedocumenteerde en pseudoniem-voerende 'asielmigranten' op één of andere wijze in staat zijn — of liever: in staat worden gesteld — om de fysieke grenzen, de bureaucratische maatregelen en de financiële beperkingen te overkomen die reguliere Europese burgers tijdens de 'Corona Crisis' *niet* kunnen overkomen. De opmerkelijke capaciteit van honderdduizenden niet-Europese 'asielzoekers' om 'vrij te reizen' in een tijd waarin grenssluitingen, reisbeperkingen en economische malaise dat voor Europeanen bijna onmogelijk maakt is op zijn zachtst gezegd opvallend. Maar dit probleem dient niet af te leiden van een veel belangrijker probleem, namelijk dat van de 'criteria' die al sinds decennia gelden bij de 'selectie aan de poort' inzake 'asielaanvragen'. Deze selectiecriteria draaien alle normen van fatsoenlijk toelatingsbeleid systematische om:

* bij een reguliere grensovergang worden een geldig paspoort, een geldig toelatingsvisum en medische documenten geëist — bij 'asielaanvragen' is niets daarvan nodig. *Men selecteert dus doelbewust mensen waarvan noch de echte identiteit, noch de echte migratie motivatie, noch de echte gezondheidssituatie vast staan — en die zichzelf willens en wetens in die situatie hebben gemanoeuvreerd*;
* bij een reguliere visumaanvraag zijn persoonsdocumenten, verblijfsredenen, terugkeergaranties, vliegtickets en legesbetaling noodzakelijk — bij 'asielaanvragen' wordt niets daarvan gevraagd zolang men maar uit een 'zielig land' komt (*grosso modo* sub-saharaans Afrika, Midden-Oosten en Zuid-Azië). *Men selecteert dus doelbewust mensen waarvan noch reismotivatie, noch terugkeerwens, noch financiële zelfredzaamheid vast staan — en die zichzelf opzettelijk aan reguliere immigratie procedures hebben onttrokken*;
* bij een reguliere verblijfsvergunning worden naast goede redenen (huwelijksvoornemen, studie inschrijving, arbeidscontract, medische behandeling) garanties qua inkomen, woonruimte, medische verzekering, beroepskwalificaties en strafblad gevraagd — bij 'asielaanvragen' is het omgekeerd: daar krijgt men gratis inkomen, gratis woonruimte, gratis medische zorg, gratis beroepsopleidingen en blijft strafblad ongecontroleerd. *Men selecteert dus doelbewust mensen die geen binding met het land van binnenkomst hebben en die geen verantwoording naar het land van binnenkomst nemen — en die zichzelf onbeschaamd als zodanig presenteren*;

De 'asielpolitiek' die gevoerd wordt door de globalistische elite selecteert dus positief op *negatieve* karaktereigenschappen bij de door haar verwelkomde 'migranten'. Men zoekt via deze 'asielpolitiek' blijkbaar naar 'migranten' van een maximaal oneerlijke, onproductieve, gewetenloze en schaamteloze 'kwaliteit'. Het zijn blijkbaar deze ondermenselijke kenmerken die in Europa 'inheems moeten worden'.

6. De Archeo-Futuristische Revolutie

motto: 'afwezigheid of zeldzaamheid van overgangsvormen'
(accelerationisme: wiskundige zekerheid als postmoderne voorzienigheid)
Slechter is beter

— Wladimir Iljitsj Oeljanow-Lenin

Met ingang van de Corona-dictatuur, de opkomst van de *BLM*-beweging en de aanvang van een economische crisis van neo-Weimariaans formaat werpt zich onwillekeurig de vraag op of Marx' oude *Verelendungstheorie* niet een nieuwe betekenis heeft gekregen. Met de combinatie van totalitaire Corona maatregelen, schril *BLM* racisme en neo-communistische oorlogseconomie is het gezag van de globalistische vijandelijke elite tot het nulpunt gedaald. Met het wegvallen van oude grondrechten (bewegingsvrijheid, demonstratierecht, vrijheid van meningsuiting), van oude identiteitssymbolen (standbeelden, straatnamen, volkstradities) en van oude leefwijzen (horeca, kleine ondernemers, boerenbedrijven) ontstaat tegelijk een maatschappelijk vacuüm van potentieel revolutionaire proporties. De macht van de globalistische vijandelijke elite berust in deze nieuwe dispensatie uitsluitend op een combinatie van informatie controle (polcor propaganda, algoritmische manipulatie, digitale censuur) en fysieke dwangmiddelen (fiscale uitbuiting, juridische vervolging, politie intimidatie). De morele legitimiteit van de globalistische vijandelijke elite is inmiddels nul — haar macht is equivalent aan die van een — in toenemende mate gehate — buitenlandse bezettingsmacht. De uitermate doorzichtige mediamanipulatie, verkiezingsfraude en totaalcensuur — feitelijk een *Deep State* coup — tijdens de recente presidentsverkiezingen in Amerika geven aan dat de globalistische vijandelijke elite het masker opzettelijk heeft afgeworpen. Nederlandse kartelpolitici, systeemjournalisten en polcor intelligentsia zullen zich zoals gebruikelijk braaf schikken naar deze nieuwe, in Amerika uitgestippelde globalistische lijn, maar de kosten van deze *Linientreuheit* zullen uiteindelijk wel voor hun eigen rekening komen. De risico's die de globalistische vijandelijke elite aangaat met het huidige *va banque* beleid zijn aanzienlijk: men speelt hoogspel — en met vuur. Het is niet ondenkbaar dat zij nét iets teveel crises tegelijk proberen te manipuleren, dat de opgeroepen spanningen een bepaalde kritische massa bereiken en dat die spanningen vervolgens een proces van wiskundige vermenigvuldiging ondergaan.

Eén van de stellingen van Darwin's evolutieleer is de 'afwezigheid of zeldzaamheid van overgangsvormen'. Sociaal-darwinistisch doorgetrokken vindt deze leerstelling haar equivalent in de vele historische gevallen waarin volkeren eerder uitstierven dan evolueerden. Politiek-filosofisch doorgetrokken vindt zij haar equivalent in de vele historische gevallen waarin systemen eerder werden vervangen dan zich aanpasten. Wanneer een systeem niet langer dragelijk is voor een volk en wanneer de aan dat systeem ten grondslag liggende door dat volk wordt ervaren als een absoluut kwaad, dan is de tijd voor evolutie voorbij en komt de tijd voor revolutie nabij. Welk systeem het huidige totalitaire systeem van links-liberale dictatuur gaat opvolgen en wanneer de revolutie zal uitbreken is onmogelijk te voorspellen — behalve dan dat men veilig kan stellen dat het nieuwe systeem zal moeten passen bij het volk dat de revolutie draagt en dat het oude systeem pas door het volk omver zal worden geworpen wanneer het volk als geheel het oude systeem als een ondragelijk absoluut kwaad ervaart. Komt dat moment er niet of te laat, dan gaat het volk ten onder — het heeft zich dan al toekomst-onbestendig bewezen en moet dan verdwijnen uit de geschiedenis. De natuur is onverbiddelijk. Tot die tijd blijft er hoop voor het Nederlandse volk — hoop op een tijdige Archeo-Futuristische Revolutie.

> *Those who make peaceful revolution impossible*
> *will make violent revolution inevitable*
> 'Zij die vreedzame revolutie onmogelijk maken,
> maken gewelddadige revolutie onvermijdelijk'
>
> — John Fitzgerald Kennedy

7. 'Edge of Tomorrow'

> motto: 'terugkeren tot lang verloren kenmerken'
> (Lagebesprechung *en frontverkenning*)
> *Kein schwierigerer Vormarsch als der zurück zur Vernunft*
> 'Geen opmars is moeilijker dan de terugtocht naar het verstand'
>
> — Bertolt Brecht

Met het inzettende *Dark Winter* seizoen van de globalistische *Great Reset* dient Nieuw Rechts — en heel 'dissident rechts' — zich te bezinnen op de volledig nieuwe maatschappelijke en geopolitieke realiteit van 2021. Het is tijd voor een uitgebreide *Lagebesprechung* en een strategische heroriëntatie. De globalistische vijandelijke elite heeft de 'Corona Crisis' van lente 2020 gebruikt voor een snelle en effectieve overschakeling van repressieve tolerantie naar totalitaire dictatuur. Zij heeft de *BLM* beweging van zomer 2020 gebruikt voor het institutionaliseren van expliciet anti-blank racisme. Zij heeft de Amerikaanse presidentsverkiezingen van herfst 2020 gebruikt voor het opgeven van de laatste schijn van vrije meningsuiting en democratische legitimiteit. De globalistische vijandelijke elite heeft na de grote tegenslagen van Brexit en 'Trump' blijkbaar besloten tot een definitief slotoffensief. Met dit *va banque* spel heeft zij door gelijktijdige inzet van al haar middelen een positie van nagenoeg onaanvechtbare hegemonie in de Westerse publieke ruimte: zij heeft een vrijwel alles afdekkende monopoliepositie in de politieke sfeer, in de rechtspraak, in het onderwijs en in de media. De laatste restanten 'dissident rechtse' presentie in deze bereiken worden nu — schrijvend in januari 2021 — met Biden's *Machtergreifung* en *Big Tech*'s totaal-censuur weggevaagd. Nieuw Rechts kan zich voorafgaand de aankomende confrontatie met het nieuw-totalitaire globalisme geen naïviteit veroorloven: het *babyboomer* levensmotto 'het gaat wel goed komen' — typisch voor mensen die economische zekerheid sociale geborgenheid als vanzelfsprekend beschouwen — is evident achterhaald. *Het gaat niet meer goed komen.*

Op korte termijn staan alle lichten op rood. Enerzijds dient Nieuw Rechts zich rekenschap te geven van de nieuwe voordelen van de globalistische vijandelijke elite, en dan met name op het effect van haar twee nieuwste *Wunderwaffen*: (a) formeel gelegaliseerde omvolking (massa's heimelijk, maar direct en legaal ingevlogen 'migranten') ten gevolge van het nu in werking tredende *Global Compact for Migration* ('Marrakesj') en (b) formeel gelegaliseerde dictatoriale noodbevoegdheden (avondklok, bewegingscontrole, reisbeperkingen, samenscholingsverboden, *high tech* surveillance, algoritmische censuur). Anderzijds dient Nieuw Rechts zich te beraden op de uitdagingen van de onvermijdelijke maatschappelijke polarisatie die gaat volgen op de globalistische *Machtergreifung*: hoe zal Nieuw Rechts omgaan met in de lijn der verwachting liggende maatschappelijke 'auto-immuun reacties', reacties die kunnen variëren van ongecoördineerde volkswoede en 'ongeleid projectiel' activisme tot een niet ondenkbare anti-globalistische terreurcampagne vanuit radicaliserende splintergroepen — of zelfs een in burgeroorlog resulterende wijdere geweldspiraal.

Ein Gaukelspiel, ohnmächtigen Gewürmen von mächtigen gegönnt
Schrekfeuer, angestekt auf hohen Thürmen

Die Phantasie des Träumers zu bestürmen wo des Gesezes Fakel dunkel brennt
Die Weltgeschichte ist das Weltgericht
'Clownesk vermaak, aan onmachtige wormen door machtigen gegund
Vuur van afschrikking, op hoge torens ontstoken
De fantasie van de dromer te bestormen waar de vlam van de wet donker brandt
De wereldgeschiedenis is het wereldoordeel'

— Friedrich Schiller

Op langere termijn staan alle lichten op groen. De door de globalistische vijandelijke elite bij haar *Machtergreifung* aangewende middelen — Corona dictatuur, BLM hersenspoeling, Biden coup — zullen op langere termijn een aantal voor haar uitermate negatieve maatschappelijke bijwerkingen veroorzaken. (a) Haar inheemse kernelectoraat, de infantiel-narcistisch geconditioneerde en reflexmatig links-liberaal kiezende *babyboomers* zullen door het Corona virus, de overbelaste zorg en 'vaccinatie bijwerkingen' versneld van het toneel verdwijnen. (b) De inheemse volksmassa's, door decennia van economische welvaart en sociaal 'festivisme' gereduceerd tot hyper-materialistische consumenten met een aandachtsvermogen van maximaal een gemiddeld reclameblok of insta-moment, zullen door hun droogvallende inkomsten en hun doodvallende vertier bevattelijk worden voor radicale politiek. Het wegvallen van het tweemaandelijkse vakantievliegen, van het wekelijkse 'shoppen' en van het dagelijkse café bezoek schept tijd en ruimte — en als kritisch *denken* te veel gevraagd is om die tijd en ruimte te vullen, dan is kritisch *voelen* een voor de hand liggend alternatief. (c) De blank-, man-, hetero- en talent-hatende femo-homo-allo coalitie van nihilistische *Social Justice Warriors*, die nu de publieke sfeer beheersen en vrij baan hebben om hun meest extremistische utopieën te verwezenlijken, zullen hun volle rancune en sadisme in toenemende mate openlijk kunnen botvieren en hoe meer hun perverse psychopathie in het open daglicht zichtbaar wordt, hoe beter. Zij zullen eerst gevreesd, dan gehaat en tenslotte met alle mogelijke middelen bestreden worden.

Misschien dat latere historici deze jaren 2020-2021 zullen begrijpen als bio-evolutionair omslagpunt: het punt waarop natuurlijke en tegennatuurlijke selectie, natuurlijke evolutie en culturele devolutie zich in de Westerse geschiedenis op beslissende wijze kruisen. De Westerse volkeren staan op de *Edge of Tomorrow*: op het scherpst van de snede gevoerd vergt de komende strijd tegen het globalistisch nihilisme de realisatie dat die strijd uiteindelijke een kruisvaart is tegen een onnatuurlijk, onmenselijk en zelfs buitenaards aandoend kwaad — tegen een absoluut kwaad. De geschiedenis — en de natuur — staan daarbij uiteindelijk aan de kant van hen die dit kwaad bestrijden. Uiteindelijk is het globalistisch nihilisme gedoemd te mislukken. Transgenders, homo's en femo-extremisten planten zich uiteindelijk simpelweg niet voort — zij zullen niet gemist worden. Blank-hatende *BLM*-dames gaan via hun 'interraciale' experimenten en bastaard kinderen uiteindelijk simpelweg op in remigreerbare allochtone populaties — zij zullen niet gemist worden. Woke-activistische *snow flake* ex-mannen en obese hyper-consumenten sterven uiteindelijk simpelweg vanzelf uit wanneer ziekte, honger en oorlog de luxebubbel van het post-moderne Westen doorprikken — ook zij zullen niet gemist worden. En zo keren uiteindelijk de lang verloren geachte kenmerken terug die horen bij grote volkeren, hoogculturen en wereldbeschavingen: het vermogen tot zelfhandhaving (man zijn), het vermogen tot innovatieve aanpassing (intelligent zijn), het vermogen tot toekomstbestendig handelen (dienstbaar zijn), het vermogen tot zelfopoffering voor de groep (adel zijn), het vermogen tot instinctieve groepssolidariteit (volk zijn) en het vermogen tot transcendente referentie (heilig zijn).

Het nu in gang gezette proces van het elimineren van overbodige ballast bevat noodzakelijkerwijs een element van zelf-selectie — een zelf-selectie die de terugkeer van deze lang verloren geachte kenmerken bevorderd. De Westerse volkeren staan nu het scherpst van de snede — hun vermogen zichzelf over de *Edge of Tomorrow* heen te selecteren zal doorslaggevend zijn. En zo zal hun lot geen *toeval* zijn: boven elk lot staat immers een *lotsbestemming* — en de Almachtige Voorzienigheid:

Die nächste Analogie... mit dem Walten [des Fatum] zeigt uns die Teleologie der Natur, indem sie das Zweckmässige, als ohne Erkenntniss des Zweckes eintretend, darbietet, zumal da, wo die äussere, d.h. die zwischen verschiedenen, ja verschiedenartigen, Wesen und sogar im Unorganischen Statt findende Zweckmässigkeit hervortritt... [D]ie[se] innere... Zweckmässigkeit... lässt uns analogisch absehn, wie das, von verschiedenen, ja weit entlegenen Punkten Ausgehende und sich anscheinend Fremde doch zum letzten Endzweck konspirirt und daselbst richtig zusammentrifft, nicht durch Erkenntniss geleitet, sondern vermöge einer aller Möglichkeit der Erkenntniss vorhergegangenen Nothwendigkeit höherer Art. 'De meest passende analogie... voor de heerschappij [van het lot] wordt ons getoond in de teleologie van de natuur, die het doelmatige laat zien zonder kennis van het doel, speciaal daar waar van uiterlijk van doelmatigheid sprake is in de interactie van verschillende en vaak volkomen andersoortige wezens — zelfs in het anorganische bereik... De analogie van de[ze] innerlijk bepaalde doelmatigheid... laat ons begrijpen hoe vanuit verschillende, zelfs zeer ver van elkaar afgelegen, punten uitgaande en elkaar ogenschijnlijk vreemde krachten toch samen naar een laatste einddoel toewerken en daar uiteindelijk toch op juiste wijze samenvallen. Deze krachten worden niet door enig eigen bewustzijn aangestuurd, maar door een hogere noodzakelijkheid die *vooraf* gaat aan de mogelijkheid tot bewustzijn.' — Arthur Schopenhauer

8. Van rassen-waan naar bio-realisme

Iets dat hoort bij het even vage als explosieve complex van gevoelens dat 'volksbesef' heet: fysieke weerzin

— vrij naar Ileen Montijn

Het enig waarheidsgetrouwe en politiek-haalbare alternatief voor pre-wetenschappelijke 'rassenleer' en 'oud-rechtse' rassenwaan is dit: een holistische herijking van etnische identiteit en het vreemdelingen vraagstuk op basis van een respectvolle omgang met *menselijke biodiversiteit*. De enige onbeschreven en onbesmette manier om te gaan met raciale en etnische verschillen is een simpel respect voor de natuurlijke schepping. Dit betekent: een nieuwe — moderne, realistische, rechtvaardige — invulling van cultuur-historische begrippen als *Blut und Boden* en juridische begrippen als *ius sanguinis*. *Blut und Boden*: het natuurlijk gegeven van machtsontplooiende *landnám* door zelfgedefinieerde volken. *Ius sanguinis*: de culturele identiteitsbevestiging die volgt op bio-evolutionaire eigenselectie.

Realistisch is: het besef dat de fysiek- en cultureel-antropologische definities van etnische identiteit weliswaar rekkelijk zijn, maar niet tot in het oneindige. Rechtvaardig is: het respecteren van het natuurrecht van alle volkeren — dus ook de Westerse volkeren — om zichzelf te zijn in hun eigen land. Een wetenschappelijke omgang met ouderwetse simplificaties als 'ras' en 'volk' laat onweerlegbaar zien dat er in biologische (genetische) zin geen waterdichte definities mogelijk zijn. Het *natuurlijk* fenomeen van het onbeperkte interraciale en interetnische menselijk voortplantingsvermogen creëert hooguit een genetisch spectrum, waarin bepaalde fenotypen kunnen worden onderscheiden, al naar gelang objectieve adaptieve functionaliteit en subjectieve esthetische preferentie. De definitie van 'etniciteit' is daarmee een *cultureel* fenomeen: vanuit metahistorisch perspectief kan worden gesteld dat rassen *besluiten* een ras te zijn en volken *besluiten* een volk te zijn — zij definiëren zichzelf in vrijheid en zetten zich daarbij noodzakelijkerwijs af tegen andere rassen en volkeren. Totalitaire onderdrukking van dit zelfbeschikkingsrecht en ideologische manipulatie van de aan dat zelfbeschikkingsrecht ten grondslag liggende belevingsrealiteit zijn niet alleen sociaaleconomisch funest, maar ook cultuurhistorisch onwerkbaar. Het aanschouwelijk bewijs wordt geleverd door de in toenemende mate ondragelijke uitwerkingen van het Postmoderne 'multiculturele' experiment: absurdistische bureaucratische wildgroei, perverse justitiële inefficiëntie, afgedwongen interetnische welvaartsoverdracht, helse sociale implosie. Korter: *Elk rijk dat innerlijk verdeeld is, vervalt tot een woestenij; en geen stad of huis, in zichzelf verdeeld, houdt stand* (Mattheüs 12:25). Realistische politiek bedrijven — in elk van haar drie kernopgaven: Ekopolitiek, Demopolitiek en Geopolitiek — betekent dus: handhaving van het zelfbeschikkingsrecht van volkeren om zichzelf te zijn op basis van respect voor het natuurlijke gegeven van menselijke biodiversiteit. De dubbel kleptocratische-cultuurmarxistische elite van het Postmoderne Westen heeft het zelfbeschikkingsrecht van de Westerse volkeren opzettelijk met de voeten getreden en heeft daarmee haar legitimiteit definitief verspeeld. Deze dubbel neoliberale-regressieflinkse elite heeft willens en wetens geprobeerd de menselijke biodiversiteit die ten grondslag ligt aan de Westerse volksidentiteiten te 'deconstrueren' en heeft daarmee haar geloofwaardigheid voor eens en altijd verloren. Daarmee is de Westerse elite verworden tot een *vijandelijke elite* — als de Westerse volkeren willen overleven, dan blijft hen geen andere keus dan zich van deze vijandelijke elite te ontdoen.

Het cultuur-nihilistische etnische 'deconstructie' beleid van vijandelijke elite ontleent zijn huidige werkzaamheid niet alleen op een pseudo-democratische usurpatie van politieke macht, maar ook op een anti-autoritaire manipulatie van psycho-sociale *habitus*. Daarbij is het hinderen van de *natuurlijke voortplanting* van de Westerse volkeren (anti-natalistisch inkomensbeleid, gesubsidieerd alleenstaand moederschap, moraalvrije abortuswetgeving) secondair. Primair is het hinderen van de *culturele transmissie*: zorgzame moeders worden zoveel mogelijk buitenshuis 'productief' gemaakt, gezagsuitstralende vaders worden zoveel mogelijk afgedankt en ontvoogd, solide leerkrachten wordt zoveel mogelijk weg-gefeminiseerd. Het effect is wat Professor Fortuyn 'de verweesde samenleving' noemde, een stuurloze maatschappij waarin slechts één richting overblijft: anti-identiteit — een existentiële conditie waarin men *per se* niet wil zijn wie men is. Het natuurlijke gegeven dat men kinderen wil die *zo veel mogelijk* op het eigene (de voorouders, de ouders, jezelf) lijken — die het allermooiste kunnen zijn dat het eigene tot dan toe niet heeft kunnen zijn — wordt omgedraaid. In 'de verweesde samenleving' probeert men juist het omgekeerde te bereiken: ofwel helemaal geen kinderen, ofwel kinderen die *zo min mogelijk* op het eigene lijken. Men wil zelfs niet meer zichzelf zijn: plastische chirurgie en piercings veranderen het lichaam, operaties en hormonen veranderen het geslacht, drugs en 'spiritualisme' veranderen de geest. Want het respect voor het eigene is weg: men associeert het eigene met wat men haat — de eigen malignant-narcistische baby boom ouders, de eigen diep-corrupte wegwerp cultuur, het eigen hopeloos-gecompromitteerde wereldbeeld. Dit is de diepste psychosociale grond van het maatschappelijke fenomeen dat Thierry Baudet 'oikofobie' noemt.

De urgentie van deze psychosociale pathologie, die nu het hele Westen in haar grip heeft, wordt misschien wel het raakst getypeerd in een leuze die nu steeds vaker op Amerikaanse universitaire prikborden prijkt: *it's ok to be white*, ofwel: 'het is niet erg om blank te zijn'. Het is een eerste therapeutische *coming out* op weg naar psychosociale revalidatie — een eerste dosis van gezond *bio-realisme*. Het bijbehorende 'ontwaken' — de spreekwoordelijke *red pill* — zal altijd deels irrationeel, deels emotioneel explosief en deels militant activistisch uitpakken: 'volk-zijn' en 'volk-voelen' zijn in dat opzicht net als 'familie-zijn' en 'familie-voelen'. Zich boven het volk verheven voelen, zich *meer* dan het volk voelen (*Gutmensch*, 'wereldburger', 'gewoon niets'), wil te diepste zeggen: *minder* te zijn: ontworteld als schepsel, decadent als mens — losgeslagen wrakhout in de branding van het globalisme.

9. Porajmos

> Op het grondgebied dat gij krijgt,
> als de Heer uw God u het land in bezit heeft gegeven,
> moogt ge bij uw buurman de grensstenen,
> door de voorouders opgericht, niet verleggen.
>
> — Deuteronomium 19:14.

Er zijn twee cultuur-historische en structureel-complementaire 'redenen' voor genocide en etnocide: een volk is *te veel* (men is te 'geprivilegeerd') of een volk is *te weinig* (men is te 'primitief'), kwantitatief of kwalitatief — vaak beide tegelijk. De objectieve realiteit is daarbij ondergeschikt aan de subjectieve perceptie: het enige wat telt is het inter-etnische conflict dat onvermijdelijk volgt op structurele desegregratie. Zo schreef Nazi-Duitsland aan de Europese Israëlieten een teveel aan privilege (bankiers rijkdom, journalistieke macht, politieke invloed) en een tekort aan beschaving (bio-ethiek naar dieren, solidariteit naar medelandgenoten, sportiviteit in maatschappelijke concurrentie) toe. Het Nazi discours werd echter niet alleen ingegeven door politiek pragmatisme: de historische wortels van het Antisemitisme liggen veel dieper. Het was de 19e eeuwse 'emancipatie' van de Israëlieten die vooraf ging aan hun 20e eeuwse 'eliminatie'. De aan die 'emancipatie' ten grondslag liggende *Haskalah* ('boekenwijsheid' > 'Verlichting') vormt in die zin de historische voorwaarde voor de *Sjo'ah* ('vernietiging' > 'Holocaust'). Een ander volk dat de historische prijs voor 'emancipatie door de-segregatie' gedurende de 20e eeuw op even dramatische wijze heeft betaald waren de Europese Romani. Als *muted group* — 'stil' want 'marginaal' en 'primitief' — hebben de Romani weinig aandacht gekregen voor hun *Porajmos*, ofwel 'Verslinding', gedurende de Tweede Wereld Oorlog. Net als bij de in de geschiedenisboeken breed uitgemeten Holocaust van de verondersteld 'geprivilegieerde' Israëlieten blijven bij de

Porajmos van de verondersteld 'achtergestelde' Romani de genocidale statistieken onderwerp van een hopeloos debat, maar één ding is duidelijk: genocide is het ultieme historische eindstation van door ideologische waandenkbeelden ingegeven etnische de-segregatie. Het totalitaire uitvlakken van de natuurlijke en culturele grenzen van etnische biotopen wordt onvermijdelijk gevolgd door 'verslinding': men wordt door anderen verslonden of men verslindt anderen.

Als men zich buiten de eigen leefsfeer begeeft, begeeft men zich per definitie in gevaar. In het woud woont de wrede wolf: gaat het kind van het erf af en het woud in, dan loopt het gevaar verslonden te worden. In de stad wonen enge mannen: gaat het meisje 's avonds alleen over straat dan loopt zij het gevaar 'verslonden' te worden. Zo ook met grensoverschrijdende 'multiculturaliteit' en 'diversiteit': als men de wederzijds nuttige (zowel fysieke als psychische) grenzen tussen bevolkingsgroepen opheft, dan zullen alle groepen doen waar ze goed — gespecialiseerd, aangepast — in zijn. Er ontstaat dan een inter-etnische evolutionaire wedloop: niet de strijd om het bestaan in de wilde natuur van de ongenaakbare oerbossen, wrede winters en wilde beesten, maar een strijd tussen elkaar op leven en dood beconcurrerende bevolkingsgroepen. Gezien het absolute gebod van overleven, hebben alle strijdende groepen daarbij het absolute *gelijk* aan hun kant. Een gelijk dat het gebruik van alle beschikbare wapens rechtvaardigt. Waar numerieke overmacht en fysieke kracht ontbreken: list, bedrog, huichelarij. De ultieme overlevingsstrategie: je vijand sussen en doen geloven dat er geen vijandschap is — dit vergt geduld en inschattingsvermogen. De goedkoopste overwinningsstrategie: je vijand tot zelfvernietiging aanzetten — dit vergt een psychologisch raffinement en zelfbewuste gewetenloosheid. Het zijn strategieën die passen bij oude, cynische cultuurvolken die het fysiek gedijen in het beproefde en het bekende prefereren boven de psychische uitdaging in het avontuurlijke en het onbekende: zulke volken zijn fysiek voorzichtig, materieel gulzig, bot zelfbewust, mentaal veerkrachtig en moreel immuun. Het zijn echter geen strategieën die passen bij hoogontwikkelde beschavingsvormen die zich baseren op zelfloze arbeidsethiek, nobel eerbesef en Christelijke gewetensexercitie. In de confrontatie met naar Westerse maatstaven eerloze en gewetenloze overlevingsstrategieën, ingebakken in de culturen van veel uitheemse volksstammen die door de Westerse vijandelijke elite opzettelijk worden geïmporteerd, staan de Westerse volken dus voor een dilemma. Westerse beschavingsvormen werken evolutionair averechts in een dergelijke kunstmatige omgeving van oneerlijke competitie. De Westerse volken kunnen ervoor kiezen om ter wille van de lieve vrede gedwee mee te draaien in een evident oneerlijke wedstrijd waarin zij hun competitie moeten subsidiëren en faciliteren. Maar dan worden ze uiteindelijk 'verslonden' door de geschiedenis—misschien veel sneller dan men statisch heeft bedacht. Of ze kunnen ervoor kiezen een eerlijke wedstrijd af te dwingen door het subsidiëren en faciliteren van de competitie te staken—en de competitie terug te zetten op 'af', voor een nieuwe start.

Het probleem daarbij is dat de competitie—inmiddels aangegroeid tot een miljoenen sterke 'vijfde colonne'—logischerwijs niet zomaar van haar oneerlijke voorsprong afstand zal doen. Een complicerende factor daarbij is dat de Westerse volkeren psycho-historisch geconditioneerd zijn richting pathologisch hyper-pacifisme, hyper-humanisme en hyper-altruïsme. De psycho-historische trauma's van de Tweede Wereld Oorlog—feitelijk verloren door Europa *als geheel*—spelen daarbij een cruciale rol: *nie wieder* krijgt in die context al snel de pathologische connotatie van onvoorwaardelijk buigen voor evident onrecht en onvoorwaardelijke capitulatie voor absoluut kwaad. De basale noties van overlevingsinstinct en zelfbehoud zijn aan het wankelen gebracht in de Westerse geest. Alleen een collectieve psycho-historische shocktherapie en een collectieve identitaire revalidatie bieden hier uitkomst. Intellectuele autonomie, historiografische assertiviteit en metapolitieke herbewapening zijn hierbij van essentieel belang. De nieuwe Westerse *génération identitaire* heeft misschien nog één kans om de 'verslinding' van de Westerse beschaving een beschaafd halt toe te roepen. Maar hoe meer tijd verstrijkt, hoe kleiner de kans op een vreedzame, redelijke en rechtvaardige oplossing. Hoe groter de kans op een catastrofaal etnisch conflict, onder het motto 'wie niet slim, is moet sterk zijn'.

Een recent voorbeeld van een Westers volk dat zich met succes aan demografische inundatie en politieke omvolking heeft ontworsteld is het Abchazische volk: in een weinig bekende maar intens dramatische David en Goliath strijd wist het zich in 1992-93 vrij te vechten van Georgische 'verslinding'. Voorafgaand aan de Abchazische Onafhankelijkheidsoorlog was de inheemse Abchazische bevolking geslonken tot minder dan een vijfde van de totale bevolking in eigen land: Georgische immigranten hadden een demografisch aandeel van bijna de helft — na afloop van de oorlog waren de numerieke verhoudingen omgedraaid. Het Abchazische volk is door het oog van de naald gekropen — maar tegen een hoge prijs: het land werd gereduceerd tot een ruïneveld en het volk werd gereduceerd tot armoede. Zoals bij alle etnische conflicten zijn betrouwbare cijfers over de wederzijdse slachtoffer aantallen niet beschikbaar, maar naar schatting kwam ruim 4% van de vooroorlogse inheemse Abchazische bevolking (4.000 uit 93.000) om het leven (op de inheemse Nederlandse bevolking geprojecteerd: een half miljoen slachtoffers). De hoogste prijs van de Georgische omvolking politiek werd echter betaald door de grotendeels verdreven Georgische kolonisten: conservatieve berekeningen spreken van 20.000 doden en 250.000 vluchtelingen. Het zijn cijfers die Westerse beleidsmakers en migratiestrategen te denken zouden moeten geven over het eindscenario van de escalerende etnische vervanging van de Westerse volken. Het zijn ook cijfers die bij de door die beleidsmakers geïmporteerde niet-Westerse kolonisten onbekend blijven: zouden zij zich hier nog steeds ingraven en zouden zij nog steeds roulette spelen met de toekomst van hun kinderen als zij zouden beseffen dat de Westerse volkeren niet stilletjes in de nacht van de geschiedenis gaan verdwijnen? Bij de Nederlandse politieke klasse is de boodschap duidelijk *niet* aangekomen: met heeft niet eens het fatsoen om de legitieme rechten van het Abchazische volk te erkennen middels diplomatieke betrekkingen met het nu de facto al een kwart eeuw onafhankelijke Abchazië. En men gaat in eigen land, tegen de meest elementaire noties van zelfbescherming en tegen de uitdrukkelijke wens van het 'gewone volk' in, gewoon door met het massaal importeren van vreemdelingen. Elke neoliberale/pseudo-christelijke kabinetsperiode komt er alleen al door directe immigratie een 'allochtone' bevolking ter grootte van (zeer minstens, hoogstwaarschijnlijk veel meer dan) de stad Utrecht bij. Men leert niet, men *wil* niet leren. De geschiedenis heeft echter een dure les in petto voor wie oude grensstenen denkt te kunnen verleggen. Wie niet horen wil, die moet voelen.

10. De aanklacht

מנא מנא תקל ופרסין
Menē Menē Teqel u-Farsīn

In december 2017 publiceerde de Europese investeerders en ondernemers 'denk tank' *Gefira* een artikel waarvan de titel in het Nederlands vertaald luidt: 'Wat als de VN-verklaring over de rechten van inheemse volkeren geldt voor inheemse Europeanen?'.[119] De erin ter sprake komende demografische berekeningen worden gebruikt om investeerders en ondernemers te wijzen op de desastreuze economische gevolgen van de teruglopende arbeidsproductiviteit, infrastructurele overbelasting en sociaal-politieke instabiliteit die samenhangen met voortgezette massa-immigratie van niet-assimileerbare vreemdelingen in de Westerse wereld. Deze kille rekenkunde laat het neoliberale mantra 'demografische groei=economische groei' (massa-immigratie als verdienmodel) en het cultuurmarxistische dogma 'diversiteit=emancipatie' (migranten-electoraat als machtsbasis) zien

---

[119] https://gefira.org/en/2017/12/08/what-if-the-un-declaration-on-the-rights-of-indigenous-peoples-counted-for-indigenous-europeans/#more-23275

voor wat ze zijn: hopeloos achterhaalde propaganda leuzen. Het heeft hier geen zin de solide argumenten van het *Gefira* artikel nog eens dunnetjes over te doen en de eraan ten grondslag liggende feiten nog eens te herkauwen. Het kan gevoeglijk worden aangenomen dat alle ter zake doende feiten en argumenten bekend zijn bij de ter zake bevoegde instanties en beleidsmakers. De historische taak die overblijft, is het voorbereiden van de aanklacht die de Europese volkeren zullen indienen tegen hun vijandelijke elites. Ook dat hoort bij het nu aanbrekende 'seizoen van geloofsvoltooiing'.

Artikel 7 — Verklaring van de Rechten van Inheemse Volkeren
Resolutie 61/295
Algemene Vergadering van de Verenigde Naties, 13 september 2007
(zelfs een stilstaande klok staat één keer per dag juist)

Lid 1. *Inheemse volkeren en personen hebben het recht niet onderworpen te worden aan gedwongen assimilatie of vernietiging van hun cultuur.*
Lid 2. *Staten dienen te voorzien in effectieve mechanismen voor het voorkomen en tenietdoen van:*

(a) *elke actie met als doel of effect het ontnemen van hun integriteit als volk, of van hun culturele waarden, of van hun etnische identiteit;*

(b) *elke actie met als doel of effect het ontnemen van hun landbezit, territoria of materiële middelen;*

(c) *elke vorm van bevolkingsverplaatsing met als doel of effect het schenden of ondermijnen van hun rechten;*

(d) *elke vorm van assimilatie en integratie in andere culturen of levenswijzen die hen wordt opgelegd door juridische, administratieve of andere maatregelen;*

(e) *elke vorm van propaganda die tegen hen gericht is.*

Hoofdstuk 8

De gebroken pijl

De grenswacht

*Erasing national borders does not make people safer or more prosperous.
It undermines democracy and trades away prosperity.*

— Donald Trump

EEN CORRECTE POLITIEKE plaatsbepaling in de huidige Europese situatie van imploderende staatssoevereiniteit en escalerende etnische vervanging vergt van Nieuw Rechts een grondige bezinning op haar basale bestaansrecht. Dit bestaansrecht baseert zich in de eerste plaats op de fundamentele functie van Nieuw Rechts als 'grenswacht': dit is een functie die haar, *faute de mieux*, toevalt op het huidige hoogtepunt van de 'deconstructieve' Postmoderniteit. De Postmoderne disintegratie van alle traditionele vormen van authentieke *auctoritas* resulteert in een vervagen van alle dusver universeel erkende grenzen in alle bereiken van menselijke ervaring en menselijk handelen. Het Postmoderne 'Cultuur Nihilisme' — de *soixante-huitard* ideologie van militant secularisme, sociaal-darwinistisch neo-liberalisme, narcistisch hyper-individualisme en doctrinair cultuur-relativisme — kenmerkt zich bovenal door *totalitaire nivellering* (voor een schets van het Cultuur-Nihilisme, verg. *Alba Rosa*, 103ff). Aangedreven door de matriarchaal-sadomasochistische dynamiek van psycho-historische feminisatie, ondergraaft en vernietigt het Cultuur Nihilisme geleidelijk alle vormen van politieke soevereiniteit, economische autarkie, nationale identiteit, sociale structuur, culturele worteling en religieuze polariteit: het verschuift en verwijdert de oude grensstenen van de Westerse beschaving (verg. *Alba Rosa*, 147ff).

De enige remedie voor de uit deze nivellerende devolutie voortvloeiende exclusief neerwaartse *Umwertung aller Werte* is een ontologische en epistemologische correctie van historisch ongekende reikwijdte — de realisatie van deze correctieve 'Archeo-Futuristische Revolutie' is de kernopgave van Nieuw Rechts (verg. *Alba Rosa*, 209ff). Er zijn nog maar weinig vaste machtspolen en vaste referentiepunten waarop deze beweging zich in het huidige tijdsgewricht kan baseren. De belangrijkste vaste machtspool is het zich gestaag richting Centraal-Europa uitbreidende 'anti-thalassocratische' blok: het conglomeraat van anti-globalistische natiestaten dat zich nu consolideert rond het uit de bolsjewistische as herrezen Rusland en het uit imperialistische slavernij bevrijde China. Het belangrijkste vaste referentiepunt is het metapolitieke discours van het (Neo-)Eurazianisme: een alternatieve *Weltanschauung* gekenmerkt door geopolitieke multipolariteit en een traditionalistisch denkkader (verg. *Alba Rosa*, 13ff). Dit Euraziatisch referentiekader biedt de snelgroeiende Nieuw Rechts beweging een 'vaste pool' om ook een metapolitieke koerswijziging te bewerkstelligen in het *ground zero* van het globalistische Cultuur Nihilisme: de (West-)Europese *Atlantic Rim* en de overzeese Anglosfeer. Vanuit dit referentiekader wil dit hoofdstuk ingaan op een voor de Westerse beweging interessante recente publicatie van één van de belangrijkste hedendaagse Euraziatische denkers: Alexander Doegin's essay *The Solar Hounds of Russia*, gewijd aan het traditionalistische concept van de 'Wachter op de Drempel'. Doegin's opstel bevat een aantal essentiële lessen voor Nieuw Rechts — de volgende paragraaf begint daarom met een aantal citaten uit Doegin's tekst plus wat uitleg ter wille van zijn filosofische en Traditionalistische context (naar Doegin, 'Solar Hounds' — oorspronkelijke tekst gearceerd, vertaling Alexander Wolfheze).

De wachter op de drempel

> *Op het grondgebied dat gij krijgt,*
> *als de Heer uw God u het land in bezit heeft gegeven,*
> *moogt ge bij uw buurman de grensstenen,*
> *door de voorouders opgericht, niet verleggen.*
>
> — Deuteronomium 19:14.

Doegin begint met een nadere inspectie van het concept van 'de grens'. *De grens beschrijft de staat, de grens definieert de staat. Alles dat de staat is dankt zij aan de grens. Deze eigenschap heeft essentiële betekenis niet alleen m.b.t. internationaal recht, geopolitieke strategie en militaire doctrine, maar ook in filosofie. De grens is niet slechts een klassiek filosofisch instrument, maar ook een essentieel filosofisch begrip...* het scheidt het 'immanente', dat wil zeggen wat in de zichtbare materiële sfeer ligt, van het 'transcendente', dat wil zeggen wat in de onzichtbare immateriële sfeer ligt. *In deze zin is de grens heilig: in de Klassieke Wereld werd zij daarom gepersonifieerd als een goddelijk principe: Terminus, ...ofwel 'limiet'.* Dit concept is in verschillende vormen terug te vinden in de godsdienstige voorstellingen, mythische overleveringen en culturele uitdrukkingen van alle traditionele beschavingen. Doegin analyseert 'de grens' in een dubbel filosofische en metafysische zin. Filosofisch analyseert hij 'de grens' feitelijk volgens Heidegger's concepten van *gespecialiseerde tijd* (de begrensde tijdshorizon van *Kulturkreisen*) en *gespecialiseerde ruimte* (de beschermende ruimtehorizon van *Blut und Boden*): daarbij is 'de grens' een absolute voorwaarde voor elke authentieke vorm van wereldhistorische cultuur. Metafysisch analyseert hij 'de grens' via de Traditionalistische symboliek: daar *...bestaat er ook het concept van de 'Wachter op de Drempel, ofwel de grenswacht, ...een speciaal wezen dat de scheidslijn bewaakt tussen twee werelden: tussen het aardse en het bovenaardse, tussen het huidige en het toekomstige, tussen het lage en het hoge, tussen het bewuste en het onbewuste, tussen het leven en de dood. Dit wezen is de tastbare representant van Terminus.* Het scheidt chaos van orde doordat het rationele structuur oplegt en afdwingt. Als manifestatie van een bovenmenselijk, goddelijk principe is 'de grens' het fundament van alle authentieke beschavingen — zelfs van alle authentieke denkwerelden. Daarmee is de 'Wachter op de Drempel' het archetype van de grenswacht: grenswachten, zij die de fysieke, psychische en spirituele grenzen van een cultuur en een volk bewaken, *...zijn in die zin belast met een sacrale functie.*

...Grenzen bestaan op alle geopolitieke niveaus, van stamverbanden tot nationale staten... en op het hoogste niveau is er de grens van het 'Imperium'. *...De grenzen van [dat] 'Heilig Rijk' zijn tegelijk fysiek, psychisch en spiritueel — daarbinnen definiëren zich verenigende godsdiensten, verenigende culturen en verenigende talen. Het [Imperium] is 'heilig' op grond van de kwaliteit van de grenzen en de wachters aan die grenzen hebben een 'heilige' opgave — dit is het essentiële gegeven waaraan monastieke ordes, ridderordes en nationale strijdkrachten hun cohesie en effectiviteit danken. ...Zulke 'heilige' organisaties beschermen de grenzen van alle traditionele culturen en authentieke beschavingen — zij zijn het die op de drempels en muren van de beschaving de wacht houden. ...De Grote Muur van China, de Poorten van Alexander de Grote...* en de Limes van het Romeinse Rijk *...zijn hiervan de fysieke uitdrukking. Aan de overzijde van die grenzen liggen de duistere krachten van barbaarse chaos: de Babylonische spraakverwarring en de horden van Gog en Magog. ...Een symbolische uitdrukking van de 'Wachter op de Drempel' is de waakhond die op de drempel ligt van het huis...* rustend maar waakzaam: *...de waakhond is één van de manifestaties van de godheid Terminus. De Egyptische godheid Anoebis is één*

van die manifestaties. Het huis zonder hond is niet veilig, net zoals de staat niet veilig is zonder grenswacht.

...De val van de grensmuren is niet slechts een militaire of geopolitieke catastrofe: het is een beschavingscatastrofe. Het verlies van de grens betekent: ondergang van een beschaving in alle levenssferen, ook in de filosofische en godsdienstige sfeer. Het verlies van de grens betekent fatale chaos: helse krachten dringen binnen en het spirituele licht dooft. De horden van Gog en Magog bedreigen de laatste citadels: ...'het legerkamp van de heiligen' wordt omsingeld door een zee van uitzinnige duivels (verg. Raspail, *Le camp*). Zonder twijfel is Doegin's visioen ingegeven door het historisch trauma van de recente ondergang van het Sowjet-Russische rijk van het oosten — een ervaring die een voorproefje geeft van de aanstaande ondergang van het Atlantisch-Thalassocratische 'Nieuwe Wereld Orde' rijk van het Westen. Westerse mensen die de Merkel-Macron jaren van het grote verraad van de grenzen nog beleven met hun ogen en oren open zullen begrijpen waar de laatste zinnen van Doegin's opstel over gaan: De poorten van de hel gaan open. Vijandelijke hordes stromen door de bressen in de Grote Muur... Alles is verloren. *...Alleen op een enkele buitenpost, op een paar laatste torens en muurfragmenten, staan ze nog: de verloren, verlaten, verraden en vergeten uitposten van de grenswacht — eilanden van de oude orde in de nieuwe chaos...*

Doegin's analyse van de zowel fysieke als metafysieke Postmoderne stormloop op de Christelijke beschaving — een stormloop die hij dubbel geopolitiek en eschatologisch duidt als de 'Laatste Oorlog van het Wereld Eiland' — is zuiver traditionalistisch in de zin dat zij direct aansluit bij de analyse van *la crise du monde moderne* door de grondlegger van de Traditionele School, René Guénon. Een directe verbinding tussen beide is te vinden in Julius Evola's analyse van *la regressione delle caste*: Evola stelt daarin dat de opkomst van de deconstruerende krachten van de Moderniteit direct evenredig is aan het verval van de construerende krachten van de Traditie, dat wil zeggen van de fatale *verzwakking* van de Traditie. Evola spreekt in dit verband zelfs over een uiteindelijke volledige afwezigheid van de Wachter op de Drempel: *Een in dit verband hoogst betekenisvolle legende is [het Bijbels verslag] aangaande de volkeren van Gog en Magog, symbool voor de chaotische en demonische krachten die worden buitengehouden door traditionele structuren. Volgens deze legende zullen deze volkeren tot de stormloop overgaan wanneer zij beseffen dat er niemand nog op de hoorn blaast op de ooit door imperiale krachten opgerichte muren die eerder hun aanval ophielden — en dat het alleen nog de wind was die het geluid produceerde dat zij nog meenden te horen* (Evola, *Revolt* — vertaling Alexander Wolfheze).[120]

'Voyage au bout de la nuit'

> *Hoe groeit uit het zaad,*
> *hoe werd het land veranderd!*
> *De massa leeft in schande*
> *en lacht om minne daad.*
> *Een feit werd in het heden*
> *wat eens maar was bedacht:*
> *de goeden zijn veracht,*
> *de slechten staan aangetreden.*
>
> — Hans Scholl

De gevolgen van de afwezigheid van de Wachter op de Drempel heeft het Nederlandse volk, net zoals veel andere Westeren volken, in de afgelopen decennia aan den lijve mogen ondervinden. Deze gevolgen zijn de daadwerkelijke invasie van 'Gog en Magog' (massa-immigratie en *Umvolkung*) en de daadwerkelijke afdaling in demonische chaos (de matriarchaal-xenofiele 'anti-rechtstaat' en de oikofoob-demofobe 'idiocratie'). De directe confrontatie met deze beschavingsafgrond die

---

[120] Voor een handige samenvatting van Evola's analyse van de 'regressie van de kasten': https://juliusevola.co/#jp-carousel-131

volgt op *der Untergang des Abendlandes* resulteert nu zelfs binnen de gerieflijk cognitief-dissonante bewustzijnsbubbel van de Nederlandse elite al in een beginnend ongemak. Het is dit voorzichtige elitaire ongemak dat zich nu begint te vertalen in een nieuwe neoconservatief-libertaire politieke oppositie met *alt-light* toonzetting: het Forum Voor Democratie (FVD). De elite aanvaardde decennialang stilzwijgend het verlies van de Nederlandse soevereine buitengrenzen, de Nederlandse 'autochtone' volkswijken en de Nederlandse waarden en normen als een 'tactische terugtocht': de hopeloze achterhoedestrijd voor het 'gewone volk' werd overgelaten aan smalend als 'rechts-extreem' en 'populistisch' afgedane protestpartijen als de Centrum Partij en de Partij Voor de Vrijheid (PVV). Maar nu de globalistische vloedgolf van barbaarse invasie en matriarchale chaos tenslotte de ivoren toren van de financiële, academische en artistieke elite bereikt, breekt steeds grotere delen van de elite het angstzweet uit. Het is deze instinctief-existentiële angst binnen de kwetsbaar-etherische elite-bubbel die FVD-leider Thierry Baudet nu in staat stelt klassieke archetypen als douanehuisjes, slagbomen en wachthonden voorzichtig te her-agenderen. Maar deze archaïserend-anachronistisch aandoende agenda heeft slechts romantisch-nostalgische meerwaarde. Er is minder politiek instinct dan gezond verstand voor nodig om te begrijpen dat de bourgeois elite niet met de oplossing gaat komen voor een probleem dat zij zelf heeft geschapen door de haar blijvend-definiërende eigenschappen van nihilistisch materialisme, ruggengraatloos opportunisme, existentieel relativisme en narcistische conditionering.

De even ongemakkelijke als onmachtige combinatie van oudgediende populisten en nieuw-dissidente intellectuelen die wordt gespiegeld in de parlementaire oppositie combinatie PVV-FVD is simpelweg letterlijk geen partij voor het zittende politieke establishment. De 'alt-light' analyse van het politieke establishment als regentesk kartel gebaseerd op een monsterverbond tussen neoliberaal voormalig 'rechts' en cultuur-marxistische regressief 'links' mag correct zijn, maar een diagnose is nog geen therapie. Achter het politieke kartel — niet alleen de regerende Ali Baba en 75+1 dieven van de coalitiepartijen, maar ook de hele 'loyale oppositie' van de *Social Justice Warrior* partijen — staan de veel grotere vitale belangen van een veel grotere vijandelijke elite: rücksichtsloze grootaandeelhouders, graaiende bonusbankiers, parasitaire bureaucraten, cynische asiel-industriëlen, malignant-narcissistische systeemjournalisten en comfortabele consensus academici. Deze *vijandelijke elite*, stevig ingegraven in een matriarchaal-xenofiel machtsapparaat met semi-totalitaire bevoegdheden en zichzelf constant aanvullend uit een zelfvernieuwend reservoir van 'feministisch', 'allochtoon' en 'alt-seksueel' maatschappelijk ressentiment, gaat niet zomaar 'democratisch' afstand gaan doen van de privileges die zij heeft verworven in een halve eeuw globalistische 'open grenzen', neo-liberale 'privatisering', feministische 'emancipatie' en allochtoon 'voorkeursbeleid'. De kracht van de vijandelijke elite ligt daarbij juist in haar pathologische — sub-rationele, zelfs anti-rationele — demofobie en oikofobie: haar militant globalistisch, kosmopolitisch en universalistisch discours, in toenemende mate openlijk anti-masculien, anti-nationaal en zelfs anti-blank, stelt haar in staat de krachten van 'Gog en Magog' voor zich te mobiliseren. Zij kan altijd nieuwe gefrustreerde groepen mobiliseren tegen als 'geprivilegieerde' geprojecteerde doelwitten: vrouwen tegen mannen, jongeren tegen ouderen, homoseksuelen tegen heteroseksuelen, arm tegen rijk, vreemdelingen tegen inheemsen, Moslims tegen Christenen en niet-blanken tegen blanken. Gedacht op globaal niveau, kan de vijandelijke elite putten uit een onuitputtelijk reservoir van laag-tegen-hoog ressentiment — het kan kwantiteit in het geweer brengen tegen kwaliteit. Vandaar ook haar openlijke *Flucht nach vorne*, op zowel nationaal als internationaal niveau. Wanneer haar neo-kalergiaanse 'omvolking' project via zogenaamde 'illegale immigratie' niet langer werkt, dan schakelt zij gewoon over op on-verhulde legale immigratie ('kennismigranten', 'asielquota's'). Wanneer haar globalistisch superstaat project 'Europa' niet langer werkt via subsidie-voor-soevereiniteitsoverdracht, dan schakelt zij gewoon over op maffia-achtige afpersingspraktijken ('sancties' voor het Visegrad blok, 'no deal' voor Brexit-Brittannië). Het is daarom hoogst onwaarschijnlijk dat een democratische oppositie als het huidige Nederlandse patriottische PVV-FVD blok, acterend op een hopeloos oneven speelveld van kartelpolitiek, bureaucratische sabotage en trans-nationale machtsoverheveling, ooit een substantieel gevaar zal gaan vormen voor de diep-ingegraven en globalistisch-opererende vijandelijke elite. De Cultuur Nihilistische *voyage au bout de la nuit* van het Nederlandse volk kan pas eindigen wanneer het oneven politieke speelveld *zelf* ter discussie wordt gesteld en wanneer de spelregels van het maatschappelijk debat *zelf* in overeenkomst worden gebracht met de nieuwe realiteit van het Postmoderne Nederland. Een nieuwe waardige en waarachtige 'Wachter op de Drempel' kan zijn taak pas naar behoren uitvoeren wanneer op die taak niet langer een taboe rust.

De nachtwacht

Ik blijf den Heer verwachten;
Mijn ziel wacht ongestoord;
Ik hoop, in al mijn klachten,
Op Zijn onfeilbaar woord;
Mijn ziel, vol angst en zorgen;
Wacht sterker op den Heer,
Dan wachters op den morgen;
Den morgen, ach, wanneer?

— Psalm 130:3

Zo werpt zich de vraag op wie of wat dan de 'Nachtwacht' is die het Nederlandse volk nog kan redden van een zekere ondergang? Wat en wie kan het nog redden uit het de dode moerassen van globalistische 'omvolking', neo-liberale schuldslavernij en matriarchaal-xenofiele idiocratie? Om deze vraag te beantwoorden is het nodig eerst terug te keren tot de basale notie van 'drempel' die een 'wachter' nodig heeft: het is eerst nodig te weten *wat* beschermwaardig is — wie de Wachter op de Drempel is vloeit automatisch voort uit deze kennis. Zo is meteen duidelijk dat er een Wachter op de Drempel bestaat in alle levenssferen.

Het is de oncoloog die met omzichtig wikkend en wegend over de uiterste chemokuur beslist voor een patiënt: hij bewaakt de grens van onze gezondheid. Het is de brandweerman die met gevaar voor eigen leven het kind redt: hij bewaakt de grens van onze veiligheid. Het is de beveiligingsman die bij nacht en ontij 's nachts de dief afschrikt: hij bewaakt de grens van ons bezit. Het is de rechter die met harde hand de kindermoordenaar voor altijd opsluit: hij bewaakt de grens van onze rechtvaardigheid. Het is de politieman die de slachtmes-terrorist in het been schiet: hij bewaakt de grens van onze wet. Het is de soldaat die de terreur-meester tot in de binnenlanden van Centraal Azië volgt: hij bewaakt de grens van onze beschaving. Het is de klokkenluider die overheidscorruptie aan de kaak stelt: hij bewaakt de grens van onze moraliteit. Het is de geleerde bioloog die ongemakkelijke genetische realiteiten benoemt: hij bewaakt de grens van onze waarheid. Het is de 'controversiële' historicus die vergeten en verborgen feiten openbaart: hij bewaakt de grens van ons geweten. Het is de politicus die voor zijn patriottisme betaalt met zijn leven: hij bewaakt de grens van ons volk-zijn.

In de premoderne wereld van de authentieke Westerse Traditie bestond er nooit twijfel over wie de Wachters op de Drempel van de grens van land en volk zijn: het waren de Vorst en de Adel — zij hadden de dure plicht het land en het volk te vuur en te zwaard te verdedigen, zo nodig ten koste van hun leven. Zo betaalde Willem de Zwijger, Vader des Vaderlands, zijn inzet voor het Nederlandse volk met zijn leven. In de loop der eeuwen betaalden talloze edellieden met hun leven voor hun plichtsbesef: een offer dat door modernistische ideologen steevast vergeten als zij spreken over de 'onverdiende privileges' van de adel — het hoogste privilege van de edelman was voor koning en vaderland te sneuvelen op het veld van eer. Hun noties van eer en de moed zijn niet besteed aan moderne elites: deze begrippen ontgaan bonusbankiers, kartelpolitici, systeemjournalisten en consensus academici ten enen male volledig. Zelfs aan een basaal maatschappelijke verantwoordelijkheidsgevoel en aan een elementair plichtsbesef jegens braaf belastingbetalende en geduldig wetsgetrouwe burgers ontbreekt het bij de vijandelijke elite volledig. De heersende neo-liberale kliek die narcostaat-annex-wingewest Nederland bestuurt uit naam van de globalistische Nieuwe Wereld Orde en de Europese superstaat heeft zich ontpopt tot een karikaturaal corrupt regime op het niveau van een bananenrepubliek dictatuur. Het landsbestuur, waarin regenten patriciaat en de gegoede burgerij in de constitutionele monarchie van de laat-19e en vroeg-20e eeuwse Nederland nog geacht werden hun 'verantwoordelijkheid te nemen', is volledig geïmplodeerd — de politieke macht is tijdens de 'lange mars door de instituties' van de *soixante-huitards* overgegaan op een matriarchaal-xenofiele 'schijnelite van valsemunters' (Bosma). De laatste restanten van Nederlands 'politiek geweten', als wrakhout bijeengetimmerd in de partijpolitieke improvisaties van PVV en FVD, zijn simpelweg niet in staat deze realiteit te veranderen. De simplistische islamofobie van de PVV en het brave civiel nationalisme van de FVD zijn goed bedoeld, maar zijn slechts symptoombestrijding. Terecht betitelde SGP-voorzitter Kees van der Staaij PVV-leider Geert Wilders als waakhond van het Nederlandse erf. Terecht ondersteunt Professor Rechtsfilosofie Paul Cliteur FVD-leider Thierry Baudet als laatste noodrem op de ontsporende Nederlandse beschavingstrein. Maar verouderde — militant-seculiere, paleo-libertaire — denkkaders en gecompromitteerde parlementaire praktijken veroordelen de politieke symptoombestrijding van PVV en FVD al bij voorbaat tot mislukken.

Hetzelfde geldt voor juridisch en economisch georiënteerde symptoombestrijding binnen het vigerende maatschappelijk bestel: er zijn verschillende goed doordachte en goed bedoelde voorstellen in omloop om de ergste uitwassen van neo-liberale kaalslag en cultuurmarxistische omvolking te bestrijden, maar ze blijven steken binnen de uitgeleefde en gebureaucratiseerde denkkaders van de historisch-materialistische 'maakbaarheid' ideologie van het Cultuur Nihilisme. Zuiver 'juridische maatregelen' — afschaffing van rechtsonzekerheid en rechtsongelijkheid veroorzakende 'discriminatie' wetgeving en afschaffing van economisch en sociaal ontwrichtende verplichte etnische 'diversiteit' in de woon- en werksfeer[121] — mogen beperkt nut hebben, maar gaan steevast voorbij aan het feit dat op Westerse individuele vrijheden en verantwoordelijkheden toegesneden Westerse wetgeving noodzakelijkerwijs een sociaal-cultureel draagvlak ontberen bij niet-Westerse volkeren. Zuiver 'economische maatregelen' — selectieve immigratie op opleidingsniveau, extra belasting voor immigranten, gedeeltelijke uitsluiting van immigranten van sociale voorzieningen[122] — mogen beperkt nut hebben, maar gaan steevast voorbij aan basale correlaties zoals die tussen Westerse etnische homogeniteit en Westerse sociaaleconomische stabiliteit en die tussen ideologisch ingegeven multiculturele 'diversiteit' en fiscaal afgedwongen interetnische welvaartsoverdracht. Alleen een consistente exercitie in *thinking outside the box*, dat wil zeggen correctief denken over de randen van het huidige Westerse politieke, juridische en sociaaleconomische bestel heen, en een beslissende applicatie van het politiek primaat, dat wil zeggen boven bestaande wetgeving en bestaande belangendefinities uit, kunnen Nederland — en de Westerse beschaving — nog van de ondergang redden. *Business as usual* staat gelijk aan de opheffingsuitverkoop van de Nederlandse staat en de slavenveiling van het Nederlandse volk. Nederland heeft een nieuwe Nachtwacht nodig.

---

121 https://tpo.nl/2018/08/24/de-discriminatiemythe-antidiscriminatiewetgeving-is-absurd-en-onnodig/

122 https://tpo.nl/2018/08/26/de-europese-unie-leidt-rechtstreeks-naar-fascisme/

De aflossing van de wacht

Luctor et emergo

De gloednieuwe Nederlandse Nieuw Rechts beweging, geïnspireerd door de zich in de hele Westerse wereld aandienende Archeo-Futuristische en Identitaire Revolutie en gesynchroniseerd met de grotere Westerse identitaire beweging, valt de historische taak toe om het Nederlandse volk te dienen als Nachtwacht in de donkere tijd van de aankomende Crisis van het Postmoderne Westen. Er is simpelweg geen andere kandidaat — niemand and niets anders zal de Westerse volkeren redden. Daarbij geldt: Nieuw Rechts is niets uit zichzelf. Het Nederlandse volk zal de Nieuw Rechts beweging uit eigen wil moeten aanstellen als Wachter op de Drempel en het zal zich door eigen kracht moeten ontworstelen aan de wurggreep van de vijandelijke elite. Een confederatief Euraziatisch bondgenootschap tussen alle Europees-stammige volkeren — één voor allen, allen voor één — is nuttig en zelfs noodzakelijk, maar zal niet genoeg zijn: de Westerse volkeren zullen, ieder voor zich, eerst innerlijk moeten worden herboren. Het enige alternatief is de ondergang van de Westerse volkeren — en van Nederland: het is nu erop of eronder. Een Nieuw Rechts 'Delta Plan' tegen de springvloed van neoliberaal globalisme en cultuur-marxistische omvolking vergt een historische omdenken dat alle geijkte denk- en machtsstructuren doorbreekt — en een historische inspanning van een zelfde formaat met de titanische tachtigjarige onafhankelijkheidsstrijd waarin de Nederlandse staat en het Nederlandse volk ooit werden geboren. Als de Nederlandse geschiedenis het Nederlandse volk echter één ding te leren geeft dan is het dit: *Yes, we can...*

Over de grens van het taboe

We have now sunk to a depth at which restatement of the obvious is the first duty of intelligent men.

— George Orwell

Een effectieve functionaliteit in politieke zin vergt van de Nieuw Rechts als Wachter op de Drempel een onbuigzame vasthoudendheid aan zijn prioriteiten. Deze prioriteiten zijn eenvoudig: het herstel van *staatssoevereiniteit* (het tenietdoen van de trans-nationale gezagsusurpatie veroorzaakt door neo-liberaal globalisme, internationale verdragen en Europese wetgeving) en het herstel van *etnische stabiliteit* (het tenietdoen van de omvolking veroorzaakt door massa-immigratie en anti-inheems anti-natalisme). Het politiek agenderen van deze twee problemen vergt het direct en onbevangen benoemen van hun historische oorzaken. In het huidige dominante Cultuur Nihilistische discours van 'politieke correctheid' liggen deze oorzaken echter nog steeds in de taboesfeer (en het taboe indiceert altijd feilloos waar de wortels van de macht liggen): het zijn de nauw samenhangende vraagstukken van *etniciteit* en *matriarchaat*.

De uiteindelijke oorzaken van de Postmoderne Westerse problematiek van soevereiniteitsverlies en omvolking zijn van *psychohistorische* aard: ze hangen samen met de anti-Traditionele Cultuur Nihilistische verwerping van alle vormen van authentieke autoriteit en identiteit. De modernistische deconstructie van alle vormen van authentieke sociale identiteit is noodzakelijkerwijs primair gericht op het ontregelen van de *hoogste* en meest complexe vorm ervan: *etniciteit*. Etniciteit is namelijk de grondslag van de machtigste collectieve kracht in de menselijke geschiedenis: *nationalisme* — de machtigste vijand van de globalistisch-universalistische Moderniteit. Maar de modernistische deconstructie van authentieke sociale identiteit ontleent haar voornaamste kracht aan de aantasting van de *laagste* en meest basale vorm ervan: *geslachtsidentiteit*. Dit ontregelen vindt plaats door het verstoren en omkeren van de meest fundamentele identiteit polariteit die bestaat in het menselijk leven: het man-vrouw verschil, in al zijn fysieke, psychologische en spirituele uitdrukkingen. Het eindresultaat van deze opzettelijke inversie is sociale antihiërarchie en maatschappelijke chaos: het *matriarchaat*. Het handhaven en aansturen van complexe hogere sociale identiteiten — etniciteit bovenal — vergt een vast fundament in de lagere sociale identiteiten — geslachtsidentiteit bovenal. De opzettelijke deconstructie van natuurlijke en culturele geslachtsidentiteit zet de hele sociale constructie op losse schroeven, beginnend met de elementaire gezinseenheid. Met de ondergang van het gezin is elke lange termijn project van gecombineerde biologische voortplanting en culturele transmissie op hoger collectief niveau tot mislukken gedoemd: waar geen familie bestaat, kan ook geen volk bestaan. Het matriarchaat eindigt dus noodzakelijkerwijs in de zelfopheffing van alle volkeren die niet — zoals kleine natuurvolkeren in de grote wildernis van de premoderne wereld — in totale isolatie leven.

Het overleven van de Westerse volkeren hangt dus af van het (tijdig) doorbreken van de psycho-historische taboes op etniciteit en matriarchaat. Het doorbreken van deze taboes wordt in hoge mate gefaciliteerd door een rationele bespreking van de nieuwste wetenschappelijke inzichten in zowel de (epi)genetische als de (bio)evolutionaire aspecten van etniciteit. Zo kan een volk vanuit bio-evolutionair perspectief worden beschreven als een 'superorganisme': de totaalgroei en totaalfunctionaliteit van dat superorganisme hangen af van zijn innerlijke productie- en organisatievermogen. De noodzakelijke coördinatie van dat vermogen vergt een richtinggevende autoriteitsfunctie en een doelgerichte hiërarchie: het zijn deze autoriteit en deze hiërarchie die aan het etnisch organisch geheel zijn bovenindividuele synergie en symbiotische meerwaarde geven. Vanuit cultuur-historisch perspectief kunnen deze synergie en meerwaarde worden beschreven als — grotendeels onbewuste — 'evolutionaire groep strategieën'.

Daarbij geldt dat het bio-evolutionaire superorganisme geheten 'volk' autoriteit en hiërarchie alleen (ver)dragen op grond van voorgeleefde transcendente inspiratie (lotbesef) en doorleefd holistisch instinct (overlevingswil). Het is steeds de specifieke — biotopisch-bepaalde en historisch-persistente — combinatie van inspiratie en instinct die een volk als volk definieert. De essentiële belevingsrealiteit van elk volk-zijn heeft echter één gemeenschappelijke eigenschap: *eenheid*.

Het geknakte riet

Het gekrookte riet zal Hij niet verbreken,
en de rokende vlaswiek zal Hij niet uitblussen
met waarheid zal Hij het recht voortbrengen.

— Jesaja 42:3

Wat gebeurt er wanneer eenheid ontbreekt — wanneer wat gebundeld was uiteenvalt in afzonderlijke deeltjes? Het ongebundelde riet, de ongebundelde twijg, de ongebundelde pijl — ze zijn gemakkelijk te buigen, te knakken, te breken. Hij die alleen staat, hij die geen familie heeft, geen stam, geen volk — het geatomiseerde individu van het Postmoderne Nederland: hij is het ongebundelde riet dat knakt. Het geknakte riet: de Nederlandse bejaarde die fatsoenlijke opvang ontbeert, terwijl frauderende asielzoekers huisvestingsvouchers krijgen. De Nederlandse arbeidsgehandicapte wiens uitkering wordt gekort, terwijl terugkerende jihadisten volle bijstand en toeslagen genieten. De Nederlandse student die 30 jaar lang zijn studielening mag terugbetalen, terwijl 'vluchtelingen' vooraan mogen inschuiven voor studiebeurzen en overheidbanen. Het Nederlandse gezin dat 10 jaar lang op een sociale huurwoning wacht, terwijl gelukzoekende statushouders direct op toplocaties een woning krijgen. De Nederlandse arbeider wiens werkloosheidsuitkering na 2 jaar tot bijstand wordt gedegradeerd, terwijl allochtone sollicitanten bij voorkeur worden aangenomen voor uit publieke middelen betaalde sinecures. De Nederlandse politieagent die elke dag met terrorisme leeft zonder fatsoenlijk salaris, terwijl allochtone 'radicalisering consulenten' miljoenen aan subsidies binnenhalen. Zij zijn de geknakte rietjes van het Postmoderne Nederland, hopeloos onderling verdeeld door hun zogenaamd 'individuele' problemen.

Waar verdeeldheid heerst, daar heersen anderen — daar heerst de vijandelijke elite. *De slechten staan aangetreden...* — de vijandelijke elite die het volk veracht, die het volk haat en die het volk verdeelt om erover te heersen. Die het volk verdeelt in elkaar liefst op leven en dood beconcurrerende 'vrije individuen', gedefinieerd als 'autonome burgers' en 'calculerende consumenten', aangemoedigd tot egoïstische 'winstmaximalisatie' en narcistisch 'individualisme'. Die gezinnen vernietigt door feministische 'zelfontplooiing' en neoliberale 'arbeidsmarkt participatie'. Die gemeenschappen vernietigt door afgedwongen 'arbeidsmobiliteit' voor werkloze provinciale jongeren en afgedwongen 'multiculturalisme' in grootstedelijke volkswijken. Die het volk vernietigt door selectief anti-natalistisch beleid voor cultureel kwetsbare inheemse Nederlanders (abortus-wetgeving, alleenstaande moeder subsidies, preferentiële tweeverdieners fiscaliteit) en hun gelijktijdige etnische vervanging door massieve 'asielopvang' en grootschalige voortplantingssubsidies voor allochtonen — opvang en subsidies die worden betaald uit het belastinggeld van diezelfde inheemse Nederlanders. De vijandelijke elite voelt zich heer en meester in het huis van het Nederlandse volk — zij waant zich zeker van de overwinning. Zij ziet het Nederlandse riet geknakt — zij denkt het licht in de ogen van het Nederlandse volk te hebben gedoofd.

'Yes we can'

Aut viam inveniam aut faciam

— Hannibal Barca

De vijandelijke elite misrekent zich — net zoals zij zich misrekende met Brexit in Groot-Brittannië en met Trump in de Verenigde Staten. Zij heeft te vroeg gejuicht — zij heeft een slag gewonnen, maar niet de oorlog. Nog is het mogelijk de verdeelde rietjes te bundelen tot een onweerstaanbaar wapen. Waar een wil is, is een weg. De weg heet *eenheid*.

> *Now's the time for all good men*
> *to get together with one another.*
> *We got to iron out our problems*
> *and iron out our quarrels*
> *and try to live as brothers.*
> *And try to find a piece of land*
> *without stepping on one another.*
> *...We got to make this land a better land*
> *than the world in which we live.*
> *...I know we can make it.*
> *I know darn well we can work it out.*
> *Yes we can...*
>
> — The Pointer Sisters (1973, Barack Obama 12 jaar oud)

Het beeld dat Nieuw Rechts bij een nieuwe, zelfovertreffende *eenheid* voor ogen staat is *niet* de *on-*Nederlandse *fasces* van gebonden stokken en bijlen — nu minder geassocieerd met het Romeinse Rijk dan met het Italiaanse fascisme — maar de *oer-*Nederlandse pijlenbundel in de linker voorpoot van de Nederlandse Leeuw.

'Broken Arrow'

Concordia res parvae crescunt

Al medio 2018 vergeleek de Reinout Eeckhout, voorzitter van de toenmalige Nederlandse Nieuw Rechtse Werkgroep Identiteit Nederland

(IDNL), de strijd tussen Nieuw Rechts en de vijandelijke elite in het hedendaagse Westerse wereld met de twintigjarige Vietnam Oorlog (1955-75) — een oorlog waarin het kleine Vietnam supermacht Amerika uiteindelijk wist te verslaan. In aanvulling daarop, en ter afsluiting van dit hoofdstuk, is het nuttig stil te staan bij de doorslaggevende rol die het beginsel *eenheid* aan beide zijden speelde op tactisch en strategisch niveau.

Nederlanders voelen instinctmatig sympathie met de Amerikaanse kant van de Vietnam Oorlog, ook al stond Amerika in die oorlog volgens de dominante cultuur-marxistische doctrine — en, ook een stilstaande klok geeft immers één keer per dag de juiste tijd weer, misschien ook wel echt — aan de 'foute kant' van de geschiedenis. Het was immers Amerika dat in de Tweede Wereld Oorlog meehielp Nederland te bevrijden van de Nazi-Duitse bezetting — en toen dus per definitie aan de 'goede kant' stond. Daarnaast wordt in de paar boeken en films waaruit Nederlanders de Vietnam Oorlog kennen vooral de Amerikaanse kant van het verhaal belicht. Nederlanders zullen daarom met een zekere sympathie kijken naar de G.I.'s die aan de andere kant van de wereld stierven en bloedden volgens het zelfverloochenende devies *my country, right or wrong*. Een interessante film van een latere en minder zelfkastijdende generatie dan die van Francis Coppola's *Apocalypse Now* (1979), Oliver Stone's *Platoon* (1986) en Stanley Kubrick's *Full Metal Jacket* (1987) is Randall Wallace's *We Were Soldiers* (2002): Wallace's keuze van controversiële acteur Mel Gibson voor de hoofdrol typeert de historische oriëntatie van zijn film. *We Were Soldiers* gaat over de Slag aan de Ia Drang, net binnen de Vietnamese grens met Cambodja — het eerste grote directe treffen tussen de Amerika en Noord-Vietnam (november 1965). Een Amerikaanse eenheid luchtlandingstroepen, waaronder delen van het befaamde 7de Cavalerie Regiment (bekend van Custer's *last stand* aan de Little Bighorn in juni 1876), wordt daar geplaatst als voorpost in de jungle — deze 'grenswacht' staat daar als verst vooruitgeschoven eenheid letterlijk aan de uiterste grens van het Amerikaanse machtsbereik. De Amerikaanse soldaten zijn echter zonder het te weten in een val gelopen: hun landingszone ligt vlak naast de thuisbasis van een veelvoudig sterkere Noord-Vietnamese vijand — duizenden slim gecamoufleerde en diep ingegraven Vietnamezen houden zich verborgen in dicht struikgewas en diepe tunnels. In de ongelijke strijd die zich direct na de Amerikaanse landing ontwikkelt zijn de Amerikanen aanvankelijk met grote moeite in staat zich te handhaven, totdat ze om tien voor acht 's morgens op 15 november 1965 onder de voet worden gelopen door een massaal Vietnamees offensief met woedende 'menselijke golf' aanvallen en wilde hand tot hand gevechten — overgave is geen optie want de Vietnamezen doden zelfs weerloze gewonden. Het is op dat moment dat de Amerikaanse commandant het laatste redmiddel inzet: hij schreeuwt het codewoord *Broken Arrow*, 'Gebroken Pijl', in de radio en roept daarmee een luchtbombardement af op de eigen positie — bommen op de eigen stellingen, in zekere zin het Amerikaanse equivalent van de Japanse Kamikaze. Als honderden Amerikaanse bommenwerpers vervolgens ingrijpen, komt het tot een voorspelbaar bloedbad: de Vietnamese aanvallers worden letterlijk weggevaagd, samen met een deel van de Amerikaanse verdedigers — het is het beginpunt van Amerika's latere *body count* strategie. De luchtsteun redt zo echter wel op het laatste moment de bijna overrompelde Amerikaanse buitenpost — de overlevenden vernietigen hun gedecimeerde vijand en worden enkele dagen later veilig geëvacueerd.

De les van *We Were Soldiers* voor Nieuw Rechts is duidelijk: de strijd van de Amerikaanse voorhoede aan de Ia Drang illustreert de essentiële taak van de 'grenswacht'. De grenswacht staat per definitie bloot aan groot gevaar en hij moet moedig op zijn post te blijven wanneer hij wordt aangevallen. Hij moet tijd winnen: alarm slaan en standhouden totdat de achterhoede hem te hulp schiet — in geval van de Amerikaanse voorhoede aan de Ia Drang was dat de Amerikaanse luchtmacht. Het was de behendige coördinatie van voorhoede en achterhoede die de Amerikanen daar een tactische overwinning van groot formaat opleverde — het was de operationele *eenheid* van de verschillende strijdkrachtonderdelen die de Amerikanen voor de wisse ondergaan behoedde. De les van de geschiedenis — militaire geschiedenis, politieke geschiedenis, sociale geschiedenis — is duidelijk: *eendracht maakt macht*. Wat is dan de les die hieruit valt te leren voor Nieuw Rechts? Het is deze: dat haar historische taak als 'grenswacht' en voorhoede in de strijd van de Westerse volkeren met hun vijandelijke elite grote verantwoordelijkheden en grote offers met zich meebrengt. En wat is dan haar achterhoede in deze strijd? Welnu: het zijn de Westerse volkeren zelf — het 'gewone volk' van het Westen. In Nederland is deze achterhoede het 'gewone' Nederlandse volk. Wanneer dit volk — het volk dat met twee miljoen het Spaanse wereldrijk neerbracht, de Engelse zeemacht vernederde, de Franse Zonnekoning trotseerde, de wereldzeeën beheerste en een wereldrijk schiep — eenmaal met twaalf miljoen opstaat dan is geen opgave te groot. Dan is het snel gedaan met terreuraanslagen, jihadisme, illegaliteit, drugsmaffia's, loverboys, asielfraude, uitkeringsfraude en straatcriminaliteit. Nieuw Rechts moet als voorhoede en 'grenswacht' zijn voorhoede taak vervullen — het Nederlandse volk zal uiteindelijk de strijd moeten beslechten.

Ook de Vietnamese kant van het verhaal van de Vietnam Oorlog heeft iets te leren: namelijk dat een volk dat als één man opstaat tegen onderdrukking en bezetting onverslaanbaar is. Het basale instinct tot zelfbehoud en zelfverdediging geeft dat volk een *absoluut* recht en een *absoluut* gelijk — het wordt dan onweerstaanbaar. Dit inzicht staat het krachtigst uitgedrukt in de Heilige Schrift: *Zo God voor ons is, wie zal tegen ons zijn?* (Romeinen 8:31). Met deze waarheid voor ogen is het nuttig na te denken over de Vietnamese strategie gedurende de Vietnam Oorlog: de strategie van de volksmobilisatie. Het is een strategie die niet slechts een militair maar ook en vooral een politieke component heeft — het is dat politieke component dat leidend behoort te zijn in de strijd van Nieuw Rechts met de vijandelijke elite.

Vo Nguyen Giap, Vietnam's grootste strateeg, schreef er dit over: *De vijand zal langzaam gedwongen zijn over te gaan van offensief naar defensief. Zijn aanvankelijk overmachtige Blitzkrieg zal langzaam overgaan tot een uitputtingsoorlog. Zo zal de vijand voor een dilemma komen te staan: hij moet een lange oorlog uitvechten maar beschikt daarvoor niet over het benodigde psychologisch incasseringsvermogen en politieke kracht. Wij dachten dat ook de vijand een strategie zou hebben, want wijzelf hebben een strategie: wij hebben de strategie van de volksoorlog. Maar de vijand heeft slecht tactiek en alleen een uiterst krachtige tactiek kan een strategische overwinning behalen. Als wij zijn tactiek kunnen verslaan, dan behalen wij de strategische overwinning. De vijand kan dan vele slagen winnen, maar niet de oorlog.*

Hoofdstuk 7

Achter de regenboog: postmoderne media-propaganda en cultuur-pathologie

Unsichtbar wird der Wahnsinn, wenn er genügend grosse Ausmasse angenommen hat

— Bertold Brecht

Casus Ajarai

(ofwel: Phyloctetes van boord)

OP 20 JULI 2017 verscheen in het 'Algemeen Dagblad' een opmerkelijke column, geschreven door één van de vele 'diversiteit creaturen' die het ultra-politiek-correcte Nederlandse media firmament sinds jaar en dag sieren. Buiten de doorsnee lichtgewichtcategorie — LGBTQIAPS 'bloggers', BIJ1 'ervaringsexperts', DENK 'zendgemachtigden' — is er echter binnen de *Main Stream Media* na jarenlang moeizaam *affirmative action* beleid ook een zwaargewichtklasse van heuse allochtone *professionals* ontstaan. Eén van de boegbeelden van deze nieuwe klasse tweede/derde generatie 'nieuwe Nederlanders', die zich met veel pijn en moeite uit het ouderlijk gastarbeidermilieu omhoog heeft gewerkt, was toenmalig AD 'hoofddoek columniste' Hanina Ajarai. Voor Ajarai's *Attentat vom*

20. *Juli* werd deze zowel conservatief Islamitische als keurig Leidsgestudeerde Marokkaanse-Nederlandse dame door het grachtengordel establishment op handen gedragen als 'troetel-allochtoon' rolmodel en politiek-correct koormeisje. Maar haar recht-toe-recht-aan column 'Nouri vs. MH17' viel daar wat al te zwaar op de maag. Toen zij schreef dat de MH17 ramp[123] bij haar 'geen snaar' had geraakt, maar de ineenstorting van Abdelhak Nouri[124] wel, was het toch al benauwde huisje van politiek-correct Nederland te klein.[125] Zelf had ze er nog wel zo nadrukkelijk aan toegevoegd 'Ik begrijp er zelf ook niks van. Waarom rouw ik wel om Nouri en niet om MH17?' — het mocht niet baten. De bliksemcarrière van Ajarai strandde op eerlijke eigen gestelde vragen als: 'Is het omdat Nouri moslim is? Een Marokkaanse Nederlander net als ik? Omdat het mijn broertje had kunnen zijn? En Nouri's moeder mijn moeder had kunnen zijn?'. Deze paar zinnetjes schonden de — moeilijk inschatbare want bij horten en stoten gestaag krimpende — grens van de politiek-correctheid: Ajarai had het totaaltaboe op authentieke etniciteit en authentieke identiteit gebroken. Hetzelfde 'witte establishment' dat haar had binnengehaald in het schone maar tere babyboom bubbelleven van vorstelijk betaalde columns, riante onkostenvergoedingen en dure dinertjes, braakte haar even snel weer uit. Natuurlijk niet voor altijd — na een paar jaar 'strafbankje' is ze via de achterdeur inmiddels al weer binnengehaald in het publicitaire circuit — maar haar 'strafblad' zal haar blijven achtervolgen.

Vanuit Nieuw Rechts perspectief verdient Hanina Ajarai echter een compliment: een compliment voor haar open solidariteit met

---

[123] Het neerschieten van een Boeing 777 toestel van *Malaysia Airlines* met vluchtnummer MH17 in de oostelijke Oekraïne op 17 juli 2014 — onder de 298 slachtoffers waren 193 Nederlandse staatsburgers.

[124] Ajax' profvoetballer Abdelhak Nouri (g. 1997, 'dubbelpaspoortig' Marokkaans-Nederlands staatsburger) kreeg op 8 juli 2017 een hartstilstand tijdens een oefenwedstrijd in Oostenrijk — hij liep blijvend hersenletsel op.

[125] https://www.ad.nl/nieuws/nouri-vs-mh17~a488c0f9/

haar eigen etnische en godsdienstige gemeenschap — en voor haar moed in het openlijk aankaarten van de vragen die de 'multiculturele' levensrealiteit van postmodern Nederland oproept. Zij constateerde simpelweg een aantal identiteitsvragen — en dus *levensvragen* — waar ook zij nog geen eindantwoord op had gevonden: 'Ik werd... gewoon getroffen door het verschil in hoe deze twee gebeurtenissen binnenkomen bij mij en ben oprecht benieuwd naar de oorzaken. Ongetwijfeld zijn er psychologen en sociologen die dit prima kunnen uitleggen.' Maar deze levensvragen werden haar niet gegund — het antwoord dat het establishment haar gaf was voorspelbaar: ontslag, inkomensverlies en de publieke schandpaal. Nieuw Rechts erkent echter *wel* haar recht op haar oprechte vragen — en op haar eigen authentieke identiteit. Nederlands Nieuw Rechts erkent het recht op gevoelde, beleefde en doordachte etniciteit — *ook* voor de vele minderheden die de Nederlandse elite heeft binnengehaald in een halve eeuw massa-immigratie. Nieuw Rechts moedigt hen aan vooral zich los te weken uit het mislukte experiment van de 'multiculturele diversiteit' — en vooral *zichzelf* te blijven. Nieuw Rechts staat voor een einde aan — en gedeeltelijk omkering van — massa-immigratie en multiculturaliteit, maar met behoud van een bescheiden plaatsje voor (een beperkt aantal) vreemdelingen die zich als *gasten* weten te gedragen. Zolang het — na grondige inventarisatie en redelijke correctie — overblijvende vreemdelingenbestand zich naar de regels en *Leitkultur* (Tibi, *Europa*) van het Nederlandse gastland schikt, zich niet bemoeit met de huishoudelijke orde van het Nederlandse gastvolk en zich zonder aanspraak op Nederlandse voorzieningen economisch weet te handhaven wordt een nieuw — niet *kruisend* maar *parallel* samenleven mogelijk. Dan hebben de vreemdelingen die overblijven — na deportatie van terroristen, criminelen, fraudeurs en illegalen, na gesubsidieerde remigratie van niet-zelfvoorzienende en niet-inpasbare mensen en na assimilatie van speciale en verdienstelijke gevallen — recht op een *eigen* plaatsje met hun *eigen* leventje (verg. Hoofdstuk 4, paragraaf 'Dura lex sed lex'). De *post*-post-moderne visie die Nieuw Rechts heeft op het oud-Nederlandse beginsel 'soevereiniteit in eigen kring' betekent voor hen: binnen de hoofdlijnen van de Nederlandse rechtsorde *zelf* kiezen voor *eigen* regels en *eigen* voorzieningen, op basis van autonome bestuursorganen, autonome sociale instanties en autonome herverdelingsmechanismen. In hun — vrijwillig gekozen en vrijwillig opgebouwde — eigen gemeenschappen, eigen wijken en eigen media zouden zulke minderheden zich — als nette gasten die zichzelf bewust zijn van hun unieke eigenwaarde — kunnen verheugen in het *respect* van het gastgevende Nederlandse volk. En zo is het dat Nieuw Rechts Hanina Ajarai een klein voorschotje op dit respect gunt: zij verdient lof voor haar oprechte zelfonderzoek — en voor haar solidariteit met haar eigen groep. Van deze solidariteit kan de 'autochtone' elite van oikofoob-globalistische (ex-)Nederlanders nog heel wat leren.

Casus Hegedüs

(ofwel: het nieuwe deugen)
Die Wahrheit siegt, aber sie kann nur siegen wenn sie gesagt wird

— Johann Hus

In de zomer van 2018 gaf Géza Hegedüs, door Geert Wilders in december 2017 aangewezen als PVV lijsttrekker voor Rotterdam in de aanstaande gemeenteraadsverkiezingen maar al naar één dag in opspraak geraakt en verwijderd van de kandidatenlijst, een interview aan 'De Volkskrant' waarin hij de achtergrond van zijn kortstondig lijsttrekkerschap toelichtte.[126] De publicatie van het interview, op 27 juli 2018, werd gevolgd door aanzienlijke commotie in de politiek-correcte mainstream en in de social media. Vanuit het regressief-linkse academisch establishment werd 'De Volkskrant' verweten zich niet te hebben gehouden aan de ongeschreven wet dat men 'extreem

---

126 www.volkskrant.nl/nieuws-achtergrond/ex-lijsttrekker-pvv-rotterdam-ik-vind-dat-etnische-nederlanders-de-meerderheid-moeten-vormen-in-dit-land

rechts' moet doodzwijgen en dat men ongemakkelijke 'extreem rechts' voedende waarheden — islamistisch terrorisme, interetnische welvaartsoverdracht, etnische vervanging — met de oikofobe mantel der xenofiele liefde moet bedekken. Kortom: 'De Volkskrant' had de *omertà* van het politiek-correcte establishment doorbroken en 'het morele fundament van onze samenleving' ondergraven door af te wijken van de standaardlijn van de in het partijkartel en de systeemmedia tegen het volk verenigde vijandige elite. In een twistdebat dat nog het meest lijkt op een meningsverschil tussen inquisitie priesters en hun beulen over de respectieve voors en tegens van een geheime versus een publieke terechtstelling, sloeg 'De Volkskrant' vervolgens terug met verwijten naar de censuur predikende 'deugpronkers', 'beroepsmoralisten' en 'volkshoeders' van het hogere establishment.[127] In deze stammenstrijd binnen de vijandelijke elite lijkt de 'constructieve journalistiek' lijn van 'De Volkskrant' het vooralsnog te hebben gewonnen van de 'totale zelfcensuur' lijn van de academische elite. Als onderdelen van één en dezelfde vijandelijke elite blijven beide partijen echter consequent gericht op één en hetzelfde doel: het aansturen en verbuigen van het publieke debat in overeenstemming met het corrupte eigenbelang van neoliberale kleptocraten en het 'deconstructie' waandenkbeeld van nihilistische *social justice warriors*.

Een inhoudelijk onderzoek naar 'extreem rechts', een term nu effectief gedefinieerd als alle ideeën en meningen die niet exclusief gericht zijn op neoliberale zelfverrijking en cultuurmarxistische zelfopheffing, is daarbij voor systeemjournalisten van volstrekt ondergeschikt belang. De echte oorsprong van het gedachtegoed en de echte aard van de maatschappijvisie van 'politieke dissidenten' als Géza Hegedüs blijven buiten beschouwing: in zijn interview wordt daarom ook nauwelijks doorgegraven naar onderliggende levenservaring en intellectuele *Werdegang*. Voor systeemjournalisten is men simpelweg 'extreem rechts' — en dus gevaarlijk, eigenlijk een nazi — zodra men de

---

127 www.volkskrant.nl/columns-opinie/foute-types-kun-je-rustig-interviewen

psychosociale taboes van etniciteit en immigratie benoemt, laat staan politiek agendeert. Hoe extremer het sociale onrecht, de criminele perversiteit en de politieke absurditeit van de 'multiculturele samenleving' zich nu aandient, hoe sneller het brandmerk 'extreem rechts' uit de kast wordt getrokken. In de cognitief-dissonante Amsterdamse elite bubbel, het 'kosmopolitische' en 'gediversifieerde' *ground zero* van de Nederlandse Postmoderniteit, wordt men nu eigenlijk al als 'extreem rechts' beschouwd wanneer men simpelweg een blanke man is. Het is uit die put van demofobie en oikofobie dat 'het nieuwe deugen' is ontsprongen — 'De Volkskrant' vist in dit troebele water en put er rijkelijk uit.

'Het 'nieuwe deugen' doet zijn definitieve intrede na de Trans-Atlantische volksopstand van Brexit, Trump en LEGA: een inhoudelijk debat en een rationele omgang met essentiële maatschappelijke vraagstukken als etniciteit, massa-immigratie en feminisatie zijn niet langer mogelijk: de belegerde *social justice warriors* hebben de poorten van hun belegerde schuilburchten definitief vergrendeld. De 'gekochte journalisten' van de systeempers vallen terug op massapsychologische propaganda technieken om de status quo in het publieke debat nog zolang mogelijk te rekken. In het Hegedüs interview blinkt 'De Volkskrant' uit door een glanzende toepassing van 'het nieuwe deugen': hier boort de cultuur-marxistische leugenpers met succes in diepere lagen van pseudopopulisme en subrationeel ressentiment. Zo wordt Hegedüs gebruikt voor een omgekeerde projectie van de maatschappelijk wijdverbreide maar publicitair onbenoembare angst voor *Ueberfremdung* en *Umvolkung*: zijn Hongaarse afstamming wordt hem tegengeworpen als hij de etnische vervanging van de inheemse Nederlandse bevolking agendeert. Dezelfde cultuur-marxistische 'Omvolkskrant' die jarenlang een politieke agenda van ongelimiteerde *niet-Westerse* massa-immigratie door *namaak* vluchtelingen heeft gefaciliteerd, werpt zich nu op als voorvechter van 'het nieuwe deugen' door Hegedüs subtiel te diskwalificeren als 'niet Nederlands genoeg'. De perversiteit van deze cognitief-dissonante projectie is des te kwalijker als men bedenkt dat Hegedüs' ouders niet alleen *Westerse* — Europese, Christelijke — 'immigranten', maar ook nog eens *echte* vluchtelingen waren: zij ontvluchtten Hongarije ten tijde van de bloedige Communistische onderdrukking van de Hongaarse Opstand van 1956. Deze feiten blijven vanzelfsprekend onbenoemd in de onsmakelijke atmosfeer van aantijgingen en hetze, karakteristiek voor het cultuur-marxistische nihilisme waarin 'De Volkskrant' blijft hangen ter wille van haar snel opdrogende maar kapitaalkrachtige *soixante-huitard* lezerspubliek: de in toenemende mate ideologisch-dementerende en politiek-psychopathische babyboomer elite.

Het is dezelfde elite die sinds de jaren Thatcher-Reagan-Lubbers middels lucratieve neoliberale 'bezuinigingen', 'privatiseringen' en 'marktwerking' haar kapitaal heeft verworven over de ruggen van het gewone hardwerkende Nederlandse volk. En wanneer dan eindelijk, na decennia lange neoliberale kaalslag, anno 2018 inheemse arbeiders en kleine ondernemers massaal werkloos en failliet zijn gemaakt, dan komt 'De Volkskrant' — ironisch genoeg ooit de krant van katholiek-geïnspireerde maatschappelijke eendracht en arbeidsethiek — met een geniepig pseudocalvinistisch schampschot: het impliciet verwijt aan Hegedüs dat hij, net als hele volksstammen afgedankte arbeiders en kapot-geconcurreerde zelfstandigen, na lange jaren van zwemmen tegen de stroom in, in de bijstand is beland. Dezelfde bijstand waarvoor generaties hardwerkende Nederlanders belasting hebben betaald — en die nu door de heersende vijandelijk elite wordt misbruikt als *Social Return* instrument ter bewerkstelliging van een nieuwe 'onbetaalde arbeid' slavernij — was ooit bedoeld als uiterste vangnet voor een volk dat nooit uit zichzelf ophoudt met werken en dat juist daarom voor zijn eigen mensen solidariteit betracht wanneer het noodlot toeslaat. Het is dit vangnet dat nu door de 'omvolking' ideologen van de vijandelijke elite wordt misbruikt voor het subsidiëren van een loondrukkende, prijsopdrijvende en electoraal bruikbare massa werkschuwe ex-gastarbeiders, radicale ex-jihadisten en gewetenloze ex-asielfraudeurs. Hegedüs, sinds zijn kortstondig PVV lijsttrekkerschap continue geconfronteerd met een *Berufsverbot* van nog ingrijpender inwerking dan bij reguliere PVV'ers en daarenboven ook aan juridische vervolging voor zijn politieke activiteit,[128] behoort pertinent *niet* tot die groepen: de even infantiele als goedkope manier waarop 'De Volkskrant' hem in die hoek probeert weg te zetten diskwalificeert 'het nieuwe deugen' al bij voorbaat.

De nationale beweging verwerpt niet alleen 'het nieuwe deugen' van de nihilistische systeempers, maar zij bevestigt ook haar volledige steun aan Hegedüs als dappervoorvechter voor het eerstgeborene recht van het inheemse Nederlandse volk. Gezien het feit dat de problematiek van etnische vervanging — oikofobe sui-genocide en xenofiele massa-immigratie — heel de Westerse beschaving bedreigt, is het van groot belang dat alle Westerse volkeren zich gezamenlijk beraden op gezamenlijke antwoorden op deze levensgevaarlijke dreiging. De oude Poolse en Russische revolutionaire leuze 'voor onze en jullie vrijheid' raakt aan de kern van de gezamenlijke — confederatieve — strategie van Nieuw Rechts. Daarbij geldt dat iedereen die uit niet-Nederlandse maar wel *Westerse* — Europese, Christelijke — immigranten in Nederland is geboren, het Nederlands vloeiend spreekt en zijn leven lang in Nederland heeft gewoond als volledig *geassimileerd* kan worden beschouwd. Ook als zo iemand, zoals het geval is bij Géza Hegedüs, een andere — maar dus wel *Westerse* — achtergrond heeft, dan is hij volledig gerechtigd mee te praten over een zaak die hem essentieel ter harte moet gaan: het overleven van het Nederlandse volk waarvan hij nu deel uitmaakt. In het huidige klimaat van het semitotalitaire 'nieuwe deugen', in koor gepredikt door een machtige vijandelijke elite van kartelpolitici en systeemjournalisten, vallen zelfs de basaalste noties van politiek-correcte 'multiculturele inclusiviteit' echter direct weg wanneer zo iemand de moed heeft om met open vizier te strijden voor het behoud van het Nederlandse volk.

---

128 Voor een korte achtergrond van het showproces tegen Hegedüs, verg. 'Faust' kanaal podcast *Politieke vervolging in Nederland*.

(*) *Voor het verloop van het Nederlands Nieuw Rechtse testproject Identiteit Nederland (IDNL), verg. Hoofdstuk 13 Paragraaf 6.*

Casus 'La vie en rose'

(*Art House*-stijl cultuur-pathologie)
*Voilà le portrait sans retouche
De l'homme auquel j'appartiens*

— Edith Piaf

Enige jaren geleden ontstond er binnen de Europese 'culturele elite' enige — nogal onoprecht en kunstmatig aandoende — 'ophef' rond de nieuwste film van de verder totaal politiek-correcte Tunesisch-Franse regisseur Abdellatif Kechiche. Kechiche werd binnen het Franse media-establishment al geroemd om zijn subtiele (artistiek meesterlijke) maar effectieve (emotioneel pakkende) cinematografische propaganda voor massa-immigratie, maar in 2013 besloot hij zich te wagen aan een cinematografische bijdrage aan de sociaal-culturele 'deconstructie' van inheems Frankrijk zelf. In *La vie d'Adèle — Chapitres 1 en 2* ('Het leven van Adèle — Hoofdstukken 1 en 2') doet Kechiche een ruime duit in het zakje van het Cultuur-Nihilistische propaganda offensief dat gericht is op het propageren van alt-seksualiteit onder jongeren. *La vie d'Adèle* speelt zich opvallenderwijs *niet* af binnen Kechiche's reguliere cinematografische interessegebied, namelijk zijn eigen Noord-Afrikaanse immigranten milieu, maar binnen de inheems-Franse maatschappij. Zijn film geeft weliswaar een politiek-correcte achtergrond van het 'omvolkende' middelbare schoolleven en het 'verkleurende' stadsleven, maar houdt zijn focus toch volledig op twee *blanke* meisjes, levend in een saaie noord-Franse provinciestad, ingebed in politiek-correcte (lees: autoriteitsloze, stuurloze) families en opgaand in een oppervlakkig-hedonistische levensstijl die zich volledig schikt naar het *soixante-huitard* existentieel ideaalbeeld.

Zo wordt Sartre expliciet genoemd als het ultieme 'levensbeschouwelijke' referentiepunt en wordt CGT[129] demonstratiedeelname als automatisch reflex opgevoerd. *La vie d'Adèle* neemt de 'alt-seksuele' *Werdegang* van het gelijknamige autochtoon-Franse hoofdpersonage onder de loep: een autochtoon tienermeisje dat worstelt met de emotionele en fysieke spanningen van problematische 'seksuele oriëntatie'.

Blijkbaar past het feitelijke onderwerp van de film, namelijk 'alt-seksuele' zelf-deconstructie, naar inzien van de regisseur beter bij de autochtoon-Franse bevolking dan bij zijn eigen allochtoon-Noord-Afrikaanse immigranten-gemeenschap. Was Kechiche alleen maar bang voor een negatieve ('islamistische') respons onder 'zijn eigen' mensen — en was dat de reden dat hij twee Frans-Franse in plaats van twee Tunesisch-Franse meisjes zijn *risqué* hoofdrollen liet spelen? Of speelden meer sinistere motieven een rol? Was hij van mening dat meisjes uit zijn eigen oorsprongsgemeenschap 'te goed' waren voor het door hem bedachte 'rollenspel' — voor de overdosis lesbische experimenten waartoe misschien alleen autochtone meisjes — als wegwerp ongelovigen — zich publiekelijk mogen bekennen? Als dat laatste klopt, dan markeert Kechiche's *La vie d'Adèle* vermoedelijk de definitieve 'omgekeerde culturele kolonisatie' van Frankrijk: het punt waarop allochtone cultuurautoriteiten het laatste woord hebben en zich ongestraft mogen verlustigen aan de degradatie van het autochtone vrouwvolk.

Hoe dan ook, de kunstmatig opgeklopte 'controverse' rond de film, die zich losjes baseert op Julie Maroh's — zo ongeveer letterlijke — *strip*-verhaal *Le blue est une couleur chaude* ('Blauw is een warme kleur') uit 2010 en die werd bekroond met de prestigieuze *Palme d'Or* (Cannes Film Festival) en *Louis Delluc* (beste Franse film) prijzen, spitst zich — hoogst voorspelbaar — toe op expliciet seksuele lading. Een lading die overigens *onder* dat van het 'porno' genre ligt:

---

129 Een verwijzing naar de *Confédération Générale du Travail*, de grootste Franse vakbond, bekend om militante politiek en radicale oriëntatie op anarcho-communisme.

La vie d'Adèle is gericht op simpel en ordinair voyeurisme. Kechiche vindt het blijkbaar nodig zijn publiek mee te laten gluren in zijn onderzoek naar de slaapkamergeheimen van Franse meisjes: er is geen Freud voor nodig om Kechiche's *peep show* te analyseren in termen van inter-etnische drift-complexen en *babyboomer* lust-projecties. Vanuit die optiek lijkt een Nieuw Rechtse film recensie gewijd aan *La vie d'Adèle* misschien op het intrappen van een open deur — maar toch is er nog wel wat meer te zetten. In twee opzichten legt Kechiche's post-moderne 'meesterwerk' namelijk de vinger op Nieuw Rechtse 'tere plekken'.

Ten eerste geeft *La vie d'Adèle* — althans aan de gemiddelde mannelijke kijkers, die vrouwelijke gelijkgeslachtelijke 'activiteit' langer zal kunnen aanzien dan haar 'inter-mannelijke' tegenhanger — gelegenheid tot kennisname van de 'alt-seksuele' leefrealiteit die na een halve eeuw Cultuur-Nihilisme een niet gering deel van de inheemse Europeanen overheerst. Het 'probleem' van de omgang met allang gelegaliseerde en alom gepropagandeerde 'alt-seksualiteit' — een nieuwe 'standaard' die blijft indruisen tegen de sociaal-conservatieve en anti-libertaire instincten van de meeste Nieuw Rechts aanhangers — is een belangrijke 'splijtzwam' binnen Nieuw Rechts. Vele Nieuw Rechts publicisten en activisten hebben moeite met de combinatie van 'alt-seksualiteit' en 'nationalisme' die zij terugzien in sommige van hun (potentiële) medestanders. Hoewel zowel geschiedenis als actualiteit van patriottisme en nationalisme het tegendeel bewijzen (Professor Pim als voorman van de 'Fortuyn Revolte', Renaud Camus als voorman van het *Conseil National de la Résistance Européenne*, Greg Johnson als voorman van *Counter-Currents*), zijn velen binnen Nieuw Rechts van mening dat deze combinatie onmogelijk, ongepast en ongewenst zou zijn. Een anti-'alt-seksuele' politieke agenda is echter slechts in zoverre gerechtvaardigd dat zij de doorgeschoten sociale deconstructie-mechanismen ('homo-huwelijk', 'homo-ouderschap', 'homo-schoolvoorlichting') en militant anti-traditionele ideologieën ('seksuele revolutie', 'vierde generatie feminisme', 'trans-genderisme') bestrijdt (verg. Vierling, 'Vilification'). Op het moment dat die agenda doorschiet naar zinloze inter-persoonlijke onverdraagzaamheid en ongepaste inmenging in privé aangelegenheden worden twee belangrijke grenzen overschreden: (a) de Westerse beschavingsgrens van individueel zelfbeschikkingsrecht en (b) de grens van wat in termen van *Realpolitik* haalbaar is. 'Werken met wat voorhanden is' is niet alleen een verstandig uitgangspunt *binnen* Nieuw Rechts (kiezen van geschikte leiding, inzetten van efficiënt personeel) maar ook naar *buiten*: het winnen van een bevolking die een halve eeuw lang geïndoctrineerd en vervormd is door het Cultuur-Nihilisme vergt een grote dosis geduld, verdraagzaamheid en voorzichtigheid.

Belangrijker is echter de tweede aantekening de tweede Nieuw Rechtse 'tere plek' die met *La vie d'Adèle* wordt geraakt: de moeizame verhouding van Nieuw Rechts tot de post-moderne 'hoge cultuur', en dan met name tot de vele 'grensoverschrijdende' kunst- en cultuuruitingen van hedendaagse artiesten. *La vie d'Adèle* valt overduidelijk in deze categorie: Kechiche's film behoort technisch gesproken tot de 'hoge cultuur', maar is 'grensoverschrijdend' in zowel esthetische als ethische zin. Niemand zal ontkennen dat het om een cinematografisch meesterwerk gaat dat naadloos aansluit op het technische perfectionisme en de magisch-realistische symboolkunde van de Franse filmtraditie. Het mag daarbij overigens gezegd zijn dat Kechiche's *La vie d'Adèle* een aantal opmerkelijke maar onderbelichte — zowel technische als inhoudelijke — *inverse* overeenkomsten vertoont met Kieślowski's *La double vie de Véronique*. Kechiche legt ook directe en expliciete claims op de 'hoge cultuur' van het oude Europa in zijn verwijzingen naar Pierre de Chamblain de Marivaux (*La vie de*) en naar Pablo Picasso (*Período Azul*). Kechiche's 'hoge cultuur' is echter in hoge mate *on*- en zelfs *anti*-Europees — zij is globalistisch, postmodern en *post*-Europees. Uit hun verband gerukte en onbegrepen elementen van de oud-Europese 'hoge cultuur' worden door de regisseur ingezet zonder écht invoelen en zonder écht inzicht in hun oorspronkelijke esthetische en ethische betekenis: ze worden *ge*-bruikt en *mis*-bruikt. Ondanks Kechiche's onmiskenbare technische vernuft — met name zichtbaar in zijn vermogen tot artistieke synthese (zoals de inzet van New Age transcendentale meditatie techniek en digitale visio-esthemen) — vertegenwoordigen deze elementen in *La vie d'Adèle* even zo vele doorzichtige pogingen tot globalistische *culturele toe-eigening* van Europees erfgoed. Dat Kechiche's (emotioneel beladen, psychedelisch meeslepende) cadens hoogst effectief is blijkt wel uit het feit dat de door hem ingezette soundtrack remix van Lykke Li's hitparade lied *I Follow Rivers* (oorspronkelijke versie 2011) zich in een grotere populariteit mag verheugen dan het origineel.[130]

Maar waarin Kechiche totaal faalt is juist in zijn poging tot culturele toe-eigening: als *La vie d'Adèle* iets bewijst, dan is het dat de gapende afgrond die het postmoderne globalisme scheidt van authentieke Europese culture onoverbrugbaar is. Alles dat geen keuze tussen beide maakt valt in een diepe afgrond — net zoals het leven van het hoofdpersonage 'Adèle' in een diepe put valt. Kechiche herleidt in zijn film de naam van de hoofdpersonage tot het Arabische woord *'ādil*, 'rechtvaardigheid'; wat hij niet vermeldt is de échte etymologie van de naam, namelijk — Germaans en Nederlands — *adel*. Voor Kechiche heeft Nieuw Rechts een boodschap: er is niet veel 'adellijks' aan zijn Arabisch voyeurisme naar Europese tienermeisjes — en er is niet veel 'rechtvaardigheid' in zijn globalistische misbruik van de Europese identiteitscrisis.

Het is nu al bijna een eeuw geleden dat Radclyffe Hall *The Well of Loneliness* beschreef waarin Kechiche's hoofdpersonage 'Adèle' terecht komt: Hall ver-kende, er-kende en be-kende de zware existentiële last van de alt-seksualiteit — een last die strikt *persoonlijk* is en die door geen enkel 'homo-recht' en geen enkele 'lesbo-film' kan worden verlicht. Hall's eerlijke relaas staat lijnrecht tegenover Kechiche's *vie en rose* drogbeeld. Kechiche had zijn film kunnen laten eindigen op dat éne moment waarop hij iets weet vast te leggen dat ver boven alle

---

[130] De *Youtube* teller van de film-versie stond in juni 2019 op 137 miljoen, tegenover 64 miljoen 'views' voor de originele versie.

politiek-correcte cultuur-deconstructie uitstijgt: dat éne moment in het park waarop 'Adèle' naast haar 'blauwe engel' in het gras ligt en heel even tussen hemel en aarde hangt — *voordat* er 'iets meers' gebeurt. 'Engel Emma' vangt heel even de dwalende ziel van 'Adèle' in haar hemelsblauwe ogen en zegt dan iets dat het hele 'alt-seksualiteit probleem' — en meer dan dat — onmiddellijk tot de échte menselijke maat reduceert: 'misschien is dit moment wel té perfect'. Waarin Kechiche de Europese cultuur misschien wel het meest miskent, is in zijn onbegrip voor de Europese kijker — die niet meer *hoeft* te zien:

> *Ei già il resto capirà*
>
> — Mozart, 'Le nozze di Figaro'

Casus 'Finding Forrester'

(Hollywood-stijl cultuur-pathologie)

Als het beginpunt van het dominante anti-Westerse en anti-blanke discours in de *main stream media*, de commerciële marketing en het 'hoog culturele' domein gelijk wordt gesteld aan het beginpunt van Obama's presidentschap (2008-9), dan is inmiddels een halve generatie inheemse Europeanen opgegroeid onder het teken van een kunstmatig collectief minderwaardigheidscomplex. Hun educatief, cultureel en sociaal standaard curriculum omvat nu een vol *rites de passage* spectrum dat is gericht op het aanleren van geïnternaliseerde oikofobie en hyperrelativistisch kosmopolitanisme. Met deze 'leerdoelen' wordt een nieuwe existentiële modaliteit beoogd: een zowel post-moderne als post-Westerse standaard. Tussen deze *rites de passage* zijn 'blank privilege' zelfkritieken, 'diversiteit' rituelen en 'interraciale' experimenten het meest direct gericht op het verwijderen van de laatste restanten Westerse identiteit die nog over zijn gebleven na de vijftig jarige zondvloed van *soixante-huitard* Cultuur Nihilisme.

Dit eindoffensief op de inheems Europese sociale structuur, cultureel erfgoed en etnische cohesie resulteert in een mate van cognitief-dissonante conditionering die nu de kenmerken van schizofrene pathologie begint te vertonen. De effecten ervan hebben inmiddels een volledig nieuw, Amerikaanse modegrillen volgend sociologisch vocabulaire opgeleverd voor een volledig nieuwe categorie *borderline* fenomenen: *millennial snowflake, micro-aggression, hate speech, trigger warning* en *safe space*. In combinatie met een geïnstitutionaliseerd collectief historisch geheugenverlies en een individueel digitaal-verkorte aandachtspanne ontneemt deze cognitief-dissonante conditionering aan jonge mensen van het Westen de toegang tot elk alternatief *pre*-postmodern discours. De uitdrukking 'jonge mensen van het Westen' vervangt hier nadrukkelijk de uitdrukking 'jonge Westerse mensen', want voor hen is 'Westers-zijn' niet langer een natuurlijke identiteitscategorie op collectief niveau: zij bevinden zich alleen nog fysiek op de geografische locatie van de vroegere Westerse beschaving. Feitelijk zijn zij reeds in hoge mate *vervreemd* van het erfgoed van die beschaving — niet alleen in cultuur-historische zin (waarbij 'Westers' als pre-postmodern *anachronisme* geldt), maar ook in psycho-historische zin (waarbij 'Westers' als pre-digitale *onvolwassenheid* geldt).

Deze *gevoelde* en *geleefde* vervreemding bestaat niet alleen ten opzichte van de grote 'klassiek-moderne' ideeën- en cultuurwereld van de late 19e en vroege 20e eeuw, maar zelfs ten opzichte van haar 'laat-moderne' opvolger van de late 20e eeuw. De afstand die nu bestaat ten opzichte van de *Sitz im Leben* waaruit de gedachten en kunsten van beide tijdvakken ooit ontstonden is nu zo groot dat slechts een handjevol grote geesten en geïnspireerde artiesten hem nog kan overbruggen. Het 'laat-moderne' publiek van de jaren '80 was nog — tenminste marginaal — in staat zijn het laat-Christelijke en proto-nihilistische discours van 'klassieke-moderne' kunstenaars als Dostojewski en Wagner te begrijpen, maar een equivalent *innerlijk begrip* is effectief onmogelijk over de existentiële afgrond die zich vervolgens aftekent bij het aanbreken van de postmoderniteit. Bekende mijlpalen in de postmoderne *darkness at noon* zijn 'het einde van de geschiedenis' (Fukuyama, 1992), de opkomst van de *indigo children* (Carroll, 1999) en de 'digitale revolutie' (het analoog-digitale *tipping point* wordt meestal gedateerd in 2002). Een voor de hand liggende manier om de echte diepte van de die existentiële afgrond te meten is onderzoek te doen naar de paar culturele artefacten die werden geproduceerd gedurende de 'overgangsfase': artefacten die zich positioneren in het 'luchtledige' of 'vrije val' moment dat ligt tussen de moderniteit en de post-moderniteit. Eén van die artefacten is de film *Finding Forrester* van de Amerikaanse regisseur van Zant (2000): deze film zal hier kort de revue passeren als 'teken des tijds' — hij belicht het transformatie proces dat ligt tussen de *Westerse* 'late moderniteit' en de *globalistische* 'post-moderniteit'.

Het is duidelijk dat *Finding Forrester* inmiddels een zeer 'gedateerde' film is: hij werd geproduceerd in een nog pas *deels*-digitale tijd en bevat veel *pre*-digitale thematiek. Deze pre-digitale status wordt het duidelijkst benadrukt in de hoofdrol personage: het op Salinger-leest geschoeide 'tovenaar-kluizenaar' karakter van 'William Forrester', briljant geacteerd door 'pre-pensioen alfa-mannetje' Sean Connery. Connery slaagt erin het culturele archetype van de 'Oude Wijze Man' op te schroeven tot de status van de 'Blanke Redder' in zijn verfilming van de 'cultuur kapitaal' overdracht op 'wonderkind' karakter van de zwarte tiener 'Jamal Wallace' dat wordt vertolkt door de uit het niets opkomende acteur Rob Brown. Het niet slechts pre-digitale maar voor-zondvloedse karakter van William Forrester wordt neergezet in een aantal effectieve cinematografische penseelstreken. Zo woont hij als laatste-blanke-man-uitpost in een eigentijds-Oblomoviaans aandoend, vervallen en verstoft, jaren '50 appartement in een 'multiculturele' achterbuurt. Als één-boek literair genie leeft Forrester van zijn auteursrechten — een achterhaalde inkomensbron die in de postmoderne 'literaire wereld' definitief is vervangen door politiek-correcte subsidies: dit stelt hem in staat zijn contacten met de buitenwereld te beperken tot één enkele boodschappenbezorging per week. Met de verfilming van zijn woonomgeving wordt een realistisch beeld gegeven van de ex-blanke binnensteden die in de hele ex-Westerse wereld zijn overhandigd aan 'minderheden' en 'migranten' — het trieste beeld de *Untergang* dat zich al uitstrekt van Hillbrow in Johannesburg tot aan de Bronx in New York en dat nu ook begint op te dringen aan de Nederlandse Randstad. Vanuit zijn raam overziet Forrester met een verrekijker het *urban blight* landschap van kapotte auto's, hangjongeren en straatcriminelen dat rondom hem heen is ontstaan gedurende zijn decennialange retraite. De zeldzame verschijning van een niet-stadsvogeltje in het parkje valt samen met Forrester's eerste echte menselijke contact: na decennialange anonimiteit wordt hij 'ontdekt' door Wallace.

In vele opzichten is het Forrester karakter een 'omgekeerde' projectie van de *White Anglo-Saxon Protestant* (WASP) babyboomer identiteit: de *echte* hippie-tot-yuppie blanke boomers zijn allang vertrokken naar de *American Beauty*-stijl forenzensteden — zij zijn allang overgegaan op *smartphone* 'ego-communicatie' en zij hebben allang 'zichzelf gevonden' in de *Materialschlacht* van narcistisch hedonisme. Alleen Forrester is achtergebleven: fysiek in de binnenstad, technisch met een typemachine en psychisch in anonieme bescheidenheid. Zo verraadt het Forrester karakter veel over de verloren onschuld van de *boomers*: terwijl de echte *boomers* alleen met hun theoretische multiculturalisme ideologie kunnen omgaan via praktische *White Flight*, *leeft* Forrester de multiculturele realiteit. Hij wordt er het meest letterlijk en meest dramatisch mee geconfronteerd wanneer Wallace in zijn woning inbreekt — Wallace wordt door zijn vrienden aangezet tot de inbraak om zichzelf te bewijzen als lid van hun straatbende. Op het moment dat de oude blanke man de jonge zwarte man betrapt in zijn woning heeft Wallace een mes opgepakt, blijkbaar als 'bewijsstuk' voor de inbraak — dat mes zal later als briefopener fungeren. Dan vindt een onwaarschijnlijk aandoende maar symbolisch belangrijke 'rollenspel' omkering plaats: de jonge zwarte dader wordt bedreigd door het oude blanke slachtoffer — en wordt bang. Wallace laat het mes en zijn rugzak vallen — ze blijven in de woning van Forrester achter.

De schoolrugzak van Wallace blijken naast zijn huiswerk ook zijn dagboeken en privé schrijfsels te zitten. Als geniale romanschrijver erkent Forrester onmiddellijk een groot literair talent in Wallace's werk: hij corrigeert en becommentarieert het voordat hij ze terugstop in de rugzak en die uit het raam gooit wanneer Wallace weer eens zijn gewoonlijke basketbal speelt op het sportveldje beneden zijn woning. Wallace wordt geportretteerd als deel van een typisch 'matrifocale' Afro-Amerikaanse family: geen verdwenen disfunctionele vader, een vrome alleenstaande moeder en een thuiswonende oudere broer met een marginaal baantje. Wallace verbergt zijn literaire talent en aspiratie voor zijn gangster milieu vrienden: hij houdt zijn schoolcijfers opzettelijk laag en traint zich goed te zijn in basketbal om 'erbij te kunnen horen'. In dit portret komt de WASP babyboomer *nova religio* van het multiculturele nirwana weer boven drijven: Wallace's gangster-in-spé imago wordt hier voorgesteld als een zelfgekozen masker om zijn zielsdiepte te verbergen: het grote talent, de emotionele diepgang en het artistieke potentieel. Met deze hyper-politiek-correcte overbrugging van het grote Amerikaanse *colour divide* schetst *Finding Forrester* een emotioneel troostende maar rationeel onmogelijke fusie van de 'wijze blanke man' en de 'sterke zwarte man'. Aldus realiseert Wallace het *homo universalis* visioen dat de babyboomers hebben gefaald te bereiken in hun eigen leven — en dat zij hebben gefaald na te streven in hun eigen kinderen door elke poging tot authentieke opvoeding en culturele transmissie. Zij kunnen dit visioen nu projecteren op hun 'adoptie kinderen': de minderheid en immigranten populaties die zij hebben getracht te 'beschaven' in hun 'multiculturaliteit' project. De verborgen 'sleutel' tot begrip van

Finding Forrester is te vinden in de namen van de twee hoofdrolspelers: de combinatie van de voornaam van de ex-Europese 'Forrester' en de achternaam van de ex-Derde Wereld 'Jamal' leest 'William Wallace'. Deze William Wallace (ca. 1270-1305) was natuurlijk de landedelman die de Schotse volksopstand tegen de Engelse bezetting leidde en uiteindelijk Beschermheer van Schotland werd — een historische figuur die oudere bioscoopbezoekers zullen kennen als *Braveheart*. Het moet daarbij worden aangetekend dat Schotland natuurlijk ook het echter vaderland van Sean Connery is — in de film wordt Schotland ook genoemd als het fictieve vaderland van het Forrester karakter: hij keert daar naartoe terug naar zijn uiteindelijke 'verlossing' door Wallace. Deze 'terugkeer naar de wortels' is de zoveelste 'cultuur omkering' die te vinden is in *Finding Forrester* (daterend uit 2000): het is niet langer het *Zwart*-Amerikaanse karakter dat 'terugkeert' naar de geboortegrond — naar Afrika — zoals nog het geval was in *The Color Purple* (daterend uit 1985), maar het *Blank*-Amerikaanse karakter. Het thema van de 'mythische terugkeer' wordt ook symbolisch geaccentueerd in de titel van Forrester's geniale roman: *Avalon Landing*. Avalon is immers het legendarische Eiland der Gelukzaligen uit de oude Britse legendes — de eindbestemming van de semi-mythische Koning Arthur. Met andere woorden: *Finding Forrester* 'deconstrueert' op symbolische wijze de archetypes van de Westerse cultuur middels structurele *zwart-wit inversies* — deze inversies stellen het babyboomer kijkerspubliek in staat zich de cynische realiteit voor te stellen als romantisch visioen. Toch ontkomt ook *Finding Forrester* niet helemaal aan de grimmige realiteit van de babyboomer levenscyclus. Zo wordt duidelijk dat het Forrester karakter, na het eenmalige succes van zijn geniale jeugdroman, tientallen jaren lang niets meer heeft *gecreëerd* en dat hij zonder zonnebril niet in staat is het harde daglicht van de echte wereld te *confronteren*. De reële *Brave New World* die zijn generatie heeft gecreëerd kan hij simpelweg 'niet meer aan'. Ook wordt duidelijk dat het Wallace karakter kampt met een diepe identiteitscrisis in zijn wanhopige poging om zijn eigen Afro-Amerikaanse cultuur in overeenstemming te brengen met de 'blanke normen' die nog overheersen in de nieuwe 'blanke' school en in het nieuwe 'blanke' milieu waarin hij terecht komt na de 'ontdekking' van zijn verborgen intellectuele capaciteiten. Op zijn nieuwe 'blanke' school wordt het geconfronteerd met de voorspelbare 'beproeving' van 'institutionele discriminatie' door een 'racistische' blanke leraar — het doorstaan van deze 'beproeving' wordt op even voorstelbare wijze 'beloond' met de ultieme prijs: een *interracial date* met een 'smachtend' blank meisje. In zijn oude 'zwarte' milieu wordt hij ook geconfronteerd met de uitdaging van het verlies van de eigen familie (*Losing Family* is de titel van één van Wallace's opstellen) en van de onmogelijke combinatie van zwart 'respect' met blanke 'status'.

Het thema van de Blanke Redder vindt zijn volledige uitwerking in de *deus ex machina* verschijning van Forrester als getuige bij een school tribunaal waarin eerstgenoemde het in twijfel getrokken literaire talent van laatstgenoemde ondubbelzinnig bevestigd. Forrester wijdt Wallace echter niet alleen in in zijn *cultuur* door het aanmoedigen en bevestigen van zijn literaire talent: hij wijdt hem ook in in zijn *ras* door hem te helpen bij zijn hofmakerij naar het blanke meisje. Tenslotte wordt de babyboomer droom van *niet-lineaire zelf-vervanging* gerealiseerd bij het overlijden van Forrester: Wallace en zijn familie trekken *letterlijk* in in Forrester's oude flat. Per testament laat Forrester hem *letterlijk* de sleutels tot zijn leven na. Het sluitlied *Over the Rainbow* verwijst ondubbelzinnig naar het babyboomer 'regenboog' visioen van 'mooi-gekleurde zelf-opheffing' door etnische vervanging. De camera laat nog zien hoe Wallace onweerstaanbaar wordt teruggetrokken naar het basketbal veldje en eindigt de film dan met een blik op de titelpagina van Forrester uitgetypte laatste manuscript: het draagt de onheilspellende titel *Sunset*, 'Zonsondergang', en het ligt onder het 'pennenmes' dat ooit werd vastgehouden door de 'dode witte man'. *Requiescat in pace.*

Casus 'Heads We're Dancing'

(*Art Rock*-stijl cultuur-pathologie)

Net voor het middaguur, tijdens een normale werkdag ergens in het najaar van 2018, was er een Archeo-Futuristisch moment te beleven in de grote hal van het Rotterdamse Centraal Station: het kwam en ging een flits en het werd door bijna niemand gezien in de malende mensenmassa van die multiculturele draaikolk. Haastige forenzen, net gearriveerde toeristen, opvang-hoppende asielzoekers en professionele zakkenrollers hebben andere dingen te doen dan de grote reclameschermen bestuderen die boven direct oogniveau in de hoge hal hangen. Maar er was in die grote maalstroom geen meditatief 'bevriezen in het epicentrum' voor nodig om een belangrijk Archeo-Futuristisch moment op het netvlies te laten inwerken. Daar, passerend op één van de grote reclameschermen kwam het verbijsterende tien-seconden bericht: Adolf Hitler had de tweede plaats bereikt op de bestseller lijst van één van 's lands grootste boekwinkels. Commerciële belangen hadden ten lange leste een twee generaties durend boekverbod opgeheven: *Mein Kampf*, natuurlijk 'kritisch geannoteerd' in perfect politiek-correct jargon, was nu beschikbaar in massa oplage voor dat deel van het publiek dat nog in staat was te lezen en dat nog bereid was om te bepalen voor papieren boeken. Maar de échte Archeo-Futuristische anti-openbaring moet natuurlijk elders worden gezocht, namelijk in het feit dat Hitler's lang gevreesde boodschap nu blijkbaar niet langer als een bedreiging hoefde te gelden. Met andere woorden: 's lands regeerders schatten 's lands geregeerden nu als zodanig 'afgestompt' in dat zij niet langer 'vatbaar' zijn voor vroeger gevaarlijke woorden. De stilzwijgende achterliggende inschatting is deze: de 'idiocratische' conditionering van het 'gewone volk' is voltooid — geen woord en geen boodschap kan het ooit nog bereiken en in beweging brengen. Zelfs Hitler, ooit de ultieme boeman van het 'Vrije Westen', is nu *veilig*.

In het Cultuur-Nihilistische publieke discours is het 'Hitler fenomeen' een heel eigen mythisch leven gaan leiden — het staat totaal los van zijn oorspronkelijke cultuur-historische context: een karikaturale mythologie heeft het nu vastgelegd in ontologisch ondiscutabel *frame*. Binnen dat *frame* is zelfs de meest bescheiden poging tot het bereiken van iets dat de richting zoekt van 'wetenschappelijke objectiviteit' — ooit een idealistische doelstelling binnen de inmiddels allang uitgestorven Westerse Geschied*wetenschap* — nu bij voorbaat tot mislukken gedoemd. Wellicht de laatste poging daartoe, beperkt tot de technische reconstructie van Hitler's functioneren als militair strateeg, werd in 1977 gedaan door de Britse historicus David Irving: de kakofonische controverse die daarop volgde kostte hem effectief zijn professionele carrière en zijn persoonlijke reputatie. Irving's werk werd verbannen naar een sfeer van onderzoek en debat die nog het best kan worden beschreven als het hedendaagse equivalent van de Middeleeuwse 'demonologie' — het is naar deze sfeer dat de discussie van het 'Hitler fenomeen' zich definitief heeft verschoven sinds het heengaan van de laatste levende getuigen. Sinds die tijd zijn politiek toezicht en publicitaire censuur met betrekking tot het 'Hitler fenomeen' feitelijk overbodig — zoals bewezen in het 'Rotterdam Centraal moment'. Men zou kunnen zeggen dat het eigentijdse 'lezende publiek' zich nu, afhankelijk van het gezichtspunt waaraan men de voorkeur geeft, ofwel *boven* of *onder* de zone van 'cognitieve kwetsbaarheid' bevindt — een zone die gedurende de twee voorafgaande generaties nog nauwlettend moest worden bewaakt met censuurbeveiliging. En zo verstreek ook Hitler's 130ste verjaardag zonder de minste poging tot *historische* heroverweging: wat het onderwerp van demonologie is kan immers niet het onderwerp van geschiedschrijving zijn — en omgekeerd. En zo komt het dat het Archeo-Futurisme zich tevreden zal moeten stellen met een *mythologische* heroverweging van het 'Hitler fenomeen'. Maar zelfs vanuit die invalshoek zijn de benodigde culturele aanknopingspunten zeer schaars.

De laatste *directe* verwijzing naar Hitler's mythische status door een Europese kunstenaar van formaat dateert van 7 mei 1945, één week na Hitler's dood en één dag voor Duitsland's onvoorwaardelijke overgave en het einde van de Tweede Wereld Oorlog in Europa. De korte necrologie van de Noorse Nobel Prijs schrijver Knut Hamsun — die eigenlijk volledig uit Hitler's gratie was geraakt na zijn confronterende ontmoeting met hem in 1943 — kwam hem (samen met andere 'foute ideeën') te staan op een proces en veroordeling voor landsverraad. Dit is de Nederlandse vertaling van de necrologie die hij schreef voor *Aftenposten*:

> Adolf Hitler — ik ben niet waardig het woord te doen voor Adolf Hitler, en zijn leven en daden nodigen niet uit tot opbeurende sentimentaliteit. Hitler was een krijger, een krijger voor de mensheid en een verkondiger van het evangelie van rechtvaardigheid voor alle volkeren. Hij was een hervormer van de hoogste orde en het was zijn historisch lot om te werken in een tijd van ongehoord geweld — dit is wat hem uiteindelijk deed ondergaan. Zo kan de gewone West-Europeaan naar Adolf Hitler kijken. En wij, zijn trouwe volgelingen, buigen onze hoofden bij zijn dood.
>
> Knut Hamsun

Sinds Hamsun's necrologie zijn er door Europese kunstenaars van formaat maar heel weinig, en dan alleen nog *indirecte* verwijzingen gemaakt naar Hitler's mythische status. Wellicht de belangwekkendste daarvan dateert van 16 oktober 1989, iets meer dan drie weken na de Val van de Berlijnse Muur, toen *Faerie Queene* Kate Bush een studio album uitbracht waarin een liedje was opgenomen met een vreemde Hitler-verwijzing: *Heads We're Dancing*. Het mag voor zich spreken dat de ijle atmosfeer die wordt opgeroepen door eigentijdse tovenares Kate Bush een definitieve classificatie van het liedje volledig onmogelijk maakt — dit is eigen aan alle creatie uit het vrouwelijke genie. En zo kan *Heads We're Dancing* alleen maar analytisch worden ontleed op het meest oppervlakkig niveau van simpele dramatische structuur. Dit is de tekst van het liedje zoals zij het opnam in haar album *The Sensual World*:

Tijdlijn	Tekst BINAIR	Dramatische boog BINAIR
1919	Diktat — PLUS	Protagonist:

Tijdlijn	Tekst BINAIR	Dramatische boog BINAIR
1933	You talked me into the game of chance ACTIE	(1) Protasis verhaal lijn
1939	It was thirty-nine before the music started When you walked up to me and you said Hey, heads we dance Well I didn't know who you were	(2) Epistasis beproeving verleiding ♀ PASSIEF
	Until I saw the morning paper There was a picture of you A picture of you 'cross the front page It looked just like you, just like you in every way	(3) Catastasis climax OPEBAAR (IMAGO)
	But it couldn't be true It couldn't be true You stepped out of a stranger	(4) Katastrofe ontrafeling ontkenning
1945	Stunde Null — NUL	Koor:
	They say that the Devil is a charming man RE-ACTIE	(1) Protasis verhaal lijn
	And just like you I bet he can dance And he is coming up behind in his long Tailed black coat dance All tails in the air	(2) Epistasis beproeving verleiding ♂ ACTIEF
	But the penny landed with its head dancing A picture of you, a picture of you in uniform Standing with your head held high Hot down to the floor	(3) Catastasis climax PRIVÉ (GEVOEL)
	But it couldn't be you It couldn't be you It's a picture of Hitler	(4) Katastrofe ontrafeling ontkenning
1990	Tag der deutschen Einheit — MIN	Exeunt

Coda: Harmonices Mundi

(Archeo-Futuristische muzikale doorstart)

Hebben de babyboomers tijdens hun halve eeuw cultuur-nihilistische 'deconstructie' überhaupt iets gepresteerd? En waar meet je dat dan aan af? Laten we de lat op haar hoogst leggen — laten we meten naar de hoogste kunstvorm van de Westerse beschaving: die van de klassieke muziek.

Bestaat die klassieke muziek überhaupt nog als levende traditie — is die traditie niet exclusief het museale domein van 'dode witte mannen'? En waar zoek je dan als jongere in het mijnenveld van het post-culturele ex-Westen? Laten we het oor op scherp stellen — laten we door de postmodernistische 'ruis' *heen* luisteren.

Moet je dan plaatsnemen tussen de ronkende, roggelende en ruikende babyboomer jaarkaarthouders in het Concertgebouw? Moet je dan de politieke-correcte interpretaties van NPO4 femo- en allo-radiopresentatoren aanhoren? Laten we onze eigen 'culturele her-toe-eigening' doen — laten we opeisen *wat van ons is*.

Wat je wel moet kunnen: 'producten' los kunnen zien van 'producenten', de *kunstenaar* los kunnen zien van zijn *kunst*, politiek-correcte *ideeën* los kunnen zien van authentiek-geniale *creaties*, koren los kunnen slaan uit veel kaf, essentie los kunnen waarnemen in veel lawaai. Wat je wel moet kunnen: door de zure appel heen bijten — en dan *terug*-denken, *om*-denken en *door*-denken.

En dan hoor je dat er lijnen *door*-lopen van een heel ver verleden naar een misschien wel heel bijzondere toekomst — *onze* toekomst. En zo zijn de volgende tien pareltjes niet voor de zwijnen — maar van *ons*.

'From the New World'

1. Wraak op Schönberg: John Adams (1947) — *Harmonielehre* (1985)
2. Voortborduren op Sibelius: Ingram Marshall (1942) — *Dark Waters* (1988)

3. Voortzwemmen na Debussy: John Luther Adams (1953) — *Become Ocean* (2013)

Boreale voorposten

4. Bezoekje Hyperborea: Einojuhani Rautavaara (1928-2016) — *Cantus Arcticus* (1972)
5. Afgezaagd: toch een ereplaats: Arvo Pärt (1935) — *Spiegel im Spiegel* (1978)
6. Midzomer-nachtmerrie in het gesticht: Sebastian Fagerlund (1972) — *Isola* (2007)

Geniaal van eigen bodem

7. *Tikkoen Olaam*-pje uit de Lage Landen: Joep Franssens (1955) — *Harmony of the Spheres* (1994-2001)
8. Kannibalen snackje uit de 'Hannibal' soundtrack: Jacob ter Veldhuis (1951) — *Paradiso* (2001)
9. Zo maar eventjes het Holst universum voltooid: Johan de Meij (1953) — *Symphony 3 'Planet Earth'* (2006)

Politiek-correcte globalistisch geniaal

10. *Over the edge* met neo-tribalisme en techno-apocalypse in *Dam* en *Canyon*: Philip Glass (1937) — *Itaipu* (1989)

Nationalistische encore

Nieuwe Spiritualiteit *à l'hollandaise* — waarin een klein land groot kan zijn. Blijkbaar zomaar even uit de vier windrichtingen in synthese gedacht tijdens een Hollandse strandwandeling: noord — Grieg's morgenzon, zuid — Debussy's zeegeluid, oost — Wagner's Rijn-duiksters, west: Tavener's klokkenspel. Opkomend vloedgetij, de wind in de oren, vliedende wolkenpartijen — in de finale zeven zinderende minuutjes vastgehouden: Joep Franssens (1955) — *Magnificat* (1999).

Hoofdstuk 6

Operatie Belisarius: Een Archeo-Futuristische *Midrasj* bij Greg Johnson's *The White Nationalist Manifesto* (San Francisco: Counter-Currents, 2018)

Erkentelijkheden

HET TOEVAL WILDE dat de boekbespreking van Greg Johnson's *The White Nationalist Manifesto* — 'Het Blank-Nationalistische Manifest' — die de kern vormt van dit hoofdstuk werd geschreven net ná de heuse 'boekenban' op die het 'Manifest' ten deel viel bij Amazon.com, de grootste online boekverkoper ter wereld. In de hedendaagse Westerse wereld is een dergelijke 'ban' de dichtste benadering van directe en officiële boek censuur. Vanzelfsprekend bestaat er in de commercieel 'geprivatiseerde' ex-publieke sfeer van het 'Vrije Westen' geen *formele* censuur: wat in die *Brave New World* wel bestaat is de *informele* realiteit van digitale en algoritmische *damnatio memoriae*. De ideologische motivatie en politieke agenda zijn die ten grondslag liggen aan de ban op Johnson's 'Manifest', ingaande 24 februari 2019, kan worden afgeleid uit de boeken waarop bij Amazon.com *geen* ban ligt. In globaal toegankelijke Engelse vertaling omvat deze categorie niet alleen klassieke 'rode' en 'zwarte pillen' zoals Trotski's *Terrorism and Communism* (1920) en Hitler's *Mein Kampf* (1925), maar ook recentere 'onorthodoxiën' zoals het *Unabomber Manifesto* en *Al-Qaeda's Doctrine for Insurgency*.[131] Een aanvullende indicatie van de ideologische stellingname en politieke programmatuur achter de boekenban op Johnson's 'Manifest' is te vinden in zijn onmiddellijke *Zeitgeist* context, namelijk de recente golf 'censuur-nieuwe-stijl' die over heel Trans-Atlantisch Nieuw Rechts is heen gerold op zijn hoofdfrontlinie — de sociale media en de digitale sfeer. Het begin van deze nieuwe golf van 'precisie bombardementen' op 'vitale infrastructuur' kan, enigszins arbitrair, gedateerd worden op de Twitter account opschorting van Jared Taylor, de voorman van *American Renaissance* in december 2017. De maxima van deze golf tot dusver waren het inreisverbod van (inmiddels uitgevallen) identitair activiste Lauren Southern op weg naar het Verenigd Koninkrijk (maart 2018), de arrestatie van inheemse rechten activist Tommy Robinson (in mei 2018, naar aanleiding van zijn poging om de systematische verkrachtingscampagne van inheemse Engelse meisjes door Aziatische *grooming gangs* uit de media doofpot te halen) en de succesvolle verduistering van de Franse *Gilets Jaunes* protesten in de globalistische *Main Stream Media* (vanaf november 2018). Deze censuurgolf heeft zich sinds de ban op Johnson's 'Manifest' voortgezet: in maart 2019 werd aan Stefan Molyneux, presentator van *Freedomain Radio*, in effect een spreekverbod opgelegd in Canada en in diezelfde maand kreeg Jared Taylor een inreisverbod voor de Schengen Zone — natuurlijk net *nadat* hij was hij vertrokken voor zijn Europese spreekbeurten tournee.

Op lange termijn zijn deze schijnbare 'overwinningen' van de globalistische vijandelijke elite echter niet meer dan zelfbedrog: het zijn voorbeelden van contraproductieve struisvogelpolitiek. Deze strategische fouten zijn op lange termijn ten voordele van het prestige en gezag van Nieuw Rechts als authentiek oppositie beweging. Met deze (zelf)censurerende overreactie erkent de vijandelijke elite feitelijk haar intellectuele faillissement en politieke wanhoop: het

---

131 Verg. https://www.counter-currents.com/2019/02/amazon-com-bans-the-white-nationalist-manifesto/

opgeven van het principe van vrije meningsuiting staat gelijk met opgeven van het laatste stukje *moral high ground*—van de morele superioriteit die de vijandelijke elite voor zichzelf heeft opgeëist sinds haar *Machtergreifung* in '68. En zo heeft Johnson's 'Manifest' nu, nog helemaal van zijn intrinsieke waarde, een *symbolische* meerwaarde gekregen. De bespreking van Johnson's 'Manifest' beoogt in dit hoofdstuk moet daarom beginnen met het uitspreken van erkentelijkheid voor Johnson's levenslange inzet voor Nieuw Rechts. Het belang van die inzet wordt wellicht nog het beste duidelijk uit de ultieme 'erkenning' die de vijandelijke elite eraan wijdt met plaatsen van zijn 'Manifest' op de Cultuur-Nihilistische index van 'verboden boeken'.

Structuren

Johnson's 'Manifest' wordt gekenmerkt door een—veradenend transparante—logische structuur en een heldere, precieze stijl: beide lopen vooruit op het soort academische filosofie dat zich pas volledig zal kunnen ontwikkelen na de uiteindelijke ineenstorting van de postmoderne 'academische wereld'. Deze kenmerken maken het 'Manifest' gemakkelijk toegankelijk voor een wijd publiek—en dat is precies wat Johnson beoogt. Deel I (Hoofdstukken 2-7) kan worden samengevat als Johnson's *these*: het stelt dat Blanke Volkerenmoord een reëel probleem is (diagnose), dat alleen Blank Nationalisme die volkerenmoord kan voorkomen (prognose) en dat alleen Blank Etnonationalisme een levensvatbaar politiek alternatief biedt voor het effectief-genocidale globalisme (medicatie). Deel II (hoofdstukken 8-12) kan worden samengevat als Johnson's *glossarium*: het definieert Blank Identitarisme (Hoofdstuk 8) en Etno-Nationale Homogeniteit (Hoofdstuk 11) als alternatieven voor Blank Suprematisme (Hoofdstuk 9) en Multiculturele Diversiteit (Hoofdstuk 10). Afsluitend benoemt Deel II onder de noemer *Whitopia* (Hoofdstuk 12) ook nog een aantal concrete politieke prioriteiten voor het Blank Nationalistisch project. Deel III (hoofdstukken 13-16) kan worden samengevat als Johnson's *strategie*: het biedt een doel ('Blanke Hegemonie', Hoofdstuk 13), een methode ('Blanke Etniek', Hoofdstuk 14), een referentiekader ('Echt Rechts', Hoofdstuk 15 — dit met uitdrukkelijk onderscheid van 'Oud Rechts') en een motto ('Onvermijdelijkheid', Hoofdstuk 16).

Johnson's 'Manifest' biedt een wiskundige afrekening en een genadeloze deconstructie van de globalistische waandenkbeelden die ten grondslag liggen aan het Westerse politiek-correcte discours, een discours dat nu in toenemende mate wordt gekarakteriseerd door Cultuur-Marxistische psychopathieën en Liberaal-Normativistische cognitieve dissonanties. Twee voorbeelden uit deze lang uitstaande sloopoperatie waartoe Johnson nu het initiatief neemt: (1) Johnson's deconstructie van het (liberale, nihilistische) civiel-nationalisme en de civiel-nationalistische hysterie rond vermeend 'blank suprematisme':

...*[C]ivic nationalists... declare that Western civilization is a universal civilization, but this is simply false. Western civilization is a product of white people, and the people who are most comfortable in Western countries are white people. When blacks, Asians, and other groups come to white countries, they want to change things to suit them better. ...[In this situation,] whites must rule over non-whites: ...we must impose our values on them, or they will create a society that we do not want to live in. We really need to reflect for a moment on the absurdity of the situation in which it is now 'problematic' for white values to be 'supreme' in white societies, which were created and sustained by white people and white values. Does anyone denounce Japan for being Asian supremacist or Nigeria for being black supremacist?*[132] (71) (2) Johnson's stoutmoedige strategische offensief door een opzettelijke toe-eigening van het begrip 'sociaal constructivisme', waarop de vijandelijke elite tot nu toe een monopolie had. Hij stelt dat het sociaal constructivisme feitelijk

---

[132] Natuurlijk zijn er ontelbare andere voorbeelden van MSM *double-think*, bijvoorbeeld het doodzwijgen van groteske atavismen zoals de Saudi-Arabische 'religieuze wet' en de Zuid-Afrikaanse *ethnic cleansing* campagne tegen de Afrikaner bevolking. Tegelijk is er de impliciete MSM acceptatie van schrijnend anti-blank racisme overzees, bijvoorbeeld de Liberiaanse wet op exclusief zwart staatsburgerschap en de Haïtiaanse wet op exclusief land eigendom.

een nuttig begrip is voor de Blank Nationalistische beweging: ...*let's just grant the social constructivist thesis that identity is entirely conventional. That does nothing to stop a society from adopting the social convention that only white people can be members. If social boundaries are essentially arbitrary constructs, why not be ethnonationalist? ...If we embrace social constructivism, we are completely free to answer these questions with arbitrary rules of thumb. Social constructivist should be the* last *people to object to the idea of white nations being empowered to define their identities and determine who is in and who is out.* (66; 69)[133]

In zijn 'Manifest' stelt Johnson zich het volgende doel: ...*to offer a clear, concise, and persuasive synthesis of arguments... for White Nationalism* (7) — Johnson's succes in het bereiken van dit doel is waarschijnlijk het best af te meten aan het feit dat zijn 'Manifest' nu op de 'verboden boeken' lijst staat.

Vooropmerkingen

Zoals aangegeven in zijn ondertitel, is dit hoofdstuk bedoelt om een Archeo-Futuristische evaluatie te geven het Blank Nationalistische metapolitiek-project dat Johnson met wiskundige precisie en welsprekende kortbondigheid neerlegt in zijn 'Manifest'. Het dient daarbij echter direct te worden vastgesteld dat de precieze definitie van deze beide sleutelwoorden — Archeo-Futurisme en Blank Nationalisme — problematisch is. Tot nu is er binnen Nieuw Rechts, ondanks vele informele en brisante 'kruisverhoren' binnenshuis, nooit een systematische poging gedaan om een coherent intellectueel referentiekader op te zetten. Logischerwijs ligt de prioriteit van Nieuw Rechts, direct geconfronteerd met het *Ernstfall* van de Crisis van het Moderne Westen en met de *totaler Krieg* tegen de globalistische

---

133 Het belang van collectieve identiteit constructie, met een zekere mate van expliciet in-groep zelfbewustzijn, als 'bio-evolutionaire groepsstrategie' in de loop van de 'menselijke evolutie' is diepgaand onderzocht door Kevin MacDonald in zijn meerdelige pionierswerk over de 'Joodse identiteit'.

vijandelijke elite, op politiek-filosofische en meta-politieke *improvisatie*. De politieke filosofie en de metapoltieke strategie van Nieuw Rechts worden in sterke mate gekenmerkt door intellectuele diversiteit en pragmatische allianties: dit is een benadering die precies past bij de noodsituatie waarop Nieuw Rechts reageert. De 'proto-revolutionaire' veerkracht en aanpassingsvermogen van Nieuw Rechts weerspiegelen echter niet alleen een brede basis in termen van filosofisch en politiek spectrum, maar ook een fundamentele openheid naar volledig *nieuwe*, nog ongedefinieerde, ideeën en benaderingen. In deze openheid ligt waarschijnlijk zijn grootste kracht: zo kan Nieuw Rechts de 'tijger berijden' en de postmoderniteit *overtroeven*—feitelijk stelt zij Nieuw Rechts in staat het aanstaande hoogtepunt van de Crisis van het Moderne Westen met open armen te *verwelkomen*. En zo komt het dat Nieuw Rechts, ondanks zijn schijnbare nederlaag (censuur, onderdrukking, vervolging) tegen de donkere krachten van het postmoderne nihilisme, iets heeft dat zijn vijanden ontberen: Nieuw Rechts heeft letterlijk de *toekomst*. Maar deze toekomst—nu feitelijk gelijkgesteld aan de toekomst van de Westerse beschaving en de Westerse volkeren—kan niet als vaststaand en vanzelfsprekend worden beschouwd en zij kan ook niet worden afgedwongen: zij moet worden *toegelaten* en *verdiend*. Dit betekent dat Nieuw Rechts moet afzien van dogmatische denkregels: in deze fase zijn strikte begripsdefinities en beleidsrichtingen *schadelijk*. Met dit in gedachte beperkt dit hoofdstuk zich tot *functionele* en *voorlopige* definities van de begrippen 'Archeo-Futurisme' en 'Blank Nationalisme'. Hier zullen deze begrippen worden gebruikt als breed dekkende 'medicatie', namelijk als flexibel inzetbare *metapolitieke wapens*.

Blank Nationalisme is dus geen dogmatisch-gesloten ideologie: het is simpelweg een praktisch principe dat de Europese volkeren ten dienste staat in hun huidige—al dan niet (h)erkende—overlevingsstrijd tegen de globalistische vijandelijke elite. Op zijn laagste niveau behelst het een psychologisch zelfverdedigingsmechanisme. Op zijn hoogste niveau behelst het een coherent (filosofisch onderbouwd) politiek programma. Johnson operationaliseert het in beide richtingen. *Archeo-Futurisme*, daarentegen, is het grotere filosofische en metapolitieke referentiekader waarin de postulaten van het Blank Nationalisme zijn geworteld. De grondlegger — of tenminste de naamgever — van het Archeo-Futurisme was de recentelijk overleden Franse denker en schrijver Guillaume Faye.[134] Faye omschreef het begrip Archeo-Futurisme als volgt: 'het Archeo-Futurisme stelt ons in staat een punt te zetten achter de achterhaalde vooruitgangsdenken van de verlichtingsfilosofie en achter de even achterhaalde dogma's van de moderniteit. Dogmatisch egalitair, humanitair en individualistisch denken is volledig ontoereikend voor ons nadenken over de toekomst: het is schadelijk in de aanstaande overlevingsstrijd en in de aankomende eeuw van staal en vuur.' Het Archeo-Futurisme laat een *uitbraak* toe uit het vigerende globalistisch-nihilistische *Gestell* waarin de moderne Westerse mens verstrikt is geraakt: het bereikt deze uitbraak door '...een synthese van herleefde archaïsche waarden en idealen met de futuristische en faustiaanse geest van wetenschappelijke en technologische ontdekking ten dienste van de Europese volkeren.'[135] Het Archeo-Futurisme heeft de academische 'postmoderne filosofie' (wellicht de ultieme *contradictio in terminis*) allang gedeconstrueerd — het is nu bezig met de verkenning van de contouren van het *nieuwe denken* dat zich bevindt over de rand van de snel naderende waarnemingshorizon van de postmoderniteit. Deze beeldenstormende voorverkenning wordt momenteel geleid door de Perzisch-Amerikaanse filosoof Jason Jorjani: na het recente overlijden van Guillaume Faye is hem de leiderschapsmantel ten deel gevallen.[136]

---

134 Voor Nieuw Rechtse necrologieën, verg. https://www.counter-currents.com/tag/guillaume-faye/ en https://arktos.com/2019/03/08/in-memoriam-guillaume-faye/

135 Vrij naar http://thewardenpost.net/archeofuturism-i-have-a-dream/- vertaling Alexander Wolfheze.

136 Jorjani's meest recente boek, *Novel Folklore*, werd uitgegeven door Johnson's uitgeverij 'Counter-Currents'.

Dit hoofdstuk heeft dus ten doel Johnson's 'Manifest' te plaatsen en te begrijpen binnen het grotere perspectief van het Archeo-Futurisme.

Vrijwaringen

Voorafgaand aan de inhoudelijke analyse is het hier nodig een zestal voorbehoudende opmerkingen te maken: deze opmerkingen zullen duidelijk maken hoe Johnson's 'Manifest' in dit hoofdstuk wordt benaderd.

(1) Het is onvermijdelijk dat dit hoofdstuk een *Europese* — nog preciezer: een Nederlandse — indruk weergeeft van een *Amerikaans* werk. De schrijver van *De Zwarte Poolster* verwerpt de cultuurrelativistische stelling dat het mogelijk zou zijn om een 'objectieve' of 'universele' waarheid te vinden in zaken waarbij grote (nationale, etnische) eigenbelangen op het spel staan. Tot op zekere hoogte worden blanke Amerikanen — Amerikanen van Europese afkomst — geconfronteerd met een andere etnische problematiek, ook als ze in de globalistische vijandelijke elite dezelfde vijand hebben en als ze met dezelfde politieke strategie van etnische vervanging te maken hebben. En dus zal Nederlands Nieuw Rechts — effectief beperkt tot een avant-garde van splintergroepjes — andere prioriteiten hebben dan Amerikaans Nieuw Rechts. De Nederlandse prioriteiten zullen liggen op een strategische samenwerking die heen reikt over de kunstmatige Belgisch-Nederlandse grens, op een 'samenlevingsverdrag' met de ex-koloniale volkeren uit het voormalige Nederlandse wereldrijk en op een effectieve ondersteuning van het met 'omgekeerde apartheid' vervolgde Afrikaner broedervolk. Al in de eerste pagina's van zijn 'Manifest' erkent Johnson de onvermijdelijke programmatische 'nationale kleuring' van de Westerse inheemse rechten beweging: ...*the fact that I am an American inevitably colors my outlook*... (6). En dus zullen Amerikanen van Europese afkomst *eigen* specifieke oplossingen voor hun *eigen* specifieke problemen moeten vinden — die zullen verschillen van West-Europese oplossingen

voor West-Europese problemen. Wat zij echter *wel* samen kunnen doen is dit: samenwerken voor het verwijderen van de globalistische vijandelijke elite uit de staatsmacht aan beide zijden van de Atlantische Oceaan.

(2) Het dient ook gezegd te worden dat dit hoofdstuk het onderwerp 'Blank Nationalisme' benadert vanuit de achtergrond van de — nu vrijwel uitgestorven — Continentaal-Europese geesteswetenschap: deze discipline heeft een fundamenteel andere oriëntatie dan de Angelsaksische geesteswetenschap. Eerstgenoemde legt de nadruk op formele *structuur* en synchrone *betekenis*, terwijl laatstgenoemde prioriteit geeft aan beschrijvende *mathesis* en diachrone *functionaliteit*. Feitelijk zijn beide disciplines eerder complementair dan competitief binnen het grotere geheel van de Westerse wetenschap, maar ze zullen wel verschillende accenten leggen.

(3) Gezien het feit dat het Archeo-Futurisme een 'werk in uitvoering' is gedurende het vigerende 'interregnum van de postmoderniteit', is het onvermijdelijk dat elke Archeo-Futuristische inschatting van een bepaald onderwerp gekleurd zal zijn door een keuze uit de twee basiselementen van het Archeo-Futurisme: de Traditionalistische ('Archaïsche') en de Mercuriaanse ('Futuristische') hermeneutiek. De waarachtige synthese tussen beide is het eigenlijke 'werk in uitvoering' — tot die bereikt is, is een 'keuze' tussen beide elementen tot op bepaalde hoogte onvermijdelijk.[137] Dit hoofdstuk kiest ervoor om Johnson's 'Manifest' door het prisma van de Traditionalistische hermeneutiek te belichten (voor een relevante definitie van het begrip 'Traditie' verg. *Sunset*, 1-24). Hierbij moet voor een goed begrip worden opgemerkt dat het Traditionalisme nooit kan zijn wat Johnson het in verkeerde handen (ofwel: in verkeerde hoofden) heeft zien worden, namelijk een ...*ready-made system of ideas that... [to be] adopt[ed] as a package deal*. (131)

---

137 Traditionalistische hermeutiek zoals gedefinieerd in de Traditionele School, verg. *Alba Rosa*, 151-3. Mercuriaanse hermeneutiek zoals gedefinieerd in Jorjani's werk *Atlas and Prometheus*.

Minimaal is het Traditionalisme een hermeneutisch systeem; maximaal is het een esoterisch wereldbeeld — het kan nooit een politieke ideologie zijn.

(4) Uit het voorafgaande punt (3) volgt dat het Traditionalism *geen* deel uitmaakt van Johnson definieert als 'Oud Rechts': het Traditionalisme en de authentieke Tradities die door het Traditionalisme worden bestudeerd en bewaard staan *buiten* elke soort politieke stroming. Zoals Guénon boven 'islamicisme' staat, zo staat Evola boven 'fascisme'. Zoals de Katholieke Traditie boven de 'christen-democratie' staat, zo staat de Islamitische Traditie boven het 'salafisme'. Johnson is zich ter dege bewust van het cruciale belang van Traditie als onontbeerlijk fundament in elke authentieke vorm van etnische identiteit: *We are not just creatures of our own time and place, since we reject the false and meaningless identities that the current system offers us: deracinated individuals, citizens of the universe, children of nowhere, defining ourselves by the products we consume and discard. Instead, our identity is defined by our whole biological and cultural lineage, which leads to the present day and cannot be re-routed to some other time and space.* (132) Hier wijst Johnson expliciet op een elementair Traditionalistische uitgangspunt: *our identity is defined by our whole biological and cultural lineage*. Johnson erkent dat beide — biologische en culturele transmissie — in één stamboom moeten samengaan om een volk een toekomst te geven *als volk*. Hij gaat echter stilzwijgend voorbij aan het derde ingrediënt dat nodig is om een volk plaats te geven binnen de stamboom van een beschavingstraditie, namelijk *spirituele transmissie*. De meest basale functie van spirituele transmissie is dit: de overdracht van de zegel van de Schepper dat hoort te staan op alle unieke onderdelen van de Schepping, inclusief alle unieke beschavingen en volkeren. De overdracht van dit eigendomszegel — men zou ook kunnen zeggen: keurwaarmerk — is de studieopgave van het Traditionalisme: dit is wat vroegere generaties zijn 'heilige taak' zouden hebben genoemd.

Door het her-inneren, her-inspecteren en her-onderzoeken van de Goddelijke Voorzienigheid kan het Traditionalisme inzicht bieden in het grotere vraagstuk dat onbeantwoord blijft in Johnson's formidabele verdediging van het 'blanke ras': het vraagstuk van de *lotsbestemming* van rassen en volkeren. Johnson stelt dat er niet zoiets bestaat als een 'generisch blank ras', maar als gewetensvol filosoof voegt hij daar wel een 'ontsnappingsclausule' aan toe: ...*at least outside Plato's world of forms or wherever else one finds universals...* (59). Uiteindelijk is echter alleen dit 'generieke' vraagstuk écht interessant: het kan niet zomaar als marginaal van tafel worden geschoven, want het is precies de postmodern-nihilistische ontkenning van dit vraagstuk dat de Westerse wereld existentieel bedreigt.

(5) De vier voorafgaande punten bepalen het strikt *anti-racistische* uitgangspunt van dit hoofdstuk. Racisme, volgens de klassieke definitie van 'overtuiging van de superioriteit van een bepaald ras', eenvoudigweg onverenigbaar met het Traditionalistische leerstuk dat de verschillende menselijke rassen en volkeren *essentieel gedifferentieerde* archetypes weerspiegelen — archetypes met transcendentale betekenis (voor een Traditionalistische definitie van het begrip 'ras', verg. de 'Begrippenapparaat' paragraaf van de 'Ten geleide' sectie).[138]

(6) Vanuit Traditionalistisch perspectief vertegenwoordigt Johnson's 'Manifest' een poging tot bescherming en behoud van de *fysieke*

---

138 *Contra* Johnson's sterke historisch-materialistische inslag: het Traditionalisme laat geen ruimte voor standpunten zoals *White Nationalists argue that the ultimate source of political harmony is not culture. It's genetics.* (p. 80-1) Vanuit Traditionalistisch perspectief hangt sociale harmonie af van de correcte toepassing van en controle op de *macht* van culturele archetypen. Verschillende uitdrukkingen van archetypische, *meta-fysieke* macht kunnen zo worden weerspiegeld in harmoniserende ordeningsprincipes in de *fysieke* wereld. Zo ontstijgen 'raciale' kenmerken zuiver 'genetische' beschrijving: 'raciale' en 'etnische' typen reflecteren 'subtiele lichamen' die weerspiegeld worden in spiritualiteit, kunst en psychologie. Het onvermijdelijk onvermogen van de moderne wetenschap om deze werkelijkheid in dichtgetimmerde 'natuurwetten' te vatten doet niets af aan die werkelijkheid zelf.

(fenotypisch 'blanke') overblijfselen van één van de vele *metafysieke* archetypes die vervagen in het duistere tijdvak van de Moderniteit. Het Europese 'raciale' archetype is niet de eerste van deze archetypes die van de aardbodem aan het verdwijnen is: de 'deconstructie' van andere (technologisch 'primitievere') archetypes, zoals de Amerikaanse Indianen en de Australische Aboriginals, begon al veel eerder. De meest 'persistente' en 'resistente' archetypes, dat wil zeggen de langst overblijvende, zullen waarschijnlijk de minst 'archetypische' zijn. Sterk *aangepaste* (juist gedoseerde) mengvormen, zoals zichtbaar in het 'Midden Oosterse' mensentype, zijn het best in staat te overleven in de demografisch overbelaste, ecologisch uitgewoonde en intellectueel regressieve wereld van de 'toekomst': collectivistische (sociale) conditionering en de-individualiserende (psychologische) immuniteit zijn de randvoorwaarden voor het overleven van urbaan-hedonistische entropie. Gedurende de eindfase van de Kali Yuga is het onvermijdelijk dat de overblijvende fysieke manifestaties van de meta-fysieke archetypes terugvallen in de 'oersoep' van de-volutionaire chaos. Het is redelijk te veronderstellen dat er bij dit vervalsproces hier en daar een bepaalde mate van weerstand optreedt: Johnson heeft het dus waarschijnlijk bij het recht eind wanneer hij veronderstelt dat het fenomeen 'Blank Nationalisme' onvermijdelijk is ('Manifest', Hoofdstuk 16). Tegelijkertijd leert het Traditionalisme dat elke fysieke manifestatie van meta-fysieke archetypes, inclusief 'ras' (maar ook 'etniciteit', 'geslacht', 'kaste', 'roeping') afhangt van een voortdurende transcendentale (existentiële) *her*-beleving en (rituele) *her*-bevestiging van het achterliggende archetype. De 'strijd voor het blanke ras' kan nooit meer zijn dan een hopeloos achterhoedegevecht zolang die strijd niet *innerlijk* wordt gevoerd: de strijd is al bij voorbaat verloren zolang archetypes niet worden her-beleefd en her-bevestigd. Zonder deze her-beleving en her-bevestiging zijn alle pogingen tot (ecologische, etnische, culturele) 'conservatie' — op zichzelf loffelijk en zelfs heroïsch, de persoonlijke offers van Johnson en zijn staf staan boven alle kritiek — uiteindelijk gedoemd te stranden in Quixotiaanse ervaringen. Geen Romeins legioen zonder Romeinse geest. Het is precies in deze impasse dat het Archeo-Futurisme een uitweg kan bieden: het 'Gouden Dageraad' visioen dat ten grondslag ligt aan de Archeo-Futuristische Revolutie biedt een 'nooduitgang'. Wellicht kan een (klein) deel van het oude 'blanke ras' nog via deze nooduitgang ontsnappen aan de zich nu versneld voltrekkende Ondergang van het Avondland — deze 'archetypische route' zal in meer detail onderzocht worden in de hoofdstukken 3-1.

Vertrekpunten

Vanuit Archeo-Futuristisch perspectief is het begrip 'blank' niet erg nuttig als een beschrijving van het specifieke etnisch conglomeraat dat Johnson overduidelijk wenst te behoeden voor globalistische 'deconstructie'. Het is onvoldoende als *formele* beschrijving: er zijn andere etnische groepen die objectief voldoen aan het visuele criterium 'blank', maar die niet behoren tot Johnson's doelgroep — bijvoorbeeld de genetisch en cultureel niet-verwante Ainoe populatie die inheems is in noordoost Azië alsmede de evenmin verwante Kabyle populatie die inheems is in noordwest Afrika.[139] Belangrijker is echter dat het begrip 'blank' ook onvoldoende is als *inhoudelijke* beschrijving: het geeft geen enkele indicatie van de ontologische kwaliteit van Johnson's doelgroep. Vanuit Archeo-Futuristisch perspectief zijn deze gebreken meer dan 'academische kwesties', want alleen het

---

139 Johnson specificeert zijn doelgroep wel nader met een 'werk definitie': ...*white people are the aboriginal peoples of Europe and their unmixed descendants around the world.* (68) Hij erkent ook de enigszins 'doorlatende' aard van het begrip 'blank': 'grensgevallen' zijn bijvoorbeeld bepaalde niet-Europese volkeren als de Perzen, de Armeniërs en de Israëlieten en ook bepaalde niet-Christelijke Europeanen zoals bepaalde Moslim groepen op de Balkan en in de Kaukasus.

historisch *samenvallen van vorm en inhoud* geeft een 'ras' of 'volk' levensduur — en toekomst. Daarom is een Archeo-Futuristische vocabulaire correctie geen zaak van lafhartige 'politieke correctheid': het is een zaak van 'wereldbeeld correctie'. Johnson heeft gelijk wanneer hij zegt dat, in het algemeen, ...*all attempts to avoid the word 'white' are just like euphemisms — ways of talking around sensitive topics. ...[P]eople who can only speak of race in euphemisms are not yet ready for the struggle.* (60) Maar deze regel gaat duidelijk *niet* op in het Traditionalistisch of Archeo-Futuristisch discours. Vanuit Archeo-Futuristisch perspectief zou Johnson's zaak, dat wil zeggen zijn legitieme en lovenswaardige verdediging van de inheemse rechten van de Europese volkeren, beter gediend zijn met een *voorwaartse* — en krachtige — wedertoe-eigening van 'raciale' en 'etnische' *kwaliteit*. Hierbij is het duidelijk dat het begrip 'Arisch' geen levensvatbaar alternatief biedt: het is niet alleen historiografisch 'besmet', maar ook metapolitiek problematisch want het beschrijft ook niet-Europese maar wel Indo-Europese volkeren, namelijk de Perzische en Indische 'Ariërs'. Weliswaar erkent het Archeo-Futurisme de noodzaak van een *cultuur-historische* wedertoe-eigening van de 'Arische' archetypen die ten grondslag liggen aan de Europese cultuur,[140] maar dat betekent nog niet dat 'Arisch' een begrip is met *meta-politieke* meerwaarde. Een beter alternatief voor het *beschrijvende* woord 'blank' is het (cultuurhistorisch) *kwalificerende* woord 'Europees'. Het is echter duidelijk dat Johnson's woordkeuze een meta-politieke strategie-keuze weergeeft: Johnson wil een Trans-Atlantisch publiek aanspreken en een Trans-Atlantische visie neerzetten — daarbij is de 'Oude Wereld' connotatie van het woord 'Europees' een handicap. Dus ook als de schrijver van *De Zwarte Poolster* de voorkeur geeft aan het woord 'Europees', dan nog is het belangrijk Johnson's duidelijk overdachte woordkeuze te

---

140 Het is duidelijk dat een puur historisch-materialistisch gedefinieerd 'Blank Nationalisme' de positieve en mobiliserende lading ontbeert die wel kan worden gevonden in de immateriële Arische archetypen van de Europese Traditie — deze archetypen zullen nader worden onderzocht in Hoofdstuk 3.

respecteren. Vanuit Archeo-Futuristisch perspectief heeft Johnson's specifieke communicatie strategie overigens wel een bepaald voordeel: het confronterende woord 'blank' — in Nederland niet voor niets vervangen door het nietszeggende woord 'wit' — is nuttig in de beeldenstorm campagne van Nieuw Rechts: het biedt een tegen-deconstructie van de Cultuur-Nihilistische 'politieke correctheid'. Johnson begrijpt dit goed: ...*to ensure our common destiny, we need to overcome silly taboos about acknowledging and drawing strength from our common racial origins.* (62)

Vanuit Archeo-Futuristisch perspectief is er nog een tweede problematisch begrip in de titel van Johnson's 'Manifest', namelijk 'Nationalisme'. Elders heeft de schrijver van De Zwarte Poolster al gewezen op de regressieve cultuur-historische rol van het Nationalisme als mobiliserende kracht van modernistische ondermijning (*Sunset*, 267). Het is hier voldoende eraan te herinneren dat het Nationalisme de hogere autoriteitsprincipes van authentieke Traditie ondermijnt — het duidelijkst is dit het geval ten aanzien van het *supra*-nationale (dus niet *trans*-nationale) autoriteitsprincipe van *Imperium*. Vanuit Archeo-Futuristisch perspectief zou het veel nuttiger zijn om het *historisch beladen* begrip 'Nationalisme' te vervangen door het *discursief progressieve* begrip 'Inheemse Rechten'. Hoe dan ook, het is duidelijk dat Johnson's boodschap gericht is op de bescherming van de 'Inheemse Rechten' van de Europese volkeren *door middel van* Blank Nationalisme. Vanuit Archeo-Futuristisch perspectief is Johnson's strategie legitiem bij gebrek aan een hogere Europese Imperiale strategie. Zoals in eerdere hoofdstukken meermaals aangegeven is een dergelijke (Neo-)Imperiale strategie echter al wel in de maak — in de (Neo-)Eurazianistische beweging. Vanuit (Neo-)Eurazianistisch perspectief ligt de primaire meerwaarde van Johnson's Blank Nationalisme in zijn strategische beschermfunctie ten aanzien van de Europese volkeren *overzees*: het is bij de Europese volksplantingen in de Amerika's, in Oceanië en in zuidelijk Afrika dat Blank Nationalisme zijn meest directe relevantie heeft. Om Johnson's

Blank Nationalistische project goed te begrijpen is het nodig onderzoek te doen naar de *Sitz im Leben* ervan — die *Sitz im Leben* wordt gevonden in de geleefde realiteit van hedendaags Amerika.

'Falling Down'

(Blank-Amerikaans perspectief)
The great task remaining before us:
...that this nation, under God, shall have a new birth of freedom
and that government of the people, by the people, for the people,
shall not perish from the earth.

— Abraham Lincoln, 'Gettysburg Address'

Greg Johnson's Amerika, het Amerika van na de val van JFK's Camelot en van na LBJ's ondertekening van de Hart-Celler Act, is een levensechte dystopie. Voor Europeanen die Amerika niet kennen buiten het globalistische bubbel denken van de 'toerist' en de 'expat' is het gestage verval van Amerika, via de Reagonomische tachtiger jaren en de Clintoniaanse negentiger jaren, wellicht nog het best te begrijpen uit het karikaturale — en daarmee *onthullende* — zelfbeeld van Hollywood. De film *Falling Down* (Schumacher, 1993) kwam uit vlak na de verkondigingen van Bush Senior's *New World Order* en Fukuyama's *End of History*: dit tijdsbestek vertegenwoordigt een duidelijk *point of no return* in het post-'68 traject van globalistische deconstructie.

Voor een jongere generatie, die geen tijd en geduld meer heeft voor pre-digitale *golden oldie* films is het nodig *Falling Down* hier kort samen te vatten. De film schetst de 'val' (*Falling Down*) van een hoger opgeleide en sociaal-conservatieve blanke man van middelbare leeftijd — de hoofdrol wordt vakkundig en gelovenwaardig vertolkt door Michael Douglas. Na ontslag uit langjarige overheidsdienst, verlating door zijn echtgenote en stopzetting van de bezoekregeling met zijn jonge dochtertje probeert hij zich nog zo lang mogelijk vast te klampen aan kunstmatige oude routines en gewoontes — totdat hij 'doorslaat'. *Falling Down* legt het proces van 'doorslaan' vast: vastzittend in de helse forenzenfile naar het hoogzomerse Los Angeles besluit deze 'boze blanke man'-in-wording zijn auto letterlijk te laten staan en letterlijk 'weg te lopen' van zijn nu illusionaire verantwoordelijkheden: hij besluit het door zijn ex-echtgenote opgelegde straatverbod te negeren en zijn kleine dochtertje zonder toestemming op haar verjaardag te bezoeken. Wat volgt op dit besluit is niets minder dan een epische eenmans *Anabasis*: hij baant zich een weg van zijn 'file stop' op de snelweg in de buitenwijken naar de stadskust aan de Grote Oceaan — dwars door de urbane jungle van LA. Hij baant zich een weg door de troosteloze asfalt-en-steen woestijn van de arme buitenwijken die door Blank Amerika allang zijn opgegeven aan Latijns-Amerikaanse bendes en Afro-Amerikaanse paupers, met hier en daar nog een ambitieuze Aziatische winkelier en een paar 'genazificeerde' blanke *hold-outs*. In rap tempo maakt hij zich de 'overlevingsinstincten' en 'zelfverdedigingtechnieken' eigen die nodig zijn in deze nieuwe realiteit — zijn persoonlijke autokenteken 'D-Fence' is niet langer een slagzin maar een identiteit. Zijn identitaire 'herbevinding' leidt echter tot een serie gewelddadigheden die hem komt te staan op een sensationele klopjacht door de politie, geleid door zijn uiteindelijke nemesis: een laatste-werkdag, laatste-blanke-op-zijn-post rechercheur, magistraal geportretteerd door Robert Duval. Deze rechercheur heeft een bijna griezelig ('mede-blank') instinct voor de bewegingen van zijn prooi: hij haalt hem uiteindelijk in op zijn eindbestemming aan zee — Venice Pier. Daar vindt de 'gevallen' en 'doorgeslagen' D-Fence nog verlossing in een laatste blik op zijn kleine dochtertje — tenslotte pleegt hij door het trekken van een speelgoed pistool zelfmoord-door-politie. Het is redelijk te veronderstellen dat deze confronterend-eenduidige en symbool-zware cinematografische *reality check* nu al meer dan een kwart eeuw oud is: een *update* ervan zou in het hedendaagse media landschap van 'post-blanke' politieke correctheid volledig onmogelijk zijn.

Feitelijk vertegenwoordigt *Falling Down* een *sneak preview* van het hedendaagse Amerika dat men terugvindt in Greg Johnson's confronterende woorden: *...[in] Detroit or Los Angeles or London ...we can simply show our people the lawlessness, corruption, anti-white discrimination, alienation, collapsing public services, hellish commutes, blighted cityscapes, shrinking opportunities, and pervasive hopelessness that come with white demographic replacement. And these are mere pockets of blight within majority-white, First World countries. To appreciate what life will be like once whites are a hated and powerless minority within a majority non-white, Third World country, we only need to look at the fates of the whites in Rhodesia and South Africa.* (31) Het is tegen deze achtergrond dat Johnson's 'Manifest' moet worden begrepen: het is uit deze achtergrond dat Johnson zijn aanklacht formuleert tegen de vijandelijke elite die verantwoordelijk is voor de Amerikaanse *slow motion Götterdämmerung*, tegen een omvolking beleid dat ook zichtbaar is in het oude hartland van de Europese volkeren: *..virtually every European government today has adopted policies of race-replacement immigration, a course of action so perverse that the wisest of [our] legislat[ing ancest]ors could not have foreseen and forbidden it. Indeed, they would have been mocked as insane if they had even suggested the possibility.* (103) Johnson identificeert de globalistische vijandelijke elite en confronteert haar in lijnrechte oppositie: *Today we live in a Left-wing, soft totalitarian society, [that can be] characterized as a 'Left-wing oligarchy', a system of vast economic and political inequities in which everyone piously mouths Left-wing slogans.* (108) Johnson wijst daarbij op de historisch unieke aard van de globalistische vijandelijke elite: *Currently, white nations are ruled by the wealthiest, most powerful, and most diabolically evil elite in human history. When Plato and Aristotle compiled their catalogues of bad forms of government, neither of them imagined a regime so evil that it was dedicated to the replacement of its own population with foreigners.* (115)

In zijn inleiding benadrukt Johnson het feit dat de globalistische vijandlijke elite — die zeer terecht kan worden benoemd als een 'schijnelite van valsemunters' (Bosma) — zich nu opmaakt voor een alles-of-niets eindoffensief tegen de Westerse beschaving *als geheel* en daarmee tegen de Westerse volkeren *als groep*. Deze *Operation Downfall*[141] behelst een 'totale oorlog' strategie van verplichte 'diversiteit' op verschillende maatschappelijke niveaus en in geheel de publieke sfeer. Deze 'diversiteit' is gericht op de vernietiging van de fundamentele waarden en kerninstituties van de Westerse beschaving en Johnson vat deze existentiële bedreiging voor de Westerse volkeren op kernachtige wijze samen: *We stand for brotherhood and belonging. Diversity takes those away. That's what's wrong with diversity.* (86) Johnson specificeert de verschillende uitwerkingen van 'diversiteit': de reductie van kerncurricula in het lager en middelbaar onderwijs, de opheffing van standaard minimumeisen en de invoering van namaak studies in de universiteiten, de enorme verspilling van middelen en tijd aan *affirmative action* en 'diversiteit' programma's op de arbeidsmarkt, de systematische sabotage van wetshandhaving en justitiële efficiëntie, de structurele verzwakking van het gezinsleven en de opzettelijke massa-immigratie overbelasting van infrastructuur, woningmarkt en arbeidsmarkt. Het nettoresultaat van deze 'diversiteit' is de ineenstorting van de organische sociale structuren van inheemse Westerse samenlevingen: het wegvallen van vertrouwen, wederkerigheid en zelfopoffering. Met de ineenstorting van het inheemse gemeenschapsleven verdampen basale sociale cohesie en organisch zelfbestuur. *Things start breaking down in the immediate present, as soon as people lose hope for the future. ...In the present system [white people] have no future, and... are acting accordingly. ...[T]he collapse has been spiritual.*

---

141 Een verwijzing voor de codenaam van het geallieerde plan voor de invasie van het Japanse thuisland gedurende de laatste fase van de Tweede Wereld Oorlog — de uitvoering van *Operation Downfall* bleef uit door het nucleaire bombardement van Hiroshima and Nagasaki en de erop volgende overgave van Japan.

When people lose hope for the future, it makes no sense to go to college, marry, start families, invest in one's children, create businesses, pursue careers, or think about giving something back to society. Instead, it makes sense to turn to short-term hedonism: pornography, video games, drinking, drugs, casual sex, etc. People are increasingly failing to mature, failing to launch, failing to build relationships, failing to have lives. But short-term self-indulgence can't make us happy. Thus, we are see soaring rates of alienation, loneliness, anti-depressant usage, drug overdoses, alcoholism, and suicide. (2-3) Hier omschrijft Johnson het gecombineerde effect van sociale implosie en etnische vervanging op de Westerse volkeren *als groep*. Zijn sociologische analyse beschrijft een dynamische ontwikkeling die zichtbaar is in de hele Westerse wereld en zijn politieke analyse wijst op de oorsprong van die ontwikkeling: die oorsprong ligt in een globalistische vijandelijke elite met belangen die lijnrecht liggen tegenover de belangen van de Westerse volkeren.

Het is echter belangrijk aan te tekenen dat Johnson in zijn analyse van de dreiging die over de Westerse volkeren hangt een aantal problemen benadrukt die niet zozeer typisch *Westers* als wel typisch *Amerikaans* zijn. Fiscale verantwoordelijkheid, vrij ondernemerschap, vrijheid van meningsuiting, vrijheid van godsdienst, wapenbezit en constitutioneel-beperkt overheidsoptreden (36) zijn veel belangrijker in Amerika dan in Europa: hoewel er voor deze zaken tot op bepaalde hoogte parallellen te vinden zijn in Europa, zijn ze bij lange na niet zo relevant in de Oude Wereld als in de Nieuwe Wereld. Eerder weerspiegelen ze het grote experiment met (godsdienstige, politieke, economische, sociale) individuele vrijheid dat begon met de vroege *WASP* (*White Anglo-Saxon Protestant*, 'Blank Angelsaksisch Protestantse') kolonisatie van het Noord-Amerikaanse continent — een experiment dat later formeel werd vastgelegd in de Amerikaanse onafhankelijkheidsverklaring en de Amerikaanse grondwet. Het is belangrijk niet te worden afgeleid door de sensationele historische en materiële wapenfeiten die werden ingegeven door deze 'Amerikaanse Droom' en eraan te herinneren dat de normen en waarden van 'Project

Amerika' fundamenteel wezensvreemd blijven aan de Europese cultuur in de Oude Wereld. De dichtste benaderingen van deze normen en waarden worden gevonden in mede-(ex-)Radicaal-Protestantse *fellow travellers* zoals Groot-Brittannië en Nederland en in de ex-Britse en ex-Nederlandse vestigingskoloniën overzees — Canada, Australië, Nieuw-Zeeland en Zuid-Afrika. Zo blijft het WASP 'Project Amerika' tot op grote hoogte een uniek experiment met unieke kwaliteiten — en unieke uitdagingen. Vanuit Oud Werelds perspectief wordt dat experiment gekenmerkt door idealen die alleen kunnen floreren in een goed beschermde 'broeikas' omgeving. Geopolitiek en cultureel gesproken is het 'Project Amerika' experiment alleen mogelijk in de afgeschermde luwte die ligt tussen de twee grootste oceanen van de wereld. Vanuit Europees perspectief is zelfs de voornaamste etnisch-demografische 'competitie' van het *WASP*-Amerikaanse grondleggervolk nogal 'tam'. In godsdienstig, taalkundig en zelfs fenotypisch opzicht is de Latijns-Amerikaanse vloedgolf die Amerika nu binnenrolt veel minder afwijkend van inheemse *WASP* bevolking van Amerika dan de Afrikaans-Midden-Oosterse stormvloed van de inheemse bevolking van Europa.

Twee voorbeelden van de typisch-Amerikaanse benadering van Johnson's 'Manifest' zijn vermeldenswaardig: (1) Johnson's *idealistisch-abstrakte* benadering van bio-evolutionaire groep strategieën, zoals zichtbaar in de door hem benadrukte Genetische Gelijkvormigheid Theorie die aantoont dat ...*affection, harmony, and altruism among humans — and living things in general — are functions of genetic similarity. The more genetically similar two creatures are, the more likely they will have harmonious relationships. The ultimate explanation for this is the biological imperative for genes to replicate themselves.* (83-4) Het is belangrijk aan te tekenen dat dit theoretische model, op zich logisch geldig, *alleen maar* van toepassing is binnen relatief veilige 'broed omgevingen' — alleen daar zijn volledig vrije specialisatie en optimale keuze vrijheid mogelijk. Dit model faalt onmiddellijk in confrontatie met meer dan kortstondige etnische competitie. Elk soort *clear and imminent danger* van meer dan voorbijgaande aard, bijvoorbeeld in de continue aanwezigheid van vijanden aan een doorlaatbare (land)grens, zal de radicaal andersoortige bio-evolutionaire aanpassingstrategieën opleggen. In de echte wereld zijn bio-evolutionaire aanpassing en genetische ontwikkeling onvermijdelijke functies van directe — inclusief bruut-fysieke — *machtsverhoudingen*. Een hedendaags voorbeeld van het onmiddellijke effect van afwijking van de Genetische Gelijkvormigheid Theorie ten gevolge van instabiele machtsverhoudingen over territoriale grenzen heen is zeer zichtbaar in het Westen, namelijk in de massale 'keuze' van Westerse vrouwen voor 'voortplantingstakingen' en interraciale experimenten'.

(2) Johnson's *idealistisch-abstrakte* opvatting van het programmatisch begrip van Universeel Etno-Nationalisme: *ethnonationalism is a universal right possessed by all races and peoples* (4) en *...ethnonationalism is good for all peoples.* (130) Hoewel deze opvatting duidelijk wordt ingegeven filosofisch idealisme — zo niet ethisch perfectionisme — is zij ook duidelijk utopisch. Etno-Nationalisme mag als meta-politieke strategie goed passen bij een specifieke etnische groep in een specifieke historische context, maar het kan nooit automatisch preferentiële toepassing hebben als 'universeel' beginsel. Zelfs als Etno-Nationalisme in het huidig tijdsgewricht een goede bio-evolutionaire strategie is voor de 'blanke' volkeren van het Westen, dan nog is het zeker niet de preferentiële strategie van vele niet-Westerse volkeren in de hedendaagse wereld. Zo vertegenwoordigen het Jodendom en het Hindoeïsme in de hedendaagse wereld bio-evolutionaire strategieën met een expliciet *trans-etnische* dimensie: ze zijn *transcendent* verankerd en rijken daarmee veel verder dan de slechts *immanent* gedefinieerde categorieën van 'natie' en 'nationaliteit' — ze schuiven automatische alle slechts immanent gedefinieerde 'rechten' van 'andere' ter zijde. *Praktisch gesproken* zien het Jodendom en het Hindoeïsme niet-Joodse en niet-Hindoe etniciteit en nationaliteit simpelweg als 'omgevingsfactoren', 'obstakels' vergelijkbaar met klimaat en topografie. Zo zullen Joodse en Hindoe populaties simpelweg hun eigen

pad volgen en blijven hen de abstracte 'rechten' van andere volkeren simpelweg vreemd, althans voor zover deze 'theoretische' rechten geen praktische bekrachtiging vinden. Nog weer andersoortige bio-evolutionaire strategieën berusten op subtiele combinaties van godsdienstige en taalkundige allianties die fenotypische associatie te boven gaan. Zo worden de Turkse en Arabische identiteit in de eerste plaats bepaald door taalkundige en godsdienstige hegemonieën — deze hegemonieën gaan boven fenotypische associatie. Cultuur-historisch gesproken zijn taalbeheersing en (specifieke vormen van) Islamitische geloofsassociatie belangrijker voor de Turkse en Arabische identiteit dan huidskleur en fysiognomie. Zo zijn deze identiteiten in staat om andere etniciteiten en volkeren te overheersen en te absorberen: ze zijn in die zin *machtsuitdrukkingen* puur en simpel. Deze machtsmechanismen zijn zowel transcendent (psychologisch, spiritueel) verankerd als fysiek expansief — ze worden gekenmerkt door *organische groei*. Tegenover zulke bio-evolutionaire strategieën is een exclusief immanent gedefinieerde zelf-identificatie met fysieke 'blankheid' volledig inadequaat. Tegenover zulke competitie kan een idealistisch-abstrakt Etno-Nationalisme gebaseerd op 'blankheid' niet overleven. De Europese identiteit kan alleen overleven door de mobilisatie van equivalente — bij voorkeur superieure — machtsbronnen.

Vanuit Oud Werelds perspectief vertegenwoordigen Genetische Gelijkvormigheid Theorie en Universeel Etno-Nationalisme theoretische modellen die passen bij de Nieuwe Wereld en bij andere relatief geïsoleerde 'blanke biotopen'. De Amerikaanse en Australische continenten zijn nog altijd relatief geïsoleerd ten opzichte van de allen-tegen-allen jungle oorlog die nu woedt in grote delen van de Oude Wereld. Wel moet gezegd zijn dat Johnson's idealistisch-abstracte ideeënwereld zeer goed past bij het Amerikaanse basisvisioen van de *City upon a Hill*: zij borduurt voort op de universele en utopische basisbeginselen van 'Project Amerika'. Europeanen doen er goed aan zich te herinneren dat Amerikanen grote offers hebben gebracht voor de verwezenlijking van hun visioen. Zo vochten zij ook een kostbare vierjarige burgeroorlog om de met dit visioen onverenigbare slavernij af te schaffen. Het universalistische en utopische Amerikaanse basisvisioen is bespeurbaar in heel Johnson's 'Manifest': *...although whites were not the only people to practice slavery, hunt animals to extinction, or devastate the natural world, we are also the race that took the lead in abolishing the international slave trade, saving endangered species, and protecting the environment.* (26-7) Wanneer Europeanen spreken over Johnson's 'Manifest', nu onderhevig aan gemakzuchtige censuurzucht, dan doen zij er goed aan zich deze *Sitz im Leben* te herinneren. Met zijn beroep op universele etno-nationalistische rechten vertegenwoordigt dit 'Manifest' feitelijk een hoogst idealistische poging om de oude Amerikaanse Droom van universele rechten te redden middels een gecompartimentaliseerde ('elk volk voor zich') benadering: het vertegenwoordigt nog steeds een visie voor *de mensheid als geheel*. Johnson's visie van Universeel Etno-Nationalisme beoogt het goede voor alle volkeren, want het is gebaseerd op *...the idea of a society where everybody around you is kin. It is a society where you can understand and trust your fellow citizens. Where you can understand and trust your fellow citizens. Where you can cooperate to pursue the common good. Where you will wish to contribute to grand projects, even though you might not live to see them completed. Where people plant trees so that future generations can enjoy the shade.* (86) En zo past Johnson's 'Manifest', op een bijna onwaarschijnlijke manier, alsnog bij de nalatenschap van de grootste Amerikaanse president, die het grootste offer bracht voor het Amerikaanse visioen: Abraham Lincoln.

'Wind River'

(Bio-evolutionair perspectief)
Luck lives in the city.
It don't live out here.
Here you survive or you surrender.
Period.

— 'Wind River' (Sheridan)

Als Amerika, beschermd voor directe overzeese militaire invallen en niet-Christelijke immigratie door duizenden kilometers oceaan, nog altijd een relatief veilige 'blanke habitat' vormt waar universalistisch idealisme nog steeds kan bloeien, dan vormt het tegelijk ook een 'proeflaboratorium' voor sommige van de grootste bio-evolutionaire experimenten uit de geschiedenis van de Moderne Tijd. Onde deze titanische 'experimenten' in 'mensheid manipulatie' vallen de Darwinistische *survival of the fittest* verwijdering van de inheemse Amer-Indiaanse bevolking, het Morlock-en-Eloi rollenspel tussen 'slavenras' Afro-Amerikanen en 'meesterras' Euro-Amerikanen en de 'Joods-Christelijke' symbiose binnen het politieke establishment en in het godsdienstige zelfbeeld. Vanuit die optie is de recente globalistische politiek van bijna ongereguleerde Derde Wereld 'arbeidsmigratie' naar de continentale Verenigde Staten slechts het zoveelste 'experiment' met 'mensheid manipulatie' in een lange serie; een soort 'vredestijd' experiment dat tot één generatie terug volledig onbekend bleef aan inheemse Europeanen. Het was pas in de negentiger jaren van de 19e eeuw dat de Amerikaanse *frontier*, dat wil zeggen de Amerikaanse 'binnengrens' tussen Europees-koloniale beschaving en het 'Wilde Westen', fysiek van de kaart verdween. De existentiële betekenis van de oude *frontier* tekent echter nog altijd de Amerikaanse collectieve psyche. Als de 'Amerikaanse identiteit' archetypisch wordt gedefinieerd als *WASP* identiteit, dan heeft de hedendaagse Amerikaanse psyche nog steeds veel trekken van de mentaliteit die ooit werd opgelegd door de *frontier* leefwereld. In Amerika zijn wapenbezit, privé eigendom, individueel zelfbeschikkingsrecht en zelfbestuur van fundamenteel belang voor burgers en kiezers—het zijn zaken die simpelweg geen directe parallel hebben in de Europese leefwereld. Naast de Amerikaanse opvatting van *burgerschap* is en blijft de Europeaan steken in de semi-horige status *onderdaan*. Johnson's 'Manifest' kan in die zin het best worden begrepen als een intellectuele weerspiegeling van het net onder de waarnemingshorizon gelegen *Wehr- und Waffen-Instinkt* dat hoort bij de mentaliteit van de *frontier*.

Feitelijk mobiliseert Johnson's 'Manifest' de *frontier* mentaliteit en het bijbehorende overlevingsinstinct door een ontluisterende ontmaskering van het taboe op 'ras' — een taboe dat het onmogelijk maakt de versnellende krimp van de biotoop van 'Blank Amerika' politiek effectief te agenderen. Met zijn chirurgische verwijdering van de hele — bijna volledig kunstmatige — Cultuur-Nihilistische 'superstructuur' van postmodern Amerika zet Johnson de kwestie van 'blank overleven' neer in bot Darwinistische termen: *In biological terms, the white race is a subspecies of the larger human species, Homo Sapiens. ...[W]hen a subspecies goes extinct, other subspecies of the same species might still survive. ...From the point of view of conservation biologists, the extinction of a subspecies is to be fought just as adamantly as the extinction of a whole species.* (9) Hij gaat vervolgens verder met een lijst van de biologische oorzaken van het uitsterven van soorten en rassen:

(1) habitat verlies — hier niet veroorzaakt door natuurlijke maar door menselijke factoren. Hier raakt Johnson de wellicht grootste pijnplek: *...whites do not reproduce in unsafe environments, and one of the greatest causes of unsafe breeding environments is the presence of non-whites. Just as panda do not breed well in captivity, whites do not breed well in diverse environments. ...[W]hites specifically feel unsafe around* free *and* unassimilated *non-white populations, such as we find in modern multicultural societies.* (13);
(2) invasieve exoten — hier via demografische competitie met 'nietblanke' populaties;
(3) soortelijke hybrisering — hier uitgesplitst in een directe variant (verkrachting, slaven status) en een indirecte variant ('omgekeerde discriminatie' van blanke mannen, 'verplichte emancipatie' van blanke vrouwen en overheidsgesubsidieerde 'geboorte planning').;
(4) bovenmatig jachtverlies — hier begrepen als 'koude volkerenmoord' door feitelijke juridische immuniteit voor de 'jachtdieren'

(praktische onaantastbaarheid van illegale vreemdelingen, cultureel misplaatste straffen);

Wat hier ter discussie staat is niet de geldigheid van Johnson's analyse: wat hier ter discussie staat is het vermogen van zijn 'doelgroep publiek' om de politieke en sociale hervormingen door te voeren die noodzakelijk worden op basis van die analyse. Dit vermogen is hoogst twijfelachtig. Zoals Johnson zelf expliciet erkent, is dat vermogen uiteindelijk een functie van de lange-termijn mechanismen van bio-evolutionaire aanpassing en 'natuurlijke' selectie: *Voluntary birth control is also strongly dysgenic, because it requires long-term thinking and impulse control. It is, moreover, motivated by a sense of social and ecological responsibility. To the extent that all of these traits are heritable, voluntary birth control means that future generations will be disproportionately sired by the impulse, stupid, and morally irresponsible.* (15-6) Vanuit Traditionalistisch perspectief kunnen de *fysieke* mechanismen van bio-evolutionaire aanpassing en selectie worden opgevat naar twee van elkaar verschillende maar elkaar aanvullende *meta-fysieke* betekenissen. De eerste meta-fysieke betekenis hangt samen met *dys*-genetische en *de*-volutionaire 'zelf-selectie' — dit fenomeen heeft de betekenis van *ondergang* in het 'Duistere Tijdvak'. Binnen de Traditionele School wordt deze meta-fysische betekenis door René Guénon geïnterpreteerd in de zin van *le règne de la quantité*; binnen het postmoderne wetenschappelijke discours wordt het door Peter Sloterdijk geïnterpreteerd in de zin van de moderne *Fall in der Zukunft*. De tweede meta-fysieke betekenis van het negatieve 'zelf-selectie' mechanisme is die van pre-Gouden Dageraad *zuivering*. De volgende paragraaf, getiteld 'De sfinx', zal deze twee (nauw met elkaar verbonden) betekenissen van 'ondergang' en 'zuivering' nader onderzoeken. Vooraf moet echter nog worden gezegd dat deze betekenissen op geen enkele wijze afbreuk doen aan Johnson's analyse: Johnson's analyse beschrijft simpelweg de *concrete* en *eigentijdse* manifestaties van het onvermijdelijke meta-historische proces dat wordt beschreven door de grondleggers van de Traditionele School.

Vanuit Traditionalistisch perspectief is de huidige Westerse cyclus van bio-evolutionaire aanpassing en selectie volledig voorspelbaar: het toekomstige traject van Amerika's *huidige* bio-evolutionaire 'experiment' — de gestage vervanging van de blanke populatie door niet-blanke immigranten — kan worden voorspeld uit het historische traject van Amerika's *eerste* bio-evolutionaire 'experiment'. Dat eerste 'experiment' resulteerde in de bijna volledige etnische vervanging van de inheemse Amer-Indiaanse bevolking door een nieuwe bevolking van blanke immigranten uit Europa. Uit de door Johnson opgesomde oorzaken van uitsterven — habitat verlies (territoriale marginalisatie), invasieve exoten (economische marginalisatie), soortelijke hybrisering (fenotypische marginalisatie) en bovenmatig jachtverlies (wettelijke marginalisatie) — valt maar één 'slotsom' af te leiden. Deze 'slotsom' wordt pijnlijk duidelijk geïllustreerd in het wrede lot van de laatstoverlevende inheemse Amerikaanse Indianen: zij leven hun laatste dagen in een land dat hen niet langer toebehoort. Gelijksoortige 'slotsommen' zijn te wetenschappelijk bestuderen in de overlevende Australische Aboriginals, de Nieuw-Zeelandse Maori's en de Zuid-Afrikaanse Bosjesmannen. Lezers die geen geduld en moed hebben voor een studie in werkeloosheid, dakloosheid, verslavingsproblematiek en statistieken met betrekking tot ziekelijk overgewicht, routineuze verkrachting, zelfmoordepidemieën en moordfrequentie kunnen alles wat zij willen weten vinden in het handjevol films dat is gewijd aan het droeve lot van deze 'minderheid in eigen land' groepen: *Once Were Warriors* (Tamahori), Charlie's Country (de Heer) en Wind River (Sheridan). Iedereen die *Wind River* heeft gezien en begrijpt op welke 'inheemse' realiteiten deze film is gebaseerd[142] zal

---

142 Verg. https://www.yakimaherald.com/special_projects/vanished/national/why-are-native-american-women-vanishing/article_8bb95812-16b8-11e9-9ac6-435f5234dofd.html and http://www.niwrc.org/resource-topic/missing-and-murdered-native-women

inzien dat parallelle ontwikkelingen nu al duidelijk zichtbaar zijn in de 'blanke realiteit' van het postmoderne Westen. Als deze ontwikkelingen zich voortzetten op hun huidige traject, dan is het goed mogelijk dat de overblijfselen van 'inheems Europa' en 'Blank Amerika' zich Johnson's 'Manifest' spoedig zullen herinneren zoals inheemse Amerikanen zich Wovoka's *Ghost Dance* herinneren: als 'laatste dagen magie' om het noodlot te bezweren. Als zij zich überhaupt al iets zullen herinneren.

De sfinx

> (Meta-fysiek perspectief)
> *What a piece of work is man,*
> *How noble in reason, how infinite in faculty,*
> *In form and moving how express and admirable,*
> *In action how like an Angel, in apprehension how like a god,*
> *The beauty of the world, the paragon of animals.*
> *And yet to me, what is this quintessence of dust?*
>
> — William Shakespeare, 'Hamlet'

Over de diepere betekenis van het in de vorige paragraaf besproken thema van de etnische 'slotsom' — Johnson's 'blanke uitsterven' — valt vanuit Traditionalistisch perspectief nog één en ander te zeggen. De bio-evolutionaire 'uitdunning' van de Europees-stammige volkeren — Johnson's 'blanke ras' — heeft vanuit dat perspectief een duidelijke *meta-fysieke* betekenis, dat wil zeggen een betekenis die geleden is boven de oppervlakkig zichtbare *fysieke* neergang van een bepaald fenotype. Ongeacht de precieze oorzaken ervan — natuurlijk gegeven, opzettelijk gepland, of beide — weerspiegelt de fysieke neergang van de Europees-stammige volkeren de verzwakking van hun meta-fysieke *archetypes*. In cultureel-antropologisch terminologie kan worden gesproken over een verlies aan 'totemische macht'. Vanuit

Traditionalistisch perspectief weerspiegelen de ondergang, hybridisering en transformatie van een (deel van een) volk steeds ook een proces van zelf-selecterende *zuivering*. Degenen die zich niet meer kunnen meten aan het oude archetype en het vooroudelijk ideaal worden 'weg-geselecteerd' door de geschiedenis. De mannen die de offers van hun voorouders onwaardig zijn en die hun totems niet langer eren worden veracht door hun eigen vrouwen — hun bloedlijn zal falen. De vrouwen die hun natuurlijke allianties opgeven en zich vrijwillig overgeven aan de vijand worden veracht door hun eigen mannen — hun nageslacht zal bij een ander volk horen. Maar de mannen die strijden en vallen voor hun volk worden onsterfelijk in de herinnering en de mythologie van hun volk. De vrouwen die strijden en als buit 'toevallen' door de vijand kunnen nog kinderen krijgen die hen wreken. Dit zijn de 'culturele' equivalenten van de 'natuurlijke selectie'. Wat er in meta-fysieke zin toe doet is daarom niet de *kwantitieve* maar de *kwalitatieve* uitkomst van de huidige bio-evolutionaire 'uitdunning' van de Europees-stammige volkeren: zelfs als deze volkeren *kwantitief* worden verminderd tot een fractie van hun huidige aantallen, dan nog kan het zijn dat hun overblijfselen *kwalitatief* worden vermeerderd in de zin van beschavingsniveau en cultuurbloei. Hierbij is het belangrijk aan te tekenen dat de originele boreale habitat van de Europese volkeren werd gekenmerkt door strenge seizoencycli, ondoordringbare oerbossen en hoogst gevaarlijke roofdieren. De fysieke, psychologische en spirituele omstandigheden van deze oer-habitat — die equivalenten vindt in de boreale en australe Europese vestigingskoloniën overzees — vertegenwoordigen een existentieel optimum voor de Europese volkeren. En zo kunnen een (intentioneel zelf-)gereduceerde bevolkingsdichtheid en een (opzettelijk) her-wilderde natuur-omgeving bijdragen tot het her-uitvinden van de Europese versie van de Perfecte Mens.

Vanuit het meta-fysieke perspectief van de Traditionele School overtreft de 'menselijke mate' uiteindelijk alle etnische grenzen. Het Gezicht van de Perfecte Mens (*Adam Qadmon, Ensan-e Kamil,*

Purusha) heeft een kleur die de voorbijgaande tinten van de wereldse realiteit doet verbleken. Op deze Aarde wordt zij zelden genoeg gezien. Misschien was zij zichtbaar in Zoeloe Koning Cetshawayo kaMpande toen hij het Britse Imperium versloeg op Dode Maan Dag,[143] of in Lakota Opperhoofd *Sitting Bull* toen hij het Amerikaanse leger versloeg op het Dikke Gras,[144] of in de Poolse Koning Jan Sobieski op de dag dat hij zich verhief tot *Defensor Fidei* op het veld voor Wenen. Na de moderne afschaffing van krijgshaftig heroïsme, scheen deze kleur nog enige tijd door in zeldzame momenten dat zelfs de moderne 'laatste mens' er het zwijgen toe doet in de tegenwoordigheid van vredestijd glorie. Een paar van zulke 'blanke' momenten waren Kirsten Flagstad's *Liebestod* van 23 juli 1952, Bobby Fischer's 'Spel 13 Kasteel Afsluiting' van 10 augustus 1972 en Nadia Comaneci's Olympische 'Eerste Perfecte 10' van 18 juli 1976. Zelfs na het Duistere Tijdvak eindpunt van zulke *publieke* vredestijd momenten, kan zij nog doorschijnen in unieke *privé* momenten: het perfecte statuur van een Zwarte Eva op een straathoek, de serene stilte van een Aziatische Bodhisattva in een rijstveld dorp, de hemelsblauwe illuminatie van een Noordse wetenschap in een laboratorium. Geen menselijke groep en geen menselijk individu is superieur in het *potentieel* voor Perfectie: elk ras, elk volk en elk persoon kan die Perfectie bereiken via een *uniek eigen pad*. Maar vanwege het wegvallen van de daartoe benodigde voorbereidende conditionering — een conditionering die een plaats in een authentieke Traditie vergt — ligt deze Perfectie nu in steeds extremere mate buiten het bereik van de zelfingenomen en zelfgeobsedeerde 'moderne mens'. De Moderniteit reduceert het begrip van de Perfecte Mens tot een museaal 'tentoonstellingstuk' — een schijnbaar onmogelijk anachronisme. En toch: het blijft beschikbaar

---

143 Een verwijzing naar de Zoeloe overwinning in de Slag bij Isandlwana die samenviel met de zonsverduistering van 22 januari 1879.

144 Een verwijzing naar de inheemse naam van de plaats waar de Slag bij de Little Bighorn — ook bekend als de 'Laatste Standplaats van Custer' — werd uitgevochten op 25-6 juni 1876.

als een onmiddellijk kuur voor elk soort primitivistisch 'racisme' en elk soort evolutionaire 'superioriteit' in de 'moderne mens'. Op individueel niveau kan ook de 'moderne mens' nog steeds kiezen om verder te *kijken* dan wereldse kleuren — goud, lazuursteen, kwarts en obsidiaan — en het Levende Gezicht van Amun te *doorzien*.[145] Alleen een dergelijk *in-zicht*, gecombineerd met een beslissende her-toe-eigening van de verborgen archetypes van de Europese Traditie, kan een afdoende solide fundament leggen voor het project dat Johnson's 'Manifest' uiteindelijk beoogt: *Reconquista*.

Reconquista

(Etno-nationalistisch perspectief)
Speak softly and carry a big stick — you will go far.

— Theodore Roosevelt

Johnson verwerpt het uitgangspunt van de vijandelijke elite: dat de Europese volkeren geruisloos in de nacht van de geschiedenis zullen en moeten verdwijnen. Johnson's 'Manifest' staat diametraal tegenover de globalistische eis van de onvoorwaardelijke overgave van het Europees erfgoed en de Europese identiteit. Tegelijk realiseert Johnson zich dat deze verwerping een op 'totale oorlog' afgestelde mobilisatie vergt: de existentiële keuze voor authentiek erfgoed en authentieke identiteit maakt een strijd op leven en dood met de vijandelijke elite onvermijdelijk. Johnson beschrijft deze elementaire keuze als volgt: *If whites have no future in the current system, then we will simply have to set up a new one. ...To give our people a future again... [w]e need to replace our leaders before they replace us...* (3, 5). De aanstaande machtstrijd tegen de vijandelijke elite heeft daarbij drie specifieke aspecten: (a) *Innerlijke Revolutie*, (b) *Uiterlijke Revolutie* en

---

145 Een verwijzing naar de materialen die verwerkt zijn in het doodsmasker van Farao Tut-Ankh-Amun, nu tentoongesteld in het Egyptische Museum in Caïro.

(c) *Politieke Implementatie*. Johnson gaat in op alle drie aspecten: de volgende samenvatting geeft zijn visie in zijn eigen woorden weer:

(a) Innerlijke Revolutie: *...individualism can be replaced with an ethic of racial responsibility; sex-role confusion can be eliminated by the reassertion of traditional and biological sex roles (women as mothers and nurturers, men as protectors and providers); white guilt and self-loathing can be replaced by white pride and self-assertion; affordable family formation can be a cornerstone of social policy...* (24) Johnson erkent in dit verband de grootste hindernis die de Innerlijke Revolutie in de weg staat: de 'onnatuurlijkheid' die samenhangt met feminisatie, verwekelijking en decadentie: *The essential problem... is finding a way to square the requirements of white survival with our people's highly evolved, perhaps even morbid conscientiousness. [It may] actually make... it easier to mobilize our people if fair and reasonable solutions are violently rejected.* (47) *The main stumbling block... is bourgeois morality. The bourgeois ethos holds that the highest good is a long, comfortable, secure life. By contrast, the aristocratic ethos holds honor as the highest value, to which the aristocrat is willing to sacrifice both his life and his wealth. Bourgeois man, by contrast, is all too willing to sacrifice honor to pursue wealth and to extend his life. The bourgeois ethos is also opposed to the willingness of idealists to die for principles, whether religious, political, or philosophical. ...As a movement we need to cultivate idealists who take principles seriously and warriors who are willing to fight and, if necessary, die for our people.* (124-5) Johnson erkent ook de meest effectieve therapie voor dit probleem, ook al gaat hij niet in op de Traditioneel Christelijke wortel ervan (in de Theologische Deugden): *Hoop. ...[T]here will be immediate psychological dividends for whites once we know our race has a future again. There will be less alienation and depression—fewer losers, alcoholics, drug addicts, and suicides. More whites will form businesses, and contribute to society. Once we restore hope for the future,*

our people will start living as if the ethnostate is already here. Those who fight for a better world live in it today. (47)
(b) Uiterlijke Revolutie: Johnson legt de focus op het hoofddoelwit van de Uiterlijke Revolutie, namelijk de globalistische vijandelijke elite. *The entire political establishment in virtually every white country is committed to the policies that are driving white demographic decline: the destruction of the family and the denigration of motherhood; the promotion of hedonism and selfishness; encouraging multiculturalism, race-mixing, and race-replacement immigration; and the cult of 'diversity', which is just an euphemism for replacing whites with non-whites.* (3) *[These policies] ...were hatched in the minds of intellectuals, artists, scientists, politicians, educators, and advertisers. They were made real by changing people's beliefs and values, and by altering the laws and institutions that govern us.* (18) Johnson waarschuwt tegen naïviteit in de omgang met de globalistische vijandelijke elite: hij wijst op de kwaadaardige opzettelijkheid achter de schade die zij de Europese volkeren berokkent: *...[T]he ruling elites in every form of society are noted for thinking and planning ahead. Both government intelligence agencies and private think tanks are in the business of generating long-term predictions based on current trends, and planning accordingly. Thus it is just not plausible that our leaders are unaware of white extinction. They either don't care about it, or want it to happen.* (20) *Once demographic displacement could no longer be ignored, the establishment switched from denying it to hailing it as progress, while silencing and marginalizing dissenting voices, quietly refusing to enforce existing immigration controls, and blocking all attempts to impose new controls.* (22) Johnson wijst in dit verband op de grootste zwakte van de globalistische vijandelijke elite: haar diepe en permanente politiek-filosofische en ethische 'roodstand'. *Our enemies' ...greatest weaknesses are false ideas and decadent values that are leading to terrible consequences. These catastrophes and the subsequent*

attempts to cover them up, explain them away, and avoid blame are shredding their credibility. (104)

(c) Politieke Implementatie: alvorens een aantal concrete suggesties te doen voor de politieke implementatie van zijn antiglobalistisch programma, wijst Johnson op de noodzaak voor een strategisch-beslissende Nieuw Rechtse positionering op de door de vijandelijke elite verlaten *moral high ground*. Hij neemt het ethisch-strategische initiatief met een directe aanval op het globalistische argument dat een *Nieuw Rechts* etnisch zuiveringsprogramma onethisch zou zijn. Johnson legt fijntjes uit dat de blanke bevolking van het Westen *nu zelf* het slachtoffer is — van een *globalistisch* etnisch zuiveringsprogramma. ...*[W]hites are already living with ethnic cleansing for political reason. It's just that whites are the victims rather than the beneficiaries. For two or more generations now, whites have been subjected to mass ethnic cleansing in our homelands. Millions of whites have changed homes, schools, and jobs millions of times because of the end of racially segregated neighbourhoods, schools, and businesses and the influx of millions of non-white immigrants, who have destroyed white neighbourhoods, schools, and jobs, forcing white families to move elsewhere in search of 'better' (i.e., whiter) places to live and work. Despite the enormous human and financial costs of this ethnic cleansing, whites have been 'living with it' quite well. It seldom seems to intrude into their consciousness, much less into public expression, and hardly ever into political action and change. So I think whites can live with themselves quite well if they imposed the same processes of demographic replacement on non-whites, and I think that non-whites could live with it too.* (40)

Vanuit deze vaste stelling op de *moral high ground* komt Johnson vervolgens met een spervuur van concrete politieke aanbevelingen. Deze aanbevelingen vormen in zekere zin het hart van zijn 'Manifest'. In de volgende samenvatting is het wederom het best Johnson in zijn eigen woorden te laten spreken (98-9) — met hier en daar een kanttekening ten behoeve van de Europese *Realpolitik*:

(1) 'Wij moeten onze grenzen sluiten voor niet-Westerse immigratie'.

(2) 'Wij moeten de hele immigratie bevolking van na 1965, plus nageslacht, repatriëren'.[146] Kanttekening: deze maatregel kan niet zonder meer van toepassing zijn op ex-koloniale vluchtelingen, inheemse huwelijkspartners en goed geassimileerd nageslacht uit gemengde huwelijken. Nog een kanttekening: er zullen speciale regelingen moeten komen voor individuele gevallen van echte assimilatie. Vanuit Traditionalistisch perspectief is het mogelijk dat in bepaalde individuele gevallen innerlijke existentiële richting zwaarder weegt dan uiterlijke kenmerken als huidskleur en fenotype. In speciale gevallen is het mogelijk dat een individu bewijst te behoren tot een 'ras' of 'volk' dat niet op basis van geboorte het zijne of hare is(voor richtingwijzers naar een evenwichtige omgang met de giftige nalatenschap van zes decennia 'massa-immigratie' en 'etnische vervanging', verg. Hoofdstuk 4, paragraaf 'Dura lex sed lex').

(3) 'Wij moeten van voor 1965 daterende niet-blanke minderheden [vrijwillige segregatie faciliteiten] aanbieden, zoals reservaatgebieden, regionale autonomie regelingen en [gesubsidieerde] hervestiging en oude herkomstgebieden'.[147] Kanttekening: in de Europese

---

146 Met '1965' verwijst Johnson specifiek naar de Amerikaanse situatie, resulterend uit de *Hart-Celler Immigration and Naturalization Act* van dat jaar: deze wet maakte een einde aan preferentieel Westerse immigratie en bevordert niet-Westerse immigratie naar de Verenigde Staten. Voor Nederland en België zou een equivalente *cut-off date* iets eerder kunnen worden geplaatst, bijvoorbeeld in 1962 (rekening houdend met de laatste nood-immigraties uit Nederlands-Indië, Nederlands Nieuw-Guinea en Belgisch-Congo).

147 Hier verwijst Johnson opnieuw duidelijk naar de Amerikaanse situatie: de voor-1965 minderheden waar het hem om te doen is zijn de eeuwenlang ingezeten Amer-Indiaanse, Afro-Amerikaanse en Latijns-Amerikaanse bevolkingsdelen. Het is hierbij 'onderhandelingstechnisch' belangrijk een aantal aantekeningen te maken. Amer-Indianen zouden op grond van hun historisch eerstgeboren recht aanzienlijke privileges zouden kunnen opeisen, Afro-Amerikanen

context zullen er onvoorwaardelijke verblijfstitels, 'soevereiniteit-in-eigen-kring' sferen en speciale gemeenschapswetten moeten komen om recht te doen aan langingezetene (vooroorlogse) minderheden zoals de Israëlieten en de Roma.

(4) 'Wij moeten barrières oprichten tegen rassenmenging. ...Wij hebben sterke sociale normen en zelfs wetten nodig om rassenmenging te ontmoedigen'. Kanttekening: in een Europa waarin de drie voorafgaande punten al zijn verwezenlijkt zou wetgeving een beschaafd minimum kunnen vasthouden (bijvoorbeeld tot het schrappen van semi-automatische 'naturalisatie' van huwelijkspartners en niet-geassimileerd nageslacht uit gemengde huwelijken). Nog een kanttekening: het kan goed zijn na te denken over het invoeren van nieuwe etnische categorisatie voor delen van de 'gemengd-rassige' bevolking — deze bevolkingsdelen kunnen dan aanspraak maken op specifiek-eigen gemeenschapsrechten.

(5) 'Wij moeten [inheemse] familievorming met politiek beleid bevorderen. Wij moeten op biologie en traditie gebaseerde geslachtsrollen herstellen, met mannen als beschermers en kostwinners en met vrouwen als moeders en gemeenschapsbouwers. We moeten verder mannen van alle sociale klassen en inkomensgroepen in staat stellen huiseigenaar te worden en uit eigen middelen een gezin te onderhouden.'

(6) 'Wij moeten protectionistische politiek en arbeidsrecht bevorderen om fatsoenlijk beloonde industriële productie arbeid terug te brengen naar het Westen.'

(7) 'Wij moeten ons onderwijssysteem, onze publieke media en onze cultuur zuiveren van anti-blanke propaganda en nieuwe communicatie structuren bevorderen die nieuwe vormen van kennis,

---

zouden aanspraak kunnen maken op substantiële compensaties voor hun slavernijverleden. Latijns-Amerikanen in de zuidelijke grensgebieden zouden op grond van hun plaatselijke numerieke meerderheid kunnen kiezen voor annexatie door Mexico. Met name deze laatste twee mogelijkheden, ongetwijfeld niet welkom bij 'groot-nationalistisch' Blank-Amerikaans Nieuw-Rechts, worden door Johnson onvoldoende uitgewerkt.

kunde en deugd overbrengen: kennis, kunde en deugd die ons als individuen laat opbloeien en die onze beschaving een toekomst geeft'.

Plus ultra

(Neo-Eurazianistisch perspectief)
Let's get them all. Now while we've got the muscle.

— 'The Godfather' II (Coppola)

Vanuit Archeo-Futuristisch perspectief is het wenselijk dat Johnson's beperkte programma, dat zich bezig houdt met de inheemse rechten van de Europese volkeren, wordt ingebed in een *grotere* visie, een visie die de onmiddellijke problemen van de Europese volkeren ziet in een hun grotere context. In metapolitieke zin zou een dergelijke grotere visie prioriteit verdienen om de eenvoudige reden dat het totaal-programma van de vijand — de vijand van de Europese volkeren — zich baseert op een planetaire visie: Nieuw Rechts dient te komen met een evenwaardig — nee, *superieur* — totaal-programma. Het Archeo-Futurisme kan de Liberaal-Normativistische ideologie van de globalistische vijandelijke elite op abstract niveau deconstrueren, maar deze deconstructie vertaalt zich niet automatisch in een deconstructie van concrete machtsstructuren: de instituties van *global governance*, *high finance* en *mainstream media*. De deconstructie van deze machtsstructuren vergt niets minder dan een alternatief geopolitiek machtsparadigma. Omdat de etnische vervanging van de Europese volkeren, waartegen Johnson zich in zijn 'Manifest' verzet, vanuit deze globalistische machtsstructuren worden gecoördineerd zou zijn 'Blank Nationalistische' beweging in wording er goed aan doen zich te beraden op een strategie die hen over hun hele breedte kan bestrijden. Hier vallen de belangen van de 'Blank Nationalistische' beweging op natuurlijke wijze samen met die van andere anti-globalistische krachten — al was het alleen maar om het feit dat ze in de globalistische vijandelijke elite hetzelfde kwaad bestrijden. Hier vindt het 'Blank Nationalisme' dus een natuurlijke vijand in het Neo-Eurazianisme dat een anti-liberaal en *multi-polair* geopolitiek alternatief biedt voor de *uni-polaire* Nieuwe Wereld Orde voor de globalistische vijandelijke elite. Ondanks verschillen in focus en visie zou een bondgenootschap tussen deze twee bewegingen een duidelijk gemeenschappelijk doel hebben: de verwijdering van die elite.

Vanuit Neo-Azianistisch perspectief schaadt de globalistische vijandelijke elite niet alleen de inheemse volkeren van West-Europa en de overzeese Anglosfeer maar ook de mensheid als geheel: het hindert alle volkeren en naties op aarde in het uitdrukken van hun authentieke specifieke identiteiten, in het navolgen en vervullen van hun authentieke specifieke roepingen en in de geopolitieke uitoefening van hun legitieme specifieke eigenbelangen. Het Neo-Aziantisme verwerpt het 'bedrijfsvoeringmodel' van de globalistische vijandelijke elite, een model dat berust op 'verschroeide aarde' exploitatie van natuurlijke hulpbronnen, op de economische immoraliteit van 'rampen kapitalisme' en financiële woeker en op anti-noministische sociaal-culturele deconstructie. Het Neo-Aziantisme verwerpt de *supra-territoriale* hegemonie van de globalistische vijandelijke elite, een hegemonie die berust op een breed arsenaal van 'hybride oorlogsvoering' in een subtiele combinatie van gemoderniseerde *hard power* ('humanitaire' militaire interventie, terroristische marionetten netwerken, economische afpersing door 'sancties') en futuristische *soft power* (*colour revolution* infiltratie, cultuur-storende cognitieve oorlogsvoering, digitaal-algoritmische *psy-ops*). Terwijl het Archeo-Futurisme zich richt op het verwijderen van het *abstracte* (filosofische, metapolitieke) *frame* van het globalistische Liberaal-Normativisme, richt het Neo-Eurazianisme zich op het verwijderen van het *concrete* (geopolitieke, sociaal-culturele) *frame* van de globalistische Nieuwe Wereld Orde. In zoverre de belangen van het Blank Nationalisme samenvallen met die van het Neo-Eurazianisme, kan het Archeo-Futurisme een mogelijke *interface* functie vervullen in een aantal overbruggende concepten.

Zo kan het hiaat tussen het 'archaïsche' (Traditionalistische) fundament van het Neo-Eurazianisme en de 'futuristische' ('etnostatisch-utopische') oriëntatie van het Blank Nationalisme worden overbrugt met de volgende inschattingen:

(1) Het Neo-Eurazianisme verwerpt ten stelligste de gelijkschakeling van de globalistische vijandelijke elite en het Joodse Volk. Deze positie volgt logischerwijs uit de Neo-Azianistische acceptatie van de Traditionalistische erkenning van het Jodendom als authentieke Traditie: elke oprechte en legitieme identificatie met welke authentieke Traditie dan ook is onverenigbaar met deelname aan modernistische projecten zoals die van de globalistische vijandelijke elite. Deze kwestie zal verder worden onderzocht in Hoofdstuk 5. Voor nu volstaat het te zeggen dat, terwijl wetenschappelijke (bio-evolutionaire, cultuur-historische) analyses met betrekking tot het historische 'Joodse Vraagstuk' — inclusief der verhouding ervan tot de globalistische vijandelijke elite — volledig legitiem zijn, er geen sprake kan zijn van een *gelijkstelling* van het Joodse volk met de globalistische vijandelijke elite. De geloofwaardigheid van het 'Blank Nationalisme' als legitieme voorvechter van de Europese inheemse rechten en als een legitieme partner voor de Neo-Azianistische anti-globalistische beweging zal mede afhangen van een duidelijke verwerping van verouderend en zelfdestructief antisemitisme.

(2) Het Neo-Eurazianisme erkent de noodzaak van een correcte inschatting van de vaak complexe historische positie van de vele niet-Europese minderheden die al eeuwenlang verspreid door de Euraziatische ruimte de leefwereld van de Europese volkeren delen. Zo leven in Oost-Europa een aantal Turkse volkeren en leven in West-Europa de overblijfselen van lang inwonende Israëlieten en Roma populaties. Er bevinden zich in die ruimte nu ook een aantal ex-koloniale bevolkingsgroepen die zich trouw bleven aan hun Europese koloniale meesters en de na de dekolonisatie van

Afrika en Azië naar Europa werden geëvacueerd.[148] Deze groepen hebben recht op onvoorwaardelijke verblijfsstatus, op groepsautonomie en op het naleven van historische verplichtingen. Het Neo-Eurazianisme wenst deze volkeren in te bedden in een drastisch gereorganiseerd post-globalistische Eurazië dat gekenmerkt wordt door gelaagde machtsdevolutie en confederatieve staatsvormen (misschien uiteindelijk onder de hogere autoriteit van een klein aantal nieuwe 'rijksvormen'). Zo komt het dat het Neo-Eurazianisme ten aanzien van 'etnische homogeniteit' een minder rigoureus standpunt inneemt dan het 'Blank Nationalisme' — er dient een realistische balans te worden gevonden. Een pragmatisch afzien van Blank-Utopistische dogmatiek laat ook de mogelijkheid open van een politieke samenwerking met (bepaalde) niet-Europese minderheidsgroepen in de strijd tegen de globalistische vijandelijke elite. Een gesloten front van inheemse Europeanen en (sommige) niet-Europese minderheidsgroepen tegen de globalistische vijandelijke elite zal ook bij de inheemse bevolking het draagvlak vergroten voor een genereuze post-globalistische interetnische 'eindrekening'.

(3) Het Neo-Eurazianisme geeft ruimte aan de ontwikkeling van een holistische visie van 'verlicht-despotisch' en 'paternalistisch' Imperium. Op deze visie gebaseerde grootstaat-structuren kunnen uiteindelijk verder worden uitgebreid buiten de Euraziatische ruimte: de tropische delen van de Nieuwe Wereld, Afrika en Azië kunnen baat hebben bij een zelfgekozen deelname aan deze structuren. Zo erkent het Neo-Eurazianisme de geldigheid van Johnson's relevante opmerking dat *...we should recognize that not all peoples have an equal capacity for self-government. ...[E]thnonationalism is*

---

148 In de Nederlandse context is er het prominente voorbeeld van de Molukse ballingen die na de onafhankelijkheid van Indonesië naar Nederland werden overgebracht. In de Amerikaanse context bestaat er een parallel fenomeen in de Hmong ballingen die na de Vietnam Oorlog naar Amerika werden overgebracht.

not really possible in the racially mixed societies of Latin America, where the best option is probably a more benevolent version of the present system of rule by European-descended elites. Nor is ethnonationalism possible among the most primitive tribal peoples of the world in Africa, Amazonia, Micronesia, or Papua. Such peoples require benevolent paternalism and ethnic reservations. (57) Vanuit dit gezichtspunt kan een positieve werking uitgaan van de voortgezette aanwezigheid van de Europese volksplantingen in zuidelijk Afrika. Delen van die volksplantingen bevinden zich daar reeds drie en een halve eeuw, dat wil zeggen nauwelijks korter dan de eerste Europese volksplantingen in de huidige Verenigde Staten. De Europese inwoners van zuidelijk Afrika — het Afrikaner volk bovenal — zijn nu dus in feite *inheems* in die regio. In plaats van hen aan te moedigen 'terug te keren naar hun thuislanden', zoals gesuggereerd door Johnson (91), zou het beter zijn hen op te komen voor hun inheemse rechten. Hun lange strijd tegen de incompetente en corrupte regimes die zich baseren op het kunstmatige en disfunctionele 'zwarte meerderheid' principe is in feite een ijkpunt voor de Europese en Blank-Amerikaanse inheemse rechten beweging binnen Nieuw Rechts. Voor de 'Blank Nationalisme' beweging zou eensgezinde solidariteit met de Afrikaner bevolking een speerpunt moeten zijn.

(4) Zoals eerder gezegd is het Neo-Eurazianisme begonnen met de studie van een concept dat (theoretisch, potentieel) in staat is de Europese 'volksstaten' waarnaar Johnson streeft in een groter verband te omvatten en te beschermen: het Archeo-Futuristisch *Imperium*. Semi-confederatieve vormen van 'Nieuw Imperium' kunnen de belangen van de Europese volkeren — en die van de andere inheemse volkeren van Eurazië — veiligstellen. De rijksgedachte van — het begrip van een supra-nationaal en confederatief Imperium — staat historisch centraal in de politieke filosofie van de grote Euraziatische Traditie, inclusief de Perzische en de Indische (verg. Hoofdstuk 12). Feitelijk erkent Johnson dit in zijn begrip

'Onbestreden Alleenheerschappij' (*Uncontested Supremacism*, 50) en zijn stelling dat ...*[e]thnonationalism should be seen as a right, not an obligation. It is not a moral duty that needs to be adopted by every ethnic group, regardless of circumstances. It is simply a highly pragmatic tool to decrease conflict and promote genetic and cultural diversity.* (50) Een Archeo-Futuristisch Imperium, gebaseerd op beschermheerschap ten aanzien van etnische identiteit en op maximale machtsdevolutie vertegenwoordigt een levensvatbaar alternatief voor maximalistisch 'etnisch purisme' in gevallen zulk purisme historisch niet passend is. Binnen de Euraziatische context zijn er een aantal 'hybride etniciteit' gevallen waarin 'etno-staat purisme' duidelijk geen optie is. De historische relaties die prevaleren in gevallen zoals Engeland-Wales-Schotland, Nederland-België-Luxemburg, Castilië-Catalonië-Baskenland, Servië-Bosnisch Servië-Montenegro en Rusland-Wit-Rusland-Oekraïne maken eendimensionale definities van nationale soevereiniteit onmogelijk. De globalistische geopolitiek gebruikt de natuurlijke half-scheidslijnen die binnen deze complexen bestaan om alle vormen van niet-globalistische staatsstructuur die deze complexen bewaken te vervormen. Het dient te worden bedacht dat er gedegen historische precedenten zijn voor niet-globalistische oplossingen voor de kunstmatige grenzen en scheidslijnen die worden getrokken door de eendimensionale globalistische opvatting van staatssoevereiniteit. Historisch ingegeven solidariteit blijft levensvatbaar voor het Engeland-Wales-Schotland complex in het begrip 'Groot-Brittannië', voor het Nederland-België-Luxemburg complex in het begrip 'Lage Landen', voor het Castilië-Catalonië-Baskenland complex in het begrip 'Spanje', voor het Servië-Bosnisch Servië-Montenegro complex in het begrip 'Joegoslavië' en voor het Rusland-Wit-Rusland-Oekraïne complex in het begrip 'Alle Ruslanden'.

(8) Tenslotte benadrukt het Neo-Eurazianisme *Decisionistische* alternatieven voor Liberaal-Normativistische hyper-democratie:

zulke alternatieven, gebaseerd op de Archeo-Futuristische reactivering die wordt gesuggereerd in Hoofdstuk 12, zijn urgent nodig om de versnellende ontbinding van de Westerse politiek sfeer te ondervangen. Een Decisionistische benadering kan een politieke 'nooduitgang' bieden ten behoeve van de gedeeltelijke verwezenlijking van Johnson's — waar nodig aangepaste — 'Blank Nationalistische' programma. Johnson wijst in dit verband op de noodzaak van een ...*a well-planned, orderly, and non-violent process of repatriation. There is, moreover, no hurry. Our enemies planned to eliminate us over generations. We can take a few decades to set things right.* (43) Johnson wijst terecht op de noodzaak van een politieke 'noodlanding' in het *Ernstfall* van de etnische vervanging die de globalistische vijandelijke elite de Europese volkeren nu opdringt — en hij doet daarbij een aantal goede suggesties (43-6). Johnson's benadering heeft het voordeel dat zij de globalistische vijandelijke elite haar kostbare *moral high ground* ontneemt: zij maakt het gevaarlijke explosief van het multiculturalisme onschadelijk voordat het ontploft in sociale chaos en etnisch conflict. Maar Johnson's geleidelijke benadering vergt een basis in *Realpolitik*: ter verwezenlijking vergt zij het herstel van het politieke primaat. De Liberaal-Normativistische hyper-democratie is volledig onverenigbaar met het herstel van authentieke *Auctoritas* in de politieke zin van het woord. De globalistische vijandelijke elite hoeft niet anders te doen dan haar *business as usual* lijn vast te houden om haar doel, de 'deconstructie' van de Europese volkeren, zonder probleem te bereiken. Zij heeft de langere adem en de Europese volkeren kunnen zich geen ultralange termijn strategie veroorloven — de vroeger dan verwachte houdbaarheidsgrens van de *Notre Dame de Paris* illustreert dit gegeven. Het wordt steeds waarschijnlijker dat alleen een Decisionistische uitbraak uit het Liberaal-Normativistische 'schaakmat' kan hen nog redden. Er blijft weinig tijd.

Operatie Belisarius

(Geo-politiek perspectief)
Het is niet met gewicht van het aantal of met de grootte van het lichaam maar met de dapperheid van de ziel dat oorlogen worden gewonnen.

— Flavius Belisarius

Tot nu toe was de strategie van de Nieuw Rechts beweging gebaseerd op cognitieve oorlogsvoering: op de tegen-deconstructie van het Liberaal-Normativistische 'narratief' van de globalistische vijandelijke elite. Het metapolitieke project van Nieuw Rechts ontleende zijn voortstuwingskracht aan digitale strategieën: aan 'alternatieve media' platforms en 'memen' in de sociale media. Zo komt het dat Johnson de 'Blank Nationalistische' beweging, als onderdeel van de grotere Nieuw Rechts beweging, kan karakteriseren als ...*a vast non-hierarchical network of organizations and individuals, ...not created and guided by some mastermind.* (113) ...*The White Nationalist movement is more like a subculture than a political party. It is a network of individuals, web platforms, and organizations. It exists more online than in the real world.* (115) Maar in confrontatie met de 'censuur nieuwe stijl' (waarnaar verwezen in de sectie *Ten geleide*, paragraaf *Begrippenapparaat*, punt 5) dient Nieuw Rechts zich urgent te beraden op een serieuze heroriëntatie. *Deplatforming* in de sociale media, 'boekenverboden' in de drukwerk distributie en 'inreisverboden' voor publieke sprekers dwingen Nieuw Rechts zichzelf opnieuw uit te vinden. Hoewel Nieuw Rechts zeer wel in staat mag zijn om een langdurige 'digitale guerrillastrijd' te voeren, zal de beweging waarschijnlijk spoedig worden beroofd van haar hoofdbases in de digisfeer. Ook is het waarschijnlijk dat fysieke samenkomsten van Nieuw Rechts problematischer zullen worden door verdere semiformele inperkingen van het vrij verkeer van personen: voor ongedocumenteerde Afrikaanse 'vluchtelingen' is het nu al gemakkelijker zich vrij naar en binnen Europa te bewegen dan voor de publieke sprekers van Nieuw Rechts. Door aan de beweging haar eerdere sterke punten te ontnemen probeert de globalistische vijandelijke elite Nieuw Rechts weg te drukken in de 'illegaliteit': zij probeert Nieuw Rechts letterlijk 'ondergronds' te drukken — uit de publieke sfeer, zodat ze ongestraft kan worden vervolgd. Nieuw Rechts zou er goed aan doen deze poging te beantwoorden met een grondige metamorfose. Een dergelijke metamorfose dient zich te schikken naar een realistisch geopolitiek perspectief, dat wil zeggen naar een realistische inschatting van de sterke en zwakke punten van de globalistische vijandelijke elite.

Johnson's 'Manifest' geeft een aantal nuttige wenken voor de omgang met de geopolitieke realiteit van een mogelijke *deel*-bezetting van de 'blanke leefruimte' door een niet-Europese vijand. Hij schetst daarbij het volgende scenario: *...what would happen if a sovereign European state signed a treaty to host a gigantic Chinese military base? Or if it fell into the hands of plutocrats who started importing cheap non-white labor? Clearly such policies would endanger all of Europe, therefore it is not just the business of whatever rogue state adopts those policies? ...Other states would be perfectly justified in declaring war against a rogue state, deposing the offending regime, and removing non-Europeans from its territory. Then they would set up a new sovereign regime and go home.* (53) Het kan feitelijk worden gesteld dat dit scenario *nu al* tot werkelijkheid is geworden. Feitelijk heeft een niet-Europese vijand zich al geopenbaard in de globalistische vijandelijke elite. Feitelijk heeft de deel-bezetting van Europa al plaatsgevonden in het globalistische regime van de 'Europese Unie'. Johnson stelt in dit verband dat *...the leadership of the present-day European Union is infected by [an anti-European] memetic virus, and it is doing all it can to flood all of Europe with non-whites.* (54) Het gebied dat nu getroffen wordt door de etnische vervanging politiek van de Europese Unie staat niet automatisch gelijk aan het gebied dat onder haar formele gezag staat: het omvat bijvoorbeeld niet de Visegrad staten die zich consistent hebben verzet tegen de fysieke implementatie van de etnische vervanging politiek op hun eigen grondgebied. Het dient ook aangetekend te worden dat zich eerste verzetshaarden tegen etnische vervanging nu ook beginnen af te tekenen in het oude hartland van de Europese Unie: de 'Brexit' en 'LEGA' fenomenen in Groot-Brittannië en Italië zijn daarvan de duidelijkste voorbeelden. De uitbreiding van deze verzetsbeweging heeft ook de territoriale machtskernen van de globalistische macht in Europa bereikt: het verzwijg- en censuurbeleid ten aanzien van 'immigranten' geweld in Duitsland en van de *Gilets Jaunes* protesten in Frankrijk bewijst dat de breuklijnen en overdruk symptomen veroorzaakt door de versnelde etnische vervanging zelfs binnen de meest 'makke' inheemse volkeren zorgwekkende dimensies beginnen aan te nemen.

Dit neemt niet weg dat de globalistische vijandelijke elite nog steeds een stevige grip op de macht heeft: zij heeft formeel de macht over het hele Europese Unie territorium — zij is er op moment van schrijven zelfs in geslaagd de formele afscheiding en onafhankelijkheid van 'Brexit' Brittannië meer dan drie jaar lang te saboteren. De globalistische vijandelijke elite voert een intensieve agressiepolitiek naar de tegenstribbelende 'nieuwe lidstaten' in Centraal-Europa — en zij is bezig met de juridische invoering van verregaande censuur wetgeving (verg. Hoofdstuk 10). In wijde zin omvat het globalistische machtsnetwerk in Europa behalve de Europese Unie ook de supranationale machtsstructuren van de 'Europese Economische Ruimte' (inclusief Norwegen, IJsland en Liechtenstein), het 'Schengengebied' (inclusief Zwitserland) en de Noord-Atlantische VerdragsOrganisatie (inclusief Albanië en Montenegro). Aldus blijven van werkelijk 'vrij' Europees grondgebied alleen nog stukken van de westelijke Balkan en het vroegere Sovjet grondgebied over. Zonder een succesvolle — meer dan kosmetische — 'Brexit' blijft Rusland de enig overgebleven Europese grootmacht die niet onder globalistisch bestuur staat. En zo vormt Rusland nu de natuurlijke geopolitieke basis voor de *Reconquista* van Europa — Rusland's semi-Neo-Eurazianistische oriëntatie geeft daarbij ook een sterke metapolitieke basis voor een levensvatbaar *Reconquista* project. Nieuw Rechts zou er goed aan doen die harde geopolitieke realiteit onder ogen te zien — en de overblijvende geopolitieke manoeuvreer ruimte op juiste wijze te gebruiken. De *Reconquista* van Europa blijft mogelijk door een oost-naar-west terug-rol campagne om het globalistische getij om te keren. Wellicht kan een dergelijke 'Operatie Belisarius' de 'verzonken landen' van het westen alsnog herwinnen — tegen alle ogenschijnlijke waarschijnlijkheden en onvermijdelijkheden in.

De Wachter

> (Traditionalistisch perspectief)
> *And when I find myself frozen in the mud of the real*
> *Far from Your loving eyes,*
> *I will return to this Perfect Place of mine and take solace*
> *In the simple perfection of knowing You.*
>
> — 'Wind River' (Sheridan)

Vanuit Traditionalistisch perspectief is de succesvolle uitvoering van 'Operatie Belisarius' alleen mogelijk vanuit een rotsvaste metapolitieke uitvalsbasis — deze uitvalsbasis is alleen te vinden in een authentiek transcendente referentiepunt. Dit vergt een doorleefd begrip van de metafysieke dimensie van de existentiële uitdaging die ligt in de ideeënwereld en leefrealiteit van het globalisme: dit zijn de wereld en realiteit van Liberaal-Normativisme, Neo-Liberalisme, Cultuur-Marxisme en Cultuur-Nihilisme. Dit is de uitdaging van de *kruisvaarder*: de uitdaging van een resoluut afwijzing en totale oorlog tegen het kwaad. Als voorspreker van de 'Blank-Nationalistische' beweging erkent Johnson deze uitdaging expliciet in de zin van een bio-evolutionaire en cognitieve 'wapenwedloop' tussen de Europese volkeren en de globalistische vijandelijke elite: *It is easy to understand why people might shy away from [the] truth, for it implies that whites are not just the victims of a ghastly mistake, or an impersonal sociopolitical 'system', or an inhuman cosmic or historical destiny, but of knowing malice, principled enmity, and diabolical evil....It is hard to accept that such evil exists, much less that it wills our annihilation. But if we are to save ourselves, we have to understand the forces that are arrayed against us. If... eventually [we] come up against not just ignorance and indifference but diamond-hard malice, we need to know that.* (22) *...The architects of white genocide ...knew very well that its ultimate end is the extinction of the white race. But they were not interested in a quick paroxysm of slaughter, as emotionally satisfying as that might have been. They knew that it is difficult to mobilize the people to commit mass murder, and it is risky, because the victims could fight back and perhaps win, in which case one's own people might be wiped out in retaliation. Therefore, they conceived a slower, safer process of genocide. They knew that if anti-white demographic trends were set in motion and sustained over time—i.e., lower birthrates, collapsing families, miscegenation, non-white immigration, non-white penetration of white living spaces etc.—the long-term result would be white extinction, and very few whites would become aware of it, much less fight back, until resistance was pretty much futile anyway.* (42)

Vanuit Traditionalistisch perspectief is het belangrijk het accent te leggen op iets dat direct verband houdt met Johnson's kruisvaarders project: het Traditionalisme stelt dat wat Johnson als 'onmenselijk kosmisch noodlot' en 'principiële vijandschap' onderscheidt wel degelijk samen kunnen vallen. Ze vallen feitelijk samen in de duivelse Nieuwe Wereld Orde die de globalistische vijandelijke elite nu probeert op te leggen aan de Europese volkeren. Tegelijk stelt het Traditionalisme dat elke Traditie, dus ook de Europese Traditie, haar eigen Wachters heeft: deze Wachters treden uit de schaduwen wanneer de nood het hoogst is. Op zijn eigen typisch 'Amerikaanse' manier duidt Johnson's 'Manifest' op de aanstaande terugkeer van de kruisvaardergeest in de Europese volkeren.

> *Out of the night that covers me,*
> *Black as the pit from pole to pole,*
> *I thank whatever gods may be*
> *For my unconquerable soul.*

— William Henley, 'Invictus'

Nawoord

> *Les reines de nos coeurs!*
> *Comme ils sont provocants! Comme ils sont fiers toujours!*
> *Comme on ose régner sur nos sorts et nos jours!*
> *Faites attention! Observez la mesure!*
> *Ô la mortelle injure! La cadence est moins lente!*
> *Et la chute plus sûre!*

— Robert Comte de Montesquiou-Fézensac

Op het moment van schrijven is Nieuw Rechts de enige serieuze voorvechter voor de inheemse rechten van de Europese volkeren. Gegeven het feit dat de Europese volkeren nu geconfronteerd worden met het eindoffensief van globalistische ethno-deconstructie, is het van vitaal belang dat Nieuw Rechts met één stem spreekt. De titel van Johnson's laatste hoofdstuk, 'Blank Nationalisme is onvermijdelijk' behelst een belangrijke ambiguïteit: hij laat de belangrijkste vraag open, namelijk de vraag of de *overwinning* van 'Blank Nationalisme' ook onvermijdelijk is. Deze vraag moet op met nuchter realisme worden beantwoord: het antwoord moet een ondubbelzinnig *nee* zijn. In de loop van de menselijke geschiedenis zijn talloze volkeren uitgeroeid en uitgestorven, sommige door menselijke en sommige door natuurlijke factoren — vaak door beide tegelijk. Het is heel goed mogelijk dat de (meeste) Europese volkeren op een historisch onvoorziene en ongehoorde wijze zullen uitsterven. Vanuit cultuur-historisch oogpunt zijn ze momenteel niet meer dan een haarbreedte verwijderd van de 'bedreigde menssoort' status, een status meest geassocieerd met de Amerikaanse Indianen en de Australische Aboriginals — ook al deze laatste twee rassen deze status via een heel ander historisch traject hebben bereikt. De schrijver van dit boekbespreking hoofdstuk vermoedt dat Johnson dit in zijn diepste hart heel goed weet: waarom zou hij anders zoveel voor zijn zaak hebben opgeofferd — waarom zou hij anders zijn 'Manifest' hebben geschreven?

Met het naderen van de alles-of-niets machtsstrijd tussen Nieuw Rechts en de globalistische vijandelijke elite is er maar één denkbaar wachtwoord voor Nieuw-Rechts: *eenheid*. De zware taak om de inheemse rechten van de Europese volkeren te verdedigen valt buiten het til vermogen van elk van de vele groepen die nu door de systeemmedia in de restcategorie 'Nieuw Rechts' bij elkaar worden geveegd. Johnson erkent de noodzaak van eenheid: 'wij moeten samen leren werken met mensen die onze denkbeelden van blanke identitaire politiek delen maar die wellicht heel anders denken over onze overige denkbeelden.' (120) Johnson stelt het zo: Nieuw Rechts moet leren van de ervaringen en fouten van het verleden, geen schaarse middelen verspillen aan het ieder-voor-zich her-uitvinden van het wiel en afzien van onproductieve competitie met de goede producten en organisaties van anderen. Nieuw Rechts moet zich toeleggen op efficiënte kartelvorming in plaats van destructieve competitie, redelijke compromis bemiddeling en samenwerking bij taken die de draagkracht van één enkele organisatie te boven gaan (119-20). Dit betekent dat Nieuw Rechts boven het niveau van persoonlijke vendetta's en overbodige disputen moet uitstijgen: deze vendetta's en disputen werken de globalistische vijandelijke elite in de hand — zij helpen haar 'te verdelen en te heersen'. Redelijke compromissen of eenvoudige 'wapenstilstanden' dienen te worden ingelast inzake splijtzwam 'vraagstukken' zoals het 'vrouwen vraagstuk', het 'alloseksualiteit vraagstuk', het 'klimaat vraagstuk', het 'Joodse vraagstuk' en het 'Islam vraagstuk'. Al deze vraagstukken behelzen belangrijke zaken die uiteindelijk redelijk en zorgvuldig moeten worden bekijken. Maar wanneer het huis is brand staat is er geen tijd om over de kleur van het behang te discussiëren. Voor de *Notre Dame de Paris* is het al te laat—het is beter niet te wachten tot het eigen, veel kleinere en veel kwetsbaardere, woonhuis aan de beurt is. 'Nu is het zaak dat wij allemaal moeten beseffen dat Europeanen, net als alle andere gezonde schepselen, het recht hebben terug te vechten wanneer zij worden aangevallen.' (135)

Hoofdstuk 5

Van JQ naar IQ

בְּסִיַּעְתָּא דִשְׁמַיָּא

Be-Sīyaʿtā Di-Šmayā

Die ungeschriebenen Gesetze und Zwänge der Natur werden letztlich dasjenige Volk belohnen, das sich allen Widerwärtigkeiten zum Trotz erhebt, um gegen Ungerechtigkeiten, Lügen und Chaos anzukämpfen. Das war stets so in der Geschichte und so wird es immer sein. Weder uns noch unseren Nachkommen wird dieser Kampf ums Überleben erspart bleiben.

— Immanuel Kant

'Event Horizon'

AAN DE RAND — in sommige opzichten *over* de rand — van Nieuw Rechts leeft een 'vraag' die door sommigen als allang beantwoord en door velen als ongewenst wordt beschouwd: in 'besmet' oud-rechts jargon beter bekend als het 'Joodse Vraagstuk' en in 'modieus' Alt-Right jargon doorgaans aangeduid als de 'JQ' — de *Jewish Question*. In bepaald opzicht is JQ-verwante interesse echter terecht hernieuwd 'actueel': nieuwe wetenschappelijke studies naar bio-evolutionaire (etnische) groepstrategieën hebben het 'Jodendom' als dankbaar — want relatief goed gedocumenteerd — studieobject. Een nieuw begrip van het dubbel biologische en cultuurhistorische fenomeen van 'etnische identiteit' wordt door deze studies mogelijk: naast vertrouwde religieus-dogmatische en politiek-pragmatieke komen nu in toenemende mate epigenetisch-fysiologische en sociologisch-psychologische verklaringen te staan.[149] 'Anti-semitisme' kan daarmee steeds beter worden begrepen — en dus ook worden 'gecorrigeerd' — als een grotendeels subrationeel gevoeld en onderbewust beleefd, maar tegelijk logisch navolgbaar en rationeel verklaarbaar, fenomeen. Toch hangt er aan een nieuwe — 'postmoderne' — JQ ook een risico: de complexiteit van de Crisis van het Moderne Westen, meest acuut zichtbaar in de doelbewuste etnische vervanging van de Westerse volkeren door de politiek on(aan)tastbare Westerse elites, maakt het verleidelijk te zoeken naar simplistische 'monocausale' verklaringen en gemakkelijk identificeerbare 'zondebokken'. Een 'etnisch geprofileerde' *one stop* identificatie van de over de huidige crisis presiderende 'vijandelijke elite' struikelt gemakkelijk in de intellectuele kuil van de klassieke 'Joodse zondebok' theorie: een voorspelbare 'kinderziekte' die Nieuw Rechts echter op een zeer voortijdig overlijden kan komen te staan.

Nieuw Rechts dient afstand te nemen van iedere gemakzuchtige projectie van de kwalen, zwaktes en degeneratie van het ene volk op het andere: de ziektes (de institutionele oikofobie, het zelfvernietigende matriarchaat en de sociale implosie) van de Europese volkeren moeten eerst en vooral worden benoemd als 'auto-immuun' ziektes — als *eigengemaakt*. Vanuit die optiek is de negatieve inwerking van bepaalde letterlijk 'vreemde lichamen' — frauderende 'asielzoekers', criminele 'vluchtelingen' en 'allochtone' terroristen — vooral een functie van een tot op gevaarlijk laag niveau verzwakt 'natuurlijk afweersysteem'. Kortom: de rasante groei van invasieve 'vectoren' is in de eerste plaats te wijten aan de slechte gezondheid van de Europese

---

149 Verg. het werk van, resp., Jim Penman en Kevin MacDonald, beide voortbouwend op het socio-biologische pionierwerk van Edward Wilson.

'volkslichamen' zelf. Zo dient Nieuw Rechts de notie te verwerpen dat de Crisis van het Moderne Westen — van het postmoderne Nederland in het verlengde daarvan — te wijten zou zijn aan een 'Joods complot'. Er mag — tot op bepaalde hoogte — een kern van waarheid zitten in het idee dat er een 'complot' mechanisme bestaat binnen de 'vijandelijke elite': de bedenkelijke rol van schimmige *shape shift* sociëteiten als 'Bilderberg' en 'Davos' is in dat opzicht evident. Maar de identificatie van die elite als — zelfs maar voornamelijk — 'Joods' is even zozeer evident absurd. Zowel de psycho-historische etiologie als het socio-pathische karakterprofiel van de vijandelijke elite wijzen op een functionele '(d)evolutionaire' adaptatie van relatief recente oorsprong en op een resoluut anti-identitaire richting (voor een etiologie van de vijandelijke elite, verg. *Alba Rosa*, 160-4). De historisch-materialistische ideologie en consistent deconstructieve techniek van de vijandelijke elite zijn volstrekt onverenigbaar met de authentieke Joodse Traditie — in zekere zin staan zij er diametraal tegenover (voor uitwerking van het thema 'Omgekeerd Jodendom', verg. *Sunset*, 104ff). De vijandelijke elite is bovenal anti-traditioneel en anti-identitair: zij waant zich boven de geschiedenis verheven en 'verheft' zich door alle authentieke tradities en identiteiten naar beneden te trekken en te 'deconstrueren'. De postmoderne vijandelijke elite is daarnaast door en door *anti-nomianistisch* ('anti-wettisch'): zij verwerpt traditie en identiteit — en keert ze experimenteel om — omdat ze zelf geen traditie en identiteit heeft en verdraagt. Zij *kan* niet 'Joods' zijn omdat de Joodse Traditie een bepaalde (zelfs zeer hoge) mate van (historische) verantwoordelijkheid en (in-group) solidariteit verlangt.[150] Overigens zal het interessant zijn om te zijner tijd precies inzicht te krijgen in de formeel-etnische samenstelling van de vijandelijke elite: dit zal mogelijk worden wanneer de door Nieuw Rechts overwogen *vrijwillige* etnische registratie van alle ingezetenen van Nederland is gerealiseerd

---

150 Het is in dit verband interessant te vermelden dat van tenminste twee Amerikaanse topdiplomaten, Madeleine Albright en John Kerry, wordt gezegd dat zij uit de extreem-antinomianistische Frankisten-sekte stammen.

om te bepalen wie onder welke etnische gemeenschap valt voor wat betreft 'soevereiniteit in eigen kring' bevoegdheden. Zulke vanuit de centrale overheid 'subsidiair' terug te geven bevoegdheden zullen doorslaggevend zijn voor zaken als verblijfsrecht, privaatrechterlijke jurisdictie, burgerlijke stand registratie, sociale zekerheid, huisvestingfaciliteiten en electorale rechten — waarbij vanzelfsprekend het politiek primaat permanent zal worden verleend aan inheemse etniciteiten (Nederlanders, Friezen enz.). Het zal dan interessant zijn te zien wie binnen de elite kiest voor welke etnische associatie — en wie daarna nog buiten de vele 'etnische eilandjes' van de verschillende etno-maffia's valt als restcategorie 'gewoon niets'.

De enige — hoogst kunstmatige — manier om de vijandelijke elite als 'Joods' te zien is om het hele door die elite opgebouwde Nieuwe Wereld Orde project van de globalistische post-moderniteit als een 'Joods' project te betitelen. Deze titulatuur vervormt echter niet alleen de vorm en inhoud van de authentieke Joodse Traditie tot een ongerechtvaardigde karikatuur, maar denigreert ook de rol van de Westerse volkeren. Door het Nieuwe Wereld Orde project als 'Joods' te betitelen worden de Westerse volkeren die dat project tot nu toe consistent (ver)dragen en consequent (door)leven gedegradeerd tot willoze, hersenloze veestapels. Onwillekeurig dient zich dan de vraag aan of zulke veestapels werkelijk beter verdienen dan hun veehouders. Nieuw Rechts dient zulke simplistische en cynische 'kortsluitingen' te verwerpen: geen enkel volk, van het minst 'ontwikkelde' natuurvolk tot het meest 'hoogbegaafde' cultuurvolk, het stempel 'veestapel' of 'veehouder' — laat staan de eenduidige kwalificatie 'goed' of 'kwaad'. Het semi-manicheïsche — 'engelachtig goed versus duivels kwaad' — rollenpatroon dat zich aftekent in het (historisch consistent in drammerige dogmatiek vervallende) anti-semitisme doet simpelweg geen recht aan de soevereine verantwoordelijkheid die elk volk moet dragen voor zijn eigen lot. Meer dan dat: elke substantiële associatie van de gloednieuwe Nieuw Rechts beweging met anti-semitisch primitivisme zadelt haar op met ongewenste ballast. Binnen

Nieuw Rechts is geen plaats voor politiek primitivisme (oud-rechts racisme, libertair populisme): deze beweging baseert zich op een radicaal *vooruitstrevende* (Archeo-Futuristische) visie die alle oude vooroordelen en verouderde denkvormen ver achter zich laat. Vanuit deze optiek *schaadt* doctrinair anti-semitisme Nieuw Rechts: voor zover het niet (als afleidingsmanoeuvre en splijtzwam) voortkomt uit doelbewuste ondermijning is het vooral schadelijk als *tijdsverspilling*.

Desalniettemin — of eigenlijk: *temeer daarom* — dient Nieuw Rechts de noodzaak te erkennen tot een gelijktijdig correcte (liefst kort en bondige) omgang met de JQ. Het erkent daarbij de legitimiteit van alle JQ-relevante studievragen die onbeantwoord blijven binnen de huidige politiek-correcte consensus van historiografische en journalistieke zelfcensuur. Onder het vigerende cultuurmarxistische regime wordt aan deze *thought police* consensus (een steeds extremere) vorm gegeven in de doctrinaire mantra's en cirkelredeneringen van het Westers openbaar onderwijs en de Westerse systeemmedia. Wat ook dient te worden erkend is de legitieme behoefte aan een doorbreken van de (al dan niet zijdelings) JQ-gerelateerde psycho-historische taboes die rusten op kernthema's in de recente Europese geschiedenis. Het doorbreken van die taboes staat overigens niet gelijk met 'revisionisme': het gaat erom die taboes *bovenwaarts* te doorbreken — niet om 'stelling' te nemen aan deze of gene zijde van de historische conflicten waar ze deel van uitmaken. Voorbeelden van zulke taboes zijn de diplomatieke achtergrond van de Tweede Wereld Oorlog', de technische modaliteit van de Holocaust, de heterogene ideologie van het Nationaal Socialisme en — *last but not least* — de historische betekenis van Adolf Hitler (*reductio ad hitlerem*). Naar mate de afstand in tijd groter wordt, neemt de behoefte aan een open en eerlijke bespreking van zulke taboes steeds verder toe. De in toenemende mate krampachtige handhaving van het nu hopeloos achterhaalde historiografische metanarratief en digitaal bedreigde *cordon sanitaire* rond deze onderwerpen vergroot het publieke wantrouwen in academische autoriteit, journalistieke integriteit en politiek gezag.

In combinatie met de toenemend duidelijke effecten van *hidden agenda* punten als 'omvolking' en 'cultuur-deconstructie', vergroot dit wantrouwen op den duur het risico op het onverwacht opleven van ongeleide volkswoede en onbeheersbare volksbewegingen — een risico dat speciaal relevant is voor kwetsbare minderheden. Nieuw Rechts dient bij te dragen aan een rationele en beschaafde kanalisatie van de bespreking van deze potentieel brisante psycho-historische taboes: een 'therapeutische' agendering van de JQ past binnen deze taakstelling. Dit betekent: het faciliteren van een open debat dat de huidige *event horizon* van de in psychohistorische traumatiek verzande Westerse beschaving doorbreekt. De insteek van 'beschaafde kanalisatie' moet overigens niet worden verward met het eindeloos tijdsverspillende en bliksemafleidende *gutmensch* 'dialoog' formaat dat kenmerkend is voor de cultuur-marxistische publiekscultuur van de systeemmedia. De inzet van Nieuw Rechts is een vreedzame 'grote schoonmaak' om een gewelddadige 'grote schoonmaak' voor te zijn — daarbij hoort het radicaal verwijderen van een halve eeuw diepe laag cultuur-marxistisch pseudo-intellectueel vuilnis.

Voordat de postmoderne JQ en de relevantie ervan in de hedendaagse Nederlandse context hier in meer detail kunnen worden besproken, is het noodzakelijk eerst een aantal etno-realistische uitgangspunten te preciseren: de paragraven 'A City upon a Hill' en 'Die fröhliche Wissenschaft' dienen dit doel. De daarop volgende paragraaf, 'Söhne des Bundes', geeft verder een cultuur-historische definitie van het eigenlijke studieobject van de JQ: daar wordt besproken wat het 'Joodse volk' wel en vooral ook niet is. De afdoende etno-nationalistisch en cultuur-historisch onderlegde lezer staat het dus vrij zich tijd te besparen door van de volgende drie paragraven alleen het concluderende eind-standpunt te lezen.

'A City upon a Hill'

Nieuw Rechts stelt zich op het standpunt dat ieder volk recht heeft op de maximale dosis authentieke identiteit, politieke autonomie en territoriale soevereiniteit die dat volk zelf wenst — steeds voor zover praktisch verenigbaar met de praktisch uitgeoefende rechten van andere volkeren. Nieuw Rechts gaat daarbij niet uit van farizeïsche argumentaties zoals de ideologisch-verwrongen 'jurisprudentie' van het vigerend 'internationaal recht', maar van een natuurlijk — beter gezegd: biologisch-dwingend — 'recht', namelijk het *a priori* recht van alle volkeren op 'een plaats onder de zon'. Deze plaats is uniek — en daarmee is elk volk uniek: de specifieke geopolitiek 'geaarde' en sociaaleconomisch 'voedende' biotoop (de 'bio-evolutionaire niche' ofwel het 'thuis') geeft elk volk een unieke combinatie van fysieke, psychische en spirituele eigenschappen die in (evolutionair-adaptieve en cultuurhistorisch-spiegelende) wisselwerking staan met zijn specifieke 'plaats onder de zon'. Het specifieke jargon waarmee deze subtiele realiteit in de 19e en 20e eeuwse Westerse sociale wetenschappen werd weergegeven (fysiek als *Blut und Boden*, psychisch als *Heimat*, spiritueel als *Weltachse* en cultuurhistorisch als *Kulturkreis*) mag zijn 'besmet' door hun — grotendeels onbegrepen — ge/misbruik tijdens de politieke experimenten van het 'Derde Rijk', maar het blijft nuttig als wegwijzer naar de achterliggende *belevingsrealiteit*. Het recht om deze realiteit te beschermen is *absoluut* in de meest concrete zin van het woord: het onttrekt zich uiteindelijk altijd aan juridische argumentatie, filosofisch relativisme en ideologische deconstructie.[151] In die zin is een institutioneel-juridisch 'volkerenrecht' een *contradictio in terminis*: op het bestaansrecht van een volk valt net zo weinig af te dwingen als op het 'moederschaprecht' van een vrouw of het 'geboorterecht' van een kind.

---

151 Op de interface tussen 'natuur recht' en 'institutioneel recht' bevinden zich de noties van *Nomos* en *Katechon* zoals geanalyseerd in het werk van Carl Schmitt.

De *absolute* kwaliteit van dit bestaansrecht wordt gereflecteerd in de consistent *bovennatuurlijke* geboortegeschiedenissen van volkeren: de *oorsprong* van een volk mag tot op zekere hoogte 'objectief' (wetenschappelijk) vatbaar zijn in bio-evolutionaire en cultuur-historische analyses, maar de *geboorte* van een volk wordt altijd 'subjectief' (psychisch) beleefd als afgeleid uit de Goddelijke Voorzienigheid. Het thema van Godgewilde 'schepping' en 'uitverkiezing' is impliciet of expliciet terug te vinden in de 'oorsprongsmythes' van alle volkeren. Dit geldt voor 'primitieve natuurvolkeren' even goed als voor historische cultuurvolkeren — het geldt voor de totemische geboortecategorieën van de Braziliaanse Bororo (beschreven door Claude Lévi-Strauss) even goed als voor de evangelische grondbeginselen van de Amerikaanse *Pilgrim Fathers* (uitgedrukt met Mattheüs 5:14). De geboorte van volkeren kan daarom beter worden begrepen door theologen en cultureel-antropologen dan door biologen en fysisch-antropologen. Het bestaansrecht van elk volk is dus *absoluut*: het recht op volksidentiteit, volksautonomie en volkssoevereiniteit wordt slechts beperkt door het even absolute bestaansrecht van andere volkeren.

Standpunt: Voor Nieuw Rechts zijn het bestaansrecht van het (etnisch als zodanig historisch herkenbare) Nederlandse volk en het bestaansrecht van de (volledig soevereine) Nederlandse staat de enige absolute maatstaven in metapolitieke en politieke zin. De zorgen en wensen van andere volkeren en staten, het Joodse volk en de Israëlische staat inclusief, zijn — met alle respect — voor Nieuw Rechts ondergeschikt aan deze maatstaven.

'Die fröhliche Wissenschaft'

Elke fysieke aanslag, bureaucratische afbreuk en ideologische aantasting van het bestaansrecht van een volk valt in de categorie van — synchroon ervaren en diachroon beschrijfbaar — *absoluut* kwaad. De collectieve ervaring van (al dan niet geplande, al dan niet systematische) genocide behoort in die categorie tot de meest extreme psycho-historische trauma's die een volk kan ondergaan: zij is qua impact vergelijkbaar met de individuele ervaring van een ter nauwer nood overleefde moordaanslag. Een permanent hyperreactieve 'Pavlov reactie' tekent onvermijdelijk de geschiedschrijving van een volk dat een dergelijk trauma heeft ondergaan. Zulke *bottle neck* momenten kleuren deze geschiedschrijving op langere termijn in religieus-mythische zin: het Poolse 'Wonder aan de Wistula' van 1920 en de Joodse 'Holocaust' van 1941-45 zijn recente voorbeelden van dergelijke momenten.

Het is onvermijdelijk dat de geschiedenis van volkeren wordt bepaald door — en wordt (toe)geschreven naar — hun diepst-vormende, diepst-ervaren en diepst-gevreesde momenten, namelijk hun (mystieke) oorsprong, hun (traumatische) crises en hun (voorvoelde) dood. In dit opschrift is alle geschiedschrijving noodzakelijkerwijs *subjectief* — geen enkele historicus onttrekt zich aan zijn eigen cultuurhistorische *Sitz im Leben*. 'Objectieve geschiedenis' bestaat niet — kan niet bestaan — want geschiedenis is altijd functioneel verklaarbaar vanuit die *Sitz im Leben*. Elke tegengestelde claim verraadt onmiddellijk een 'verborgen agenda': 'objectieve' geschiedschrijving is altijd een — op den duur doorzichtige — poging om een bepaald ideologisch functioneel discours te voeden. Zo dient de 'objectief wetenschappelijke' pretentie van de hedendaagse academische Westerse discipline geheten 'Geschiedkunde' het hegemoniaal discours van politiek-correct universalistische 'deconstructie': als collectief project is zij daarmee niet meer dan een huurlinge van het vigerende sociaal-politieke bestel van neoliberaal-cultuurmarxistisch 'globalisme'. De enig échte (want identiteits-relevante) geschiedenis is de geschiedenis die een volk over zichzelf vertelt, dat wil zeggen het historische narratief — 'verhaal', maar dan met de absolute meerwaarde van collectieve psycho-historische structuur — dat geldigheid heeft binnen en voor een *specifiek* volk. Er zijn dus meerdere gelijktijdig geldige geschiedenissen: zoveel volkeren, zoveel geschiedenissen. Gegeven het vitale belang van collectieve psychische structuur voor elke volksgemeenschap is elk 'universalistisch' discours dat pretendeert de specifieke geldigheid van een specifieke geschiedenis te annuleren uit naam van een fictieve 'hogere' abstractie *schadelijk*. Kennis van de geschiedenissen van andere volkeren kan een functioneel (dus beperkt) belang hebben — bijvoorbeeld in de diplomatie en cultuurwetenschap — maar die kennis kan nooit de *eigen* geschiedenis vervangen. De *eigen* geschiedenis is per definitie de maatstaf waaraan elke andere — inclusief elke gepretendeerd 'hogere' — geschiedenis moet worden afgemeten. Het gelijktijdig naast elkaar bestaan van meerdere geschiedenissen maakt deze 'eigen-geschiedenis' in geen enkel opzicht 'relatief' — het contrast versterkt slechts de (poëtische, esthetische, identiteitsvormende) ervaring van de eigen geschiedenis als geleefde *gay saber* (Nietzsche's *fröhliche Wissenschaft*).

Standpunt: Voor Nieuw Rechts is de geschiedenis van het Nederlandse volk en de Nederlandse staat het enige absoluut geldige narratief in metapolitieke en politieke zin. De alternatieve geschiedenissen die van belang zijn voor andere volkeren en staten, die van het Joodse volk en de Israëlische staat inclusief, zijn — met alle respect — voor Nieuw Rechts ondergeschikt aan het eigen Nederlandse narratief.

Söhne des Bundes

Het oudst-overlevende cultuurvolk ter wereld is wat men gewoonlijk aanduidt als het 'Joodse Volk', in de Heilige Boeken van de drie grote Abrahamitische godsdiensten meer correct omschreven als de 'Kinderen van Israël' (Hebreeuws *Bnei Yisraël*, Arabisch *Banī 'Isrā'īl*) in verwijzing naar de wijdingsnaam van hun stamvader, de patriarch Jacob, die later de naam 'Israël' kreeg. Hij werd de vader van de twaalf 'stammen Israëls'. Eén van die stammen was Juda, waar ons woord 'Joden' op teruggaat. Om heden ten dage levende 'Joden' niet allemaal afstammen van Juda is het juister de goed-nederlandse benaming 'Israëlieten' te gebruiken. Dat is dus iets anders is dan een 'Israëliër' — een 'Israëliër' is een staatsburger van de moderne staat

Israël. De meeste Israëliërs zijn tevens Israëliet, maar de overlapping is niet volledig: zo zijn vele nazaten van Arabieren en Druzen die inheems waren in het voormalige Britse Mandaatgebied Palestina nu Israëlische staatsburgers.

Wetenschappelijk onderzochte niet-Israëlitische verwijzingen naar hun historisch bestaan in het Nabije Oosten gaan terug tot in de Late Bronstijd (de Nieuw-Egyptische Stèle van Merneptah wordt gedateerd in de 12e eeuw v. Chr., de koninklijk Moabitische Stèle van Mesha en de Nieuw-Assyrische Stèle van Ashurnasirpal II en Shalmaneser III worden gedateerd in de 9e eeuw v. Chr.). Daarmee is de geschreven eigen-geschiedenis van de Israëlieten de oudste ter wereld. De overlevering en interpretatie van deze geschiedenis — de oudste overleveringslijn die over de dageraad van de Westerse beschaving heen reikt — is van cultuurbepalende waarde geweest in zowel het Indo-Europees/Christelijke Europa als het Semitisch/Islamitische Nabije Oosten: zowel de oudste boeken van de Heilige Schrift van het Christendom (de zogenaamde 'Pentateuch') als de Heilige Recitatie van de Islam (de zogenaamde 'Koran') zijn in sterke mate gericht op het in herinnering brengen en (re-)interpreteren van de geschiedenis van de Israëlieten als oudste verbondsvolk. Ontstaan en vormgeving van zowel de Christelijke als de Islamitische godsdiensten, culturen en talen zijn feitelijk onbegrijpelijk zonder inzicht in hun Israëlitische cultische, culturele en taalkundige achtergrond. Deze achtergrond is elementair vormgevend voor zowel de Europese als de Midden-Oosterse beschaving, meest direct in termen van godsbeeld en ethiek: de godsdienstige en ethische denkbeelden en uitdrukkingen van beide beschavingen zijn voor een aanzienlijk deel terug te voeren op oudere Israëlitische 'archetypen'.

Dit schakelt overigens de Europese beschaving zeker *niet* gelijk aan wat politiek-correct modieus wordt geduid als 'Judeo-Christelijke traditie': de Europese Traditie is weliswaar historisch sterk beïnvloed door de 'Joodse' Traditie, maar zij is tegelijk volstrekt wezensverschillend in termen van filosofische *dynamiek*, ethische *richting* en psychohistorische *beleving*. De 'tweeduizend jaren samen'[152] van de Europese volkeren en de Israëlieten die volgde op de vernietiging van de Tweede Tempel in 70 n. Chr. (Hebreeuws *Galūt*, 'Diaspora') bewijst dit verschil: ondanks hun gedeelde (Bijbelse) overlevering, gedeelde geschiedenis, gedeelde leefruimte en biologische 'kruisbestuiving' zijn beide in essentiële zin *zichzelf* gebleven. Geen enkele zelfbewuste Israëliet zal zichzelf zien als *goy* en geen enkele zelfbewuste Europese niet-Israëliet zal zichzelf zien als 'Jood' — voor de paar individuele gevallen waar door natuurlijke en mensgemaakte catastrofes verwarring ontstaat, is de wederzijdse consensus snel hervonden.

Van Israëlitische zijde zijn de Orthodoxe Rabbijnen aangesteld als hoeders van deze — historisch wederzijds grotendeels wenselijk geachte — scheidslijn: zij bewaken de zowel fysiek-ruimtelijk als strikt-ontologisch op te vatten grenzen van de Israëlitische volksgemeenschappen met duidelijke regels naar 'liminele' gevallen. Zij hebben de volledige verantwoordelijkheid voor het omgaan met 'grensgevallen' zoals *mamzerim*, *hitsonim* en *gerim* — juridische begrippen die vaak primitief vertaald worden als 'bastaarden', 'afvalligen' en 'bekeerlingen'. Zij bepalen wie 'erbij hoort' en wie niet — en zij bepalen ook de regels die horen bij het 'erbij horen'. De eenvoudigste manier voor niet-Israëlieten om te bepalen wie 'erbij hoort' is daarom simpelweg een rudimentair inzicht te verwerven in de Israëlitische Wet zoals gedefinieerd en gehandhaafd door het Orthodox Rabbinaat in het desbetreffende land. Alleen zij zijn 'Israëliet' — 'Joods' — die *ofwel* geboren zijn uit een als zodanig door het Orthodoxe Rabbinaat erkende (bij de gemeenschap ingeschreven of in moederlijn traceerbare) 'Joodse' moeder *ofwel* een door dat Rabbinaat erkende — loodzware en jarenlange — *giyur* procedure hebben doorlopen (elementen: scholing, assimilatie, besnijdenis, belijdenis, reiniging, naamswijziging).

Deze tweede categorie van 'bekeerlingen' — de term 'assimilanten' is correcter — bleef door de eeuwen heen zeer beperkt van omvang,

---

[152] Verg. Aleksandr Solsjenitsyn's *Tweehonderd jaar samen* voor een recente analyse van de 'JQ' in de Russische contekst.

ook al omdat 'overgang' tot het Jodendom door zowel de Israëlitische als de niet-Israëlitische autoriteiten actief werd ontmoedigd en bestreden. Aan de ene kant voeren Orthodoxe rabbijnen — ook via hyper-perfectionistische orthopraxie, procedurele vertraging en sociale liminaliteit — een krachtig ontmoedigingsbeleid ten aanzien van kandidaten voor *giyur* (in Nederland is dit ontmoedigingsbeleid recentelijk zover doorgeschoten dat serieuze kandidaten bijna altijd uitwijken naar Antwerpen). Aan de andere kant was het, voorafgaand aan de scheiding tussen Kerk en staat, in Europa de gewoonte om 'bekeerlingen' naar het Jodendom — een 'geloof' dat schoorvoetend als geboorterecht werd erkend maar als secundaire 'keuze' systematisch werd bestreden — op de brandstapel te zetten (bekende gevallen zijn Nicholas Antoine in 1632 en — mogelijk apocrief — Graaf Walentyn Potocki in 1749).

De *expliciet positieve definitie* van de Orthodoxe Rabbijnen wordt effectief aangevuld door een *impliciete negatieve definitie*: door het Orthodoxe Rabbinaat als Israëliet erkende volksgenoten werden toch uit de volksgemeenschap uitgesloten wanneer zij overgingen tot een ander geloof of wanneer zij vervielen tot ketterij. Zulke afvalligen worden ritueel (als *min*, 'ketter') en sociaal (als *meshumad*, 'vernietigd') uitgesloten — zij worden formeel (via een *herem*, 'banvloek') en informeel (via verschillende vormen van *shunning*) 'verstoten'. Een formele *herem* werd opgelegd aan omstreden figuren zoals Baruch Spinoza, Shabbatai Zvi en Leon Trotski — een instructief inkijkje in de informele sfeer wordt gegeven in de film *Fiddler on the Roof* (episode 'Chavaleh'). Een hedendaagse juridische reflectie van deze negatieve definitie is nog terug te vinden in de 'Wet op de Terugkeer' van de nieuwe 'Joodse staat': het amendement van 1970 bepaalt dat het 'recht op terugkeer' niet van toepassing op 'een Jood die vrijwillig van godsdienst is veranderd' (artikel 2, lid 4a). Hier prevaleert de impliciete negatieve definitie dus *boven* de expliciet positieve definitie. In feite schikt de desbetreffende Israëlische jurisprudentie zich hier naar het Christelijk canoniek recht dat Israëlitische bekeerlingen na hun doop in het Christelijk geloof gelijkstelt aan geboortedoop Christenen. Een korte definitie van 'Joods' kunnen we dus vinden als we drie criteria gelijktijdig en everedig toepassen: (a) men moet als zodanig in de praktijk (op papier) erkent worden door de daartoe bevoegde Joodse autoriteiten (dat wil zeggen het Orthodox Rabbinaat), (b) men moet niet expliciet behoren tot (en dus worden 'opgeeist' door) een niet-Joodse Traditie en ((c) men moet de identificatie 'Joods' niet zelf expliciet verwerpen (zoals bijvoorbeeld Spinoza dat deed). Deze niet bio-deterministische drievoudige definitie is niet alleen cultuur-historisch waterdicht, maar sluit ook aan bij de ethische conventies van de Europese beschaving en de Christelijke Traditie: er blijft ruimte voor de vrije wil en voor de Christelijke verlossing. Er blijft zo ruimte voor 'speciale gevallen', waaronder mensen die uit de Joodse Traditie stappen of vallen. Een materialistische-deterministische definitie (exclusief 'biologisch Jodendom') is zowel cultuur-historisch onjuist als ethisch verwerpelijk. Mensen zoals Baruch Spinoza & Edith Stein als 'Joden' zien is de Europese beschaving en de Christelijke Traditie verloochenen.

Pas met de 18e eeuwse verlichting — secularisme, scheiding van kerk en staat, gespiegeld in het Israëlitisch equivalent van de *Haskalah* — en met het 19e eeuwse staatsnationalisme ontstaat er een probleem: pogingen om tot zuiver materialistisch-functionele (juridische, liberale) en zuiver materialistsch-deterministische (biologische, raciale) definities van het begrip 'volk' te komen strandden op het ultieme struikelblok: het zogenaamde 'Joodse Vraagstuk'. De tot dan toe door de rabbijnse en kerkelijke gezamenlijk getrokken scheidslijn vervaagt, verschuift en gaat verloren. Op het falen van de civiel-nationalistische 'assimilatie' (grofweg de tijd van Heinrich Heine tot Gustav Mahler) volgt het falen van de raciaal-nationalistische 'segregatie' (grofweg de tijd van Theodor Herzl tot David Ben-Goerion). De 'Tweede Wereld Oorlog' en de 'Holocaust' markeren het failliet van beide experimenten.

Individuele assimilatie-successen en plaatselijke segregatie-successen daargelaten, eindigt het 'Joodse Vraagstuk' in een *Endlösung* met twee drastische eindresultaten: (1) de opheffing van het Traditionele Jodendom en zijn substantiële etnische presentie in Europa en (2) de stichting van de moderne staat Israël in het Midden-Oosten. Vanuit cultuur-historisch perspectief representeren beide resultaten een *knock-out* overwinning van modernistische 'deconstructie' over traditionalistische authenticiteit: de authentieke Joodse Traditie — een etnisch-herkenbaar volk levend volgens een transcendent-gedefinieerd verbond — verliest haar voorheen substantiële fysieke aanwezigheid in Europa, een verlies dat moet worden gecompenseerd door een kunstmatig-geterritoraliseerde en seculier-geherdefinieerde natiestaat in het Midden-Oosten.

De reële presentie en legitieme veiligheidszorgen van de moderne staat Israël staan buiten kijf als geopolitieke feitelijkheden, maar het voortbestaan en gedijen van Israël staan in geen enkele wijze garant staan voor het voortbestaan en gedijen van de authentieke Joodse Traditie. Binnen Israël woedt al decennialang een ongelijke strijd tussen de *hilonim*, de 'wereldlijken' die zich richten op seculaire 'waarden' en economische 'vooruitgang' op Westers model, en de *datim*, de 'vromen' die een achterhoede gevecht voeren voor het behoud van de restanten van de Joodse Traditie. Buiten Israël worden de overgebleven resten van de Joodse Traditie in de diaspora — voornamelijk geconcentreerd in Amerika — in hun voortbestaan bedreigt door dezelfde vloedgolf van 'ontkerkelijking' en 'gemengde huwelijken' die de Christelijke Traditie heeft weggevaagd uit het hart van het Moderne Westen. De 'Joodse' gemeenschappen in het moderne Westen worden gekenmerkt door dezelfde immense centrifugale krachten richting sektarisme (liberaal Jodendom), acculturatie (decoratief Jodendom) en oikofobie (experimenteel Jodendom) die de Westerse volkeren 'deconstrueren'.

Wat in Nederland concreet overblijft aan mikpunten voor de JQ-obsessie is slechts een handjevol leden van de vijandelijke elite die bij gebrek aan adellijke en patricische stambomen prat gaan op vermeende 'Joodse' stambomen zonder maar de minste poging te doen om te leven naar de — of zelfs maar respect te hebben voor — de authentieke Joodse Traditie. En zelfs die stambomen blijken bij nadere inspectie meestal niet erg *kosjer*: velen denken bijvoorbeeld dat een Joodse vader of ongeregistreerde overgrootmoeder al genoeg is om zich deel van het Uitverkoren Volk te mogen noemen. En zelfs als het Orthodoxe Rabbinaat na veel reken en speurwerk een paar van hen al 'erkent', dan nog zal men er daar meteen aan toevoegen dat aan dit predicaat wel een prijskaartje hangt dat deze lieden het lachen snel zal doen vergaan: namelijk het naleven van de Wet met al zijn 613 geboden en verboden, uitgewerkt tot in de kleinste details en dwingend tot bijna bovenmenselijke discipline, eruditie en vroomheid.[153] *Noblesse oblige.* Of zoals een andere Israëliet het al tweeduizend jaar geleden formuleerde: *Niemand kan twee heren dienen: hij zal de een haten en de ander liefhebben, ofwel de een aanhangen en de ander verachten: gij kunt niet God dienen en de mammon* (Mattheüs 6:24).

Standpunt: Voor Nieuw Rechts gelden als échte 'Israëlieten' alleen het handjevol mensen dat zowel door het Orthodoxe Rabbinaat (het Nederlands-Israëlitisch en het Portugees-Israëlitisch Kerkgenootschap) als door zichzelf als zodanig wordt aangemerkt. Nederlandse staatsburgers die niet binnen die definitie vallen maar zich toch 'Joods' willen noemen, mogen bij dat rabbinaat de giyur *procedure uitproberen: totdat zij die procedure doorlopen hebben mogen zij hun mond houden. Voor Nieuw Rechts geldt ook de regel dat iedereen trots mag zijn op zijn eigen identiteit: geen Israëliet hoeft zich te verbergen achter de bange, huichelachtige en complottheorie-voedende nep-identiteit van de 'seculaire wereldburger'. Voor het handjevol na de zondvloed van '40-'45 overgebleven échte Nederlandse Israëlieten is voldoende plaats in ons land — zij hoeven niet bang te zijn voor Nieuw Rechts en Nieuw Rechts ziet hen noch als een probleem, noch als een gevaar.*

---

153 Verg. de relevante Orthodox-Joodse stellingname van Rav David Bar-Hayim van het Shilo Instituut in Jeruzalem.

'Justified and Ancient'

Nieuw Rechts stelt zich op het standpunt dat het 'Joodse Vraagstuk', zeker voor wat betreft Nederland, niet meer bestaat door de tragische gebeurtenissen tijdens de Tweede Wereld Oorlog en de nasleep ervan. Van de misschien 100.000 Joden van Amsterdam, de Joodse *mokem allef* in Nederland, kwam minder dan een tiende terug na de Duitse deportaties: met hen verdween een hele stadscultuur en een hele leefwijze. Slechts een verdwaalde enkeling druppelde na Bevrijdingsdag 1945 terug naar de spookachtig lege straatjes en de verlaten scheve huisjes van de Jodenbuurt: met de bouw van de monstrueuze bestuurdersstolp 'Stopera' werd het laatste stukje historische herinnering (zo niet slecht geweten) weggesaneerd.

Ongeacht het individuele lot van de verdwenen Joodse Nederlanders — macabere *Untergang* in de *bloodlands* van Oost-Europa[154] of moeizame terugkeer naar het Beloofde Land — overheerste bij de overlevende Nederlanders een besef van onmacht en ongemak. Onmacht: evenmin als de Nederlandse strijdkrachten de overmachtige Duitse oorlogsmachine hadden kunnen stoppen, waren de Nederlandse burgerlijke autoriteiten erin geslaagd de Duitse deportatiepolitiek een halt toe te roepen. Ongemak: er was een onwillekeurig gevoel dat men als keurig gezagsgetrouw volk misschien toch moreel in gebreke was gebleven: alleen in het medebezette 'brave Schwejk' Tsjechië was de deportatie-efficiëntie groter dan in Nederland.

Deze instinctieve collectieve *survivor's guilt* paste naadloos in het grotere oorlogspastel — wijdverspreide collaboratie met de bezetter, even wijdverspreide oorlogswinst en zwarte markt activiteiten en bijna universele windvaanachtige serviliteit. Een moreel dieptepunt dat spoedig werd gevolgd door het fiasco in Oost-Indië,

---

154 Verg. Timothy Snyder's *Bloodlands: Europe Between Hitler and Stalin* voor de *gray zone* tussen het politiek-correcte standaard-narratief en de revisionistische martyrologia.

waarbij men op het eerste fluitsignaal van de Amerikaanse 'bondgenoot' de aftocht blies ten koste van de meest basale noties van eerbesef, loyaliteit en verantwoordingsbesef naar honderdduizenden trouwe militairen en burgers (Indië-gangers, Indische Nederlanders, Molukkers) — Koningin Wilhelmina had teveel fatsoen om over dit debacle te presideren en deed troonsafstand.

Tegen deze treurige achtergrondgegevens — effectief nog steeds historiografisch taboe — wordt de psycho-historische thematiek van een collectieve 'slachtoffer cultus' begrijpelijk. Individueel falen wordt herleidt tot collectief falen en individuele gewetenspijn wordt weggeredeneerd naar collectieve gewetenspijn — beide worden vervolgens afgemeten aan (abstracte, onhaalbare, onbestaanbare) 'universele maatstaven' en zo wordt het collectief — lees: het volk — als geheel aansprakelijk voor een ontastbare en onmogelijke 'schuld'. Het is een sado-masochistisch mechanisme dat het meest voordelig kan worden 'uitgeleefd' in de meest extreme projectie: het breed uitmeten van het lot van het archetypisch 'goede' (maar passieve!) verbondsvolk dat door archetypisch 'slechte' (maar actieve!) 'anderen' wordt onderworpen aan de ultieme marteling. Het is een mechanisme dat zo in *Freud for Dummies* kan. Maar zo wordt wel de herinnering aan de verdwenen Joodse Nederlanders misbruikt voor de eigen blijvende schuldcomplexen: de 'Holocaust' als rituele zelfkastijding — zonder enig werkelijk begrip voor wat er echt is gebeurd en zonder respect voor de doden en de overlevenden.

Over de volgende generaties werpt deze psycho-historische conditionering een lange schaduw: van de cultuur-marxistische 'zelfkritiek' van de jaren '60 en '70, via de obsessieve 'tweede generatie trauma's' van de jaren '80 en '90 tot en met de pathologische *Social Justice Warrior* oikofobie van de jaren '00 en '10. Het eindstation is échte — fysieke — zelf-verminking en zelf-opheffing: systematische sociale implosie en programmatische etnische vervanging. Het is dus *niet* het allang verdwenen Europese Jodendom dat de Europese volkeren kwelt, verminkt en vernietigt: wat Europa betreft is het Joodse volk zoals het ooit écht bestond — al dan niet letterlijk — in rook opgegaan. Vragen naar een JQ zou moeten mogen in elk vrij land, maar een JQ projecteren op het heden in méér dan psycho-traumatische zin is grijpen naar de schaduwen van een verzonken verleden dat nooit meer terugkomt. De geschiedenis is een bodemloze put waarin vele volkeren zijn verdwenen — het Europese Jodendom viel erin en komt niet meer terug.

Op 30 januari 1939 deed Duits Rijkskanselier Adolf Hitler de volgende uitspraak: *Wenn es dem internationalen Finanzjudentum in und ausserhalb Europas gelingen sollte, die Völker noch einmal in einen Weltkrieg zu stürzen, dann wird das Ergebnis nicht der Sieg des Judentums sein, sondern die Vernichtung der jüdische Rasse in Europa!* — zijn profetie is uitgekomen. Toen Hitler in de jaren '30 de toenmalige vijandelijke elite identificeerde als *niet-eigen* (benoemd als 'internationaal financieel Jodendom' — let op de kwalificatie 'financieel'!) kon hij dat nog doen op basis van een min of minder plausibel anti-semitisch discours: er bestond toen nog werkelijk een substantiële Joodse presentie in Duitsland waarop 'volksvijandelijke' (proto-globalistische, marxistisch-deconstructieve) krachtenvelden konden worden geprojecteerd. Zelfs toen was het al niet eenvoudig: er moest een ingewikkeld wetsysteem worden ontwikkeld voor de duizenden uitzonderingssituaties en speciale gevallen (*Ehrenarier, Geltungsjude, Frontkämpferprivileg*).

Na 1945 is een dergelijk projectie simpelweg niet langer mogelijk: de vijandelijke elite van de hedendaagse Europese volkeren kan op geen enkele mogelijke manier meer worden geïdentificeerd als 'Joods'. Het Joodse volk in Europa is dood — net zo dood als het Armeense volk in Oost-Anatolië en als het Duitse volk ten oosten van de Oder en Neisse. De doden van de Tweede Wereld Oorlog zijn gerechtvaardigd door en in hun offer — van hen resteren ons nog slechts 'vingerwijzing en naam'.[155] Het is aan de levenden om uit hun geschiedenis te leren en

---

155 Jesaja 56:5 — de oorsprong van de naam van het Israëlische nationale sanctuarium 'Yad va-Sjem'.

zich in eigen gerechtigheid te oefenen. Wanneer Nederlandse volk, dat nu moet leven en lijden onder het wanbestuur en deconstructiebeleid van de vijandelijke elite, beseft dat het wél bestaat — leert dat het *nog steeds* een volk is — dan kan het ook besluiten niet verdwijnen in de bodemloze put van de geschiedenis.

De projectie van een JQ op de vijandelijke elite is een dwaalspoor bij de bestrijding van de huidige machthebbers: de vijandelijke elite is de *onze* en niet de *hunne*. Inzicht in de JQ kan ons echter wel indirect stof leveren voor een beter inzicht in een aantal van de psycho-historische trauma's die de vijandelijke elite tegen ons gebruikt. Zulk inzicht creëert licht aan het einde van de tunnel: het laat ons de harde waarheid van belemmerende trauma's en verlammende taboes onder ogen te zien. Als de recente studies van het lange overleven van de Israëlieten in een wereld onvriendelijke en vijandelijke concurrenten ons iets te leren hebben dan is het vooral dit: dat hoog IQ een lange historische adem heeft en dat het veel kan compenseren. Een afdoende hoge dosering IQ kan ons verlossen van de trucjes en spelletjes vijandelijke elite — inclusief de JQ als afleidingsmanoeuvre en tijdsverspilling. We moeten ons niet laten afleiden en ons concentreren op de feitelijke vijandige elite, want:

Wie het gedaan heeft, heeft het gedaan. En niet iemand anders.

— Harry Mulisch

Nawoord

De Archeo-Futuristische her-ijking — of liever: de-constructie — van de JQ die met dit hoofdstuk wordt begonnen mag voor verwarring zorgen binnen de gelederen van Nieuw Rechts omdat daar de JQ meestal in strict bio-deterministische termen wordt opgevat. Deze verwarring is volledig begrijpelijk omdat van de lezer niets minder verwacht wordt dan een radicaal 'omdenken' van de hele eindeloze, langdradige en lastige JQ. Zo kan het gebeuren dat bij lezers die zich de afgelopen jaren hebben verdiept in de arcana van de online JQ discussie op Nieuw Rechts weblogs nog een aantal praktische vragen blijven bestaan. Voorafgaand aan de onderstaande beantwoording van enkele van die vragen is het verstandig dat de lezer een gedachtenexperiment maakt. Laat hij zich proberen voor te stellen dat de in dit hoofdstuk voorgelegde (psycho-historische) analyses van *niet* in schril contrast staan met de door autoriteiten als Kevin MacDonald voorgelegde (sociaal-biologische) analyses. Laat hij zich proberen voor te stellen dat beide perspectieven elkaar in feite *aanvullen.* Dit mag een moeilijke opgave zijn, vooral gezien het feit dat Nieuw Rechts voor de urgente opgave staat om de vijandelijke elite niet alleen te *ontmaskeren,* maar ook te *confronteren.* Toch is dit precies wat Nieuw Rechts te doen staat: het moet zich radicaal heroriënteren en toewerken naar een synthese tussen historische analyse (concreet: de geschiedenis van het Anti-Semitisme), moderne wetenschap (concreet: bio-evolutionaire strategie op het niveau van etniciteit) en Archeo-Futuristische hermeneutiek (concreet: de Traditionalistische de-constructie aangedragen in dit hoofdstuk).

V: *Is het verkeerd om vast te stellen dat (a) uit het Jodendom steeds iets verdorvens steeds voortkomt, iets dat (b) door de herkenning van dat verdorvene ook iets soortgelijks uit ons voortkomt?*

A: In zekere zin heffen (a) en (b) elkaar op: noch Jood noch niet-Jood zijn verdorven in absolute zin — beide partijen zijn simpelweg zo *essentieel* ánders dat er logischerwijs steeds omstandigheden waren, zijn en blijven waarin zij elkaar als verdorven — en als vijanden — kunnen ervaren. MacDonald heeft uitgebreid geschreven over de groepsevolutionaire aanpassingsstrategieën — en de bio-evolutionaire 'wapenwedloop' — waarop deze ervaringen gebaseerd zijn. De 'universalistische' en 'kosmopolitische' discoursen van de Moderniteit neigen ertoe deze tegenstellingen en antipathieën te negeren, te verdoezelen en te vergoeilijken. Het Archeo-Futuristische strategische alternatief is om het *omgekeerde* te doen, namelijk deze tegenstellingen en antipathieën op waarde te schatten en ze vast te houden. Net zoals de wolf, het indrukwekkende maar gevaarlijke roofdier van de pre-moderne boreale habitat van de Westerse volkeren, geleidelijk aan het terugkomen is in hun natuurlijke wereld, zo zouden de Westerse volkeren er goed aan doen de ervaring van authentiek anders-zijn ruimte te geven in hun culturele wereld. Concreet betekent dit: de Westerse volkeren toestaan om de Joodse Traditie als *essentieel* wezensvreemd en daarmee *potentieel* gevaarlijk te ervaren — in dit opzicht heeft het werk van MacDonald meerwaarde. Maar dit zou Nieuw Rechts niet moeten afhouden van de urgentere taak, namelijk de bestrijding van de globalistische vijandelijke elite. Deze elite is ten zeerste gebaat bij een foute identificatie tussen haarzelf en de Israëlieten door Nieuw Rechts: een dergelijke fout stelt haar in staat 'morele immuniteit' — effectief een 'open cheque' van de geschiedenis — te claimen die zij niet verdient. De globalistische vijandelijke elite bestaat nu afstammingstechnisch voor het overgrote deel uit Westerse 'niet-Joden': zij bestaat voornamelijk uit 'geïnternationaliseerde' en 'kosmopoliete' *niet-Joodse* bankiers en zakenlieden, verdwaalde en geesteszieke *niet-Joodse* intelligentsia, oikofobe en masochistische *niet-Joodse* feministen. Zij breidt zich nu in toenemende mate uit met de opname van 'verdienstelijke' niet-Westerse elementen uit haar 'diversiteit' creaturen — *nouveaux riches* 'investeerders', drugsbaronnen, 'popster' idolen, etc. — maar ook die zijn weer *niet-Joods*. Terwijl het Israëlitische etnische residu dat na de Tweede Wereld Oorlog is overgebleven in het Westen slechts *vreemd* en *potentieel* gevaarlijk is, is globalistische elite niet alleen grotendeels *eigen* maar ook *daadwerkelijk* gevaarlijk. Dit kwaad moet worden herkend voor wat het daadwerkelijk is: een kwaadaardige groei binnen de zieke Westese volkslichamen zelf. Dit kwaad komt voort uit het Westen zelf.

V: *Is het niet zo dat, zoals in sommige 'klassieke' Anti-Semitische werken wordt gesuggereerd, allen die de Moderniteit omarmen feitelijk 'Joods' worden?*

A: Hoewel diepte-analyses van de 'Joodse rol' in de grote tragedies van de 20e eeuwse Europese geschiedenis — bijvoorbeeld de Bolsjewistische experimenten in Rusland en Hongarije — op zichzelf legitiem mogen zijn als historiografische gedachtenexperimenten, dienen zulke gedachtenexperimenten niet af te leiden van de grotere geschiedkundige realiteit. Als algemene regel is de propositie dat 'allen die de Moderniteit omarmen feitelijk "Joods" worden' onverenigbaar met de Traditionalistische definitie van het begrip 'Joods' (*Sunset*, 104-13). Het sleutelprobleem ligt dus in de definitie van het begrip 'Joods'. In dit opzicht geeft het Traditionalisme een duidelijk vonnis: 'Joods' is alleen iemand die *zowel* formeel tot de Joodse gemeenschap behoort — en wel de gemeenschap zoals gedefineerd door de legitieme (Orthodox Rabbijnse) wachters van de Joodse Traditie — *als* de Joodse Traditie in zichzelf herkenbaar belichaamt. De Joodse Traditie zelf is volledig pre-modern en, als zodanig, *volstrekt onverenigbaar* met de Moderniteit.

V: *Als wij vaststellen dat een buiten-proportioneel hoog percentage van 'schuldigen' zichzelf identificeert als 'Joods', is het dan niet legitiem om daar rekening mee te houden?*

A: De stelling dat 'Joden' buiten-proportioneel sterk waren of zijn vertegenwoordigd binnen bepaalde vroegere ('Sowjet') en huidige ('Amerikaanse') elites is alleen houdbaar als 'biologische' afstamming voldoende zou zijn als definitie voor 'Joodse' identiteit. De 'Joden' binnen deze (vijandelijke) elites verwierpen en verwerpen echter zelf hun potentiële Joodse identitaire erfgoed, ófwel expliciet zelf in woord en schrift, ófwel impliciet in met de Joodse Traditie onverenigbaar doen en laten. Dit maakt het onmogelijk om hen 'Joods' te noemen in de enige echte betekenis die dit woord heeft binnen het Traditionalisme. Het moet duidelijk zijn dat lidmaatschap van welke Modernistische elite dan ook onverenigbaarr is met authentieke Joodse identiteit: zulk lidmaatschap vergt de aanvaarding, verdediging en propagering van 'seculaire' (historisch-materialistische) ideeën en 'deconstructieve' (sociaal-economische) programma's die onverenigbaar zijn met de religieuze voorschriften en ethische uitgangspunten van de Joodse Traditie. Voor zover de overblijvende 'biologische' afstammelingen van het Joodse volk tot op de dag vandaag nog vasthouden aan de Joodse Traditie kenmerken zij zich door een zelfopgelegde 'orthopraxe' afzondering die substantiële deelname aan het Modern-Westerse politieke, sociale en culturele leven uitsluit. 'Biologische Joden' die *wel* deel uit maken van de vijandelijke elite zijn *ipso facto* verraders van hun Traditie: zij sluiten zichzelf willens en wetens buiten die Traditie. Hun vals-muntende pogingen zichzelf na dat verraad toch nog 'Joods' te noemen — feitelijk een poging tot 'culturele appropriatie' van de eigen verraden Traditie — dienen niet te worden beloond door Nieuw Rechts. Nieuw Rechts doet er verstandig aan de positie van de Orthodoxe Rabbijnen in te nemen en een gezonde afstand te scheppen tussen deze 'biologisch Joodse' verraders en de authentieke Joodse Traditie. Elke verraderlijke poging tot toeëigening van psycho-historische 'immuniteit' met een beroep op onverdiende Joodse identiteit dient te worden gezien voor wat het is: transparente fraude.

V: *Is het scheiden van de JQ en de globalistische vijandelijke elite niet gewoon bedoeld als onderhandelingstrategie met de machten van de Modernisme?*

A: Een oplettende studie van de schrijver's eerdere tegen-deconstructie van het Modernisme, gebaseerd op een analyse van het fenomeen 'Omgekeerd Jodendom' (*Sunset*, 104-15), zal duidelijk maken dat een 'onderhandeling' met de Moderniteit simpelweg onmogelijk is op welk niveau dan ook. Als de Westerse volkeren willen overleven en willen gedijen dan zullen zij de Moderniteit moeten *absorberen*, *verwerken*, *verteren* en *overwinnen* in al haar vele consequenties: dit is de filosofische uitdaging van de Archeo-Futuristische Revolutie — en de metapolitieke taak van Nieuw Rechts. Een correcte positionering ten aanzien van de JQ is van groot belang: zij zal Nieuw Rechts in staat stellen zich te concentreren op de echte vijand, namelijk de globalistische vijandelijke elite die als onkruid is opgeschoten *uit eigen bodem*. De stelling die hoort bij de Archeo-Futuristische JQ analyse gegeven in dit hoofdstuk is dit: dat Nieuw Rechts zich moet richten op de *feitelijke werking* van de vijandelijke elite in het *hier en nu*. Hiermee wordt het mogelijk de vijandelijke elite voor eens en altijd los te koppelen van al haar vroegere, huidige en toekomstige claims op 'Joodse identiteit' — claims die haar maar al te goed uitkomen als psychohistorische camouflage en immuniteit. De globalistische vijandelijke elite moet worden ontmaskerd — zij moet zichtbaar worden naar haar wezen en richting: *niet*-territoriaal, *niet*-etnisch, *anti*-territoriaal en *anti*-etnisch. Naar haar wezen en richting vertegenwoordigt zij een directe en dodelijke bedreiging voor de inheemse volkeren van het Westen. Er is geen onderhandeling mogelijk met de globalistische vijandelijke elite — zij moet wortel en tak worden bestreden. Als historisch machtconglomeraat in de Westerse samenlevingen moet zij worden vernietigd — ongeacht de (ex-)etnische 'afstamming' van haar leden, of ze nu 99%, 50% of 1% 'ex-Joods' of 'ex-niet-Joods' is.

Hoofdstuk 4

De Identitaire Beeldenstorm

in memoriam Pim Fortuyn

Thesauros absconditos et arcana secretorum

(Of: De herontdekking van het verworpen beeld)

IN HET hart van de gloednieuwe beweging 'Alternatief Rechts' ligt een denktraditie die even oud is als de Westerse beschaving waarvoor deze beweging in de bres treedt: het *Essentialisme*. De filosofische aanname dat alle voor menselijke waarneming toegankelijke immanente fenomenen weerspiegelingen zijn van transcendente substanties, en dus 'essentiële' realiteiten uitdrukken, is het fundament van alle Traditionele wereldbeelden — en één van de historische uitgangspunten van het Traditionalisme. Daarmee staat het Essentialisme lijnrecht tegenover het Modernistische *Constructivisme*, namelijk de aanname dat alle immanente fenomenen slechts contingentcognitieve improvisaties zijn, ofwel cultureel-historische en psychosociale 'constructies'. De Constructivistische grondgedachte vormt de impliciete basis van de Klassiek Moderne (18e eeuwse) Verlichting en voor de eruit voortvloeiende Laat Moderne (19e en vroeg-20e eeuwse) historisch-materialistische ideologieën van Liberalisme,

Anarchisme, Socialisme en Communisme. Het Constructivisme dringt vervolgens definitief in het Westers menselijk zelfbeeld door via het Existentialisme. De historische golf van het Constructivisme bereikt haar hoogtepunt in het Postmoderne (laat-20e en vroeg-21e eeuwse) Cultuur Nihilisme, een wereldbeeld dat gekenmerkt wordt door militant secularisme, sociaaldarwinistisch hyper-individualisme, collectief-geïnternaliseerd narcisme en doctrinair cultuurrelativisme en dat uitmondt in de 'deconstructie' van alle Traditionele Westerse beschavingsvormen. De Cultuur-Nihilistische kerndoctrine van 'maakbaarheid' ligt ten grondslag aan de politiek-programmatische deconstructie van Westerse staatsvormen, Westerse etniciteiten, Westerse familiestructuren en Westerse cultuuruitdrukkingen.

Het metapolitiek-filosofische fenomeen 'Alternatief Rechts' kan worden begrepen als een reactie op de desastreuze gevolgen van een kwart eeuw radicaal Cultuur-Nihilistische deconstructie. De naam heeft ook een dubbele politiek-positionerende connotatie: 'klassiek rechts' (neo-liberalisme, christen-democratie) wordt ontmaskerd als een dekmantel voor politiek nihilisme en 'oud rechts' (fascisme, nationaal-socialisme) wordt benoemd als politiek primitivisme. In het hart van de 'Alternatief Rechtse' beweging herleeft een semi-Traditionalistisch — beter gezegd Archeo-Futuristisch — Essentialisme. Haar meest 'Essentialistische' element is de *Identitaire Beweging*. Dit artikel overdenkt de precieze aard en het huidige traject van deze Identitaire Beweging, met speciale aandacht voor haar (mogelijke, toekomstige) plaats in het onstabiele Nederlandse politieke landschap.

De in omvang en intensiteit snel toenemende Identitaire Beweging wordt hoofdzakelijk gevoed en gedragen door een nieuwe generatie Westerse mensen. Het zijn de Westerse jongeren van nu die de Cultuur Nihilistische realiteiten van totalitair-matriarchale indoctrinatie in het basisonderwijs, *Social Justice Warrior* activisme aan de universiteit, neo-liberaal sociaal-darwinisme op de werkvloer en etnische vervanging in het publieke leven ten volle aan den lijve ondervinden. Afgezien van een minuscule minderheid *snow flake* rijkeluiskinderen ontberen deze jongeren de *life style* keuzes van de *baby boom* generatie: hun dagelijks geleefde realiteit is één grote *red pill*. Zij keren zich daarom massaal af van de hopeloos oneerlijke arbeid- en woningmarkt, de hopeloos lelijke consumptiecultuur, de hopeloos gecompromitteerde systeempers en de hopeloos corrupte consensuspolitiek. In de puinhopen van de Westerse beschaving, voorzichtig manoeuvrerend in het kielzog van de *baby boom* sloopmachine, vinden zij hier en daar een kostbaar kleinood: een stijlvol vintage kledingstuk in een kringloopwinkel, een tijdloos appartementje in een door project ontwikkelaars vergeten straatje, een alternatieve werksfeer in een collectief van gelijkgezinden — heel soms een schoon meisje dat een heel uur oog houdt voor non-digitale dromen.

Het zijn deze jongeren die oude boeken vinden in vergeten universitaire kelders en die oude ideeën betrekken op nieuwe extramurale realiteiten — en definitief afstand doen van de hypothecair fataal belaste nalatenschap van de *baby boomers*. Zij hervinden en recreëren hun authentieke identiteit op basis van autonome intellectuele ontwikkeling en instinctieve terugval op archetypische belevingsvormen. De open wereld van het *World Wide Web* geeft hen toegang tot de verborgen schatten en de verzonken rijkdommen van de Westerse beschaving. Zij herontdekken het 'verworpen beeld': Essentialisme wordt navoltrokken en Identiteit wordt herbeleefd. Het zijn deze jongeren, intellectueel autonoom en politiek immuun, die noodzakelijkerwijs in steeds sterkere mate de richting en toon bepalen in de publieke sfeer — en weigeren deel te nemen aan het tot sociëteitsgebral gedegradeerde 'maatschappelijk debat'. Gegeven deze nieuwe toonzetting in de publieke sfeer is het aannemelijk dat een concrete identitaire agenda op een zeker moment in een *realpolitik* agenda vertaald zal worden. Omzichtig naderen de eerste verkenners van de Identitaire Beweging de Zwarte Poort van het Schaduwland van de Cultuur-Nihilistische macht. Voor een correcte plaatsbepaling is het belangrijk dat deze voorhoede zich heel precies rekenschap geeft van de historische opgave van de Identitaire Beweging binnen Nieuw Rechts.

Ante portas

(Of: Voor de poorten van de macht)

De oorsprong van de Identitaire Beweging ligt in de — in toenemende mate als definitief beleefde — vertrouwensbreuk tussen de Westerse volkeren en hun heersende elites in het zicht van het naderend hoogtepunt van de 'Crisis van het Postmoderne Westen'. Het traject van deze crisis, zelf onderdeel van wat Jason Jorjani als een grotere *World State of Emergency* betitelt, wordt bepaald door een aantal samenvallende existentiële dreigingen. De Westerse volkeren staan voor levensbedreigende ontwikkelingen die zich steeds dringender en zichtbaarder aandienen, maar die door hun heersende elites niet alleen publicitair worden verhuld, maar ook politiek worden bevorderd. De *antropogene klimaatcatastrofe* (aardopwarming, seizoensverschuiving, exoteninvasie) vernietigt de natuurlijke biotoop van de Westerse volkeren, maar wordt door hun elites welbewust bevorderd via geïntensiveerd consumentisme (obsessief massatoerisme, autobezit cultus, versnellende consumptiecycli). Het *technocratisch transhumanisme* (*biohacking, prolongevity, transgenderism*) ondermijnt tegelijk de levensaard van de Westerse volkeren, maar wordt door hun elites doelbewust bevorderd via psychosociale 'deconstructie' en medischtechnische manipulatie: seksuele geaardheid, geslachtsidentiteit en lichamelijke persoonlijkheid worden zo afgedaan als '*life style* opties'. De *etnische vervanging* (sui-genocide, *Umvolkung*) bedreigt daarnaast het historische kernterritorium van de Westerse volkeren, maar wordt door hun elite opzettelijk bevorderd via anti-natalistisch beleid naar binnen en neo-liberaal 'open grenzen' beleid naar buiten. De *sociale implosie* (hyper-individualisme, wegwerprelaties, buitenechtelijke voortplanting) 'deconstrueert' tenslotte de maatschappelijke cohesie van de Westerse volkeren, maar wordt door hun elite structureel bevorderd via atheïstische indoctrinatie en matriarchaal sociaal beleid. Sinds het begin van de 'lange mars door de instituties' van de *soixante-huitards*, dit jaar een halve eeuw geleden, heeft de *baby-boomer* elite van het Westen zich gestaag ontwikkeld in de richting van een totalitair regime: zij begint nu openlijk haar ware gezicht te tonen als een *hostile elite*, een 'vijandelijke elite'. Haar *Machtergreifung* voltrekt zich onder onze ogen. Haar ideologie is filosofisch gebaseerd op tot uiterste absurditeit doorgetrokken historisch materialisme en zij kenmerkt zich door militant secularisme, sociaaldarwinistisch neoliberalisme, narcistisch hyperindividualisme en dogmatisch cultuurrelativisme — hier wordt dit grotendeels subrationeel gelokaliseerd conglomeraat gemakshalve gedefinieerd als *Cultuur Nihilisme*.

De macht van deze universalistisch denkende, kosmopolitisch voelende en globalistisch opererende *hostile elite* berust op transnationale structuren en instituties die zich systematisch onttrekken aan zowel soeverein nationaal gezag als authentieke democratische controle. De regie over deze transnationale 'spookstructuren' ('internationale marktwerking', 'internationale verdragen', 'Europees monetair beleid', 'Europese wetgeving') en 'letter instituties' (IMF, WTO, UN, UNHCR, EU, ECB, NATO) berust feitelijk bij een kleine groep nieuwe 'wereldheersers' die anoniem en boven de wet kunnen opereren binnen de gesloten sfeer van de *high finance* kartels en de industriële *multinationals*. Het effectief resultaat is een nauw verweven netwerk van globaal opererende maffia bendes. De Nieuwe Wereld Orde van het Postmoderne globalisme lijkt in bepaalde opzichten — met name informele structuur en *shadow state* functionaliteit — op de *Cosa Nostra*: de leiding gevende *godfathers* blijven altijd discreet op de achtergrond, maar zij worden bijgestaan door gedegen in politicologie, rechten en economie opgeleide *consiglieri* uit gerenommeerde internationale universiteiten, advocatenkantoren en boekhoudbedrijven. Hun beleid wordt op nationaal niveau uitgevoerd door nominaal onafhankelijke *caporegimes*: talentvolle politici en bestuurders die zich conformeren aan de ongeschreven regels van hun *old boy network* — en aan de subtiele *omertà* van hun sociëteitsleven. De huidige comateuze staat van de Westerse democratieën, gekenmerkt door dichtgetimmerde partijkartels, politiekcorrecte mediaconglomeraten en cognitiefdissonante zwijgplicht, wordt verklaard door de *overname van binnenuit* van het Westerse nationale politieke en publieke leven door deze globalistische maffia. Om een façade van legitimiteit op te houden moet de schijn van parlementaire, juridische en journalistieke autonomie op nationaal niveau blijven bestaan, maar het effectieve beleid is altijd *transnationaal* en — bovenal — *antinationaal*. Op de lange termijn betaalt de vijandelijke elite hiervoor echter op nationaal niveau een hoge prijs: een totaal en definitief verlies van geloofwaardigheid en legitimiteit. Gerekend vanaf het begin van de Postmoderne Tijd (gemarkeerd door de val van de Berlijnse Muur, de Sovjet Unie en de Zuid-Afrikaanse Apartheid alsmede door de opkomst van de EU, de Euro en het *World Wide Web*) is inmiddels een volle generatie globalisme verstreken — de oude vormen en het oude discours van de gecombineerd neo-liberale/cultuur-marxistische dictatuur zijn hopeloos achterhaald. Wat overblijft, is een totalitaire transnationale machtsmachinerie die straffeloos kan opereren in het psycho-historische en sociaal-culturele vacuüm van het Westerse neo-matriarchaat. Dit matriarchale vacuüm wordt gekenmerkt door hedonistisch-orgiastische vormgeving in de publieke sfeer en sado-masochistische omkering van alle authentieke vormen van hiërarchie en identiteit. Elders heeft de auteur van dit werk de cultuur-historische achtergrond en de sociaal-culturele uitwerking van het Westers neo-matriarchaat uitgebreid beschreven (*Alba Rosa*, 168ff) — hier volstaat het te zeggen dat de geboorte van de Identitaire Beweging kan worden begrepen als een dubbel psycho-historische en sociaal-politieke *reactie*: een reactie zowel op de totalitaire dictatuur van de globalistische hostile elite als op de matriarchale conditionering waaraan zij haar macht ontleent.

De politieke geboorte van de Identitaire Beweging kan worden gedateerd in de jaren 2015-16, ten tijde van de openlijke *Machtergreifung* van het totalitaire matriarchaat: de openlijk demofobe en extreem feminiserende verkiezingscampagne van matriarch Hillary Clinton in Amerika en de openlijk xenofiele en extreem antinationale 'open grenzen' campagne van matriarch Angela Merkel in Europa. Met haar *va banque* strategie richting openlijk totalitair globalisme en met haar opgeven van de laatste schijn van nationale soevereiniteit en wethandhaving liet de *hostile elite* van het Postmoderne Westen haar ware gezicht zien — maar zij vergistte zich in haar timing. In beslag genomen door haar eigen narcistische obsessies met 'marketing' en 'beeldvorming' vatte de *hostile elite* het jarenlang ontbreken van serieuze politieke en publicitaire weerstand op als een teken dat de overlevingswil en het zelfbehoudsinstinct van de Westerse volkeren definitief waren gebroken. De *hostile elite* zag haar eigen spiegelbeeld — de politiek-correcte consensus van haar eigen media en academia — aan voor de werkelijkheid. Het resultaat van deze misrekening was een politiek fataal ricochetschot aan beide zijden van de Atlantische Oceaan: het Britse volk koos voor 'Brexit', het Amerikaanse voor Donald Trump, het Oostenrijkse voor Sebastian Kurz en het Italiaanse voor de Vijfsterrenbeweging. Zelfs in het door zeven decennia antinationale indoctrinatie psycho-sociaal gecastreerde Duitsland is de institutionele status quo verbroken: met de AfD is een authentiek nationalistische oppositie nu realiteit in de Bondsdag. In de historische context van de Postmoderne nihilistisch-hedonistische conditionering van de Westerse volkeren kan deze politieke ontwikkeling worden opgevat als het eigentijdse equivalent van de klassieke volksopstand. Zelfs in de dichtgeslibde kanalen van de Postmoderne Westerse 'democratie', gekenmerkt door decennia diepe sedimenten van institutionele corruptie, politieke kartelvorming, en politiek-correcte mediacensuur, wordt de vloedgolf van volkswoede merkbaar. Zelfs in de stilstaande 'dode moerassen' van het Nederlandse politieke landschap — misschien wel het veiligste tuinvijvertje van de Westerse *hostile elite* — gaan kleine rimpelingen door de parlementaire wateren. De meermaals smalend afgeschreven 'oude populisten' van de PVV maken een electorale *comeback*. En naast hen in de Tweede Kamer zit voor het eerst een tweede patriottische partij: twee keurige heren van FVD doen hun intrede in het parlementaire circus om daar een beschaafd *alt-light* — vele kiezers hopen een *alt-right* — geluid te laten horen. De Identitaire Beweging nadert de politieke macht — de Baraddûr van de *hostile elite* wankelt. Het demofobe *cordon sanitaire* van de kartelpolitiek, het gladgestreken *business as usual* van *high finance* en het cynische zwijgcomplot van de *Lügenpresse* mogen het leven van de *hostile elite* nog enige tijd kunstmatig rekken, maar het zijn niet meer dan krampachtige pogingen om de faillissementsverkoop van de machtsinstituties en de begrafenis van een volkomen uitgeleefd wereldbeeld nog voor een paar fiscale jaartjes uit te stellen. Maar hoe langer dit uitstel duurt en hoe hoger men de nooddijken opwerpt tegen het identitaire getij, hoe groter de catastrofale stormvloed die uiteindelijk het hele uitgeleefde Cultuur Nihilistische bestel en de hele globalistische *hostile elite* zal wegvegen. Tot die tijd is het voor identitaire denkers en doeners belangrijk om zich te bezinnen op manieren om de aanstaande stormvloed enigszins in goede banen te leiden en om zoveel mogelijk waardevol cultureel erfgoed in veiligheid te brengen. De eerste vage contouren van de nieuwe wereldorde die ligt aan de nu nog verre overzijde van de eindcrisis de Westerse Postmoderniteit beginnen al zichtbaar te worden. Zij duiden de richting en betekenis van de veel grotere historische revolutie waarvan de identitaire beweging slechts de voorbode is: de *Archeo-Futuristische Revolutie*.

Procellaria pelagica

(Of: De stormvogel van de Archeo-Futuristische Revolutie)
Alles is duister, al ware men in het demonenrijk,
waar woeste natuurelementen dansen op de tonen
van de stormvogel zijn huiveringwekkend gekrijs...
De stormvogel krijst de komst van het woeste weder...

— Rudy Vermeulen

Elders heeft de auteur van dit werk de synthetische filosofische grondslag en de anagogische cultuurhistorische inzet van de opdoemende Archeo-Futuristische Revolutie uitgebreid beschreven (*Alba Rosa*, 209ff) — hier is echter de juiste plaats om iets te zeggen over de maatschappelijke *uitwerking* die deze revolutie zal hebben. De Identitaire Beweging is de voorbode van deze Archeo-Futuristische Revolutie: voor de generatie die wacht op deze revolutie heeft zij de functie van wegbereider — en 'trooster'. De 'troost' die zij biedt is deze: zij kondigt aan dat het tij van de geschiedenis gekeerd is en dat de wereld van het Cultuur Nihilisme gedoemd is spoedig te verzinken in roemloze vergetelheid. De wegbereider functie die de Identitaire Beweging heeft is het duidelijkst zichtbaar in het feit dat zij de Cultuur Nihilistische *hostile elite* voor eens en altijd de *moral high ground* ontneemt. De universalistisch-verlichte en kosmopoliet-humanistische ideologie waarop het gezag en de geloofwaardigheid van de dubbel neo-liberale/cultuur-marxistische *hostile elite* zijn gebaseerd is ethisch en moreel failliet. De door de *hostile elite* gedurende haar lange mars door de instituties achteloos weggeworpen 'ballast' van ethische autoriteit en morele geloofwaardigheid liggen onbeheerd op straat: een simpel oprapen maakt ze tot het exclusief bezit van de Identitaire Beweging. Het is de Identitaire Beweging die nu voor de rechten van inheemse volkeren staat: voor het recht van ieder volk, ook de Westerse volkeren, op een eigen identiteit en een eigen plaats onder de zon — zonder afgedwongen multiculturele 'diversiteit' en zonder gemanipuleerde sociale 'deconstructie'. Het is de Identitaire Beweging die nu voor de rechten van de arbeidersklasse staat: voor het recht van jonge mensen op redelijke bestaanszekerheid en fatsoenlijke beloning — zonder concurrentievervalsende 'arbeidsmigratie' en zonder tributplicht aan een cynische 'asielindustrie'. Het is de Identitaire Beweging die nu voor de rechten van de vrouw staat: voor het recht van alle meisjes en jonge vrouwen om ooit echtgenoot, moeder en grootmoeder te kunnen zijn in plaats van alleen maar arbeidskracht, marketing doelgroep en stemvee. Het is de Identitaire Beweging die nu voor dierenrechten en bio-ethiek staat: voor de strijd tegen barbaarse 'rituele slacht' en mensonterende 'bio-industrie'.

En zo is het de Identitaire Beweging die — totaal onverwacht en totaal onvermoed — nu de lang vervlogen échte idealen van *soixante-huit* doet terugkeren in het publieke debat en in de politieke sfeer. De lang oningeloste belofte van de utopische 'universele hervorming van de mensheid', zoals gesymboliseerd in de *ewige Blumenkraft* en *flower power* van de 'jaren zestig', valt nu als een rijpe appel in de schoot van de Identitaire Beweging: het is aan de Identitaire Beweging om deze belofte *realistisch* op te vatten en haar *realistisch* gestalte te geven in de *beperkte setting* van elk afzonderlijk Westers volk, waar ze kan voortbestaan als *voor-geleefd voorbeeld*. Want als wegbereider van de Archeo-Futuristische Revolutie is de Identitaire Beweging ook de 'nachtwacht' die moet uitzien naar de Gouden Dageraad. Deze Gouden Dageraad betekent: het inlossen van tegelijk oeroude en gloednieuwe beloften en het verwezenlijken van tegelijk oeroude en gloednieuwe mogelijkheden. Deze verwezenlijking van de Archeo-Futuristische Revolutie is in de eerste plaats een metahistorische *Catharsis*. De Identitaire Beweging kan elementen van deze komende Catharsis al benoemen: *Jubeljaar* ('collectieve schuldsanering' — een einde aan bankendictatuur en woekereconomie), *Amnestie* ('collectieve gratieverlening' — een einde aan partijpolitiek en maatschappelijke tweedeling), *Manumissio* ('slavenbevrijding' — de repatriatie van gastarbeiders en ontheemden), *Gaia-principe* ('bio-ethische revolutie' — het einde van industriële ecocide en bio-industrie) en *Purificatie* (rituele reiniging — her-inwijding van ontheiligde plaatsen). Het resulterende *restitutio in integrum* impliceert het vervullen van de Faustiaanse lotsbestemming van de Westerse volkeren: het *voorleven* van zelfovertreffende ideaalvormen. Ook voor de Nederlandse Identitaire Beweging is de reis naar deze verheven eindbestemming begonnen. Het is aan de jonge mensen van het Westen om de reis te maken waarvan de *soixante-huitards* droomden maar waaraan zij nooit begonnen — het is aan de Westerse *génération identitaire* om de juiste koers te vinden.

And the ship went out into the High Sea and passed into the West, until at last on a night of rain [there was] a sweet fragrance on the air and... a sound of singing that came over the water. And then... the grey rain-curtain turned all to silver glass and was rolled back, [revealing] white shores and, beyond them, a far green country under a swift sunrise.

— Tolkien

In hoc signo vinces

(Of: In het teken van de Gouden Dageraad)

In haar hoedanigheid van wegbereider van de Archeo-Futuristische Revolutie en van nachtwacht voor de Gouden Dageraad is de Identitaire Beweging gehouden zich te conformeren aan de archetypische symboolvormen van de Westerse Traditie. Dat betekent bovenal dat zij gehouden is zich het boreale kernsymbool van de cyclische wedergeboorte opnieuw toe te eigenen: *Sol Invictus Augustus*. In dit symbool staat de glorieuze terugkeer van de (onoverwinnelijke) zon gelijk aan de verlossende 'terugkeer van de koning': de natuurlijke (astronomische) cyclus van duisternis en licht wordt geassocieerd met de culturele (historische) cyclus van chaos en orde. In de oude Indo-Europese Traditie staan het zonnerad en de zonnekrans symbool voor de het herstel van de authentieke autoriteit van de legitieme *Katechon* — zo is de oud-Iraanse *Derafsj-e Kāviān* nog terug te vinden in de huidige standaard van de president van Tadzjikistan. Na elke kosmische nacht van wetteloosheid bewerkstelligt de terugkeer van de *Katechon* het herstel van de *Nomos*. Elders heeft de auteur van dit werk uitgebreid beschreven hoe de begrippen *Katechon* en *Nomos* relevant zijn voor de door de Identitaire Beweging nagestreefde wedergeboorte van de Westerse beschaving (*Alba Rosa*, 114-18) — hier volstaat het te zeggen dat de zege van de zon over de nacht symbool staat voor de overwinning van het principe van transcendent-immateriële orde over immanent-materialistische oerchaos. Het betreft een door alle Traditionele culturen mythisch beschreven kosmische strijd, cultureel-antropologisch geanalyseerd in de binaire oppositie man/zon/wit/noord:vrouw/maan/zwart/zuid. In de huidige Crisis van het Postmoderne Westen komt dit oude kosmische strijdmotief in toenemende mate weer expliciet bovendrijven op de deels overlappende breuklijnen tussen patriarchaat-matriarchaat (man:vrouw), Christendom-Islam (zon:maan), blank-niet-blank (wit:zwart) en Eerste Wereld-Derde Wereld (noord:zuid). Een correcte positionering in dit veelpartijen conflict hangt voor de Westerse Identitaire Beweging mede af van een reactivering van archetypische Indo-Europese kernsymboliek.

De Identitaire Beweging staat niet alleen voor etnische rechten, maar ook voor een nieuwe opvatting van etnische identiteit, dat wil zeggen voor een nieuw idee over identiteit — en de over consequenties van identiteit.[156] De Identitaire Beweging staat voor een maatschappelijke herinrichting in overeenstemming met alle *authentieke* vormen van identiteit: een correcte omgang met natuurlijke identiteit (geslacht, leeftijd, talent) en culturele identiteit (stand, godsdienst, taal). En bovenal voor een maatschappelijke herwaardering van onze Nederlandse identiteit — een dubbel natuurlijk-culturele identiteit, want elke etniciteit kent zowel bio-evolutionaire als cultuur-historische uitdrukkingsvormen. Bij 'Nederlanderschap' gaat het dus om *authentieke* identiteit. Niet het 'Nederlanderschap' van de gezichtsloze *homo aeroporticus* met een handig reisdocument om gladjes te pendelen tussen zijn penthouse in Scheveningen, zijn *time-share* villa op Long Island, zijn buitenhuis in Toscane en zijn vakantieadres op de Malediven. Niet het 'Nederlanderschap' van de

---

156 Aanvullend op de vorige voetnoot: vandaar de naamskeuze van Nieuw Rechts Werkgroep IDNL.

a beau mentir qui vient de loin asielzwendelaar met fictieve naam en geboortedatum in een reisdocument dat hem direct na afgifte al dient om terug te reizen naar het land van waaruit hij 'gevlucht' is om handig de overtocht van de rest van de clan te regelen. Dus niet het 'parkeerkaart Nederlanderschap' van de neo-liberale *hostile elite*. Echt Nederlanderschap is méér dan dat en wie niet weet wat dat dan is — wie het niet *voelt* en het niet *leeft* — is geen echte Nederlander (meer). Zij die een andere geboortenationaliteit hebben (onze allochtonen) of daar aanspraak op kunnen maken (hun nageslacht) hebben ons respect: zij moeten vooral zijn wie ze zijn en zij mogen daar — althans in eigen kring — trots op zijn. Maar autochtone Nederlanders die hun eigen Nederlanderschap niet her-kennen, na-voelen en be-leven hebben ons respect niet. Autochtone Nederlanders die in zichzelf slechts een 'wereldburger', een 'Europeaan' of 'gewoon niets' zien zijn ófwel deel van de transnationale, kosmopolitische en oikofobe *hostile elite*, ófwel simpelweg de weg kwijt. De eerste groep mag wat ons betreft — bij voorkeur na restitutie van hun over de ruggen van het Nederlandse volk verdiende kapitaal — vertrekken om nooit meer terug te komen. De tweede groep mag zich wat ons betreft te zijner tijd aanmelden voor professionele detox therapie voor ex-*Social Justice Warriors*. Misschien dat zij dan een oude waarheid zullen leren: *Er is maar één échte vulgariteit: niet te willen zijn, wie we zijn* (Nicolás Gómez Dávila). Dat zij dan de vulgariteit doorzien van de kampvolgers van de *hostile elite*: de sado-masochistische transgender activist, de permanent-rancuneuze beroepsfeministe, de militant-atheïstische pseudo-intellectueel, de politiek-correcte censuurjournalist.

Het is uiteindelijk aan het Nederlandse volk om te bepalen wanneer het tijd is om zich te ontdoen van de *hostile elite* en haar Cultuur-Nihilistische ideologie. Tot die tijd is het de taak Nieuw Rechts, en voor de Identitaire Beweging daarbinnen, om alternatieve perspectieven aan te dragen, zodat het Nederlandse volk weet dat er nog andere ideeën en krachten bestaan. Of de zaaier zijn oogst zal zien valt niet te voorspellen, maar dat ons geduldige en lijdzame volk tenslotte zijn gestolen land zal terugeisen is niet meer dan logisch. De vraag of is die eis op tijd wordt geformuleerd en bekrachtigd. Het simpele *geloof* dat het Nederlandse volk wél bestaat — tegen alle intellectuele 'deconstructie' en *psyop* manipulatie in — zal daarbij doorslaggevend zijn.

> *Ik verzeker jullie: als jullie geloof hebben als een mosterdzaadje,*
> *dan zullen jullie tegen die berg zeggen:*
> *'Verplaats je van hier naar daar!' en dan zal hij zich verplaatsen.*
> *Niets zal voor jullie onmogelijk zijn.*
>
> — Mattheus 17:20

Alieni juris

(Of: Bezet Nederland)

Het belangrijkste machtsmiddel van de *hostile elite* is haar status als *bezettingsmacht*: zij ontleent haar gezag aan het transnationale netwerk van instituties en constructies waarmee zij zich onttrekt aan nationale soevereiniteit en democratische controle. Eén van de duidelijkste symbolische uitingen van deze realiteit is de sinistere *New World Order* 'Europa vlag' van twaalf gouden pentagrammen op blauw die voor en over alle overheidsinstanties op gelijke hoogte hangt met de Nederlandse vlag: zij is de zichtbare uitdrukking van de grotendeels onzichtbare realiteit van *bezetting*, net zoals de *tricolore* en de *Hakenkreuzflagge* over Nederland hingen gedurende de Franse en Duitse bezettingstijd. Overeenkomstig deze realiteit zijn alle vitale attributen van de moderne natiestaat opgegeven: de nationale grenzen zijn afgeschaft door 'Schengen', de nationale munteenheid is afgeschaft door de 'Euro', de nationale economie is uitgeleverd aan 'internationale marktwerking', de nationale wetgeving is ondergeschikt aan 'Europese wetgeving' en 'internationale verdragen' en de nationale strijdkrachten staan onder 'bondgenootschappelijke controle'. De globalistische dictatuur van de *hostile elite* heeft de uitvoerende macht systematisch gedelegeerd aan de transnationale prothesen die de geamputeerde attributen van de natiestaat moeten vervangen: 'Frontex', 'ECB', 'IMF', 'WTO', 'Europese Commissie', 'VN' en 'NAVO'. Het resultaat is barbaarse invasie ('arbeidsmigratie', 'vluchtelingenopvang', 'familiehereniging'), economische kaalslag (de-industrialisatie, *outsourcing*, privatisering), neo-liberale uitbuiting (ongecontroleerde bankendictatuur, institutionele woekerpraktijk, fiscaal-afgedwongen interetnische welvaartsredistributie), bestuurlijk luchtledig ('terugtrekkende overheid', 'participatie samenleving', 'deregulering'), sociale ontwrichting (demografische implosie, etnische spanningen, endemische criminaliteit) en culturele verpaupering (academische 'internationalisering', artistiek 'primitivisme', laaggletterig *infotainment*). Eén van de duidelijkste concrete uitingen van deze *bezettingsrealiteit* is de recent in een stroom versnelling geraakte *etnische vervanging*, dat wil zeggen de systematische reductie van de inheemse Westerse bevolking en de systematische kolonisatie van hun thuislanden door niet-Westerse massa-immigratie. De inheemse bevolking wordt ingeperkt door cultureel-selectief anti-natalistisch sociaal beleid (hedonistisch-seksualiserende indoctrinatie, gesubsidieerde geboortebeperking, matrifocaal-matriarchale wetgeving) en gezinsondermijnende inkomenspolitiek (disproportionele fiscale druk op kostwinners, gesubsidieerd alleenstaand moederschap, tribuutplicht voor afgedankte echtgenoten). Tegelijk wordt de uitheemse bevolking niet alleen uitgebreid door na-reizende 'gezinshereniging' maar ook door cultureel-selectief pro-natalistisch inkomensbeleid via onverdiende toegang tot de inheemse sociale zekerheid (medische voorzieningen, sociale uitkeringen, kindertoelagen) en via extra 'doelgroep' faciliteiten die de inheemse bevolking niet alleen moet ontberen, maar ook nog moet betalen ('huisvestingsvouchers', 'inburgeringcursussen', 'vluchtelingenbeurzen'). De voorkeursbehandeling van deze massa-immigratie neemt intussen perverse vormen aan. Terwijl inheemse bejaardenhuizen worden gesloten, worden immense 'asielopvang' faciliteiten bekostigd uit publieke middelen. Terwijl inheemse jonge gezinnen vaak jaren op een wachtlijst staan voor woonruimte, worden beroepswerkloze 'statushouders' met urgentie direct geplaatst op toplocaties in de binnensteden. Terwijl inheemse burgers de administratieve-financiële koorddans van een repressieve bureaucratie moeten lopen, vinden verkrachtende, stelende en frauderende 'asielzoekers' hun ongestrafte weg tussen een chronisch onderbezette politie, een cynisch declarerende asieladvocatuur en een tandeloos dementerende rechtspraak.

Deze gang van zaken wordt binnenlands ingedekt door hersenspoelende schoolindoctrinatie en afstompende mediapropaganda, afgesteld op de Cultuur-Nihilistische ideologie van de *hostile elite* en resulterend in een cultuur-relativistische 'staatsreligie'. Het 'civiel nationalisme' is daarvan onderdeel: een giftige cocktail van neo-liberaal 'calculerend burgerschap' en cultuur-marxistisch 'wereldburgerschap'. De Cultuur-Nihilistische grondingrediënten van het 'civiel nationalisme' creëren een anti-nationaal zoutzuur dat alle elementen van etnische identiteit aantast: het bio-evolutionaire element wordt aangetast door 'homeopathische verdunning', het godsdienstige element door militant secularisme en het taalkundige element door marktgerichte 'internationalisatie'. Terwijl het 'gewone volk' van inheemse Europeanen verzinkt in de urbaan-hedonistische stasis en de psycho-historische trance die horen bij het sub-intellectuele en anti-rationele Cultuur-Nihilistische discours, nadert de 'lange mars door de instituties' van de *hostile elite* haar voltooiing. De *soixante-huitards* babyboomers en hun matriarchaal-allochtone erflaters zien hun kans schoon voor een definitieve *Griff nach der Weltmacht*. Volgens hun nieuwe *Reglen für den Menschenpark* staat het 'gewone volk' — en de hele inheemse bevolking van Europa — schaakmat: het institutionele 'democratische mandaat' van de *hostile elite* en het humanistische 'anti-discriminatie' discours verhinderen binnen het vigerende bestel immers elk effectief verzet.

Toch is het bezettingsregime van de *hostile elite* verre van stabiel: het institutionele 'democratisch mandaat' en het humanistische 'anti-discriminatie' discours zijn flinterdunne illusies die in toenemende mate worden doorzien door het 'gewone volk'. Men weet daar dat er allang geen sprake meer is van een werkelijk democratisch mandaat — het 'gewone volk' haakt af. Diepgravende analyses van de kartelpolitiek en van het geheime monsterverbond tussen neo-liberaal 'rechts' en regressief 'links', door de populisten van PVV zowel als de intellectuelen van FVD, hebben hun nut, maar het 'volk' weet allang dat het verraden is. Aanschouwelijke illustraties van de systematische electorale manipulatie van de parlementaire democratie middels import van honderdduizenden allochtone 'kiesgerechtigden' worden dagelijks geleverd door de onoverdachte aanspraak van een Marokkaans staatsburger als 'voorzitter' en de terloopse opname van een Turkse lobbygroep als 'partij' in de Tweede Kamer. De legitimiteit van huidige 'regering' die zich na de verkiezingsfarce op basis van de kleinst mogelijke Kamermeerderheid heeft geïnstalleerd bestaat alleen nog op papier. Met een aanhoudende stroom schandalen (*fake news* met de *Lying Dutchman*, doofpotterij met de dividendaffaire, corruptie op Derde Wereld niveau met het penthouse etc.) is ze erin geslaagd in recordtijd het laatste residu van publiek respect volkomen te verspelen. Met haar bewezen onvermogen tot de meest basale zelfcorrectie bewijst de heersende *hostile elite* dat zij definitief heeft gekozen voor een *Flucht nach vorne* — de zombieske transformatie van 'regering' naar *regime* is begonnen. Dit verklaart symptomen zoals de afschaffing van het raadgevend referendum (het afkappen van de laatste democratische ankerlijnen) en de invoering van de sleepwet (de overgang naar een onverhulde politiestaat). Uiteindelijk ontpoppen de nationale zetbazen van de globalistische bezettingsmacht zich zo tot simpele collaborateurs: zij verraden hun land en volk voor een handvol zilverlingen. Het gezag van onze 'regering' verschuift zo langzaam maar zeker richting nul: als *bezettingsregime* speelt zij nu openlijk de rol van de onbetrouwbare huishoudhulp die een demente bejaarde in eigen huis berooft, de wrede stiefvader die zijn weerloze stiefdochter misbruikt en de valse herder die de aan hem toevertrouwde schaapskooi opent voor de wolf.

E pluribus unum

(Of: Eén volk onder God)

De metapolitieke inzet van Nieuw Rechts is: het beschermen, herstellen en hernieuwen van de Nederlandse identiteit. Het strategische uitgangspunt van Nieuw Rechts is: het Nederlandse volk is een organische eenheid en het belang van het Nederlandse volk heeft voorrang boven het belang van haar samenstellende delen. De vele 'splijtzwammen' waarvan de kartelpolitiek zich heeft bediend in haar decennialange 'verdeel en heers' politiek zijn vanuit die optiek hersenschimmen. We moeten hier een paar van die 'splijtzwammen' expliciet benoemen en ontkrachten:

(1) Voor Nieuw Rechts is het door de *hostile elite* altijd sterk benadrukte verschil tussen hoog- en laagopgeleid een *vals probleem*. Het gaat hierbij immers om de binnen elk groter volksorganisme noodzakelijke zichtbare verschillen in natuur en cultuur die samenhangen met arbeidsdifferentiatie en sociale functionaliteit. Voor Nieuw Rechts is de meest bescheiden handarbeider die zich schikt naar de plichten van zijn geslacht, stand, gezin en geloofsgemeenschap volstrekt gelijkwaardig aan zijn meest hooggeboren, meest welvarende en meest getalenteerde medeburger — en veruit superieur aan de arrogante 'wereldburger' die met zijn mooie opleiding en grote geld neerziet op zijn eigen volk.

(2) Voor Nieuw Rechts is het oude verschil tussen de standen — Monarchie, Adel, Kerk, Academie, Patriciaat, Burgerij — al evenzeer een *vals probleem*. Het gaat hierbij wederom om een natuurlijke hiërarchie en een noodzakelijke taakverdeling. Om

ons volk samen gestalte te geven en voorwaarts te bewegen moet iedereen de natuurlijke realiteit van geboorteverschillen accepteren en op zijn eigen plaats zijn eigen werk zo goed mogelijk doen. Het is daarbij belangrijk afstand te nemen van de neo-liberale en neo-socialistische ideologie van 'klassenstrijd' — een ideologie van afgunst en jaloezie. Die ideologie is feitelijk tegennatuurlijk want: *Mensen bewonderen alleen echt, wat niet kan worden verdiend: hoge geboorte, talent en schoonheid* (Nicolás Gómez Dávila). Ieder dient zijn eigen natuurlijke plaats in te nemen, overeenkomstig zijn aangeboren privileges en talenten — en daarvoor respect te krijgen. Dat betekent dat de Koning doet wat hij hoort te doen: *regeren* als staatshoofd — en wel zonder dat een laaghartige *hostile elite* hem eerst degradeert tot een decoratief ornament en hem daarna beticht van parasitaire nietsnutterij. Dat betekent dat de Adel doet wat hij hoort te doen: *het land beschermen* in leger en diplomatie — en wel zonder kosmopolitisch internationalisme en decadente gezapigheid. Dat betekent dat de Kerk doet wat zij hoort te doen: zich toeleggen op *onderwijs, ziekenzorg, armenzorg en zielzorg* — en niet als hyperaltruïstische aberratie door illegaliteit en mensensmokkel te faciliteren, maar als basale taak naar het eigen volk. Dat betekent dat de Academie — hoger onderwijs, wetenschappelijk onderzoek en hoge kunst — doet wat zij hoort te doen: het volk *opvoeden, inspireren en dienen* — zonder te vervallen tot een snobistisch baantjescarrousel voor politiek-correcte zakenjongens, rancuneuze feministen en ambitieuze 'troetelallochtonen'. Dat betekent dat het Patriciaat doet wat zij hoort te doen: *welvaart scheppen* door handel en industrie — en wel zonder te vervallen in een losgeslagen globalisme en een ziekelijke offshore-mentaliteit. Dat betekent dat de Burgerij — het 'gewone volk' — doet wat het hoort te doen: *werken en gezin-zijn* — zonder dat zij zich verliest in een gemakzuchtige snel- en zwartgeld mentaliteit en in onverantwoordelijke wegwerprelaties.

(3) Voor Nieuw Rechts is het verschil tussen inkomensgroepen — arm en rijk- alweer een *vals probleem*. Het gaat hierbij om een natuurlijk gegeven dat zo oud is als de wereld: het gaat om een verschil in lot dat we geroepen zijn voor elkaar dragelijk te maken door doorgeschoten extremen te vermijden — en door elkaar het licht in de ogen te gunnen. Hierbij geldt: het Nederlandse volk is van nature solidair, matig en rechtvaardig en kan met die eigenschappen gemakkelijk al te grote verschillen corrigeren door genereuze liefdadigheid en efficiënte ondersteuningsmechanismen — ons sociaal zekerheidsstelsel is daarvan het bewijs, maar moet blijven gereserveerd voor het volk bij wie het past en dat het draagt. Dat betekent een volmondig *nee* tegen neo-liberaal en pseudo-Christelijk sociaal-darwinisme: tegen de *race to the bottom* tussen onze arbeiders en 'arbeidsmigranten', tegen het weghalen van middelen bij onze bejaarden en zieken ten bate van 'asielzoekers', tegen de 'investeringsstrategie' en de 'onroerend goed exploitatie' van de babyboomers ten koste van onze jongeren in onbetaalde 'stages', eindeloos 'flexwerk' en een onmogelijke woningmarkt.

(4 Voor Nieuw Rechts is het verschil tussen levensbeschouwingen — godsdiensten, wereldbeelden en politieke overtuigingen — eveneens een *vals probleem*. Deze grote verscheidenheid is sinds Nederland een zelfstandige staat is een vast gegeven in onze geschiedenis: het Nederlandse volk heeft een individualistisch volkskarakter en een sterke neiging tot non-conformistische gedachte-experimenten — waar twee Nederlanders samen zijn, zijn er (tenminste) drie meningen. Hierbij geldt: al deze individuele overtuigingen samen zijn noodzakelijke deeltjes van ons spirituele en culturele erfgoed — ze creëren samen een kritieke massa van waardevolle (reserve)opties en (terugval)posities die een adequate respons garandeert voor huidige en toekomstige problemen. De recente partijeninflatie is hiervan het levend bewijs: nu de reguliere machtspartijen zich hebben verenigd in het kartelblok, vindt onmiddellijk een veelheid aan belangengroepen een weg naar de

politiek om noodzakelijke en urgente punten te agenderen. Zo is de SP een directe reactie op de structurele armoede en jeugdwerkloosheid die werden gecreëerd door het vroege neo-liberalisme van Lubbers en het verraad van Kok. Zo is 50+ een directe reactie op het schofferen van bescheiden AOWers en weerloze bejaarden in verzorgingstehuizen. Zo zijn GL en de PVDD een directe reactie op door de elite genegeerde — want dure — problemen als de escalerende milieuverontreiniging, de verzwegen klimaatcatastrofe en de onmenselijke bio-industrie. In de Nederlandse context is de Identitaire Beweging gehouden deze voor ons volk typische pluraliteit in gezindten te respecteren en te benutten: dit is waartoe ons nieuwe monopolie op de ethiek ons verplicht. Binnen onze beweging horen al hun waarheden en wensen thuis, mits geleid binnen het kader van het *gemeenschappelijk* belang van *alle* Nederlanders, namelijk het behoud van onze gemeenschappelijke identiteit. Verenigbaar met dit belang zijn de vrijheid en de democratie die door het partijkartel worden verkondigd — maar alleen in juiste dosering. *Absolute* vrijheid en *absolute* democratie zijn dodelijk voor elke authentieke gemeenschap. Nieuw Rechts verwerpt *absolute* vrijheid en *absolute* democratie als lege slogans die door de *hostile elite* worden misbruikt om aan het Nederlandse volk uitbuiting van buiten (het globalistische bankiersregime van de VVD) en anarchie van binnen (de matriarchale anti-rechtsstaat van de D66) op te leggen. Nieuw Rechts verwerpt ook tot in absurd hyperaltruïsme doorgetrokken noties van 'tolerantie' die leiden tot nihilistisch-geïnspireerde omvolking en islamistisch-geïnspireerd terrorisme. De desbetreffende dwalingen van de rechterlijke macht en de zelfcensuur van de systeempers zullen een gepast antwoord vinden. Wat Nieuw Rechts betreft behoort de échte *hostile elite* — zij die willens en wetens ons land en ons volk in de afgrond voeren met deze slogans en drogredeneringen — niet langer tot ons volk.

Dura lex sed lex

(Of: Hard maar rechtvaardig)

Er zijn een aantal urgente problemen die de Identitaire Beweging speciaal ter harte gaan: de antropogene klimaatcatastrofe die onze natuurlijke biotoop aantast, de transhumanistische technologie die onze menselijke wezensaard aantast en de sociale implosie die onze gezinnen en onze samenlevingsverbanden aantast. Maar het meest urgente probleem is zonder meer de etnische vervanging. Bij het huidige tempo van het omvolking proces — een combinatie-proces van inheemse sui-genocide en massa-immigratie — zal er over een paar decennia überhaupt geen Nederlands volk meer bestaan; zorgen over zaken als klimaatsverandering, transhumanisme en sociale implosie zijn daarom secundair. Directe en ingrijpende maatregelen zijn nodig om de vervanging van het Nederlandse volk te stoppen — zonder een herstel van authentieke autoriteit en een uitoefening van effectief gezag bereikt de omvolking binnen enkele jaren het *point of no return*. Het vreemdelingen vraagstuk is daarmee de hoogste prioriteit van Nieuw Rechts. Uit hoofde van haar ethische uitgangspunt wijst Nieuw Rechts racistisch extremisme en een gemakzuchtige *Endlösung* af. Nieuw Rechts ziet geweld en mensenverachting overigens niet alleen als ethisch verwerpelijk, maar ook als uitermate *on-Nederlands*. Wat Nieuw Rechts voorstaat is een oplossing van het vreemdelingen vraagstuk die realistisch en effectief is, maar zonder te vervallen in onredelijkheid en onrechtvaardigheid. Het is daarbij belangrijk heel precies te analyseren wat de oorzaak en aard van het vreemdelingen vraagstuk nu eigenlijk zijn.

Voor Nieuw Rechts zijn de vreemdelingen die legaal in ons land en zich aan de wet houden niet de vijand — onze vijand is de *hostile elite* die de staatsmacht misbruikt om ons volk door vreemdelingen te vervangen. De *hostile elite* gebruikt vreemdelingen als loonkostendrukkende arbeidsreserve, als prijs-opdrijvende consumptie-massa en als electoraal-doorslaggevend stemvee — het gebruikt hen tegen ons. Toch zijn de vreemdelingen niet schuld aan deze situatie: de *hostile elite* gebruikt hen als de facto slaven — zij vormen een nieuwe klasse van horigen die niet anders kan dan zich vastklampen aan *hostile elite*, want hun genadebrood en hun hoekje bij het vuur danken zij volledig aan de *hostile elite*. Diep van binnen haten zij hun meesters: zij *voelen* zich als slaven — discussies als over 'slavernij' en 'Zwarte Piet' bewijzen het. En zij klampen zich vast aan het beetje identiteit dat zij nog over hebben in hun slaven getto's: de kinderen en kleinkinderen van de slaven herbezinnen zich op hun half-vergeten *roots* — bewegingen als het 'islamisme' en 'Black Power' bewijzen het. Ten diepste ervaren zij de *hostile elite* net als wij — als de vijand. In deze zin zijn zij zonder meer beter af bij Nieuw Rechts dan bij het huidige establishment: wij respecteren de échte identiteit van de vreemdelingen en nodigen hen uit hun identiteit vooral vast te houden en te herontdekken. Voor ons is een Marokkaan die zich Marokkaan voelt en zijn Marokkaan-zijn oprecht beleeft veruit superieur aan een 'maatschappelijke geïntegreerde' vlees-noch-vis mens die niet weet wie hij is, waar hij vandaag komt en waar hij heen gaat. Als die échte Marokkaan weet dat bij ons volk te *gast* is, zich als gast gedraagt en niet stiekem probeert zich de spullen, de dochters en het huis van zijn gastgever toe te eigenen, dan heeft hij ons respect *als gast*. Met deze houding — tegelijk respectvol en streng — voegt Nieuw Rechts zich naar het nieuwe monopolie van de Identitaire Beweging op het hele ethische discours. Onze waarden en normen staan ver boven die van de hypocriete *Gutmensch* weekdieren van het Postmoderne Cultuur-Nihilisme: de politiekcorrecte *hostile elite* weigert structureel alle vormen van authentieke identiteit — geslacht, leeftijd, talent, stand, godsdienst, identiteit — te herkennen en te respecteren. De *hostile elite* kent slechts deconstructie en nivellering, *Entfremdung* en *anomie*.

Het moet gezegd zijn: de vreemdelingen in ons land zijn vooralsnog onze *gasten* — grotendeels ongenode gasten, maar gasten niettemin. Wij dienen ons als *gastgevers* te gedragen — met hoffelijkheid en gastvriendschap waar mogelijk, met duidelijke leefregels en strenge maatregelen waar nodig. Gasten dienen zich als gasten te gedragen — niet alleen door aanpassing aan de huisregels en door respect voor de huiseigenaar, maar ook met bescheidenheid en dankbaarheid voor het gedeelde onderdak en het gedeelde eten. Voor zover zij dat niet willen of kunnen, moeten ze vertrekken — en als ze niet uit zichzelf weggaan, worden ze verwijderd. Voor zover ze zich als bescheiden gasten opstellen kunnen ze blijven zolang ze welkom zijn. In eenvoudig Nederlands heet dat 'welkom zijn' meestal: zolang ze zich netjes gedragen, werken voor hun eigen kost en bijdragen aan het gemeenschappelijke huishouden. Maar de in ons land verblijvende vreemdelingen die dat niet kunnen, willen of te moeilijk vinden zullen moeten vertrekken — liefst door vrijwillige remigratie op basis van bescheiden premies en uitkeringen. De premies en uitkeringen voor deze groep — die kunnen worden verrekend met de huidige sociale lasten en de huidige ontwikkelingssamenwerking — zijn een waardevolle investering: ze kosten slechts een fractie van wat langer verblijf van deze groep zal kosten en stellen remigranten in staat met dankbaarheid naar achter en opgeheven hoofd naar voren terug te keren naar hun eigen landen. Nieuw Rechts staat niet voor macabere 'treinen naar het oosten', maar voor comfortabele 'vliegtuigen naar het zuiden'. Voor iedere groep vreemdelingen gelden daarbij, overeenkomstig het ethisch principe van Nieuw Rechts, *eigen* regels. Een arme Indische weduwe die na de onafhankelijkheid van Indonesië naar Nederland vluchtte is niet hetzelfde als een asielfraudeur. Een hardwerkende Chinese restauranthouder die zijn leven lang netjes belasting heeft betaald is niet hetzelfde als een terugkerend jihadist. Een brave Surinaamse moeder die haar leven lang bejaarden heeft verzorgd is niet hetzelfde als een dubbel-paspoortige drugscrimineel. In volgorde van opgebouwde historische rechten kunnen we alvast ruwweg vijf groepen onderscheiden.

(1) 'Ex-kolonialen' (Indiërs, Chinezen, Molukkers, Surinamers en Antillianen), zij die uit de vroegere Nederlandse overzeese

gebiedsdelen voor en rond de onafhankelijkheid naar Europees Nederland zijn gekomen, hebben historisch gesproken een onvoorwaardelijk verblijfsrecht, maar krijgen — voor zover ze niet zelf terug willen met een remigratie-uitkering of volledig willen assimileren — de optie om met eigen rechten, faciliteiten en wijken als afzonderlijke gemeenschappen te blijven leven in Nederland. (2) 'Gastarbeiders' en 'arbeidsmigranten', netjes vergezeld door hun families, gaan wanneer zij werkloos, arbeidsongeschikt en gepensioneerd zijn gewoon terug naar hun eigen land — met hun spaargeld en een bij hun situatie passende uitkering. (3) 'Vluchtelingen' — een groep die grotendeels dwars tegen de (inter)nationale wetgeving en tegen onze eigen belangen in onterecht verblijfsstatus heeft gekregen — worden streng herbeoordeeld en gaan voor zover te licht bevonden, ook netjes vergezeld door hun families, terug naar hun eigen land met een bescheiden remigratie-uitkering. (4) Binnen deze groepen zullen zich sporadisch mensen bevinden die door familiebanden en arbeidsverleden nagenoeg streeploos zijn opgegaan in de Nederlandse samenleving — deze mensen zullen alsnog in de gelegenheid worden gesteld dit te bewijzen via een 'assimilatie' procedure. Voor niet-Westerse vreemdelingen zullen echter strenge assimilatie eisen gelden: een nieuwe Nederlandse voor- en achternaam, een bewezen Christelijke of humanistische identiteit, een volmaakte kennis van de Nederlandse taal en een voorbeeldige levensloop. (5) Even strenge omgang is vereist met vreemdelingen die willens en wetens hun gaststatus hebben verspeeld: terroristen, extremisten, criminelen, fraudeurs en zedendelinquenten — zij zullen zonder oponthoud en zonder pardon worden gedeporteerd. Zoals staat geschreven: *Worden de bozen begenadigd, dan leren zij nooit wat recht is: waar recht is blijven zij onrecht plegen* (Jesaja 26:10). Geen bezwaar- en beroepsprocedures, geen 'humanitair' uitstel, geen huilverhaal: zij gaan eruit — het Nederlandse volk is klaar met hen.

De vreemdelingen die als gasten overblijven na voltooiing van het *remigratie- assimilatie-deportatie* programma geldt dat zij kunnen blijven op basis van 'soevereiniteit in eigen kring', zoveel mogelijk met eigen rechten, eigen voorzieningen en — voor zover men dat zelf wil — eigen woongebieden. De ex-koloniaal, de werkende gastarbeider en de incidentele échte vluchteling kunnen zo in Nederland opteren voor het vasthouden van hun eigen identiteit. Dit betekent voor onze overblijvende gasten: *vrijwillige segregatie*, met dien verstande dat remigratie, assimilatie en deportatie voor hen altijd mogelijk blijven. Dit betekent voor de Nederlandse gastgevers: een einde aan de permanente financiële last en ondragelijke sociale overlast die voortvloeit uit de huidige aanwezigheid van massa's onwelkome vreemdelingen: *free riders* die on-assimileerbaar zijn in ons volk en on-productief blijven in onze samenleving. De inzet van Nieuw Rechts is: geen cent en geen hamerslag voor deze *free riders* zolang één Nederlandse zwerver geen dak boven het hoofd kan vinden, zolang één Nederlandse familievader zijn familie niet kan onderhouden en zolang één Nederlands meisje zich moet prostitueren. Zoals staat geschreven: *Het is niet goed het brood der kinderen te nemen en het de honden voor te werpen* (Mattheüs 15:21). Een andere regel van Nieuw Rechts is: terroristen, extremisten criminelen, fraudeurs en zedendelinquenten moeten zó bang worden dat zij uit zichzelf vertrekken.

Dit is dus het vier-punten programma-ontwerp van Nieuw Rechts ten aanzien van het vreemdelingen vraagstuk: (a) onverbiddelijke *deportatie* voor de wolven in onze schaapskooi, (b) nette *remigratie* voor vreemdelingen die niet (meer) kunnen of willen werken, (c) vrijwillige *segregatie* voor vreemdelingen die hier voor zichzelf willen zorgen en zichzelf willen blijven en (d) *assimilatie* voor een selecte groep verdienstelijke vreemdelingen. Dit is rechtvaardigheid — en rechtvaardigheid, niet opportuniteit, is het criterium van Nieuw Rechts. Het is echter evident dat deze principes en regels nooit zullen worden toegepast zolang de *hostile elite* aan de macht is: zij zal nooit ophouden haar asielindustrie en slavenelectoraat te subsidiëren. Het is daarom de eerste opgave de Identitaire Beweging het tapijt onder de voeten van de *hostile elite* weg te trekken: te laten zien dat haar gepretendeerde legitimiteit niet langer geloofwaardig is — en een alternatief discours aan te dragen.

Ad astra per aspera

(Of: De gidsster van de Vliegende Hollander)

Het is duidelijk dat rechtvaardigheid een begrip uit het historisch rariteitenkabinet zal blijven zijn zolang karikaturale matriarchen als Kasja Ollongren en Janine Hennis 'verantwoordelijk' zijn voor de veiligheidsdienst en de krijgsmacht. Zolang ons zo geduldige en zo lijdzame volk de door de *hostile elite* aangestelde en zich als 'regering' betitelende boevenbende van het dubbel neo-liberale/cultuurmarxistische partijkartel blijft tolereren zal de omvolking gewoon doorgaan — letterlijk links om of rechts om. Gedurende elke kabinetstermijn — ongeacht de 'leiding' ervan door een Kok, een Balkenende, een Rutte of een Dijkhoff — komt er in Nederland een 'allochtone' populatie bij ter sterkte van de stad Utrecht: dat is de realiteit. Het politiek-correcte establishment heeft zich voorgoed gediskwalificeerd door het dirigeren, faciliteren en negeren van dit volksverraad. Het toekomstig politieke toneel heeft geen plaats voor beide: ófwel de *hostile elite* blijft staan en het volk verdwijnt, ófwel het volk blijft staan en de *hostile elite* verdwijnt. De arrogante demofobie en doctrinaire oikofobie van de *hostile elite* laat zien dat zij op de eerste optie gokt. Het is aan de Identitaire Beweging om het anders te laten aflopen. Er is hoop dat het Nederlandse volk wint — dat *wij* winnen — want, om met Rutte te spreken: *wij zijn met meer.*

Daarnaast is de diepte van de Nederlandse volksziel nog niet gepeild. Gedurende zijn bewogen geschiedenis heeft het Nederlandse volk bewezen een uitzonderlijke veerkracht te bezitten: het heeft het Spaanse wereldrijk ten val gebracht, de Engelse zeemacht vernederd en de Franse Zonnekoning weerstaan. Het Nederlandse volk kan ook de Crisis van het Postmoderne Westen overleven en dwars door alle obstakels heen een weg naar de toekomst open hakken — het hoeft slechts zijn kracht te kennen en zijn gewicht te doen gelden. Maar 'toekomst' is een vrouwelijk woord: als men haar wil veroveren moet men niet wachten — men moet op haar toelopen en haar leren kennen. De opkomst van Pim Fortuyn bewees hoe het Nederlandse volk droomt van een toekomst die anders is dan het verspilde verleden en het perverse heden: slechts met politieke sluipmoord kon het establishment verhinderen dat deze droom uitkwam. Maar de *hostile elite* kan niet het hele volk vermoorden wanneer het opstaat als één man met één droom. Een breed-gedragen en alle taboes doorbrekende *Identitaire Beeldenstorm* kan de heilige huisjes van de *hostile elite* — inclusief het kaartenhuis van de weg-gecensureerde omvolking — in een adem door wegblazen. Het doorgerotte huis van het *baby boomer* establishment staat op instorten — een paar goede trappen zullen het neerhalen. De boodschap van Nieuw Rechts als stormvogel van de zich aan de horizon van het Postmoderne Westen aftekenende Archeo-Futuristische Revolutie is daarom deze: de onzinkbaar geachte *Titanic* van Cultuur Nihilisme is onherstelbaar beschadigd — de schotten van kartelmachinaties en mediacensuur mogen het ondergangsproces nog enige tijd rekken, maar de *hostile elite* is gedoemd. De wind van de geschiedenis is omgeslagen en Nieuw Rechts heeft haar gestaag aanwakkerende kracht vol in de zeilen.

De tijd is gekomen om het Nederlandse schip van staat op juiste koers te zetten, zodat het deze storm uit kan rijden op een veilige rede. Het roer moet de piratenkliek uit handen worden genomen: de *hostile elite* wil en kan niet terug naar de thuishaven, maar de gevangen genomen bemanning en passagiers willen niet als slaven worden verkocht. Het is tijd voor kapitein (Koningshuis), officieren (Adel, Kerk, Academie) en bemanning (Patriciaat, Burgerij) om gezamenlijk op te staan, de piratenkliek overboord te gooien, het schip om te draaien en terug te keren naar de thuishaven. En als kapitein en officieren worden gegijzeld, dan is het aan de bemanning hen te bevrijden en op hun plaats terug te zetten. Ook als dit een bijna onmogelijke opgave lijkt, zijn wij het aan onze vrouwen, kinderen en kleinkinderen verplicht het onwaarschijnlijke waar te maken. Wij kunnen hen niet als weduwen en wezen prijs te geven aan piraten en slavenhandelaars. Als u uw plicht nú doet dan zult u zich niet straks hoeven schamen wanneer u in het Hiernamaals naast uw dappere voorvaderen staat. *De geschiedenis lost problemen niet op, maar begraaft ze* (Nicolás Gómez Dávila): Nieuw Rechts roept het Nederlandse volk op als één man op te staan en de 'piraten elite' te begraven.

> *Ein volk, das keine Waffen tragen will, wird Ketten tragen*
> 'A nation that refuses to bear arms, will wear chains'
>
> — Ernst Jünger

Hoofdstuk 3

De Oranje pil

Want Mijn gedachten zijn niet ulieder gedachten,
en uw wegen zijn niet Mijn wegen, spreekt de Heere.
Want gelijk de hemelen hoger zijn dan de aarde,
alzo zijn Mijn wegen hoger dan uw wegen,
en Mijn gedachten dan ulieder gedachten.

— Jesaja 55:8-9

Bij een bezinning op de betekenis van de monarchie voor Nederland, spelen niet alleen rationeel-filosofische of praktisch-politieke overwegingen een rol. De monarchie hoort onlosmakelijk bij een visie op ons land en ons volk die ruimte maakt voor het hogere en de verbeelding aan het woord laat. De nu volgende gedachtelijnen zijn daarom niet direct beleidsaanbevelingen, maar richtlijnen ter oriëntatie op dit visioen.

Nationalisme & monarchisme: een heroverweging

Binnen de Nederlandse nationalistische beweging, speciaal binnen de volksnationalistische variant ervan, wordt sinds jaar en dag nogal 'divers' en vaak 'de-constructief' gedacht over de monarchie. Sommigen, met name binnen de romantisch-germaanse volksnationalistische stroming, zien het Nederlandse koningshuis eerder als deel van het globalistische probleem, dan als deel van de oplossing ervan. Een handvol ziet het Nederlandse koningshuis zelfs als deel van de vijandelijke elite — niet verwonderlijk want Nederland is formeel nog steeds een koninkrijk terwijl het eigenlijk allang onder globalistische bezetting leeft. Het besef dat het gezag van de Nederlandse Kroon sinds de liberale machtsgreep van 1848 gestaag gereduceerd is tot nul en dat het Nederlands koningschap nu een vrijwel geheel symbolisch en ceremonieel karakter heeft wordt natuurlijk niet bepaald bevorderd vanuit de 'pratende klasse' die het publieke debat overheerst in de partij-kartel politiek, de systeem-media en de polcor-academia. Die 'pratende klasse' gaat prat op haar hyper-egalitair anti-hierarchisme en gebruikt het koningshuis maar al te graag als hoogst-zichtbare bliksemafleider om de aandacht af te leiden van het semi-totalitaire machtsmisbruik, de schaamteloze corruptie en de *Social Justice Warrior* schijnheiligheid van de globalistische elite waarvan zij deel uitmaakt. Het minste of geringste — van het nieuwe servies van het koninklijk paleis tot het laatste vakantiereisje van de koninklijke familie — wordt daarom met nauwverholen afgunst aangegrepen voor 'progressief-republikeinse' journalistieke kritiek op de monarchie. Dit terwijl jaar na jaar tientallen miljarden aan belastinggeld zonder enige journalistieke ophef worden weggesluisd naar permanente links/liberale hobbyprojecten zoals asiel-industrie, 'diversiteitsbeleid', klimaatdoelen en 'Europa'. Feit is dat het koningshuis een essentieel onderdeel vormt van de Nederlandse nationale identiteit: het blijft een groot obstakel op de brede weg van de nihilistische nivellering waarlangs de links/liberale 'schijnelite van valsemunters' de Nederlandse staat en het Nederlandse volk naar de globalistische afgrond leidt.

Het is belangrijk dat er binnen de Nederlandse nationalistische beweging een heroverweging plaats vindt over de rol van de monarchie in de politiek en het koningshuis in de maatschappij. Europees Nieuw Rechts, dat het historisch-materialistische en anti-hierarchische verlichtingsdenken verwerpt en dat een 'archeo-futuristische' herwaardering van traditionalistische alternatieven bevordert, levert hierbij een waardevol referentiekader. Vanuit dat referentiekader gedacht is de monarchie niet alleen een waardevolle rem op de neoliberale en cultuur-marxistische 'deconstructie' van de samenleving en de cultuur, maar ook een belangrijke potentiële uitvalsbasis voor een politiek tegenoffensief. In theorie zou de monarchie in verschillende westerse landen het nationalistische verzet zelfs in één klap de overwinning kunnen bezorgen. Wanneer het volk de vorst zou vragen om de door de links/liberale vijandelijke elite voor anti-nationale en globalistische doeleinden misbruikte grondwet terug te nemen, dan valt namelijk haar hele institutionele machtsbasis in één keer weg.

Om dat — of welke essentieel alternatieve institutionele structuur dan ook — mogelijk te maken is het echter essentieel dat nationalisten eerst afstand nemen van de onbestaanbare maar zeer schadelijke illusie van de 'volkssoevereiniteit'. De 'volkssoevereiniteit' is een door handige vrijmetselaarsadepten gepropageerd verlichtingsconcept dat noodzakelijkerwijze uitmondt in het soort 'dictatuur van het proletariaat' waarin de ware macht in handen is van een kleine 'intellectuele voorhoede' die geen enkel hoger belang dient dan dat van de eigen bankrekening en het eigen megalomane ego. *Authentieke soevereiniteit* werkt alleen van *boven naar beneden*: hoe eerlijker men daar over is, hoe transparanter en rechtvaardiger de politieke orde is — een aanzienlijke mate van collectieve en individuele vrijheid kan vervolgens binnen zo'n natuurlijke orde worden bereikt door een consistente toepassing van klassieke bestuurlijke beginselen zoals subsidiariteit en sfeersoevereiniteit, met maximale politieke devolutie al naar gelang de haalbaarheid van autonomie en zelfbeschikking op alle maatschappelijke niveaus, van de staat tot individu.

Binnen Nieuw Rechts bestaat een alternatieve rechtsfilosofie waarbinnen de monarchie een belangrijke plaats kan innemen. Uitgangspunt daarbij is de Traditionalistische stelling dat in alle historische hoogculturen een holistisch maatschappijbeeld overheerst: het beeld dat vorst, land en volk *één* zijn. Ter verduidelijking voor de 'moderne burger' is het daarbij goed om duidelijk te maken dat binnen dat maatschappijbeeld nooit sprake kan zijn van een vrijwillig opgeven van soevereine rechten door de vorst. Met andere woorden: de vorst kan nooit vrijwillig gebied kan afstaan aan andere staten, hij kan nooit vrijwillig rechten afstaan aan transnationale organisaties (zoals aan EU, Schengen, ECB, NAVO etc.) en hij kan nooit lukraak bepalen wie tot zijn volk behoort (hij kan dus ook nooit massa's vreemdelingen via een papiertje "naturaliseren'). In moderne termen behoren deze beginselen in een 'grondwet' te worden vastgelegd. Overigens is het daarbij niet zo dat de 'grondwet' boven het gezag van de Kroon staat. Eerder is het zo dat de Kroon in een 'grondwet' zijn eigen taakomschrijving basaal definieert als referentiepunt voor eigen handelen en als leidraad voor zijn onderdanen. De enige wet die boven de Kroon staat is de Wet van God, en die wet is niet noodzakelijkerwijs in alle aspecten hetzelfde als de wet van een bepaald kerkgenootschap. De kerk heeft (onverlet het monopolie op de zielszorg), net als de adel, slechts een *dienende* functie naar de Kroon: de kerk ondersteunt de Kroon en kan in rechtspraak en bij eedaflegging als getuige optreden — in de door hem geleide rechtspraak en bij de door hem afgelegde eedverplichtingen is de vorst echter alleen aan God verantwoording schuldig.

Wanneer nationalisten een grondwethervorming bepleiten is dat ook binnen het vigerende politieke systeem volledig legitiem, ook als de richting daarvan de 'progressieve' zittende elite niet bevalt: nationalisten zouden kunnen pleiten voor een versterking van het gezag van de Kroon, met gelijktijdige verankering van anti-globalistische waarborgen in de grondwet. Een veel sterkere bestuurlijke, wetgevende en gerechtelijk macht voor de Kroon kan dan garanties bieden voor de staatkundige onafhankelijkheid van Nederland en voor het behoud van de Nederlandse identiteit: er is dan een tegenwicht voor de nu volledig op hol geslagen globalistische vijandelijke elite, die bankiersbelangen, 'internationale verdragen' en nihilistische ideologieën laat prevaleren boven de meest elementaire beginselen van nationaal zelfbehoud.

Het filosofisch heroverwegen en het politiek combineren van de verre van tegenstrijdige ideeën van nationalisme en monarchisme behoren tot de belangrijkste uitdagingen van Europees Nieuw Rechts. Dit opstel wil een aantal basale perspectieven bieden om deze filosofische heroverweging en deze politieke combinatie mogelijk te maken in de Nederlandse context. De drie volgende paragraven doen dit door vanuit het grootste (oudste, abstractste) perspectief terug te werken tot het kleinste (modernste, persoonlijkste) perspectief. De eerste paragraaf herinnert de Nederlandse lezer aan wat de monarchie ten diepste is, de tweede herinnert hem aan de cultuur-historische plaats van de Oranje-monarchie in Nederland en de derde herinnert hem aan de goedheid en schoonheid die opleeft wanneer het koningschap in, voor en door ons leeft.

Τò Κατέχον

(rechts-filosofisch perspectief — uit: Moss, 'Who Will be Tsar of Russia?', vertaling Alexander Wolfheze)

(I) Het volk moet monarchistisch gezind zijn

'In de wereld van vandaag overheerst nu bijna overal de democratische tijdsgeest. Zelfs in landen waar van echte democratie geen sprake is, bewijst men lippendienst aan het democratische principe en aan de uiterlijke vormen van een democratische samenleving. Maar God heeft [in de Heilige Schrift (Deuteronomium 17:14ff)] duidelijk gemaakt dat Hij aan Zijn volk slechts een vorst geeft wanneer het volk daadwerkelijk een vorst *wenst* te hebben. Dat wil zeggen, dat het volk er daadwerkelijk meer naar *verlangt* de wil van de vorst te doen, dan zijn eigen wil — de 'wil van het volk' — te doen. Zo werd in 1917 het gezag van de Russische Tsaar weggenomen uit Rusland omdat het Russische volk niet langer door een vorst geregeerd wenste te worden. De monarchie kan daar, en in andere landen die voor een 'volksdemocratie' hebben gekozen, niet hersteld worden tenzij de monarchistische geest in het volk herleeft. ...[In Rusland bedraagt volgens verschillende opinieonderzoeken] het aantal monarchistisch denkende burgers nu ongeveer een vijfde deel van de bevolking. Dat mag een onvoldoende groot deel van de bevolking lijken. Desalniettemin begint het monarchisme duidelijk aan aanhang te winnen. ...Het is daarbij goed dat wij ons herinneren dat toen de eerste Christelijke vorst, Constantijn de Grote [van Byzantium (r. 306-337)] aan de macht kwam waarschijnlijk nog maar slechts 5 tot 10% van de bevolking van het Romeinse Rijk het Christelijk geloof had aangenomen. Het grootste gevaar in Rusland nu is dat de toenemende monarchistische gezindheid van het Russische volk kan worden misbruikt voor pseudo-monarchistische machtspelletjes, zoals bijvoorbeeld door bepaalde volgelingen van President Wladimir Poetin, die in geen enkel opzicht kan gelden als een potentiële kandidaat voor de Russische Kroon in de legitieme, Bijbelse zin van het woord.'

(II) De vorst moet waarachtig gelovig zijn

'Een dergelijke legitieme kandidaat moet in de eerste plaats behoren tot het Volk Gods, dat wil zeggen tot de enig Ware Kerk, want alleen in een dergelijke kandidaat kan de Heilige Geest leven die nodig is om de ware spirituele noden van het volk te kunnen ontwaren. Een ketters denkende vorst kan nooit een rechtgelovig volk beschermen tegen ketterse leer en ketterse politiek — eerder zal hij zelf het zaad van de ketterij onder het volk verspreiden. Het Byzantijns keizerschap werd in de 15e eeuw omver geworpen omdat de laatste drie Byzantijnse keizers in feite katholiek waren: zij hadden Byzantium via het Concilie van Florence [ook wel: Concilie van Bazel (1431-49)] met Rome herenigd. President Wladimir Poetin wordt door velen in Rusland gezien als een ketter omdat hij de oecumenische initiatieven van het Patriarchaat van Moskou ondersteunt en omdat hijzelf interdenominaal, en zelfs buiten-Christelijk, oecumenisme praktiseert. Hetzelfde gebeurde bij de valse Tsaar Dimitri I [(r. 1605-06)] die gedurende de vroeg-17e eeuwse Tijd der Troebelen voorgaf tot het Orthodoxe geloof te behoren, maar feitelijk een ander geloof aanhing. Daarenboven wordt President Poetin's recente uitspraak dat het Evangelie van Christus zeer dichtbij de communistische ideologie staat door velen opgevat als een teken dat hij zelfs geen oecumenische Christen is, maar op zijn best een 'communistisch Christen' en op zijn slechtst een heimelijk atheïst.'

(III) De vorst moet de hogere Wet van God erkennen

'Het is een gebruikelijke misvatting dat de Christelijke monarchie een soort ongelimiteerd, absoluut despotisme vertegenwoordigt. En hoewel sommige Christelijke vorsten door de eeuwen heen zich als despoten hebben gedragen zijn dat eerder uitzonderingen op de regel. Zo gedroeg Iwan IV 'de Verschrikkelijke' [(r. 1547-79)] gedurende de eerste helft van zijn regeringstijd zich als een voorbeeldig Christelijk vorst en verviel hij pas in de tweede helft ervan tot absolutisme. Een authentiek Christelijk vorst voelt zich verplicht aan het Christelijke maatschappelijke ideaal dat door de Kerk wordt gepreekt, en schikt zich in spirituele vraagstukken naar het oordeel van de Kerk. [Idealiter] is er zelfs sprake van een 'symfonie' tussen Kerk en Kroon. ...[Zo] ondersteunt de Kroon de Kerk met wetten die de dogma's en regels van de Kerk maatschappelijk toepassen, bijvoorbeeld bij het reglementeren van kerkbezoek en feestdagen en het weren van de clerus uit de politiek en uit de strijdkrachten. Een authentiek Christelijk vorst wordt niet geleid door het volksgevoel of door simpele menselijk normen en waarden. Hij buigt alleen voor de Wet van God en zorgt ervoor dat het volk hetzelfde doet. ... Omdat de macht van de vorst van God afkomstig is kan die macht niet door het volk worden beknot of gedwongen worden om aan het volk verantwoording af te leggen...'

(IV) Het volk moet zich over het erfopvolgingbeginsel verheugen

'[D]e voordelen van het erfopvolgingbeginsel zijn welbekend sinds de oudste menselijke overlevering — het wordt overal ter wereld aangetroffen en het domineerde al in de heidense koninkrijken van de pre-Christelijke wereld. Het meest vanzelfsprekende en minst hoogstaande voordeel is dat het macht en rijkdom binnen één familie houdt. [Daarbij geldt het oude spreekwoord dat het beter is door oude dieven te worden geregeerd dan door nieuwe dieven — de oude hebben zich immers al verzadigd.] Politiek belangrijker is dat het erfopvolgingbeginsel maatschappelijke continuïteit bevorderd: de vreedzame machtsoverdracht van vader op zoon is veruit te verkiezen boven de chaos en het geweld van een herhaaldelijke strijd om de troonopvolging...'

'Vanuit een Christelijk en spiritueel oogpunt ligt het grootste voordeel van het erfopvolgingbeginsel echter in het feit dat het de keuze van wie de kroon draagt wegneemt van de mens en neerlegt bij God. ...Het laat toe dat God de vorst op aarde zoveel mogelijk een afbeelding laat Zijn eigen hemelse koningschap: een eeuwig zichzelf opvolgend beeld van een permanent koninkrijk dat voorduurt tot in eeuwigheid.'

'Een veelvoorkomende kritiek van het erfopvolgingbeginsel... is dat een onwaardig persoon op de troon terecht kan komen. ...Men ziet in een sterke dictatuur van elkaar opvolgende gekozen heersers een verbetering ten opzichte van een erfelijk koningschap omdat het een garantie zou bieden tegen het 'toeval van de geboorte'. ...Maar deze kritiek gaat voorbij aan het feit dat God wellicht juist een 'onwaardige erfgenaam' wil, of beter: toelaat, op de troon. Deze kritiek gaat voorbij aan het feit dat er in werkelijkheid helemaal geen 'toeval' bestaat: wat de mens als 'toeval' verbergt de alomvattende Voorzienigheid van God. ...Uit de Heilige Schrift weten wij dat de grote koningen van Israël meermaals werden opgevolgd door onwaardige erfgenamen. Maar het was toch God die deze erfgenamen liet heersen — God onderbrak nooit het erfopvolgingbeginsel. Zij zaten op de troon, soms omdat het volk geen betere heerser verdiende, en soms omdat het geduld en de trouw van het volk door God werd beproefd met de ervaring van een slechte vorst. Omdat God hen kiest moeten zelfs slechte vorsten worden gehoorzaamd — met de enige uitzondering dat de Wet van God altijd prevaleert boven de wil van de vorst.'

'Het erfopvolgingbeginsel wordt als irrationeel beschouwd door mensen met een democratische mentaliteit — en dat zijn de meeste mensen in de moderne wereld — omdat zij er geen controle over hebben. In een democratische verkiezing wordt de heerser — althans in theorie — gekozen op basis van zijn persoonlijke kwaliteiten en kwalificaties. Het volk wordt dus in staat geacht tot een goed onderbouwd oordeel over wie de hoogste macht kan dragen. Democratie gaat dus — wederom, althans in theorie — uit van het meritocratisch beginsel: dat het mogelijk zou zijn op rationele basis de bestgekwalificeerde kandidaat voor de allerhoogste machtspositie te vinden. Maar een authentiek religieus volk zal het daar niet mee eens zijn: het denkt en voelt anders. Het denkt en voelt dat het niet in staat is om deze immense verantwoordelijkheid te dragen — het gelooft en weet dat alleen God daartoe in staat is. En daarom zal zo'n volk er alles aan doen om de keuze niet zelf te maken, maar die in Gods hand te leggen. Zo'n volk zal zich verheugen in het 'toeval' dat met het erfopvolgingbeginsel mogelijk verweven is: dit beginsel verheft de keuze boven de menselijke maat en geeft God zeggenschap.'

De mens wikt, God beschikt

Nederland & Oranje

(cultuur-historisch perspectief — uit: Wolfheze, *Alba Rosa*, 46-8)

'[B]ij de Monarchie is in Nederland helemaal geen vraagteken mogelijk — Nederland valt en staat met de Oranjedynastie. Terugkeer naar 'republikeins stadhouderschap' onder Oranje is geen optie: adel kan in titel wel omhoog stijgen — van prinsen — naar koningstitel — maar niet omlaag. Daarmee is Nederland ofwel een Koninkrijk onder Oranje, ofwel niets. De Nederlandse staat en het Nederlandse volk zijn beide de schepping van Willem van Oranje: hij is letterlijk de Vader des Vaderlands. Er is hier sprake van een lotsverbondenheid die, gewenst of ongewenst, niet valt te ontkennen en waarover het echte Nederlandse volk ook geen tegenspraak duldt — alle vrijmetselaars fantasie, alle republikeinse retoriek en alle regenteske jaloezie ten spijt. De Oranjemonarchie is de laatste linie en de sterkste citadel van Nederland als natie — het is de ultieme Ernstfall voorziening van land en volk. Eerbied en respect voor de Oranjemonarchie is geen sentimentele dweperij, maar in de eerste plaats simpele eerbied en respect voor eigen land en eigen volk, beide scheppingen van de Oranjedynastie. In de tweede plaats is het de noodzakelijke consequentie van elke authentiek Traditionalistische staatsopvatting. In de derde plaats is het de simpele erkenning van de historische realiteit. Het Koninkrijk, bestendigd door het Wener compromis van 1814, geeft Nederland een gerespecteerd fundament in de internationale jungle. De twistzieke burgers, boeren en buitenlui van de Lage Landen hadden het sociaal-darwinistische tijdperk van nationalistisch-imperialistische *Realpolitik* nooit als soeverein volk kunnen overleven in een gedecentraliseerde koopliedenrepubliek. De Oranjedynastie, steenrijke oeradel met een geduchte politiek-militaire reputatie, gaf en geeft niet alleen een onwaarschijnlijke internationale prestige en diplomatieke allure aan het land van *canards, canaux et canailles*, maar ze levert ook een hoger symbool van nationale identiteit en historische continuïteit. Terwijl de meeste Westerse staatshoofden onder de terreur van de 20e-eeuwse hyper-democratie zijn gedegradeerd tot geanonimiseerde interim-managers, kan de Nederlandse koning nog steeds op grond van soevereine gelijkwaardigheid naast de Japanse keizer staan. Ongeacht de historische haarkloverij, publicitaire roddel en ideologische vooringenomenheid van de verveelde intelligentsia is en blijft Oranje Nederland en is en blijft Nederland Oranje.'

'Op het moment dat de band tussen Oranje en Nederland breekt zal het niet zijn omdat Oranje verdwijnt, maar omdat Nederland verdwijnt. Tegen de tijd dat er zich een republikeinse Regent Rutte of President Pechtold meldt, is er allang geen Nederland meer. Zulke figuren zijn dan nog slechts karikaturale provinciale langvoogden — zetbazen van de internationale bankiersdictatuur en het bijbehorende Brusselse politbureau. Tegen die tijd zal 'Nederland', onder de voet gelopen door een krioelende massa *métèques*, niet meer zijn dan een geografisch begrip. Het 'Eurocratische scenario' van quasiautonome status als fiscaal wingewest onder van de Brusselse superstaat is echter een kinderlijke illusie. Op middellange termijn is het 'Islamitisch scenario' veel waarschijnlijker: het ligt in de demografische lijn der verwachting dat ex-Nederland' zal worden gereduceerd [ófwel tot militair spergebied voor] een 'Eurabisch Kalifaat' [ófwel, nog veel erger, tot een ge-afrikaaniseerde Derde Wereld jungle]. Eén van de laatste muren die Nederland nog scheiden van deze doemscenario's is het koningshuis.'

acquirit qui tuetur

'De Koning en ik'

(mytho-poëtisch perspectief — Anne Vegter, eerste dichteres des vaderlands 2013-17)
'Van wie we zijn? Mooie, goddelijke vraag
Iemand zei: de tere magie van de monarchie
Zoals iedereen weet, regeert een vorst
over een land bij de gratie Gods
Metselwerken, tafelzilver, trompetjes, wegverbredingen

en dankbaar de scepter zwaaien
Het is zijn taak zijn onderdanen te beschermen
tegen en te vrijwaren van alle onrecht
Mijn hart is als de ster zon voor mensen
Tussen de leerzame planeten is vrede
Zijn onderdanen zijn niet door God geschapen
om hem slaafs te dienen
Moderne burgers reizen veel
Oude goden zijn vervangen
Een koning is een wacht
De vorst is er ter wille van zijn onderdanen
want zonder hen is hij geen vorst
Dieptevrees?
Voedselpaketten waar nodig
Gewoon aan tafel bij verenigingen.
Hij dient ze rechtvaardig en verstandig te regeren
voor hen op te komen en lief te hebben
Zoals je pal staat voor je familie, zo sta je pal voor je land
Omdat ik een koning ben'

Lang leve de Koning! Lang leve Nederland!

Hoofdstuk 2

La Vita Nuova

opgedragen aan George -
tot beloning van een uitstekende daad van moed
Улетай на крыльях ветра
Ты в край родной, родная песня наша
Туда, где мы тебя свободно пели
Где было так привольно нам с тобою
Vlieg op de vleugels van de wind
Naar ons geboorteland, jij, ons geliefd gezang
Daarheen, waar wij je ooit in vrijheid zongen
Waar wij ooit zo over-vrij waren, met jou tezamen

— Alexander Porfiryevich Borodin, 'Prins Igor', 2e Acte

'Op de grens van twee werelden'[157]

De ultieme standaard van de waarheid ligt in de innerlijke noodzaak
tot bewustwording — precies daar wordt de basale standard van het
goede zichtbaar

— Nishida Kitaro

---

[157] De titel van een 'politiek-incorrect' brochure uit juni 1940 van de hand van toenmalig oud-premier Hendrikus Colijn (ARP).

ERGENS IN DE afgelopen decennia zijn de meeste mensen onwillekeurig opgehouden de *Main Stream Media* — publieke omroepen, nieuwscorporaties, systeempers publicaties — serieus te nemen. Voor de eigengereide nieuwslezer mag het breekpunt gelegen hebben in de kritiekloze *Main Stream Media* steun voor de globalistische agressieoorlogen tegen Joegoslavië (1999) en Irak (2003), of in de schaamteloze terugschakeling naar *business as usual* na de moord op Pim Fortuyn (2002). Voor de gemakzuchtigere nieuwsconsument mag het verzadigingspunt gelegen hebben in de clowneske *Main Stream Media* desinformatiecampagnes tegen Brexit en Trump (2016), of in de evidente totaalcensuur van 'migratie gerelateerde' criminaliteit en terreur. Inmiddels wordt de overdosis opzettelijke inhoudsloosheid van de systeempers echter zelfs de luiste lezers teveel: zelfs de meest dociele partijlijnvolgers van VVD-lijfblad 'De Telegraaf' wijken inmiddels voor een minimum aan reële informatie uit naar het 'volksgevoel' beter imiterende — ook al evenzeer instinctief als *controlled opposition* herkenbare — 'Geen Stijl'. En zo wordt ook de overdosis politiekcorrecte propaganda van het Hilversumse staatsomroepbestel inmiddels zelfs de hardnekkigste staatstv-kijkers teveel: zelfs de meest geïndoctrineerde *gutmensch* consumenten van het GL-getrouwe NPO-nieuws beginnen — vooralsnog vooral stiekem — hun online weg te vinden naar minder hallucinante alternatieven. Het karikaturale 'bubbeldenken' van de 'boomer '68ers', tot sadomasochistisch fanatisme opgedreven in hun allo-femo-woke opvolger-generatie, staat nu zover af van — en *tegenover* — de leefrealiteit van het gewone volk dat er anno 2020 sprake is van een onoverbrugbare kloof (*Alba Rosa*, 4-6).

De breuklijn tussen elite en volk gaat inmiddels veel dieper gaat dan de wat systeemanalisten al jaren geleden registreerden in voorteken-fenomenen als 'berekenend burgerschap' en *democratic deficit*. Het verraad van volk door elite is niet langer te verbergen: het failliet van de parlementaire democratie (versplinterend partijenlandschap, kartelpolitiek cordon, weggesaneerde referendumcontrole), het falen van de rechtstaat (voortdurende politieke procesvoering tegen 's lands eerste oppositieleider, systematische niet-handhaving van grenscontrole en openbare orde ten aanzien van 'migranten', effectieve straffeloosheid van drugsmaffia en straatbendes) en het einde van sociale cohesie (via belastingen afgedwongen subsidie van geldverslindende belangenverstrengelde 'projecten', automatisch geprivilegieerde 'migranten' populaties en kinderverachtend vrijwillig 'alleenstaand moederschap', het vervangen van sociale zekerheid door 'participatie'-stijl *social return* slavernij, verlies van woon-leefbaarheid door afgedwongen 'diversiteit') — het zijn allemaal dagelijks waarneembare realiteiten. Ook als bijna niemand het hardop durft te zeggen: voor het volk is de elite nu simpelweg een *vijandelijke elite*. Deze vijandelijke elite is feitelijk niets anders dan de lokale onderafdeling van de globalistische bezettingsmacht op niveau van de voormalige Nederlandse natie-staat: zij vertegenwoordigt niets meer en niets minder dan een geïmproviseerd conglomeraat van — grotendeels opportuun — samenvallende globalistische belangen. De belangrijkste elementen van dat conglomeraat zijn het internationale bankierskartel (bediend door het IMF), het trans-Atlantische militair-industriële complex (bediend door de NAVO) en het globalistische Nieuwe Wereld Orde project waarin besloten sociëteit hoogmoedigheid en cultuur-marxistische dwangneurose nu samenvallen (bediend door de VN). De bezetgebied status van ex-Nederland wordt pas écht duidelijk wanneer men zich bewust wordt van — bewust *stil staat* bij — paar eenvoudige, alledaagse feiten: het uitwissen van de eigen fysieke grenzen (nu 'Schengen'), het wegvallen van de eigen munteenheid (nu 'Euro'), de onderschikking van nationaal recht (onder 'EU wetgeving') en de degradatie van de Nederlandse vlag (naast 'EU vlag' — voor een uitwerking van het thema 'vreemde bezetting' verg. Hoofdstuk 4).

Boven en buiten deze feiten is er nóg een eenvoudig, alledaags feit dat duidelijk maakt dat wat ooit de *Nederlandse* elite was — voornamelijk de regenten plus de intelligentsia — nu verworden is tot een *globalistische,* vijandelijke elite: *de vervanging van het Nederlandse volk*. Dit is wat men in Frankrijk aanduidt als *le grand replacement* ('de grote vervanging') en in Duitsland als *Umvolkung* ('omvolking'). Een decennialange, doelbewuste politiek van etnische vervanging — het creëren van een nieuwe, laag-beloonde, massa-consumerende, sociaal-verdeelde en politiek-onmondige meng-bevolking ter vervanging van de oude, veeleisende, spaarzame, eendrachtige en politiek-bewuste inheemse bevolking — begint nu gestaag door te filteren in de dagelijkse leefrealiteit. De demografie van grote steden is al ver over de helft 'verkleurd', de landelijke economie is al in hoge mate doorweven van grijs- en zwart-operende *ethnic business* netwerken, de sociaal geografische kaart van de Randstad is al verworden tot een nachtmerrie-achtige chaos van non-communicerende elementen: hier en daar een villa-enclave, een yuppen-gordel, een nog-blanke buitenwijk en een laatste volkswijk-enclave, allemaal ingebed tussen explosief groeiende etnische getto's en *no go zones*. Ook buiten de Randstad zijn de gevolgen van de explosieve en exclusief-allochtone demografische groei steeds duidelijker: grote delen van de provinciesteden en zelfs delen van het platteland (via 'asielzoekerscentra', 'noodlocaties' en 'spreidingsbeleid') zijn allang 'verkleurd'. Naast voorspelbare fysieke mechanismen — variërend van *white flight* en emigratie tot zelfisolatie en zelfmoord — vervalt de inheemse bevolking in toenemende mate in collectieve psychische deformatie: de politiek-correcte consensus die wordt afgedwongen door de (sociale) media, de scholen en de kerken dwingt mensen tot psychische (geïnternaliseerde) overlevingsstrategieën als realiteitsontkenning, bewustzijnsvernauwing, infantiele regressie en passief-aggressieve zelfhaat. De extroverte symptomen van deze strategieën — de *millennial snow flake* en de *Social JusticeWwarrior* — overheersen vervolgens de publieke sfeer in een zelfversterkende neerwaartse spiraal. Het is deze psychisch-instabiele status quo die de *Main Stream Media* probeert te handhaven door middel van nieuwscensuur en woordmanipulatie ('asielzoekers' in plaats van *free rider* vreemdelingen, *dreamers* in plaats van illegale vreemdelingen, *lover boys* in plaats van verkrachtende vreemdelingen, 'verwarde mannen' in plaats van terroristische vreemdelingen) — het is tegen daadwerkelijke *bewustwording* dat de *Main Stream Media* zich verzet met alle manipulatieve mechanismen waarin zij zich een eeuw lang heeft getraind via de studie van sociologie, psychologie en marketing. Het enige bron van serieus tegengeluid tegen de *Main Stream Media* en de enige plaats waar momenteel serieus aan bewustwording wordt gewerkt is Nieuw Rechts (Frans *Nouvelle Droite*, Duits *Neue Rechte*, Engels *New Right*): dit is het metapolitieke project van een los agglomeraat van dissidente denkers, sprekers, schrijvers en activisten waarvan de historische continuïteit teruggaat op de stichting van de Franse denktank GRECE (*Groupement de recherche et d'études pour la civilisation européenne*, 'Onderzoek- en studiegroep der Europese beschaving') op 17 januari 1969. Nieuw Rechts baseert zich op het politiek-filosofische werk van Franse denkers als Alain de Benoist, Guillaume Faye en Dominique Venner en wordt internationaal geschraagd door literaire bijdragen van beroemde schrijvers als Anthony Burgess, Mircea Eliade en Arthur Koestler (voor een Engelstalige inschatting van eigentijds Nieuw Rechts verg. Wolfheze, 'Deep Right Rising'). Binnen Nieuw Rechts zijn de Lage Landen slechts bescheiden vertegenwoordigd, maar ook hier blijft zijn belangrijkste taakstelling hetzelfde: werken aan *bewustwording* en het doorbreken van door *Main Stream Media* manipulatie en *dumbed down* onderwijs bewerkstelligde collectieve conditionering.

Dit betekent dat het collectief 'afhaken' van de volksmassa uit het *Main Stream Media* narratief — het collectieve wantrouwen tegen de systeemmedia en haar politiekcorrecte monoloog — door Nieuw Rechts als een even logische als positieve ontwikkeling kan worden opgevat. De volksmassa heeft instinctief begrepen dat de *Main Stream Media* aan de verkeerde kant van de geschiedenis staat — zij is deel van de vijandelijke elite en is tegen het volk. Er zijn bovendien een aantal indicaties dat het hele MSM narratief alleen nog maar als een kunstmatige façade kan worden gehandhaafd: de afschaffing van de referendumwet en de invoering van EU censuurclausules laten duidelijk zien dat de vijandelijke elite niet langer op de *Main Stream Media* kan vertrouwen om het volk voldoende te hersenspoelen. Daarnaast is in toenemende mate duidelijk dat het maatschappelijk draagvlak voor het politiekcorrecte narratief afbrokkelt: zelfs binnen de gezapig-zelfvoldane establishment van ons kleine Eems-Rijn-Maas-Schelde deltaland beginnen — vooralsnog marginale — tegengeluiden hoorbaar te worden. Voorbeelden: de demopolitiek-realistische ondernemers denktank 'Gefira', de *neocon-altlite* cirkel rond uitgeverij 'De Blauwe Tijger' en het anti-multicultuur stichting 'Civitas Christiana'. Nog belangrijker is echter dat er nu een nieuwe generatie buiten de *Main Stream Media* opgroeit — jonge mensen die gewend zijn aan eigen-realiteits-gerelateerd en *out of the box* denken. Het is belangrijk dat Nieuw Rechts steeds op een adequate — pragmatische, flexibele — manier inspeelt op deze ontwikkelingen. Dit betekent:

(1) het nu massieve wantrouwen tegen de *Main Stream Media* binnen de volksmassa uitbuiten door betrouwbare media-alternatieven te bieden. Concreet: snelle nieuwsduiding, journalistieke onderzoekscapaciteit, boven-sektarische, on-dogmatische affiliatie (dus een einde aan achterhaalde en infantiele *Prinzipienreiterei* op standpunten 'JQ', 'Islam', 'alloseksualiteit', 'klimaat', 'vrije markt': het nationale belang moet voorrang krijgen boven sektarische ideologie);
(2) het nu beginnende afbrokkelen van de politiekcorrecte consensus binnen de machtselite uitbuiten door pragmatische allianties met ontevreden elementen binnen het establishment;
(3) de nu opkomende generatie maatschappij-kritische jongeren een klankbord bieden voor haar reële noden en grieven. Deze jongeren zijn letterlijk de toekomst van het Nederlandse volk: Nieuw Rechts is er om hen te dienen, en niet omgekeerd. Om de jongeren van de nu in de school- en collegebanken zittende generatie te winnen is het nodig *hun* realiteit te erkennen en *hun* (sociaal-economische, ecologisch-holistische, technologisch-stroomlijnende) prioriteiten

voorop te stellen (voor relevante 'Jong Nederlandse' denkrichtingen verg. de aan *De Zwarte Poolster* toegevoegde Websitelijst, rubriek 'Nederlandse websites'). Dit zal van oudere generaties Nieuw Rechts ideologen, politici en activisten een vaak radicaal omdenken vergen, maar er is geen levensvatbaar *Nieuw* Rechts zonder een nieuwe generatie.

In zekere zin staat Nieuw Rechts momenteel op de grens van twee werelden — dit moment vraagt vooruitblikken zowel als terugkijken. Nieuw Rechts heeft op dit moment een groot strategisch voordeel op de vijandelijke elite, namelijk de ruime blikwijdte die past bij onbevooroordeeld verstand. Nieuw Rechts is daarmee in staat nieuwe realiteiten en ideeën te absorberen die de vijandelijke elite niet kan verteren. Nieuw Rechts kan dus vooruitstrevend en offensief *ageren* — de vijandelijke elite heeft het metapolitiek initiatief verloren en kan politiek alleen nog maar defensief *re-ageren*. Het is echter belangrijk dat Nieuw Rechts voorwaarts blijft bewegen — dat het dynamisch omgaat met bewegende realiteiten. Nieuw Rechts doet er daarom verstandig aan om oog te houden voor strategische gelegenheden die zich kunnen voordoen door inschattingsfouten en zwaktemomenten binnen de vijandelijke gelederen. Nieuw Rechts doet er goed aan zich continue toe te leggen op het uitbuiten van alle bewustwording momenten die de vijandelijke elite in diskrediet kunnen brengen bij het volk. Het belangrijkste van die momenten komt wanneer het volk zich bewust wordt van de daadwerkelijk *onmenselijke* — in die zin: duivelse — aard van de vijandelijke elite. Die vijandelijke elite is namelijk niet alleen de vijand van het volk, maar van alles dat goed, mooi en onschuldig is op deze wereld. Nergens wordt die ultieme, onmenselijke vijandschap duidelijker dan in de manier waarop die elite zich vergrijpt aan het kostbaarste en kwetsbaarste in onze samenleving: onze *kinderen*. Maar als Nieuw Rechts effectief wil werken aan het blootleggen van dat kwaad, aan het bewustwordingsproces in de samenleving, is eerst een zelfonderzoek-moment nodig. Voordat Nieuw Rechts de vijandelijke elite als demonische macht kan ontmaskeren — en vernietigen — moet de vraag naar de oorspronkelijke — historische — opgave van Nieuw Rechts opnieuw gesteld worden. Wat is het dat Nieuw Rechts als eerste — en ten diepste — zag in de vijandelijke elite? Wat is het duivels kwaad dat het geroepen is te bestrijden? Tijd voor zelfonderzoek — tijd om terug te keren naar het bijna vergeten 'Molyneux moment' van Nieuw Rechts.

Het Molyneux moment

The proper study of mankind is man
'De juiste studie van de mensheid is de mens'

— Alexander Pope

Midden jaren '10 vestigde zich in grote delen de hele Westerse wereld, deels vanuit, deels naast en deels nog binnen het toentertijd hoogtijvierende civiel-nationalistische populisme ('Brexit', 'Trump', 'Lega'), een nieuwe etno-nationalistische beweging: de zogenaamde 'Altright' (voor *Alternative Right*, 'alternatief rechts'). Deze beweging, die zich toelegde op metapolitieke mobilisatie, asymmetrische 'memetische' oorlogsvoering en digitale guerrilla, bleef bewust ver van de gangbare politiek. De 'Altright' golfbeweging was krachtig maar kort: zij sloeg stuk op een combi-tegenstrategie van online *doxxing* (karaktermoord, broodroof), digitale censuur (*deplatforming, shadowbans*) en gewelddadige intimidatie ('antifa', *black-ops*). Haar 'officiële' einde kan worden gesteld op 'Charlottesville' — het fiasco, via voorafgaande infiltratie en geënsceneerde provocatie, van de *Unite the Right* rally in augustus 2017. Het korte 'Altright' moment, gedragen door een auto-didacte, digitaal-begaafde, post- *Main Stream Media* nieuwe generatie, gaf echter een waardevolle impuls aan de grotere en oudere Nieuw Rechts beweging waarvan de 'Altright' slechts een klein facet was — nieuwe gezichten, nieuwe ideeën en nieuwe capaciteiten. Eén van de gezichten die *niet* tot Nieuw Rechts behoren maar tijdens het 'Altright' moment wel Nieuw Rechts-relevante ideeën aandroegen was de Iers-Canadese podcaster Stefan Molyneux (Freedomain Radio). Het 'extreemrechts' en 'blank-nationalistisch' *frame* waarbinnen de Main Stream Media — inclusief 'Wikipedia', de *Grote Sovjet Encyclopedie* nieuwe stijl — hem heeft geplaatst is zo evident absurd dat het bijna lachwekkend aandoet: Stefan Molyneux is een (semi-)anarcho-libertair filosoof die zich als 'YouTuber' toelegt op mannenrechten-activisme, amateurpsychotherapie en nieuwsduiding. Zijn consequent intelligente, oprechte en welsprekende benadering van door hem aangekaarte zaken — onder meer, maar niet in de eerste plaats, verbanden als die tussen ras en IQ, feminisme en massa-immigratie, onvoorwaardelijke sociale zekerheid en falende gezinsstructuur — heeft echter zoveel kwaad bloed gezet in de politiek-correcte *Main Stream Media* dat men deze idealistische Papillon zonder enige vorm van proces linea recta heeft verbannen naar het 'Duivels Eiland' geheten 'Nieuw Rechts'. Daar is hij natuurlijk helemaal niet op zijn plaats — vanuit met name de ongeduldige jonge garde van Nieuw Rechts wordt Molyneux vaak enigszins meewarig bekeken om diens idealistische ethiek en naïeve ideologie. Nog afgezien dat Nieuw Rechts er goed aan zou doen zijn aanspraak op de oude Westerse gewoonten van sportiviteit en beleefdheid hard te maken naar een respectabele discussiepartner als Molyneux — en hem een kleine eigen niche in het toch al zo verengde publieke debat te gunnen — is het echter heel goed mogelijk dat Nieuw Rechts wel degelijk het één en ander van hem kan leren.

Er was namelijk voor vele jongeren in de jaren '10 een belangrijk *red pill* moment in hun online ontdekking van de gedachtewereld van Stefan Molyneux — we zullen dat moment hier het 'Molyneux moment' noemen. Het was een moment dat jonge mensen nu vaak stoer 'achter zich gelaten' willen weten — maar dat achteraf zo maar eens het belangrijkste keerpunt kan blijken te zijn in de 'wereldbeschouwing revolutie' van een hele generatie. Het was het moment waarop men de heel eigen, diep-persoonlijke, psycho-sociale conditionering overwon door een simpele maar rigoureus-vastgehouden combinatie van doordenken, waarheidsliefde en zelfonderzoek. *Filo-sofie*, 'liefde voor de wijsheid', is precies dat — het is precies dat wat Stefan Molyneux probeert te onderwijzen. Men mag hem als 'professioneel' filosoof allerlei verwijten maken — bijvoorbeeld zijn nauwe specialisatie in ethische filosofie en zijn (typisch Angelsaksische) verwaarlozing van transcendente filosofie — maar men kan hem niet de lof onthouden die hem toekomt voor zijn authentiek *filo-sofisch* ontleden van de psycho-sociale conditionering van de eigentijdse Westerse wereld. De kernbenadering die het enorme — decennialang en omnivoor — repertoire van Stefan Molyneux doortrekt is *bewustwording*, en wel bovenal bewustwording op persoonlijk niveau. En hij effectueert die benadering door *door te graven* en de giftige wortels van de ziekelijke conditionering van Westerse kinderen bloot te leggen. Hij wijst op de psycho-historische ontwikkeling en psycho-sociale dynamiek van de huidige Westerse samenleving, een samenleving die ook door andere gevierde cultuurcritici zoals Peter Sloterdijk en Pim Fortuyn is geduid als 'verweesd' en 'vaderloos'. Hij wijst op de in het publiek debat letterlijk *verzwegen* schaduwkanten van de naar verluidt zaligmakende verworvenheden van de 'vooruitgang': het feminisme dat doorslaat naar beschavingsverwoestend (antihiërarchisch, antirationeel-hedonistisch, sadomasochistisch) matriarchaat, de verzorgingsstaat die doorslaat naar een nieuwe slavenstatus van hardwerkende belastingbetalers (buitenproportioneel man en blank) naar zogenaamd 'achtergestelde' minderheden (buitenproportioneel vrijwillig alleenstaande moeders en *free rider* 'asielzoekers'), de parlementaire democratie die doorslaat naar de dictatuur van demografisch-gedetermineerd en institutioneel-corrumperend ressentiment, het cultuur-marxisme dat doorslaat naar identiteitspolitieke klassenoorlog tegen alles wat ook maar een spoor van mannelijke waardigheid en blanke beschaving in zich draagt.

Vanuit zijn anarcho-libertaire filosofie legt Molyneux steeds de nadruk op de (ethische, psychologische) *individuele* in- en ver-werking van deze desastreuze ontwikkelingen: hij benadrukt hun *synchrone* (psycho-sociale) uitwerking veel meer dan hun *diachrone* (cultuur-historische) causaliteit (de schrijver leverde een bijdrage aan laatstgenoemde benadering in zijn boek *Sunset*). Hij laat hun collectieve in- en ver-werking grotendeels buiten beschouwing: hij ziet de collectieve respons zeer idealistisch als de optelsom van nieuw-rationele en nieuw-verlichte individuele responsen. Deze rationele en redelijke ideaalwereld is niet alleen het filosofisch paradijs maar (ook al is Molyneux, althans nominaal, strikt-seculier) tevens het Christelijk visioen: een perfecte balans tussen totale persoonlijke vrijheid en totale individuele verantwoordelijkheid. Nieuw Rechtse kritiek op Molyneux' wereldvisie is alleen al daarom even begrijpelijk als misplaatst: deze visie mag *praktisch* (uitvoeringstechnisch) problematisch zijn, maar behoort *theoretisch* (einddoelbepalend) wel tot de (nog grotendeels *impliciete*) kernwaarden van Nieuw Rechts als beschermheer van de Westerse beschaving. In andere woorden: Nieuw Rechts dient de praktische structuren (machtsinstituties, beschermmechanismen, grensmuren) te scheppen — deels te *her*-scheppen — waarbinnen het zowel traditionele (Christelijke) als futuristische (anarcho-libertaire) ideeaalvisioen van de Westerse beschaving (weer) kan worden *geleefd*. In zekere zin dient Nieuw Rechts — als beschermheer, als wachter, als kruisvaarder — *boven* dat visioen te gaan staan om het in-leef-baar te maken voor de Westerse volkeren. Zoals een huisvader een huis bouwt en bewaakt voor zijn familie, zoals een soldaat een muur bouwt en bewaakt rond zijn stad, zoals een vorst een grens vastlegt en bewaakt voor zijn volk (voor een uitwerking van het Traditionalistisch begrip 'Wachter' verg. Hoofdstuk 8). *Binnen* dat huis, *binnen* die muur en *binnen* die grens kan vervolgens het ideaal van vrijheid, gelijkheid en broederschap geleefd worden (cultuur-antropologisch duidbaar als de 'vrouwelijke sfeer'). Maar waar het aankomt op het overleven, verdedigen en handhaven *naar buiten toe*, daar komt het aan op discipline, hiërarchie en zelfbewustzijn (cultuur-antropologisch duidbaar als de 'mannelijke sfeer'). Naar buiten toe zijn vaderlandsliefde (zorg voor het land dat men van de voorvaderen heeft geërfd), volksidentiteit (trouw aan de groep waarbinnen men is geboren), standsbewustzijn (hiërarchisch plichtsbesef overeenkomstig de positie die men inneemt in de gemeenschap), inter-geslachtelijke solidariteit (wederzijds respect voor de bio-evolutionair geankerde rolpatronen van man als beschermer en vrouw als verzorger) en persoonlijke eer (naleving van grotere dan de eigen belangen) onontbeerlijk als elementaire overlevingsstrategieën. Maar ook als Molyneux' analyses zich voornamelijk richten op de *binnensfeer* van de Westerse beschaving, toch zijn ze ook relevant voor Nieuw Rechts als zelfbenoemd wachter over de *buitensfeer*: de wachter komt namelijk uit de binnensfeer naar de buitensfeer — hij wordt gevormd, gemotiveerd en uitgerust in de binnensfeer. In zoverre zijn vorming, motivering en uitrusting hem falen is hij gedwongen zich rekenschap te geven — zich *bewust te worden* — van een probleem de binnensfeer. In het hedendaagse Westen is dat probleem heel groot: het is het probleem van falende identiteit — het gelijktijdig falen van bio-evolutionaire continuïteit (als groep, als volk en als geslachtslijn) en culturele transmissie (de waarden, normen en uitdrukking die horen bij groep, volk en geslachtslijn). Het is hier dat Molyneux' analyses waarde hebben voor Nieuw Rechts: hij herleidt het probleem tot de uiterste oorzaak — falend ouderschap en falende opvoeding. Het is precies daar waar de vijandelijke elite de grootste schuld op zich heeft geladen: zij doet, door een geraffineerde combinatie van sociaal-economische deconstructie, psycho-sociale manipulatie en afgedwongen anti-identitaire 'diversiteit', het ouderschap en de opvoeding van de Westerse volkeren op collectief niveau falen. En zo komen wij terug op wat eerder is gezegd: nergens wordt de ultieme, onmenselijke vijandschap van de globalistische elite naar onze Westerse volkeren duidelijker dan in de manier waarop die elite zich vergrijpt aan wat het kostbaarst en kwetsbaarst — en meest letterlijk de *toekomst* — is in onze volkeren: onze *kinderen*.

How do you exercise power over another human being? How do you corrupt [him]? How do you take his natural integrity, intelligence, and all the wonder that is the human mind, and turn it against itself and get it to eat itself and get it to be sort of a snake consuming its own tail? How do you wrap people up in neuroses, and how do you make them obedient? How to get them to subjugate themselves to your will without you even having to lift a finger, barely even an eyebrow? ...I view certain damages that are done early to the mind in life as pretty irrevocable. The mind is not so plastic that you could, say, for instance, be locked in a cupboard for your first twenty years and [grow] up as a normal human being. You do experience some particular phases in your brain development which are pretty central and may or may not be reversible, and generally the earlier the experiences the less reversible they are.

'Hoe oefen je macht uit over een ander menselijk wezen? Hoe kun je [hem] bederven? Hoe kun je zijn natuurlijke integriteit, intelligentie, en het hele wonder van de menselijk geest, tegen zichzelf doen keren — die geest zichzelf te laten opeten als een soort slang die zijn eigen staart opslokt? Hoe kun je mensen in neurosen wikkelen en hoe kun je ze gehoorzaam maken? Hoe kun je ze aan je wil onderwerpen zonder dat je er zelfs maar een vinger voor hoeft te bewegen — er nauwelijks een ooghoek voor hoeft op te halen? ...Ik zie bepaalde soorten schade die vroeg worden toegebracht aan de geest als zo goed als onherstelbaar. De geest is niet zo eindeloos flexibel dat je bijvoorbeeld gedurende je eerste twintig levensjaren in een kast kunt worden opgesloten en toch als een normaal menselijk wezen kunt opgroeien. Er zijn bepaalde fases in de ontwikkeling van de hersens die zeer belangrijk zijn waar de ontwikkeling wellicht niet meer omkeerbaar is — en hoe vroeger bepaalde belevingen plaatsvinden, hoe minder omkeerbaar ze zijn.' (Molyneux, *How to Control a Human Soul*, Freedomain Radio podcast 15 december 2007)

De demonen van '68

Seksuele losbandigheid is de fooi waarmee een samenleving haar slaven zoet houdt

— Nicolás Gómez Dávila

Het is tijd voor Nieuw Rechts om serieus te kijken naar Molyneux' fundamentele kritiek op de anti-ethiek waarmee de vijandelijke elite nu al decennialang—effectief sinds haar *Counter Culture* moment en *Sexual Revolution* apotheose van '68—hele generaties via anti-opvoeding en politiek-correcte dogmatiek heeft geconditioneerd. De door de militant seculiere en doctrinair libertaire *Main Stream Media*, die zich altijd met overgave stort op kindermisbruik incidenten binnen de marginale restantinstituties van het Westerse Christendom (met name de Katholieke Kerk en de Jehova Getuigen moeten het hierbij ontgelden), verzwijgen namelijk systematisch de misbruik praktijken waarmee de post-Christelijke *soixante-huitard* elite alle voorafgaande elitaire misbruik praktijken zowel kwantitatief als kwalitatief veruit overtreft.

Kwantitatief door het juridisch vrijgeven van gezinsvorm en familiestructuur: de 'nieuwe vrijheid' van 'vrije partner keuze', 'flitsscheiding', 'buitenechtelijk ouderschap', 'eenoudergezin', 'donorvaderschap', 'draagmoederschap' en de escalerende chaos van zich exponentieel verveelvoudigende en vervagende 'stiefouder', 'pleegouder' en 'adoptiefouder' relaties leiden namelijk met statistisch-wiskundige zekerheid in één richting: kindermisbruik.

Kwalitatief door wat evident kwaadaardig is opzettelijk te negeren, te verdoezelen en zelfs goed te spreken. Hierin onderscheid de vijandelijke elite zich ten diepste van alle voorafgaande elites van de Westerse wereld: zij is de ultieme *anti-autoriteit*. Haar doelstelling is nihilistisch-revolutionair *negatief*: zij richt zich op wat Nietzsche voorzag als 'de om-waardering van alle waarden'. Hierin ligt haar grote verschil met door haar altijd op misbruik aangesproken restant-Christelijke instituties als de Katholieke Kerk en Jehova Getuigen: bij al hun organisatorisch en menselijk falen heeft men binnen die instituties tenminste nog een vast ethisch referentiepunt—daar weet men nog dat er een verschil is tussen goed en kwaad en daar heeft men nog het correctiemechanisme van schuld en boete, schaamte en biecht. Bij de militant-seculaire en alles-relativerende vijandelijke elite ontbreken dit referentiepunt en dit correctiemechanismen. Via het hellende vlak van 'maatschappelijke tolerantie' en 'individuele vrijheid' eindigen de *soixante-huitard* idealen van *Counter Culture* en *Sexual Revolution* in de enig mogelijke plaats: de neo-primitivistische hel van de postmoderne anti-beschaving.

> *Wee hen die het kwade goed noemen en het goede kwaad,*
> *die van het duister licht maken en van het licht duisternis,*
> *van bitter zoet en van zoet bitter.*
>
> — Jesaja 5:20

Het systematische anti-gezinsbeleid van bijna onbegrensde 'individuele vrijheid', door de politieke klasse juridisch gesanctioneerd en door de *Main Stream Media* propagandistisch bevorderd, gaat ten koste van de kostbaarste en kwetsbaarste groep: onze kinderen. Zij zijn letterlijk het 'kind van de rekening' in de *soixante-huitard* opsommingen van 'nieuwe vrijheden'. Alle niet-permanentmonogame, niet-biofamiliaire 'nieuwe gezinsvormen', alle modieuze en gemakzuchtige 'improvisaties' die buiten de klassiek-Westerse man-vrouw-kind constructie vallen eindigen in Westerse populaties namelijk met wiskundige zekerheid in een beschavingsverwoestende golf van gezinsinstabiliteit, sociaal-economische achterstand, huiselijk geweld, kindermishandeling, kindermisbruik en kinderverwaarlozing. De vijandelijke elite is hiervoor verantwoordelijk: zij is verantwoordelijk voor een decennia-lange doelbewuste, calculerende en geraffineerde anti-beschavingspolitiek die is gericht op het systematisch verwoesten van de Westerse cultuur en de Westerse volkeren, overeenkomstig haar gelijktijdig 'linkse' — cultuur-marxistische — en 'rechtse' — liberaal-normatieve — programma's en belangen. Zij richt zich hierbij willens en wetens tegen de kinderen van het Westen.

De *soixante-huitard* elite heeft inmiddels haar 'mars door de instituties' voltooid — zij domineert de politieke macht ('partijkartel'), de juridische macht ('D66 rechters'), de economische macht (boomer beleggers, bonus bankiers, privilege pensionado's) en de culturele macht (systeempers, matriarchaal onderwijs, politiek-correcte academische wereld). En zij heeft haar allo-femo-*Social Justice Warrrior* opvolggeneratie al klaar staan. Een volle generatie dubbel cultuur-marxistische en liberaal-normatieve anti-opvoeding en anti-onderwijs heeft nu een historisch uniek nieuw soort 'kadermateriaal' opgeleverd: de totaal-rancuneuze en totaal-opportistische 'nieuwe mens' staat aangetreden — een soort 'zombi mens' die in staat is de Westerse beschaving de genadeslag te geven. Wat nu namelijk aan nieuw 'identiteitspolitiek' nieuw kader staat aangetreden in de coulissen van de macht ligt kwalitatief ver onder de huidige 'schijnelite van valsemunters' (Bosma). Dit nieuwe kader heeft geen enkele beschavingspretentie meer: het zijn de beroepsfeministe, de beroepsallochtoon en de beroepstransgender — zonder enige kwalificatie, zonder enige historische bagage en zonder enige ethisch referentiekader. Onder het aankomend bewind van deze 'nieuwe mens' zijn alle kinderen feitelijk vogelvrij verklaard: men kan ze in kleuterleeftijd naar believen ombouwen met 'geslachtsoperaties', op school naar believen drogeren met 'gedragsmedicaties' en thuis naar believen gebruiken in 'seksuele vrijheid'. De ultieme opgave van Nieuw Rechts is om de deze allo-femo- *Social Justice Warrrior* 'nieuwe mens' te vuur en te zwaard te bestrijden. Deze 'nieuwe mens' is ligt ver *onder* wat Nietzsche in de 19e eeuw zag aankomen als 'laatste mens' en wat Oud Rechts in de 20e eeuw zag aankomen als 'ondermens': de mens als duivel.

Het zoude hem nuttiger zijn, dat hem een molensteen om zijn hals ware,
en hij in de zee geworpen, dan dat hij een van deze kleinen zou ergeren

— Lukas 17:2

De marxistisch-liberale anti-rechtspraktijk

*Men herkent een marxistisch systeem daaraan
dat het misdadigers in bescherming neemt en
politieke tegenstanders als misdadigers bestempelt*

— Aleksandr Solzjenitsyn

Voordat zondebegrip en -besef door cultuur-marxistische en liberaal-normativistische dogmatiek en indoctrinatie uit het Westerse geweten werden weggevaagd, maakte men in de Westers Christelijke Traditie gewoonlijk een onderscheid tussen twee soorten zonden: de zonde van *omissie* (zonde door nalatigheid) en de zonde van *commissie* (zonde door handeling). Nu is structurele en systematische nalatigheid — feitelijk de definitie van *anti-politiek* — precies het dogmatisch uitgangspunt van het dominante ideologische model dat het post-moderne Westen: het Liberaal-Normativisme (verg. Hoofdstuk 12). Het in de vorige paragraaf besproken sociaal-economische en sociaal-culturele beleid van de vijandelijke elite is precies dat: een doelbewust beleid van nalatigheid. Waar bestuur zich richt op anti-bestuur, waar politiek zich richt op anti-politiek en waar rechtspraak zich richt op anti-recht, daar zijn land en volk automatisch uitgeleverd aan de anti-nationale en trans-nationale krachten van de vijandelijke elite — daar overheersen automatisch de globalistische belangen van *high finance* (kartelbanken, beleggingsfondsen, multinationals, mediamonopolies) en 'letter instituties' (VN, EU, IMF, NAVO). Het feitelijk *anti-politieke* besluit van de elite om de Westerse landen en volkeren niet tegen deze krachten en belangen te beschermen is een zonde van *omissie* — en tevens land- en volksverraad. Het in de vorige paragraaf besproken anti-gezinsbeleid van de vijandelijke elite en het daaruit resulterende kinderleed zijn directe resultaten van dit verraad. Zowel de sociale implosie, die aan Westerse jeugd de zekerheid en geborgenheid van een stabiel en ordelijk gezinsleven, als de massa-immigratie, die kwetsbare Westerse kinderen in eigen land blootstelt aan 'migratie fenomenen' zoals *lover boy*, *grooming gang* en *tournante*, komen uiteindelijk voor rekening van de vijandelijke elite. De vijandelijke elite verhoudt zich darmee tot de Westerse volkeren als de valse herder die de deur van de schaapskooi laat open staan voor de wolf — en tot hun kinderen als de valse stiefvader die zijn weerloze stiefkinderen misbruikt.

Overigens strekt het door de vijandelijke elite getolereerde en gefaciliteerde kinderleed zich ook uit tot niet-inheems-Westerse groepen. Zo richten zich de door de Britse overheid feitelijk getolereerde en gefaciliteerde (Voor-)Aziatische *grooming gangs* niet alleen op blanke meisjes, maar ook op Sikh meisjes: de Sikhs zijn in vergelijking met de veel machtigere Hindoe- en Moslim-gemeenschappen een relatief kwetsbare minderheidsgroep. Daarnaast leidt het 'omgekeerde kolonisatie' migratie-beleid van de vijandelijke elite ook tot grootschalig kinderleed onder de vele 'migranten' die gebruik maken van 'vlucht' routes en 'asiel' procedures. Ook hier geldt weer de *negatie* van de wet: *open* grenzen — *anti*-politiek. Zo worden Subsaharaans-Afrikaans meisjes door hun clan/familie vaak naar Europa worden gestuurd via schuldslavernij-prostitutieregelingen — zij worden zo wie zo standaard 'gebruikt' *in transit* (ze worden ruim vooraf 'op de pil' gezet). En zo worden kwetsbare 'asielkinderen' — door hun families, al dan niet bewust — *en route* blootgesteld aan gewetenloze mensensmokkelaars, grijpgrage 'hulpverleners' en corrupte 'vrijwilligers'. Het gebruik en misbruik van hun situatie volgt hen tot in het uiteindelijke land van bestemming: alternatieve media wemelen van berichten over gedreven *Social Justice Warrrior* 'geestelijken' die 'asielkinderen' en 'asieljongeren' in hun kerken 'opvangen' — en over idealistische Westerse dames van middelbare leeftijd die hun privé residenties openen voor een soortgelijke 'ontvangst'. Een hele generatie 'asielkinderen' en 'asieljongeren' zwemt in dit fuik — alweer vrijwel zonder enig ingrijpen politie, rechters en journalisten. Het is dezelfde *anti*-politiek — *niet* zien, *niet* horen, *niet* spreken, *niet* handelen — waardoor 'vredessoldaten', 'hulpverleners' en 'ontwikkelingwerkers' zich in de Derde Wereld (VN Mozambique 1994, Oxfam Haïti 2019, etc.) al decennialang ongestoord kunnen vergrijpen aan kwetsbare kinderen. De Nieuwe Wereld Orde zelf staat immers nooit ter discussie en haar personeel staat boven de wet.

Maar er is meer: buiten de zonde van *omissie* — de bovengenoemde realiteit valt technisch gesproken onder deze categorie — maakt de vijandelijke elite zich namelijk ook schuldig aan de zonde van *commissie*. Dat de vijandelijke elite zich al decennialang schuldig maakt aan grootschalig en systematisch kindermisbruik in het Westerse hartland wordt allang vermoed en heel af en toe, als het niet meer lukt de feiten te verdoezelen, duikt er zelfs even een beeld van op in de *Main Stream Media*: 'Dutrout', 'Pizzagate', 'Epstein'. Wat daarvan uiteindelijk overblijft, na jarenlange procedurele sabotage, juridische missers, verdwijnende bewijsstukken en opzienbarend snel verflauwende media aandacht, is een vreemd beklemmende atmosfeer: de wijd verspreide indruk dat er een groep gewetenloze *untouchables* bestaat die vanuit hun *boven-wettelijke* en *anonieme* machtssfeer blijkbaar in staat zijn elke vorm van aardse gerechtigheid te ontlopen. Wat in de Westerse volksmassa's blijft hangen is een halfonbewust en onbestendig vermoeden van de waarheid, soms expliciet uitgedrukt in een zogenaamde 'complottheorie'. Een vermoeden dat af en toe artistiek half tot uitdrukking komt in een boek of een film — van Polanski's *Rosemary's Baby* in 1968 tot Kubrick's *Eyes Wide Shut* in 1999. Een vermoeden dat zich uitstrekt tot de zichtbare 'poppetjes' van de macht en dat onbeantwoordbare vragen opwerpt: wordt de gewetenloze politiek van marionetten zoals Clinton en Macron ingegeven door simpele 'Epstein'-stijl chantage?

Het is echter ook een vermoeden dat, heel af en toe, een bijna terloopse bevestiging vindt in de *Main Stream Media*. Zoals in *Het Parool* op 14 september 2019, in het onderzoeksartikel 'Getuigenis: misbruik in "zwemclubs" in de jaren vijftig' — een artikel dat de toenmalige hoofdstedelijke elite van een andere kant laat zien.

Hoogwaardigheidbekleders, klinkende regentennamen en verzetshelden die boven de wet stonden. En ook als Nederlands Nieuw Rechts niets dan minachting en weerzin kan voelen voor de *Main Stream Media*, die de vijandelijke elite al decennialang een hand boven het hoofd houdt, dan toch is het goed dat iedereen kennis neemt van die ene keer per dag dat de stilstaande *Main Stream Media* klok de juiste tijd — en de schuldigen — aanwijst. De lezer zij daarom verwezen naar het voor dit 'pedocratie' schandaal relevante 'Bronnen' rubriekje onder dit artikel. al was het maar omwille van de nagedachtenis aan de vele slachtoffers die hun leed meenamen in hun graf. Het is daarnaast evenzeer nodig dat iedereen zich afvraagt of wat er *toen*, meer dan zestig jaar geleden, gebeurde misschien ook *nu* gebeurt. De vijandelijke elite is immers dezelfde: het is immers dezelfde regentenkliek, met dezelfde belangen, dezelfde ideeën:

le libéralisme est le mal, le mal à l'état pur, le mal essentiel et substantiel
het liberalisme is het kwaad: het kwaad in pure vorm, het kwaad in essentie en substantie

— Robert Steuckers

'Schuld en boete'[158]

De grootste moderne dwaalleer is niet het idee dat God dood is maar het idee dat de duivel dood is

— Nicolás Gómez Dávila

Nieuw Rechts staat nog ver van de macht — maar misschien niet zo ver dat het niet, op een zekere dag, geconfronteerd zal worden de noodzaak recht te spreken over — en verhaal te halen op — de

---

158 Eén van de gangbare vertalingen van de titel van de FjodorDostojevski's beroemde roman *Prestoelenië i nakazanië* (1866).

vijandelijke elite. Tot die dag komt — de dag dat de vijandelijke elite ten val komt en zich moet verantwoorden voor al het hemelschreiende onrecht dat zij heeft begaan — is er alleen de hoop op een Hogere Gerechtigheid. Ooit, lang geleden, stond het de Christelijke mens echter vrij om *niet* te wachten op dat Laatste Oordeel, maar schuld te bekennen en boete te doen, juist in het *hier en nu*. Misschien zijn er onder de verloren zielen en dwalende geesten van de vijandelijke elite een handjevol mensen die dat nog kunnen begrijpen. Het zou hen sieren dat zij *nu* naar buiten reden, schuld bekennen — boete doen. Dat zij het lijden van de kinderen van ons volk erkennen — en verzachten met schuldbekentenis en boetvaardigheid. Dat zij helpen om de kwaadaardige elite waartoe zij behoorden ten val te brengen. Dat zij, voor het te laat is, het volk — en zichzelf — een nieuw leven gunnen:

> *Ab nou cor et ab nou talen,*
> *ab nou saben et ab nou sen,*
> *et ab nou belh captenemen,*
> *vuelh un bon nou vers comensar;*
> *e qui mos bons nous motz enten,*
> *ben er plus nous a son viven,*
> *qu'om vielhs s'en deu renovelar*

'Met een nieuw hart en nieuw verlangen,
Met nieuw begrip en nieuwe bedoeling
Op een nieuwe en schoone wijze,
Wil ik een schoon nieuw lied beginnen;
En wie mijn schoone nieuwe woorden verstaat,
Zal zekerlijk vernieuwd worden in zijn leven,
Zoodat zelfs een oud man zich zal verjongen'
- Raimbaut d'Aurenga, vertaling Nico van Suchtelen

'Retribution'

Er vanuit gaande dat de vijandelijke elite als geheel te ver is afgedwaald om ooit nog over het oude pad van schuld en boete haar weg terug te vinden naar liefde voor land en volk, moet worden aangenomen dat de geschonden generaties van ons volk — de door omissie en commissie van de vijandelijke elite misbruikte, verwaarloosde en gemanipuleerde kinderen van toen en nu — alleen op zichzelf kunnen rekenen voor het incasseren van de hen verschuldigde genoegdoening. Zij kunnen daarbij echter leren van de kinderen van andere gekoloniseerde, gemarginaliseerde en gemanipuleerde volkeren. De schrijver heeft er al eerder op gewezen dat dezelfde onderdrukkingsmechanismen die in eerder stadia van de moderne geschiedenis werden ondergaan door zogenaamd 'primitieve' volkeren, nu gestaag door de globalistische vijandelijke elite worden opgedrongen aan de Westerse volkeren (verg. Hoofdstuk 6). Deze onderdrukkingsmechanismen, meest zichtbaar in de 'omgekeerde kolonisatie' die de Westerse volkeren in hun eigen stamlanden onderhoudsplichtig maakt ten aanzien van massa's geprivilegieerde 'migranten', zijn gericht op onteigening (uit het eigen land en bezit), verdringing (uit de eigen vertrouwde omgeving) en onterving (uit de eigen cultuur). Hierbij krijgen de vrouwen en kinderen van het verdrongen volk het steeds hard te verduren: hun bestaansbronnen drogen op en hun gezinsleven wordt ontwricht naar mate hun mannen worden teruggedrongen en verjaagd, zij ondergaan geweld en verkrachting naar mate kolonisten terrein winnen en zij vallen in verslaving en zelfmoord naar mate de nieuwe cultuur de oude overwoekert. Deze bio-evolutionaire wetmatigheden zijn antropologisch en sociologisch goed gedocumenteerd voor vele inheemse volkeren in Noord- en Zuid-Amerika en in Oceanië (verg. Hoofdstuk 6). Het dramatische lot van de 'verloren kinderen' van deze volkeren valt nu in toenemende mate ten deel aan de kinderen van de Westerse volkeren. In confrontatie met deze existentiële dreigingen worden zij gedwongen tot existentiële keuzes: het is — vaak fysiek letterlijk — erop of eronder. De keuze is tussen ondergang of herdefinitie.

Eén van de universeel menselijke mechanismen die bijdragen tot een herdefiniërende opwaardering van persoonlijke identiteit is *compensatie*: de compensatie van macht*sverlies* als kind door macht*suitoefening* als volwassene. Zulke machtsuitoefening kan op verschillende niveaus en in verschillende dimensies worden verwezenlijkt, maar al deze verwezenlijkingen zullen zich — positief dan wel negatief — moeten verhouden tot de kwestie van *geboorte identiteit*, zowel individueel als collectief. Waar — in dit geval etnische, namelijk blank-inheemse — 'ongunstige' geboorte identiteit voor jonge mensen (sociaal-economische, sociaal-psychologische) ongunstige gevolgen heeft, daar worden zij *gedwongen* tot — positieve dan wel negatieve — compensatie. Zij zullen zich rekenschap moeten geven — zich *bewust moeten worden* — van de eigen historische identiteit en die moeten meten aan de niet-eigen eigentijdse norm. *Vergelding*, in allerlei verschillende inclusief abstract-artistieke en kosmisch-geprojecteerde, vormen kan daarbij een legitieme compensatie strategie zijn. De mechanismen van compensatie en vergelding zullen, vroeger of later, ook worden herbedacht en herbezocht door de 'verloren kinderen' van het Westen — het gaat immers om universele mechanismen. Nieuw Rechts moedigt hen daarbij echter aan tot vroegtijdige bewustwording — er is geen tijd meer om 'door schade en schande' wijs te worden. Nieuw Rechts wil het bewustwordingsproces ook op positieve wijze mobiliseren en sturen: de 'identitaire' oriëntatie binnen Nieuw Rechts werkt aan sociaal verantwoordelijkheidsbesef (familiewaarden, gedragsnormen) en aan culturele herwaardering (alternatieve media, kennis overdracht). Daarbij is een boodschap van *hoop* essentieel: jonge mensen verdienen het vooruitzicht op een betere toekomst, ook tegen alle verwachting in — zelfs tegen de stroom van de geschiedenis in. De eerste stap die volgt op bewustwording is dus zelfbeschikkingsrecht: het recht op een toekomst die radicaal anders kan zijn dan het verleden en het heden. Deze boodschap van hoop is geen wensdenken, maar gebaseerd op de geschiedenis. Keer op keer laat de geschiedenis zien dat individuen en groepen, tegen alle verwachting in, hun voor altijd verloren gewaande rechten kunnen heroveren. Dat is de 'vergelding' die elk individu en die elke groep kan nemen op de geschiedenis.

Een markant voorbeeld van 'vergelding', door een speciaal individu maar mede namens een etnische groep, is te vinden in het werk van de Canadese Inuit (Eskimo) zangeres Tanya Tagaq: zij 'verwerkt' haar eigen tragisch verleden en dat van haar volk in een vreemdsoortig — men zou bijna zeggen 'Archeo-Futuristisch' — 'lied' dat het midden houdt tussen een neo-sjamanistische geestesoproeping en postmoderne *pop art*: *Retribution* (2016). Vanuit een quasi-kosmische (aan)klacht over ecocide, genocide, kolonisatie — met de aankondiging van 'vergelding' door *Gaia*, dat wil zeggen Moeder Aarde zelf — vervalt *Retribution* geleidelijk in een trance staat (totem, droomqueeste, dierprojectie). Daarin worden de verkrachting en verminking van een heel volk herleid tot die van één persoon — en *vergolden*. De stijl, het vocabulaire en de setting mogen voor jonge mensen uit andere culturen volledig vreemd zijn — de erin doorklinkende existentiële keuze en het in deze 'vergelding' opgeroepen krachtenveld zijn het niet. Het zijn de keuze voor en doorbraak naar een *Nieuwe Vrijheid*.

De Nieuwe Vrijheid

Aan de vooravond van de Tweede Wereld Oorlog schreef Jacques de Kadt zijn monumentale werk *Het fascisme en de nieuwe vrijheid* (1939). Hij begreep en beschreef het fenomeen van de 'fascistische revolutie' — waarin hij de revolte van volk en cultuur tegen elite en beschaving zag — met een invoelings- en nuanceringsvermogen dat nu, tachtig jaar later, effectief taboe is in de Nederlandse publieke ruimte. Hij begreep de *oorspronkelijke* en *idealistische* fascistische revolutie als een natuurlijke en gezonde 'immuunreactie' tegen het cultuur-vernietigende nihilisme dat hij herkende als intrinsiek onderdeel van het vooroorlogse 'demo-liberalisme', dat wil zeggen van dezelfde toen al toonzettende historisch-materialistische ideologie die nu is doorgeslagen in totalitair Liberaal-Normativisme. Hij zag in die ideologie het platgeslagen wereldbeeld van de eendimensionale geldmens (de prototypische neo-liberaal), ondersteund en bestendigd door de bloedeloze intellectueel (de prototypische cultuur-marxist). De Kadt erkende dat het specifieke historische traject van de vooroorlogse fascistische revolutie door gebrek aan solidariteit tussen de standen, wetenschappelijke scherpte en politieke realiteitszin was uitgelopen op cynisch anti-intellectualisme, fantasieloos 'kazernisme' en barbaars 'gansterisme' — maar hij waarschuwde ook voor een te gemakzuchtig afdoen van het oorspronkelijke fascisme als historische aberratie.

Nu, tachtig jaar later, blijft de Kadt's analyse hoogst actueel. Al was het alleen maar omdat de vijandelijke elite nu alle gebreken van het gefaalde fascisme combineert met alle gebreken van de andere twee gefaalde historisch-materialistische ideologieën: het socialisme(/communisme) en het (neo-)liberalisme. De globalistische 'schijnelite van valsemunters' die het huidige ex-Nederland administreert uit naam van de nu steeds openlijker totalitaire Nieuwe Wereld Orde is erin geslaagd de laagste vervalvormen van al deze drie ideologieën te combineren: het platvloerse anti-intellectualisme van het fascisme, het nivellerende ressentiment van het socialisme en het totaal-corrupte gelddenken van het liberalisme. De kinderen van Nederland komt een *andere* toekomst toe: zij verdienen het voorgoed bevrijd te zijn van deze vijandelijke elite, van haar waanzinnige denkbeelden en van haar demonische praktijken. Het is tijd voor *hun* Nieuwe Vrijheid:

And this will be the day -
This will be the day when all of God's children will be able to sing with
new meaning:
Free at last! Free at last!

Thank God Almighty — we are free at last!

— Martin Luther King Jr., 'I Have a Dream'

Bronnen

Berg, Helmut van de, *Verboden foto's: een Amsterdamse roman.* Heerhugowaard: GigaBoek, 2005. *(NB) het gaat hier om niet-fictie, namelijk een onder pseudoniem en in romanvorm gepresenteerde autobiografie)*

Ligtvoet, Frank, 'Andere naam of niet — H401 is nog altijd Castrum Peregrini', *Medium.com* 17 september 2019.

Pen, Hanneloes, 'Getuigenis: misbruik in "zwemclubs" in de jaren vijftig', *Het Parool* 14 september 2019.

Hoofdstuk 1

De Zwarte Poolster

Bi-Smi Llāhi r-Raḥmāni r-Raḥīm

Het 'Islam vraagstuk'

HOEWEL HET zeker het waar is dat wat veel Europeanen van de 'hedendaagse Islam' hebben ervaren een negatieve lading heeft (sektarisch geweld, onaangepast gedrag en agressieve expansie in hun Europese thuislanden), dient te worden benadrukt dat deze negatieve ervaringen worden veroorzaakt door de 'omgekeerde kolonisatie' politiek van de globalistische vijandelijke elite. De problemen die worden gecreëerd door de volledig kunstmatige en globalistisch afgedwongen aanwezigheid van niet-inheemse Moslim bevolkingsgroepen kunnen niet worden afgeleid uit de ware kwaliteiten van de Islam op zich. Natuurlijk is diepe bezorgdheid over deze zeer reële problemen volledig gerechtvaardigd, maar de oorzaak ervan moet elders worden gezocht, namelijk in de volledig ongerechtvaardigde en diep immorele *etnische vervanging* politiek van de globalistische vijandelijke elite. Door de enorme instroom van Moslim vreemdelingen — nu al miljoenen sterk in het stedelijk hartland van West-Europa — beginnen Westerse nationalisten en patriotten het zicht te verliezen op deze werkelijke oorzaak: zij beginnen in toenemende mate oorzaak en gevolg te verwarren. Dit komt de globalistische vijandelijke elite goed uit: het islamofobisch narratief van de civiel-nationalistische populisten leidt de aandacht af van de échte vijand van de Westerse volkeren, namelijk die elite zelf. In werkelijkheid is de Ware Islam noch de 'inherente politieke bedreiging', noch het 'memetische virus' waarmee de populisten stemmen winnen — de Ware Islam is simpelweg één van 's werelds grote religieuze Tradities. Het feit dat de immigranten die deze Traditie op hun eigen primitieve wijze aanhangen nu door de vijandelijke elite worden gebruikt als 'bio-evolutionair' wapen voor de globalistische 'deconstructie' van het Westen verandert hier niets aan. De Ware Islam mag als Traditie in verval zijn geraakt en door de Moderniteit zijn vervormd, maar datzelfde geldt voor alle grote religieuze Tradities. Het primitieve niveau waarop de Ware Islam wordt gepraktiseerd door de meeste Moslim immigranten in het Westen en de atavistische existentiële realiteit die zij daardoor opdringen aan de inheemse Europese bevolking — veelal op de meest kwetsbare groepen van die bevolking — zegt niets over de kern van de Ware Islam. De vergelijking tussen dat lage niveau en die hoge kern kan ook worden gemaakt tussen het post-moderne ('cultuur') pseudo-Christendom van de (naar buiten hyper-altruïstische, naar binnen zelf-destructieve, 'open grenzen') babyboomer generatie en het Ware Christendom van hun voorouders.

Wanneer wordt verondersteld dat 'de wens van [Westerse] mensen om Moslim te worden zou verdwijnen als wij gezondere identiteiten en samenlevingen hadden' (Johnson, 'Conversation'), dan wordt een bepaalde intrinsieke waarde van de Islam impliciet erkent, namelijk zijn waarde als bio-evolutionaire 'strategie' en als psycho-spiritueel 'zelfverdediging mechanisme'. Wat dan tegelijk wordt erkend is de desastreuze psychologische en spirituele gezondheidstoestand van het Westen. Het kan niet worden ontkend dat de Islam, in vergelijking met het post-moderne pseudo-Christendom en het historisch-materialistische secularisme, *relatief* superieur als leefbare en houdbare innerlijke bestaansdimensie. Door een onwrikbaar transcendent referentiepunt te bieden geeft de Islam een sterk existentieel houvast in alle levenssferen. Deze relatieve superioriteit ligt niet echter in de *kracht* van de Islam, maar in de *zwakte* van het Westers Christendom dat zichzelf afschaft met het opgeven van zijn transcendente dimensie. Deze realiteit wordt voelbaar in de apathische collectieve reactie op de vernietiging van één van de meest heilige tempels van het Westers Christendom: het uitblijven van elke substantiële reactie op het verbranden van de Notre Dame de Paris in de lente van 2019 is in dit opzicht een typerend 'teken des tijds'. Het feit dat een groot aantal belangrijke Westerse denkers zijn overgegaan naar de Islam bewijst slechts dat elk authentiek *Haus des Seins*—privé en publiek—een religieus en spiritueel dak nodig heeft. De dramatische instorting van het dak van de Notre Dame illustreert dit: geen godshuis zonder God—en geen *Haus des Seins* zonder een spiritueel 'schild' voor het menselijk *in-der-Welt-sein*. Er is daarom verre van 'on-authentiek' aan het inruilen van een instortend huis voor een staand huis. Dat gezegd zijnde is het ongetwijfeld waar dat geen enkele 'ware Europeaan' zijn eigen Traditie zou opgeven voor een andere: een ware Europeaan zou de eigen Traditie altijd inlijven en reactiveren in zijn nieuwe Huis. Dit is relatief eenvoudig in de Ware Islam omdat de Ware Islam het Christendom—samen met het Jodendom en het Zoroastrisme—allang heeft geabsorbeerd en herbeleefd: in zijn hoogste manifestaties accepteert en vervult de Ware Islam deze andere Tradities volledig. Dit is vanzelfsprekend niet zichtbaar zijn voor Europeanen de slechts de primitieve 'volksreligie' van de meestal oneerlijke en grijpgrage Moslim kolonisten die door de globalistische vijandelijke elite het Westen worden binnengeloodst. Eén ding moet helder worden: het hele 'Islam vraagstuk' zou automatisch verdwijnen zodra het 'etnische vraagstuk' is opgelost. De—bij voorkeur genereus, gestaag en flexibel geleide—omkering van massa-immigratie en etnische vervanging zou beide problemen oplossen.

Degenen die eraan twijfelen dat de Ware Islam nog echt bestaat—of ooit heeft bestaan—zouden kunnen profiteren van een meer gedegen studie van zijn 'minder doorsnee' autoriteiten en aanhangers. De stem van de Ware Islam is nog maar moeilijk te horen in het kabaal van de extremistische retoriek en media barbarij — retoriek en barbarij die goed passen bij het wereldbeeld van de globalistische vijandelijke elite en bij de belangen van haar karikaturale lakeien in de Arabische woestijn. Degenen die de moeite nemen om de stem van de Ware Islam terug te vinden kunnen beginnen met luisteren naar één van haar meest welsprekende hedendaagse vertegenwoordigers: de Perzische geleerde en schrijver Hosseyn Moheyddin Qomshe'i, beter bekend als Elahi Qomshe'i — veel van zijn publicaties en presentaties zijn kosteloos online beschikbaar in het Engels. Zij zouden kunnen beginnen met het beluisteren van zijn presentatie over de 'Geloof van de Liefde' (*Religion of Love*): daarin zijn meerdere betekenisniveaus terug te vinden, maar zelfs op het meest oppervlakkige niveau wordt direct duidelijk wat de Ware Islam werkelijk betekent. Het dient te worden benadrukt dat geen enkele 'Ware Moslim' zijn of haar godsdienst anders dan *relatief* superieur zal achten: de superioriteit van de Ware Islam bestaat alleen in de privésfeer en alleen *voor de gelovige zelf*. Qomshe'i's presentaties en publicaties getuigen hiervan. Dit betekent dat er geen enkele noodzaak is tot 'bekering' tot welke godsdienst dan ook: 'religieuze' en 'spirituele' perfectie kan worden bereikt binnen iedere authentieke Traditie. Op zijn hoogste niveau omvat de Ware Islam simpelweg alle authentieke vormen van 'godsdienst' en 'spiritualiteit'. Het ex-Christelijke Westen zou er beter aan doen simpelweg zijn eigen Christelijke wortels terug te vinden. In dit verband is het belangrijk te benadrukken dat hele idee van 'bekering' vanuit Traditionalistisch perspectief hoogst problematisch is: het idee dat men 'godsdiensten' als kledingstukken zou kunnen 'aan- en uitdoen' is een typisch modernistische misvatting. In werkelijkheid kan men alleen worden wat men al in aanleg is: een mens kan in zichzelf alleen realiseren wat mogelijk is binnen zijn of haar strikt persoonlijke natuur-cultuur rekensom — een rekensom die enigszins wordt benaderd in de woorden 'aanleg' en 'lotsbestemming'. Op groepsniveau resulteren verschillende collectieve natuur-cultuur rekensommen verschillende uitkomsten: verschillende godsdiensten, culturen, rassen en volkeren. Degenen die zich inzetten voor de verdediging van de nu existentieel bedreigde Westerse volkeren zouden er goed aan doen om een onderscheid te maken tussen het hart van de Islam en de zonden van zijn zogenaamde volgelingen onder de immigranten massa's die het Westerse hartland nu koloniseren als deel van het 'globaliseringproces'. Zij zouden er goed aan doen niet verstrikt te raken in een 'islamofobisch' discours dat bedoeld is hen af te leiden van de manoeuvres van hun échte vijand: de globalistische vijandelijke elite.

Naast de kwestie van religieuze en spirituele gezondheid van het Westen bestaat er voor Nieuw Rechts nog een veel urgenter probleem: het probleem van (meta-)politieke strategie. De hoofdstrategen van Nieuw Rechts zouden er goed aan doen het 'Islam vraagstuk' met nieuwe ogen te heroverwegen. Zij zullen dan ontdekken dat een alternatieve — niet-populistische, niet-islamofobische — strategie ten opzichte van 'de Islam' onverwachte voordelen kan bieden — ook in de zin van (tijdelijke, pragmatische) bondgenootschappen tegen de globalistische vijandelijke elite. Zij zullen dan ook leren dat een dergelijk alternatief strategisch concept diepe wortels heeft in de Europese 'rechtse' traditie. Gedurende de recente decennia van gemakzuchtig islamofobisch populisme (meestal weinig meer dan een rookgordijn voor licht-gewicht 'civiel-nationalisme') werd dit strategisch alternatief consistent verdedigd door één van de meest gevierde publicisten van de Westerse inheemse rechten beweging: Kerry Bolton — veel van zijn desbetreffende publicaties zijn kosteloos online beschikbaar in het Engels. Een gedegen beraad op Bolton's standpunt kan één van de meest effectieve strategieën van de globalistische vijandelijke elite in één klap van tafel vegen, namelijk de 'bliksemafleider' van het 'Islam vraagstuk'. Zulk beraad zal Nieuw Rechts helpen zich te concentreren op zijn sterkste eigen strategie, namelijk *etno-nationalistische zelfverdediging*, en op zijn échte vijand, namelijk de globalistische vijandelijke elite.

De Arisch-Abrahamitische synthese

Het Archeo-Futurisme heeft een religieuze en spirituele dimensie in zoverre het zich richt op de reactivering van de archaïsche archetypes die besloten liggen — beheersbaar zijn — in elke authentieke Traditie en in elke authentieke cultuur. In het Indo-Europese cultuurgebied, opgedeeld in een Europese, een Perzische en een Voor-Indische sfeer, liggen meerdere godsdienstige Tradities verankerd. Primair (geworteld) Indo-Europees zijn dat het Zoroastrianisme (marginaal in de Perzische en Indische sfeer) en het Hindoeïsme (dominant in de Voor-Indische sfeer), maar secondair (aangepast) Indo-Europees zijn dat nu ook het Christendom (dominant in de Europese sfeer) en de Islam (dominant in de Perzische en belangrijk in de Indische sfeer). In alle drie sferen liggen de jongere Abrahamitische Tradities van Christendom en Islam *naast* en *over* de oudere Arische Tradities van 'heidendom' (diep verborgen in Christelijk Europa), Zoroastrianisme (uiterst verkleind in Moslim Perzië) en Hindoeïsme (goed bewaard in deels-Moslim Voor-Indië). In de Europese en Perzische sfeer is het oudere Arische ('heidense' respectievelijk Zoroastrische) erfgoed grotendeels *impliciet*: het is verweven met en geabsorbeerd in het *expliciete* Abrahamitische erfgoed. In de Europese en Perzische sfeer hebben Christendom en Islam feitelijk vormen aangenomen die 'passen bij' de oudere Tradities van de Europese en Perzische volkeren. Ook in de Voor-Indische sfeer bestaan zulke aangepaste vormen: het Sikhisme en de Ahmadiyya bevatten elementen die men als 'mengvormen' en 'aanpassingen' zou kunnen beschrijven. Dit theoretisch 'dubbele' maar praktische veelal *synthetische* Arisch-Abrahamitisch conglomeraat vormt het *Haus des Seins* van zowel de Europese als de Perzische volkeren: het is het fundament van zowel de Europese als de Perzische beschaving. Ook in de Voor-Indische Traditie zijn aanzetten tot een dergelijke synthese zichtbaar: de *Din-e Ilahi* ('Religie van God'), onder het late Mogol Rijk, en het Britse *Raj*, met 'beschavend' Christelijk oppergezag. Deze syntheses combineren archetypische

('Arische') krachtenvelden met disciplinerende ('Abrahamitische') controlemechanismen. Het potentieel van specifieke synthese die zich op de drempel van de Moderne Tijd in Europa heeft bewezen in het wereld-veroverende, orde-scheppende en cultuur-verheffende complex dat nu de 'Westerse beschaving' heeft.

In alle drie Indo-Europese sferen zijn de synthetische Arisch-Abrahamitische beschavingsvormen nu echter onderhevig aan modernistische 'deconstructie'. Op de spirituele deconstructie van de 'super-structuur' (de hyper-idealistische 'verdamping' van het Christendom, de hyper-legalistische 'verkramping' van de Islam en de anti-hiërarchische 'deregulatie' van het Hindoeïsme) volgt nu de fysieke deconstructie van de 'infra-structuur'. De Moderniteit ontmantelt het *Haus des Seins* van de Indo-Europese volkeren, beginnend bij het spirituele 'dak' van godsdienst en geloofsbevinding. Op de verwijdering van het spirituele dak volgen eerst de afbraak van de sociaal-economische muren (darwinistische *survival of the fittest*, kapitalistische *Entfremdung*, nihilistische *anomie*) en dan de verwijdering van de fysieke (ecologische, etnische, genetische) fundamenten. Het proces van fysieke vernietiging mag ver uit het zicht en bijna onherkenbaar langzaam zijn begonnen, maar kan nu niet langer worden ontkend. De symptomen zijn in toenemende mate zichtbaar en voelbaar: industriële ecocide, technologisch transhumanisme, sociale implosie en etnische vervanging. Het fysieke ontmantelingproces is het verst voortgeschreden in het technologisch verst ontwikkelde deel van het Indo-Europese cultuurgebied: in het Westen (West-Europa plus de overzeese Anglosfeer in wijdste zin) is het nu zichtbaar in de openlijke Cultuur-Nihilistische deconstructie van de Europese Christelijk-Arische beschaving. Op de deconstructie van het Westerse Christendom (de formele zelfopheffing van de Katholieke Kerk valt samen met het Tweede Vaticaans Concilie van 1962-65) volgt logischerwijs de deconstructie van de Westerse volkeren: de aanzet tot etnische vervanging wordt in Amerika gegeven met de (niet-Westerse immigratie begunstigende) *Hart-Celler Act* van 1965 en in Nederland met de (niet-Westerse 'gastarbeid' begunstigende) wervingsovereenkomsten met Turkije en Marokko van 1964-65.

Het Cultuur-Nihilistische denkmodel waarmee de globalistische vijandelijke elite haar etnische vervanging politiek 'rechtvaardigt' neemt in de post-moderne actualiteit de vorm aan van een ingenieuze combinatie van neo-liberale 'vrije markt' denken en cultuur-marxistisch 'open grenzen' denken. Het baseert zich op een proces van *discursieve supercessie* en een uitgangspunt van universele superioriteit. Het presenteert zichzelf als *dynamischer* en *progressiever* in termen van ethiek, tijd en plaats: als *menselijker*, *moderner* en *globaler*. Om het Cultuur-Nihilistisme te boven te komen zal het Archeo-Futurisme daarom zijn eigen *dynamische en progressieve inzet moeten verhogen*: het kan het Cultuur-Nihilisme alleen verslaan met een dynamische en progressieve superioriteit. Een 'sportieve' gelijke inzet volstaat niet: macht is *absoluut* — ofwel men eet, ofwel men wordt gegeten. Er bestaat geen 'wapenstilstandlijn' in deze *Clash of Civilizations* — de frontlinie kan hooguit voor enige tijd vastlopen in een tijdelijke patstelling. De superioriteit waarmee het Archeo-Futurisme de Westerse bevolking kan bevrijden uit het Cultuur-Nihilistische *frame* moet worden gezocht in de macht van de Arisch-Abrahamitische *archetypen* van de Westerse beschaving. Het uiterst oppervlakkige Cultuur-Nihilisme heeft niets dat die macht kan evenaren — noch naar boven (het ontbeert een inspirerende transcendente referent), noch naar beneden (het ontbeert een dragend etnisch substraat). In de Arisch *geaarde* en Abrahamitisch *geleide* archetypen van de Westerse volkeren ligt zo de sleutel van hun toekomst. In die zin is het van groot belang dat het Archeo-Futurisme ook Neo-Zoroastrianistische, Neo-Christelijke en Neo-Islamitische gedachte-experimenten aanlevert. De door het Archeo-Futurisme aangedragen authentieke herbeleving van hun Arisch-Abrahamitische identiteit kan het Cultuur-Nihilisme, het globalisme en de vijandelijke elite in een oogwenk van de aardbodem wegvagen. Het is tegen deze achtergrond dat in dit hoofdstuk een alternatieve kijk op het 'Islam vraagstuk' wordt neergezet.

'L'arco e la clava'

We went up to the top of the highest hill
And stopped, still

— Kate Bush, 'Somewhere in Between'

Een Archeo-Futuristische reactivering van de Arisch-Abrahamitische synthese vergt een herontdekking en herinrichting van het spirituele en religieuze *Haus des Seins* van de Westerse volkeren. Zonder deze herontdekking en herinrichting blijven zij dakloos blootgesteld aan de duivelse krachten die de globalistische hellestorm voeden: secularisme (liberaal-normativistisch anti-bestuur), collectivisme (hyperdemocratische anti-hiërarchie), feminisatie (matriarchaal anti-recht) en idiocratie (infantilerende anti-cultuur). In de strijd tussen Archeo-Futurisme en Cultuur-Nihilisme is slechts één winnaar mogelijk — net als in de strijd tussen de Westerse beschaving en de globalistische Nieuwe Wereld Orde slechts één winnaar mogelijk is. De enig overgebleven kampioen van de Westerse beschaving en de Westerse volkeren is Nieuw Rechts: Nieuw Rechts staat aan de vooravond van een strijd op leven en dood met de globalistische vijandelijke elite. De strategie die het Archeo-Futurisme aan Nieuw Rechts kan aanleveren is een *radicaal voorwaartse* strategie: een Archeo-Futuristisch Nieuw Rechts moet het Cultuur-Nihilisme en de Nieuwe Wereld Orde incorporeren, verteren en te boven komen. Nieuw Rechts moet het multiculturalisme, universalisme en globalisme van de vijandelijke elite letterlijk *overtreffen* met nóg vooruitstrevender, nóg grotere en nóg hogere idealen. Een eerste vermoeden van deze uitdaging — en een eerste verkennen van 'synthetische' remedies — begint al op te doemen in de marges van het Westerse collectieve denken (verg. Jorjani, World *State of Emergency* en Leimann, *Multidimensional Decline*).

Het 'Nieuwe Westen' project van het Archeo-Futurisme dient de draad op te pakken waar het 'Oude Westen' hem liet vallen: het

Archeo-Futurisme moet zich her-oriënteren op het grootse Oude Westen wereld-imperium idee van de late 19e en vroege 20e eeuw — het Nieuwe Westen kan dat idee wellicht in overtreffen door het op een innovatieve en perfecte vorm te doen herleven. Het Nieuwe Westen kan alleen in een *sublimering* van het Oude Westen slagen waar zijn voorganger heeft gefaald. Niets meer of minder dan een prestatie van historisch ongekend formaat is nodig om de Gouden Dageraad van het Nieuwe Westen te realiseren. De vraag die zich onvermijdelijk opdringt is deze: als het Archeo-Futurisme het doel kent, dan waar is het middel? Dit raadsel is op te lossen door een nieuw nadenken over Evola's grote symbool van *l'arco e la clava*: dit tweedelige symbool voorziet in het lange afstand wapen van de *boog* en het korte afstand wapen van de *knots*. De boog — hier: Archeo-Futuristische meta-politiek — beoogt het verdrijven en decimeren van de *theorieën* van de vijand en de knots — hier: Nieuw Rechtse politiek — beoogt het neerslaan en verpulveren van de *praktijken* van de vijand. Zoals het Archeo-Futurisme theorieën aandraagt die superieur zijn aan die van de vijand, zo dient Nieuw Rechts praktijken aan te dragen die tactisch superieur zijn aan die van de vijand. Het sleutelwoord is hier: *innovatie*.

De logische volgende vraag is naar de sterkste — dat wil zeggen fysiek krachtigste — praktijk van de vijandelijke elite. Met andere woorden: wat is het gevaarlijkste wapen in het binnenlandse arsenaal van de vijandelijke elite? De vijandelijke elite mag de aan haar onderworpen inheemse volkeren van het Westen domineren met psycho-historische manipulaties en *psy-ops* strategieën, maar zij beschikt ook over fysieke machtsmiddelen. Het machtigste fysieke wapen waarover zij beschikt is het *militant islamisme*: de intimiderende aanwezigheid, de agressieve expansie en de terreur dreiging van het militant islamisme in het publieke domein van het Westen doet de inheemse bevolking verlammen van schrik. De inheemse bevolking van het Westen ontbeert oorlogservaring en militaire training — in veel Westerse landen is vuurwapenbezit daarnaast grotendeels verboden.

De Westerse volkeren zijn door decennialange vrede en welvaart gewend geraakt aan comfort, luxe en hedonisme en passiviteit en verhouden zich tot het in lange oorlogen gestaalde en rijk gesponsorde militant islamisme als het lam zich verhoudt tot de wolf. De vijandelijke elite gebruikt het militant islamisme, zo niet intentioneel dan toch effectief, als een controle mechanisme om de inheemse massa's en de inheemse oppositie te intimideren. De meest effectieve manier voor Nieuw Rechts om op deze strategie te reageren is haar zich *toe te eigenen*. Dat wil zeggen: het militant islamisme los te weken uit zijn kunstmatige alliantie met de globalistische vijandelijke elite — het te 'doorgronden', te 'verteren' en te 'adopteren' in een ultieme inspanning van zelf-overtreffing. Dit betekent *niet* dan Nieuw Rechts zich moet 'bekeren' tot de Islam, dat het zich moet 'aansluiten' bij het islamisme of dat het de Westerse Traditie moet 'verraden'.[159] Bovenal betekent dit wel: van het militant islamisme te *leren*, het te *verbeteren* en — uiteindelijk — het te *overtroeven*. Vanuit Traditionalistisch perspectief is 'bekering' zo wie zo een leeg woord: men *herkent* specifieke eigen kracht — of niet. Wanneer Nieuw Rechts erin slaagt het meest formidabele en angstaanjagende wapen dat door de vijand tegen de Westerse volkeren in de strijd is geworpen te doorgronden, te weerstaan en te overtreffen, dan is Nieuw Rechts de baas. Dan zal Nieuw Rechts *winnen*. Dit vergt een afdaling in een existentiële afgrond en een confrontatie met het 'hart van de duisternis': een uitputtende studie van het sociale, psychologische en spirituele leven in het krachtenveld dat wordt gemobiliseerd en misbruikt door het militant islamisme: de eigenlijke Islam. Dit vergt meer dan een 'verkennende studie': dit vergt letterlijk de *ontologische absorptie* van de kracht van de Ware Islam. Deze absorptie zal Nieuw Rechts ongeëvenaarde macht geven. Deze macht is meer dan een botte knots om de vijand

---

159 Voor een Nieuw Rechtse analyse van de civiel-nationalistische Islam-Conservatieve Alliantie in de Nederlandse politieke context, verg. 'Europodcasts' kanaal podcast *De Salon, Aflevering 2*.

te intimideren op afstand te houden: deze macht vertegenwoordigt de scherpste snede van de *Khanjar*.

Al-Khanjar

Voor Nieuw Rechts vergt het mentaal en moreel overwinnen van het militant islamisme, door het verteren van de Islam, niets meer en minder dan het herbeleven van het oude Europese ridderideaal. Het vergt een ridderlijke houding ten aanzien van alles dat edel en bewonderenswaardig kan zijn in een vreeswekkende vijand — en de zelfverloochende bereidheid tot confrontatie met een wezensvreemde macht. Het was deze taak die de middeleeuwse Europese ridderorden zichzelf stelden — het was met dit meesterschap dat zij in staat waren kruisvaarders te worden. Deze taak en dit meesterschap vergden meer dan slechts militaire techniek en discipline: zij vergden ook een subtiele intelligentie en een dapper hart. Het begrijpen, eigen zich maken en het overtreffen van de hoogste idealen van de vijand stond daarbij in de middenpunt. Late weerspiegelingen van deze archaïsche ridder ethos worden nog teruggevonden in sommige van de meest opmerkelijke prestaties van de 20e eeuwse Westerse cultuur: René Guénon's *inlijving* van de Islamitische filosofie in de Traditionalistische hermeneutiek, Frithjof Schuon's *synthese* van Soefi en Christelijke mystiek in er esoterische Maryamiyya en Saint-Saëns' *inzicht* in de Oriëntaalse ziel in zijn *Suite Algérienne*. Op het hoogste niveau — in het idee en het ideaal van waarachtige ridderlijkheid — kan Nieuw Rechts dus een 'bondgenoot in het hart' vinden in de Islamitische Traditie (voor een politieke inschatting van dit mogelijke 'monster pact', verg. Bolton, *Islamophobia*).

De erkenning van het feit dat de Ware Islam een authentieke Traditie is, en daarmee oneindig superieur aan de Cultureel-Nihilistische Westerse Moderniteit, is een eerste belangrijk uitgangspunt. Een tweede ligt de herkenning van het feit dat de Moslim volkeren van Azië en Afrika, zelfs onder de *nominale* auspiciën van de Islam, meer *élan vital* hebben dan de 'opgebrande' ex-Christelijke volkeren van het Westen. Een derde belangrijk uitgangspunt ligt in het besef dat de uitdaging van het militant islamisme — ongeacht het feit dat het gemanipuleerd en misbruikt wordt door de globalistische vijandelijke elite — zijn fysieke macht ontleent aan dit spirituele *élan vital*. Deze realiteit werpt de vraag op naar de *hogere overeenstemming* — men zou kunnen zeggen: 'verenigbaarheid' — van de Islamitische en Westerse Tradities. Deze zeer complexe probleemstelling kan worden geïnterpreteerd als de ultieme 'Steen der Wijzen' vraagstelling van de Westerse postmoderniteit. Zij hangt samen met de mogelijkheid van existentiële transmutatie op zowel het meest elementaire als het meest verfijnde niveau (voor een filosofische verkenning van de mogelijkheid van existentiële heroriëntatie vanuit de Westerse postmoderniteit, verg. Leonard, *Disquisition*). Uiteindelijk liggen de mogelijke antwoorden op deze vraag meer in de esoterische dan de exoterische sfeer, en zij moeten eerst op individueel niveau worden onderzocht voordat ze op collectief niveau kunnen worden besproken. In die zin vallen zulke antwoorden grotendeels buiten het bereik van dit werk: *Rupes Nigra* houdt in de eerste plaats bezig met het opbouwen van 'kritieke massa' — de procedures van de uiteindelijke 'kettingreactie' vergen een andere benadering.

Wat echter al wel vast staat is dat de mogelijke fusie van *bepaalde elementen uit* de Islamitische en Westerse Traditions een zeer voorzichtige afweging zal vergen. Voor zover *immanente* elementen uit de Islamitische Traditie onverenigbaar zijn met de Westerse Traditie dienen ze *rücksichtslos* te worden verwijderd. Op collectief niveau (in de zin van 'neo-religieus' psycho-sociaal realisme) kan in het Nieuwe Westen geen plaats zijn voor regressieve primitivismen zoals de doodstraf, lijfstraffen, besnijdenis, rituele slacht en vrouwen mishandeling. Op individueel niveau (in de zin van de zuiver individuele en zuiver vrijwillige optie van formele 'bekering') zal een 'Euro-Islamitische' praktijk vele correcties vergen, zoals rationele kalenderaanpassingen, realistische 'Mekka-tijd' vastenregels en geprivilegieerde 'reserveringen' voor de Westerse figuratieve en podiumkunsten. De respectievelijk superieure (leef)vormen van de Christelijke en Islamitische Tradities dienen beide een plaats te krijgen in een waarachtig *synthetisch* opgevat Nieuw Westen. In het wereldse machtsbereik (zoals afgedekt door Monarchie en Imperium) vergt dit minimaal een nominale hegemonie van Christelijke symboliek. Dit laat de mogelijkheid van een (Neo-)Christelijk Imperium over een (Neo-)Islamitische gemeenschap open: de historische antecedenten van de Britse en Nederlandse koloniale rijken in Voor- en Oost-Indië en Franse en Italiaanse koloniale rijken in Noord-Afrika leveren in dit opzicht leermomenten in juridische en bureaucratische zin.

Het belangrijkst is echter dat elke levensvatbare synthese van de superieure elementen van de Islamitische en Christelijke Tradities ruimte moet geven voor de *complete verwezenlijking* van de Christelijke roeping van de Europese volkeren. Deze synthese en deze verwezenlijking zijn alleen mogelijk in een alles overtreffende *Din-e Ilahi* en een ongeëvenaard hogere levenskwaliteit. Op collectief niveau kan deze existentiële *upgrade* alleen worden bereikt door een scherpe en snelle neo-religieuze — beter: neo-spirituele — correctie van modernistische uitspattingen zoals hyper-kapitalistisch materialisme, hyper-democratisch collectivisme en hyper-feministisch matriarchaat. De afschaffing van gelegaliseerde woeker, de terugkeer tot behoorlijk bestuur en het herstel van geslachtseigen privileges — verankerd in vrijwillige gedragscodes en redelijke wetgeving — zullen automatisch voortvloeien uit de fusie van Christelijke morele normen en Islamitische juridische vormen. In de Westerse context kan een dergelijke existentiële *upgrade* nooit *top-down* worden verwezenlijkt met dwingende formele wetgeving: deze verwezenlijking kan alleen gebaseerd zijn op een *bottom-up* reactivering van een *innerlijke code*. Vanuit theologisch perspectief kan dit doel toch op een geheel organische en juridisch 'orthodoxe' manier worden bereikt: het kan eenvoudigweg worden bereikt door een *deugdzame wilsuiting*. Vanuit Islamitisch juridisch perspectief kan het worden bereikt door een *decisionistische* toepassing van het rechtsprincipe *Ijtihad*, ofwel 'autonome redenering': dit is één van de vaste *Usul al-Fiqh*, ofwel 'jurisprudentie principes', van de *authentieke* (namelijk *illuministische*) Islamitische rechtsfilosofie. Toepasselijke juridische formules kunnen eenvoudig worden gevonden door een nauwgezette studie van de esoterisch gefundeerde Tradities van Shia en Soefi Islam. Zo kunnen een 'nieuwe kruisvaarders' toe-eigening van (delen van) de Islamitische Traditie en haar progressieve transmutatie naar een 'Euro-Islam' synthese worden bereikt door een zuiverende *overtreffing* in plaats van een arbitraire *afschaffing* van de vele pseudo-Islamitische atavismen en primitivismen die nu het Westen worden binnengedragen door de nominale 'Moslim' kolonisten. Deze theologische uitwerking is echter van zeer tweederangs belang: beslissend is de eraan voorafgaande *deugdzame wilsuiting*: de wil om alle verouderde en overbodige 'religieuze vormen' te overwinnen — en de wil om het Hemels Koninkrijk te heroveren.

Al-Ḥajaroe al-'Aswad

Een realistische 'Euro-Islamitische' en een 'Neo-Islamitische' *bezieling strategie* dient ruimte geven aan een existentiële reactivering die de psychosociale, religieuze en spirituele sfeer van het Westen *reanimeert*. Zij dient apotrofeïsche bescherming bieden tegen de anti-Traditionele, on-menselijke en duivelse krachten die bezit hebben genomen van de Westerse ziel. Zij moet de existentiële angst wegnemen die psychohistorisch voortvloeit uit de 'Ondergang van het Avondland'. Zij dient de wankelende muren van in de zich in een staat van ontbinding verkerende religieuze doctrines te stutten en de innerlijke visie van het Christendom te herstellen. Aldus kan die oude Christelijke visie toch nog, op volkomen onverwachte wijze, worden gerealiseerd op deze aarde en in deze tijd. Hiermee kan de Westerse mens zich een 'schild en zwaard' toe-eigenen tegen de onderwereld krachten die nu zijn leefwereld beheersen. De 'laatste mens' van het Westen leeft in een fantasiewereld: hij veronderstelt dat hij geen bovennatuurlijke bescherming behoeft tegen bovennatuurlijke krachten. Deze fantasie is kinderlijk naïef en deze veronderstelling is volstrekt vals.

> *What do we know... of the world and the universe about us? Our means of receiving impressions are absurdly few, and our notions of surrounding objects infinitely narrow. We see things only as we are constructed to see them, and can gain no idea of their absolute nature. With five feeble senses we pretend to comprehend the boundlessly complex cosmos, yet other beings with a wider, stronger, or different range of senses might not only see very differently the things we see, but might see and study whole worlds of matter, energy, and life which lie close at hand yet can never be detected with the senses we have. ...Strange, inaccessible worlds exist at our very elbows... vistas unknown to man, and several unknown to anything we consider organic life. [Things] at which dogs howl in the dark, and that at which cats prick up their ears after midnight. ...These things, and other things which no breathing creature has yet seen.*

— Howard Phillips Lovecraft, 'From Beyond'

De moderne Westerse mens zou er goed aan doen zich te de lessen in herinnering te brengen van de 'pre-moderne' alchemie. Hij heeft een veilig onderkomen nodig in de opdoemende hellestorm van de Crisis van het Moderne Westen. Daar kan hij zich opnieuw beraden over de lange queeste die zijn voorvaderen leidde naar de 'Steen der Wijzen': de Rupes Nigra die ligt in het kosmische 'hart van de wereld'. In de Romeinse Traditie werd dit 'symbool' vertegenwoordigd door de 'Jupiter Steen' die werd bewaard in het heilige hart van de Eeuwige Stad: *Aedes Iovis Optimi Maximi Capitolini*. In de Islamitische Traditie is ditzelfde 'symbool' nog altijd fysiek toegankelijk in *al-Ḥajaroe al-'Aswad*, de Zwarte Steen die de eindbestemming is van de Pelgrimage naar *Makkah al-Mukarramah*. Maar de reis van deze Pelgrimage hoeft zich niet te richten naar vreemde woestenijen in een ver Arabië. Deze

Pelgrimage is bovenal gericht op het eigen hart, waar zij de lagere metalen smelt en omtovert — van smaragd naar goud.

> *Verum, sine mendacio, certum et verissimum:*
> *Quod est inferius est sicut quod est superius*
> *Et quod est superius est sicut quod est inferius*
> *Ad perpetranda miracula rei unius.*
> *Et sicut res omnes fuerunt ab uno meditatione unius*
> *sic omnes res natae ab hac una re adaptatione*
> *Pater eius est Sol. Mater eius est Luna*
> *Portavit illud Ventus in ventre suo. Nutrix eius Terra est*
> *Pater omnis telesmi totius mundi est hic*
> *Virtus eius integra est si versa fuerit in terram*
> *Separabis terram ab igne*
> *Subtile ab spisso, suaviter, magno cum ingenio*
> *Ideo fugiet a te omnis obscuritas*
> *Haec est totius fortitudinis fortitudo fortis*
> *Quia vincet omnem rem subtilem omnemque solidam penetrabit*
> *Sic mundus creatus est*

> 'Waar, zonder leugen, zeker en zeer waar:
> Wat lager is, is als wat hoger is
> En wat hoger is, is als wat lager is
> Het doen van de wonderen van één ding alleen
> En zoals alle dingen zijn ontstaan uit het ene door middeling van het ene
> Zo is de geboorte van alle dingen uit deze ene stof door aanpassing
> De vader ervan is de Zon. De moeder ervan is de Maan
> De Wind heeft dit in zijn buik gedragen. De voedster ervan is de Aarde
> De Vader van alle betoveringen van de gehele wereld is hierin
> De kracht ervan is volkomen als zij in de aarde zal zijn gegoten
> Laat u de aarde van het vuur scheiden

Het fijne van het grove, voorzichtig, met groot verstand
Zo zullen van u alle duisternissen wegvluchten
Dit is de sterkste kracht van alle krachten
Want zij overwint elk subtiel ding en doordringt alles wat solide is
Zo wordt de wereld geschapen'

— *Secretum Secretorum*

'Het Tablet van Smaragd' (illustratie uit Heinrich Khunrath's *Amphitheatrum sapientia aeternae*, 1609). *The tasks above are as the flasks below, saith the emerald canticle of Hermes and all's loth and pleasestir, are we told, on excellent inkbottle authority.*

Al-Ḥajj

Elke Pelgrimage die zich richt op de Rupes Nigra begeeft zich noodzakelijkerwijs in het 'hart van duisternis' — zij *zoekt* de crisis. Een dergelijke Pelgrimage vereist een *uit*-breken — uit het duister van neerwaarts gerichte 'modernistisch' materialisme en uit het spirituele duister van hedonistisch *New Age* denken. In de oudste overleveringen van het Nabije Oosten valt te lezen dat de fysieke Zwarte Steen, waarvan overblijvende stukjes zijn ingebed in de muur van het heiligste heiligdom van de Islam, oorspronkelijk de *witte* altaarsteen was waarop Adam zijn offers moest brengen naar zijn verdrijving uit Eden. In de loop van vele eeuwen, door het vergieten van vele bloedoffers en met de opeenstapeling van vele zonden, werd deze Witte Steen tot een Zwart Steen. En toch werd de Zwarte Steen nooit door de Schepper verworpen en ging zij nooit voor de mensheid verloren. Toen de Schepper de Aarde in de dagen van Noach schoonwaste met de Zondvloed bleef de Zwarte Steen op de oppervlakte van de woeste wateren drijven. Moderne wetenschappers speculeren dat een dergelijke lichter-dan-water kwaliteit op een buitenaardse afkomst kan duiden: een meteoriet kan bij het binnenkomen in de aardatmosfeer verhitten en ontploffen en de overblijfselen kunnen vervolgens poreus samensmelten met de grond waar hij op aarde valt. Deze plaats wordt meestal vermoed in het *Roebʿ al-Khali*, 'Lege Kwartier', van Arabische Schiereiland — maar al deze technische en geografische speculaties zijn betekenisloos. De overlevering zegt dat de Zwarte Steen na de Zondvloed landde op een heilige plaats waar de nieuwe mensheid vervolgens een mysterieuze stad bouwde: dit is het 'Atlantis van het Zand' waarnaar de Amerikaanse schrijver Lovecraft verwees als de 'Naamloze Stad' — in de Koran wordt er zijdelings naar verwezen als 'Oebar', de 'Stad der Duizend Pilaren'. Daar, zo vertelt de overlevering, bewaarden de oude Wachters van de Wereld eeuwenlang de Zwarte Steen, voordat hij werd opgebroken in vele kleine stukjes. Hoe dan ook: de kleine Zwarte Steen die nu is ingebed in de zijmuur van de 'heilige kubus' is niet meer dan een miniatuur souvenir voor de 'laatste mens' in de 'laatste dagen' — een herinnering aan de grotere Rupes Nigra die nog steeds bestaat in de Hemel. Het benaderen van die grotere Rupes Nigra, ter voet, met het hoofd en in her hart, is gevaarlijk — heiligschennis door een onwaardige benadering kan alleen eindigen in een catastrofe. Dit is waar de Britse schrijver Shiell op zinspeelde in 1901, toen hij voorspelde dat de 'seculiere zoektocht' naar het de Zwarte Steen van het Ware Noorden moest eindigen in een totale catastrofe. Slechts acht jaar na het verschijnen van zijn boek werd de Noordpool officieel 'bereikt' door een Westers ontdekkingsreiziger. De catastrofale 'Ondergang van het Avondland' die zich heeft voltrokken in de eeuw volgend op deze symbolische heiligschennis duidt op de diepere betekenis van Shiell's zinspeling. Rupes Nigra is een diep angstaanjagende plaats — en heeft een nog veel angstaanjagender Wachter.

Here is the Sanctity of Sanctities, the old eternal inner secret of the Life of this Earth, which it was a most burning shame for a man to see.
The lake is a mile across, and in its middle is a pillar of ice, very low and broad; and... there is a Name, or Word, graven all round in the ice of the pillar in characters which [the unworthy can] never read; and, under the name, a long date; and the fluid of the lake is wheeling with a shivering ecstasy, splashing and fluttering, round the pillar, always from west to east, in the direction of the spinning of the Earth; and... this fluid is the substance of a living creature, ...a creature with many dull and anguished eyes and... it wheels for ever round in fluttering lust, [keeping] its eyes always turned upon the Name and the date graven in the pillar. ...In the presence of those gloomy orbs, [the merely human] spirit... groans and dies.

— Matthew Phipps Shiell, *The Purple Cloud*

Wanneer men in de afgrond staart, staart de afgrond terug.
Tijd om te bewegen

Are you waiting for somebody else to move?
Don't you know in your heart
Is the power to change everything?
Now it is time to move in unity
Time to return in a circle
'Bout to miss everything

— Sol Seppy, 'Move'

Voltooid in Boedapest op de Idus van Maart 2022

Nawoord

Droom-queeste naar onbekend Al-Aḥqaf

En toen zij het als een wolk aan den hemel zagen verschijnen,
naar hun valleien voortdrijvende, zeiden zij:
Dit is een wolk, die ons regen zal geven.
Neen! het is wat gij wenschte te verhaasten, een wind waarin pijnlijke kastijding is,
Elk ding op het bevel van zijn Heer vernietigende;
en zij werden zoodanig, dat er niets was te zien, behalve hun woningen.

— Koran 46:24-5

DE AARDE IS duister, leeg en stil. Een eeuwige nacht is erover neergedaald. Aan een wolkenloze hemel bewegen zich stralende sterren boven de lege Aarde — maar de sterren zijn vreemd, ze behoren tot een andere tijd. De Zon is eeuwenlang, millennia lang, verborgen gebleven. De mensheid is lang geleden tot stof vergaan. Slechts de vage contouren van haar versleten monumenten en van haar allergrootste bouwsels zijn nog zichtbaar in het eeuwige zand — ze steken nog hier en een stukje boven de zandzee uit. De Grote Wereld Zee zelf bestaat allang niet meer: oostwaarts strekt zich haar drooggevallen bodem uit tot aan een dreigende, verduisterde horizon — zelfs de diepste geheimen van de zee hebben allang hun betekenis verloren. Een diepe stilte hangt over de Aarde terwijl de kosmische klok gestaag vertraagt en naar haar eindstand neigt. Tijdperken zijn in deze stilte met ongekende snelheid verstreken. De Grote Muur die de Laatste Wachters ooit oprichtten achter het oude strand — hun laatste verdedigingslinie tegen het Duisterse Oosten — is verzonken onder de machtige zandgolven van de Grote Nieuwe Wereld Woestijn. De Zandduinen zijn erover heen gerold, opgestuwd door de eeuwige wind uit het Westen. Maar zelfs deze eeuwige wind is gaan luwen — het is nu windstil geworden. De hoge torens van de Grote Muur zijn tot puinhopen vervallen, maar deze puinhopen geven met vaste tussenruimten nog een puntenlijn te zien in de zandzee — een lijn die zich eindeloos ver uitstrekt, tot zij vervaagt in het verste noorden.

Dichterbij wordt het sterrenlicht weerkaatst in twinkelingen: ooit kostbare edelstenen liggen her en der verspreid tussen de schaduwen van ooit even kostbare kunstwerken. Deze wrakstukken liggen achter de hoge Zandduin rij die over de Grote Muur is neergelegd. Deze duinenrij en de contouren van de muur markeren nog de oude scheiding tussen het Dode Westen en het Lege Oosten. De oude kustlijn, op enige afstand oostwaarts, kan nog worden vermoed in een immense, gestaag aflopende strandvlakte die vervaagt in de oude, nu droge diepten van de Grote Wereld Zee. Daar op de brake zeebodem liggen nog her en der, als chaotische grafmarkeringen, de vreemd gevormde overblijfselen van lang vergeten titanische machines en van monsterlijke creaturen. Rond de steengroeven van de oude torens zinkt nog hier en daar zand in holtes en holen: blijkbaar zijn de grote gewelven van de ondergrondse steden van de laatste mensen nog niet gevuld. Vreemd genoeg is één toren nog steeds zichtbaar in deze Dode Wereld — misschien is hij uit een lange zandbegrafenis weer te voorschijn gekomen bij één van de laatste grote stormen. De toren is gehavend maar staat nog, als een stille getuige van een immense wil die ooit besloot langer te duren dan eeuwige vergetelheid. Zijn afgebrokkelde en gapende hoge ramen kijken nog steeds uit over het Oosten. En nog vreemder: een Laatste Wachter wordt bespeurd en vermoed — zijn aanwezigheid blijft ongezien maar ligt achter een mysterieze indruk van oneindige waakzaamheid. Tussen de wrakstukken van een halfingestorte bovenkamer staat een telescoopmachine nog overeind — zij lijkt intact en staat nog gericht op het Oosten.

Nu, na het verstrijken van een eeuwigheid in stilte en na het stilvallen van de laatste winden, is alle beweging geëindigd. Zelfs de beweging van de sterrenhemel is stilgevallen — één voor één doven de laatste sterren. Een dode grijze muur van ondoordringbare mist nadert. Een ondraaglijk moment van niet-tijd treedt in — de wereld lijkt half te vervagen in een onmogelijk on-licht. Een vreemde niet-kleur en een ademloze suspensie overheersen alles. De tijd zelf staat stil.

Dan breekt een scherpe gouden lichtstraal door — zij valt op de oude kustlijn. Over de horizon van het lang gestorven Oosten klimt de zich verbredende straal langzaam op naar de duinenrij en dan, sneller, opwaarts over de Toren van de Wachter. En dan vult het gouden licht de lens van de telescoopmachine. En dan komt vanuit hetzelfde Oosten een nooit gehoorde roepstem met een nooit gehoord woord in een nooit gesproken taal. De stem rijst op tot onmogelijke sterkte en hoogte, totdat zij het heelal vult.

As we float from the shore
Into the light
I want to be shameless like the sun
Moving into You
'In shā'a llāh

Sol Seppy, 'Enter One'
* Entrez la Maison de Dieu *

Appendix A: Programmapunten

Inleiding

Opzet

Deze inleiding beschrijft kort het maatschappijbeeld van Nederlands Nieuw Rechts en geeft de speerpunten van een ontwerp programma. Daarna volgt een lijst specifieke programmapunten: een programma op hoofdlijnen. De hoogste prioriteit van Nederlands Nieuw Rechts moet de toekomst van het Nederlandse volk zijn, maar die toekomst dient ook recht doen aan de geschiedenis: er dient dus ook een plaatsje te zijn voor historische minderheidsrechten. Mogelijke aanpassingen voor niet-Nederlandse minderheden (die Nederlands staatsburger zouden kunnen blijven zonder gedwongen te zijn de Nederlandse nationaliteit na te streven) zijn cursief weergegeven. Nieuw Rechts dient hierbij te bedenken dat het uitwerken en het verwezenlijken van nieuwe maatschappelijke spelregels een nieuwe maatschappelijke consensus vergt. In de Nederlandse context vergt dit geduld, redelijkheid, compromisbereidheid en inventiviteit. De uitgangspunten van dit Nederlands Nieuw Rechts ontwerp programma zijn daarom: democratisch draagvlak, vigerende wetgeving en principiële geweldloosheid. Dat wil zeggen dat Nederlands Nieuw Rechts er in dit programma uitdrukkelijk voor kiest alle erin aangedragen punten met democratische middelen (verkiezingen), via de geijkte rechtsgang (grond/wetswijzigingen) en met vreedzame middelen te verwezenlijken.

Maatschappijbeeld

Voor Nederlands Nieuw Rechts gaat het welzijn van de Nederlandse volksgemeenschap als geheel boven het welzijn van het individu en gaat de toekomst van de kinderen van die volksgemeenschap boven alle individuele vrijheden en voorkeuren in het heden. Kinderrechten gaan daarom boven alles — ook boven vrouwenrechten. Nederlands Nieuw Rechts zet dus in op een drastische aanpassing van de nu allesoverheersende 'liberaal-normativistische' sociale 'normen', juridische 'rechten' en bureaucratische 'procedures': die zijn namelijk op essentiële punten strijdig met het grotere collectieve belang van de volksgemeenschap. Een top-down juridisch-administratieve correctie van de liberaal-normativistische praktijk is echter onmogelijk zonder een voorafgaand bottom-up om-denken en om-voelen van de aan deze praktijk ten grondslag liggende a-sociale 'individualistische' anti-normen en anti-waarden. Pas wanneer de individuele mensen die de volksgemeenschap uitmaken zelf een andere leefwereld willen, kan die gemeenschap andere spelregels invoeren. Al dan niet formeel-bindende regels en rechten zijn dus feitelijk secundair: vrijwillige keuzes en zelfervaren plichten blijven primair. Pas wanneer het collectief om-denken en om-voelen zich afdoende herricht naar een boven-individuele en toekomst-bestendige visie zal er collectief draagvlak te vinden zijn voor spelregels die passen bij die visie. Vanuit het perspectief van Nederlands Nieuw Rechts dienen zulke spelregels het eeuwig vastliggende beste uit onze traditie te verenigen met het nieuw uitgevonden beste uit de moderne wereld. De authentieke rechten die horen bij authentieke identiteiten — geslachtsidentiteit, leeftijdsidentiteit, gezinsidentiteit, etnische identiteit — kunnen heel goed met nieuwe techniek, nieuw denken en nieuw voelen worden verenigd. Het is aan de nieuwe generatie om deze mogelijkheid te verwezenlijken. Daarbij is voorzichtig en bedachtzaam beleid nodig naar kwetsbare groepen als vrouwen, alloseksuelen en etnische minderheden, zonder overigens te vervallen in Social Justice Warrior 'emancipisme'. Het 'recht' op levensbeschouwelijke, relationele, inter-etnische en seksueel-oriënterende experimenten kan op individueel niveau blijven bestaan — maar mag geen schade berokkenen aan de volksgemeenschap en aan de volgende generatie. Geen recht zonder plicht. Nederlands Nieuw Rechts stelt zich op het standpunt dat er een 'gouden middenweg' kan worden gevonden.

Primaire punten

(1) Politieke soevereiniteit

Een wijziging van de grondwet, waarbij overdracht van de Nederlandse soevereiniteit aan internationale instanties uitdrukkelijk verboden wordt. Uit de EU; uit de Euro; uit Schengen; uit Vluchtelingenverdrag; uit Marrakesj Pact; nationaal en restrictief visumbeleid; flexibele verblijfsvergunningen voor kortdurende arbeid in schaarstesectoren — zonder toegang tot sociale zekerheid; permanente en totale grenscontrole; herinvoering meldplicht voor alle vreemdelingen; versterking defensie. De afscheiding van België in 1830 en Luxemburg in 1890 zien wij als een groot verlies voor onze staat. Wij streven daarom naar confederatieve hereniging (bijvoorbeeld in een drie-monarchen staat) of, voor zover hereniging onhaalbaar blijkt, maximale reïntegratie. (Delen van) ons oude overzeese rijk kunnen worden uitgenodigd tot geleidelijke heropname in een gemeenschappelijk confederatieve staatsverband — met waarborgen voor de autonomie en identiteit van de verschillende landen en zonder vrij verkeer van personen. Daarnaast koesteren wij onze verbondenheid met de Afrikaners en willen de immigratie voor deze volksgenoten vergemakkelijken nu Zuid-Afrika steeds verder afglijdt naar anarchie.

(2) Economische soevereiniteit

Einde aan de 'omgekeerde Robin Hood' praktijken van de globalistische subsidie- en woeker-praktijken die worden gefaciliteerd via anti-nationale mechanismen als de EU, de ECB, de Wereldbank en het IMF. De reële handelsbelangen van een soeverein Nederland zijn het beste gediend met een flexibele combinatie van tijdelijke bilaterale verdragen plus een door internationale neutraliteit en soepele regelgeving bevorderd vestigingsklimaat. Geen enkele 'internationale afspraak', geen enkel 'economisch belang' en geen enkel 'marktmechanisme' staat boven de welvaart, het welzijn en het toekomstperspectief van Nederland.

(3) Identiteit

Onderscheid tussen papieren staatsburgerschap en aangeboren etniciteit; tegen massa-immigratie, tegen 'multiculturele diversiteit', tegen 'internationalisering' van het onderwijs, tegen verengelsing van de taal, tegen cultuurmarxistische indoctrinatie in de massamedia; tegen islamisering van de publieke ruimte (verbod op minaretten, op gebedsoproepen, op gezichtsbedekkende kledij); benadrukken nationale identiteit in publieke ruimte: vlag en koninklijk portret in alle klaslokalen en alle overheidskantoren, volkslied bij dagafsluiting in alle media.

(4) Omkering van de omvolking

DRAS:Deportatie, Remigratie, Assimilatie, Segregatie

Voortvarende deportatie van terroristische, jihadistische en zwaar criminele vreemdelingen; gesubsidieerde remigratie van vreemdelingen; selectieve assimilatie van verdienstelijke vreemdelingen; vrijwillige segregatie van overblijvende vreemdelingen; permanente stopzetting van alle asielaanvragen; strafbaarstelling illegaliteit en het faciliteren van illegaliteit; strenge herbeoordeling en standaard financieel verhaal opvang- en procedure-kosten voor alle asielaanvragen van de afgelopen 40 jaar.

(5) Etnische zelfbeschikking
SEK: Soevereiniteit in Eigen Kring

Vrijheid van associatie van etnische en religieuze groepen met ruimte voor eigen sociale zekerheid, eigen onderwijs, eigen familierecht en eigen wijken; collectieve en wederzijdse juridische aansprakelijkheid van etnische gemeenschappen voor inter-etnische terreur, criminaliteit en overlast; exclusief voorbehoud van gezagsfuncties in landelijk bestuur, justitie, politie en defensie aan etnische Nederlanders; beperkte privileges voor ex-koloniale 'rijksgenoten' m.b.t. verblijfsrecht, sociale zekerheid en politieke vertegenwoordiging.

(6) Vrijheid van Meningsuiting en Associatie

Wij geloven in de traditionele zelfbeschikking in de sociale en economische relaties die mensen uit vrije wil aangaan. Daarin mag de staat geen rol spelen. Dit betekent onder andere vrijheid tot vrijwillige segregatie, 'soevereiniteit in eigen kring' en subsidiariteit. Verder is het niet aan de staat om op te leggen hoe mensen horen te denken en mensen te dwingen tot een bepaalde overtuiging. Wij staan voor de vrijheid om over identiteit, etniciteit en de geschiedenis te spreken zonder politiek-correcte censuur. Alleen de oproep tot geweld moet strafbaar zijn.

(7) Lichamelijke Zelfbeschikking en Maatschappelijke Bewegingsvrijheid

Absolute vrijheid tot het kiezen van welke (al dan niet experimentele) medische behandeling dan ook, met beding van door volledige media transparentie en open publieke discussie gegarandeerde informatievrijheid ter zake. Totaal binnenlands verbod op 'lockdowns', 'medische apartheid', medische test- en quarantaine-verplichtingen en gezondheidsstatus-gerelateerde identificaties: alleen aan de buitengrenzen kunnen onder uitzonderlijke omstandigheden hele specifieke uitzonderingen worden gemaakt—zonder belemmering tot grensoverschrijding door Nederlands ingezetenen.

Secundaire punten

(8) Volkssolidariteit

Een einde van de globaal-kapitalistische jungle-strijd van 'allen tegen allen'

Exclusief voor inheemse Nederlanders: voorrang op landelijke woning- en arbeidsmarkt; exclusieve toegang tot overheidsfuncties en -subsidies; einde studieleenstelsel; nationaal ziekenfonds met inkomensafhankelijke premies en kleine eigen bijdragen; verlaging BTW op alle vormen van zorg, medicijnen en medische hulpmiddelen; nationale schuldsanering (verplichte finale kwijting van hypothecaire en niet-zakelijke individuele schulden door banken); vervanging bijstand door niet-tijdgebonden doel-uitkeringen voor (jong)arbeidsongeschiktheid, werkloosheid en weduwen (onvrijwillig alleenstaande moeders worden gelijkgesteld met weduwen); standaard overheidsgesubsidieerde minimumloonbanen voor alle werkloze kostwinners.

(9) Justitiële hervorming

Tegen links/liberale sabotage van wet en wetshandhaving

Standaard deportatie criminele vreemdelingen; vervanging 'TBS' en 'taakstraffen' door dwangarbeid en verlies van burgerrechten; invoering juryrechtspraak; invoering 'collectieve klacht' procesoptie (voor collectief gedupeerden); verhoging letselschadebedragen; verruiming capaciteit voor alle wetshandhavers; effectiever instrumentarium voor wethandhaving in publieke ruimte: ruimere geweldinstructie, frequentere OV-reisverboden, ontneming rijbevoegdheid voor niet-verkeersdelicten, huisarrest voor veelplegers, standaard intrekken paspoort plus uitreisverbod voor drugs- en mensenhandel-veroordeelden; combinatie politieke enquête en volkstribunaal voor het berechten van globalistisch volks- en landsverraad; herinvoering van de doodstraf onder strikte voorwaarden; grondige reorganisatie van het Ministerie van Justitie, waarbij al het hogere personeel opnieuw naar een functie moet solliciteren. Rechters moeten voor een termijn van tien jaar worden benoemd. Tevens willen wij een onderzoek naar de mogelijkheid om rechters en officieren van justitie via verkiezingen te laten benoemen.

(10) EcoN-Logie
Tegen groot-kapitalistische uitbuiting & doorgeslagen materialisme

Gedeeltelijke en gerichte deprivatisering bankensector, nutsbedrijven, openbaar vervoer, telecommunicatiesector; bilaterale in plaats van globalistische handelsverdragen; maximale autarkie (protectionistische maatregelen tbv vitale agrarische en industriële sector); herstel en bescherming vitale nationale industrie; herstel en bescherming van kleinschalige en duurzame landbouw, veeteelt en visserij; verlaging BTW op biologische en vleesvervangende producten; lange termijn-bevolkingspolitiek gericht op ecologische houdbaarheid en etnische stabiliteit; Groen-Rechts bio-ethisch beleid door totaalverbod op rituele slacht, dierproeven, sportvisserij en jacht; geleidelijke en gesubsidieerde afbouw bio-industrie; Overschakeling naar 'Regenerative Agriculture'. Hierbij ligt de nadruk op regeneratie van de bovenlaag, verhoging van de biodiversiteit en verbetering van de watercyclus; de helft van ons grondgebied moet gereserveerd worden voor vrije natuurlijke ontwikkeing; oneerlijke concurrentie uit landen die het met het dierenwelzijn niet zo nauw nemen, zoals de 'plofkippen' uit de Oekraïne, worden tegengegaan door importheffingen en importverboden; Wat alterntieve energiebronnen betreft: waterstof zien wij als prima toekomstig alternatieve energiedrager c.q. brandstof. De voor de productie van waterstof benodigde electriciteit zal bijvoorbeeld door kernenergie geleverd kunnen worden; verplichte zorgverzekering voor vee en huisdieren; verbod op inbeslagname huisdieren door deurwaarders.

(11) Bestuurlijke hervorming
Tegen doorgeslagen 'gelijke rechten'

Verhoogde eisen voor kiesrecht (voor actief kiesrecht leeftijdsgrens naar 21 jaar, eis van netto belastingbijdrage en vervulde dienstplicht, uitsluiting van gedetineerden); versterkte rechten van de Kroon in landelijk bestuur (einde ministeriële verantwoordelijkheid, initiatief bij regeringsformatie, directe benoeming van niet-partijgebonden ministers (ter voorkoming van invloed door ondoorzichtige 'partijen' of bevooroordeelde belangenorganisaties), verruiming van het koninklijk gratierecht, herinvoering verbod op majesteitsschennis); nieuwe democratie (bindend referendum, gekozen burgemeester, digitale volksraadplegingen); verplicht vervroegd pensioen en verkiezingsuitsluiting voor alle huidige kartelpolitici.

(12) Maatschappelijke hervorming

Tegen doorgeslagen 'individualisme'

Strikte beperking abortus; versterking traditionele gezinsvoering door betaald moederschapschap en fiscale voordelen voor eenverdieners; strikte beperking echtscheiding in gezinnen met jonge kinderen; afschaffen automatische alimentatieplicht bij echtscheiding—alimentatie wordt afhankelijk van schuldvraag; standaard kinderrecht om te weten wie je ouders zijn (tegen de 'alleenstaand moederschap', tegen anonieme adoptie, tegen 'donor' en 'draagmoeder' praktijken); einde 'homohuwelijk'; einde feminisatie (vrouwelijke overbezetting, vergadercultuur) in het onderwijs; invoering (eventueel maatschappelijke) dienstplicht voor etnische Nederlanders; einde vergoeding voor 'transgender'-operaties door verzekeringsmaatschappijen.

Programmapunten

DRAS: **Deportatie-Remigratie-Assimilatie-Segregatie**

(1) Onmiddellijke afschaffing asiel- en vluchtelingenstatus, onmiddellijke beëindiging gezinshereniging en -vorming voor alle niet-etnische Nederlanders en niet-rijksgenoten. Strafbaar stellen van illegaliteit en van het faciliteren van illegaliteit -met intensieve handhaving en actief deportatiebeleid.

(2) Systematische en voortvarende deportatie van terroristen, jihadisten, zware criminelen, grootfraudeurs, illegalen en 'kansloze asielzoekers' — eendagsprocedure. Waar nodig worden de Koninklijke Luchtmacht en Koninklijke Marine ingezet om repatrianten fysiek weg te brengen.

(3) Tijdelijk remigratiepardon waardoor alle vreemdelingen in staat worden gesteld zonder verder onderzoek met een eenmalige vertrekpremie te vertrekken. Men moet dan officieel afstand doen van Nederlands staatsburgerschap, van verblijfsrecht en van uitkeringsrecht — en men moet zich met DNA registratie, vingerafdruk en irisscan identificeren.

(4) Internationale onderhandeling over amnestie van terugkerende politieke vluchtelingen naar hun land van herkomst. Daarnaast speciale remigratieverdragen voor gesubsidieerde hervestiging van moeilijk herplaatsbare ex-asielzoekers in andere, veilige Derde Wereld landen.

(5) Na 'Nexit' een ruimhartige overgangsregeling voor EU arbeidsmigranten die werkzaam blijven en/of rechten hebben opgebouwd — desgewenst mogen zij eenmalig gebruik maken van het tijdelijke remigratiepardon.

(6) Na afloop van de remigratiepardon fase komt er een onderzoeksfase. Voor ex-gastarbeiders houdt dat in: een strenge herbeoordeling van economische zelfstandigheid, op crimineel verleden en op voorzieningenfraude. Zij die niet economisch zelfstandig zijn, die een crimineel verleden hebben of die op fraude worden betrapt worden gedeporteerd. Voor ex-'asielzoekers' houdt dat in: een strenge herbeoordeling van alle 'asielaanvragen' sinds 1980, op identiteit zowel als 'vluchtverhaal'. Fraudeurs worden gedeporteerd, niet-fraudeurs die inmiddels veilig naar hun thuisland kunnen terugkeren worden teruggestuurd met een remigratieuitkering. Niet-fraudeurs die niet veilig terugkunnen kunnen ofwel met een remigratieuitkering naar een ander land gaan, ofwel als echte 'vluchteling' blijven, maar zonder recht op permanent verblijfsstatus en zonder recht op Nederlandse

sociale voorzieningen. Voor deze groep komt er speciale groepshuisvesting met voorzieningen in natura. In de onderzoeksfase kunnen uitzonderingen worden gemaakt in geval van alternatieve verblijfsgronden (bijvoorbeeld op grond van huwelijksverblijf bij een etnische Nederlander).

(6) Alle ex-asielzoekers die na de remigratiepardon fase en na de onderzoeksfase overblijven krijgen te maken met een terugharkregeling: zij dienen alle van Nederlandse zijde aan hen geleverde voorzieningen terug te betalen, (bijvoorbeeld de kosten van eventuele asielprocedures en van genoten uitkeringen), plus rente en met terugwerkende kracht.

(7) Voor de na deze maatregelen overblijvende vreemdelingen ontstaat op basis van de vrijheid van associatie een vrijwillige keuze tussen assimilatie en segregatie. Zij kunnen ervoor kiezen te assimileren op basis van strenge voorwaarden, waaronder minimaal verblijf van 10 jaar én beheersing van Nederlandse taal op staatsexamenniveau én naamswijziging naar een Nederlandse voor- en achternaam én bewezen Christelijke of Humanistische levensovertuiging én economische zelfstandigheid én vlekkeloze levenswandel. Zij die daar niet voor kiezen staat het vrij met soevereiniteit in eigen sfeer permanent als gasten in Nederland te blijven met eigen rechten, eigen politie, eigen burgerlijke stand, eigen sociale voorzieningen, eigen infrastructuur en, desgewenst, eigen woonwijken. De opties van deportatie (bij wangedrag), remigratie met een remigratie uitkering (bij inkomstenverlies, huwelijk of pensionering) en assimilatie (bij bewezen inspanning) blijven voor hen openstaan.

(8) De in sfeersoevereiniteit levende vreemdelingen die geen niet-rijksgenoten zijn, worden beschouwd als gasten en hebben als zodanig minder rechten dan inheemse Nederlanders en rijksgenoten. Zij hebben geen recht op Nederlandse voorzieningen, op grensoverschrijdende gezinshereniging of -vorming en op inmenging in het Nederlandse politieke bedrijf. Zij kunnen, buiten hun eigen soevereine sfeer, ook geen functies vervullen in Nederlands bestuur, rechtspraak

en veiligheid. Zij worden juridisch ook collectief aansprakelijk voor misdrijven en wetsovertredingen die individuen uit hun midden begaan tegen het gastgevende Nederlandse volk.

(9) Er komt een nieuwe nationale visumwetgeving op basis van restrictief maar flexibel arbeidsmarktgericht toelatingsbeleid met langere wachttijden, grondiger antecedentenonderzoek en zeer hoge waarborgsommen, notarieel beheerd na storting door sponsor of kandidaat zelf.

(10) Er komt een intensieve controle op vreemdelingenverblijf door invoering van nieuwe, kortdurende verblijfsvergunningen voor toegelaten vreemdelingen, frequente meldplicht bij de vreemdelingenpolitie, regelmatige straatcontroles en hoge boetes bij overtredingen. De marechaussee zal verder worden gemachtigd iedereen, ongeacht visumstatus, de toegang tot het land te ontzeggen bij verdenking van fraude of criminaliteit.

(11) Vreemdelingen die het Nederlandse staatsburgerschap niet op grond van geboorte toekomt zijn *uitgesloten van onroerend goed bezit* in Nederland — zij die voor ingang van betreffende wetgeving al Nederlands onroerend goed bezaten krijgen gedurende een overgangsperiode de keuze om desbetreffend bezit ofwel zelf te verkopen ofwel tegen een vergoeding ter hoogte van de gemiddelde WOZ-waarde van de afgelopen vijf jaar af te staan aan hun woongemeente.

Bestuur

(1) Nationale soevereiniteit: uit 'EU', 'Schengen', 'Euro', 'NAVO', 'vluchtelingenverdrag'—verwijdering van alle 'internationale' elementen uit de nationale wet- en regelgeving.

(2) Inheemse bestuurshegemonie: uitsluiting van alle niet-etnische en niet-geassimileerde Nederlanders, behalve rijksgenoten, uit alle publieke functies—inclusief overheidsfuncties, onderwijsfuncties en publieke media. Overheveling zittende minderheidsleden naar nieuwe minderheids organen (eigen zelfbesturen, onderwijsinstellingen, media)—vervroegde pensioenen, wachtgelden, (remigratie-)

uitkeringen en andere overgangsregelingen voor niet herplaatsbare zittende minderheidsleden.

(3) Bestuurlijke 'sfeersoevereiniteit': voor alle etnische minderheden, inclusief rijksgenoten, vrijwillige formatie van eigen bestuur, eigen sociale voorzieningen, eigen onderwijs en eigen woongebieden op basis van eigen regels, eigen ordehandhaving en eigen belastinginning.

(4) Apolitieke overheid: einde actief en passief kiesrecht en verbod op politiek engagement voor ambtenaren, militairen, politiemensen, onderwijzers en academici die betaling ontvangen uit de (semi-)overheid. Vervroegde pensioenen, wachtgelden, uitkeringen en andere overgangsregelingen voor zittende creaturen van het 'partijkartel'.

(5) Defeminisatie overheid: einde preferentiële selectie van vrouwen voor stages, banen en inhuuropdrachten bij (semi-)overheid — overheidsbanen gaan preferentieel naar (potentiële) kostwinners. Bestrijding feminisatie op de werkvloer: maatregelen tegen beoordelings- en vergadercultuur, communicatiedruk en sociale mediacontrole. Jaarlijkse parade van de krijgsmacht in Amsterdam.

(6) Versterking rechten van de Kroon, onder voorwaarde van waarborgen van nationale soevereiniteit: flexibele regeringsformatie door de Kroon los van parlementaire verkiezingen, benoeming van bepaalde hoogwaardigheids-bekleders (ministers, staatssecretarissen, hogere rechters, krijgsmacht commandanten, ambassadeurs) direct en exclusief door de Kroon (maar alleen etnische Nederlanders en rijksgenoten), wetgevend initiatief recht en vertragend vetorecht voor de Kroon, onbeperkt beroeps- en gratierecht bij en door de Kroon, herinvoering verbod op majesteitsschennis, vrije meningsuiting voor de Kroon, inhoud troonrede alleen bepaald door de Kroon.

(7) Kwaliteitscontrole op bestuur: hervorming van Eerste Kamer — reservering van helft van zetels voor adel (afgevaardigden ridderschappen) en kerken (afgevaardigden uit bisdommen en ouderlingencollege's). Voorwaarden senatorschap: minimum leeftijd 40

jaar, academische kwalificatie, economische onafhankelijkheid (de functie wordt onbezoldigd).

(8) Van kiesrecht naar kiesprivilege: minimum leeftijd actief en passief kiesrecht Tweede Kamer, Provinciale Staten, Gemeenteraden en Waterschappen omhoog naar 21 respectievelijk 30 jaar, uitsluiting gedetineerden. Opkomstplicht, behalve voor authentieke religieus bezwaarden. Voorwaarden kiesrecht: militaire of maatschappelijke dienstplicht door mannen en netto belastingcontributie — uitzondering voor chronisch zieken, arbeidsgehandicapten en gepensioneerden met arbeidsverleden.

(9) Authentieke politieke vertegenwoordiging: afschaffing partijenstelsel. Zitting in Tweede Kamer, Provinciale Staten, Gemeenteraden en Waterschappen op basis van directe persoonlijke (districts)verkiezing en permanente terugroepbaarheid door kiezers. Geen bezoldiging uit openbare middelen, maar vanuit kandidaatsgebonden kiesfondsen die worden bekostigd uit verplichte maandelijkse contributie van alle kiesgerechtigden (equivalent aan gemiddelde kosten van huidig partijlidmaatschap). Verbod op anonieme en buitenlandse donaties aan kiesfondsen — verplichte inkomenstransparentie (bewindvoerderstoezicht) en verbod op bepaalde neveninkomsten voor alle gekozenen.

(10) Tegen bureaucratische 'verdienmodel' (r)overheid: afschaffing geautomatiseerde telefoonbeantwoording en keuzemenu's bij overheden, directe corrigerende (juridische en bureaucratische) bevoegdheden voor ombudslieden, verruiming netwerk en dienstverleningscapaciteit consulaire posten in het buitenland, gratis identiteitsbewijzen voor kinderen en gepensioneerden, gratis gedragsverklaringen voor vrijwilligerswerk, gratis documentatie en legalisatie bij geboorte en sterven, gratis hulpverlening door consulaire posten in het buitenland, afschaffing hondenbelasting en erfpacht, substantiële verlaging en nationale standaardisatie van alle griffie-, leges- en legalisatiekosten, invoeren gratis telefonie en postverkeer naar alle semi-overheidsinstanties.

Wetshandhaving

(1) Versterking politie: heropenen van permanent bemande politiebureaus in alle dorpen en wijken, herstel van de standaard persoonlijke aangifte (en de gevonden voorwerpen afdeling) van politiebureaus, vreemdelingenpolitie aanwezigheid op alle politiebureau's voor het verwerken van heringevoerde 'stempelplicht' voor alle niet-permanent in Nederland verblijvende vreemdelingen.

(2) Etnische registratie via GBA: op vrijwillige basis — met 'niets' optie. Gratis genealogisch onderzoek op verzoek. Speciale commissies voor onderzoek naar etnische statistiek in misdaad en fraude.

(3) Eigen rechtspraak naar nationaliteit: met beperkte bevoegdheid ten aanzien van eigen gezins- en huwelijksrecht, eigen sociale voorzieningen en overtredingen en strafbare feiten binnen eigen de gemeenschap. Denaturalisatie en deportatie als standaard aanvullende straf voor misdrijven begaan door vreemdelingen en dubbelpaspoortige staatsburgers. Collectieve aansprakelijkheid van alle etnische gemeenschappen — ook de inheems Nederlandse — bij alle individuele inter-etnische misdrijven. Bij de door Nederlands Nieuw Rechts beoogde vergrote mate van etnische homogeniteit zullen de problemen van hoge regeldruk en falende wetshandhaving, naar velen vermoeden, geleidelijk verminderen.

(4) Juryrechtspraak: voor bepaalde strafrecht zaken — jurykeuze uit 'gelijken' naar etniciteit, geslacht en stand.

(5) Standaard dader/slachtoffer/nabestaanden invloed op strafmaat: openbare bekentenis en spijtbetuiging van dader en vergevingsgezindheid en wraakwens van slachtoffer/nabestaanden krijgen allemaal een beperkte mate van invloed op strafmaat (bijvoorbeeld standaard extra percentage gevangenistijd of boete bij gebrek aan spijt bij dader en gebrek aan vergeving bij slachtoffer).

(6) Modern strafsysteem: afschaffen verhullende straffen als 'taakstraffen' en 'TBS'. Raken waar het pijn doet: invoering (dagtijdmeetbare) dwangarbeid in plaats van gevangenisstraf, standaard ontzetting uit burgerrechten (kiesrecht, overheidsdienst, paspoortrecht)

boven bepaalde strafmaat, invoering ontzegging rijbevoegdheid als straf voor aantal niet-verkeersgerelateerde misdrijven, verplichte en herkenbaar gestandaardiseerde kleding voor gedetineerden.

(7) Correctie 'financiële scheefgroei' in justitie: afschaffing justitiële 'commercie' — universele toegang tot gesubsidieerde rechtsbijstand, met inkomensafhankelijke eigen bijdrage. Alle boetes en dwangsommen krijgen een bovengrens van 10% van het gezinsinkomen op maandbasis en kunnen ook niet leiden tot een inkomensval onder 90% van het sociaal minimum op jaarbasis — herhaaldelinquenten die deze grenzen systematisch opzoeken krijgen gedetineerde dwangarbeid. Verhogen letselschade bedragen voor slachtoffers van misdrijven.

(8) 'Snel- en kleinrecht': invoering van een aan de politie op gemeentelijk en stadsdeel niveau toegevoegde, onmiddelijk beschikbare, volledig bevoegde snelrecht sprekende 'rijdende rechtbank' voor bepaalde kleine geschillen (winkeldiefstallen, burenruzies, productgeschillen).

(9) Eenmalige 'grote diversiteit opschoning': rigoureus en systematisch 'uitkammen' van 'probleemwijken' door speciaal-gemachtigde, gecombineerde teams van politie, vreemdelingendienst, snelrechters, maatschappelijk werk, jeugdzorg en dierenbescherming.

(10) Een verbod op het opzettelijk smadelijk belasteren van de christelijke godsdienst. Het christendom was en is nog steeds de fundamentele vorm van beleving van het transcendente door het Nederlandse volk. Een samenleving zal vergaan zonder dit visioen van het hogere, en daarom willen wij dit ankerpunt beschermen. Tevens pleiten wij voor een wederzijds respectvolle omgang met andere godsdiensten als basale fatsoensnorm voor een post-nihilistische samenleving, ook al vallen deze niet onder expliciete juridische bescherming.

(11) Herinvoering verbod op majesteitsschennis: het beledigen, beroddelen en ondermijnen van het koningshuis staat gelijk aan het beledigen, beroddelen en ondermijnen van het hoogste symbool van

onze staatssoevereiniteit — dit kan een zelfrespecterend land niet tolereren. Het is voornamelijk het afgunstige en ambitieuze republikeinse deel van de 'regentenklasse', dat neerkijkt op het volk en het volkse 'oranjegevoel', dat baat heeft bij majesteitsschennis — deze 'vrijheid' ontzeggen wij hen. Daarnaast strafbaarstelling van beschadigen van nationale symbolen als vlag, staatswapen, historische monumenten etc.

(12) 'Er komen tribunalen': eenmalige zuivering van de publieke sfeer en bepaalde private sectoren door juridisch onderzoek door speciale openbare tribunalen met als doel het verwijderen van transnationale invloed en globalistische collaborateurs. Het eindresultaat moet zijn het uitschakelen van alle anti-nationaal fungerende internationale netwerken, zowel formele (*High Finance, Big Pharma, Big Tech*) als informele (vrijmetselarij, *Opus Dei, B'nai Brith*). Uit de hogere echelons van de (semi-)overheid, de *MSM* en de financiële sector verwijderde collaborateurs krijgen, voor zover niet schuldig bevonden aan andere misdrijven, keuze tussen emigratie en een beroepsverbod met verplicht vervroegd pensioen. Zij worden ook permanent uitgesloten van actief en passief stemrecht en krijgen een permanent spreekverbod in de publieke ruimte. Zij die actief meewerken aan onderzoek, spijt betuigen en zich gedurende een proeftijd consistent dienstbaar betonen aan de gemeenschap krijgen de gelegenheid onder voorwaarden een 'herstart' te maken in een andersoortige carrière.

Onderwijs

(1) Beëindiging 'marktwerking': scholen en universiteiten zijn geen bedrijven — er is geen plaats voor 'bedrijfsvoering', 'commerciële targets', 'rendementsoverwegingen' of 'valorisatie-criteria'. Door verwijdering van de parasitaire ballast van overbetaalde en irrelevante 'managers', 'consulenten' en 'marketing strategen' kan veel geld worden bespaard.

(2) Beëindiging 'internationalisering': het Nederlands onderwijssysteem dient uitsluitend Nederlandse belangen — er is geen plaats

voor 'internationaal onderwijs', buitenlandstalig onderricht en outsourcing van opleidingen en onderzoeksfaciliteiten naar het buitenland. Door uitsluitend Nederlandstaligen en alleen Nederlandse burgers toe te laten tot onderwijstaken kan het Nederlandse karakter van ons onderwijs worden gewaarborgd en worden de carrièrekansen van talentvolle Nederlanders in eigen land bevorderd. Buitenlandse studenten kunnen zich alleen na het afleggen van volwaardig staatsexamen Nederlands en tegen betaling van een verhoogd tarief inschrijven voor Nederlands onderwijs — er komt ook een numerus fixus voor buitenlandse studenten. De collegegelden gaan niet direct naar de onderwijsinstellingen, om een nadruk op meerbetalende buitenlandse studenten te voorkomen.

(3) Beëindiging 'omgekeerde discriminatie': alle vormen van 'emanciperende' wettelijke regelingen en fondsen zijn strijdig met het fundamentele belang van een zo hoog mogelijke kwaliteit van het onderwijs — er is geen plaats voor 'vrouwenquota's', 'allochtonenquota's', 'vluchtelingenquota's' of oneerlijke 'doelgroep-beurzen'. Door een nieuw 'geeëfend speelveld' krijgt academische kwaliteit weer voorrang boven politiek-correcte dagdromerij. De oneerlijke toegang van vluchtelingen, asielzoekers en illegalen tot welke vorm van onderwijs dan ook wordt beëindigd.

(4) Beëindiging oneerlijke buitenlandse concurrentie: het kan niet zo zijn dat Nederlandse studenten hun werkend leven met een hoge studieschuld beginnen terwijl buitenlandse studenten zonder een een dergelijke schuld vrije toegang tot de arbeidsmarkt hebben: alle Nederlandse studieschulden worden kwijtgescholden. Het kan ook niet zo zijn dat Nederlandse studies stelselmatig duurder zijn dan studies in buurlanden — de collegegelden en onderwijsbijdrages moeten worden aangepast aan het gemiddelde niveau van de studies in de ons omringende landen.

(5) Gerichte uitsluiting van buitenlandse diplomahouders: voor ambtelijke beroepen, veiligheidsberoepen en politieke functies is een ondubbelzinnige loyaliteit zo essentieel dat ze alleen mogen worden

uitgeoefend door enkel-paspoortige Nederlandse staatsburgers met diploma's behaald aan Nederlandse onderwijsinstellingen. Met deze criteria worden tegelijkertijd de staatsveiligheid, de maatschappelijke cohesie en de carrièrekansen van talentvolle Nederlanders bevorderd.

(6) Primaat van de Nederlandse taal: de Nederlandse taal dient de enige voertaal te zijn in al het onderwijs tot en met de bachelorfase, met uitzondering van een paar specifieke technische opleidingen van strategisch belang. Een andere uitzondering dient alleen te worden gemaakt voor het eigen onderwijs van autochtone minderheden (bijv. Fries en Papiamento). Andere etnische minderheden mogen hun eigen scholen opzetten, maar als hun kinderen naar Nederlandse scholen gaan dan dienen zij volledig en uitsluitend in het Nederlands te worden onderwezen. Instellingen en opleidingen dienen verplicht uitsluitend Nederlands te gebruiken in instellingsnamen, terminologie, lesmateriaal en publicaties. Niemand die het Nederlands niet als moedertaal spreekt mag door scholen en universiteiten in dienst worden genomen in welke positie dan ook buiten specifieke academische moderne-taalvakken en bepaalde (onmisbare) vakspecialisten in bepaalde strategisch-essentiële (technische) onderwijssectoren.

(7) Effectief 'levenslang leren': bij de nieuwe innovatie- en flex-economie hoort een nieuw 'levenslang leren'-model. Afschaffing van elke vorm van hoger tarief collegegeld (zoals het 'instellingscollegegeld') voor mensen met een hogere leeftijd of een eerdere opleiding. Toegang to volledige studiefinanciering voor iedereen tot tien jaar voor de pensioenleeftijd. Uitbreiding van studiefinancieringrechten ten behoeve van her- en bijscholing, ter (ruime) beoordeling van uitkeringsinstanties. Verruiming van de deeltijd- en avondstudie mogelijkheden aan reguliere onderwijsinstellingen. Maximale benutting digitale mogelijkheden tot afstandsonderwijs voor niet-technische en niet-medische opleidingen. Uitbreiding, stroomlijning en kostenverlaging ten aanzien van het scholingsaanbod van de Open Universiteit, afgesteld op arbeidsmarkt. Formalisering, accreditering

en kostenverlaging ten aanzien van arbeidsmarkt-relevante opleidingen aan Volksuniversiteiten.

(8) Vrijheid van onderwijs: volledig recht op thuisonderwijs. Daarnaast versterking van identiteit- en godsdienst-gerelateerd onderwijs: ouders krijgen meer ruimte voor zelfgekozen gescheiden onderwijs voor hun kinderen, in overeenstemming met hun zelfbeleefde groepsidentiteit en wereldbeeld. Vrijwillige segregatie naar godsdienst en geslacht wordt bevorderd.

(9) Defeminisering van onderwijs: de doorgeslagen feminisering en de structurele benadeling van jongens in het lagere en middelbare onderwijs moet worden bestreden. Mogelijkheid tot vrijwillig gekozen gescheiden onderwijs en een totale hervorming van het onderwijsmodel, met meer structuur, discipline en feitenkennis, zijn absolute noodzaak. Daarnaast vergt een realistische maatschappijvisie respect voor de primaire gezinskeuze van meisjes en de primaire kostwinnerskeuze van jongens. Enerzijds: de herinvoering van een gescheiden maar gemoderniseerde versie van de oude 'huishoudschool' voor meisjes, die voorbereidt op de hoge en vitale opgave van gezinsleven en moederschap, uitgebreid met een professionele onderwijs- en verzorgingsbevoegdheid is essentieel. Anderzijds: de herinvoering van een gescheiden 'ambachtsschool' voor jongens, die voorbereid op topniveau vakwerk. Een goed opgeleide arbeidersklasse voegt veel toe aan de levenskwaliteit en de zelfredzaamheid van ons volk. En zo hoeven er ook meteen geen 'goedkope handarbeiders' meer te worden geïmporteerd uit Oost-Europa.

(10) Effectief inburgeringonderwijs: ten behoeve van (aantoonbaar gemotiveerde en leerbare) immigranten die Nederlands staatsburger willen worden — landelijk gestandaardiseerd, hoogwaardig inburgeringonderwijs onder overheidsregie en zonder winstoogmerk. Dit onderwijs, aan te bieden in alle gemeenten, in voltijd, deeltijd en avondvarianten en met een strak en streng onderwijsschema, moet verplicht en totaal afdekkend beschikbaar worden voor een ieder die Nederlands niet als moedertaal heeft maar gemotiveerd is om het

Nederlands staatsburgerschap te verwerven. Dit vergt een speciale uitvoerende instantie met wijde opsporingsbevoegdheid en volledig inzicht in de relevante databestanden van alle overheidsorganen (GBA, DUO, IND en Justis). Dit inburgeringsonderwijs dient te bestaan uit twee vakken, Nederlands en Burgerschap, waarvoor standaard staatsexamens op hoog niveau worden ingevoerd, af te nemen door specialistische commissies in plaats van door computers. Deelname wordt wettelijk verplicht voor alle assimilanten en de kosten worden inkomensafhankelijk — gratis voor iedereen op of rond het sociaal minimum. Niet-deelname, absentie en niet-halen van het diploma worden volgens een gestandaardiseerd systeem bijgehouden en automatisch verbonden aan bestuurlijke boetes, uitkeringskortingen, intrekking van rijbewijs, verval van verblijfsrecht, de-naturalisatie en uitzetting.

(11) 'Burgerschapsonderwijs': standaardonderdeel van zowel alle lagere en middelbare opleidingen als inburgering — zonder het verplicht vak Burgerschap wordt geen enkel diploma meer afgegeven. Dit vak behelst essentiële elementen van wetskennis, staatsleer en maatschappijleer en dwingt tot kennisname van normen en waarden, ongeacht opleidingsniveau. Het zal onder meer het bezoeken aan diverse maatschappelijke en culturele instanties en het beluisteren van lezingen door vertegenwoordigers van diverse maatschappelijke groepen verplicht stellen. Na afronding komen schoolverlaters en inburgeraars die ook voor het staatsexamen Nederlands zijn geslaagd, mits zij voldoen aan aanvullende gedrags- en veiligheidscriteria, in aanmerking voor Nederlands staatsburgerschap. Aanname van Nederlands staatsburgerschap behelst een plechtige ceremonie en een eed van trouw aan het staatshoofd. Zonder te voldoen aan deze nieuwe staatsburgerschapseisen blijven vreemdelingen uitgesloten van alle overheidsfuncties, van kiesrecht en toegang tot sociale voorzieningen.

(12) Primaat van de Nederlandse cultuur: geschiedenis- en cultuuronderwijs, de publieke omroepen en culturele instellingen krijgen een vast quotum Nederlandse cultuurgeschiedenis. Publieke

omroepen en publieke ruimte worden daarnaast gezuiverd van vreemdtalige namen, teksten en advertenties. De Nederlandse vlag, het portret van de Koning en het Nederlandse volkslied krijgen vaste plaatsen in onderwijs, publieke omroep en openbare ruimte. Vlag en portret worden prominent in beeld gebracht in alle overheidsgebouwen, onderwijsinstellingen en zorgfaciliteiten. Het volkslied wordt gebruikt in de dagafsluiting van alle omroepen.

Zorg

(1) Nationaal zorgfonds: een kwalitatief hoogwaardige, collectief bekostigde nationale zorgverzekering voor alle Nederlandse staatsburgers. De privatisering en commercialisering van de zorgsector wordt grotendeels ongedaan gemaakt. Het nationaal zorgfonds wordt bekostigd uit een inkomensafhankelijke premie plus kleine, contant te betalen eigen bijdrages ingevoerd voor elke niet-chronisch zorgvraag, Tandheelkundige zorg wordt gedekt door het nationaal zorgfonds. Niet evident noodzakelijke zorg — zoals cosmetische correcties en 'life style therapieën' — kunnen vrijwillig worden bijverzekerd tegen extra premiebetaling.

(2) Zorg voor kwetsbare groepen: de neo-liberale roverheid wegbezuinigde en geprivatiseerde opvang — verzorgingshuizen, verpleeghuizen, verslavingsklinieken en psychiatrische intramurale voorzieningen — worden heropend. We gaan deze faciliteiten combineren met een flexibele variëteit aan moderne, hoogwaardige zorg, zoals generatiewoningen, ouderencoaches, thuiszorg, mantelzorg en dagbesteding.

(3) Verbetering zorgdekking: goed dekkend ambulance en AED netwerk. Nacht- en weekenddiensten uitbreiden, Huisartsen weer terug naar wijken en dorpen. First response teams over heel Nederland. Kleine ziekenhuizen weer open met 24 uurs spoedeisende hulp; invoering vergoeding voor kuuroorden.

(4) Breken van de grip van grote commerciële bedrijven op zorgverlening en farmaceutische productie: onderzoek naar en

heroverweging van maximaal aantal alternatieven voor conventionele en standaard-farmaceutische behandelingen. Het breken van geneesmiddelenmonopolies door het strategisch produceren van generieke medicijnen op nationaal niveau.

(5) Verbod op alle 'Covid'-achtige maatregelen: Opheffing van alle restricties in het publieke domein behalve grenscontroles/sluiting; inzet op bescherming van kwetsbare groepen zoals ouderen & chronisch zieken; campagne tegen obesitas als een belangrijke factor bij de gevolgen van een Coronabesmetting; uitbreiding ziekenhuiscapaciteit na jarenlange bezuinigingen; heronderzoek naar alle 'vaccins' op nationaal niveau; verbod op discriminatie op basis van vaccinatiestatus; vrij debat over alle Coronagerelateerde zaken zonder sociale- en staatsmedia censuur; investering in binnenlandse productie van strategische medicijnen & medische apparatuur.

Economie

(1) Gunstige vestigingsvoorwaarden voor zorgvuldig geselecteerde internationale bedrijven die in infrastructuur investeren en werkgelegenheid scheppen — gemodificeerd beleidsmodel Monaco/Liechtenstein. Vrijhandelszones voor specifieke, uitgeselecteerde internationale bedrijven, belastingvrijstelling voor kapitaalkrachtige internationale pensionados, BTW-vrijstelling voor voor-geselecteerd top-segment toerisme. Tegelijk striktere vestigingsvoorwaarden voor andere internationale bedrijven, ter bescherming van nationale en lokale ondernemers. Maatregelen tegen wildgroei aan grote winkelketens die kleine ondernemers, productkwaliteit en de sociale cohesie ondermijnen.

(2) De-privatisering publieke sfeer: maximale de-privatisering van OV, nutsbedrijven, post- en telecommunicatiebedrijven alsmede tenminste één grote bank.

(3) De-monetarisering publieke sfeer: maximaal niet-monetaire 'bedrijfsvoering' in (semi-)overheid (bestuur, rechtspraak, strijdkrachten, politie, zorg, onderwijs), ook door middel van herinvoering

natura beloningen voor (semi-)overheidspersoneel (huisvesting, beroepskleding, kantine- en mensadiensten enz.).

(4) Eenmalige collectieve schuldsanering: er komt een eenmalige nationale schuldsanering van private personen, door finale kwijting vanuit banken en overheid, maar met specifieke vervolgmaatregelen zoals het afschaffen van het 'rood staan' op de bankrekening en het verstrekken van (bijstands-)uitkeringen zoveel mogelijk in natura en 'vouchers'. De kosten van de eenmalige schuldsanering worden verhaald op de bankensector.

(5) Belastinghervorming: alle belastingen, inclusief gemeentelijke en waterschapslasten, worden centraal nationaal geheven (en inkomensafhankelijk) en vandaaruit herverdeeld. Nieuwe belastingvrije voet ter hoogte van sociaal minimum, standaard flat tax inkomstenbelasting met een tarief van 10% met 1% korting per niet-werkende echtgenoot en per kind, tot een maximum van 5% korting. Daarnaast krijgen gemeenten met recht een eigen flat tax te rekenen onder dezelfde voorwaarden. Afschaffing hondenbelasting en erfpacht. BTW wordt afgeschaft voor juridische en notariële diensten, zorg, medicijnen, medische hulpmiddelen, groente, fruit, biologisch vlees, vleesvervangers en een aantal basale voedselproducten. De BTW wordt fors verhoogd voor vleesproducten uit de bio-industrie, suikerhoudende frisdrank en *fast food*.

(6) Toeslagenhervorming: afschaffing huur-, zorg-, kinder- en kinderopvang-toeslagen. Voor uitkeringsgerechtigde bewoners van sociale huurwoningen wordt bewoning in 'uitkering in natura' veranderd: hun uitkering wordt met een equivalent bedrag verlaagd. Voor alle overige huren onder de huidige huurgrens wordt de effectieve huur gemaximeerd op 30% van het totale gezinsinkomen van de huurders — tot aan die grens. De commerciële zorgverzekeringen worden gedeprivatiseerd en ondergebracht in een Nationaal Zorgfonds, bekostigt uit een inkomensafhankelijke zorgpremie en uit bescheiden eigen bijdrages voor elke medische afspraak en elk medicatievoorschrift (voor kinderen, chronisch zieken en gehandicapten

geen eigen bijdrage). De kindertoeslag wordt vervangen door een belastingkorting. De kinderopvangtoeslag wordt afgeschaft, met een overgangsregeling voor nu nog werkende moeders.

(7) Afschaffing bijstand: alle etnische Nederlanders en rijksgenoten in de bijstand worden heringedeeld naar (jong)arbeidsongeschiktheid, werkloosheid en weduwe- en wezenstatus — buiten eigen schuld alleenstaande moeders vallen met hun kinderen onder de weduwe- en wezenstatus. In Nederland wonende en niet economisch onafhankelijke vreemdelingen, ook die in de bijstand, krijgen via een overgangsregeling, toegang tot remigratie-uitkeringen.

(8) Standaard verplichte nationale inkomensverzekeringen: voor werkloosheid, ziekte, arbeidongeschiktheid, ouderdom en nabestaanden (weduwen- en wezen) voor alle werknemers, ZZPers en MKB ondernemers. Verschillen in inkomensverzekeringen tussen werknemers, ZZPers en MKBers worden gelijkgetrokken. Verzekeringspremie wordt steeds betaald door verzekerde zelf — uitkering op sociaal minimum niveau, maar met mogelijkheid vrijwillige bijverzekering, betaald door verzekerde. Eerste twee ziekdagen standaard onverzekerd, doorbetaling gemaximeerd naar dienstverband tot maximaal een jaar.

(9) De-monetarisering inkomensverzekeringen: voor uitkeringsgerechtigde bewoners van sociale huurwoningen wordt bewoning in 'uitkering in natura' veranderd: hun uitkering wordt met een equivalent bedrag verlaagd. In Nederland woonachtige uitkeringsgerechtigden worden daarnaast vrijgesteld van zorgpremie, kunnen gratis met OV en krijgen energievouchers: hun uitkering wordt met een standaard bedrag verlaagd.

(10) Contant geld handhaven als wettig betaalmiddel: Ter bescherming van de privacy en vrijheid tegenover overheid en bedrijven moet contant geld worden ondersteund als wettig betaalmiddel. In alle fysieke transacties is men verplicht contant geld als betaalmiddel te accepteren. Verbod op kostenberekening voor contant geld opnames en gebruik.

(11) Herinvoeren kwalitatief hoogstaande middenstandsdiploma's en streng-selectief vestigingsvergunningen stelsel voor MKB.

(12) Waardering vrijwilligerswerk: vrijstelling van arbeidsplicht gedurende werkloosheid bij gedocumenteerd vrijwilligerswerk ter hoogte van minimaal 24 uur p/week. Verplichte, gestandaardiseerde en substantiële beloning voor alle vormen van vrijwilligerswerk middels belastingvrije vrijwilligersvergoeding van half-minimumloon, tot een maximum van 12 uur p/week.

Solidariteit

(1) Solidariteit naar en van jonge mensen: afschaffing huidige studieleenstelsel, laag college- en schoolgeld, studiefinanciering tot en met Bachelorniveau door middel van flexibele combinatie van natura voorzieningen (gratis studentenkledij, gratis studentenhuisvesting, gratis zorgverzekering, gratis OV), verplichte ouderlijke bijdrage naar draagkracht en aanvullende basisbeurs naar prestatie — van terugbetaling is alleen sprake bij wanprestatie zonder overmacht. In ruil hiervoor verplichten jonge mensen zich na hun studie een aantal jaren, equivalent aan het aantal studiejaren, in Nederland hun beroep uit te oefenen.

(2) Solidariteit met laagopgeleiden: invoering minimumloonbanen in overheidsdienst maatschappelijk nuttige omgevingen — conciërges, conducteurs, toezichthouders, buurtwachten. Deze salarissen kunnen standaard verrekend worden met natura voorzieningen als sociale woningen, gratis OV en energievouchers maar stellen mensen toch in staat boven uitkeringsniveau bij te verdienen met het formele zelfrespect van werknemer-status.

(3) Speciale woonrechten voor kwetsbare mensen: voor ouderen, zieken, gehandicapten en gemoedsbezwaarden wordt grootschalig geïnvesteerd in gespecialiseerde woonomgevingen (bejaarden- en verzorgingstehuizen, inwoon-klinieken). Voor uitkeringsgerechtigde bewoners van zulke woonomgevingen wordt bewoning in 'uitkering

in natura' veranderd: hun uitkering wordt met een equivalent bedrag verlaagd — de verzorgingsdienstverlening wordt gratis.

(7) Speciale reisrechten voor kwetsbare mensen: 1e klas OV vervoer wordt een privilege voor ouderen, gehandicapten, zieken, zwangere vrouwen, jonge moeders en — zover taakgerelateerd — mantelzorgers en vrijwilligers. Dit 1e klas OV vervoer wordt gratis.

(8) Cultuur voor iedereen: toegang tot alle openbare bibliotheken en musea wordt gratis voor kinderen, studenten, gehandicapten, chronisch zieken en gepensioneerden. Tot openbare bioscopen, theaters, concerten en festiviteiten krijgen deze groepen toegang tegen gereduceerd tarief. Abonnementen op kranten en tijdschriften en lidmaatschap van sport- en gezelschapsverenigingen krijgen deze groepen eveneens tegen gereduceerd tarief. Jaarlijks eenmalig gratis concerttoegang voor alle scholieren, studenten, en uitkeringsgerechtigden.

(9) De-commercialisatie publieke sfeer: Afschaffen commerciële reclame bij de publieke omroep. Verplichte zondagssluiting van alle winkels.

(10) *Maatschappelijke houvast en herkenbaarheid*: Invoering gratis verstrekte maar in de publieke sfeer verplichte uniforme kleding voor bepaalde door de gemeenschap gedragen en aan de gemeenschap dienstbare groepen, zoals scholieren, studenten, leerkrachten, academici, medisch personeel, ambtenaren, volksvertegenwoordigers en geestelijken. Hierbij dient de gekozen kledij functionaliteit, fatsoenlijkheid, soberheid en herkenbaarheid te garanderen, maar met door bevoegde instellingen te bepalen variaties naar geslacht, godsdienstige overtuiging, etnische identiteit en professionele hiërarchie. Daarenboven invoering en handhaving van functionele en fatsoenlijke kledingvoorschriften in de publieke ruimte: afschaffing van 'naakt recreatie' buiten privéterrein, invoering van familiestranden met toezicht, herinvoering van verplichte 'nette kleding' (pak, das, hoed, lange jurk, etc.) in kerk en kantoor alsmede in delen van het 'uitgangsleven' zoals theaters, bioscopen, betere restaurants, café's en hotels.

EcoN-Logie

Holistisch-ethische Diepte-Ecologie gecombineerd
met maximaal-autarkische Volks-Economie

(1) Gecombineerde demo-eko-nomie: We stellen het EcoN-Logische lange-termijn demografische optimum voor Nederland op ongeveer 10 miljoen permanente inwoners — dit kan gemakkelijk worden bereikt door een systematisch vol te houden bevolkingspolitiek van grootschalige remigratie en repatriëring. Daarbij geldt ter wille van maximale etnische homogeniteit een streefpercentage van maximaal 5% niet-Westerse allochtonen, inclusief hun nazaten.

(2) Dierenrechten: totaalverbod op dierproeven, rituele slacht, invoer rituele slachtproducten, commerciële jacht, sleepnetvisvangst en inbeslagname huisdieren door deurwaarders. Zwaardere straffen voor dierenmishandeling. Invoering speciale dierenpolitie met volwaardige opsporing- en handhavingbevoegdheid.

(3) Dierenwelzijn: minimalisering circusdieren, dierentuin en dolfinaria bestanden. Invoering standaard vogel-zichtbaar glas in alle nieuwe hoogbouw. Verbod op commerciële sonartechnologie en geluidsintensieve industrie (heien van windmolenparken, sonarvisserij) ter zee. Verplichte zorgverzekering en gratis inentingen voor alle huisdieren en vee, met bescheiden eigen bijdragen voor medische zorg en medicijnen. Ter overbrugging komt er tijdens invoering van deze maatregelen een vangnet met subsidies, lastenverlichtingen en herscholingstrajecten voor getroffen beroepsgroepen.

(4) Consumptiehervorming: terugkeer naar een evenwichtig consumptiepatroon waarbij vooroorlogse vlees- en visconsumptie leidraad is. Geleidelijke afschaffing van de bio-industrie door invoering van hogere BTW op vlees- en visproducten uit deze industrie. Het eindresultaat moet zijn een kleinschalige en duurzame biologisch-dynamische veeteelt, landbouw en visserij — beschermd door hoge tarieven op concurrerende import vanuit het buitenland.

(5) Duurzaamheid: invoering statiegeld voor flessen en blikken. Invoering contant betalende recycle innamepunten voor glas,

papier, plastic, metaal en chemisch afval. Opbrengst van ingezameld en verwerkt recycle materiaal belastingvrij voor particulieren en bedrijven. Energiebesparingsprogramma door bestrijding overmatig energiegebruik door invoering oplopende energie tariefschijven voor particulieren.

(6) Vliegreisbestrijding: bestrijding overmatig vakantievliegen door invoering zware vliegtaks: (a) voelbare kilometerheffing en (b) standaard minimumtarief ter hoogte van 150% equivalente treinreiskosten binnen een straal van 1200 kilometer vanaf de Nederlandse grens (met andere woorden: het binnen 12 uur met trein of auto bereisbare gebied).

(8) Vergroening: na remigratie van grote delen van de stedelijke minderheidsbevolkingen kan worden begonnen met de afbraak van stadsgetto's en met de aanleg van parken en sportgebieden.

(9) Her-groening Groene Hart: verwijderen van meeste nieuwbouw, asfalt en kassenbouw die door na 1990 in het Groene Hart zijn neergezet.

Internationaal

(1) Uit EU, Schengen, Euro. Voor zover verenigbaar met de herstelde nationale soevereiniteit: eventuele toetreding tot een (Noord-)Europese vrijhandelszone, maar zonder vrij verkeer van personen, eventuele toetreding tot een 'Zwitsers' of 'Noors' wisselkoers controle mechanisme zolang de Euro nog bestaat.

(2) Uit NAVO: de NAVO is nu een machtsinstrument van Amerikaans globalistisch imperialisme dat wordt misbruikt voor agressieoorlogen. Nederlandse NAVO-inzet zoals de agressie tegen Joegoslavië in 1999 en Balkenende-iaans slaafs volgen van Amerikaans imperialisme zoals de agressie tegen Irak in 2003 en Rusland in 2022 zijn strijdig met het Nederlandse eigenbelang — en de Nederlandse internationale reputatie.

(3) Geopolitieke neutraliteit: pragmatische buitenlandse politiek gebaseerd op economische belangen, met respectvolle bejegening en

evenwichtige benadering van alle andere soevereine staten, inclusief Rusland, China, India en Iran.

(4) Onafhankelijke diplomatie: voor zover in nationaal belang, ook diplomatieke betrekkingen en handelsovereenkomsten met de jure niet erkende maar de facto onafhankelijke landen zoals Abchazië, Somaliland en Taiwan.

(5) Einde ontwikkelingshulp: alle ontwikkelingshulp stopgezet. In plaats daarvan zet Nederland voorlopig in op grootschalige gesubsidieerde remigratie — remigratie uitkeringen zullen de economieën van de remigratielanden ten goede komen via ex-Nederlands ingezetenen en ex-Nederlandse staatsburgers.

(6) Rijksbeleid: Diplomatieke en humanitaire begunstiging van de inheemse rechten van de Molukkers en Papoea's in Indonesië. Mogelijke heropname *failed state* Suriname als gelijkberechtigd land in het Koninkrijk.

(7) Solidariteit met de Afrikaners: met alle mogelijke middelen beschermen van de inheemse rechten van de door het Zuid-Afrikaanse regime onderdrukte en bedreigde Afrikaner bevolking, desgewenst verlenen van Nederlands staatsburgerschap aan en repatriatie van de Afrikaner bevolking uit Zuid-Afrika.

Toelichting A: Identiteit

'n Volk wat niks het om voor te sterf nie, het ook niks om voor te lewe nie

— Jaap Marais

Archeo-Futuristisch perspectief

De onderstaande gedachte experimenten zijn bedoeld als richtingswijzers naar een Archeo-Futuristisch alternatief voor de vigerende

Cultuur-Nihilistische maatschappelijke anti-orde. Deze voorgestelde gedachte experimenten zijn expliciet bedoeld voor de inheems-Nederlandse volksgemeenschap — zij doen geen recht aan de volledig andere cultuurvormen die prevaleren in de verschillende etnische minderheidsgemeenschappen die zich nu op Nederlands grondgebied bevinden: een aantal relevante opmerkingen ten aanzien van die minderheidsgemeenschappen zijn schuingeschreven toegevoegd.

Kinderrechten

* Nieuw nadenken over het leven van ongeboren kinderen: verbod op abortus maar met ruime hardheidsclausules;

* Nieuw nadenken over de lichamelijke integriteit van kinderen: verbod op genitale verminking bij kinderen. *Niet-etnisch Nederlandse ingezetenen zouden hiervan kunnen afwijken maar met als consequentie blijvende uitsluiting uit Nederlandse staatsburgerschap en met levenslange civiele aansprakelijkheid vanuit kinderen naar ouders;*

* Nieuw nadenken over kinderidentiteit: recht om te weten wie je ouders zijn en daartoe verplichte genetische registratie van alle ouders en kinderen, verbod op 'donatie ouderschap', 'draagmoederschap' en 'onbekend ouderschap';

* Nieuw nadenken over kinderopvoeding: recht op veilige standaard hetero-normatieve (één man-één vrouw) gezinsstructuur (verplichte ouderschapsvergunningen en gezinscontracten), verbod op kindervoogdij bij relatie-experimenten zoals 'gelijkgeslachtelijke partnerschappen' en 'alternatieve' familievormen. *Niet-etnisch Nederlandse ingezetenen zouden naar hun eigen gezinstradities kunnen leven, mits als zodanig juridisch geregistreerd;*

* Nieuw nadenken over kindererfdeel: automatisch recht op direct opvraagbaar erfdeel bij echtscheiding ouders met beheer door gerechtelijk aangestelde bewindvoerder tot het bereiken van meerderjarigheid;

* Nieuw nadenken over juridische volwassenheid: realistisch minimum eisenpakket (21 jaar, niet gemoedsbezwaard, niet in detentie, voor mannen pas na afgesloten militaire of civiele dienstplicht).

Gezinsrechten

* Nieuw nadenken over huwelijksvoorwaarden: invoering 'huwelijksbevoegdheid', waarbij verlovingsregistratie resulteert in wederzijdse officiële informatieplicht en formeel standaard overzicht van relevante factoren (genetische aanleg, stamboom, etniciteit, strafblad, vermogensstatus, arbeidsverleden, medische geschiedenis). Bepaling van 'ouderschapsvergunning' (ja of nee) kan automatisch deel uitmaken van de 'huwelijksbevoegdheid';

* Nieuw nadenken over huwelijk: afschaffing 'inhoudsloos' burgerlijk huwelijk, maar behoud burgerlijke registratie. Kerkelijke en levensbeschouwelijke huwelijken worden automatisch burgerlijk geregistreerd met standaard aanvullend juridisch bindend 'gezinscontract' element, aangepast aan zelfgekozen kerkelijke en levensbeschouwelijke regelgeving. Informeel 'samenwonen' blijft mogen maar zonder 'ouderschapsvergunning', zonder (burgelijke) status en zonder (belasting) voordeel. *Niet-etnisch Nederlands ingezetenen zouden onder elkaar kunnen kiezen voor hun eigen traditionele huwelijksvormen, mits als zodanig geregistreerd — bij gemengde huwelijken prevaleert de Nederlandse regelgeving;*

* Nieuw nadenken over wat een 'gezin' eigenlijk dient te zijn: invoering juridisch bindend 'gezinscontract' ten tijde van huwelijkssluiting, met precies omschreven rechten en plichten naar kinderen en partners, aangepast aan zelfgekozen kerkelijke en levensbeschouwelijke regelgeving. Daarbij geldt: strafbaarheid van ontrouw, strafbaarheid echtscheiding tijdens minderjarige leeftijd van kinderen behalve bij overmacht zoals ongeneeslijke geesteziekte, langdurige detentie en moedwillige verlating door partner. *Niet-etnisch Nederlands ingezetenen zouden onderling kunnen kiezen voor hun eigen 'gezinscontract'* *vormen, mits als zodanig geregistreerd — bij gemengde huwelijken prevaleert dan de Nederlandse regelgeving;*

* Nieuw nadenken over maatschappelijke waarde van het gezin: invoering 'huwelijksbonus', bijvoorbeeld via standaard tijdelijke belastingkorting voor alle gehuwden;

* Nieuw nadenken over echtscheiding: afschaffing automatische alimentatieplicht bij echtscheiding — alimentatie wordt afhankelijk van schuldvraag en omstandigheden;

* Nieuw nadenken over inter-etnische gezinsvorming: visumtechnische en bureaucratische vereenvoudiging van huwelijken van etnische Nederlanders met buiten Nederland wonende vreemdelingen, maar met verplichte realistische voorlichting over culturele en praktische consequenties — en zware repressailles bij 'schijnhuwelijken'. *Niet-etnische Nederlands ingezetenen zouden niet langer in aanmerking komen voor partner- en familievisa's — zij zouden, onder voorwaarden, wel in aanmerking kunnen komen voor een kleine 'buitenlands-huwelijk remigratie'-uitkering;*

* Nieuw nadenken over verhouding tussen gezin en sociale zekerheid: afschaffing van bijstand — alle etnische Nederlanders in de bijstand worden heringedeeld naar (jong)arbeidsongeschiktheid, werkloosheid en weduwe- en wezenstatus. Buiten eigen schuld alleenstaande moeders vallen met hun kinderen onder de weduwe- en wezenstatus. *Voor niet-etnische Nederlands ingezetenen zou de bijstand kunnen worden vervangen door eigen sociale regelingen vanuit eigen etnische groep, opgebracht uit eigen middelen;*

* Nieuw nadenken over verhouding tussen individuele kinderwens en collectieve verantwoordelijkheid: afschaffing kinder(opvang)toeslagen — in plaats daarvan voor etnische Nederlandse gezinnen een standaard belastingkorting voor elk niet-zelfstandig wonend en niet-werkend kind. *Etnische Nederlanders zouden kunnen worden gevrijwaard van hun huidige (belastingtechnische) verplichte subsidiëring van de voorplanting van niet-etnische Nederlanders — en vice-versa.*

Vrouwenrechten

* Nieuw nadenken over juridische inbedding van individuele seksuele vrijheid: invoering zelf bij te houden maar wettelijk bindend 'toestemmingsreglement' voor alle geslachtelijke omgang, geregistreerd in centrale databank met bankrekening-niveau privacy;

* Nieuw nadenken over seksuele moraal: verbod op prostitutie, prostitutie-bezoek, porno, dating-sites;

* Nieuw nadenken over etnische verschillen in seksuele moraal: invoering draconische straffen voor inter-etnische seksuele vergrijpen (inclusief automatische deportatie van alle niet-etnische Nederlandse souteneurs, 'lover boys', verkrachters en mensensmokkelaars);

* Nieuw nadenken over de maatschappelijke waardering van de bruid-staat: herinvoering 'bruidschat' en 'bruidsprijs' bij eerste huwelijk van de vrouw (bruidschat: minimum bijdrage van ouders van bruid — bruidsprijs: minimum vordering van bruid op bruidegom). Ouders hoeven geen bruidschat te geven als zij niet akkoord gaan met het huwelijk. Bruid mag bruidsprijs opvragen zodra zij dreigt te worden verlaten of gescheiden — tenzij door eigen schuld. *Niet-etnische Nederlanders zouden hun eigen regelingen kunnen treffen, maar bij gemengde huwelijken prevaleert dan de Nederlandse wetgeving.*

* Nieuw nadenken over de maatschappelijke kwetsbaarheid van de vrouw: invoering waterdicht uitkeringssysteem voor weduwen en wezen, waartoe ook vrouwen en kinderen toegang krijgen die buiten eigen schuld zijn gescheiden of verlaten. *Niet-etnische Nederlandse vrouwen zouden hier ook toegang toe kunnen krijgen — de kosten ervan worden dan verhaald op hun eigen etnische gemeenschappen;*

* Nieuw nadenken over moederschap: invoering voorwaardelijk 'betaald moederschap' (klein 'moederschapssalaris') — voorwaarden: vaste man-vrouw relatie, naleven 'gezinscontract' en tijdsgewijze toewijding aan gezin (bijvoorbeeld voltijd bij kinderen tot 6 jaar, drie-kwart deeltijd bij kinderen 6-12 jaar en half deeltijd bij kinderen 12-16 jaar). *Niet-etnische Nederlandse vrouwen zouden faciliteiten uit* *hun eigen etnische gemeenschappen kunnen krijgen al naar gelang de waarden en normen die prevaleren binnen die gemeenschappen;*

* Nieuw nadenken over vrouwenleven na moederschap: invoering 'voltooid moederschap bonus' na afloop van 'betaald moederschap', dat wil zeggen voor vrouwen die geen kinderen onder de 16 meer hebben (naar keuze, bijvoorbeeld een studiebeurs, een ondernemersschap/ZZP startpremie of een wereldreis). *Niet-etnische Nederlandse vrouwen worden behandeld naar de normen en faciliteiten van hun eigen etnische gemeenschappen;*

* Nieuw nadenken over sociale rol van vrouwenactiviteit: invoering kleine standaard uur-vergoeding voor alle vrijwilligerswerk door niet-werkende vrouwen. *Niet-etnische Nederlandse vrouwen zouden kunnen worden behandeld naar de normen en faciliteiten van hun eigen etnische gemeenschappen;*

* Nieuw nadenken over zorg voor zwangere vrouwen en vrouwen met jonge kinderen: standaard gratis zorg voor alle zwangere vrouwen en vrouwen met jonger kinderen; *Niet-etnische Nederlandse vrouwen zouden hier ook toegang toe kunnen krijgen, maar de kosten ervan worden dan verhaald op hun eigen etnische gemeenschappen;*

* Nieuw nadenken over omgang met zwangere vrouwen en vrouwen met jonge kinderen: standard gratis 1e klas vervoer in OV;

* Nieuw nadenken over veiligheid van vrouwen in de publieke ruimte: vergroting veiligheid in OV door invoering van minimum aantal conducteurs, invoering alleen-vrouwen-en-kinderen zones in publieke ruimte (strandjes, parkjes, wachtruimtes, cafetaria's);

* Nieuw nadenken over de waardigheid van de vrouw: verbod op reclame-afbeeldingen van vrouwen in de publieke ruimte;

* Nieuw nadenken over de impact van een halve eeuw feminisme: tegemoetkoming voor alle vrouwen van boven de 25 jaar die door feministische en anti-natalististische indoctrinatie propanda de kans is ontzegd op huwelijk, moederschap en grootmoederschap (inzet van faciliteiten als huwelijksbemiddeling, herscholing, praatgroepen en psychotherapie). Gedupeerde vrouwen kunnen worden ingezet om meisjes van middelbare school leeftijd presentaties te geven over de impact van het feminisme.

Mannenrechten

* Nieuw nadenken over mannelijke identiteitsvorming: recht van jongens op kwalitatief hoogwaardig en moreel-sturend onderwijs door mannen in lager en middelbaar onderwijs;

* Nieuw nadenken over mannelijke beschermrol: invoering verplichte militaire of civiele dienstplicht voor alle etnisch Nederlandse mannen — rechtgevend op stemrecht en beloond met klein pensioen. Daarbij standaard vrijstelling van gewetensbezwaarden, artiesten en geleerden. *Niet-etnisch Nederlands ingezeten mannen zouden kunnen kiezen tussen dienst in een 'vreemdelingenlegioen' en een levenslang verhoogde belastingplicht — zij zouden dan binnen hun gemeenschappen dubbel stemrecht kunnen krijgen plus een klein pensioen vanuit de Nederlandse overheid.* Vrouwen zouden de optie kunnen krijgen om vrijwillig te kiezen voor militair-ondersteunende of civiele dienst — met dezelfde beloning;

* Nieuw nadenken over publieke geweldsfuncties: reservering voor mannen van alle
 gewapende functies bij krijgsmacht, politie en beveiliging;

* Nieuw nadenken over mannelijke publieke bestuursverantwoordelijkheid: reservering voor mannen van een aantal specifieke functies in bestuur (bijvoorbeeld ministers en staatssecretarissen bij Algemene Zaken, Defensie en Buitenlandse Zaken), justitie (rechters, buiten familierecht) en diplomatie (ambassadeurs, toponderhandelaars);

* Nieuw nadenken over mannelijk functioneren in publieke sfeer: invoering van mannenrecht op beoordeling door mannen bij alle (semi-)overheidsinstanties (wetshandhaving, justitie, administratieve procedures, sollicitaties, functioneringsgesprekken);

* Nieuw nadenken over kostwinnerschap: invoering standaard voorrang van kostwinners bij alle vacatures;

* Nieuw nadenken over arbeidsklimaat: maatregelen tegen feminisatie op de werkvloer (einde beoordelings- en vergadercultuur, communicatiedruk en sociale media controle).

Reality Check

Zij die zich geroepen voelen om, *tegen* de hier overdachte rechten *in*, krampachtig vast te houden aan de Cultuur-Nihilistische illusie van kunstmatige, absoluut-dogmatische man-vrouw 'gelijkheid' kunnen ten rade gaan bij het 'laatste woord' over de *gender* discussie, ooit uitgesproken door de grootste denker uit de Nederlandse geschiedenis:

Misschien zal men mij vragen of de vrouwen dan van nature of krachtens een wettelijke bepaling, van de mannen afhankelijk zijn? Want is dit alleen een gevolg van een wettelijke instelling, dan hadden wij geen enkele reden de vrouwen van de regeering uit te sluiten. Raadplegen we echter de ervaring, dan zullen we zien dat dit zijn grond vindt in heur machteloosheid. Immers, nergens ter wereld is het voorgekomen dat mannen en vrouwen te zamen regeerden, en waar ook mannen en vrouwen worden aangetroffen, zien wij dat de mannen regeeren en de vrouwen geregeerd worden en dat op die wijze beide geslachten in eendracht samenleven. De Amazonen daarentegen, die weleer volgens de legende zelven regeerden, duldden niet dat er zich mannen in hun land bleven ophouden; voedden alleen de kinderen van het vrouwelijk geslacht op, en vermoordden hun mannelijk kroost. Indien nu de vrouwen van nature aan de mannen gelijk waren, en zoowel in geestkracht als vernuft, waarin hoofdzakelijk 's menschen macht en dus zijn recht bestaat, gelijkwaardig waren; dan zou men toch onder zoovele en zoo verschillende volken enkele moeten aantreffen, waar beide geslachten tegelijk, andere waar mannen door vrouwen geregeerd werden en zoo werden opgevoed dat zij geestelijk lager stonden. Daar dit nu nergens is voorgekomen, mag men gerust beweren dat de vrouwen van nature geen rechten hebben gelijk aan de mannen, maar verplicht zijn voor hen onder te doen, en dat het dus niet mogelijk is dat beide geslachten samen regeeren en nog veel minder dat mannen door vrouwen geregeerd worden. Denken wij bovendien nog aan de menschelijke hartstochten, aan het feit namelijk, dat de mannen de vrouwen meestal alleen uit wellust minnen, en heur vernuft en verstand even zoo hoog achten als zij door schoonheid uitmunten, dat bovendien de mannen zeer moeielijk kunnen dulden dat vrouwen, die zij beminnen anderen in eenig opzicht genegen zijn, en wat dies meer zij; dan zullen we licht inzien, dat niet zonder groot gevaar voor rust en vree, mannen en vrouwen samen kunnen regeeren. Maar hiervan genoeg. — Benedictus de Spinoza, *Staatkundig Vertoog* (vertaling W. Meijer)

Toelichting B: Rijksgenootschap

Zie ik Hollands vlag op verre kust, dan juicht mijn hart victorie Ooit was Nederland een wereldmacht met een wereldrijk. Nog in de jeugdjaren van onze ouderen was Nederland 's werelds derde koloniale grootmacht naar grondgebied en onderdanental. Uit het Nederlandse rijk overzees blijft nog het Antilliaanse bezit — nu als onderdelen van ons Koninkrijk. Uit de Nederlandse volksplantingen overzees stamt nog het Afrikaner volk in Zuid-Afrika — ons broedervolk in verwantschap, taal en godsbeleving. Uit de voormalige rijksdelen blijven nog vele banden in familie, zakenleven en cultuurerfgoed. Suriname ligt nog heel dichtbij — in onze buurt, in onze keuken en in onze krant. Indonesië ligt verder maar houdt een plaats in ons hart — als familiegeschiedenis, als ondernemersavontuur en als Parel van Smaragd nostalgie.

Sinds verlies van overzees Nederland — sinds de traumatische scheiding van Indonesië in 1949, het gedwongen afscheid van Nieuw-Guinea in 1962 en het onoverdachte vertrek uit Suriname in 1975 — is Nederland *klein* geworden. Klein: vooral naar wereldbeeld en toekomstvisie — klein ook in onze harten. Er is de tegelijk schuldige en neerbuigende publieke omgang met Indonesië en Suriname — een vreemde mengeling van geschiedenis verloochening, verantwoordelijkheidsverdringing en schaamte voor verdriet. Er is de onnatuurlijke afstandelijkheid naar het Afrikaner volk — overcompenserende anti-apartheid retoriek gevolgd door zwijgend wegkijken bij onteigening en vervolging. Er is de uitstelde boedelbeschrijving van de overzeese erfenis. Terwijl fictieve asielzoekers worden overladen met onverdiende rijkdom, blijven basale beloftes naar trouwe Molukkers gebroken. Terwijl frauderende ex-arbeidsmigranten ongestoord villa's bouwen in Oost-Europa en het Midden-Oosten, worden schamele weduwen en pensioen uitkeringen naar Indonesië en Suriname schaamteloos gekort via 'woonlandfactoren'. Terwijl de globalistische 'investeerders' maffia met belastingvoordelen en verblijfsprivileges worden beloond, wordt de bewezen ondernemerszin van ex-koloniale Chinese Nederlanders belemmerd door kleingeestige bureaucratische obstakels. Terwijl namaakvluchtelingen zonder enige identiteitspapieren en tegen alle regels in op een bootje kunnen stappen en door de asielindustrie worden binnengeloodst, ook nog eindeloos nagereisd via gezinsherenigers en huwelijkspartners, wordt Afrikaner immigratie naar Nederland door geniepige bureaucratische, financiële en juridische regelgeving gesaboteerd.

Een Echt Nederlands Nieuw Rechts zou moeten staan voor respect voor authentieke identiteit, voor historische verantwoordelijkheidszin en voor politieke vernieuwing — ook naar 'Nederland overzees'. Voor echt Nederlands Nieuw Rechts zijn ons Afrikaner broedervolk, onze ex-koloniale lotgenoten en onze banden met onze vroegere rijksdelen belangrijk. Echt Nederlands Nieuw Rechts wenst deze verre stamgenoten, deze historische rijksgenoten en deze kostbare banden politiek te bevoordelen — boven de kunstmatige en achterhaalde globalistische constructies van 'EU', 'Schengen', 'vluchtelingenverdrag' en 'ontwikkelingshulp'. Voor echt Nederlands Nieuw Rechts geldt daarbij dat historische lotverbondenheid gecombineerd moet worden met behoud van de eigen identiteit van onze rijksgenoten. Onder het motto 'soevereiniteit in eigen kring' staat echt Nederlands Nieuw Rechts voor de specifieke rechten van onze Antilliaanse, Surinaamse, Molukse, Chinees-Indische en Indonesische rijksgenoten. De gigantische subsidie-, uitkeringen- en voorzieningen-stroom die nu is gericht op niet-langer arbeidende ex-'gastarbeid' populaties, op via 'vrij verkeer van personen' EU-rechthebbenden en op massa's frauderende 'asielzoekers' bevoordeelt slechts een kunstmatige globalistische 'diversiteit'. Een klein stukje van die stroom kan worden herleid ten voordele van onze historisch en organisch gegroeide rijksgenoten gemeenschappen. De bescheiden Indische weduwe, de trouwe Molukse beroepsmilitair, de hardwerkende Chinese ondernemer, de gewetensvolle Surinaamse bejaardenverzorgster en de geduldige Antilliaanse jeugdcoach hebben recht op hun eigen plekje in Nederland — met behoud van eigen identiteit, waar wederzijds wenselijk met eigen scholen, voorzieningen en wijken. Dat plekje komt hen toe uit de Nederlandse geschiedenis en wordt hen gegund door het Nederlandse volk. Hun huwelijkspartners, familieleden en zakencontacten hebben moreel gezien meer recht op een Nederlands visum, Nederlandse verblijfsstatus en Nederlandse voorzieningen dan andere groepen vreemdelingen. Daarnaast zijn de nu in Zuid-Afrika beknelde en belaagde Afrikaners ons verre van vreemd — alleen al hun historisch bewezen gemeenschapszin en arbeidsethos zouden hen van harte welkom moeten maken in ons land. Het begrip 'rijksgenoot' verdient de aandacht van de Nederlandse patriottisch-identitaire beweging — het laat zien waar ons volk vrienden en bondgenoten kan vinden tegen de globalistische elite. Deze vijandelijke elite heeft ons volk en ons land in de globalistische uitverkoop gezet met neo-liberale 'open grenzen' en cultuur-marxistische 'diversiteit'. Deze uitverkoop — resulterend in ondermijnde economische zekerheid, escalerende sociaal-culturele ontwrichting en versnellende massa-immigratie uit totaal vreemde volkeren en culturen — bedreigt niet alleen inheemse Nederlanders. De desastreuze gevolgen van globalistische 'open grenzen' en afgedwongen 'diversiteit' worden ook gevoeld door onze rijksgenoten. Vaak zijn deze rijksgenoten, op hun eigen manier en binnen hun eigen cultuur, sociaal conservatiever en religieus behoudender dan inheemse Nederlanders. Zij zijn gevoelig voor de ontwrichting en vervreemding van de broze sociale structuur van Nederland. Veel Indiërs, Molukkers, Surinamers en Antillianen zijn ook sociaaleconomisch kwetsbaarder dan de meeste — massaal uit de grote steden weggevluchte — inheemse Nederlanders. Deze rijksgenoten zien oneerlijke ondernemers concurrentie, verloedering in de wijk, afgenomen veiligheid, verslechterd onderwijs en afgenomen kansen voor hun kinderen. Zij begrijpen vaak niet dat inheemse Nederlanders dit zomaar laten gebeuren. Zij zijn politiek gemarginaliseerd en apathisch omdat het Nederlandse establishment hun aanwezigheid voor kennisgeving aanneemt — zonder besef van en respect voor hun achtergrond en zorgen. Zij zien het Nederland waarna zij ooit, als naar het hart van het Koninkrijk, opzagen in een diepe crisis vallen.

Echt Nederlands Nieuw Rechts geeft onze rijksgenoten gelegenheid hun steun te betuigen aan de patriottisch-identitaire beweging. Om naast het Nederlandse volk te staan tegen het globalisme, tegen open grenzen en tegen anti-Nederlands beleid. Nieuw Rechts gunt hun een plaatsje onder de Nederlandse zon — het vraagt hen naast het Nederlandse volk te gaan staan wanneer het hun hulp nodig heeft. De hulp van onze rijksgenoten is bij de patriottisch-identitaire beweging welkom: zij zijn welkom om naar vermogen — hoe bescheiden ook — hun bijdrage te leveren aan een betere toekomst voor ons gemeenschappelijk huis. Nieuw Rechts gunt en biedt hen — al de Indiërs, Molukkers, Chinezen, Surinamers en Antillianen die nu hier legaal in Nederland zijn — een eigen plekje in de patriottisch-identitaire beweging. Het is belangrijk dat ook zij op tijd de juiste kant te kiezen tegen globalistisch wanbestuur en wanbeleid. Echt Nederlands Nieuw Rechts biedt hen die kans.

APPENDIX A: PROGRAMMAPUNTEN

Toelichting C: DRAS stroomschema

heeft u nu enkel het NLs staatsburgerschap? ja ↓		nee →	u bent NLs staatsburger zonder NLse nationaliteit (gedefinieerd als geboren uit tenminste 1 Nederlands staatsburger onder voor 1964 geboren voorouders)	
heeft u recht op een ander paspoort? (bijv. op grond van geboorte)		ja →	↓	
nee ↓		bent u terrorist, jihadist, groot-crimineel of ex-asiel-fraudeur?		
bent u rijksgenoot? (ex-koloniaal uit Indonesië, Suriname, Antillen)?		nee ↓		ja ↓
nee ↓	ja →	wilt & kunt u naast het NLse staatsburgerschap ook de NLse nationaliteit aanvragen? (eisen onder meer: staatsexamen NLse taal, opgeven 2^e paspoort, aanname NLse voor- en achternaam, 10-jarige economische zelfstandigheid, onbesproken gedrag, eed)		meld u aan voor **deportatie**
behoort u tot een historische minderheidsgroep? (Israëliet, Roma)	ja →			
nee ↓		ja ↓	nee ↓	
u bent NLs staatsburger met NLse nationaliteit		meld u aan voor **assimilatie** ↓	wilt & kunt u remigreren?	
		slaagt uw assimilatie procedure?		
		← ja	nee →	
			nee ↓	ja ↓
			meld u aan voor etnische registratie en **segregatie** ↓	meld u aan voor **remigratie** ↓
			u heeft recht op Nederlands staatsburgerschap, verblijfsrecht & eigen voorzieningen binnen sfeersoevereiniteit	u doet afstand van NLs staatsburgerschap en heeft recht op remigratievoorzieningen

Toelichting D: Ondernemersrechten

Nederlands Nieuw Rechts zou moeten staan voor de bescherming van de Nederlandse economie — een economie die al eeuwenlang draait op privaat initiatief en innovatief ondernemerschap. Een economie waarin burgers de oogst van hun eigen arbeid en inventiviteit mogen genieten en waarin de overheid zich naast zorg voor infrastructuur, nutsvoorzieningen en een aantal openbare functies beperkt tot basale regulering en facilitatie. De complexe sociaaleconomische balans van een modern Westers land als Nederland vergt een belangrijke rol voor de overheid in het openbare leven en in collectieve voorzieningen: echt Nederlands Nieuw Rechts staat daarom voor de maximale 'de-privatisering', 'her-nationalisatie' en 'de-commercialisatie' van essentiële openbare voorzieningen als zorg, onderwijs, energie, drinkwater, post, telecommunicatie en spoorwegen. De globalistische bedreiging van inheemse industrie, energie en landbouw vergt daarnaast een overheid die via beschermende tarieven, strategische investeringen en fiscale faciliteiten opkomt voor het nationale belang: echt Nederlands Nieuw Rechts staat daarom voor de Nederlandse soevereiniteit in monetair beleid, economische regelgeving en geprivilegieerde handelsverdragen. Maar afgezien van de substantiële kerntaken in de publieke sector en voor nationale belangenbehartiging past de overheid vooral economische *terughoudendheid*: het midden- en kleinbedrijf is gebaat bij zoveel mogelijk speelruimte en groeikansen.

Ondanks de lippendienst die de neo-liberale overheid al sinds de vroege jaren '80 bewijst aan oer-Hollandse waarden zoals vrije markt, private sector en ondernemerschap, hebben decennia van 'paarse polder politiek' het Nederlandse ondernemersklimaat grondig verziekt. Hoewel 'terugtrekkende overheid' en 'participatie samenleving' officieel beleid zijn, laten een verstikkende overheidsbureaucratie en een moordende belastingdruk steeds minder ruimte over voor de ondernemende initiatieven van de zelfredzame burger. Met name het Midden en Klein Bedrijf (MKB) en de vele Zelfstandigen Zonder

Personeel (ZZPers) — twee vitale componenten van de Nederlandse economische motor — worden langzaam fijn gedrukt tussen de wal van regelgeving op micromanagement niveau ('Europees', 'duurzaam', 'standaard') en het schip van exponentieel stijgende werkgeverslasten ('eigen risico' bij ongevallen, 'doorbetaling' bij ziekte, 'verlof' bij gezinsomstandigheden). De overheid projecteert de riante beloningen, comfortabele arbeidsomstandigheden en kunstmatige 'werksferen' van haar eigen kernpersoneel — natuurlijk gefinancierd uit de belastingen die moeten worden opgebracht door de private sector — op het MKB en op de ZZPers, terwijl die niet kunnen terugvallen op de oneindige gemeenschappelijke pot. Wanneer ondernemers vervolgens hun toevlucht nemen tot flexwerk, tijdelijke contracten en uitbesteding constructies, krijgen zij door de politieke klasse het stigma van klassieke kapitalistische uitbuiters opgedrukt. Wanneer ZZPers vervolgens hun moeizaam verdiende leefgeld proberen af te schermen van de graaiende overheid door zwart werken, belasting ontduiking en boekhoud fraude, worden zij geconfronteerd met eindeloze belastingclaims, draconische boetes en verstikkende juridische procesvoeringen. In deze 'jungle oorlog' van staat tegen burger, waarin de Nederlandse overheid en justitie een 'verschroeide aarde' strategie voeren tegen hun eigen ondernemers en zelfstandigen, zijn MKB en ZZPers in toenemende mate gedwongen terug te vallen op de juridische trukendoos ('faillissement', 'outsourcing', 'offshore accounting'). Deze trukendoos berooft hen in toenemende mate van het maatschappelijk respect en het morele gezag dat hen ooit toekwam in Nederland — een land dat ooit bekend stond als handels- en nijverheidsland. Geplet tussen monstrueuze bureaucratie en obscene belastingdruk worden niet alleen MKB en ZZPers weggedrukt in het grijze en zwarte circuit: de zware hand van de 'overheid' drukt ook loonarbeiders en uitkeringsgerechtigden in eenzelfde soort criminaliseringproces. Eerlijk werk en eerlijk ondernemen lonen simpelweg niet meer: surplus inkomen uit arbeid en winsten uit ondernemen worden onmiddellijk afgeroomd via steeds weer nieuwe lasten (hogere zorgpremies en eigen risico's, hogere BTW tarieven, hogere energieheffingen, lagere rechtsbijstandgrenzen, vervallen kwijtscheldingsclausules, verdampende pensioensrendementen).

De neo-liberale overheid voedt zich als een onverzadigbare vampier met het moeizaam opgebouwde inkomen van hardwerkende Nederlanders. De enorme opbrengst van ontelbare belastingen, heffingen, leges, wettelijke rentes en bestuurlijke boetes wordt vervolgens aangewend voor het in stand houden en vergroten van de doelen die de overheid zichzelf stelt—doelen die ook nog eens direct het belang van land en volk schaden. Doelen zoals de 'asielindustrie' (het miljardenslurpende bedrijf van administratie, opvang, rechtsbijstand, zorg en onderhoud van 'asielzoekers'), de 'leugenpers' (de uit publieke middelen bekostigde propaganda machine van goedbehuisde, mooi geklede en duurbetaalde cultuur-marxisten in de zogenaamde 'publieke omroep'), het 'partijkartel' (het staatsgesubsidieerde politieke establishment dat ronddraait in het duurbetaalde baantjescarrousel van 'bestuurlijk Nederland') en de 'eurocratie' (de uit Nederlands belastinggeld bekostigde Brusselse globalisten-kliek die onze wetten, onze grenzen en onze belangen uitverkoopt aan *high finance* woekeraars en *open society* ideologen).

MKB en kleine zelfstandigen worden het hardst getroffen door het neo-liberale verdienmodel geheten 'overheid'. 'Marktwerking' en 'liberalisering' zijn voor hen lege woorden: de realiteit is dat de neo-liberale overheid deze slagzinnen gebruikt om haar taken en verantwoordelijkheden af te stoten—en neer te leggen bij toch al overbelaste ondernemers en zelfstandigen. Daarenboven moeten juist *zij* opdraaien voor de electorale beloftes van 'economisch herstel' en 'koopkracht verbetering': het is aan hen om beloningen en arbeidsvoorwaarden af te stellen op de verwachtingspatronen die door politici in het oneindige worden opgetrokken. In die verwachtingspatronen staan ouderwets degelijke basiszaken als arbeidszekerheid en solide werknemersverzekeringen helemaal achteraan op het lijstje: voorop staan de langst-mogelijke vakantie, de snelst-mogelijke bonus en laagst-mogelijke arbeidsinzet. Dit zijn de 'gouden bergen' en het 'gratis geld' van de partijkartel 'verkiezingsbeloften': liefst een 32-urige werkweek met 48-urige uitbetaling, een jaar betaald ouderschapsverlof zonder één onbetaald overuurtje, elk jaar tenminste vier vliegvakanties en één splinternieuwe auto, elk seizoen een nieuwe I-Phone en elke vrijdag een paar uurtjes eerder vrij voor de nieuwste 'date'. Dit is het verwachtingspatroon van materialisme, consumentisme en hedonisme waarop het neo-liberale 'snelle geld' en de cultuurmarxistische 'individuele vrijheid' zijn gebaseerd. Ook dit hoort bij de sociale implosie en het identiteitsverlies die door echt Nederlands Nieuw Rechts op de agenda worden gezet: het verlies van normen en waarden — het verlies van arbeidsethiek en het verlies van solidariteit tussen werkgever en werknemer.

De resultaten zijn ernaar: een 'roverheid' die zich als omgekeerde Robin Hood opwerpt voor de belangen van de bankiers- en rentenierselite tegen het hardwerkende volk, een 'nieuw geld' middenklasse waarin ondernemers wordt vervangen door criminelen (bovenwereld naar onderwereld en omgekeerd) — en een lui en verwend 'neoproletariaat' dat geen plichten en alleen maar rechten wil. Dit proces reduceert hardwerkende en eerlijke ondernemers en zelfstandigen tot een bedreigde diersoort: hun winstmarge loopt steeds verder terug, hun rekening courant staat steeds vaker het rood en hun arbeidsethos resulteert steeds vaker in een 'burn-out'. Voor hen is er geen vangnet: voor hen zijn er geen wachtgelden en geen werkloosheiduitkeringen. Voor hen is er ook geen sympathie: zij zijn immers de kapitalistische vijand van het 'arbeidersparadijs' Nederland — uitbuiters, criminelen en zakkenvullers. Er is niemand die voor hen opkomst — 'ondernemerspartij' VVD is allang door de mand gevallen als loopjongen van de globalistische 'bankster' kliek en als een corrupte 'baantjesmachine' voor regenteske blaaskaken. Ondernemers en zelfstandigen zijn geen mensen die snel klagen of zichzelf snel beklagen: echt Nederlands Nieuw Rechts herkent hun behoefte aan een overheid die hun problemen als legitiem erkent en die de oplossingen ervan geruisloos faciliteert.

Echt Nederlands Nieuw Rechts wil er dus ook zijn voor deze vergeten groep: de Nederlandse ondernemer en kleine zelfstandigen. Echt Nederlands Nieuw Rechts staat voor een overheid die betaalbare (dus: vertraagd-beginnende, minimumloon-gebaseerde, eigen-risicoloze) werknemersverzekeringen faciliteert op basis van gedeelde (werkgever/werknemer) premiebetaling en van verplicht-collectieve (dus: goedkope, efficiënte) non-profit bedrijfstakfondsen. Echt Nederlands Nieuw Rechts staat voor een overheid die zelf een gestandaardiseerd en geavanceerd stelsel van sociale verzekeringen beheert voor kwetsbare ZZPers, met werknemers-equivalente premies en WW-equivalente uitkeringen. Echt Nederlands Nieuw Rechts staat voor een *corporatieve economie*, waarin ondernemers, zelfstandigen en arbeiders zich tot elkaar verhouden als elkaar aanvullende componenten met hetzelfde doel: een nationale economie waarin plaats is voor iedereen, waarin iedereen kan werken voor een redelijk — bescheiden maar eerlijk — loon en waarin ieder goedbedacht initiatief resulteert in een passende beloning. Een economie waarin allen weer een basale bestaanszekerheid genieten, waarin het zich weer loont om te werken en waarin ondernemen weer wordt beloond met erkenning. Een erkenning die zich niet alleen weerspiegelt in een toepasselijke (dubbel leefbare en herinvesteerbare) winstmarge, maar ook in basale dankbaarheid voor een arbeidsplaats, basale solidariteit met een werkgever en basaal respect voor de Nederlandse traditie van arbeidsethos. Daarmee staat Echt Nederlands Nieuw Rechts dus ook voor rechten die nergens anders meer worden verdedigd: *ondernemersrechten*.

Appendix B: Mediamaterialen

*Wenn die Wahrheit zu schwach ist sich zu verteidigen,
muss sie zum Angriff übergehen*

— Bertold Brecht

Nomen Nescio

*Den zomer bracht ik in Nederland door,
waar ze druk bezig geweest waren,
mooie huizen af te breken en er leelijke voor in de plaats te zetten,
al tobbende*

— vrij naar Nescio, *De uitvreter*

Nomen Nescio is Latijn, onze oudste cultuurtaal, en betekent 'de Naam ken ik Niet'. Na jarenlange cultuur-sloop denkt de Haagse regentenkliek dat ons volk aan het eind van zijn Latijn is gekomen — dat we kunnen worden bedrogen met gladde praatjes en bestolen met valse beloften. Zelfs kunnen worden vervangen door buitenlandse kolonisten. Deze elite, wat Martin Bosma zo mooi de 'schijnelite van valsemunters' noemt, gebruikt nu de Corona Crisis om deze anti-nationale machtsgreep te bestendigen met totalitaire wetswijzigingen. De vrijheden waar onze voorouders voor hebben gevochten en zijn gestorven worden met een pennenstreek weggewuifd: de vrijheid om bijeen te komen (vergadering), te demonstreren (betoging) en een kerkdienst bij te wonen (godsdienst) bestaan nog slechts in naam. Basale grondrechten, zoals het recht om voor jezelf te werken, je familie te bezoeken en je privésfeer te beschermen, staan onder kritieke druk. Arbeid en ondernemerschap worden ernstig belemmerd: tienduizenden MKBers en ZZPers zien hun broodwinning, hun spaargeld en hun toekomstplannen in rook op gaan. Winkelsluitingen, contactverboden, onvrijwillige quarantaine en sociale afstandsregels geven de vijandelijke elite de vrije baan om ons land om te bouwen tot een totalitaire staat. Onze elite heeft zich tegen ons volk gekeerd: het overheidsapparaat staat nu niet langer ten dienste van *onze regering*, maar van *hun regime*. We leven nu praktisch in een bezet land, maar de vijandelijke elite heeft zich vergist: het Nederlandse volk verdraagt geen bezetting, geen tirannie en geen machtsarrogantie — de Nederlandse geschiedenis bewijst het. *Nomen Nescio* zegt dit: tot hier en niet verder.

Nomen Nescio staat voor de Naamloze Nederlander: de gewone Nederlander die met veel geduld veel kan verdragen omwille van vrede en welvaart, maar die een dikke streep trekt wanneer zijn vrijheid in geding komt. Dit is wat alle échte Nederlanders verbindt: onze vrijheid gaat boven onze verschillen in inkomen, opleiding, geslacht, geaardheid, politiek en geloof. *Nomen Nescio* staat voor de Naamloze Nederlander die zijn vrijheid gebruikt om anoniem te schenken voor het goede doel en anoniem te blijven tijdens een vrijheidsdemonstratie. *Nomen Nescio* heeft geen boodschap aan politieke babbeltrucs, juridische spelletjes en media manipulaties. Een echte Nederlander is zelf eerlijk en herkent daardoor oneerlijkheid in anderen. De elite is ontmaskerd als een anti-Nederlandse elite:

De Naamloze Nederlander staat *boven* de slinkse leugens van de kartelpolitiek die onze staatssoevereiniteit en volksidentiteit heeft verkwanseld met open 'Schengen' grenzen in plaats van onze eigen grenswacht, een open 'Euro' kraan in plaats van onze eigen gulden, een totalitair-opgelegd Europees anti-recht in plaats van onze eigen Nederlandse rechtsstaat en politiek-correcte indoctrinatie in plaats van onze eigen vaderlandse tradities. Het dubbel liberaal-marxistische politieke kartel is door de mand gevallen: het is de politieke evenknie van de fiscale brievenbus firma constructie. Achter het partijkartel verbergen zich globalistische, anti-Nederlandse belangen: de Rutte-kliek is niets anders dan de pooier van de Nederlandse natie. De Naamloze Nederlander staat *boven* de politiek-gestuurde D66-rechtspraak die patriottische volksvertegenwoordigers voor het gerecht sleept terwijl criminele asielfraudeurs onze winkels leegroven en onze vrouwen lastigvallen. De Naamloze Nederlander staat *boven* de leugenachtige media die verdeel-en-heers speelt door ons tegen elkaar op te zetten: onze vrouwen tegen onze mannen, onze rijken tegen onze armen, onze intellectuelen tegen onze arbeiders, onze blanke Nederlanders tegen onze zwarte medelanders. De Naamloze Nederlander *doorziet* de leugens en eist terug wat van hem is: zijn land, zijn identiteit en zijn vrijheid. Niets meer en niets minder — ook als het tachtig jaar gaat duren.

Nomen Nescio staat voor de bescheiden, geduldige, hardwerkende Naamloze Nederlander in zijn kleine huisje achter de dijk. Een grote storm is opgestoken en de dijken zijn gebroken. Maar, zoals Zijne Majesteit Koning Willem Alexander het zei tijdens zijn kersttoespraak van 2018: *een beter Nederland begint in kleine huisjes!*

Iran als Nieuw Rechts vraagstuk

Sjors Remmerswaal: *Op 3 januari 2020 werd de Iraanse generaal Qassem Soleimani met een moordaanslag om het leven gebracht, met het gevolg dat het Midden-Oosten, nu al geplaagd door oorlogen en opstanden, nog onrustigeris geworden. De Amerikaanse President Trump beloofde in reactie op de Iraanse aanvallen die daarna volgden, mogelijk*

52 locaties in het land te bombarderen, waaronder zelfs cultureel erfgoed. Hij trok dit later weer in, maar evenwel blijft de kans op oorlog zeer wel aanwezig. Dr. Alexander Wolfheze heeft langdurig studie gedaan naar de cultuurgeschiedenis van het Nabije Oosten, wat ook Iran omvat. React Nieuws heeft hem enkele vragen voorgelegd.

Sjors Remmerswaal: Het lijkt erop dat de Iraniërs over een sterke mentaliteit beschikken om met een wereldmacht de confrontatie op te zoeken. Is hiervoor een historische verklaring?

Alexander Wolfheze: Ook als de lezer een snel en kort antwoord zou willen, is hier toch wel een kleine historische inleiding nodig. Door ons slechte onderwijs en onze bevooroordeelde systeempers zijn veel mensen heel slecht geïnformeerd over de wereld om hen heen — daarmee is het publiek voor onze vijandelijke elite gemakkelijk te manipuleren. 'Iran' is in de ogen van veel mensen nu een soort barbaars 'verweggistan': één van de vele primitieve oorden in het Midden-Oosten die — naar 'populistisch' verluidt — worden bewoond door half-analfabete, lijfstraf-minnende inteelt-populaties en bestuurd door fanaat-onredelijke, hondsdol-antiwesterse godsdienstfanaten. Het is belangrijk heel wat kanttekeningen te plaatsen bij die simplistische kijk. Het komt onze vijandelijke elite maar al te goed uit dat de gemiddelde burger niet veel verder komt dan zulke vooroordelen.

Het woord 'Iran', etymologisch '(het land) van de Ariërs', mag dan deel uitmaken van de officiële naam van de huidige 'Islamitische Republiek Iran', maar is pas sinds 1935 de gangbare en pas sinds 1979 de enig-officiële naam van een staat die tot dan toe in het Westen werd aangeduid als 'Perzië'. Het is ook pas sinds 1979 dat die staat een republiek is — voor die tijd was er een Perzische Keizerrijk. Nog de laatste keizer, Mohammad Reza Pahlavi (r. 1941-1979), droeg de titels *Shahanshah* 'Koning der Koningen' en *Aryamehr* 'Licht der Ariërs' — beide gaan terug op een meer dan twee en half millennia oude rijksgedachte en staatstraditie. In het Westen werden deze staat en deze traditie, dragers van een luisterrijke en hoogstaande cultuur, aangeduid als 'Perzisch'. Dat woord verwijst oorspronkelijk naar het oude hart van staat en traditie, namelijk de provincie Fars, gelegen in het zuid-westen van de huidige Islamitische Republiek — de relatie van 'Perzisch' tot 'Iraans' is in die zin te vergelijken met die tussen 'Hollands' en 'Nederlands'. De Republiek der Zeven Verenigde Nederlanden had, via de Verenigde Oost-Indische Compagnie en gezantschappen, al goede en respectvolle betrekkingen met het Perzische Rijk, gebaseerd op neutraliteit en handel. De Perzische cultuur en taal waren in die tijd nog dominant in grote delen van de Oude Wereld, van de Balkan en Noord Afrika (het Ottomaanse Rijk) tot in India (het Mogol Rijk) — zelfs in het 19e eeuwse Nederlands-Indië lazen en spraken veel geleerden en gezagsdragers nog Perzisch. De grootse literatuur en prachtige kunst van Perzië werden in Nederland, net als in de rest van Europa, uitgebreid bestudeerd en bewonderd. Perzië was in de beleving van gewone mensen toen nog een sprookjesland van magische tapijten, paradijstuinen en mystieke dichters. Pas sinds de Islamitische Revolutie van 1979 is er verandering gekomen in die waarneming — met de teloorgang van de oude naam 'Perzisch' verdwenen ook veel kennis, begrip en respect voor een hele oude en hoge cultuur.

Deze kleine inleiding geeft meteen een goede verbinding naar de historische verklaring waarom wordt gevraagd: de Perzische — of zo men wil Iraanse — geschiedenis verklaart veel van de basale houding van het huidige Iraanse bewind naar het buitenland. Het Iraanse bewind bestaat niet, zoals Westerse regeringen, uit globalistische loopjongens van het geschiedenisloze grootkapitaal en de waardevrije verlichtingsideologie: het Iraanse bewind ziet zichzelf als de trotse drager van een zeer hoge historische roeping en van een zeer oude nationale traditie. Die roeping en traditie vallen nu samen in een zeer speciale — en deels zeer *Perzische* — variant van de Islam: het Sjiisme (van het Arabische *Sji'at Ali*, 'Partij van Ali' — zij die Imam Ali en zijn nageslacht accepteren als opvolgers van de Profeet Mohammed). Die variant legt de nadruk op eschatologisch visie en messiaanse roeping, een nadruk die zich — soms heel subtiel en soms heel direct — uit in wat men in het Westen vroeger kende als 'kruisvaarders' roeping: een geleefd geloof en een levenshouding waarin discipline, strijdvaardigheid en zelfopoffering centraal staan. In de Nederlandse geschiedenis kunnen we dat soort uitingen ook zien, zoals in de Tachtigjarige Oorlog — die behalve onafhankelijkheidsoorlog ook godsdienstoorlog was — en in de Tweede Wereld Oorlog, waarin essentieel geleefde levensvisies bitter op elkaar botsten. De passie van de Engelandvaarder enerzijds en die van de Waffen SS-vrijwilliger anderzijds. Die passie ligt dicht aan de oppervlakte van het Iraanse nationale leven — en wordt alleen maar versterkt door de constante bedreiging van de Amerikaanse vijand. Men herinnert zich daar nog dagelijks de miljoen slachtoffers van de bijna achtjaar durende oorlog tegen Saddam Hoessein (de Iran-Irak Oorlog van 1981-1988) — een oorlog die men, niet ten onrechte, ziet als een Amerikaanse poging om de Iraanse Revolutie dood te bloeden. Men ziet daar ook de constante Amerikaanse inmenging in binnenlandse politiek: via regionale afscheidingsbewegingen (vnl. in Baloechistan, Choezestan, Koerdistan), herhaaldelijke terreuraanslagen (m.n. de Volksmoedjahidien), economische sancties en propaganda hetzes. De combinatie van een gepassioneerde levenshouding en een sterk nationaal bewustzijn die de Iraanse politiek aanstuurt mag voor de gemiddelde moderne Westerse mens moeilijk navolgbaar zijn, maar is daarom niet minder authentiek en effectief.

In die zin is de Iraanse confrontatie met de hegemoniale Amerikaanse wereldmacht zo goed als onvermijdbaar: het Iraanse vasthouden van de eigen (staats)soevereine rechten en de eigen (meta) historische roeping — een vasthouden dat parallellen vindt in de onafhankelijke geopolitiek van Rusland, China en nog een klein aantal andere landen — is eenvoudigweg onverenigbaar met de agressieve globalistische politiek die nu wordt gevoerd door de mondiale vijandelijke elite en die zich nu via *deep state* structuren heeft meester gemaakt van het Amerikaanse staatsapparaat. De Belgische publicist

Robert Steuckers heeft de via Amerikaanse *hard power* en *soft power* geïmplementeerde en in neo-liberale en cultuur-marxistische ideologie verankerde globalistische politiek van de mondiale vijandelijke elite sinds zeer treffend geduid als 'pyro-politiek'. Het is de politiek van het met alle mogelijke middelen 'weg- en neerbranden' van alle alternatieve machtcentra, -structuren en -ideeën. Voorbeelden van verschillende pyro-politieke taktieken: het (versneld neo-liberale) 'rampen-kapitalisme' in het voormalige Oostblok in de jaren '90, de (*black ops*) 'kleuren-revoluties' in de voormalige Sowjet-sfeer in de jaren '00 en de 'Arabische lente beweging' in het Midden-Oosten in de jaren '10. Er blijven echter een aantal alternatieve machtspolen over buiten de 'uni-polaire' globalistische 'Nieuwe Wereld Orde' die is ontstaan sinds de ondergang van de Sowjet-Unie: bovenal China en Rusland. Ook Iran is nog altijd een authentieke soevereine staat, maar als middelgroot land is Iran echter veel kwetsbaarder dan de grootmachten China en Rusland. In confrontatie met de op de Amerikaanse supermacht steunende globalistische 'greep naar de wereldmacht' is er maar één echte garantie van staatssoevereiniteit, namelijk een geloofwaardige nucleaire afschrikking. Ben Goerion en De Gaulle begrepen dit principe en gaven daarmee Israël en Frankrijk de optie van een authentiek soevereine geopolitieke koers. De Klerk en Gaddafi lieten zich ervan afleiden en beroofden daarmee Zuid-Afrika en Libië van een overlevingskans in de globalistische leeuwenkuil. Vandaar het heikele probleem van het Iraanse nucleaire programma. Totdat Iran zich een 'nucleaire optie' verschaft hangt het overleven van Iran als soevereine staat af van een instabiele combinatie van zeer variabele factoren. Bijvoorbeeld van de vraag in hoeverre President Trump in staat is de *deep state* provocaties en manipulaties die gericht zijn op oorlog te neutraliseren. En uiteindelijk ook van de vraag op welk punt — en hoe — Rusland zal ingrijpen wanneer de integriteit en stabiliteit van de Iraanse staat in het geding is.

Sjors Remmerswaal: *De Amerikaanse president Donald Trump sprak vrijuit over het bombarderen van plekken met cultureel erfgoed, waar moeten wij dan aan denken?*

Alexander Wolfheze: Dit soort bedekte bedreigingen passen goed in de globalistische strategie van 'totale oorlog' — van de pyro-politiek waarover we eerder spraken. Het is belangrijk duidelijk te zijn: de inzet van het globalisme is de *wereldmacht* en de globalistische vijandelijke elite is dus potentieel in staat van oorlog met de *hele* wereld, namelijk met alles wat haar macht — als is het maar in theorie — bedreigt. De globalistische vijandelijke elite kent geen grenzen en voelt zich evenzeer bedreigd door 'binnenlandse' als door 'buitenlandse' tegenkrachten: voor haar is een onfhankelijk opererende President Trump even gevaarlijk als een onafhankelijk opererende Iraanse staat. En niets komt haar beter uit dan dat die beiden elkaar vernietigen — dat is de inzet van de Amerikaanse *deep state* en de mondiale systeemmedia. De oorlog die de globalistische vijandelijke elite voert is ook maar heel beperkt 'klassiek militair'. Pyro-politieke oorlogsvoering berust namelijk niet slechts op het 'opbranden' van de militaire en economische capaciteit van de vijand, maar vooral ook op het 'wegbranden' de *identiteit* en het *moreel* van de vijand. De identiteit van een volk en een natie bestaat in ruimte en tijd — ze altijd hangt samen bepaalde 'heilige' plaatsen en bepaalde historische 'sleutelmomenten'. Door volken en naties in die plaatsen en momenten te treffen, kan hun identiteit gemanipuleerd worden. Vandaar dat de globalistische vijandelijke elite, natuurlijk via *proxies*, steeds specifieke symbolische doelwitten kiest. Op 9 september 2001 waren dat de hoogste wolkenkrabbers van New York en op 15 april 2019 was dat de Notre Dame de Paris. De Afghaanse Taliban en Arabische Da'esh terreurbewegingen, beide heimelijk opgezet via Westerse geheime diensten en gefinancierd door de Golfstaten, richtten zich op soortgelijke wijze tegen grote pre-Islamistische monumenten als Bamiyan en Palmyra. Het is dus logisch dat een Amerikaanse oorlogsinzet tegen Iran zich met name ook zou richten op het 'in de as leggen' van identiteitsbepalende Iraanse monumenten.

Sjors Remmerswaal: *Mocht het toch tot oorlog komen, of zelfs een Amerikaanse invasie, wat gevolgen kan dit dan hebben voor dit cultureel erfgoed?*

Alexander Wolfheze: De vernietiging van 'vastgoed' cultuurgoed en de roof van 'draagbaar' erfgoed was ook onderdeel van globalistische oorlogen tegen Irak en Syrië — monumenten werden opgeblazen en musea leeggeroofd. Veel van de Assyrische kunstwerken in Nimrod zijn zo verloren gegaan en veel van de spijkerschrift kleitabletten uit het Baghdad Museum zijn zo via de zwarte markt verdwenen in privéverzamelingen. De rijkdommen van Iran kan een soortgelijk lot beschoren zijn: de paradijstuinen van Shiraz, de moskeeën van Esfahan en de schatkamers van Teheran behoren tot de grootste scheppingen van de mensheid maar voor de globalistische vijandelijke elite zijn het niet meer dan wegwerp artikelen. Vergeet niet dat dit de vijandschap van deze elite zich richt tegen alles wat mooier, beter en hoger is dan zijzelf — en dus tegen bijna alles in deze wereld. De globalistische inzet op de vernietiging van cultureel erfgoed vooral een lange termijn strategie: het gaat erom de identiteit van een volk en natie op lange termijn te manipuleren door de cultuur-overdracht te verstoren. De geallieerde terreurbombardementen op de As-mogendheden gedurende Tweede Wereld Oorlog geven een indicatie van de richting waarin men daarbij moet denken: het systematisch platleggen van vrijwel alle Duitse steden en het nucleair verdampen van Hirosjima en Nagasaki resulteerden in een collectieve traumatische stress stoornis in de Duitse en Japanse psyche. Na de *Stunde Null* ervaring van 1945 — de ervaring van een fysieke totaal-verwoesting en psychische 'vijandelijke overname' — viel er bijna letterlijk een 'gat' in het collectieve historisch geheugen van beide volkeren. Het is dit 'zwarte gat' in de geschiedenis — feitelijk een geforceerde collectieve identiteitscrisis — dat hun naoorlogse hersenspoeling mogelijk maakte. Dat deze strategie ook echt werkt wordt bewezen door het feit dat beide landen — dit jaar driekwart eeuw later — nog steeds gewillig in het gareel van de overwinnaar lopen: beide landen hebben nog steeds een Amerikaans militair garnizoen en schikken zich vooralsnog zonder noemenswaardige weerstand naar de globalistische politiek die door de Amerikaanse politieke elite wordt gedicteerd, hoe onlogisch en zelfvernietigend die politiek ook moge zijn. Met Japan staat er iets beter voor omdat het tenminste één soeverein symbool behield: de keizerlijke dynastieke continuïteit. Met Duitsland is het veel slechter gesteld: daar is nu sprake van authentieke zelfhaat — Bondskanselier Merkel's 'migratie beleid' sluit naadloos aan op die realiteit. Als de globalistische vijandelijke elite Iran in geopolitieke zin daadwerkelijk wil neutraliseren dan is een soortgelijke 'behandeling' als die van Japan en Duitsland het meest effectief: de eerste stap is het fysiek aantasten van cultureel erfgoed. Het beoogde effect is daarbij dus een lange termijn effect. Op de korte termijn zal de vernietiging van cultureel erfgoed het Iraanse volk zo verontwaardigd en woedend maken dat de weerstand tegen de Amerikaanse agressie in hoge mate wordt versterkt en in uiterst fanatisme doorslaat — net als het geval was bij de As-mogendheden gedurende de laatste maanden van de Tweede Wereld Oorlog. Die verhoogde inzet bepaald ook de drastische uitkomst. De uiteindelijke uitkomst van een dergelijke 'totale oorlog' is echter moeilijk te voorspellen: zij zal men name afhangen van de escalatie-bereidheid van de globalistische strategen — en van de risico-bereidheid van hun Russische tegenspelers.

En hier komen we op een interessant vraagstuk: in hoeverre is de door de *deep state* gebezigde oorlogsretoriek reëel? Er is anno 2020 sprake van een duidelijke Amerikaanse *imperial overreach*: de militaire en financiële grenzen van de Amerikaanse macht zijn bereikt. Een echte globalistische overwinning op Iran is slechts mogelijk met grootschalige Amerikaanse militaire inzet: grondinvasie gevolgd door bezettingsgarnizoen. Zo'n overwinning is niet te bereiken door de inzet van lokale *proxy* groepen — dit is bewezen in Irak en Syrië. Een totale grondoorlog en een langdurige bezetting zouden veel van

Amerika vergen: veel levens en veel geld. De politieke wil en brede ondersteuning lijken vooralsnog volledig te ontbreken; de daadwerkelijke belanghebbenden — het *military industrial complex* en buitenlandse lobby's — zouden een enscenering van het niveau 'Pearl Harbor' of '9/11' nodig hebben om voldoende binnenlandse steun te krijgen voor een grootschalige oorlog tegen Iran. Er is dus waarschijnlijk sprake van een bepaalde mate van 'bluf poker', wellicht bedoeld ter verhoging van de inzet bij toekomstige regionale diplomatieke initiatieven. Wat echter niet is uit te sluiten is een — al dan niet door *deep state* fracties bewerkstelligd — 'incident', gevolgd door een 'per ongeluk' oorlog.

Sjors Remmerswaal: *Wat is onze, dus de Indo-Europese, verwantschap met Iran? Gaat dit enkel over de taal?*

Alexander Wolfheze: Historische verwantschap bestaat op verschillende niveau's — van zeer abstracte kosmologie (mythologische symbolen en religieuze concepten) tot aan zeer concrete biologie (haplogroepen en fenotypes). Nu is biologische verwantschap op welk niveau dan ook, laat staan op het groepsniveau van etnische identiteit, natuurlijk zo goed als een taboe onderwerp in het huidihe 'politiek-correcte' diskoers van de cultuur-nihilistische systeemmedia en systeemacademie — het blijft niettemin een realiteit. De cultuurnihilistische deconstructie van elke soort authentieke groepsidentiteit is een belangrijk streven van de globalistische vijandelijke elite. Hiermee is een realistische discussie van genetische, epigenetische en fenotypische ontwikkeling en identiteit op niveau van etniciteit in de Westerse publieke sfeer bijna onmogelijk. Het gaat natuurlijk om wetenschappelijke materie met uiterste complexe aspecten, maar dat wil niet zeggen dat het geen biologische aspect van etniciteit zomaar van tafel kan worden geveegd. Het is verstandig met respect te kijken naar het historisch overgeleverde gegeven van etnische identiteit — en om volksidentiteiten als deel van de menselijke biologische variëteit te beschermen tegen de intrinsiek nivellerende en diep-ecocidale richting van het globalisme. In de Iraanse en Indische cultuursfeer denkt men overigens veel positiever en realistische over de eigen Indo-Europese oorsprong en identiteit dan in Europa.

Nu is 'Indo-Europees' in de eerste plaats een taalkundige uitdrukking, de Indo-Europese volkerengemeenschap — die al prehistorische tijd uitstrekte van de Europese Atlantische kust tot aan de Golf van Bengalen — heeft echter ook een bepaalde mate van culturele samenhang. Het is daarbij belangrijk op te merken dat ook godsdienst zich bij de Indo-Europese volkeren steeds minstens net zoveel aanpast aan de volksaard, als de volksaard aan de godsdienst. De typisch eigen leef- en gedachtewereld — door de Duitse filosoof Heidegger's zeer treffend beschreven als *Haus des Seins* — van de Indo-Europese volkeren drukt steeds duidelijk een stempel op de niet-Indo-Europese godsdiensten waartoe zij voor een groot deel zijn overgegaan. Dat geldt voor het Europese Christendom evenzeer als de Iraanse Islam. De in Iran dominante Sji'a Islam en de daar sterk mee verweven Soefi Traditie wijken beide sterk af van in de Arabische wereld dominante Soenni Islam — en al helemaal van de neo-primitieve 'Islam' die wordt uitgedragen door de Wahhabitische puristen van het Arabisch schiereiland en die wordt uitgedragen door groepen als Al-Qaeda en Da'esh. Zo ligt in het Sjiisme een sterke nadruk op hiërarchische kosmologie — een typisch Indo-Europese gegeven. En zo is er in het Sji'a Islam een institutionele religieuze hiërarchie die ontbreekt in de Soenni Islam. Er is daarnaast ook een aansluiting op het oude Indo-Europese instituut van vererfbaar priester-koningschap: het Sjiisme kent de institutie van het Imamaat: de opvolgingslijn vanuit Imam Ali, de schoonzoon van de Profeet. Deze lijn heeft zelfs een legitieme claim op het hoogste wereldlijk gezag over het Perzische Rijk via het huwelijk van Imam Hossein, de tweede zoon van Imam Ali, met Shahr Banoe, de dochter van de laatste Sassanidische keizer Yazdegard III. Andere relevante elementen zijn het Sjiitisch juridisch beginsel van de *Ijtihad* — de onafhankelijke rede als bron van jurisprudentie — en de binnen het Sjiisme dominante afkeur van elke vorm van polygamie. Bovenal is er echter het feitelijk — *geleefde* — overleven van veel

Zoroastrianistische cultuurelementen: kalender, feestdagen, rituelen. Het Zoroastrisme — dat in Iran ook nog een echte institutionele presentie heeft — is, net als het Vedisch Hindoeïsme, een authentieke Indo-Europese godsdienst.

Iran is daarmee, ondanks aanzienlijke materiële en culturele verschillen, duidelijk deel van de Indo-Europese cultuurcirkel waartoe ook de meeste Westerse landen behoren. Het is daarnaast ook als authentiek soevereine staat een natuurlijke bondgenoot van de anti-globalistische beweging die recent in het Westen opgang maakt als 'Nieuw Rechts'. Voor de Nederlandse patriottisch-identitaire tak van Nieuw Rechts is het daarbij specifiek belangrijk toe te werken naar een op het eigen, *Nederlandse*, belang gebaseerde buitenlandse politiek. Nederland heeft als demografisch-economisch middelgroot handelsland belang bij een afgewogen maar stevige neutraliteitspolitiek — de politieke elite heeft die politiek na de Tweede Wereld Oorlog, onder dwang van de toenmalige omstandigheden (militair en economische zwakte, noodzaak tot wederopbouw, communistische dreiging), opgegeven. Maar ons land heeft een dure prijs betaald voor het dwingende Amerikaanse vazalschap en het kunstmatige Europese eenheidsproject die resulteren uit het opgeven van een soevereine neutraliteitspolitiek. Onder Amerikaanse politieke druk zijn Indonesië en Nieuw-Guinea, ondanks allerlei realistische staatsvorm-alternatieven voor ouderwets kolonialisme, overhaast opgegeven. Daarnaast heeft Nederland zich door het zich slaafs schikken naar Amerikaanse oorlogspolitiek medeschuldig gemaakt aan agressieoorlogen tegen onder meer Joegoslavië (1999), Afghanistan (2006) en Irak (2003). Onder Europese druk zijn nu ook de eigen munteenheid, de eigen grenzen en eigen rechtspraak opgeofferd aan globalistische belangen. Deze stand van zaken is niet alleen historisch volledig achterhaald, maar heeft zich nu ook als zeer schadelijk bewezen voor het Nederlandse volk: neo-liberale kaalslag, massa-immigratie, nihilistische indoctrinatie, sociale implosie en ecologisch wanbeleid hebben niet alleen de levenskwaliteit aangetast maar bedreigen nu ook het voortbestaan van het volk als volk en het land als land. Nederlands Nieuw Rechts staat voor de grote opgave van herstel van de staatsoevereiniteit — een op Nederlandse belangen afgestelde, authentiek-soevereine buitenlandse politiek is daarbij essentieel.

Ten aanzien van Iran betekent dit een heroverweging van het door de systeemmedia en systeemacademia beeld van Iran als vijand. Als handelsland Nederland heeft veel te winnen bij een strikte neutraliteitspolitiek: betrekkingen zouden op basis van reëel eigenbelang moeten worden gemaakt — onafhankelijk van onheuse (want holle en selectieve) criteria als 'mensenrechten' en 'internationaal recht'. Als zulke retorische criteria écht zouden moeten doorklinken in de Nederlandse buitenlandse politiek, dan zouden we moeten beginnen met sancties tegen Amerika en verbreken van diplomatieke betrekkingen met Saoedi-Arabië. Beide zijn natuurlijk geen reële opties en het is belangrijk dat Nederland juist reëel kijkt naar het eigenbelang. Het huidige 'Calimero' denken in de Nederlandse politiek — dat Nederland 'te klein' en 'te kwetsbaar' is voor een autonoom buitenlands beleid, buiten de EU, buiten de Euro, buiten Schengen en buiten de NAVO — is echter evenzeer onzin: Nederland heeft wel degelijk een goede onderhandelingspositie bij een zelfstandig buitenlands beleid: het heeft een bijzonder gunstige strategische positie in het hart van West-Europa, een goede handels- en communicatie infrastructuur, een hoogst inventieve technologiesector, een steenrijke financiële sector, een deels autarkische landbouwsector en een permanente toeristisch aantrekkingskracht. Met een eigen munt, losgekoppeld van woeker- en subsidiepraktijken van de 'Europese Bank', een eigen immigratiebeleid, losgekoppeld van de omvolking praktijk van de 'Schengen Zone', een eigen rechtssysteem, losgekoppeld van de totalitaire abstracties van het 'Europese Recht' en een eigen krijgsmacht, losgekoppeld van de agressief-expansieve 'NAVO' is er een wereld aan welvaart, welzijn en (zelf)respect te winnen. Iran is niet de vijand van Nederland — de echte vijand van Nederland is de globalistische elite: die vijand bevindt zich niet duizenden kilometers ver weg aan de

Perzische Gold, maar binnen onze eigen grenzen, diep ingevreten in onze instituties.

We hebben er genoeg van in Mordor te leven

(Zeven Thesen voor de EcoNLogische Revolutie)

(*) Vrij vertaald uit het Duits, ex Recherche D november 2019 — met Nieuw Rechtse aanvullingen

Thuisland bescherming betekent ook natuurbescherming. Dat begrepen alle grote conservatieve denkers — lang voor dat er zoiets als 'GroenLinks' bestond. Kritiek op de tegen-natuurlijke overmoed van de moderne techniek, het vooruitgangsdenken en het groeimodel — kritiek die een essentieel deel vormt van het Nieuw Rechts gedachtegoed — gaat ruim twee eeuwen terug.

Het Nieuw Rechts — en hele patriotisch-identitaire — verzet tegen de globalistische vijandelijke elite kan zich een kat-en-muis-spel met het thema milieupolitiek niet langer veroorloven. In tegendeel: de afkeer van de dubbel neo-liberale and cultuur-marxistische vooruitgangsideologie ligt noodzakelijkerwijs ten grondslag aan de door het patriotisch-identitaire verzet beoogde wedergeboorte van de Westerse mensheid. Anders dan de cynische, belastinggeld graaiende links/liberale symboolpolitiek, met haar talloze 'deugmodel' projecten (zinloze 'milieuzones', landschapsverpestende windmolenparken, misleidende 'emissiedoelen', etc.), richt de Nieuw Rechtse ecologie zich op de *oorzaken* van de milieucrisis.

Ongeacht haar diepere (eco-)politieke oorzaken en haar directe (socio-)politieke implicaties biedt de huidige 'Corona Crisis' een goede gelegenheid voor een kort 'meditatief moment'. Hier zijn zeven thesen uit Duitsland die ook Nederlands Nieuw Rechts te pas kunnen komen: zij geven een basisschets voor een authentiek cultuur-revolutionair alternatief — een *EcoNLogisch* alternatief voor het evident onhoudbare beleid van de globalistische vijandelijke elite.

(1) *Overbevolking is de uiteindelijke kern van het milieuvraagstuk.* De groei van de wereldbevolking dreigt, op zijn huidige traject, nog voor de 22e eeuw op een totaal van 12 miljard mensen uit te lopen. Gezien de daarmee samenhangende groei in energievraag zijn de nu in ontwikkeling zijnde 'hernieuwbare' energiebronnen niet meer dan een druppel op een hete plaat. Het globale ecosysteem kan deze honderden miljoenen nieuwe vleeseters, plasticconsumenten, *smartphone* gebruikers, autobezitters en vakantievliegers simpelweg niet aan. Om onomkeerbare schade en eco-catastrofale ineenstorting te voorkomen dient de wereldbevolking op een veel lager niveau gestabiliseerd te worden.

(2) *Kernenergie met innovatieve afvalopslag is een levensvatbare toekomstoptie.* Kerncentrales kunnen draaien zonder verontreinigende uitstoot. Zij leveren bovendien onafhankelijk van wind en weer continu schone energie — een absoluut vereiste voor de industriële en IT sectoren. Ook is er gedurende de afgelopen decennia aanzienlijke vooruitgang geboekt met de eindopslag van radioactief afval — zo experimenteren een aantal landen nu al met transmutatie technieken die isotopische halfwaarde tijden aanmerkelijk kunnen verkorten. Het potentieel van innovatieve kernenergie technieken moet goed onderzocht worden — voordat kernenergie als alternatief voor fossiele brandstoffen wordt afgeschreven.

(3) *Het groeiparadigma hoort op de schroothoop van de geschiedenis.* De neo-liberale utopie van de onbeperkte groei als uitgangspunt voor economisch, sociaal en politiek beleid is niet langer houdbaar — het neo-liberale groeimodel is een levensgevaarlijke politieke fout. Het sociaal-darwinistische denkbeeld dat een constante sociaal-economische *rat race* competitie tussen individuen en collectieven overeen komt met de 'natuurlijke staat' van de mensheid is volkomen achterhaald. Er zijn reële grenzen aan de grondstoffen voorraad en het zelfherstellend vermogen van de aarde — de mensheid leeft nu ver boven haar stand. Dit is geen nieuw inzicht, maar dit inzicht dient nu wel in het collectieve bewustzijn te veranderen. Verlangzaming, matiging

en consolidatie zijn essentiële onderdelen van de door Nieuw Rechtse beoogde culturele revolutie.

(4) *De massa-consumptie en de overmaat-maatschappij hebben geen toekomst.* De wegwerp-, mode- en impuls-cultuur van eindeloos herziene online bestellingen en eindeloos herhalende *shopping* dagen is niet langer houdbaar. Westerse consumenten produceren honderden kilo's niet-organische vuilnis per jaar. De wereldzeeën zijn nu bezaaid met eilanden van plastic vuilnis rond terwijl bij de Westerse consumenten het meest fundamentele besef van ecologisch rentmeesterschap ontbreekt. Absurd gevarieerde en totaal overbodige consumptie opties scheppen geen blijvend geluk, maar wekken slechts onmogelijke verwachtingen — ze scheppen ook permanente afhankelijkheid van globalistische infrastructuren en denkpatronen. Het neo-liberale consumentisme heeft de Westerse mens gereduceerd tot een zombieske parasiet op de planeet. Nieuw Rechts wil deze existentiële conditionering ongedaan maken door immateriële waarden te laten prevaleren boven de vluchtige 'genotmomenten' van de neo-liberale wegwerp consumptie.

(5) *Maximaal-zelfvoorzienende plaatselijke, regionale en nationale economieën hebben de toekomst.* Basale producten als aardappels en melk worden omwille van *a fistful of dollars* van de andere kant van het continent naar onze supermarkten gehaald. Het van alle redelijkheid losgeslagen winst-denken moet ophouden: waar eeuwenlange plaatselijke productie in elementaire plaatselijke behoeften heeft voorzien hoeft niet zo nodig iets nieuws te worden bedacht. Maximale plaatselijke, regionale en nationale autarkie geeft bovendien maximale bescherming tegen onvoorziene omstandigheden zoals natuurcatastrofes, epidemieën en oorlogen. Plaatselijk, regionaal en nationaal kopen is niet alleen een kwestie van sociale verantwoordelijkheid en vaderlandsliefde, maar ook van simpel gezond verstand.

(6) *Minder mobiliteit komt het milieu ten goede.* Het globalisme moedigt iedereen aan om constant 'mobiel' te zijn en te blijven. Men moet zoveel mogelijk op het platteland wonen en elke dag eindeloos

in de file staan om in de binnensteden te werken. Men moet zoveel mogelijk in het buitenland studeren om vervolgens een internationale carrière na te streven met zoveel mogelijk 'landjes zien'. Dit is economisch onzinnig en ecologisch funest. In het digitale tijdperk kan men juist vaak heel goed thuis werken, thuis winkelen en thuis ontdekken. Het dagelijkse miljoenenverkeer van hamster-wiel 'forenzen' en de seizoensgebonden volksverhuizingen van maniakale 'toeristen' belasten niet alleen de luchtkwaliteit, het ecosysteem en de klimaatbalans, maar ook de psychische gesteldheid van de totaal ontwortelde consumentenmassa. Waar men naar believen op elk moment van woonplaats en woonland kan — wil, moet — wisselen gaat iedere organische band met de natuur en de medemens — familie, volk — verloren. Basale verantwoordelijkheidszin voor de leefomgeving en de gemeenschap gaat verloren. 'Totale mobiliteit' vernietigt niet alleen de natuurlijke leefomgeving, maar ook de menselijke samenleving.

(7) *Gesloten grenzen beschermen het milieu*. De bevolking van Afrika stijgt elke week met 1,2 miljoen mensen. Er wordt dus in Afrika elke tien dagen een aantal kinderen geboren dat hetzelfde is als het totaal (en record!) aantal door Duitsland tijdens de 'Vluchtelingen' Crisis van 2015 opgenomen 'asielzoekers'. Zolang Afrika zijn 'mensen overschot' kan exporteren, zal er geen einde komen aan de Afrikaanse bevolkingsexplosie. Maar wanneer de 'migratie' routes naar Europa worden gesloten zullen Afrikaanse samenlevingen — vroeger of later — tot een alternatieve bevolkingspolitiek worden gedwongen. Tegelijkertijd zal het sluiten van de Europese grenzen voor niet-Europese immigratie de toch al te dicht bevolkte Europese ruimte nog verdere demografische overbelasting besparen. De totale 'ecologische voetafdruk' van Europa is toch al te hoog — een verminderde demografische druk op Europa van buitenaf is essentieel voor zowel de Europese natuur als de Europese mens.

'We Built This City'

Don't You Remember?

In onze publieke ruimte hangt een andere vlag op gelijke hoogte met onze Nederlandse vlag: de EU vlag van de *bezetter*. In onze winkels ligt nog maar weinig dat gemaakt is op onze eigen bodem: nering en tering wordt bepaald door en betaald aan de bezetter. In onze portefeuilles zit geld dat niet langer het onze is: het Euro monopoliegeld van de bezetter. In onze rechtspraak en onze wetshandhaving gelden niet langer onze normen en waarden: oneigen gedrag en denken wordt voorgeschreven door de bezetter. Uit onze grote steden zijn onze mensen massaal weggevlucht: wijken en woningen worden weggegeven door de bezetter. Aan onze grenzen staan niet langer onze marechaussees: het zijn nu de 'open grenzen' van de bezetter. Onze soldaten, onze diplomaten en onze belastingen worden gebruikt voor onrechtvaardige oorlogen, ondoorzichtige intriges en verre belangen die niet de onze zijn: ze staan in dienst van de bezetter. Eerst in onze straten, toen in onze harten en nu in onze hoofden begint onze realiteit vorm te krijgen: we zijn *bezet*.

Bezetting: met de mooiste beloftes en de bestbedoelde lettercombinaties. 'Vrijheid, gelijkheid en broederschap', 'democratische rechtsstaat', 'vrijheid van goederen, diensten en verkeer', 'internationale rechtsorde'. EU, ECB, NAVO, IMF, VN. *Bedrog*: vrijheid — maar alleen om te kiezen, te zeggen en te denken wat politiek correct is; verkiezingen — maar met honderdduizenden 'kiesgerechtigde' vreemdelingen en steeds maar dezelfde stoelendans; rechtsstaat — maar zonder oog voor authentieke rechten; lastenverzwaring — maar alleen ter financiering van lucratieve 'privatisering', 'asielopvang' en 'klimaatpolitiek'. *Verraad*: door de schijnelite van valsemunters: de bankiers- en beleggers maffia, de partijkartel- en baantjescarrousel kliek, de nepnieuws journalisten en frauderende academici, de excuustruzen en troetelallochtonen — maar het meeste toch van eigen bodem. Bezet, bedrogen en verraden — door de *vijandelijke elite*.

Racisme, anti-semitisme, islamofobie, klassenstrijd, homofobie, intolerantie, onverdraagzaamheid — ze zijn allemaal totaal *on-Nederlands*. Maar Echt Nederlands is wel: de waarheid zeggen. Nederland is van het Nederlandse volk. Het Nederlandse volk heeft een onvoorwaardelijk eerstgeborene recht — op Nederlands grondgebied, op Nederlandse rijkdom, op Nederlands erfgoed. Er is een plaatsje voor het handjevol eeuwenlang ingezeten minderheden, voor de historisch met ons verbonden ex-koloniale West- en Oost-Indiërs en voor met wie wij huwen en kinderen krijgen. En daarnaast ook voor *genode gasten* — zolang zij zich als bescheiden gasten weten te schikken naar de rechten, wetten en waarden van hun gastgevers. Vreemdelingen die dat niet kunnen of willen, mogen vertrekken: met hen kan een redelijke vertrekregeling worden getroffen. Maar ongenode gasten die zich over de grens van de redelijkheid heen blijven vastklampen aan nu vervallen 'rechten' — het globalistische 'recht' op kolonisatie van ons land en het neo-liberale 'recht' op uitbuiting van ons volk — mogen rekenen op een gepeperde rekening.[160]

---

160 Deze wortel-en-stok benadering vergt naast een redelijke remigratie-optie (vertrekpremie en bescheiden remigratie-uitkering) ook een krachtige 'terughark'-optie. Ex-gastarbeiders, ex-arbeidsmigranten en ex-'vluchtelingen' die ongenood willen blijven kunnen toch worden bewogen te vertrekken door een aantal samenvallende maatregelen. Naast loskoppeling van het Nederlandse uitkerings-, voorzieningen- en subsidie-infuus valt daarbij te denken tot terugbetaling van alle tot dan toe genoten uitkeringen, toeslagen en subsidies. De ex-'vluchteling' categorie kan daarbij worden aangeslagen voor betaling — met onbeperkt terugwerkende kracht — van alle asielvoorzieningen en -procedures. Een speciaal onderzoeksinstituut kan worden belast met heronderzoek naar de echte identiteit, de echte migratiemotieven en de echte vermogenspositie van alle ex-'vluchtelingen', met bevoegdheid tot het opleggen van draconische boetes. Het is redelijk aan te nemen dat grote groepen liever gebruik zullen maken van een eenmalige 'amnestieregeling' (remigratieuitkering-zonder-vragen) dan te wachten tot de implementatie van de volledige 'terughark' wetgeving.

Echt Nederlands is ook: mondig opkomen voor legitieme rechten — pal staan voor onze hard bevochten vrijheid, ons hard bewerkt bezit, onze moeizaam verworven rechten en ons eigenhandig ingedijkt, drooggelegd en ontgonnen land. Echt Nederlands is daarom: nu onze eigen kant kiezen. Zodat wij ons zelf kunnen blijven in ons eigen land en tussen onze eigen mensen. Wij hebben geen ander land waarheen we met een dubbel paspoort kunnen uitwijken — en wij *willen* geen ander land. Ook met de rug naar de zee — wij blijven hier. Wij willen terug wat van ons is — op democratische, vreedzame en wettige wijze. Ook als het tachtig jaar duurt om het terug te krijgen. Ook dat is Echt Nederlands.

> *Een plaats met een roemruchtig verleden,*
> *door Kelten en Batavieren betreden.*
> *Zijn wij aangeland in het heden.*
> *Er wonen veel culturen tevreden, boven en beneden.*
> *Ook goedgezinde bezoekers zijn er velen.*
> *De slechten verzoeken wij gaat henen*
> *en tegen de raddraaiers, neem snel de benen.*
> *Dan is iedere bewoner tevreden.*
>
> — Ernesto Behm

Naar de Grote Zee

In memoriam Darya Aleksandrovna Dugina

Ten tijde van het schrijven van dit rouwbericht, precies zes maanden geleden, sinds 24 februari 2022, is er een zee van bloed vergoten vanuit een zich nog immer vullend bloedbad, eerst alleen over de velden van Klein-Rusland en nu, naar mate het geweld escaleert en naar uitspreidt, over de snelwegen van Groot-Rusland, En niemand weet hoe ver het nog zal spreiden buiten de Ruslanden. Niemand wordt gespaard, soldaat noch burger, volwassene noch kind, man noch vrouw, schuldige noch onschuldige. Woorden schieten tekort om de afschuw en verontwaardiging van de vele miljoenen uit te drukken die gedwongen zijn machteloos toe te kijken bij dit bloedvergieten, Bij de wreedheid en onrechtvaardigheid die nu alle redenen en grenzen te boven gaan terwijl het Rijk der Leugens zich voedt met het bloed en de pijn van hen die het tot meegaandheid, zwijgen en vergetelheid wil dwingen — of uit het bestaan wil "cancellen". Laat geen woord verspild zijn aan hen die nu dat Boze Rijk regeren, arrogant gezeten is op de ruïnes van het ex-vrije Westen, vastbesloten om de hele wereld tot slaaf te maken in webben van woeker, bedrog en terreur — de heersers ervan begrijpen alleen daden. Vele woorden van wijsheid werden in het Westen gesproken voordat het in het kwaad verviel — een paar zullen hier volstaan om uitdrukking te geven aan de vastberadenheid van alle goede mannen, en vrouwen, om zich tegen dit diepe kwaad te verzetten:

> Wij hopen vurig — wij bidden vurig — dat deze machtige oorlogsplaag spoedig moge verdwijnen. Maar als God wil dat zij voortduurt, totdat alle rijkdom die door de jaren van onbeloond antwoord zwoegen van de slavenhandelaar is vergaard zal zijn verzonken, en totdat elke druppel bloed die met de zweep is vergoten, zal worden betaald door een andere die met het zwaard is vergoten, dan moet, zoals drieduizend jaar geleden gesproken werd, nog steeds worden gesproken: 'de oordelen van de Heer zijn waarachtig en rechtvaardig in alle opzichten'.
>
> — Abraham Lincoln, tweede inaugurele rede, 4 maart 1865

De nagedachtenis van allen die — kleine, grote, totale — offers hebben gebracht in de nu zes maande lopende Laatste Oorlog van het Wereldeiland — en hun aantal neemt dagelijks toe — vereist meer dan alleen maar een beschrijving te geven: het vereist *betekenis* geven aan hun lijden en dood. De Russische journaliste, schrijfster en filosofe Darya Aleksandrovna Dugina, dochter van het leidende licht van de

Euraziatische beweging, deed dat met het vurige hart van de ware patriot en de onbewolkte geest van de ware gelovige. Haar vroege dood, op 20 augustus 2022, het werk van terroristische huurlingen, beraamd door het overheersende kwaad dat nu het Westen regeert, wordt betreurd door allen die deze Geopolitica-ruimte met haar deelden. Onbewust echter hebben de laffe moordenaars die een einde maakten aan haar aardse leven, haar ook onsterfelijkheid gegeven. Haar nagedachtenis zal de hunne overleven. Haar naam, die zowel "Groot" als "Zee" betekent, maakt nu deel uit van de Grootste Zee. Onbewust hebben haar moordenaars haar naam voor eeuwig in de steen der geschiedenis gekerfd. Door haar offer is zij reeds het Huis der Helden binnengegaan:

> *Smart girl, to slip betimes away*
> *From fields where glory does not stay*
> *And early though the laurel grows*
> *It withers quicker than the rose*
> *But round this early-laurelled head*
> *Will flock to gaze the strengthless dead*
> *And find unwithered on its curls*
> *The garland that is now this girl's*

> 'Listig meisje, om zo snel weg te glippen
> Weg uit velden waar de roem niet blijft
> En hoewel de laurier vroeg groeit
> Hij verdort sneller dan de roos
> Maar rond dit vroeg-gelauwerd hoofd
> Zullen alle krachteloze doden zich starend vergaren
> Om op de krullende haren onverwelkt te vinden
> De krans die nu van dit meisje kroont'

— vrij naar Alfred Edward Housman, 'Aan een jong stervende atleet'

Meisje-filosofe Darya Platonova neemt nu haar plaats in tussen degenen die zij gedurende haar korte aardse leven het meest bewonderd heeft. Degenen die zij achterliet moeten nu zelfverzekerd haar taak overnemen waar zij gevallen is, vertrouwend op de rechtvaardigheid van Degene tot Wie zij nu is teruggekeerd: haar Schepper, haar hemelse Vader. Want zeer zeker zal zij gewroken worden:

> Mijn is de wraak en de vergelding
> ten tijde als hun lieder voet zal wankelen
> want de dag huns ondergangs is nabij
> en de dingen, die hun zullen gebeuren, haasten
>
> — Deuteronomium 32:35

Literatuurlijst

Bauch, Jost, *Abschied von Deutschland: Eine politische Grabschrift.*
Rottenburg: Kopp, 2018.

Benoist, Alain de, *Carl Schmitt actuel: guerre juste, terrorisme, état d'urgence, Nomos de la Terre.* Krisis, 2007.

Bolton, Kerry, 'Islamophobia: Trojan Horse Amidst the Right'.
www.arktos.com/journal/ 26 april 2019.

Bosma, Martin, *De schijn-élite van de valse munters: Drees, extreem rechts, de sixties, nuttige idioten, Groep Wilders en ik.* Amsterdam: Bakker, 2010.
(vrij toegankelijk op www.gratis-book.nl)

Camus, Renaud, *Le grand remplacement.*
Neuilly-sur-Seine: Reinharc, 2011.

Carroll, Lee and Tober, Jan, *The Indigo Children: The New Kids Have Arrived.*
Hay House, 1999.

Carson, Rachel, *Silent Spring.*
Houghton Mifflin, 1962.

Corbin, Henri, *Corps spirituel et terre céleste: de l'Iran mazdéen à l'Iran shî'ite.*
Buchet/Chastel, 1979.

Coudenhove-Kalergi, Richard Count, *Praktischer Idealismus. Adel — Technik — Pazifismus.* Paneuropa: Wenen, 1925.

Dávila, Nicolás Gómez, *Einsamkeiten: Glossen und Text in Einem.*
Wenen: Karolinger, 1987.

Doegin, Aleksandr, *Eurasian Mission: An Introduction to Neo-Eurasianism.*
Londen: Arktos, 2014.

- 'The Solar Hounds of Russia'.

    www.geopolitica.ru 20 augustus 2018.
- 'The Plague Gods: the Geopolitics of Epidemic and the Bubbles of Nothing'.

    www.geopolitica.ru 10 maart 2020.
- 'Coronavirus and the Horizons of a Multipolar World: the Geopolitical Possibilities of Epidemic'. www.geopolitica.ru 17 maart 2020.

Eisenstein, Charles, 'Mob Morality and the Unvaxxed'.

    www.charleseisenstein.substack.com 2 augustus 2021.

'Eordred', 'Een overzicht van rechtse publicaties en uitgevers'.

    www.erkenbrand.eu 12 maart 2018.
- 'Rechtse Radio'.

    www.erkenbrand.eu 20 maart 2018
- 'Het verspilde momentum van alt-rechts'.

    www.erkenbrand.eu 12 december 2018.
- 'Against Escapism'.

    www.counter-currents.com 27 december 2018.

Evola, Julius, — *Revolt against the Modern World* — orig. *Rivolta contro il mondo moderno* (1934) Rochester: Inner Traditions, 1995.

- *Men among the Ruins. Post-war Reflections of a Radical Traditionalist*

    - orig. *Gli uomini e le rovine* (1953). Rochester: Inner Traditions, 2002.
- *Ride the Tiger* — orig. *Cavalcare la Tigre* (1961).

    Rochester: Inner Traditions, 2003.
- *The Bow and the Club* — orig. *L'arco e la clava* (1968).

    Londen: Arktos, 2018.

Faye, Guillaume, *L'archéofuturisme*.

    Parijs: L'Aencre, 1998

Finkelstein, Norman, *The Holocaust Industry: Reflections on the Exploitation of Jewish Suffering*. Verso, 2000.

Fortuyn, Wilhelmus, *De puinhopen van acht jaar Paars: de wachtlijsten in de gezondheidszorg: een genadeloze analyse van de collectieve sector en aanbevelingen voor een krachtig herstelprogramma*. Uithoorn: Karakter, 2002.

Friberg, Daniel, *The Real Right Returns: A Handbook for True Opposition.* Arktos, 2015.

Fukuyama, Francis, *The End of History and the Last Man.*

New York: Free Press, 1992.

'Fullmoon Ancestry', 'Let Freedom Ring'.

www.counter-currents.com 6 juli 2020.

Furedi, Frank, 'The birth of the culture wars'/'The identitarians are winning the culture wars'. www.spiked-online.com 19/26 juni 2020.

Geopolitica (Anoniem), 'The Deep State : Aims and Actors'.

www.geopolitica.ru 7 oktober 2021.

Godwin, Joscelyn, *Arktos. The Polar Myth in Science, Symbolism, and Nazi Survival.* Kempton: Adventures Unlimited, 1996.

Guénon, René, *La crise du monde moderne.*

Parijs: Bossard, 1927.

- *Le règne de la quantité et les signes des temps.*

Paris : Gallimard, 1945.

Hall, Radclyffe, *The Well of Loneliness.*

Jonathan Cape, 1928.

Huntington, Samuel, *The Clash of Civilizations and the Remaking of the World Order.* New York: Simon en Schuster, 1996.

Irving, David, *Hitler's War.*

Viking, 1977.

Johnson, Greg (ed.), *North American Real Right* Volumes 1 and 2.

San Francisco: Counter-Currents, 2012-2017.

- *The White Nationalist Manifesto.*

San Francisco: Counter-Currents, 2018.

- 'Freedom of Speech'.

www.counter-currents.com 6 november 2018.

- 'Conversation with a Philosopher: Greg Johnson Interviewed About the New Right'. www.counter-currents.com 2 juli 2019.

- 'How Coronavirus Will Change the World'.

www.counter-currents.com 18 maart 2020.

Jorjani, Jason, *Prometheus and Atlas*.
   Londen: Arktos, 2016.
- *World State of Emergency*.
   Londen: Arktos, 2017.
- *Lovers of Sophia*.
   Manticore, 2017.
- *Novel Folklore. On Sadegh Hedayat's* The Blind Owl.
   San Francisco: Counter-Currents, 2018.

Jünger, Ernst, *Im Stahlgewittern. Ein Kriegstagebuch*.
Berlin: Mittler en Sohn, 1934.

Kadt, Jacques de, *Het fascisme en de nieuwe vrijheid*.
Amsterdam: Querido, 1939.

Lange, Kaitlyn, 'Carmel church pastor suspended after calling Black Lives Matter organizers "maggots"'. *Indianapolis Star* 1 juli 2020.

Leimann, Klaus, 'The Multidimensional Decline of the West and the Struggle Against It'. www.arktos.com/journal/ 6 mei 2019.

Leisner, Walter, *Der Gleichheitsstaat: Macht durch Nivellerung*.
   Berlijn: Duncker en Humblot, 1980.

Leonard, John Bruce, 'The Problem of Christianity'.
   www.arktos.com/journal/ 20 December 2018.
- 'Disquisition on the Origins'.
   www.arktos.com/journal/ 1 mei 2019.

Lewis, Clive, *The Discarded Image: An Introduction to Medieval and Renaissance Literature*. Cambridge University, 1964.

MacDonald, Kevin, *A People That Shall Dwell Alone. Judaism as a Group Evolutionary Strategy with Diaspora Peoples*. Praeger, 1994.
- *Separation and Its Discontents. Towards an Evolutionary Theory of Anti-Semitism*. Praeger, 1998.
- *The Culture of Critique. An Evolutionary Analysis of Jewish Involvement in Twentieth-Century Intellectual and Political Movements*. Praeger, 1998.

Meadows, Donella, e.a., *The Limits to Growth*.
   Potomac Associates, 1972.

Merton, Thomas, *The Seven Storey Mountain*.

    New York, Harcourt, Brace en Company, 1948.

Molyneux, Stefan, *The Art of the Argument. Western Civilization's Last Stand*.

    Kindle ebook, 2017.

Moss, Wladimir, 'Who Will be Tsar of Russia?'.

www.orthodoxchristianbooks.com 29 oktober 2020.

Mukherdji, Savitri Devi, *The Lightning and the Sun*.

    Calcutta: Temple, 1958.

Pankhurst, Christopher, *Numinous Machines*.

    San Francisco: Counter-Currents, 2017.

Paradis, Jean-François, 'What is White Genocide ?':

    www.geopolitica.ru 16 januari 2019.

Penman, Jim, *Biohistory: Decline and Fall of the West*.

    Newcastle upon Tyne: Cambridge Scholars, 2015.

Raspail, Jean, *Le camp des saints: roman*.

    Parijs: Laffont, 1973.

Roelofs, Constanteyn, 'Moge coronavirus het failliet van goedkope globalisering worden'. *Elsevier Weekblad*, 18 maart 2020.

Savin, Leonid, 'On Problems of European Sovereignty'.

    www.geopolitica.ru 25 januari 2019.

- 'America's Maidan/Tiananmen Square/Perestroika/Plutocracy Conspiracy'. www.geopolitica.ru 16 juni 2020.

Shiell, Matthew Phipps, *The Purple Cloud*.

    Chatto and Windus, 1901.

Shute, Nevil, *On the Beach*.

    William Morrow, 1957.

Sieferle, Rolf-Peter, *Finis Germania*.

    Schnellroda: Antaios, 2017.

Sloterdijk, Peter, *Reglen für den Menschenpark. Ein Antwordschreibe zu Heideggers Brief über den Humanismus*.

    Frankfurt am Main: Suhrkamp, 1999;

- *Die schreckliche Kinder der Neuzeit: über das anti-genealogische Experiment der Moderne.* Berlijn: Suhrkamp, 2014.

Solère, Fenek, 'Kate Bush, the Faerie Queene':

www.counter-currents.com 12 februari 2019.

Steuckers, Robert, *EUROPA* I-III.

Lille: BIOS, 2017.

- *Sur et autour de Carl Schmitt. Un monument revisité.*

Les Edition du Lore, 2018.

Stevo, Allan, 'Social Justice Has A Religion, And This Is Its Dictionary'. www.lewrockwell.com 22 juni 2020.

Taylor, Jared, *The Color of Crime. Race, Crime, and Justice in America.*

New Century, 2016. (vrij toegankelijk op www.amren.com)

Tibi, Bassam, *Europa ohne Identität? Die Krise der multikulturellen Gesellschaft.* München: Bertelsmann, 1998;

Venner, Dominique, *Pourquoi de me suis tué. Avant-propos par un dernier verre.*

La Chaire: Last Litany, 2013;

Vierling, Alfred, 'Vilification of Homosexuality by Identary Ethno-Nationalists: a Misunderstanding'. www.alfredvierling.com 17 March 2009.

Vogt, William and Baruch, Bernard, *Road to Survival.*

Collancz, 1948.

Wilkinson, Jonathan Peter, 'Boogaloo Kicks Off In Fire'.

www.amerika.org 2 juni 2020.

Wolfheze, Alexander, *The Sunset of Tradition and the Origin of the Great War.* Newcastle upon Tyne: Cambridge Scholars, 2018.

- *Alba Rosa. Ten Traditionalist Essays about the Crisis in the Modern West.*

Londen: Arktos, 2019.

- *The Former Earth. A Traditionalist History of the Great War: Book II.*

Newcastle upon Tyne: Cambridge Scholars, 2020.

- 'Deep Right Rising: An Archaeo-Futurist Review of John Bruce Leonard's The New

Prometheans'. www.geopolitica.ru 13 september 2019.

- 'Heads or Tails: A Seventy-Fifth Anniversary in Cultural Pathology, "Art Rock" style. www.amerika.org 20 april 2020.

Filmlijst

Amenábar, Alejandro, *Agora* (2009) genre: historisch drama;

- relevantie: *last woman standing* beschavingseinde;

Armstrong, Vic, *Left Behind* (2014) genre: apocalyptische thriller;

- relevantie: Neo-Christelijk eschatologisch scenario;

Cahil, Mike, *I Origins* (2014) genre: science fiction, romantisch drama;

- relevantie: postmoderne cryptomnesie en hierofanie;

Coppola, Francis, *The Godfather* II (1974) genre: misdaad, maffia;

- relevantie: 'decisionistische' overlevingsstrategie, erecode;

Darabont, Frank, *The Mist* (2007) genre: science fiction;

- relevantie: techno-apocalypse, eschatologisch scenario;

Emmerich, Roland, *Independence Day* (1996) genre: science fiction;

- relevantie: demonische ('buitenaardse') invasie;

Gibson, Mel, *Braveheart* (1995) genre: historisch drama;

- relevantie: ridderlijke ethiek, *mors triumphalis*;

Heer, Rolf de, *Charlie's Country* (2013) genre: drama;

- relevantie: etnische vervanging, inheemse rechten;

Howard, Ron, *The Da Vinci Code* (2006) genre: pseudo-mystiek, thriller;

- relevantie: religieuze deconstructie, *New Age* bijgeloof;

Jewison, Norman, *Fiddler on the Roof* (1971) genre: musical, komedie, drama;

- relevantie: *emic* inzicht in Joodse identiteit;

Kechiche, Abdellatif, *La vie d'Adèle — Chapitres 1 en 2* (2013) genre: romantiek ;

- relevantie: sociale deconstructie, postmoderne alt-seksualiteit;

Kieślowski, Krzysztof, *La double vie de Véronique* (1991) genre: drama, magie;

- relevantie: meetpunt voor voortgang van postmoderne culturele pathologie;

Kubrick, Stanley, *Eyes Wide Shut* (1999) genre: psychologisch drama;

- relevantie: kindermisbruik cultus van de vijandelijke elite ('pedocratie');

Larned, Ben, *Chaos Theory* (2016) genre: psychologische horror;

- relevantie: sociale deconstructie; eschatologisch scenario;

Lyman, Doug. *Edge of Tomorrow* (2015) genre: actie, science fiction:

- relevantie: demonische ('buitenaardse') invasie;

Mendis, Sam, *American Beauty* (1995) genre: drama;

- relevantie: sociale deconstructie, urbaan-hedonistisch *baby boomer* nirwana;

Meyer, Nicholas, *The Day After* (1983) genre: nucleaire holocaust;

- relevantie: techno-seculaire eschatology, *baby boomer* psycho-historie;

Petersen, Wolfgang, *Troy* (2004) genre: epos, oorlog;

- relevantie: ridderlijke ethiek, *mors triumphalis*;

Polanski, Roman, *Rosemary's Baby* (1968) genre: psychologische horror;

- relevantie: kindermisbruik cultus van de vijandelijke elite ('pedocratie');

Roeg, Nicolas, *Don't Look Now* (1973) genre: cult thriller-horror;

- relevantie: sociale implosie, psycho-sociale conditionering;

Schumacher, Joel, *Falling Down* (1993) genre: thriller, aktie;

- relevantie: etnische vervanging, sociale implosie;

Scott, Ridley, *Blade Runner* (1982) genre: science fiction;

- relevantie: trans-humanisme, bio-technische evolutie;

Sheridan, Taylor, *Wind River* (2017) genre: neo-western, misdaad;

- relevantie: etnische vervanging, inheemse rechten;

Spielberg, Steven, *The Color Purple* (1985) genre: historisch drama;

- relevantie: socio-culturele problematiek van etnische minderheden;

Spielberg, Steven, *Amistad* (1997) genre: historisch drama;

- relevantie: etnisch zelfbeschikkingsrecht, 'Blanke Verlosser' motief;

Tamahori, Lee, *Once Were Warriors* (1994) genre: drama;

- relevantie: etnische vervanging, inheemse rechten;

Wachowski, Lana and Lilly, *The Matrix* (1999) genre: science fiction, actie;

- relevantie: trans-humane dystopie; 'rode en blauwe pil' motief;

Wallace, Randall, *We Were Soldiers* (2002) genre: historisch drama, oorlog;

- relevantie: *mors triumphalis*, 'Grenswacht' motief;

Weir, Peter, *The Last Wave* (1977) genre: mysterie;

- relevantie: apocalyptische precognitie;

Zant, Guus van, *Finding Forrester* (2000) genre: literair drama;

- relevantie: socio-culturele deconstruction, ethnische vervanging, 'Blanke Verlosser' motief.

Websitelijst

Alfredvierling.com — persoonlijk Nederlandse nationalistisch blog;

Amerika.org — Amerikaans Archeo-Futuristisch forum (Brett Stevens);

Amren.com — Amerikaans inheemse rechten forum (Jared Taylor);

Arktos.com/journal — Trans-Atlantisch Nieuw Rechts forum (John Leonard);

Bloggingtheology2.com — semi-Traditionalistisch religieus forum;

Counter-Currents.com — Trans-Atlantisch Blank-Nationalistisch forum (Greg Johnson);

Cnre.eu — Franse inheemse rechten organisatie:

Conseil National de la Résistance Européenne (Renaud Camus);

Europodcasts.com — Europees Nieuw Rechts forum;

Euro-synergies.hautetfort.com — Belgisch Eurazianistisch forum (Robert Steuckers);

Gefira.org — Europese investeerders denktank (Bart Kruitwagen);

Geopolitica.ru — Russische Eurazianistische denktank (Aleksandr Doegin);

Geuzenbond.nl — Nederlandse nationalistische jongerenorganisatie;

Islam4europeans.com — 'Europese Moslim Beweging 2.0' (Haroun Sidorov);

Jasonjorjani.com — persoonlijk Amerikaans-Iraanse Archeo-Futuristisch blog;

Johnwaters.substack.com — persoonlijk Iers conservatief blog;

Occidentalobserver.net — Amerikaans inheemse rechten forum (Kevin MacDonald);

Patrioticalternative.org.uk — Brits nationalistisch forum (Mark Collettt);

Reactnieuws.net — Nederlands-Vlaaams nationalistisch nieuws platform;

Reactionair.nl — Nederlands conservatief tijdschrift (Camille Meloen);

Revue-elements.com — Franse Archeo-Futuristische denktank (Alain de Benoist);

Robertsteuckers.blogspot.com — persoonlijk Belgisch Eurazianistisch blog;

Schildenvrienden.com — Vlaamse nationalistische jongerenorganisatie (Dries van Langenhove);

Unz.com — Amerikaans dissident alternatief media platform (Ron Unz).

Podcastlijst

(*) Deze podcastlijst dekt alleen de (vanwege verstikkende censuur en algoritmische onderdrukking zeer beperkte) internet presentie van de schrijver zelf. In geval de genoemde mainstream *kanalen de inhoud na verschijnen van* De Zwarte Poolster *blokkeren wordt de lezer geadviseerd de titels na te zoeken op alternatieve platforms zoals Bitchute en Odysee.*

(**) Deze podcastlijst somt alleen 1/2-op-1 gesprekken en interviews met de schrijver op - de meeste ervan zijn ook te vinden op de dissidente verzamel-website Europodcasts.com. De Nederlands-talige panel-gesprekken voor het nationalistische actualiteiten programma React Gesprek *waaraan de schrijver regelmatig deelneemt zijn te vinden op* Reactnieuws.net.

Archeo-Futurisme (Engels-talig): *Archeofuturism Stream*, 25 april 2021 YouTube & Odysee kanalen 'Faust';

Bio-realisme (Engels-talig): *Dutch Thinker Dr Alexander Wolfheze Explores the Anarchic Future of the West*, 24 juni 2021 Bitchute kanaal 'Dr Edward Dutton: The Jolly Heretic' & Odysee kanaal 'Prof Edward Dutton: The Jolly Heretic';

Blank Nationalisme: *De Salon, Aflevering 3: Tegen Blank Nationalisme*, 1 mei 2022 YouTube kanaal 'Europodcasts';

Eurazianisme (Engels-talig): *Discussing Eurazianism/Duginism with Dr Wolfheze*, 11 april 2021 YouTube & Odysee kanalen 'Faust';

Europees Nieuw-Rechts: *The Nouvelle Droite with Robert Steuckers*, 16 mei 2021 YouTube & Odysee kanalen 'Faust';

Islam-Conservatieve Alliantie: *De Salon, Aflevering 2: FvD en de Conservatieve Alliantie*, 3 maart 2022 YouTube kanaal 'Europodcasts';

Nederlandse nationalistische politiek: *De Salon Aflevering 1*, 27 januari 2022 YouTube kanaal 'Europodcasts';

Idem: *Politieke vervolging in Nederland: Geza Hegedus*, 18 juli 2021 YouTube kanaal 'Faust';

'JQ' (Engels-talig): *Interregnum62: E. Michael Jones - The State of the Right*, 19 augustus 2022 YouTube kanaal 'Arktos';

Idem (Engels-talig): *Interregnum63: Kevin MacDonald - The State of the Right*, 25 augustus 2022 YouTube kanaal 'Arktos';

MGTOW ('Men Going Their Own Way' - Engels-talig): *Navigator Aflevering 3: From MGTOW to Galactic Empire*, 20 mei 2022 Europodcasts.com kanaal 'Navigator';

Oekraïne Crisis (Engels-talig): *Discussing Ukraine with Dr. Wolfheze*, 24 juli 2022 YouTube kanaal 'Faust';

Survalisme, boekbespreking Piero San Giorgio, *Survive the Economic Collapse* (Engels-talig): *Interregnum 57: Piero San Giorgio*, 26 januari 2022 YouTube kanalen 'Arktos' & 'Faust';

Idem (Engels-talig): *Navigator Aflevering 2: How to Survive the Coming Collapse*, 1 februari 2022 YouTube kanaal 'Europodcasts';

TK21 (Engels-talig): *Dutch Election Retrospective with Dr Wolfheze*, 24 maart 2021 YouTube & Odysee kanalen 'Faust';

Traditionalisme, boekbespreking Alexander Wolfheze, *Alba Rosa* (I, Engels-talig): *Interregnum 29: Alba Rosa with Alexander Wolfheze*, 4 april 2019 YouTube kanaal 'Arktos';

Idem, boekbespreking Alexander Wolfheze, *Alba Rosa* (II, Engels-talig): *Navigator Aflevering 1: A Traditionalist Vision of History*, 24 november 2021 YouTube kanaal 'Europodcasts';

Idem, boekbespreking Alexander Wolfheze, *Alba Rosa* (III, Engels-talig): *Book Review: Alba Rosa*, 27 maart 2022 Bitchute kanaal 'Mark Collett';

Idem, boekbespreking Charles Dailey, *The Serpent Symbol in Tradition* (I, Engels-talig): *Interregnum 58: Charles William Dailey*, 22 februari 2022 YouTube kanaal 'Arktos';

Idem, boekbespreking Charles Dailey, *The Serpent Symbol in Tradition* (II) en Arktos Journal opstel 'Science and Tradition' met Richard Storey (Engels-talig): *Interregnum 61: Charles William Dailey*, 20 juli 2022 YouTube kanaal 'Arktos';

Transgenderisme, boekbespreking Claire Randall, *The War on Gender* (Engels-talig): *Interregnum 60: Claire Rae Randall*, 5 juli 2022 YouTube kanaal 'Arktos';

Transhumanisme, boekbespreking Jason Jorjani, *Faustian Futurist* en *Uber Man* (Engels-talig): Interregnum 59: Jason Reza Jorjani, 30 mei 2022 YouTube kanaal 'Arktos';

Ufologie, boekbespreking Jason Jorjani, *Closer Encounters* (Engels-talig): *Interregnum 56: Jason Reza Jorjani*, 21 december 2021 YouTube kanaal 'Arktos'.

Glossarium

Steuckerianismen

Banlieusard	Frans: 'buitenwijk bewoner', speciaal verwijzend naar de overwegend door 'etnische minderheden' bewoonde sociaal huisvesting hoogbouw wijken rond Parijs;
Decisionisme	francofoon-anglofone term, neologistisch vertaalbaar als 'beslisme': doctrine van direct-concrete en fysiek-belichaamde beslissingsbevoegdheid, het tegengestelde van indirect-abstract en psychologisch-manipulatie *Normativisme* (*Rex* vs. *Lex*);
Editocratie	ook: *mediacratie, intellocratie*; heerschappij van redacteuren, media, intelligentsia;
Eristique	Grieks εριστικός: 'strijdlustig', 'strijdvaardig' ;
Ethic Business	*ideologisch*: neo-liberale begunstiging van diaspora-economieën; *economisch*: 'schaduw-economieën' van multiculturele 'parallelle samenlevingen' die zich structureel onttrekken aan belastingafdracht, arbeidswetgeving en juridisch toezicht (officiële schatting aandeel aan Frans Brutto Nationaal Product in 2007 niet minder dan 18%);
Festivisme	*cultuur-historisch*: existentiële conditie van urbaan-hedonistische stasis resulterend uit het neo-liberalisme; *psycho-historisch*: babyboom mentaliteit van *après nous le déluge*; *sociaal-psychologisch*: 'lang leve de lol';
Kakocratie	'heerschappij der slechtsten', bewind van de vijandelijke 'schijn-élite van valse munters' (Bosma);
Mobocratie	ook: *ochlocratie* (in het Nederlandse debat gelanceerd door Sybrand van Haersma Buma); heerschappij van de 'meute', de 'massa';
Neo-Ruralisme	blanke de-urbanisatie in de eerste (stedelijk gefocuste) omvolkingsfase; inheemse exodus uit de steden van het Westen (*White Flight*);
Normativisme	totalitaire doctrine die berust op de tot absolute 'anti-politieke' norm verheven combipraxis van neoliberaal nihilisme en cultuurmarxistische deconstructie;
Partitocratie	politieke kaping van parlementaire instituties door partijbelangen en partijkartels, het mechanisme achter *Politicide*;
Politicide	vernietiging van politieke pluraliteit door monolithisch politiek-correct partijkartel, invoering van dogmatische politieke-correcte consensus ('1984');
Pyropolitiek	geopolitieke 'verschroeide aarde' strategie waarvan de globalistische vijandelijke elite zich bedient voor het 'wegbranden' van multipolaire verzetshaarden tegen haar Nieuwe Wereld Orde;
Quiritair	doctrinair wettische opvatting van politieke beslissingsbevoegdheid ('Wet van Meden en Perzen'), historisch zichtbaar in sommige van de totalitaire praktijken van fascisme en nazisme.

Soixante-huitard	Frans: '68-er'; verwijzing naar de Parijse 'culturele revolutie' van 1968 en naar de door geïnspireerde 'hippie tot yuppie' *babyboomer* generatie die het globalistisme belichaamt in de dubbele na/uitleving van cultuur-marxistische theorie en neoliberale praktijk — voortgezet in een vervolg generatie: de nieuwe feministisch-allochtone machtselite.

FAQ

V: *Wat is Nationalisme eigenlijk: een ideologie, een politieke stroming of een natuurlijke gedragscode?*

A: Theoretisch: geen van deze drie. Praktisch: alle drie tegelijk.

Theoretisch (politiek-filosofisch en cultuur-historisch) gesproken is 'Nationalisme' een bio-evolutionair — en daarmee grotendeels irrationeel en instinctief — zelf-verdedigingsmechanisme van traditionele volksgemeenschappen tegen de bedreiging van moderne historisch-materialistische machtstructuren (globalistische soevereiniteitsondermijning, internationale bankendictatuur, transnationale instituties) en ideologieën (Socialisme, Fascisme, Liberalisme).

Praktisch (ideologisch en politiek) gesproken komt het Nationalisme tot uitdrukking in historische 'auto-immuun' *reacties* die verschillen naar plaats, tijd en omstandigheden, al naar gelang de precieze bedreiging. Deze reacties omvatten zowel ideologische *improvisaties* (bijvoorbeeld 'Pangermanisme' in het Derde Rijk, 'Baathisme' in het Midden-Oosten, 'Hindoe-nationalisme' in hedendaags India) als politieke *improvisaties* (bijvoorbeeld de 'nationaal-socialistische' beweging in het Derde Rijk, de 'Brexit' beweging in het Verenigd Koninkrijk, de 'Trump' beweging in de Verenigde Staten).

Psychologisch gesproken is het Nationalisme een *expliciete* programmatische uitdrukking van een *impliciete* collectieve identiteit die 'normaal gesproken' (dat wil zeggen: in pre-moderne omstandigheden) geen discussie behoeft maar waarin men zich bedreigt voelt. Die identiteit is het *volk-zijn*.

V: *Wat betekent Globalisme eigenlijk: hoe staan de mens en de maakbare wereld hierbij tegen over elkaar?*

A: Het 'Globalisme' is een geïmproviseerde naam voor het 'Nieuwe Wereld Orde' totaal-programma van de *globaal* opererende 'vijandelijke elite' die zich begin jaren '90 meester maakte van de institutionele macht in de voormalige 'Eerste Wereld'. De machts*basis* van deze 'vijandelijke elite' bevindt zich nog steeds in het 'Westen', maar haar machts*bereik* strekt zich nu uit tot in de verste uithoeken van de wereld — nog slechts een paar grote landen (Rusland, China, Iran) bieden weerstand. De vijandelijke elite bestaat uit een informeel, flexibel en pragmatisch netwerk van topbankiers, topindustriëlen en topideologen dat zich bedient van transnationale instituties (VN, IMF, EU, NAVO etc.) en lokale zetbazen ('partijkartels' en 'mediakartels' op nationaal niveau). In Nederland ligt de institutionele slagader van de vijandelijke elite in de *neo-liberale* machtspartijen (theoretisch alleen VVD en D66, maar praktisch ook CDA, CU en PVDA). Haar ideologische slagader ligt in de *cultuur-marxistische* intelligentsia, die via 'politieke correctheid' toonaangevend is in het onderwijs, de media en de kunstsector. De *materiële* deconstructie van de Nederlandse staat, de Nederlandse economie en het Nederlandse volk wordt bewerkstelligd door de *praktische* 'maakbaarheid' van het neo-liberalisme, de *immateriële* deconstructie wordt bewerkstelligd door de theoretische 'maakbaarheid' van het cultuur-marxisme. Tenslotte is het belangrijk te benadrukken dat globalistische 'maakbaarheid' niet alleen een *demo*-politiek, maar ook een *eco*-politiek aspect heeft. Nieuw Rechts dient het onlosmakelijke verband tussen demo- & eco-politiek opnieuw te benadrukken. In 'Oud Rechts', zoals in Henry Brookman's originele Centrum Partij concept, raakte deze radicaal-progressieve insteek al snel buiten beeld. Nieuw Rechts is gebaat bij een hernieuwd holistische visie op een herstelde 'boreale biotoop': de Westerse volkeren hebben natuur, adem- en leefruimte nodig voor een optimale ontwikkeling. Dit vergt inzetten op socio-culturele kwaliteit (zelfontwikkeling, gemeenschapsontwikkeling, technische ontwikkeling) in plaats van op economische kwantiteit. Twee relevante aandachtspunten. (1) De stagnatie van inheemse geboortecijfers is juist goed: het bevolking optimum voor Nederland ligt vermoedelijk rond de tien miljoen — iedereen die zich de ruimte op de wegen, de groene-hart vergezichten en de rust op straat van '14 miljoen' 1975 herinnert weet dat dit waar is. (2) Een hoge mate van 'saaie' etnische homogeniteit is juist goed: criminaliteit, fraude en overlast zijn in die context steeds marginale fenomenen. Een dergelijke dubbel eco-demo-politieke visie is hoogst actueel: jongere generaties inheemse jongeren zijn doordrongen van het essentiële belang van natuurbehoud, vergroening en milieubewustzijn. Nieuw Rechts zou er goed aan doen zich het hele progressieve ecologische discours toe te eigenen.

V: *Wat is Liberalisme en wat is Links-Liberalisme?*

A: 'Liberalisme' is de ideologische 'nulstand' van het Historisch Materialisme dat voortvloeit uit de 'filosofie' van de Verlichting: het reduceert de politieke sfeer tot een programmatische uitvoering van de belangen van de in toenemende mate globaal denkende en opererende vijandelijke elite: het (Normatief-)Liberalisme is de ideologische *standaard* waarnaar het 'politiek bedrijf' zich uiteindelijk altijd zal voegen zolang de vijandelijke elite de echte macht behoudt. Het parlementaire 'partijkartel' is het institutioneel mechanisme dat deze standaard in stand houdt en waarmee de vijandelijke elite zich legitimeert. Links-Liberalisme is hetzelfde politieke 'gerecht' als het Rechts-Liberalisme, maar met een *sterker* cultuur-marxistisch 'smaakje'. Het duidelijkst Links/liberaal (dat wil zeggen theoretisch Links, maar effectief Liberaal) zijn in Nederland GL en PVDA.

V: *Wat zijn Socialisme en Communisme?*

A: 'Socialisme' en 'Communisme' zijn tegenwoordig uitgestorven oudere varianten van het Historisch Materialisme. Staten die zich tegenwoordig nog officieel 'socialistisch' en 'communistisch' noemen zijn in de praktijk simpelweg nationalistisch georiënteerde één-partij dictaturen met een sterkere centrale staatsmacht die (nog) niet (helemaal) zijn aangepast aan de totaal-globalistische 'Nieuwe Wereld Orde'.

V: *Wat betekent 'klassenstrijd'?*

A: De 'klassenstrijd' was een verdeel-en-heers strategie waarvan socialistische en communistische ideologen zich bedienden om macht te verwerven: zij eigenden zich via de 'klassenstrijd' een politiek en moreel mandaat toe door te stellen dat zij de belangen van de 'democratische meerderheid' (arbeiders, boeren) dienden. Zij buitten de door industrialisatie, urbanisatie en secularisatie ontstane sociale spanningen binnen de Europese volkeren uit om zo de macht over die volkeren te krijgen. Een hedendaags cultuur-marxistisch equivalent van de vroegere *expliciete* klassieke klassenstrijd *binnen* volkeren is te vinden in de tegenwoordige *impliciete* klassenstrijd *tussen* volkeren (subtiele anti-blanke propaganda, effectief open grenzen beleid, kunstmatig-gedoseerde islamofobie).

V: *Wat is Cultuur-Marxisme?*

A: 'Cultuur-Marxisme' is een geïmproviseerde naam voor de Historisch-Materialistische 'maakbaarheid' ideologie van de vijandelijke elite. De inhoud ervan is vrijwel geheel *negatief*, dat wil zeggen gedefinieerd in termen van *anti*-traditie en *anti*-identiteit. Cultuur-Marxisme is een 'moralistische' (universalistisch-idealistische en kosmopolitische *feel good*) ideologie-aanvulling op het 'cynische' (sociaal-darwinistische, ieder-voor-zich-en-geen-God-voor-ons-allen) Normatief-Liberalisme. Kenmerkende elementen van Cultuur-Marxisme zijn militant secularisme, nivellerende hyper-democratie, totalitair cultuur-relativisme en femo-allo antihiërarchisme).

V: *Wat is de partijpolitieke ideaalvorm voor Nieuw Rechts?*

A: *De ideale partij combineert een sociaal hart met streng onderscheid tussen goed en kwaad. Zij streeft naar een maatschappij die een minimum-bestaan garandeert voor allen die werken, willen werken en niet meer kunnen werken. Een maatschappij tegelijkertijd die zonder enig aarzelen optreedt tegen misdadigers, bandieten en parasieten; die orde en gezag weet te handhaven, en ook weet te herstellen. En die niet uit de weg gaat voor het valse vrijheidsgeschreeuw van de maatschappelijke en politieke dienstweigeraars, deserteurs en bondgenoten van de haar vijanden.*

— Jacques de Kadt (*apud* Martin Bosma)

OTHER BOOKS PUBLISHED BY ARKTOS

Sri Dharma Pravartaka Acharya	*The Dharma Manifesto*
Joakim Andersen	*Rising from the Ruins*
Winston C. Banks	*Excessive Immigration*
Alain de Benoist	*Beyond Human Rights*
	Carl Schmitt Today
	The Indo-Europeans
	Manifesto for a European Renaissance
	On the Brink of the Abyss
	The Problem of Democracy
	Runes and the Origins of Writing
	View from the Right (vol. 1–3)
Arthur Moeller van den Bruck	*Germany's Third Empire*
Matt Battaglioli	*The Consequences of Equality*
Kerry Bolton	*The Perversion of Normality*
	Revolution from Above
	Yockey: A Fascist Odyssey
Isac Boman	*Money Power*
Charles William Dailey	*The Serpent Symbol in Tradition*
Ricardo Duchesne	*Faustian Man in a Multicultural Age*
Alexander Dugin	*Ethnos and Society*
	Ethnosociology
	Eurasian Mission
	The Fourth Political Theory
	The Great Awakening vs the Great Reset
	Last War of the World-Island
	Political Platonism
	Putin vs Putin
	The Rise of the Fourth Political Theory
	The Theory of a Multipolar World
Edward Dutton	*Race Differences in Ethnocentrism*
Mark Dyal	*Hated and Proud*
Clare Ellis	*The Blackening of Europe*
Koenraad Elst	*Return of the Swastika*
Julius Evola	*The Bow and the Club*
	Fascism Viewed from the Right
	A Handbook for Right-Wing Youth
	Metaphysics of Power
	Metaphysics of War
	The Myth of the Blood
	Notes on the Third Reich
	The Path of Cinnabar
	Recognitions
	A Traditionalist Confronts Fascism
Guillaume Faye	*Archeofuturism*
	Archeofuturism 2.0
	The Colonisation of Europe

OTHER BOOKS PUBLISHED BY ARKTOS

	Convergence of Catastrophes
	Ethnic Apocalypse
	A Global Coup
	Prelude to War
	Sex and Deviance
	Understanding Islam
	Why We Fight
Daniel S. Forrest	*Suprahumanism*
Andrew Fraser	*Dissident Dispatches*
	The WASP Question
Génération Identitaire	*We are Generation Identity*
Peter Goodchild	*The Taxi Driver from Baghdad*
	The Western Path
Paul Gottfried	*War and Democracy*
Petr Hampl	*Breached Enclosure*
Porus Homi Havewala	*The Saga of the Aryan Race*
Lars Holger Holm	*Hiding in Broad Daylight*
	Homo Maximus
	Incidents of Travel in Latin America
	The Owls of Afrasiab
Richard Houck	*Liberalism Unmasked*
A. J. Illingworth	*Political Justice*
Alexander Jacob	*De Naturae Natura*
Jason Reza Jorjani	*Closer Encounters*
	Faustian Futurist
	Iranian Leviathan
	Lovers of Sophia
	Novel Folklore
	Prometheism
	Prometheus and Atlas
	Uber Man
	World State of Emergency
Henrik Jonasson	*Sigmund*
Vincent Joyce	*The Long Goodbye*
Ruuben Kaalep & August Meister	*Rebirth of Europe*
Roderick Kaine	*Smart and SeXy*
Peter King	*Here and Now*
	Keeping Things Close
	On Modern Manners
James Kirkpatrick	*Conservatism Inc.*
Ludwig Klages	*The Biocentric Worldview*
	Cosmogonic Reflections
Pierre Krebs	*Guillaume Faye: Truths & Tributes*
	Fighting for the Essence

OTHER BOOKS PUBLISHED BY ARKTOS

Julien Langella	*Catholic and Identitarian*
John Bruce Leonard	*The New Prometheans*
Stephen Pax Leonard	*The Ideology of Failure*
	Travels in Cultural Nihilism
William S. Lind	*Retroculture*
Pentti Linkola	*Can Life Prevail?*
H. P. Lovecraft	*The Conservative*
Norman Lowell	*Imperium Europa*
Richard Lynn	*Sex Differences in Intelligence*
John MacLugash	*The Return of the Solar King*
Charles Maurras	*The Future of the Intelligentsia &*
	For a French Awakening
John Harmon McElroy	*Agitprop in America*
Michael O'Meara	*Guillaume Faye and the Battle of Europe*
	New Culture, New Right
Michael Millerman	*Beginning with Heidegger*
Brian Anse Patrick	*The NRA and the Media*
	Rise of the Anti-Media
	The Ten Commandments of Propaganda
	Zombology
Tito Perdue	*The Bent Pyramid*
	Journey to a Location
	Lee
	Morning Crafts
	Philip
	The Sweet-Scented Manuscript
	William's House (vol. 1–4)
John K. Press	*The True West vs the Zombie Apocalypse*
Raido	*A Handbook of Traditional Living* (vol. 1–2)
Steven J. Rosen	*The Agni and the Ecstasy*
	The Jedi in the Lotus
Richard Rudgley	*Barbarians*
	Essential Substances
	Wildest Dreams
Ernst von Salomon	*It Cannot Be Stormed*
	The Outlaws
Werner Sombart	*Traders and Heroes*
Piero San Giorgio	*CBRN*
	Giuseppe
	Survive the Economic Collapse
Sri Sri Ravi Shankar	*Celebrating Silence*
	Know Your Child

OTHER BOOKS PUBLISHED BY ARKTOS

	Management Mantras
	Patanjali Yoga Sutras
	Secrets of Relationships
GEORGE T. SHAW (ED.)	*A Fair Hearing*
FENEK SOLÈRE	*Kraal*
OSWALD SPENGLER	*The Decline of the West*
	Man and Technics
RICHARD STOREY	*The Uniqueness of Western Law*
TOMISLAV SUNIC	*Against Democracy and Equality*
	Homo Americanus
	Postmortem Report
	Titans are in Town
ASKR SVARTE	*Gods in the Abyss*
HANS-JÜRGEN SYBERBERG	*On the Fortunes and Misfortunes of Art in Post-War Germany*
ABIR TAHA	*Defining Terrorism*
	The Epic of Arya (2nd ed.)
	Nietzsche's Coming God, or the Redemption of the Divine
	Verses of Light
JEAN THIRIART	*Europe: An Empire of 400 Million*
BAL GANGADHAR TILAK	*The Arctic Home in the Vedas*
DOMINIQUE VENNER	*For a Positive Critique*
	The Shock of History
HANS VOGEL	*How Europe Became American*
MARKUS WILLINGER	*A Europe of Nations*
	Generation Identity
ALEXANDER WOLFHEZE	*Alba Rosa*
	Rupes Nigra